ESPECIALIDADES DE

Italia

EL ARTE EN LA COCINA

ESPECIALIDADES DE

Italia

EL ARTE EN LA COCINA

Claudia Piras · Eugenio Medagliani

Edición

Ruprecht Stempell

Fotografías

Culinaria

KÖNEMANN

Notas sobre las abreviaturas y cantidades

1 g	= 1 gramo = 1/1000 quilogramo
1 kg	= 1 kilogramo = 1000 gramos
1 l	= 1 litro = 1000 mililitros
1 cl	= 1 centilitro = 1/100 litros
1 ml	= 1 mililitro = 1/1000 litros
1 cucharada	= 1 cucharada sopera rasa
	= 15–20 gramos de ingredientes secos (en función del peso)
	= 15 mililitros en ingredientes líquidos
1 cucharadita	= 1 cucharada de té rasa
	= 3–5 gramos de ingredientes secos (en función del peso)
	= 5 mililitros en ingredientes líquidos
1 vaso	= 0,2 litros = 200 mililitros
1 vasito	= 0,1 litros = 100 mililitros

Las cucharadas de ingredientes secos se refieren al
ingrediente básico una vez manipulado. Por ejemplo:
1 cucharada de cebolla picada, en cambio: 1 cebolla,
pelada y picada

Cantidades de las recetas:
Si no se especifica lo contrario, las recetas de este libro
son para cuatro personas, excepto en el caso de las
bebidas, que son para una sola persona.

BOCADILLOS Todas las páginas que presentan
titulares con esta tipografía hacen referencia a temas
comunes a toda la gastronomía italiana.

© 2000 Könemann Verlagsgesellschaft mbH
  Bonner Straße 126 · D–50968 Köln

Dirección artística:	Peter Feierabend
Maquetación:	Michael Ditter
Coordinación del proyecto:	Birgit Gropp
Asistente:	Freia Schleyerbach
Redacción:	Daniela Kumor
Organización de los viajes:	Bettina Dürr, Nina de Fazio
Fotógrafo ayudante:	Benjamin Holefleisch
Preparación de platos:	François Büns
Mapas:	Studio für Landkartentechnik, Detlev Maiwald
Documentación fotográfica:	Mitra Nadjafi
Reproducciones:	Typografik, Köln
Título original:	*Culinaria Italia - Italienische Spezialitäten*
© 2000 de la edición española:	Könemann Verlagsgesellschaft mbH
Traducción del alemán:	Ambrosio Berasain Villanueva, Lidia Álvarez Grifoll y Vicenç Prat i Baqué para LocTeam, S.L., Barcelona
Redacción y maquetación:	LocTeam, S.L., Barcelona
Coordinación del proyecto:	Laura Duarte Patiño
Producción:	Mark Voges
Impresión y encuadernación:	Jean Lamour, Maxéville

Printed in France - Impreso en Francia

ISBN 3-8290-2904-7
10 9 8 7 6 5 4 3 2 1

Según una idea original de Ludwig Könemann

CONTENIDO

L'ARTE DELLA CUCINA ITALIANA

Emprender un viaje gastronómico por Italia, ir a comer a un italiano conocido en nuestra ciudad o cocinar a la italiana en nuestra propia cocina: ante estas perspectivas, a la mayoría de nosotros se nos hace la boca agua. Los recuerdos –quizá de las últimas vacaciones– se despiertan y en la lengua se vuelven a saborear las delicias que se han probado al otro lado del Mediterráneo, en el país donde también florecen los limoneros. Delicados antipasti, pasta de todas las formas imaginables, salsas exquisitas, pescado fresco y marisco, apetitosas ensaladas, frutas y verduras directas de la huerta, y carne de cerdo, de vacuno, de jabalí, de cordero o incluso de cabrito de la mejor calidad. Todo esto sin olvidar los maravillosos productos de panadería y pastelería ni los dulces, sean sabrosos como una foccacia o dulces como una *cassata*.

La cucina italiana no había sido nunca tan popular como lo es actualmente. Esto vale tanto para el arte culinario de la propia Italia, que sigue dedicándose con entusiasmo a las recetas tradicionales, como para lo que en el extranjero se ha introducido bajo la firma de "cocina italiana". Los tiempos en que ésta se designaba, a lo sumo, con las voces de pizza, spaghetti y chianti barato en botella de mimbre han pasado hace mucho años. Comerciantes de comestibles ambiciosos, destacados cocineros y gastrónomos, pero también ejércitos enteros de artistas de la cocina se han preocupado de que no solo actualmente se puedan comprar en toda Europa auténticas especialidades italianas, sino también de que se sepa hacer algo con ellas. Quienes se acercan a un comercio y preguntan por un arroz arborio o carnaroli, probablemente se han informado antes sobre el arte de preparar el risotto; quienes piden un determinado prosecco en la tienda de vinos, puede que hayan estado hablando el día anterior con el dueño de su bar preferido sobre el viticultor o el productor. Y que el parmesano recién rallado sabe mejor que el envasado, ya casi pertenece a la cultura general.

Pero, ¿qué determina exactamente a esa cocina italiana que se ha ido convirtiendo en el centro de nuestro interés? Anticipémoslo: no hay una sola cocina italiana. Italia es un país grande y, sobre todo, alargado. Desde los Alpes hasta la punta de la bota, transcurren unos 1.200 km, y a esto se añaden las dos grandes islas de Sicilia y Cerdeña. Sólo por su geografía, Italia se despliega como un abanico fascinante de norte a sur, pues las diversas realidades microclimáticas cuidan de la variedad proverbial de embutidos, jamones y quesos (y, naturalmente, de la amplia gama de vinos italianos). Pero también las vicisitudes históricas de cada región han repercutido en los libros de cocina. Así, la cocina siciliana sigue mostrando hoy en día influencias árabes, en tanto que en Trieste aún se puede comer goulash austrohúngaro. El arte de la cocina italiana no se presenta, por tanto, como una tradición única, sino como una materia muy marcada regionalmente. Sin embargo, también hay elementos unificadores que se pueden encontrar en todas las ciudades y provincias: por un lado, la exigencia de productos de la mejor calidad y, por otro, el amor, el cuidado y el entusiasmo que se presta a esos ingredientes.

Así, son muchos los clientes que no se arredran ante trayectos largos ni ante unos precios algo elevados para ir a comprar a los suministradores o productores de su confianza. En toda Italia hay empresas especializadas que se dedican a los métodos de producción artesana tradicionales. En Toscana, por ejemplo, hay criadores de cerdos que se ocupan de la conservación de la raza cinta senese. La cría de estos cerdos, que viven en estado casi salvaje, es muy costosa, pero su valiosa carne tiene un sabor incomparable. Los criadores saben que ofrecen un producto para minorías, pero también son conscientes de que cada vez son más los consumidores que desean calidad en lugar de cantidad. Otro ejemplo son los comerciantes de quesos, que ofrecen deliberadamente quesos de leche sin tratar, hechos en pequeñas queserías, aunque las autoridades competentes de la Unión Europea estén en contra de las especialidades que no se adaptan a sus normas.

La variedad regional, la alta calidad de los productos y la conciencia de la tradición son, por tanto, tres pilares de la mesa italiana, de gran riqueza, que no se sestendría sin el cuarto pilar: la actitud típica italiana para comer y beber. En Italia, la gastronomía significa puro placer y como tal se celebra: es la fiesta diaria de los sentidos, con la familia, con amigos, en casa o en un buen restaurante.

Pero ya basta de preámbulos. Embárquese con nosotros en un viaje de descubrimiento por 19 sorprendentes regiones de un país que sigue siendo mágico. Mire en las cazuelas, pruebe los vinos, conozca gente interesante y escuche las historias, en parte serias, en parte increíbles, alrededor del pan de cada día: ¿o es que ya sabe cómo se puede engañar al demonio con queso? ¿O cómo se salva la propia vida con un pastel? Las repuestas a éstas y a otras preguntas las encontrara en Culinaria Italia.

Esperamos que disfrute con la lectura y probando las recetas.

¡Suerte y *buon appetito*!

Claudia Piras

FRIUL

VENEZIA GIULI

Jôf di Montasio
2753 m
Carnia
San Daniele
del Friuli
Udine
Friuli-
Venecia Julia
Gorizia
Pordenone
Laguna de
Marano
Grado
Trieste

Friuli y Venecia Julia están situadas fuera de las rutas habituales del visitante de Italia. Sin embargo, aquellos que llegan a encontrar el camino hasta esta región alpina fronteriza con la antigua Yugoslavia, vienen atraídos por la naturaleza genuina, por la tranquilidad reinante, lejos de las ruidosas avalanchas de turistas, y, sobre todo, por su buena cocina y sus famosos vinos. Lugares como San Daniele del Friuli, un nombre presente en la mente del *gourmet* por su famoso jamón; Carnia, una región en el extremo norte de Friuli, conocida por su delicioso tocino y por los maravillosos quesos de Montasio, y ante palabras clave como Collio, Grave del Friuli y colli Orientali, el amante del buen vino aguza los oídos, intrigado. En Friuli y en Venecia Julia, los viticultores han apostado por la calidad manteniendo unas cosechas reducidas, y actualmente se encuentran entre los mejores productores de Italia.

El pasado centroeuropeo y el recuerdo del papel de Trieste como importante puerto comercial de la monarquía del Danubio aún siguen presentes en la cocina de Friuli y Venecia Julia. Fiel al lema de "estado de muchos pueblos", las influencias austríacas, húngaras, eslovenas y croatas se mezclan con las tradiciones culinarias autóctonas de esta región. En las cervecerías se comen salchichas vienesas, *gulasch* o liebre de Bohemia, también se bebe jugo de cebada (que en teoría "no es italiano") o un vino vigoroso y la comida se corona con postres a base de harina y *strudel* (pastel de hojaldre relleno de manzana). Mientras la cocina julia de Trieste se muestra abierta e imaginativa ante las influencias exteriores, las ollas de Friuli son más bien tradicionales, y a base de los ingredientes más sencillos consiguen verdaderas delicias. La polenta, que en muchas otras regiones de Italia se considera una receta pobre a base de maíz, es uno de los elementos principales, pues desde Udine y Tarvisio, hasta Gorizia y Cortina d'Ampezzo, se preparan multitud de variaciones: revuelta o cocida, con salchichas, queso, pescado o carne. Los friulanos aprecian y alaban su sencilla cocina. De este modo, los platos, bien condimentados, suelen ir seguidos de carne de cerdo, que, según la antigua costumbre, se asa lentamente sobre el *fogolar,* el hogar abierto de la cocina. El gusto friulano-julio-véneto por platos sencillos pero sumamente sabrosos ha producido verdaderos clásicos, como la *jota,* una sopa de judías consistente con mucho tocino, y la *brovada,* que son nabos blancos adobados con orujo de uva.

Doble página precedente: desde hace cincuenta años, Caterina Castellani se ocupa de elaborar y curar el jamón de San Daniele.

Izquierda: de los viñedos que crecen en los fértiles valles de Friuli y de Venecia Julia se obtienen no solo unos notables vinos, sino también diversas clases de *grappa,* como aquí, en Grave del Friuli.

El *frico*, un plato típico de Carnia, es una especie de torta de queso que se fríe en la sartén hasta que alcanza una consistencia dura y crujiente. También se puede confeccionar con patatas y otros ingredientes, y entonces parece una tortilla de queso. Las variantes de preparación del *frico* son innumerables, casi cada pueblo y cada valle de los Alpes posee su propia receta. Antes, el extremadamente nutritivo *frico* era la comida de campo predilecta de los pastores y los trabajadores del bosque. Hoy en día se suele tomar como entrante.

El *frico* más grande del mundo lo preparó la unión de cocineros udineses. La sartén, fabricada expresamente en Austria con este fin, medía 3 metros de diámetro y pesaba más de 6 quintales métricos. El enorme *frico* que se frió en esta sartén alcanzó un peso de más de 3 quintales métricos.

SOPAS DE JUDÍAS

Tanto en Friuli como en Venecia Julia, las judías son un alimento muy preciado. Del Trieste julio proviene la consistente *jota,* una sopa de judías anteriormente considerada un plato para la gente pobre, pero que en la actualidad vuelve a ocupar un lugar de honor en la alta cocina. Los triestinos gustan de remitirse a los orígenes memorables de la *jota,* pues la palabra parece estar relacionada con el latín tardío *jutta,* que significa algo así como caldo o consomé. De todos modos, es posible que la *jota* se remonte a las aficiones culinarias de los celtas.

Así, mientras la *jota* es más bien una peculiar especialidad julia o incluso triestina, en Friuli también mantienen sus propias especialidades a base de judías. La *Minestra di fagioli e orzo* es una exquisitez que requiere algo de constancia en la cocina. Las judías se cuecen dos veces, cambiando el agua cada vez, y finalmente, se les añade leche, fideos o arroz, y hortalizas para caldo ligeramente salteadas, formando así un consistente plato de sopa.

JOTA
Puchero de judías
(fotografía superior)

250 G DE JUDÍAS GRANDES SECAS
250 G DE PATATAS
300 G DE TOCINO ENTREVERADO
200 G DE COL FERMENTADA (CHUCRUT)
1 HOJA DE LAUREL
3 CUCHARADAS DE ACEITE DE OLIVA
1 DIENTE DE AJO
2 CUCHARADAS DE HARINA DE TRIGO
SAL Y PIMIENTA

Ponga las judías en remojo toda una noche. Al día siguiente, escúrralas y deposítelas en una olla, junto con las patatas y el tocino cortado en dados. Cúbralo todo con agua y llévelo a ebullición. Una vez que la mezcla esté cocida, pase por un colador la mitad de las judías y las patatas y vuelva a añadirlas a la olla. Cueza la col fermentada con la hoja de laurel y algo de agua durante algunos minutos. Mientras tanto, agite la olla de vez en cuando.

Caliente dos cucharadas de aceite, dore el ajo pelado y cortado a trozos y retírelo de nuevo. Añada la harina al aceite y dórela de 2 a 3 minutos, removiéndola.

Añada la col fermentada y rehóguela durante unos 5 minutos. Añada la col con una cucharada de aceite en la olla con las judías, las patatas y el tocino, cuézalo todo otros 30 minutos y añada algo de agua, si es necesario. Condimente con sal y pimienta y sírvalo caliente.

MINESTRA DI FAGIOLI E ORZO
Sopa de judías con cebada perlada

200 G DE JUDÍAS SECAS
80 G DE CEBADA PERLADA
1/2 CEBOLLA PICADA
1 DIENTE DE AJO MACHACADO
1 TALLO DE APIO CORTADO EN TROZOS
2 PATATAS CORTADAS EN DADOS
1 ZANAHORIA CORTADA EN DADOS
2 HOJAS DE LAUREL
1 HUESO DE JAMÓN
500 ML DE LECHE
SAL

Tenga las judías en remojo toda una noche. Al día siguiente, escurra el agua y ponga las judías con la cebada perlada en agua fría. Añada la cebolla, el ajo, el apio, las patatas, la zanahoria, las hojas de laurel y el hueso de jamón. Lleve a ebullición la mezcla, baje el fuego y deje que se cueza a fuego lento durante 1 hora y 1/2. Por último, añada la leche y la sal y deje cocer a fuego lento durante 30 minutos más. Antes de servir, retire el hueso y las hojas de laurel. Sírvase con rebanadas de pan tostado.

En Friuli, antes de servir la sopa, se deja reposar un rato y se sirve cuando se vuelve tan consistente que se puede cortar en rebanadas.

FRICO CON PATATE

Torta de queso con patatas

1 CEBOLLA
4 PATATAS MEDIANAS
1 CUCHARADA DE MANTEQUILLA
250–500 ML DE CALDO
400 G DE MONTASIO

Pique la cebolla, pele las patatas y córtelas en rodajas finas.
Caliente la mantequilla en una sartén y rehogue en ella la
cebolla. Añada las rodajas de patata y mézclelas brevemente
con la mantequilla. Vierta el caldo y deje cocer a fuego
lento las patatas.
Mientras tanto, corte el queso en dados o en rodajas finas.
Cuando el líquido ya se haya evaporado y las patatas estén
blandas, recúbralas con el queso y deje que éste se funda.
Deje tostar lentamente y escurra la grasa que salga del
queso. El *frico* debe formar una corteza dorada en el borde.
Sírvalo caliente.

Inferior: la unión de cocineros udineses quiso aparecer en el
Libro Guiness de récords elaborando un enorme *frico*, una
especie de torta de queso frita.

MONTASIO

La tradición del *montasio* se remonta a la época del 1200,
cuando los monjes benedictinos empezaron a elaborar
este queso de leche de vaca en Julia y en los valles alpinos de Carnia. Según antiguos documentos comerciales,
este queso es un artículo de exportación de la región
desde mediados del siglo XVIII. Desde 1984, existe una
sociedad encargada de velar por el cumplimiento de los
métodos tradicionales de elaboración del *montasio,* y dos
años después, se otorgó al queso la categoría D.O.C.
(*Denominazione d'Origine Controllata).* Actualmente, el
montasio sólo se puede producir en una determinada
zona establecida y controlada por la ley, la cual
comprende Friuli, Venecia Julia y las provincias del
Véneto Belluno, Treviso, parte de Padua y de Venecia.
Hay tres variantes de *montasio:* el *montasio* fresco suele
tener por lo menos unos dos meses y su sabor es bastante
suave; el *montasio mezzano* ha pasado por un tiempo de
curación de cinco a seis meses y tiene un sabor más fuerte,
mientras que el *montasio stravecchio,* curado durante más
de diez meses, posee un aroma condimentado y picante,
sin llegar a ser fuerte. El *montasio* joven resulta excelente
como entrante y como ingrediente para platos principales,
mientras que el viejo se puede utilizar como queso
rallado en lugar de parmesano. Todas las variantes
son un refrigerio irresistible para comer entre horas,
acompañadas de pan.

CARNE DE CERDO

Desde siempre, en Friuli se ha consumido mucha carne de cerdo. También en la actualidad sigue siendo habitual en muchas familias engordar un cerdo por su cuenta y dirigirse a un profesional, llamado *purcitar* (es decir, un carnicero y salchichero ambulante) para que prepare la carne. La matanza del cerdo sigue siendo una verdadera ceremonia con sus ritos tradicionales. Ese día los niños hasta se libran de la escuela, y todos, grandes y chicos, esperan con impaciencia la aparición del *purcitar*. Se bebe a su salud con un vaso de vino o con *grappa,* tan idolatrado en Friuli, y la fiesta de la matanza ya puede empezar.

Todas las partes del cerdo se utilizan para confeccionar salchichas o embutidos según recetas tradicionales. Hasta los despojos y la sangre, que se estropean con facilidad, también se aprovechan: añadiéndoles pasas y piñones, se convierten en típicas exquisiteces friulanas como el *sanguinaccio* (*mule* o *mulze,* como también se denomina aquí a la morcilla) o *pan de frizze dolce* (un pan dulce con chicharrones).

Musetto, la apreciada salchicha de Friuli, está compuesta por una masa de carne de cerdo magra, picada fina, con vino blanco o *marsala* y con corteza y morro de tocino (de ahí su nombre), muy condimentada con nuez moscada, canela, cilantro, pimienta de Jamaica y pimienta. Esta masa se embute en intestinos de vaca, lo que otorga al *musetto* su característica forma cónica y alargada. El *musetto* recuerda vagamente al *zampone,* el pie de cerdo con un contundente relleno típico de

Emilia Romaña. Sin embargo, en esta región, el *zampone* se sirve principalmente con *bollito misto,* mientras que en Friuli, el *musetto* se sirve principalmente con *brovada,* nabos blancos marinados en orujo de uva y luego fermentados con ácido láctico. Combinada con el *musetto,* la *brovada* forma un delicioso plato único.

De las piezas de carne más apreciadas se confecciona salchichón, entre otros, el delicioso salchichón de ajo. Un lugar donde aún se practica la elaboración de la carne de cerdo de forma artesanal, siguiendo la tradición, es la pequeña ciudad de Sauris, en la norteña Carnia, de marcado carácter alpino. Inmigrantes de Tirol, Carintia y el sur de Alemania se trasladaron en algún momento a la región, llevando en su equipaje una importante receta que hoy en día es famosa en todo Friuli y en Venecia Julia: el tocino. Para la elaboración del tocino se utiliza la parte exterior del jamón con grasa entreverada. La hoja de tocino se sala y se debe dejar reposar de siete a ocho días, luego se cuelga durante todo un día en un ahumadero con humo de leña de enebro y, por último, se cura durante unos diez meses. El jamón de Sauris se elabora mediante el mismo procedimiento, con la única diferencia de que su curación puede durar incluso 18 meses. Además, aquí también se prepara la *pancetta,* un tocino elaborado con la parte de la barriga del cerdo. La *pancetta* se ahuma durante doce horas y después de curarse "sólo" siete meses ya está lista para el consumo.

En Sauris están orgullosos de su jamón y de sus embutidos, y los clientes suelen aguantar un largo camino para poder proveerse de las delicias cárnicas en una de las empresas artesanales. Los fabricantes lo saben y hacen todo lo que pueden por mantener su excelente calidad. Se utiliza exclusivamente la carne de cerdo de Friuli, los animales son cuidados con esmero y se alimentan con el mejor pienso: maíz, fruta y cereales son los componentes de su menú. Esta dieta también se enriquece con el valioso suero de leche, muy abundante en la región quesera de Carnia.

Las especialidades de Sauris resultan excelentes para merendar, especialmente si el pan se ha condimentado deliciosamente con comino.

SALSICCE AL VINO
Salchichas al vino
(fotografía izquierda)

4 SALCHICHAS
1 CUCHARADA DE VINAGRE DE VINO BLANCO
1 VASO DE VINO BLANCO SECO

Pinche la piel de las *salsicce* en diversos puntos con una aguja, dore las salchichas en una sartén y vierta el vinagre gota a gota y de modo uniforme. Cuando el vinagre se haya evaporado, rocíe las salchichas con el vino blanco y complete la cocción.
Sirva las *salsicce* calientes con rodajas de polenta a la parrilla o al horno.

JAMÓN DE SAN DANIELE

Con su *prosciutto di San Daniele,* Friuli es una de las pocas regiones de Italia que puede jactarse de poseer un jamón con D.O.C., es decir, un jamón con denominación de origen controlada por la ley. Las disposiciones de la Unión Europea acerca de esta denominación establecen la utilización exclusiva de piezas de jamón frescas de animales autóctonos. En Friuli se utilizan principalmente perniles de cerdos de Valpadana para elaborar el excelente *prosciutto.* Debido a que dichos animales alcanzan un peso de casi 200 kilos, el "rendimiento del jamón" es, en consecuencia, muy grande.

Los métodos de producción casi no se han alterado con el paso del tiempo. Primero, las piezas de carne seleccionadas se cortan dándoles forma y se les quita la corteza y la grasa. Las piezas que han pasado por esta "operación de estética" se clasifican según su tamaño. Entonces se pesa el jamón, pues en función de su peso se decide el tiempo que deberá permanecer en salmuera. Un jamón de unos 13 kilos de peso debe permanecer 13 días bajo una capa de sal. A veces permanecen uno o dos días más. Sin embargo, comparado con otros métodos de producción de jamón, este periodo de tiempo es bastante corto. Después de la salmuera, se prensa a fin de eliminar el líquido restante, y la carne se vuelve más compacta. De este modo los jamones consiguen su forma típica. En los almacenes de los alrededores de San Daniele, que ofrece un clima especialmente adecuado gracias al aire de las montañas y la fresca brisa marina, los jamones se curan durante por lo menos diez meses, aunque la mayoría de las veces la curación dura de doce a trece meses.

PROSCIUTTO DI SAN DANIELE CON FICHI
Jamón de San Daniele con higos
(fotografía fondo)

Lave y seque los higos frescos y córtelos a lo largo. A ser posible, corte el jamón a mano en lonchas muy finas y dispóngalo junto con los higos en una bandeja grande.
Si lo prefiere, puede sustituir los higos por un melón maduro.

Sólo un jamón con el sello de calidad es un "verdadero"
San Daniele. También el precinto garantiza el origen
verificado del producto.

El divino San Daniele debe curarse durante un
periodo de por lo menos diez meses para obtener
su inconfundible sabor.

MAÍZ

En el siglo XVII, los campesinos de Friuli atravesaron una mala época. La poderosa Venecia, que por aquel entonces gobernaba la región, no solo mostraba una marcada indiferencia por el destino de esta región interior, sino que no tuvo el menor escrúpulo en reclutar a los friulanos para defenderse de los ataques de los turcos. Debido a ello, en la región faltaba mano de obra, así que los cultivos se convirtieron en campos baldíos y los pocos hombres que no debían prestar servicio en Venecia no sabían cómo subsistir. El hambre se convirtió en algo habitual. Pero la salvación ya se aproximaba bajo la forma de una mazorca amarilla llamada maíz.

Los grandes viajes de exploración de los siglos XV y XVI no solo habían cambiado la imagen geográfica del mundo, sino que también habían introducido algunas novedades en la gastronomía. Tomates, patatas, judías y también maíz fueron observados por los botánicos y los naturalistas con bastante escepticismo (algunos incluso estaban convencidos de que estas plantas eran incomestibles, cuando no venenosas), pero con el tiempo se empezaron a utilizar estos frutos exóticos como alimentos.

El maíz *(Zea mays)* es una planta de cultivo muy antigua y proviene originariamente del continente americano. Los investigadores han confirmado que en el valle de Tehuacán, situado en México, ya se cultivaba en el siglo V antes de Cristo. En las civilizaciones azteca y maya incluso se rendía culto a este vegetal, y el dios del maíz ocupaba un lugar importante en la jerarquía religiosa.

Aunque en el siglo XVI lo introdujeron los mercaderes venecianos, el verdadero descubrimiento culinario de las mazorcas de maíz tuvo lugar un siglo después, cuando la planta se fue cultivando cada vez más a gran escala y en esa época fue cuando debió de llegar a Friuli. El cereal extranjero liberó finalmente la región del hambre y la miseria, pues los campesinos descubrieron rápidamente que la planta no solo proporcionaba una lucrativa fuente de ingresos, sino que además se podía cultivar de un modo francamente sencillo y sin grandes gastos.

En cuanto al modo de preparación del nuevo cereal, los cocineros friulanos se pusieron de acuerdo en un abrir y cerrar de ojos: con su harina o sémola prepararon una papilla espesa, pues desde tiempos inmemoriales se hacía lo mismo con la harina de habas, garbanzos y trigo sarraceno. Puesto que en aquella época muchos de los productos importados del extranjero llegaban a Occidente a través de Oriente, los venecianos bautizaron al maíz sin más como *grano turco* (trigo turco), mientras que en Friuli se le llamó *blave*.

En muy poco tiempo, la polenta de maíz se convirtió en el plato favorito no solo de Friuli, sino también de todo el norte de Italia. La polenta relegó todas las gachas hechas a base de otros cereales a un segundo plano y en algunas zonas incluso desbancó al pan tradicional. Para los campesinos pobres, el plato diario de polenta era muchas veces su único alimento.

A pesar de la gran victoria del maíz frente a las tremendas hambrunas, éste manifestó poseer un enorme

El maíz no es muy exigente en lo que se refiere al lugar de cultivo, aunque son preferibles las tierras cálidas, suaves, con humus y que retengan bien el agua.

Octubre es la época de la cosecha. Las mazorcas de maíz se separan de la planta y se mantienen al principio dentro de las hojas que las envuelven para evitar que se sequen los granos.

inconveniente, sobre todo cuando constituía el único alimento. Sus granos no contienen nicotinamida, es decir, el factor antipelagroso, en terminología médica. Gran parte de la población ya no padecía hambre, pero en su lugar padecía pelagra, una enfermedad que produce debilidad general, trastornos de la memoria, manchas y erupciones cutáneas y alteraciones del sistema nervioso.

Afortunadamente, hoy en día, gracias a una alimentación moderna y equilibrada, se ha eliminado este peligro y la polenta sigue desempeñando igual que antaño, un importante papel en el norte de Italia. No en vano Véneto es el principal productor de maíz de Italia, seguido muy de cerca por Friuli y Venecia Julia, Lombardía y Piamonte. En la producción de maíz, los agricultores de estas regiones no recurren a híbridos, sino que desde hace muchos años utilizan los cultivos originarios, que poseen un marcado sabor. Así pues, las recetas de polenta tradicionales de esta zona poseen un sabor característico que aún se aprecia y que ha sido redescubierto en la actualidad.

Polenta pasticciata ai gamberi
Polenta con gambas
(fotografía inferior)

Polenta (véase receta básica a la derecha)
mantequilla
1 kg de gambas
1 puñado de setas frescas
1 diente de ajo
1 cucharada de perejil picado
200 ml de vino blanco
1 l de caldo de verduras
pimienta recién molida
nuez moscada

Prepare una polenta suave, déjela enfriar y luego córtela en rebanadas. Coloque las rodajas superpuestas sobre un molde engrasado con mantequilla, recubriendo todo el fondo.

Pele las gambas y saltéelas con un poco de mantequilla en una cazuela. Añada las setas limpias y cortadas finas, el ajo y el perejil. Vierta un poco de vino blanco y el caldo de verduras y llévelo todo a ebullición. Condimente con pimienta recién molida y nuez moscada rallada, y distribuya la mezcla por encima de las rodajas de polenta. Gratine unos minutos en el horno precalentado.

Polenta friulana

Después de que en el siglo XVI el maíz se hiciera conocido en el nordeste de Italia, alcanzó una gran importancia como alimento de primera necesidad, especialmente en las regiones pobres de Carnia, en las que el sustento familiar muchas veces exigía grandes dosis de ingenio. Desde ese momento, la polenta se encontraba en todas las comidas del día: con leche en el desayuno; al mediodía, acompañada de una rodaja de queso y por la noche, como puré con verdura, tocino o mantequilla.

También en la actualidad, la polenta acompaña casi todos los platos tradicionales de Friuli. Aquí se conocen tres clases: la clásica polenta amarilla, con sus innumerables variantes; la polenta blanca, de harina de maíz blanca, ideal con pescado a la parrilla o al horno; y la polenta negra, de trigo sarraceno, que con su peculiar sabor, ligeramente amargo, se sirve acompañada únicamente de mantequilla y anchoas.

Receta básica para polenta

sal
250 g de sémola de maíz

En una olla, hierva 1,5 litros de agua salada con una pizca de sémola de maíz. La sémola restante deberá añadirse al agua hirviendo poco a poco y removiendo constantemente. Cuanto más sólida se vuelva la polenta, con más fuerza deberá removerse. Si, no obstante, se forman grumos, deberá aplastarlos contra el borde de la olla. Cuando se haya mezclado toda la sémola, baje el fuego y deje cocer la polenta durante 45 minutos, removiendo constantemente. Atención: la papilla está muy caliente, y durante la cocción se forman burbujas que explotan y pueden salpicar fuera de la olla. En el fondo de la cazuela se va formando una costra. La polenta está lista cuando se desprende de la costra del fondo de la olla. Vierta la polenta sobre una tabla y alísela con el canto de un cuchillo. Si está caliente, se corta con un hilo, mientras que una vez fría, se corta con cuchillo.

Gnocchi di polenta
Ñoquis de polenta

La polenta sobrante se corta en dados y se escalda con agua salada. Deje escurrir los trozos, colóquelos en platos hondos y cúbralos con abundante mantequilla derretida. Ralle por encima queso ricotta ahumado.

Noches junto al fogolar

La chimenea, que en Friuli recibe el nombre de *fogolar*, no es tan solo el hogar para cocinar, sino que es más bien una forma de vida tradicional. Junto a ella se reunía y se reúne la gente con sus amigos, se discutía y se discute, se come y se bebe. Y durante las frías noches de invierno es cuando se está más a gusto alrededor del *fogolar*. Sobre esta parrilla alimentada con carbón vegetal, que generalmente se encuentra situada en el centro de la cocina y cubierta por una salida de humos, se cocina una comida sencilla, la mayoría de las veces a base de carne de cerdo, pollo, judías, nabos o polenta, que pese a no estar incluida en la alta cocina, posee un sabor excelente y garantiza una velada perfecta.

Polenta al burro
Polenta con mantequilla

Prepare primero una polenta bastante consistente y córtela en rodajas. Unte una bandeja de horno con mantequilla o manteca de cerdo y coloque por encima las rodajas de polenta, unas junto a otras. Espolvoree por encima queso rallado y canela y deje caer gota a gota la mantequilla deshecha. Gratine en el horno precalentado a fuego medio.

EN LA COSTA

Friuli y Venecia Julia no solo poseen un hermoso interior, sino también una interesante zona costera. Junto a la gran laguna de Grado, su hermana pequeña, la laguna de Marano, también merece una visita. El romántico puerto de pescadores de Marano es uno de los pocos lugares de Italia que mantiene inalterables los usos y costumbres tradicionales, a pesar de que a pocos kilómetros de él, en Lignano Sabbiadoro y Bibione, existe una bulliciosa vida nocturna. Sin embargo, en Marano aún existen algunas casas de antiguo estilo veneciano, con fachadas pintadas de colores. Y en la laguna de Grado, así como en la aldea de pescadores Portogruaro, aún se pueden admirar algunos *casoni* con el techo de paja, las típicas viviendas de los pescadores de la región.

También el paisaje de las lagunas se muestra aquí más virgen que en ningún otro lugar. El extenso horizonte de agua, en cuya orilla se ordenan las casas de los pescadores, se ve interrumpido por pequeñas islas cubiertas de plantas. Cuando la marea baja, se pueden ver los bancos de arena y fango, en los cuales crecen numerosas clases de algas y flora de agua salobre.

La colonización de las lagunas de Grado y de Marano no fue un hecho intencionado, sino más bien fruto de la casualidad. Originariamente, la ciudad romana Aquileia era el centro de la región costera. Como ciudad comercial del imperio romano, se llevaba una vida lujosa y tranquila. Aquí los cristianos primitivos encontraron una población tolerante, de modo que la ciudad pronto se convirtió en una plaza fuerte del cristianismo. Pero luego los hunos invadieron la zona y no dejaron piedra sobre piedra en Aquileia. Gran parte de la población huyó a las islas de la laguna, donde casi no había agua potable pero sí una gran riqueza de peces marinos y aves acuáticas. Al principio, los recién llegados, diseminados por la laguna, se alimentaban exclusivamente de pescado. Como es habitual en el norte de Europa aún en la actualidad, la grasa del pescado no se utilizaba tan solo como alimento: con ella untaban sus herramientas y la utilizaban como combustible para lámparas o como protección hidrófuga para las embarcaciones. Durante mucho tiempo, la hermosa Aquileia no se restableció del ataque de los hunos. Ya en la Edad Media, la ciudad recuperó algo de su antigua gloria: Aquileia se convirtió en la sede de influyentes patriarcas que poseían casi la misma autoridad que el Papa de Roma.

En las costas y las lagunas de la región de Friuli y Venecia Julia hay una riqueza pesquera y una variedad de especies similar a la que también se puede observar en otras zonas del litoral adriático. Una especialidad de las tranquilas aguas de las lagunas son, por supuesto, las anguilas, pero en alta mar también se pueden pescar lisas, lubinas, doradas y muchos otros peces. Sin duda, la vida de los pescadores y sus métodos de pesca, comparados con los primeros habitantes de las lagunas, ha cambiado mucho en el transcurso del tiempo. En la actualidad, los pescadores ya no se hacen a la mar a bordo de sus antiguos veleros, sino que utilizan veloces barcos de pesca a motor. También ha cambiado la ropa:

la tradicional vestimenta de pescador hace ya mucho que ha sido sustituida por camisetas y pantalones vaqueros. A pesar de todo, hay un aspecto que se ha mantenido y se mantendrá inalterable: la pesca sigue siendo una tarea de hombres, mientras que las mujeres preparan la sopa de pescado.

Dice la sabiduría popular que existen diferentes tipos de pescadores. Así, pues, encontramos hombres espigados, fuertes, rubios ceniza, provenientes originariamente de Dalmacia, los pescadores extremadamente rubios y de ojos azules de Caorle o Istria, que tienen fama de temperamentales y de estar siempre dispuestos a bromear. Además quedan aquellos de ojos oscuros, aficionados a disfrutar de los placeres terrenales de la vida pero que se encolerizan con facilidad, sin dejar de ser, no obstante, personas amigables y tolerantes, con raíces en Romaña. Y por último encontramos a los venecianos, de caras ligeramente rosadas, con ojos verdes o marrón claro, de los cuales se dice que suelen ser amables, alegres y un poco charlatanes, aunque en realidad son discretos, pacientes y pacíficos.

ANGUILLA AI FERRI
Anguila a la parrilla
(fotografía izquierda, fondo)

2 ANGUILAS DE RÍO DE 600 G CADA UNA, LISTAS PARA COCINAR

Para elaborar el escabeche:
ACEITE DE OLIVA
VINAGRE
SAL Y PIMIENTA

8 HOJAS DE LAUREL
PEREJIL PICADO
RODAJAS DE POLENTA ASADAS A LA PARRILLA

Retire cuidadosamente la mucosidad de las anguilas y lávelas. Deseche las cabezas, las colas y las espinas del lomo. Córtelas en pedazos de unos 8 cm de longitud, ábralas por la mitad y aplánelas tanto como sea posible. Déjelas durante algunas horas en una mezcla de aceite de oliva, vinagre, sal y pimienta. Retire las anguilas y póngalas sobre la parrilla caliente con la piel hacia abajo. Esparza por encima hojas de laurel y ase durante unos 15 minutos. Gire los trozos de anguila y áselos durante 10 minutos más. Salpimiente y espolvoree perejil picado. Sírvalas con rodajas de polenta a la parrilla.

ANGUILLA FRITTA
Anguila frita
(fotografía izquierda, primer plano)

4–5 ANGUILAS DE 250 G CADA UNA, LISTAS PARA COCINAR Y PELADAS

Para elaborar el escabeche:
ACEITE DE OLIVA
ZUMO DE LIMÓN
SAL Y PIMIENTA

HARINA DE TRIGO
ACEITE PARA FREÍR
RODAJAS DE POLENTA ASADAS A LA PARRILLA

Retire cuidadosamente la mucosidad de las anguilas (a ser posible, no muy grandes) y lávelas. Deseche la cabeza, las colas y las espinas del lomo. Córtelas en pedazos de unos 5 cm y déjelos durante por lo menos 2 horas en una mezcla de aceite de oliva, zumo de limón, sal y pimienta. Escurra el escabeche, enharine las anguilas y fríalas con abundante aceite caliente. Retírelas de la sartén, séquelas con papel de cocina y sírvalas acompañadas de rodajas de polenta frita o a la parrilla.

RISOTTO ALLA MARANESE
Arroz con marisco
(fotografía izquierda, centro)

200 G DE CALAMARES LISTOS PARA COCINAR
100 G DE GAMBAS LISTAS PARA COCINAR
6–7 CUCHARADAS DE ACEITE DE OLIVA
I DIENTE DE AJO PICADO
3–4 CUCHARADAS DE PEREJIL PICADO
SAL Y PIMIENTA
500 G DE MEJILLONES
I VASO DE VINO BLANCO SECO
300 G DE ARROZ
CALDO DE VERDURAS

Lave los calamares y córtelos en trozos no muy pequeños. Lave las gambas y fríalas ligeramente con los calamares, el ajo y el perejil, usando la mitad del aceite de oliva. Salpimiente. Lave los mejillones y rehóguelos con el aceite restante hasta que las valvas se hayan abierto totalmente. Extraiga los mejillones de las valvas y añádalos a los calamares y las gambas con el jugo de cocción de los mejillones filtrado mediante un paño

de cocina. Vierta el vino blanco, entremezcle el arroz y cuézalo hasta que esté en su punto. Añada de vez en cuando caldo de verduras para que no quede demasiado seco. Deje reposar unos minutos antes de servir.

SCAMPI FRITTI
Gambas fritas

24 GAMBAS
2 HUEVOS
SAL Y PIMIENTA
ACEITE DE OLIVA PARA FREÍR
2 CUCHARADAS DE HARINA DE TRIGO

Lave las gambas, retire las cabezas, las cáscaras y el hilo intestinal. Bata los huevos y salpimiéntelos. Caliente aceite de oliva en una sartén grande. Luego, enharine las gambas, páselas por el huevo batido y fríalas una tras otra en el aceite de oliva caliente durante unos minutos. Deje escurrir brevemente las gambas listas sobre un papel de cocina y sírvalas calientes.

CODA DI ROSPO AL VINO BIANCO
Rape al vino blanco

4 FILETES DE RAPE
I CEBOLLA PICADA
2 DIENTES DE AJO PICADOS
I TALLO DE APIO PICADO
I RAMA DE ROMERO
3 RAMAS DE PEREJIL PICADO
6 CUCHARADAS DE ACEITE DE OLIVA
SAL Y PIMIENTA BLANCA
HARINA DE TRIGO
250 ML DE VINO BLANCO SECO

Lave y seque los filetes de pescado. Fría ligeramente con aceite la cebolla, el ajo, el apio, el romero y el perejil en una sartén que se pueda meter en el horno. Salpimiente el pescado, enharínelo y fríalo por ambos lados en la sartén. Añada el vino blanco y deje cocer durante unos 20 minutos en el horno precalentado a 200°C. Retire los filetes de pescado y manténgalos calientes. Reduzca rápidamente el caldo de pescado en la sartén, páselo por el colador y distribúyalo sobre los filetes de pescado. Sírvalo inmediatamente.

MISTO DI PESCE CON SALSA D'AGLIO
Pescado asado con salsa de ajo

4 LENGUADOS PEQUEÑOS LISTOS PARA COCINAR
4 SALMONETES PEQUEÑOS LISTOS PARA COCINAR
4 FILETES DE RAPE (U OTRO TIPO DE PESCADO EN FILETES)
HARINA DE TRIGO
ACEITE DE OLIVA
SAL
LIMONES PARTIDOS POR LA MITAD

Para la salsa:
2 DIENTES DE AJO PICADOS
I MANOJO DE PEREJIL PICADO
6 CUCHARADAS DE ACEITE DE OLIVA
EL ZUMO DE I LIMÓN
SAL

Lave y seque el pescado. Sale los lenguados y los salmonetes por dentro y los filetes por fuera. Espolvoree ligeramente harina sobre los pescados.
Machaque el ajo y mézclelo con el perejil, el aceite de oliva y el zumo de limón. Condimente con sal y añada más aceite de oliva, si es necesario.
Caliente aceite de oliva en una sartén y fría rápidamente el pescado durante unos 3 minutos por cada lado. Disponga el pescado en una bandeja con los medios limones y sírvalo acompañado de la salsa.

VITICULTURA EN UN PAÍS LIMÍTROFE

Los cultivos vinícolas en países limítrofes y de paso poseen una atrayente fascinación, y esto sucede especialmente en la región nordeste de Italia. Ya en sus inicios, la viticultura de esta región se vio influida no solo por los romanos, sino también por los celtas y los ilirios, entre otros. Después de los godos, los longobardos, los carolingios y los francos, el país fue durante siglos la zona conflictiva entre el imperio de los Austrias, por un lado, que dejaron sus huellas sobre todo en los cultivos de vino blanco de la actual provincia de Gorizia, y Venecia, por el otro, cuyo dominio cultural, social y político marcó de forma decisiva las zonas de cultivo de Grave y Colli Orientali dominadas por las variedades de uva negra. En la época actual, los viticultores friulanos y eslovenos comparten la zona montañosa del Collio, donde muchos de ellos poseen vastas áreas de viñedos tanto a un lado de la frontera como al otro.

De las clases de vid Chardonnay, Sauvignon y Ribolla, en Collio se prensan vinos blancos, sin mezcla de uva, de la mejor calidad.

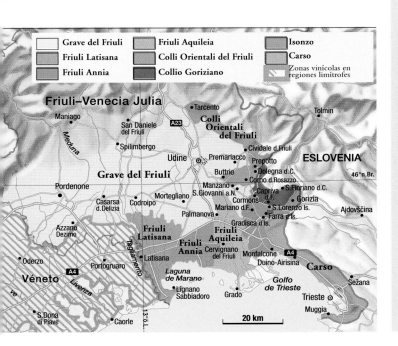

Grave del Friuli	Friuli Aquileia	Isonzo
Friuli Latisana	Colli Orientali del Friuli	Carso
Friuli Annia	Collio Goriziano	Zonas vinícolas en regiones limítrofes

Friuli-Venecia Julia

Maniago · Tarcento · Tolmin
San Daniele del Friuli · A23 · Colli Orientali del Friuli
· Spilimbergo · Premariacco · Cividale d.Friuli · ESLOVENIA
Udine · Buttrio · Prepotto · Dolegna d.C.
Pordenone · Manzano · Corno d.Rosazzo · S.Floriano d.C. · 46°n.Br.
Grave del Friuli · Mortegliano · S.Giovanni a.N. · Capriva d.F. · Gorizia
Casarsa d.Delizia · Codroipo · Cormons · S.Lorenzo Is.
Azzano Dezimo · Palmanova · Mariano d.F. · Ajdovščina
· Gradisca d'Is. · Farra d'Is.
Oderzo · Friuli Latisana · Friuli Annia · Friuli Aquileia · Cervignano del Friuli
Portogruaro · Latisana · Monfalcone · A4 · Carso
Véneto · A4 · Laguna de Marano · Duino-Airisina
· Lignano Sabbiadoro · Grado · Golfo de Trieste · Sežana
S.Dona di Piave · Trieste · Muggia
· Caorle · 13°6'L. · **20 km**

¿Qué pone en la etiqueta?

1 País productor

2 Denominación D.O.C., *Denominazione d'origine controllata* (también denominación D.O.C.G. *denominazione d'origine controllata e garantita*), IgT, *Indicazione geográfica Tipica,* o VdT, *Vino da Tavola*

3 Productor o propiedad vinícola

4 Dirección del productor o del embotellador (éste último en los casos en los que el vino no haya sido elaborado y embotellado por la empresa productora de la uva)

5 Variedad de vid (sólo en los vinos con D.O.C., en los que debe constar la variedad)

6 Año

7 Nivel de calidad

8 Contenido de alcohol en porcentaje en volumen

9 Contenido nominal de la botella (e = cumple la norma de la Unión Europea)

10 Embotellamiento del productor (el vino ha sido elaborado y embotellado en una empresa que también ha producido uvas para su propia producción)

Colli Orientali

En realidad, los Colli Orientali, las colinas orientales, no es la zona de cultivo oriental de Friuli, pues esta función le corresponde a la región de Collio y de Carso. Este territorio, con forma de media luna, abarca la capital de la región, Udine, y conforma la parte noroeste del mismo macizo montañoso al cual también pertenece el Collio. El dulce *ramandolo* proviene del extremo norte de los Colli Orientali, mientras que el paisaje ligeramente montañoso del centro de la zona, debido a las condiciones climáticas predominantes, produce excelentes vinos blancos y con multitud de matices. Las zonas del sur, orientadas directamente hacia el Adriático, son adecuadas para vinos tintos fuertes y con cuerpo, y algunos de ellos están incluidos entre los mejores que puede ofrecer actualmente la viticultura italiana.

Collio

La zona de cultivo más famosa de Friuli es el Collio, colina en castellano. Está situada sólo en parte en territorio italiano. Su mitad más grande, que recibe el nombre de Brda, pertenece a Eslovenia; reminiscencias del Imperio austrohúngaro, al cual perteneció anteriormente toda la región. Muchos viticultores de Collio también poseen

viñedos en la zona eslovena. Gracias a una norma de excepción de la UE, están autorizados para vender sus productos siempre con etiquetado italiano.

La especialidad principal de Collio también es el vino blanco: se prensan sin mezclar las variedades de uva Chardonnay, Sauvignon o Ribolla, o bien se mezclan diversas variedades. Las zonas montañosas del interior de la zona de Collio pertenecen a las pocas zonas de vino blanco de Italia realmente excelentes. En el flanco sur del Collio, hacia Capriva y Cormòns, también se producen magníficos vinos tintos, sobre todo a base de Merlot.

Isonzo, Carso y las riberas friulanas

Frente a las dos principales zonas de cultivo, Collio y Colli Orientali, el resto de Friuli lo tiene difícil para hacerse un nombre, incluso en el caso de la zona de Grave, cuya producción de vino es la más grande en lo que a cantidad se refiere. La zona de Isonzo, en el sur de Collio, aún nos puede sorprender con su magnífico Chardonnay y Sauvignon Blanc, y en Carso, la zona calcárea al norte de Trieste, se elaboran a pequeña escala vinos singulares y con carácter de las variedades autóctonas Terrano y Vitovska.

En cuanto a Latisana, Aquileia, Annia y Lison-Pramaggiore, de dichas regiones proceden vinos producidos a gran escala que, sin ser de una gran calidad, sí resultan absolutamente dignos.

El territorio entre los Alpes y el Adriático, cuyo potencial vitícola, a diferencia de otras regiones italianas, tuvo un desarrollo bastante tardío, además de ofrecer un maravilloso paisaje, aún desconocido para el turismo de masas, ofrece unas condiciones óptimas para la producción de vinos: mucho sol, bastantes precipitaciones y variedades de cepas importadas, que aquí encuentran un hábitat ideal. La región basó primero su prestigio en las variedades blancas, entre las cuales resaltan principalmente Pinot Grigio, Chardonnay y Sauvignon Blanc. Al ir algo rezagado, este territorio se encontró con que, a pesar de que sus áreas de viñedos hasta hacía pocas décadas estaban pobladas principalmente por variedades negras, el mercado de los grandes y afamados vinos tintos ya estaba ocupado por Toscana y Piamonte, mientras que en el emergente mercado del vino blanco del lado italiano la única competencia a la que se enfrentaba eran los productos de Alto Adigio.

En los últimos años, durante los cuales se pudo apreciar en todos los mercados una nueva tendencia no del todo casual hacia el vino tinto, muchos viticultores de Friuli se dedicaron de nuevo con mayor ahínco a las variedades de uva negra. La región poseía una buena posición inicial debido al hecho de que justo después de la catástrofe de la filoxera se habían trasplantado vides francesas, como Cabernet Sauvignon y Merlot (la Merlot es la variedad más cultivada desde inicios del siglo XX en Friuli), las cuales, gracias a un atento cuidado de los viñedos y del tratamiento en la bodega, proporcionaron unos resultados excelentes. Las mejores cosechas de estas variedades complacen el gusto de finales del siglo XX: aúnan la estructura y los matices de los grandes vinos europeos con el sabor picante y afrutado de los productos de California o Australia.

La segunda gran baza de la región ha sido y seguirá siendo la multitud de variedades de vid locales, a menudo ocultas en antiguos viñedos ignorados y desatendidos que sobrevivieron los años de la producción indiscriminada de vino a gran escala y el *boom* del vino blanco. Un pequeño grupo de viticultores empezó ya en la década de 1980 a dedicar más atención a sus vides Schioppettino, Refosco, Pignolo o Tazzelenghe, y de sus uvas salieron vinos tintos vigorosos, expresivos y con carácter.

También las variedades blancas locales vuelven a utilizarse con mayor fuerza, principalmente la Ribolla Gialla, que se utiliza en la zona de Collio, en la frontera con Eslovenia, pura o bien mezclada con otras variedades, obteniendo vinos delicados, frescos, de excelente acidez. Una especialidad de la región son los vinos dulces de las variedades Picolit y Verduzzo. La mayoría son vinos de uva Verduzzo, procedentes en su mayor parte de la zona de Ramandolo, que ha mejorado considerablemente.

Izquierda: Collio no solo le ofrece excelentes vinos blancos, tanto puros como de varios tipos de uva, sino que desde hace algunos años también produce notables vinos tintos, prensando frutos de uvas francesas como la Merlot, pero también de variedades locales, como la uva Refosco.

23

DULCES DELICIAS

Un postre dulce debe saborearse junto a un vino dulce: esta regla de oro culinaria internacional también se utiliza en Friuli y en Venecia Julia. En estas regiones es probable que una comida finalice con un pedazo de *pinza* o de *presniz*. La *pinza* es un pastel de levadura tradicional friulano, y los *presniz* son grandes roscas de masa rellenas con nueces, avellanas, almendras, piñones y pasas al ron.

VINOS DULCES DE ITALIA

Italia posee una amplia gama de clases de vino dulce diferentes, las cuales, sin embargo, no alcanzan el renombre de sus iguales franceses, alemanes o austríacos. Ya en el imperio romano se conocían los vinos de uvas recogidas tras las heladas y de uvas seleccionadas, y a menudo los vinos secos se endulzaban de forma artificial (por ejemplo, con miel). Incluso los vinos blancos secos conocidos, como *frascati, orvieto o soave,* se elaboraron durante siglos en su mayoría de forma *abbocato,* es decir, dulce.

Actualmente en Italia se distinguen cuatro clases principales de vino dulce. Principalmente, en Véneto se produce el *recioto,* una clase de vino de uvas pasificadas. Después de la cosecha, las uvas se dejan secar sobre armazones de madera durante algunas semanas y luego se prensan mediante el proceso normal. Los vinos, con un fuerte dulzor, mantienen un sabor afrutado y ligero y resultan adecuados para acompañar platos dulces ligeros. Totalmente diferente es el *vin santo,* natural de la Toscana, aunque también de Trentino. En este caso, las uvas se secan al aire y luego los vinos se dejan reposar durante largo tiempo en el cálido desván, dentro de pequeñas barricas de madera cerradas herméticamente. De este modo, estos vinos obtienen un matiz oxidado muy similar al del jerez.

El vino dulce más popular de Italia es probablemente el burbujeante *moscato d'Asti o asti,* anteriormente denominado también *asti spumante.* En este vino, la dulzura natural de las uvas se obtiene mediante una interrupción de la fermentación en el tanque aplicando un proceso de refrigeración o filtración. El buen *moscato d'Asti* es un excelente acompañante para la macedonia de frutas o para postres muy ligeros. En Sicilia, los vinos dulces se prensan a partir de uvas Malvasia o Moscato muy maduras y acompañan postres espesos y cremosos, mientras que en Alto Adigio se encuentran vinos dulces de cosecha tardía y de cosechas de uvas escogidas según la tradición. Sin embargo, en su mayoría, las condiciones climáticas de Italia no son adecuadas para la producción de uvas infectadas por el moho llamado *botrytis cinerea,* como el vino francés de Sauternes. Por este motivo, algunos viticultores intentan imitar estas condiciones especiales en cámaras climáticas, en las cuales se dejan madurar a una gran humedad atmosférica las uvas cosechadas.

PINZA
Pastel de levadura

1 KG DE HARINA DE TRIGO
70 G DE LEVADURA DE PANADERÍA
250 ML DE LECHE
250 G DE AZÚCAR
100 G DE MANTEQUILLA
6 HUEVOS
SAL
RON
1 VAINA DE VAINILLA

Con 250 gramos de harina, levadura y leche tibia, confeccione una pasta muy fluida. Deje reposar la masa durante una hora y añada 250 gramos más de harina, 100 gramos de azúcar, 40 gramos de mantequilla derretida y 2 huevos. Mézclelo todo cuidadosamente. Dos horas más tarde, añada la harina restante, la mantequilla, el azúcar, 3 huevos enteros y una yema de huevo, un pellizco de sal, un chorro de ron y las semillas de la vainilla. Deje reposar la pasta un rato, amase repetidamente formando un pan, deposítela sobre una placa de horno y cuézala durante unos 30 minutos en el horno precalentado a 200°C. Baje la temperatura a 180°C y deje la pinza 10 minutos más en el horno hasta que la corteza alcance un tono marrón oscuro.

PRESNIZ
Roscas de masa
(fotografía inferior izquierda)

Para elaborar la masa:
250 G DE HARINA DE TRIGO
250 G DE MANTEQUILLA
5–6 CUCHARADAS DE LECHE
EL ZUMO DE 1 LIMÓN
1 HUEVO
SAL

Para el relleno:
NUECES
AVELLANAS
ALMENDRAS PICADAS
PIÑONES
PASAS BAÑADAS EN RON
FRUTA ESCARCHADA

HARINA PARA ESPOLVOREAR
MANTEQUILLA PARA ENGRASAR
1 HUEVO BATIDO
AZÚCAR EN POLVO

Mezcle la mitad de la harina con la mantequilla y déjela reposar durante la noche. En otra fuente, mezcle la harina restante con leche, el zumo de limón, 1 huevo y una pizca de sal. Deje reposar durante 1 hora. Trabaje ambas mezclas hasta conseguir una masa y extiéndala sobre un paño de cocina espolvoreado de harina, para formar un rectángulo de masa fina.

Cubra con las nueces, las avellanas, las almendras, las pasas bañadas en ron y la fruta escarchada. Enrolle la pasta con ayuda del paño de cocina formando un embutido. Córtela horizontalmente formando pequeñas roscas. Coloque las roscas en un molde engrasado con mantequilla y unte la superficie con huevo batido. Póngalas durante unos 40 minutos en un horno precalentado a 200°C. Sírvalas espolvoreadas con azúcar en polvo.

TAJUT

Una de las costumbres más antiguas relacionada con la bebida en Friuli y en Venecia Julia es la largamente practicada costumbre del *tajut* o *cajut*. Cuando dos amigos se encontraban en la calle, según la costumbre, uno debía invitar al otro a beber un vaso de vino. El amigo invitado debía corresponder con un segundo vaso. En las pequeñas poblaciones friulanas es muy posible que, mientras los dos amigos estaban sentados juntos, pasaran por allí otros conocidos, a los cuales se les invitaba inmediatamente a tomar asiento, se les convidaba a su vez a beber un vaso de vino y luego éstos debían devolver la invitación que se les había hecho. Resulta evidente que el *tajut* es una costumbre que requiere disponer de mucho tiempo así como poseer ciertas condiciones para beber vino; afortunadamente, el jugo de la vid se sirve en vasos pequeños, a fin de que las reuniones sociales con amigos no siempre acaben con una borrachera.

Fondo: el *tajut* es un ritual en vías de extinción en Friuli y en Venecia Julia. Gianni espera a sus amigos sentado delante de una pequeña *trattoria*.

GRAPPA

No se sabe exactamente cuándo tuvieron los viticultores la idea de destilar un aguardiente transparente mediante los restos de la uva generados en el prensado. Sin embargo, ya existen referencias antiguas documentadas sobre los licores campesinos de las regiones alpinas y prealpinas que se remontan al año 1451. En el testamento que dejó a sus herederos un friulano de la época llamado Enrico, se habla de una bebida llamada *grape*. En sus orígenes, el *grappa* servía como elixir de la vida para los días fríos del rudo clima del norte de Italia.

El aguardiente ha realizado una carrera meteórica: ahora el *grappa* se considera un licor muy preciado y hace tiempo que ha entrado en el templo de los *gourmets* europeos. La creciente demanda de *grappa* también ha provocado que hoy en día se ofrezcan calidades muy diferentes a precios muy diversos. Así, encontramos aguardientes elaborados industrialmente, relativamente baratos, que se producen en un proceso continuado. Las destilerías tradicionales siguen elaborando aguardientes de elevado precio pero acabados artesanalmente, dado que sus aparatos de destilación funcionan de forma discontinua, por lo cual se pueden dedicar de forma más intensiva a cada destilación. En los últimos años se ha puesto de moda fabricar *grappa* de una sola clase de uva, pero hay críticos que opinan que eso sólo tiene sentido si se emplean uvas muy aromáticas, como por ejemplo la uva Moscato, para el vino moscatel. Hay diversidad de opiniones sobre si el *grappa* debe envejecer o no. Sin duda es verdad que para el carácter de un *grappa*, además del arte del maestro destilador, la calidad del orujo es decisiva. Si éste es de una calidad inferior, un periodo largo de almacenamiento en barril tampoco podrá mejorar el producto. Por otro lado, el almacenamiento armoniza y refina el aroma del licor. Un *riserva* o *grappa stravecchia* se almacena un mínimo de doce meses, seis de los cuales permanece en toneles de madera. La madera de roble le confiere su típico tono amarillo dorado.

El mejor modo de saborear los destilados jóvenes es sirviéndolos ligeramente fríos, con una temperatura de ocho a diez grados, en copas de pie alargado; los *grappas* viejos se aprecian sobre todo en copas de coñac y se pueden beber a una temperatura de entre 16 y 18 °C. Pero ya sean *grappas* jóvenes, maduros o muy aromatizados, el aguardiente de orujo debe ser claro como el agua. Las impurezas o la turbiedad, así como un olor ahumado, acre o corrompido, es un signo de mala calidad.

En la destilería de Grappa Sibona, en Piobesi d'Alba, del Piamonte, las calderas aún se llenan según el proceso de destilación discontinuo, y el aguardiente se calienta al baño María.

En la destilería de Romano Levi, en la localidad piamontesa de Neive, se utilizan métodos tradicionales, es decir, se produce un delicioso aguardiente según el procedimiento de destilación discontinuo. Las instalaciones se alimentan con residuos del año anterior.

El brillo del horno indica su elevada temperatura, pero como el aguardiente no soporta las altas temperaturas se calienta al baño María.

Para destilarlo, se introduce en los alambiques. El buen aguardiente debe proceder de uvas frescas, maduras y de buena calidad.

El maestro destilador cierra cuidadosamente la tapadera. Ahora ya se puede encender un buen fuego en el horno del alambique.

El alcohol y los aromas suben y se condensan en un serpentín refrigerante. El destilado se condensa.

Elaboración del grappa

El proceso de elaboración del *grappa* empieza con el orujo, que es el pellejo de las uvas prensadas. Para elaborar un buen *grappa* es necesario utilizar un orujo que no sea demasiado seco, el cual además debe ser lo más fresco posible, para que no puedan proliferar microorganismos como mohos y acetobacterías. El orujo de la uva negra está totalmente fermentado, por lo que ya está listo para destilar, puesto que el vino tinto se prensa justo después de la fermentación etílica del pellejo de la uva. Por el contrario, el orujo de la uva blanca primero debe depositarse en la tina fermentadora, pues los vinos blancos se separan del mosto antes de que se haya producido la fermentación.

El orujo debe calentarse con cuidado, de lo contrario se cocería formando una sopa espesa en el suelo de la caldera de cobre, lo cual perjudicaría al sabor del destilado. Existen dos métodos para realizar un calentamiento moderado: la caldera se coloca en un segundo recipiente lleno de agua, de modo que el orujo se calienta al baño María *(bagnomaria),* o bien se calienta mediante vapor de agua. Ambos métodos aseguran que el calor del fuego no llegue directamente al orujo y que la temperatura no sobrepase los 100 °C. Las sustancias que contiene el orujo alcanzan su punto de ebullición en diferentes momentos. El metanol u otros alcoholes, denominados alcoholes superiores, son los primeros en evaporarse durante el proceso de destilación. Es la *testa,* la "cabeza" del destilado. Curiosamente, el alcohol que se escapa hacia la "cabeza" venenosa y hedionda ya contiene todas las sustancias aromáticas que le otorgan su carácter al *grappa*. Por este motivo, el maestro destilador precisa mucha experiencia y un buen olfato para cortar la "cabeza" en el momento adecuado, para conseguir que el "corazón", *il cuore,* no contenga impurezas.

El proceso de destilación se vigila mediante mirillas.

Mientras las destilerías de los fabricantes industriales de *grappa* trabajan ininterrumpidamente, las destilerías pequeñas y tradicionales siguen el proceso discontinuo, es decir, al finalizar cada proceso de destilado, las calderas se vacían totalmente y se llenan con nuevo orujo. El orujo ya utilizado se prensa y se deja secar, para poderlo utilizar el año siguiente como combustible. A su vez, las cenizas de los restos del orujo seco se utilizarán como abono para las cepas. Resulta imposible imaginar una utilización más eficiente de los deshechos.

Un producto elaborado con tanto cariño también debe ser apreciado por el amante del *grappa* como corresponde, y, ante todo, recibir un buen trato. El *grappa* debe guardarse en un lugar fresco y seco. Una vez se ha abierto la botella, debe vaciarse rápidamente, pues sus tenues y volátiles sustancias aromáticas sólo se conservan tres meses a lo sumo.

Izquierda: el *grappa* ha experimentado un extraordinario ascenso: del rudo aguardiente campesino a la bebida de moda, lo cual también debe a sus llamativas botellas.

Tradicionalmente, el *grappa* se bebe joven y transparente como el cristal, pero elegir la clase es únicamente cuestión de gustos.

Derecha: el destilador Romano Levi, llamado "el Papa del *grappa*" por algunos entendidos, toma una muestra de un tonel.

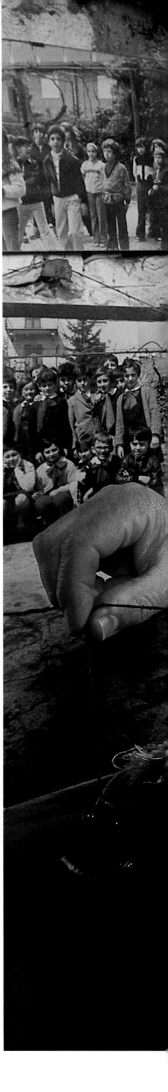

En los bares italianos, el *grappa* suele servirse en pesados vasos con un grueso suelo de vidrio. Sin embargo, también existen copas especiales.

CLASES DE GRAPPA

No hace muchos años, la gastronomía, especialmente la alta gastronomía, no estaba interesada en absoluto por el *grappa*. El aguardiente de orujo se consideraba una bebida de campesinos, y sin genios de la destilación como Romano Levi, Luigi Orazio Nonino, Bruno Pilzer, Gioachino Nannoni y algunos otros, nunca habría alcanzado su popularidad actual. Antiguamente, los destiladores recorrían las propiedades vitícolas para destilar *in situ* una poderosa arma contra los fríos días de invierno para los viticultores, mientras que en la actualidad, las destilerías modernas se han especializado en aguardientes de gran calidad, incluso en algunos casos de una sola clase de uva, como Moscato o Traminer. El éxito ha sido enorme, pues los numerosos productos satisfacen actualmente las más altas exigencias.

Pero no solo en Piamonte y en Friuli-Venecia Julia se destilan excelentes *grappas,* pues el orujo se produce en todos los lugares donde se prensa el vino. Pertenecen a las regiones productoras más significativas: Lombardía, el valle de Aosta, Véneto, así como Trentino y el Alto Adigio, pero también Emilia-Romaña, Toscana, Liguria, Lacio e incluso Cerdeña. Donde hay vino, también hay *grappa*. Si hay un *grappa* que se declare "*grappa* italiano", sin más, suele tratarse de una mezcla de aguardientes de diferentes regiones. En Friuli, la especialidad de *grappa* se elabora mediante el orujo de la uva Picolit, dulce pero de escaso fruto.

Una destilería tradicional

Romano Levi, uno de los destiladores de *grappa* más conocidos de Italia y probablemente el más fotografiado de todos, dirige una destilería pequeña, con reminiscencias de museo, en la localidad piamontesa de Neive. Aprendió el oficio de su padre, luego se hizo cargo de la destilería y hasta ahora no ha cambiado nada del proceso secular de destilado del orujo. Aquel que contemple a Romano Levi en su trabajo, enseguida reconocerá que tampoco a él se le ocurriría modernizar los métodos de fabricación. El éxito le da la razón. A pesar de que Levi sólo produce un par de miles de botellas al año, sus *grappas* son conocidos más allá de la frontera del Piamonte y fuera de Italia, y se tienen en alta estima. Existen clientes que realizan largos viajes para hacerse con el preciado aguardiente. Es un secreto a voces que los productos de Levi a menudo no son los de mayor pureza. Levi puntualiza con complacencia que no está especialmente interesado en el sabor de los aguardientes. Parece ser que es más bien el hecho de que el mismo Romano Levi en persona diseña amorosamente las botellas y pega las etiquetas escritas a mano, verdaderos objetos de coleccionista, lo que otorga fascinación a su *grappa*.

VENEZIA
VENETO

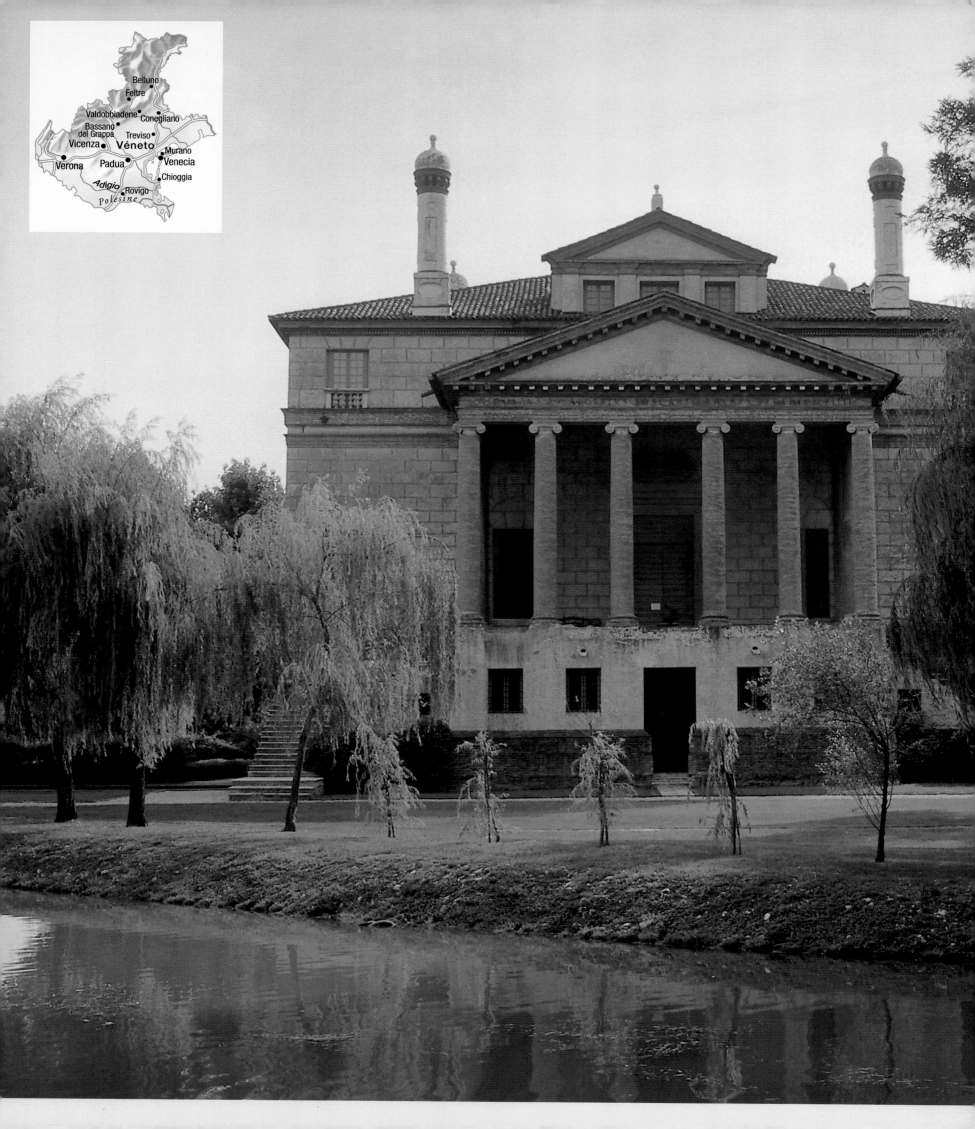

A pesar de que Véneto y Venecia pertenecen a la misma unidad política, la impresión que producen resulta completamente distinta. En un álbum de fotos turísticas no pueden faltar imágenes de la gran dama del Adriático, (como por derecho propio todavía se la puede denominar), y por otro lado imágenes de Véneto con las villas de Palladio a orillas del Brenta, que la alta aristocracia veneciana utilizaba como residencia de verano para huir de los malos olores de las callejuelas y de los canales de su ciudad de origen.

Véneto, sin embargo, es mucho más que el escenario de una antigua potencia marítima y comercial. Entre Padua y Verona, hasta la orilla oriental del lago de Garda, se desarrolla una Italia muy diferente que poco tiene que ver con la Serenissima y que ofrece sus propios atractivos.

Las diferencias que existen entre Venecia y Véneto también se reflejan en la cocina que se elabora en la región. De ambas es típico el *risotto,* pero mientras que en la costa se cocina con pescado y marisco, en el interior se prepara con calabaza, espárragos, *radicchio* y ancas de rana. Común a ambas zonas es el gusto que tienen por las legumbres. *Pasta e fagioli:* de esta manera se llama el típico plato de pasta y judías, que se sirve templado y se condimenta con un par de gotas de aceite de oliva. A su vez *risi e bisi,* el arroz con guisantes frescos y finos, también puede encontrarse en las cartas de toda Italia.

A pesar de tener estos puntos en común, la cocina de Véneto resulta más bien fuerte, mientras que la veneciana todavía evoca en ciertos casos el antiguo esplendor que poseía la *Serenissima;* se utilizan especias exóticas, se crean salsas refinadas y menús exquisitos. No obstante, los platos tradicionales y simples como el bacalao o las *sarde in saor,* sardinas o boquerones marinados con especias, no han caído en el olvido. En Véneto, en cambio, se consumen más productos cárnicos (como la *sorpressata,* una mortadela no muy fina, o el sabroso salchichón de ajo) y menos pescado. La región es, además, uno de los principales productores de algunas clases de hortalizas muy apreciadas, como el *radicchio* rojo de Treviso o los espárragos de Bassano del Grappa.

Doble página precedente: Harry's Bar es uno de los iconos de la gastronomía veneciana.

Izquierda: mundialmente conocidas son las villas del arquitecto Palladio (1508–1580), construidas durante el Renacimiento. En la fotografía aparece la Villa Foscari, llamada también Villa Malcontenta (construida hacia 1560).

HARRY'S BAR

La historia del legendario Harry's Bar comienza en otra barra veneciana. En el año 1930, en el bar del exclusivo hotel Europa-Britannia, Giuseppe Cipriani mezclaba bebidas y cócteles para un grupo de huéspedes que estaban ajenos a la crisis económica mundial. Entre ellos se encontraban tres estadounidenses: un joven y algo meditabundo estudiante que se llamaba Harry Pickering, su tía y el amante de ésta. El trío no se prodigaba mucho por las calles de la ciudad. De vez en cuando hacía una pequeña excursión a la plaza de San Marcos, pero normalmente prefería pasar el rato en el bar del hotel. Su jornada comenzaba hacia las once de la mañana. Pedían aperitivos y se sentaban a almorzar en la terraza. A primeras horas de la tarde regresaban al bar para beber algo. El mismo ritual se repetía por la noche. Transcurridos aproximadamente dos meses, los tres se pelearon. El resultado fue que la tía y su joven amante se fueron sin decir ni pío y dejaron a Harry con un montón de facturas sin pagar.

Harry Pickering frecuentaba el bar cada vez menos hasta que, en un momento dado, Giuseppe Cipriani intentó averiguar el motivo. Temía que su mejor cliente sufriera alguna enfermedad o atravesara serios problemas económicos, algo que se confirmó poco tiempo después. Giuseppe se compadeció del joven estadounidense y le dio todo el dinero que había ahorrado a costa de mucho sudor y con el que pretendía abrir su propio bar: 10.000 liras de la época, una suma nada despreciable. Con esta cantidad, Pickering saldó todas sus deudas y se fue al otro lado del Atlántico sin dejar ningún rastro. Unos meses más tarde, sin embargo, el joven regresó y no solamente devolvió a Cipriani el dinero que éste le había prestado, sino que le entregó 30.000 liras adicionales, capital más que suficiente para abrir conjuntamente el bar con el que Cipriani había soñado durante mucho tiempo.

ROSSINI
(fotografía superior derecha)

Para 1 persona

5 CL DE PURÉ DE FRESAS HELADO
15 CL DE PROSECCO DI CONEGLIANO BIEN FRESCO

Vierta el puré de fresas en un vaso bien frío. Llénelo con *prosecco,* remuévalo un poco y sírvalo inmediatamente.

TIZIANO
(fotografía inferior derecha)

Para 1 persona

5 CL DE MOSTO DE UVAS NEGRAS FRÍO
15 CL DE PROSECCO DI CONEGLIANO BIEN FRESCO

Vierta el mosto de uva en un vaso bien frío. Llénelo con *prosecco,* remuévalo un poco y sírvalo inmediatamente.

BELLINI

Para 1 persona

5 CL DE PURÉ HELADO DE MELOCOTONES BLANCOS SIN PELAR
15 CL DE PROSECCO DI CONEGLIANO BIEN FRESCO

Vierta el puré de melocotón en un vaso bien frío. Llénelo con *prosecco,* remuévalo un poco y sírvalo inmediatamente.

Giuseppe Sereno, camarero de Harry's Bar, mezcla un Bellini, compuesto por puré de melocotón y un *prosecco* di Conegliano refrigerado.

CARPACCIO DI CIPRIANI
Carpaccio de ternera a la Cipriani
(fotografía fondo)

60 ML DE MAYONESA RECIÉN PREPARADA
2–3 CUCHARADAS DE NATA DULCE
1 CUCHARADITA DE MOSTAZA SUAVE
1 CUCHARADITA DE SALSA WORCESTER
TABASCO Y SAL
300 G DE FILETE DE TERNERA
RÚCOLA PARA DECORAR

Mezcle la mayonesa que tiene que estar recién preparada con la nata, la mostaza y la salsa Worcester hasta conseguir formar una crema espesa. Añada sal y tabasco. Deje reposar la salsa durante 15 minutos para que se mezclen bien los aromas.
Congele el filete de ternera y córtelo en filetes muy finos. Distribúyalo en 4 platos o en una bandeja, añádale mayonesa y guarnézcalo con rúcola.

Como muestra de agradecimiento a mister Pickering, el local fue nominado Harry's Bar. Giulietta, la mujer de Giuseppe, encontró el local adecuado, un antiguo almacén en la calle Vallaresso 1323, cerca del embarcadero San Marcos, que se encontraba en alquiler. Tenía apenas 45 metros cuadrados y estaba situado en un callejón sin salida, de forma que no existía ninguna comunicación con la concurrida plaza de San Marcos. Esto era, precisamente, lo que Giuseppe Cipriani deseaba; no le interesaba la clientela ocasional, sino que desde el principio se orientó hacia un público consciente del tipo de bar al cual se dirigía. El tiempo le dio la razón.

El éxito del Harry's Bar fue instantáneo. La *jet set* de las décadas posteriores acudía en masa al local. La lista de famosos es interminable. En la actualidad, el Harry's Bar continúa atrayendo a ricos y famosos como sucedió desde el primer día: Ernest Hemingway, Somerset Maugham, la familia Rothschild, Arturo Toscanini, Orson Welles, Aristóteles Onassis, María

Callas, Truman Capote, Peggy Guggenheim, Charles Chaplin, Barbara Hutton e incluso miembros de la realeza como el rey Alfonso XIII, la reina Guillermina de los Países Bajos, el rey Pablo de Grecia o los príncipes de Gales, Carlos y Diana.

Desde sus inicios, además de las bebidas, también eran muy apreciadas las pequeñas exquisiteces que ofrecía el bar. Entre las creaciones de Giuseppe en el mostrador destacan simples aunque geniales bebidas como el Bellini o el Tiziano, a pesar de que la creación más famosa, sin lugar a dudas, proviene de su cocina. En la década de los años 1950 frecuentaba asiduamente el Harry's Bar Amalia Nani Mocenigo, una dama que pertenecía a la alta aristocracia veneciana. Cuando el doctor de esta algo anémica condesa le ordenó una dieta con carne cruda, Giuseppe creó una especialidad tan simple como única. Dado que por aquel entonces se celebraba en la ciudad una exposición del pintor renacentista veneciano Vittorio Carpaccio, famoso por sus brillantes tonos rojizos,

Giuseppe decidió nominar el extremadamente delgado filete de ternera cruda marinado con mayonesa, limón, salsa Worcester, leche, sal y pimienta blanca según el apellido del artista. En la actualidad, esta especialidad, si bien en diferentes variantes, puede encontrarse en casi todos los restaurantes italianos, aunque en ningún otro lugar se prepara como en la calle Vallaresso 1323.

Giuseppe murió en el año 1980. Su hijo, Arrigo Cipriani, tomó la dirección del bar que siempre había llevado su nombre, puesto que Arrigo es la versión italiana de Harry. Arrigo, que había estudiado derecho y en su tiempo libre, a petición del padre, había trabajado en el bar, pasó a ocuparse con amor del pequeño establecimiento y decidió no tocar nada. La única concesión a la modernidad consiste en un ordenador para la caja registradora. Los clientes de Arrigo se lo agradecen, y el Harry's Bar parece ser inmune al continuo cambio de gustos impuesto por la moda.

LA OSTERIA DA FIORE

Vista desde la calle, la *osteria* Da Fiore, regentada por Maurizio Martin, no llama la atención. Se encuentra bastante escondida en la algo tétrica calle del Scaleter, situada en el Sestiere San Polo. La visita al bonito, discreto y pequeño local (apenas tiene cabida para 40 comensales), que durante otra época albergaba una tienda de vinos, bien merece la pena, puesto que ningún otro lugar resulta más adecuado para conocer la tradicional cocina autóctona elaborada con pescado.

La jefa de cocina Mara Martin emplea exclusivamente pescado de la laguna recién capturado: dorada, róbalo, rodaballo, calamar, sepia y las clases de mejillones autóctonas. Además de todo esto, los escépticos del bacalao salado podrán disfrutar de un puré de bacalao excepcionalmente sabroso, plato que tiene un origen muy antiguo. Otra exquisitez de la cocina de Mara Martin es el *risotto nero,* cuyo color oscuro se obtiene de la tinta del calamar. No obstante, quienquiera que desee solamente un vaso de vino y un par de apetitosas tapas, será siempre bienvenido en la *osteria* Da Fiore.

RISOTTO NERO
Arroz negro
(fotografía inferior izquierda)

Para 4–6 personas

750 G DE CALAMARES CON SU TINTA
2 DIENTES DE AJO
7 CUCHARADAS DE ACEITE DE OLIVA
EL ZUMO DE I LIMÓN PEQUEÑO
I CEBOLLA
250 ML DE VINO BLANCO SECO
750 ML DE CALDO CONCENTRADO DE PESCADO PREPARADO
250 G DE ARROZ VIALONE
SAL Y PIMIENTA RECIÉN MOLIDA
I MANOJO DE PEREJIL TROCEADO

Limpie los calamares y ponga con cuidado las bolsas llenas de tinta en un plato hondo. Corte el cuerpo del calamar y los tentáculos en tiras finas.

Corte el ajo en trozos finos y mézclelo con 3 cucharadas de aceite de oliva y el zumo de limón. Viértalo sobre el calamar y déjelo macerar durante 20 minutos.

Corte la cebolla en trozos finos y rehóguela en una olla con 4 cucharadas de aceite de oliva. Escurra las tiras de calamar, añádalas y deje que se cuezan mientras las remueve. Vierta el líquido macerado y el vino blanco. Abra las bolsas con la tinta y vierta el líquido en la olla. Déjelo cocer todo durante 20 minutos y vierta de vez en cuando un poco de caldo de pescado.

Añada el arroz. Vierta poco a poco el resto del caldo y déjelo evaporar mientras lo remueve continuamente. Añada sal, pimienta y espolvoree con el perejil bien triturado.

ANDAR PER OMBRE: UN RITUAL VENECIANO

Se cuenta de los venecianos que aman tanto un pequeño vaso de vino como entablar una breve charla con amigos o conocidos y que cualquier hora del día es buena para este fin. Por consiguiente, se supone que los habitantes de la ciudad de la laguna combinan estas costumbres desde siempre. *Andar per ombre* significa algo así como "vamos a una agradable *osteria,* bebemos algo, comemos unas tapas y charlamos un rato". Existen diferentes opiniones sobre la procedencia de esta expresión. Unos afirman que, antiguamente, los vendedores de vino que atravesaban la plaza de San Marcos durante el día siempre lo hacían siguiendo la sombra del *campanile* para que el vino no se calentara demasiado. Quien deseaba beber algo, por lo tanto, tenía que ir *all'ombra,* a la sombra. Otros, en cambio, opinan que la *ombra* podría corresponder a una antigua unidad de medida veneciana que equivalía a 100 mililitros. Incluso existe una unidad menor, la *ombretta.*

Casi todos los venecianos tienen su propio *giro de ombre.* A partir de las once de la mañana se dirigen a sus respectivas *osterie,* donde conversan, beben su *ombra* y regresan a sus casas. Al terminar el día, algunos ya llevan varias *ombre,* pero no se producen incidentes destacables, puesto que la cantidad ingerida de vino, que en la mayoría de los casos es de buena calidad, no es muy elevada. El *giro de ombre,* por consiguiente, guarda cierto parecido con el tapeo español.

Risotto nero
Arroz negro

Baccalà alla vicentina
Bacalao a la vicentina

Baccalà mantecato
Puré de bacalao
(fotografía superior)

1 BACALAO DESALADO
ACEITE DE OLIVA VIRGEN EXTRA (LA CANTIDAD DEBE
CORRESPONDER A UN CUARTO DEL PESO DEL PESCADO)
SAL Y PIMIENTA
NUEZ MOSCADA
3 DIENTES DE AJO
1 MANOJO PEQUEÑO DE PEREJIL

Lave el bacalao y cuézalo en una olla con agua durante
20 minutos. Extráigalo, retírele las posibles espinas, córtelo
en trozos y viértalo en una batidora con el aceite. Añada
sal, pimienta y nuez moscada rallada hasta formar un
puré cremoso. Triture el ajo y el perejil y mézclelo con
el puré de pescado. Sírvalo templado o frío con polenta
caliente.
El bacalao se seca al sol. Antes de prepararlo debe golpearse
con fuerza con una maza para carne y cubrirse en un
plato hondo con agua durante 2 ó 3 días. El agua debe
cambiarse todos los días. También es posible comprar
bacalao previamente desalado.

Baccalà alla vicentina
Bacalao a la vicentina
(fotografía izquierda)

1 KG DE BACALAO DESALADO
6–7 CUCHARADAS DE ACEITE DE OLIVA VIRGEN EXTRA
3 DIENTES DE AJO PICADOS GRUESOS
2 CUCHARADAS DE PEREJIL TRITURADO
SAL Y PIMIENTA
1 CEBOLLA CORTADA EN TROZOS MUY FINOS
1 L DE LECHE
NUEZ MOSCADA
3 FILETES DE ANCHOA
PARMESANO RALLADO

Lave el bacalao, escúrralo, quite las posibles espinas y
córtelo en trozos grandes. Vierta en una cacerola resistente
al fuego la mitad del aceite de oliva, el ajo y 1 cucharada
de perejil. Ase los trozos de pescado por ambos lados y
añada un poco de sal, pimienta y la cebolla cortada en
trozos pequeños. Retire la cacerola del fuego y quite
el ajo.
Cubra completamente el bacalao con leche templada, ralle
un poco de nuez moscada por encima y déjelo cocer a
fuego lento durante 2 horas hasta que casi toda la leche
se haya evaporado.
Mientras tanto, caliente el resto del aceite de oliva en
una cacerola pequeña, fría los filetes de anchoa y espárzalos
por encima del bacalao. Añada el perejil restante y el
parmesano. Gratine el bacalao en la cacerola sin tapar
durante aproximadamente 10 minutos en el horno
precalentado a 220°C. Sírvalo con trozos de polenta
tostada.

Venecia y los austríacos

Venecia, la Serenissima Dominante, que otrora dominó
un territorio que se extendía desde Istria a Bizancio y
desde Dalmacia hasta Levante, siempre ha tenido fama de
ser una ciudad que se hunde, aunque ha demostrado hasta
hoy la tenacidad y la viveza proverbial de los llamados
condenados a morir. El dramático final de la orgullosa
aunque por aquel entonces ya enferma república aristo-
crática empezó con la entrada de Napoleón el 12 de
marzo de 1797. El último dux, Ludovico Manin, abdicó.
Al cabo de poco tiempo, Napoleón cedió la ciudad de la
laguna a los austríacos. En 1806 regresaron los franceses
y se llevaron de Venecia todo lo que no estaba "clavado"
fijamente. El Congreso de Viena confirmó la pertenencia
de Venecia a los austríacos, los cuales, durante los cincuenta años que duró su segundo dominio, importaron las
palomas y transformaron la brillante dominadora de los
mares en una provinciana ciudad dormida. En 1866,
Venecia cayó en manos del recién constituido Reino de
Italia.
Los venecianos no son precisamente famosos por su capacidad de resistir a los invasores y se les atribuye un cierto
miedo político. No obstante, intentaron un alzamiento
popular contra los austríacos. El 22 de marzo de 1848,
Daniele Manin, cuyo apellido era, casualmente, el mismo
que el del último dux de Venecia, se subió a una mesa ante
el Caffè Florian de la plaza de San Marcos y proclamó la
república. La asonada falló, pero el episodio constituye un
ejemplo de hasta qué punto los cafés y hoteles de Venecia
se utilizaban como lugares de reunión y cuarteles de la
resistencia. Los venecianos pueden estar sentados en un
café durante varios días. Antaño, algunos pedían que

la correspondencia les fuera enviada allí. Durante el
bombardeo de la ciudad por el mariscal austríaco
Radetzky, quien con esta medida deseaba que los revolucionarios entraran en razón, los habitantes de la ciudad se
vieron obligados a abandonar las zonas exteriores de la
ciudad y a buscar protección. La elección de los pudientes
recayó, obviamente, en el elegante hotel Danieli. Los
adversarios de los austríacos siguieron reuniéndose en el
Caffè Florian, donde eran observados continuamente por
la policía secreta.

Fegato di vitello alla veneziana
Hígado de ternera a la veneciana
(fotografía superior)

3–7 CUCHARADAS DE ACEITE DE OLIVA
25 G DE MANTEQUILLA
500 G DE CEBOLLAS
1 CUCHARADA DE PEREJIL TRITURADO
2 HOJAS DE LAUREL

500 G DE HÍGADO DE TERNERA
4 CUCHARADAS DE CALDO DE CARNE
SAL Y PIMIENTA RECIÉN MOLIDA

Caliente el aceite de oliva y la mantequilla en una sartén.
Pele las cebollas, córtelas en rodajas, añada el laurel y el perejil triturado y cuézalo todo 10 minutos. Corte el hígado
en 4 filetes y agréguelo a la cebolla. Aumente la temperatura, añada un poco de caldo de carne y cueza durante 5 minutos. Retire del fuego y condimente los filetes de hígado
con sal y pimienta. Sírvalo con trozos de polenta.

BOCADILLOS

Salmón
Con salmón suelen prepararse canapés, pequeñas *tartine*. La mantequilla y el zumo de limón no deben faltar.

Arrostino y calabacines
Los calabacines, cortados en tiras o en rodajas y condimentados con tomillo, aportan al asado un toque de frescura.

Primavera
El *tramezzino* es la variante italiana del *sandwich*. El pan tostado suele servirse frío y, en este caso, con lechuga y jamón.

Gorgonzola y trufas
El aroma de las trufas contrasta con el fuerte sabor del Gorgonzola. Otra variante es Gorgonzola con miel de castañas.

Ensalada de gambas
El *tramezzino* con gambas y lechuga se sirve frío porque los ingredientes suelen acompañarse con mayonesa.

Salmón y lechuga
Hojas verdes, en su mayoría de lechuga larga o rizada, hacen que el salmón ahumado adquiera un toque fresco y ligero.

Atún y alcachofas
El más clásico de los *tramezzini* contiene atún y alcachofas. Es de sabor fuerte y jugoso.

Alcachofas y würstel
Que nadie quede decepcionado: a pesar de su nombre bávaro, los *würstel* italianos tienen un sabor diferente al de los alemanes.

Espinacas y mozzarella
Espinacas cocidas y mozzarella fresca con un poco de limón y pimienta. Esta combinación es ligera y de fácil digestión.

Piadina caprese
La *piadina,* una torta de Romaña, se rellena con tomate, mozzarella y otros ingredientes.

Alcachofas y salchichón
La pequeña *baguette* con salchichón y apetitosas alcachofas tiene un gusto picante.

Jamón y queso
Este bocadillo sabe mejor caliente, puesto que el queso se funde y su sabor se mezcla con el del jamón.

Mozzarella y anchoas
Esta combinación es conocida desde la época romana. La nota picante de las anchoas se suaviza con el queso tierno.

Parmigiana de berenjenas
El plato estrella de la Italia meridional: se fríen las berenjenas y se ponen al horno en medio de capas de tomate y queso.

Cruasán de jamón y queso
El cruasán debe estar caliente y saber a mantequilla. Los más apreciados son los cruasanes *mignon* rellenos.

Flor de calabaza
Las flores de calabaza se rellenan con mozzarella y un filete de anchoa y se fríen rebozadas con una pasta muy fina.

Speck y brie

En Italia se denomina *speck* al exquisito jamón ahumado del Trentino.

Piadina de mozzarella y setas

La *piadina* también puede gratinarse con mozzarella y setas. Un tentempié sabroso y rápido.

Mozzarella y tomates

Esta combinación de mozzarella de búfala y tomate se conoce en Italia con el nombre de *caprese* (de la isla de Capri), y es en Capri donde mejor se prepara.

Bresaola, racletta y rucola

La *bresaola* se sirve con queso fresco, rúcola y unas gotas de zumo de limón.

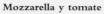

Mozzarella y jamón

Si se quiere preparar un *tramezzino* de la mejor calidad, también se puede utilizar *panbrioche,* ligeramente dulce.

Mozzarella y tomate

Es importante que la mozzarella sea del día y no haya sido conservada en el frigorífico. Con tomate tiene un sabor óptimo.

Huevo y atún

Los huevos duros cortados en láminas le dan fuerza y consistencia al atún en aceite de oliva.

Jamón dulce, queso y tomate

Dado que los bocadillos y los *tramezzini* representan el almuerzo de muchos trabajadores italianos, pocas veces faltan los vegetales.

Los bares, restaurantes y las áreas de servicio de las autopistas italianas no solo ofrecen a sus clientes el obligatorio espresso sino también *panini, tramezzini,* sandwiches y *crostini*. Estos tipos de pan se aderezan, según los gustos de cada región, con fantasiosas combinaciones de embutido, queso, tomate, jamón, anchoas, atún, gambas u otras delicias.

Las máscaras venecianas

Las máscaras del carnaval original de Venecia no son disfraces de fantasía, sino disfraces establecidos que poseen una larga tradición. Algunos de ellos hacen referencia a la historia de la ciudad, como el médico de apestados, que representa una triste reminiscencia de las devastadoras epidemias acaecidas durante los siglos XVI y XVII. Otras máscaras, como Pantalone y Arlecchino, proceden de la *commedia dell'arte* y, aun habiendo transcurrido mucho tiempo desde la reforma teatral de Goldoni, forman parte hoy en día del carnaval.

Bauta

Era uno de los disfraces preferidos en Venecia. Se podían disfrazar con él tanto hombres como mujeres y estaba formado por un sombrero de tres picos, una capa de color negro y una máscara de color blanco.

Arlecchino

Es un típico personaje de la *commedia dell'arte*. El traje del bufón está compuesto de una máscara negra, un sombrero de fieltro y un traje confeccionado con parches de colores cosidos.

Moretta

Se denomina Moretta a una máscara negra y ovalada. La mujer que la utilizaba la sostenía aguantando entre los dientes un botón pegado a la parte interior de la máscara.

Pantalone

Es otro personaje típico que procede de la *commedia dell'arte*. El viejo gruñón, que tiene una barba en punta y lleva escrita la avaricia en la cara, se convirtió en el símbolo del rico comerciante veneciano.

El médico de apestados

El disfraz de médico de apestados hace referencia a las devastadoras epidemias de peste de la Edad Media y el Renacimiento. A su disfraz pertenecen el bastón largo con el que el médico podía apartar la manta sin entrar en contacto directo con el paciente y la máscara de pico que rellenaba con hierbas aromáticas para poder soportar las emanaciones pestíferas.

Commedia dell'arte, *Pantalón y Arlequín de la antigua comedia italiana,* cromolitografía según un modelo del siglo XVII de *Historia del grotesco-cómico* de *Floegel,* por Friedrich W. Ebeling, 4.ª edición, Leipzig 1887, lámina 3.

Pietro Longhi (1702–1785). Retrato de *Carlo Goldoni,* Museo Correr, Venecia.

Carlo Goldoni

En calidad de gran reformador del teatro italiano, se esforzó para que la antigua *commedia dell'arte,* con sus papeles fuertemente tipificados como Capitano, Arlecchino y Colombina, pasara de moda. Con ello, el camino quedaba libre para la aparición de nuevos personajes. Como buen veneciano, Goldoni amaba la buena comida y la bebida al menos tanto como su ciudad natal, aunque, con los nervios destrozados por culpa de las discusiones mantenidas con sus colegas teatrales Chiari y Gozzi, decidió trasladarse a París a la edad de 55 años. En sus obras, Goldoni siempre retrata la vida veneciana. De este modo, por ejemplo, en la comedia *Il campiello* (aparecida en 1756) presenta el personaje de una *fritoler,* una pastelera que prepara deliciosas *fritole,* mientras que en su obra *Le baruffe chiozotte* (1762), inaugurada poco antes de su partida hacia París, la zucca barucca, un trozo de calabaza asada, desempeña un papel importante como cizañera, puesto que diferentes parejas se pelean entre sí cuando un inocente gondolero regala un trozo de calabaza a una de las jóvenes damas.

CARNAVAL

A pesar del inmenso interés que despierta el carnaval moderno, algunos impertérritos venecianos aún se aferran a las viejas costumbres y no tienen nada que ver con el ajetreo turístico de la plaza de San Marcos. En Venecia, tradicionalmente, el carnaval se celebraba con una gran suntuosidad; no solo se gastaban considerables sumas de dinero para los costosos disfraces, sino que las diferentes asociaciones competían mutuamente para comprobar quién era capaz de organizar el baile más delirante con el vestido más ingenioso o de ofrecer la mejor música y, por supuesto, la cena más opulenta.

Para los habitantes de la ciudad de la laguna, cualquier tipo de fiesta constituye una buena excusa para sentarse a comer, aunque por este mismo motivo, y a diferencia de lo que sucede en la actualidad, los venecianos fueron muy criticados en el pasado por los abanderados de la moral. Los altos cargos de la Iglesia también habían llegado a censurar que la gente, en ocasión de las grandes fiestas religiosas, apenas pudiera esperar el final de la prédica o de la ceremonia para pasar de inmediato a la siguiente atracción, es decir, la comida. "El peor pecado de los venecianos es la gula", destaca el cronista de la ciudad Pietro Gasparo Morolin en el año 1841.

De hecho, en cualquier fiesta religiosa, así como durante el carnaval, los platos selectos o populares constituían el centro de atención. En 1830, es decir, en una época de grave crisis económica y política interna, Venecia, según el escritor Tommaso Locatelli, parecía un lugar de fiesta en el que "se preparaban pinchos asados y pescado a la parrilla durante gigantescas cenas comunitarias". Durante el carnaval se comían *galani,* tiras de una pasta dulce fritas con manteca y azucaradas posteriormente, y *fritole* o *fritelle,* buñuelos de carnaval. También los *zaleti* y los *buranelli* (rosquillas de la isla de Burano) eran, y continúan siendo, un manjar apreciado para las noches largas. El día de la Madonna della Salute, el 21 de noviembre, se comía (y se sigue comiendo) la tradicional *castradina,* carne de carnero salada, ligeramente ahumada y secada al aire con la que se preparaba un sabroso estofado. El consumo del apreciado bacalao no estaba ligado a ninguna fiesta en concreto. El bacalao se comía durante todo el año de las maneras más diversas. El delicioso hígado con cebolla, *fegato alla veneziana,* también podía comerse en cualquier época del año. Hoy en día, la gente no se atiene tanto al calendario de fiestas, de forma que los famosos buñuelos venecianos, las *fritole,* pueden saborearse en cualquier estación del año.

Izquierda: el carnaval de Venecia no es una fiesta desenfadada como en otras partes, sino un acto serio y solemne.

MANTECADOS

El claro borboteo de la masa en la manteca caliente nos remite al alegre y pomposo carnaval de la época de los dux. A partir de masa de pan, harina, levadura, un poco de azúcar y un chorrito de *grappa* o anís, y en algunos casos pasas, pasas gorronas o piñones, las *fritole* se freían en aceite caliente o manteca y se vendían por la calle.

Los *fritoler,* los mantequeros, creaban continuamente nuevas y fantasiosas variedades del mantecado: con arroz, calabaza, sal o pescado. No retrocedían ni ante el fuerte *baccalà*. Hacia finales del siglo XVIII, los *fritoler* venecianos adquirieron una importancia económica tan significativa que decidieron fundar un gremio, la Corporazione dei Fritoler.

El mantequero más famoso de Venecia fue presuntamente un tal Zamaria, quien incluso aparece en un impreso de principios del siglo XIX en el dorso de su producto. La estampa lleva un título muy reflexivo: "Aquí trabaja Zamaria".

ZALETI
Panecillos dulces de maíz
(fotografía izquierda)

2 CUCHARADAS DE PASAS
1 VASO PEQUEÑO DE GRAPPA
250 ML DE LECHE
100 G DE MANTEQUILLA
250 G DE HARINA DE MAÍZ
100 G DE HARINA DE TRIGO
1/2 PAQUETE DE LEVADURA
UNA PIZCA DE SAL
120 G DE AZÚCAR
30 G DE AZÚCAR DE VAINILLA

Ponga las pasas en remojo. Disuelva la mantequilla en leche caliente. Vierta harina en un plato hondo, añada levadura, sal y azúcar y mézclelo todo. Vierta por encima la leche con la mantequilla y remuévalo todo hasta formar una masa suave. Si es preciso, añada un poco más de leche; agregue las pasas. Prepare una bandeja con papel parafinado. Cúbrase las manos de harina y forme, a partir de la masa, pequeños panes que midan unos 10 cm de longitud y 2 cm de anchura. Póngalos durante unos 15 minutos en un horno precalentado a 180°C. Añada inmediatamente el azúcar de vainilla y déjelos enfriar.

FRITOLE
Buñuelos

50 G DE PASAS GORRONAS
200 G DE HARINA DE TRIGO
SAL
60 G DE AZÚCAR
1 HUEVO
10 G DE LEVADURA DE PANADERÍA
200 ML DE LECHE
ACEITE DE CACAHUETE
50 G DE AZÚCAR EN POLVO AROMATIZADO CON VAINILLA

Ponga en remojo las pasas en agua templada. Cierna la harina en un plato y añada un pellizco de sal, azúcar, un huevo y las pasas gorronas escurridas y espolvoreadas con harina. Disuelva la levadura en la mitad de la leche y añádala a los demás ingredientes. Agregue poco a poco la leche restante hasta formar una masa suave. Deje reposar durante 1 hora en un lugar caliente. Caliente el aceite y vierta en él una cucharada de la masa. Los buñuelos están listos cuando presentan un color marrón claro en ambos lados. Retírelos con una espumadera, escúrralos y sírvalos con azúcar en polvo.

Italia, los mantecados siempre han gozado de una gran popularidad. En otros tiempos se podían adquirir directamente de los vendedores ambulantes.

PANDORO

El *pandoro*, un pariente cercano del *panettone* milanés, es una especialidad veneciana que se suele comer en Navidad. Como el *panettone*, también tiene una larga tradición. Sus orígenes se remontan posiblemente al *nadalín*, una típica torta navideña, aunque quizá también al pan de oro, un pan amarillo que hacía las delicias de las ricas familias patricias. Durante la época de esplendor de la República de Venecia, este pastel pasó a espolvorearse con una finísima capa de oro en polvo. Hoy en día, la superficie dorada del *pandoro* se cubre con una capa de azúcar de vainilla, que se vende junto al *pandoro* y que subraya el carácter navideño de este ligero y fino dulce.

Se fabrica industrialmente, aunque las fábricas se esfuerzan por conservar las antiguas recetas. Así, la masa está compuesta exclusivamente por harina, azúcar, huevos, mantequilla y levadura de cerveza.

El aspecto externo del dulce es siempre el de un cono truncado con una base octogonal.

CRISTAL DE MURANO

Murano, la isla que se encuentra situada a dos kilómetros al norte de Venecia, debe su fama al justificado miedo a quemarse. Originariamente, la estupenda cristalería, que aportó tanto prestigio como dinero a

En el pequeño grupo de islas de Murano viven unas 5.000 personas. Murano, como cualquier otro lugar de Venecia o de sus alrededores, sólo es accesible mediante el *vaporetto*.

la Serenissima, se producía en la isla principal. Sin embargo, dado que las fábricas de cristal, con sus hornos de fuego encendidos, representaban un peligro considerable, en el siglo XIII se procedió al traslado forzoso de los sopladores de vidrio a la isla de Murano. Para que el desplazamiento no fuera tan gravoso, la administración otorgó numerosos privilegios a los habitantes de la isla. De este modo, por ejemplo, se permitió que las hijas de los isleños pudieran formar parte de la aristocracia veneciana, aunque, por otro lado, se prohibió a los sopladores de vidrio que abandonaran la isla, bajo amenaza de pena de muerte. Con esta medida se pretendía que los secretos de la cristalería no se difundieran.

Aunque en la actualidad el cristal de Murano también se utiliza para la producción de objetos cursis y

El taller de cristalería de Gianni Seguso en Murano. Aquí, en la Fondamenta Serenella, él y sus artesanos elaboran productos de vidrio de alta calidad según las más antiguas tradiciones.

El instrumento esencial del soplador de vidrio es el tubo para soplar (fotografía de fondo). Con él se extrae la masa de vidrio del horno (superior).

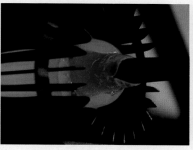

En un recipiente de madera empapado la matriz, la masa de vidrio caliente, adquiere su forma mediante movimientos giratorios.

Para formar y adornar el vidrio se utilizan diferentes matrices. Aquí se produce una forma estriada.

Al enrollar el vidrio caliente mediante la matriz, el soplador de vidrio crea estas acanaladuras.

Con un bastón húmedo de madera, el soplador sigue modelando. Aquí se da forma al anillo final de la base de un florero.

de pésimo gusto, el éxito y la fama de los productos de la "cárcel de cristal" de Venecia se basa en un vidrio especialmente fino cuyo descubrimiento se remonta al siglo XVI. Murano suministró cristalería de una finura y elegancia incomparables a las cortes y castillos de Europa. A pesar de todos los esfuerzos realizados para mantener en secreto la "receta" del oro transparente de Venecia, ésta cayó pronto en manos de la competencia; los sopladores de Bohemia, sobre todo, aprendieron a fabricar productos artesanales de calidad parecida. En el siglo XVIII, los *soffiatori di vetro,* los sopladores de vidrio, inventaron un nuevo método de producción y pudieron introducir en los mercados de toda Europa el codiciado *reticello.* Hasta hoy, Murano permanece a la cabeza de la producción de este vidrio reticulado. Para soplar vidrio

reticulado, se colocan bastoncillos blancos o coloreados de vidrio en el interior de un cuerpo neutro de vidrio y, a continuación, se cubre la forma hueca con otra capa de vidrio. La fuerza del soplido hace que los bastoncillos se combinen en un reticulado lleno de fantasía.

Desde el siglo XIX, la cristalería de Murano ha perdido parte de su buena fama. Esto, por un lado, es debido a la competencia ejercida por la fabricación en masa de productos más baratos en Hong Kong o Taiwan y, por el otro, a la fabricación autóctona de recuerdos más baratos e incluso estrafalarios que los turistas pueden adquirir en cualquier esquina de Venecia. Sólo con las valiosas y artesanales aunque caras piezas únicas ya no es posible competir, por lo que la mayoría de las aproximadamente 50 fábricas de

vidrio de Murano producen cristalería para el gusto popular.

A pesar de todo, si Murano todavía en la actualidad constituye un punto de referencia en el noble arte de la cristalería, es gracias a unos pocos y sobresalientes representantes de su gremio, cuyas creaciones están a la altura de las que se realizaban antaño. Están convencidos de que su arte ya alcanzó su momento culminante durante la época del Renacimiento y se esfuerzan en retomar las antiguas tradiciones, aunque sin renunciar tampoco a formas y diseños muy modernos. Artesanos del vidrio como Tagliapietra, Venini, Barovier & Toso o también Salviati son pioneros del desarrollo, por lo que realizar una visita a sus talleres y tiendas no defraudará a los amantes más exigentes del género.

Inferior: hablar del cristal de Murano es como hablar de los encajes de Bruselas, es decir, de un producto de gran calidad. En Murano todavía existen talleres que se aferran a los estándares cualitativos de la producción preindustrial para garantizar la buena fama del cristal de Murano.

En las tiendas de comestibles selectos Volpato de Mestre se muestra como funciona el *bigolaro*: la masa se hace pasar a través de la perforadora.

Los *bigoli* frescos se recogen en un colador y se ponen a secar cuidadosamente.

BIGOLI: PASTA HECHA EN CASA

Antaño, antes de que se inventara la máquina para la fabricación industrial de pasta, se utilizaba, para la producción de pasta larga, el llamado *bigolaro*, que todavía sigue empleándose ocasionalmente. Este primitivo aparato de cocina está fijado a un taburete de aproximadamente un metro de longitud y tiene un tubo de unos diez centímetros de diámetro formado por diferentes piezas de latón con varios agujeros que permiten moldear la pasta de varias formas. En función de la pieza insertada, el cocinero obtiene *bigoli* gruesos, finos, cortos o largos, así como *bigoli* con o sin un agujero en medio. La masa de pasta se introduce en el tubo y se presiona hacia abajo a través de la pieza de latón con ayuda de una manivela.

En otros tiempos, los *bigoli* se extendían, para secarlos, en una caña que se colocaba sobre el respaldo de dos sillas. Puesto que no todas las familias poseían un *bigolaro*, se solía pedir prestado uno o incluso se preparaba la pasta en casa del orgulloso poseedor de tal aparato. Como muestra de agradecimiento por la utilización del *bigolaro*, se regalaba a su propietario una parte de la pasta fresca. *Bigoli in salsa* es un plato veneciano típico: la pasta larga con salsa de anchoas, aceite de oliva y cebolla tiene un sabor simplemente delicioso.

BIGOLI IN SALSA
Pasta con salsa de anchoas
(fotografía inferior)

4 ANCHOAS SALADAS
400 G DE BIGOLI (ESPAGUETIS O TRENETTE)
SAL
4 CUCHARADAS DE ACEITE DE OLIVA VIRGEN EXTRA
2 CEBOLLAS
PIMIENTA RECIÉN MOLIDA
1 MANOJO DE PEREJIL PARA DECORAR

Lave las anchoas, retire las espinas que pueda haber en ellas y córtelas en trozos pequeños. Cueza los espaguetis *al dente* en abundante agua salada. Mientras tanto, caliente a fuego lento la mitad del aceite de oliva en una sartén, añada las cebollas finamente cortadas y sofríalas sin que se doren; añada unas gotas de agua. Incorpore las anchoas a las cebollas y déjelas cocer hasta que se deshagan completamente. Retire la sartén del fuego y mezcle el aceite de oliva restante con la salsa de anchoas. Reparta la pasta en cuatro platos y vierta la salsa por encima. Condimente el plato con pimienta recién molida y guarnézcalo con ramitas de perejil.

Si ya resulta pesado remover la sémola de maíz continuamente durante 45 minutos, aún lo es más cuanto más espesa se vuelve ésta.

La polenta lista se vierte en una tabla de madera y se alisa. La polenta caliente se corta con un hilo, mientras que la fría se corta como el pan, es decir, con un cuchillo.

Fondo: la sémola de maíz se elabora lentamente y removiendo continuamente el agua. La temperatura de cocción ya puede reducirse.

POLENTA VENECIANA

Si bien la polenta es un plato extremadamente simple y modesto, desempeña un papel importante en la cocina de Venecia y de Véneto. Sus posibilidades son casi ilimitadas, se sirve fría o caliente, a la parrilla o al horno, como suflé o primer plato, con huevo, pescado, carne o queso.

Desde siempre, antes de que la harina de maíz hiciera su entrada triunfal, en Venecia, Véneto y Friuli, la polenta se preparaba con harina de mijo, cebada o incluso de judías. En la actualidad, la polenta de harina o sémola de maíz continúa siendo la preferida entre todas las clases sociales y se considera la esencia de la vida familiar. Durante los días fríos, oscuros y nebulosos de invierno, una polenta dorada y caliente proporciona calor y recogimiento hasta el punto de hacerle a uno sentirse "en casa".

La polenta despide todo su aroma especialmente cuando ésta se cuece, siguiendo la tradición, en un fuego de carbón de leña y adquiere con ello un ligero sabor a humo.

Resulta imprescindible para su preparación una olla de cobre no galvanizado y de profundidad especial cuyo suelo debe estar abombado. La olla no puede estar galvanizada porque la alta temperatura de cocción de la polenta haría fundir el cinc. O bien se cuelga la olla de una cadena directamente sobre el fuego o bien se fija a la placa de cocina de un horno de leña sacando anillos de metal individuales del trashoguero.

El caldero se llena hasta la mitad con agua salada y se pone a hervir. A continuación, se remueve la harina de maíz. La cantidad depende de la consistencia que se desee conseguir de la polenta. Para elaborar una masa espesa se necesitan aproximadamente 350 gramos de harina por litro de agua y de siete a ocho gramos de sal. Para una polenta más líquida se añade menos harina o sémola. El espesor de la masa también depende del grano de la harina. En este caso, una harina de grano muy fino da como resultado una polenta más suave. Gruesa o fina, la harina siempre debe estar seca, libre de grumos y no tener una antigüedad superior a un año.

La preparación de una polenta resulta ser una empresa laboriosa. La *mescola,* el palo de madera con el cual se la remueve, debe pasarse por la masa constantemente llevando a cabo movimientos lentos, iguales y regularmente circulares. En ocasiones, la dirección del removido debe cambiarse para que la harina se mezcle bien con el agua y, con ello, el cocinero no se canse demasiado rápido. Incluso es necesario utilizar un poco de fuerza para la última fase de la cocción, cuando la pasta ya se ha vuelto espesa y viscosa, por lo que contar con la ayuda de un ayudante de cocina presenta una suerte inestimable. Después de hervir de 40 a 45 minutos, la polenta alcanza la consistencia deseada. Se procede a retirar el caldero del fuego, se vierte con fuerza el contenido sobre una tabla de madera, se extiende y, si se desea, puede alisarse con la hoja de un cuchillo. La polenta caliente se corta con ayuda de un hilo bien tensado, mientras que, si ya está fría, puede cortarse con un cuchillo.

En la actualidad existen aparatos eléctricos especiales para remover que pueden ajustarse al caldero para que remuevan la polenta durante su cocción. El resultado es absolutamente aceptable, si bien se pierde esa "complicidad" entre cocinero y polenta que se crea durante el proceso de removido. Con la polenta removida de manera automática, es posible que se eche en falta en la cocina el agradable y comunicativo encuentro, cuando todos los presentes, alrededor de la olla, y disfrutan con el olor de la harina de maíz y muestran su alegría ante el ágape que les espera.

LA VIDA
EN LA LAGUNA

El agua, naturalmente, determina el ritmo de vida de los venecianos y de las islas vecinas. En verano, mientras los visitantes de la ciudad disfrutan con el brillo de los canales al sol del mediodía, los habitantes de la ciudad se quejan del mohoso hedor que desprende el brazo de canal al que da la ventana de su habitación. Durante las demás estaciones existe la amenaza de las inundaciones, la llamada *acqua alta,* que asola regularmente viviendas y tiendas cuando los turistas ya hace tiempo que han regresado a sus lugares de origen.

Por otro lado, sin embargo, muchos venecianos subsisten gracias a la laguna, de aproximadamente 50 kilómetros de longitud y 14 kilómetros de anchura y dentro de la cual se encuentran incontables islas. Venecia es la ciudad de Italia donde se consume más pescado y marisco por habitante. Por consiguiente, se necesita una flota completa para satisfacer esta demanda. Dado que en Venecia y en las zonas circundantes todo se transporta con barcas, la construcción naval representa un sector importante de su economía. Del mismo modo, muchos hombres encuentran trabajo como barqueros. Las malas lenguas opinan que Venezia la Serenissima es una ciudad tan orgullosa que siempre ha vuelto la espalda a las realidades profanas de la existencia humana y, en primer lugar, a la muerte. Los venecianos muertos no son enterrados en el centro, sino en una isla destinada a tal propósito, la Isola di San Michele. Con la gran cantidad de islas grandes o pequeñas y más o menos habitables que circundan Venecia, no le resultó nada difícil a la administración local resolver algunas tareas poco agradables. De este modo, por ejemplo, todos los indeseables de la ciudad fueron ubicados en un mismo lugar. La isla Lazzaretto Nuovo se utilizó como lugar de cuarentena en los siglos XV y XVI. Aquí eran desembarcados los pasajeros y tripulantes que llegaban de un largo viaje y presentaban síntomas de alguna enfermedad. Burano es una típica isla de pescadores y Murano la isla de los sopladores de vidrio. Sant'Erasmo y Vignole son la huerta de Venecia. Un viaje a Torcello puede estar relacionado con los placeres mundanos en caso de que uno se dirija a la Locanda Cipriani de la Piazza Santa Fosca.

Para conocer la laguna de Venecia y sus islas existen diferentes medios de transporte. Por un lado, encontramos los barcos de línea, los *vaporetti,* de las compañías de transporte venecianas. En el sistema de transporte de la ciudad desempeñan el papel de autobuses. Para los trayectos más largos puede utilizarse la *motonave,* un barco de dos pisos. Los transbordadores, en cambio, se llaman *traghetti,* y quien desea un taxi de agua pide un *motoscafo.* Venecia no sería lo que es sin las góndolas. Aquí también existen diferencias: los turistas viajan con góndolas especiales para ellos y en las que, además de la visita, se les obsequia con unas notas musicales. Los habitantes del lugar utilizan las *gondole traghetti,* que ejercen de puente móvil entre las dos orillas del Canal Grande. El trayecto no cuesta mucho, aunque requiere un buen sentido del equilibrio.

La laguna de Venecia se extiende sobre una superficie de 58.660 hectáreas entre los ríos Brenta, Bacchiglione y Sile. Aproximadamente la mitad de estas tierras está sujeta a las mareas, mientras que la otra mitad es la llamada laguna muerta, que representa, al mismo tiempo, la zona de pesca. Estas aguas, al contrario de lo que se pueda pensar, son muy generosas, y los pescadores de la laguna se hacen con un rico botín que suele acabar en las mesas de restaurantes.

Fondo, superior: Chioggia, a unos 45 kilómetros al sur de Venecia a orillas de la laguna, es la hermana pequeña y desconocida de la ciudad de los dux. Los palacios no son tan suntuosos y el campanile no es tan imponente: aquí todo es más simple. A pesar de todo, la población, sobre todo la pintoresca parte antigua, tiene su propio encanto.

LA SUBASTA DE PESCADO

El *mercato ittico all'ingrosso di Chioggia* es el mayor mercado del país y suministra pescado y marisco fresco a toda la Italia septentrional. Mientras que en el *mercato di pesce al minuto,* el mercado del consumidor, cualquiera puede comprarlo, en el mercado al por mayor sólo pueden entrar los comerciantes. Dos veces al día tiene lugar la subasta de pescado: entre las cinco y las seis de la mañana y hacia las tres de la tarde. Los pescadores transportan sus capturas en amplios contenedores directamente desde el puerto al mercado. Entonces empieza un extraño ritual que los no entendidos apenas pueden percibir, ya que la venta no la dirige un licitador, como en una subasta abierta, sino que se estructura más bien como una práctica conocida por todo el mundo: un tratante susurra su oferta al pescador oferente, quien, con frecuencia, es asediado por varios interesados, aunque los concurrentes no pueden oír las ofertas. Si el precio corresponde a las expectativas del oferente, éste asiente al interesado, mientras que si es demasiado bajo, lo "insulta" en voz alta. Esta disputa simulada indica a los demás compradores que la partida todavía está en venta, con lo que pueden volver a susurrar nuevas ofertas, hasta que el pescado se vende.

¿CÓMO SE PUEDE RECONOCER REALMENTE EL PESCADO FRESCO?

El mejor lugar para realizar la compra del pescado es una pescadería en la cual se tenga plena confianza. Si se ofrece el pescado entero, hay que fijarse en que los ojos presenten un aspecto claro y "vivo" y las agallas sean de un color rojo brillante. Tanto para el pescado entero como para los filetes, es importante que tenga un apetitoso olor a mar y de ningún modo a pescado, ya que este olor es un síntoma de poca frescura. Si es posible, debe efectuarse la prueba del pulgar. Después de ejercer una breve presión sobre la carne del pescado con el dedo pulgar, la marca debería reponerse rápidamente y la carne volver a tomar su forma de origen. Si la marca no se repone, se aconseja no comprar el pescado y buscar otro vendedor. Algunas clases de pescado, no obstante, no se venden frescas: el atún y el pez espada, por ejemplo, han de reposar para que se ablanden y adquieran un buen sabor.

Los ojos deben presentar un aspecto "vivo" y no apagado.

La carne debe ser firme y elástica y no ceder cuando se presiona.

Las agallas han de ser rojas y el pescado no debe desprender mal olor.

Superior e inferior: el mercado de pescado de Chioggia, famoso por su gran variedad de pescado y marisco fresco.

La subasta de pescado tiene lugar dos veces al día. Por la mañana se vende el pescado capturado por la noche y por la tarde, los productos del día.

Orata, marmora, pagello (sargo)
Las diferentes clases de sargo, la dorada (orata), la herrera (marmora) y el pajel (pagello) resultan muy adecuadas para la preparación al horno.

Pesce San Pietro (pez de San Pedro)
El apreciado filete del pez de San Pedro es bastante caro, puesto que sólo representa un tercio del peso total. La mejor manera de cocinarlo, para que no pierda su excelente sabor, es a la parrilla.

Triglia (salmonete)
Igual que el salmón, el salmonete también es muy adecuado para preparar finas salsas para pastas, aunque también puede freírse, cocerse, asarse a la parrilla o utilizarse para preparar una sopa de pescado.

Anguilla, bisato (anguila)
Las anguilas pueden vivir tanto en agua dulce como salada. Especialmente apreciadas son las angulas (anguilas jóvenes). En muchas regiones de Italia, este pescado suele comerse por Navidad.

Rombo (rodaballo)
En Italia se comen dos variedades de rodaballo: rombo chiodato y rombo liscio. Ambos pertenecen a la familia de los peces planos. Se cortan en filetes y pueden freírse o guisarse con una salsa.

Sardina, sardella, acciuga
Este pequeño arenque es muy apreciado en todo el Mediterráneo. Su carne, relativamente grasa, sabe mejor recién pasada por la parrilla y aliñada con zumo de limón, aunque también puede conservarse en aceite o vinagre.

Branzino, spigola (lubina)
La lubina es, posiblemente, el pescado más apreciado de Italia. Su fina pero sólida carne permite prepararla de cualquier forma, aunque es especialmente apetitosa si se asa a la sal o "a la papillote".

Muggine (lisa)
La lisa tiene una buena carne, aunque es apreciada sobre todo por sus huevas. *Bottarga di muggine* se considera una exquisitez especialmente en Sicilia y Cerdeña; también en el resto de Italia es un plato caro.

Salmone (salmón)
Quien sólo conozca el salmón ahumado y empaquetado de los supermercados, debería probar alguna vez salmón fresco. La fina carne rosada sabe muy bien a la parrilla o con pasta.

Palombo (tiburón)
Puesto que las clases de tiburón del Adriático no tienen una carne muy apreciada, hoy en día casi han desaparecido del menú de los restaurantes de la región. Sólo en Venecia se puede encontrar tiburón con el nombre de *vitello di mare* (ternera de mar).

Rospo, rana pescatrice (rape)
El rape vive en el fondo del mar y su cola *(coda di rospo),* casi sin espinas, es muy apreciada. Una vez preparada, su carne se parece a la de la langosta. (Existe un plato a base de rape que se llama "langosta de pobre").

SEDUCTORAS SARDINAS

Sarde in saor es un plato marinero y, al mismo tiempo, un bocado delicioso para todos los hombres de tierra adentro. Generalmente se utilizan sardinas o boquerones marinados que se rebozan con harina y se fríen enteros en aceite muy caliente. Cuando el pescado está dorado, se saca de la sartén en la que se sofríe una cebolla cortada en trozos muy pequeños. A la cebolla sofrita se le añade vino blanco y vinagre y se vierte el jugo sobre el pescado frito, dispuesto en capas previamente en un recipiente de terracota. Según una tradición romana y bizantina, este plato puede comerse con pasas y piñones durante los meses de invierno. Con ello aumenta considerablemente el contenido calórico, pero su degustación se convierte en un auténtico festín. La *saor* puede conservarse en el frigorífico durante varias semanas, con un buen aperitivo abre el apetito en los bares venecianos y no tiene nada que envidiar a las famosas tapas de pescado españolas.

SARDE IN SAOR
Sardinas marinadas

600 G DE SARDINAS
HARINA DE TRIGO
600 G DE CEBOLLAS
125 ML DE ACEITE DE OLIVA
1 VASO DE VINO TINTO O DE VINAGRE DE VINO BLANCO
SAL Y PIMIENTA
2 CUCHARADAS DE PASAS
2 CUCHARADAS DE PIÑONES

Retire las cabezas de las sardinas, destrípelas y lávelas. Escúrralas bien y rebócelas en harina. En una sartén, caliente la mitad del aceite de oliva y fría el pescado hasta que quede crujiente. Escúrralo bien y limpie la sartén.
Corte las cebollas en rodajas finas. Caliente el resto del aceite en la sartén y deje que se sofrían las cebollas hasta que queden transparentes. Añada vinagre, sal, pimienta, las pasas y los piñones.
Coloque las sardinas asadas en un plato llano y añádales el líquido macerado. Consérvelas tapadas en el frigorífico durante 2 días.

MARISCO

El marisco, es decir, cualquier ser marino que no entra dentro de la categoría de los peces, es muy apreciado a lo largo del litoral italiano. No sorprende la gran oferta existente, en la que pueden distinguirse cuatro grupos diferentes: la familia de los crustáceos, a los que pertenecen las numerosas clases de gambas y langostas, así como los diferentes cangrejos, los lamelibranquios (mejillones, ostras jacobeas o almejas), los caracoles (lapas o múrices) y los cefalópodos como el calamar o la sepia.

Todas estas exquisiteces, que a primera vista pueden parecer tan diferentes, tienen algo en común: un sabor delicioso si se consumen realmente frescas. En ese caso, apenas requieren especias o técnicas culinarias complicadas, puesto que por sí solas ya desarrollan todo su aroma a mar. Se recomienda, ante todo, la cocina al vapor, una caldereta o una cuidadosa preparación a la parrilla.

Calamaro (calamar)
Los calamares son cefalópodos y tienen un cuerpo redondo con diez tentáculos. Pueden cortarse en aros y freírse *(calamari fritti)* o comerse en una ensalada de marisco.

Seppia (sepia)
La sepia sólo se diferencia del calamar por su cuerpo más pequeño. Puede comerse relleno, al horno, a la parrilla o guisado. Su tinta se emplea para dar color a la pasta y al arroz negro.

Cannolicchio, cappalunga (navaja)
Las dos mitades de este molusco parecen cuchillas de afeitar y son casi tan afiladas como éstas. La navaja puede prepararse a la parrilla o en una ensalada de marisco. Tenga cuidado al abrirlas.

Lumaca di mare (caracol de mar)
Es difícil sacar a los caracoles de mar de sus caparazones para disfrutar de su carne, que es firme y aromática.

Vongola, arsella (almeja)
Ambas clases de moluscos, la *vongola verace* y la *vongola gialla* pueden tomarse con pasta o como plato principal.

Cozza, mitilo (mejillón)
En otros tiempos, los mejillones se comían crudos como las ostras. Las *cozze* tienen un buen sabor hechas al vapor y quedan muy bien en platos de pasta.

Capasanta, conchiglia di San Giacomo (ostra jacobea)
La ostra jacobea, apreciada en toda Italia, aparece en todas las ensaladas de marisco. También puede guisarse con vino blanco o incluso –realmente exquisito– prepararse como relleno para finos trozos de carne.

Dattero di mare (dátil de mar)
Estos moluscos se asemejan a los auténticos dátiles y son difíciles de recoger, puesto que se agarran bien a las rocas. Esta exquisitez también puede comerse cruda.

Scampo (gamba)
Las gambas, los bogavantes y las langostas pertenecen a la misma familia y, por lo tanto, no siempre se los distingue claramente. Las gambas recién pasadas por la parrilla son una auténtica delicia, aunque también pueden utilizarse para elaborar sopas de pescado.

Cannocchia (galera)
Este cangrejo alargado puede comerse recién cocido con perejil, ajo y zumo de limón. Da un buen sabor a sopas de pescado y no puede faltar en las ensaladas de marisco.

Granchio (cangrejo)
En función de su tamaño, los cangrejos pueden utilizarse para preparar sopas de pescado, como relleno o comerse como especialidad con limón y sal.

Grancevola (centollo)
Los centollos se cuecen enteros. Tras la cocción se quita el caparazón y se come la carne del cuerpo y de las pinzas.

Cangrejos

En el Adriático, frente a Venecia y a la costa de Véneto, viven diferentes clases de crustáceos que tienen un origen común: el cangrejo, denominado *granchio* o *granzo*. Normalmente, los crustáceos están protegidos por un caparazón de quitina que dificulta su preparación y consumo. Sin embargo, en determinadas circunstancias, el caparazón se ablanda para que el cangrejo se pueda "pelar". Los cangrejos machos cambian su caparazón dos veces al año, en primavera y en otoño, mientras que las hembras sólo lo hacen una vez, en otoño. Estos cangrejos "blandos" y sin caparazón, considerados una especialidad, representan un codiciado botín para los expertos pescadores de Venecia y Chioggia.

La hembra, denominada *manzaneta,* se hierve y se sazona con aceite, limón, sal, pimienta, perejil y ajo, mientras que el macho, mucho más apreciado y llamado *moleca* en el dialecto veneciano, se unta con huevo batido y se fríe en aceite caliente.

Derecha: en la laguna de Venecia, los pescadores capturan los apreciados cangrejos con ayuda de redes especiales que se lanzan sobre el suelo de la laguna.

Moleche ripiene
Cangrejos rellenos

2 HUEVOS
SAL
600 G DE CANGREJOS VIVOS
HARINA
ACEITE DE OLIVA VIRGEN EXTRA O ACEITE DE CACAHUETE
PARA FREÍR

Bata los huevos tras haber añadido una pizca de sal. Lave los cangrejos en agua salada, déjelos escurrir y viértalos en un plato hondo con los huevos batidos. Tape el plato con una tapa, oprima con un peso y coloque en un lugar fresco durante 2 horas como mínimo. De este modo, los cangrejos quedarán impregnados de la mezcla. Transcurridas dos horas, retírelos, viértalos con la cabeza hacia delante en una olla grande con agua hirviendo y deje que se cuezan entre 1 y 2 minutos. Escúrralos, arranque las patas, gírelos y fríalos con suficiente aceite de oliva o de cacahuete.
Escúrralos bien. Sírvalos calientes y bien fritos.

Insalata di mare
Ensalada de marisco
(fotografía izquierda)

2 DIENTES DE AJO PARTIDOS
EL ZUMO DE 2 LIMONES
600 G DE MARISCO VARIADO LIMPIO (POR EJEMPLO,
GAMBAS, CANGREJOS, MEJILLONES, PULPITOS,
CALAMARCITOS, ALMEJAS, ETC.)
90 ML DE ACEITE DE OLIVA
2 CUCHARADAS DE PEREJIL TRITURADO
SAL Y PIMIENTA

Vierta el zumo de limón sobre los dientes de ajo y déjelos reposar durante una hora. Retire los ajos.
Mientras tanto, cueza a fuego lento el marisco cubierto con un poco de agua durante algunos minutos. Los mejillones se tienen que abrir; deseche los cerrados.
Mezcle bien el zumo de limón con aceite de oliva, perejil, sal y pimienta. Añada el marisco y manténgalo todo en un lugar fresco. Antes de servir, vuelva a remover todos los ingredientes.

Zuppa di cozze e vongole
Sopa de mejillones y almejas
(fotografía derecha)

2 DIENTES DE AJO
4 CUCHARADAS DE ACEITE DE OLIVA VIRGEN EXTRA
500 G DE MEJILLONES
500 G DE ALMEJAS
1 VASO DE VINO BLANCO SECO
3 CUCHARADAS DE PEREJIL TRITURADO
AGUA O CALDO DE PESCADO
4 REBANADAS DE PAN BLANCO TOSTADO
PIMIENTA RECIÉN MOLIDA

Pique los dientes de ajo algunas horas antes y mézclelos con el aceite de oliva para que el aceite tome el aroma y sabor de los ajos. Lave bien los mejillones y cepíllelos; deseche los que ya estén abiertos.

Zuppa di cozze e vongole, Sopa de mejillones y almejas

Caliente el aceite de oliva en una olla alta. Fría el ajo y vigile que no adquiera color. Eche los mejillones en la olla y deje que se cuezan un rato. A continuación, añada el vino blanco, esparza el perejil y cuézalo todo hasta que todos los mejillones estén abiertos. Deseche los que no se hayan abierto. Si es necesario, añada agua o caldo de pescado.
Pase los mejillones a un plato hondo y filtre el caldo con un colador fino para eliminar posibles restos de arena. Vuelva a poner los mejillones en el caldo. Reparta las rebanadas de pan tostado en platos hondos, vierta la sopa de mejillones caliente y condiméntelo todo con pimienta recién molida.

VERDURA DE LA LLANURA PADANA

RADICCHIO DE TREVISO

Decir que el *radicchio* de Treviso y Castelfranco se utiliza simplemente para ensaladas es una pura frivolidad. A diferencia de otros lugares, como al norte de los Alpes, donde las hojas violetas se utilizan como un mero acompañamiento para las ensaladas o decoración de un plato principal, en Italia se considera el *radicchio* como una auténtica verdura que también puede comerse cruda, a pesar de que sabe incluso mejor si se prepara a la parrilla, asada o rellena. En honor de esta deliciosa planta se celebra todos los años cerca de Treviso un encuentro entre los mejores gastrónomos locales, quienes se jactan de tener en sus cocinas el mejor *radicchio* de Italia. Para proteger este vegetal y supervisar su producción se ha llegado, incluso, a fundar un consorcio al que pertenecen ocho municipios que se encuentran bien definidos desde el punto de vista geográfico.

Se distinguen varias clases: el *radicchio variegato di Castelfranco,* el cual posee un cogollo carnoso y hojas de color crema y manchas rojas o violetas, solamente se cultiva en pequeñas cantidades y apenas se puede encontrar fuera de la zona de producción. El cultivo del *radicchio* de Castelfranco es, como otras variedades, una tarea que resulta muy laboriosa de llevar a cabo. Las plantas de dos años, emparentadas con la chicoria y la endivia, se siembran en abril y granan aproximadamente seis semanas más tarde. En agosto se quitan las hojas para que la planta pueda volver a echar flores. Antes de que llegue la primera helada del invierno, el Castelfranco se desplanta y vuelve a plantarse en cajas que se guardan en un invernadero oscuro. Debido a que en la oscuridad no se produce la síntesis de la clorofila, las hojas continúan siendo claras. La temporada del Castelfranco dura desde el mes de diciembre hasta el mes de abril.

El *radicchio di Treviso rosso tardivo* es alargado y tiene hojas de color rojo púrpura con nervios blancos y fuertes. También se siembra en el mes de abril y grana seis semanas más tarde, aunque a diferencia del Castelfranco, en el *radicchio* de Treviso se atan bien las cabezas en septiembre para que no pueda penetrar luz en el corazón de la planta y tenga un color claro y bonito. En otoño, las plantas se desplantan y se colocan en bañeras de agua. Antes de poner en venta el *radicchio* de Treviso, hay que quitarle las hojas externas y lavarlo bien. El *radicchio* que se vende en los mercados, por consiguiente, no es un repollo entero, sino que solamente es el corazón. Si el *radicchio* de Treviso se consume crudo, lo mejor para que despliegue su sabor, el cual resulta ligeramente amargo, es aliñarlo con un fuerte vinagre de vino y un buen aceite de oliva. Su bonita cabeza guarnece cualquier plato y los amantes de este *radicchio* rehusan estrictamente cortarlo en tiras o desmenuzarlo. El auténtico *radicchio* de Treviso debe servirse entero.

El **radicchio di Treviso rosso tardivo** tiene unas hojas de color rojo púrpura y unos nervios blancos y fuertes. Se vende desde diciembre hasta abril.

El **radicchio variegato di Castelfranco** se caracteriza por su corazón compacto y sus hojas exteriores claras con manchas rojas. Su temporada va de diciembre a abril.

El **radicchio di Treviso rosso precoce** tiene una cabeza compacta y crujiente con hojas bien sólidas, nervios fuertes y blancos que muestran venas blancas.

El **radicchio di Chioggia** tiene una cabeza compacta y hojas de color violeta oscuro y puede cultivarse todo el año. También es conocido con el nombre de Rosa di Chioggia.

El *radicchio di Treviso rosso precoce* también es alargado, aunque más compacto que el *radicchio rosso tardivo,* tiene unos finos nervios blancos y es la más crujiente de las tres clases. Se cultiva de un modo parecido al de su hermano de Treviso.

JUDÍAS DE VÉNETO

Los *gourmets* saben lo bien que combinan las judías con la pasta. *Pasta e fasoj,* como los vénetos llaman este apreciado plato de judías y pasta, es un clásico de la cocina regional y debe su fama a las diferentes clases de judías, finas y de gran calidad, que se cultivan entre Lamon, Belluno y Feltre. Una de éstas es la judía Borlotto, con manchas rojas y muy aromática, y que posiblemente pueda considerarse como la mejor de Italia. Las judías Borlotto suelen venderse secas.

La judía Cannellino es originaria de Toscana, aunque hoy en día se cultiva en toda Italia. La judía Cannellino es blanca, fina y es una de las más apreciadas por los gastrónomos. También suele venderse seca. Igualmente fina y aromática es la judía de Lamon.

Los italianos llaman *fagiolini* a las judías verdes, recolectadas muy pronto y con frecuencia utilizadas para ensaladas frías de verano o servidas calientes como acompañamiento. Existen diferentes clases de *fagiolini*. La más pequeña es la Contender, la Bobis es algo mayor y la Stringa, parecida a la judía común, puede llegar a los 50 centímetros de longitud. Además de los *fagiolini* verdes, también existen variedades blancas como el Burro di Roquencourt, originaria de Francia, y la Meraviglia di Venezia, la maravilla de Venecia. Es posible que las judías nunca hayan desaparecido completamente del cerebro de los grandes maestros de la cocina por haber tenido el honor de ser uno de los alimentos más antiguos. El que otrora se consideraba como alimento de los pobres, ocupa ahora un lugar fijo en los menús más selectos, algo que no ocurre sólo en Italia. Las judías son un acompañamiento excepcionalmente sabroso incluso para el caviar de Beluga.

ESPÁRRAGOS DE BASSANO

En Italia, los espárragos son una hortaliza muy preciada de la que se cultivan tres clases: el espárrago verde, que crece sobre todo en Piamonte y Emilia-Romaña, el espárrago púrpura, originario de Campania y denominado, por consiguiente, *asparago napoletano,* y el espárrago blanco, que se produce casi exclusivamente en Véneto, mejor dicho, en la región situada alrededor de Bassano del Grappa, a orillas del Brenta. En Bassano incluso se celebra anualmente una fiesta del espárrago en la que los restaurantes presentan nuevas recetas con espárragos. Los hambrientos comensales eligen, mediante una votación, el ganador del concurso.

En el cultivo de los espárragos blancos se utiliza una técnica especial que impide la síntesis de la clorofila (es decir, lo que hace que las plantas se vuelvan verdes) cubriendo con tierra o plásticos oscuros las puntas de los espárragos que sobresalen del suelo, con lo que se los protege de los rayos del sol. Sin embargo, en la mayoría de los casos, sólo se deja crecer la primera cosecha

Superior: las judías Borlotto, marrones y con manchas rojas, son muy preciadas. Al cocerlas se vuelven verdes y se emplean en ensaladas, sopas y salsas.

En Bassano del Grappa, al final de la Valsugana, también se cultivan espárragos verdes, aunque el lugar es mucho más famoso por los espárragos blancos. Los espárragos de Bassano están protegidos por D.O.C.

como espárrago blanco, y las demás se dejan enverdecer. Los espárragos verdes suelen tener un aroma menos intenso, aunque conservan el típico sabor del espárrago.

CALABAZAS

La gran familia de las calabazas proporciona diferentes clases de esta apreciada hortaliza, tan amada en Italia, aunque también se aprecia la calabaza común, con su carne anaranjada. En Venecia y Chioggia se sirve mucho con ensaladas a la vinagreta. En otros tiempos vagaban por toda la ciudad de la laguna y en sus alrededores vendedores ambulantes que, además de castañas, boniatos o manzanas y peras al horno, también ofrecían trozos al horno de la *Zucca barucca*. Esta clase de calabaza crece a lo ancho y se asemeja al ancho sombrero de un embajador turco sacado de una pintura de Vittorio Carpaccio. Su carne tiene un sabor bastante más intenso que el de las tradicionales clases alargadas.

ASPARAGI IN SALSA
Espárragos con salsa de anchoa
(fotografía inferior izquierda)

1,5 KG DE ESPÁRRAGOS BLANCOS
SAL
4 HUEVOS DUROS
EL ZUMO DE 1 LIMÓN
ACEITE DE OLIVA VIRGEN EXTRA
2 FILETES DE ANCHOA
1 CUCHARADITA DE ALCAPARRAS
PIMIENTA

Pele los espárragos y forme pequeños manojos. Coloque
los manojos en posición vertical en una olla alta con agua
salada hirviendo entre 10 y 20 minutos según el espesor.
Retire los espárragos, escúrralos, elimine los hilos y déjelos
enfriar. Parta por la mitad los huevos duros. Ralle las yemas y
mézclelas con 2 cucharadas de zumo de limón y el aceite
de oliva de modo que se forme una salsa líquida. Triture las
anchoas, las alcaparras y las claras de huevo y viértalo todo
en la salsa. Salpimiente los espárragos.

ZUCCA AL LATTE
Calabaza en leche

1 KG DE CALABAZA AMARILLA
SAL
50 G DE AZÚCAR
CANELA
LECHE

Pele la calabaza, lávela y córtela en trozos. Viértala en un
recipiente resistente al fuego (preferiblemente de terracota),
sálela ligeramente y póngala en un horno precalentado
a 180°C. Esparza canela y azúcar sobre la calabaza y distribúyala en 4 platos de postre. En función de la estación del
año, añada leche caliente o fría.

FASOJ IN SALSA
Judías con salsa de anchoas
(fotografía inferior derecha)

600 G DE JUDÍAS FRESCAS GRUESAS O 200 G DE JUDÍAS SECAS
1 DIENTE DE AJO
5 CUCHARADAS DE ACEITE DE OLIVA VIRGEN EXTRA
4 FILETES DE ANCHOA
1 CUCHARADA DE PEREJIL TRITURADO
5–6 CUCHARADAS DE VINAGRE DE VINO TINTO
SAL
PIMIENTA RECIÉN MOLIDA

Desvaine las judías frescas, cúbralas con agua y cuézalas
a fuego lento con la olla tapada. Las judías secas tienen
que haber estado en remojo en agua templada durante un
mínimo de 12 horas. Tan pronto como estén listas, retírelas
del fuego pero déjelas en el caldo.
Parta por la mitad los dientes de ajo, póngalos en una
pequeña cacerola y fríalos ligeramente. Añada los filetes de
anchoa y deje que se deshagan. Vierta en la cacerola la mitad
del perejil, el vinagre de vino tinto, sal y un poco de pimienta y deje que se cueza durante algunos minutos. Retire
las judías, viértalas en un plato y mézclelas con cuidado con
las anchoas, el vinagre, la sal, así como con un poco de
pimienta recién molida. Tape el plato y deje reposar las
judías durante 1 hora.
Condimente las judías con el resto del perejil y, a ser
posible, sírvalas templadas.

RISI E BISI
Arroz con guisantes
(fotografía página siguiente, inferior derecha)

50 G DE TOCINO MAGRO
2 CEBOLLAS
40 G DE MANTEQUILLA
400 G DE GUISANTES FRESCOS
2 CUCHARADAS DE PEREJIL TRITURADO
1 L DE CALDO DE GALLINA
200 G DE ARROZ VIALONE
SAL
50 G DE PARMESANO O GRANA RALLADO

Corte el tocino y las cebollas en tiras finas, introdúzcalos
en una olla y déjelos cocer a fuego lento con la mitad de
la mantequilla sin que adquieran color. Añada los guisantes
y la mitad del perejil, vierta un cucharón de caldo caliente y
deje que se cueza con la olla tapada durante 15 minutos.
Añada el arroz y la sal. Cuézalo todo a fuego lento durante
20 minutos y vaya añadiendo caldo caliente para que no se
seque el arroz. Mezcle el queso rallado, el resto de la mantequilla y del perejil y déjelo reposar antes de servir.
El plato, como sucede también con el *risotto,* no debe ser
demasiado seco, aunque tampoco debe contener demasiado
líquido. Una variante refinada consiste en cocer algunas
vainas de guisante con el caldo de gallina, hacer un puré
y añadirlo al arroz pasándolo antes por un colador.

Fasoj in salsa, judías con salsa de anchoas

Asparagi in salsa –
Espárragos con salsa de anchoas

Radicchio rosso di Treviso al forno

Radicchio rojo a la trevisana
(fotografía inferior derecha)

600 G DE RADICCHIO ROJO
ACEITE DE OLIVA VIRGEN EXTRA O ACEITE DE CACAHUETE
SAL Y PIMIENTA

Lave bien el *radicchio* y, en función de su tamaño, divídalo
en dos o cuatro partes. Escúrralo con papel de cocina y
póngalo en una parrilla o una sartén de hierro. Alíñelo con
aceite de oliva o de cacahuete, sazónelo con sal y pimienta
y tuéstelo durante 5 minutos a fuego rápido. Gírelo varias
veces. Tan pronto como las hojas estén en su punto y un
poco resecas, sirva el *radicchio* caliente.
En la antigua cocina veneciana, el aceite de oliva se sustituye
con frecuencia por el aceite de cacahuete porque tiene un
sabor menos intenso.

Pasta e fagioli alla veneta

Pasta con judías

250 G DE JUDÍAS SECAS (BORLOTTI O JUDÍAS GRUESAS)
30 G DE TOCINO MAGRO
1 CEBOLLA
1 ZANAHORIA
1 TALLO DE APIO
60 G DE CORTEZA DE TOCINO
120 G DE TAGLIATELLE
SAL Y PIMIENTA NEGRA RECIÉN MOLIDA

Deje en remojo las judías durante al menos 12 horas en
agua templada.
Corte el tocino en dados. Corte la cebolla, la zanahoria
y el apio en trozos pequeños. Sofría la verdura y el
tocino a fuego lento. Retire la olla del fuego y déjela
enfriar un poco. Ponga en agua caliente la corteza
de tocino durante poco tiempo para que pierda una
parte de la grasa. Vierta las judías escurridas y la
corteza de tocino en la olla, cúbralas con agua y
déjelas cocer a fuego lento. Con una espumadera,
retire la espuma que se forma al principio. Cuando
las judías estén en su punto, pase un tercio de ellas
por un colador y vuélvalas a verter en la olla.
Añada la pasta a la sopa de judías y cuézala al dente.
Si la sopa queda demasiado espesa, añada un poco
de agua caliente. Salpimiente. Tan pronto como se deposite
una capa fina de grasa en la superficie, retire la olla del
fuego, extraiga la corteza de tocino y córtela en tiras
finas. Sirva la sopa con la corteza en platos
hondos o tazones y sazónela con pimienta recién
molida.
En Véneto, para la elaboración de este plato tradicionalmente sólo se utiliza grasa de cerdo. A diferencia
de Toscana y Liguria, en esta región no se acostumbra
a añadir unas gotas de aceite de oliva antes de
servir.

Radicchio rosso di Treviso al forno,
radicchio rojo a la trevisana

Risi e bisi,
arroz con guisantes

PESCA Y CAZA
EN VALLE SALSA

El delta del Po también es conocido con el nombre de Valle Salsa, valle de la sal, puesto que cuanto más se aproxima el río al mar, más fuerte es la mezcla de agua dulce y agua salada. En este territorio de miles de hectáreas, la entrada y la salida de las aguas ricas en pesca está regulada mediante un sofisticado sistema de diques y compuertas. En los estanques, algunos de ellos creados de forma artificial, la pesca se practica desde tiempos inmemoriales. Allí donde el agua es más bien dulce viven lucios, carpas, esturiones, truchas, tencas y luciopercas. Dado que los peces no pueden escapar, la pesca es relativamente simple. Para ella, se emplean grandes redes, que cuelgan de unas construcciones a modo de grúa y que se dejan caer hasta el fondo de la marisma. A continuación, se echa el cebo y sólo hay que esperar. A la mañana siguiente, a lo sumo, puede sacarse del agua una red bien llena.

Al sur de la desembocadura del Po, donde el agua empieza a volverse más salada, los pescadores se dedican a la cría de mejillones y almejas o de peces como lisas, lubinas, doradas y lenguados. También se encuentran cangrejos y gambas, al tiempo que la anguila, apreciada en casi toda Italia, también abunda en estas aguas. A la fauna autóctona de este vasto y llano paraje también pertenecen las ranas.

En otros tiempos, el territorio que se encuentra situado alrededor de la desembocadura del río era un terreno pantanoso y los campos drenados que se habían ganado al suelo embebido de agua eran célebres por su fertilidad. Sin embargo, hacia finales del siglo XIX, la vida no siempre fue fácil para los habitantes de la zona, si se consideran los riesgos para la salud que un terreno pantanoso podía conllevar. Infecciones y paludismo eran el pan de cada día. A pesar de todo, los campesinos permanecieron en la región, debido a que ésta les ofrecía una gran variedad de posibilidades para su subsistencia, desde la agricultura a la pesca. El Valle Salsa, además, siempre constituyó una reserva natural de alimentos para sus habitantes, lo que por aquel entonces representaba una gran ventaja.

Los *potentes,* los grandes terratenientes de la región, se conformaban con ordenar al campesino el pasto de las superficies verdes, la tala del bosque y la recolección de bellotas. Como contrapartida, les concedían el tradicional derecho de uso del suelo para las actividades agrícolas y la pesca en las aguas interiores. En esos tiempos, la pesca ya constituía una importante fuente de ingresos para la región, dado que los campesinos tenían que pagar el derecho de pesca en especies *(pisces amisseros).*

En el delta, la caza también se ha venido practicando desde siempre. A causa de la abundancia de presas, nunca ha sido necesario legislar el derecho a cazar.

Derecha: la caza de patos tiene lugar en aguas tranquilas y cerca de las orillas. La misión del perro es la de traer la presa abatida sin dañarla.

El pato salvaje *(Anas platyrhynchos)* es una clase muy difundida. Los cazadores italianos la denominan *anatra selvatica.*

El cazador de patos espera su botín escondido en el cañaveral. Los pájaros no son abatidos mientras nadan sino con perdigones mientras vuelan.

Han bastado acuerdos verbales y el atenerse simplemente a las tradiciones. En la actualidad, un gran número de aves acuáticas sigue habitando las llanuras del delta del río Po: ánades reales, cercetas comunes, ánades silbones, porrones mañudos, agachadizas comunes, fochas comunes, zarapitos reales y rascones, así como otras aves típicas de las zonas pantanosas, por las que los cazadores tienen últimamente arduas disputas con los ornitólogos y los ecologistas. La cocina de la zona también es famosa por sus ingeniosos platos elaborados a base de caza mayor, acompañados con frecuencia de las deliciosas trufas blancas que crecen en algunos municipios situados entre el Brenta, el Adigio y el Po.

Hoy en día, el delta es un gran centro de atracción turística. Gracias al esfuerzo de las autoridades locales se han creado rutas a pie, a caballo y en bicicleta y organizado excursiones a lugares históricos. Sin embargo, quien simplemente busque un poco de calma, quedará fascinado por el misterioso encanto de estas tranquilas y vastas llanuras, que se pierden en la inmensidad del mar.

ANATRA ALLA VALLESANA
Pato salvaje con salsa de anchoas y finas hierbas
(fotografía superior)

Para 6 personas

RAMAS DE TOMILLO Y MEJORANA FRESCAS
3–4 GRANOS DE PIMIENTA
1 VASO DE VINAGRE DE VINO BLANCO
2 PATOS SALVAJES LISTOS PARA COCINAR Y PREVIAMENTE MANIDOS
ACEITE DE MAÍZ O DE CACAHUETE
1 CEBOLLA
CALDO DE GALLINA
4 FILETES DE ANCHOA
1 VASO DE VINO BLANCO SECO

Separe una parte de las hierbas para la guarnición, triture el resto con los granos de pimienta y remuévalo todo con el vinagre. Deje macerar los patos con este líquido durante 12 horas como mínimo para que pierdan una parte de su olor salvaje. Para ello, gírelos con frecuencia.
Deseche el líquido de maceración, divida el pato en porciones y fríalo en aceite hasta que se tueste.
En una olla, rehogue a fuego lento la cebolla con un poco de aceite y caldo. Añada los filetes de anchoa y deje que se

deshagan. A continuación, añada las porciones de pato a la olla y el vino blanco. Cuando el vino se haya evaporado, coloque la tapa y cueza los patos a fuego lento. Si es necesario, añada un poco más de caldo.
Sirva la carne en una bandeja y vierta el jugo encima. Decórelo con tomillo y mejorana y sírvalo con raciones tostadas de polenta.

BISATO SULL'ARA
Anguila al horno con hojas de laurel

Para 6–8 personas

1 ANGUILA GRANDE DE 1,25 KG DE PESO APROXIMADO O
2 ANGUILAS DE 800 G
SAL GORDA
HOJAS GRANDES DE LAUREL RECIÉN RECOLECTADAS

Quite la piel de la anguila y vacíela. A continuación, frótela con un paño de cocina para quitarle algo de brillo. Corte la anguila en trozos de 7,5 cm de grosor y rellénela alternativamente con sal y hojas de laurel en un recipiente resistente al fuego (si puede ser, de terracota). Sin taparla, cueza la anguila entre 30 y 40 minutos en un horno precalentado a 200°C. Mientras tanto, pínchela para comprobar si la anguila ya está en su punto.

VINOS DE VÉNETO

Véneto es una de las regiones vinícolas más importantes de la bota de Italia. En superficie de cultivo y cantidad de producción solamente es superado por Apulia y Sicilia, aunque en cuanto a la fama de sus vinos se refiere, supera con mucho a sus dos competidoras meridionales. Con relación a la fama y a la calidad de sus vinos, puede establecerse un claro gradiente Oeste-Este. Mientras que en el Oeste la provincia de Verona produce algunos de los vinos más abundantes y populares de Italia *(soave, valpolicella y bardolino)*, así como uno de los grandes vinos tintos del país *(el amarone)*, casi nadie conoce los vinos de Breganze, Colli Berici, del valle del Piave o Lison-Pramaggiore. Sólo el *prosecco* constituye un caso aparte entre los vinos de la parte oriental de la región.

Fondo: el mejor *soave* proviene de la región situada alrededor del Castello di Soave, en la provincia de Verona.

Valpolicella

En todas las pendientes de las sierras prealpinas situadas al norte de Verona crecen las uvas para uno de los vinos tintos más famosos de Italia: el *valpolicella,* elaborado a partir de Corvina o Corvinone, Rondinella, Molinara y pequeños porcentajes de otras clases locales. Su aroma recuerda a las guindas y el gusto es seco, afrutado y no muy fuerte. Los mejores vinos crecen en la zona de Classico, en los municipios de Fumane, Negrar y San Pietro. Los platos de pasta combinan muy bien con él.

Amarone

El *amarone* es uno de los vinos más fuertes, pesados y con mayor graduación de Italia. Las uvas de Valpolicella se cuelgan o extienden para secar durante unos dos o tres meses después de la vendimia. Con ello se obtiene un mosto altamente oncentrado y los vinos contienen hasta un 16% de alcohol. El *amarone* bien hecho tiene un gran aroma y un sabor excelente. Además, puede madurar durante muchos años en la botella. La variante dulce y no completamente fermentada del *amarone* es el *recioto,* que es más antiguo pero en los últimos años ha caído un poco en el olvido.

Bardolino

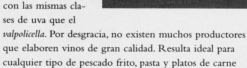

Este vino tinto ligero y afrutado proviene de las orillas sudorientales del lago de Garda. En principio, se elabora con las mismas clases de uva que el *valpolicella.* Por desgracia, no existen muchos productores que elaboren vinos de gran calidad. Resulta ideal para cualquier tipo de pescado frito, pasta y platos de carne de ternera.

Soave

El vino blanco más conocido de Italia proviene de una zona situada al este de Verona. Se elabora a partir de las variedades de uva Garganega, Trebbiano di Soave, Chardonnay y Pinot Bianco. Resulta ideal como aperitivo, para acompañar el pescado y los mejillones.
Las diferencias de calidad existentes entre los productos de los diferentes fabricantes pueden ser colosales. Los mejores proceden de las laderas del Classico de los municipios de Soave y Monteforte.

Su calidad, no obstante, no siempre corresponde a su fama.

La región se extiende desde el lago de Garda al oeste, a lo largo de las sierras prealpinas, hasta la laguna adriática situada entre Venecia y Trieste. Las laderas donde crece la vid suelen estar orientadas al sur y protegidas por las montañas. Los vinos realmente buenos sólo crecen aquí, mientras que las grandes cantidades de vino proceden de la llanura situada entre las sierras prealpinas y los ríos Po o Adigio. Los tipos de suelos donde estampan su sello los respectivos vinos van desde la grava de las morrenas situadas sobre dolomías erosionadas, hasta fértiles superficies de cultivo en la llanura.

Las clases más importantes de uva de Venecia, a excepción del *prosecco,* resultan desconocidas para la mayoría de los consumidores de vino, puesto que no aparecen en las denominaciones de vinos D.O.C. Entre ellas sobresalen las blancas Garganega y Trebbiano, que constituyen la base para *soave, gambellara* y *bianco di Custoza,* y la negra Corvina o su subclase Corvinone, la parte más importante del *valpolicella* y de su variante *amarone.*

Entre el lago de Garda y Verona

De oeste a este, la gama de los vinos de Véneto empieza, sobre todo, con vinos blancos. Desde Lombardía, el territorio D.O.C. *lugana* penetra hacia la región con el *bianco di Custoza* y el ligero y agradable tinto *bardolino* que dominan las colinas vinícolas situadas en la orilla sudoriental del lago de Garda. A los ligeros vinos del lago de Garda le siguen, en la zona de influencia de la ciudad operística de Verona, los de Valpolicella, los cuales, del mismo modo que el Bardolino de Corvina, están elaborados con diferentes clases de uva, aunque tienen un gusto claramente más fuerte.

Desde tiempos inmemoriales, después de la cosecha, una parte de las uvas utilizadas para el *valpolicella* se extiende sobre tablas de madera o se cuelga para que se seque. Sólo en diciembre o enero se hace el vino, cuyo azúcar no llega a fermentarse del todo. El dulce e increíblemente intenso resultado de este proceso es el *recioto della Valpolicella.* Algunos de los fermentos naturales de las uvas Valpolicella también consiguen, no obstante, transformar el azúcar de estas uvas desecadas. Durante la década de 1950 se empezaron a elaborar

sistemáticamente estos vinos tintos, espesos, fuertes y de alta graduación y fueron nominados *amarone* o *recioto amarone.* Una tercera y moderna versión de estos fuertes vinos Valpolicella surgió durante las décadas de 1970 y 1980. Los viticultores comenzaron a destilar por segunda vez el Valpolicella ya destilado sobre las pieles prensadas del elaborado *amarone,* que aún contenían fermentos y azúcar, una técnica llamada *ripasso* en la cual se etiquetan como Valpolicella Superiore o vino de mesa los vinos elaborados de este modo.

Vicenza y Treviso

Una vez pasado de largo Verona, se vuelve de nuevo al vino blanco. Es la patria del *soave,* del que también existe una versión dulce *recioto.* El vino más famoso de Italia junto con el Chianti ha tenido que luchar, por desgracia durante mucho tiempo contra su imagen de producto masivo y barato. El esfuerzo de un gran número de viticultores, quienes en muchos casos han conseguido elaborar excelentes vinos blancos, suaves, secos y capaces de mejorar con los años, no siempre ha obtenido la crítica merecida.

Gambellara es como se llama el hermano desconocido del *soave* en la vecina provincia de Vicenza, también muy vinícola a pesar de la poca fama de sus vinos. A partir de aquí, sólo algunos vinos despuntan en el mar de los anónimos vinos masivos, cuyos viñedos se alargan hasta el límite con el Friuli. Entre ellos sobresalen los de Braganze, Colli Berici y Colli Euganei, cerca de Padua, así como los de la zona del Montello, al sur de las localidades de Conegliano y Valdobbiadene, la patria del famoso *prosecco.*

PROSECCO

Que Prosecco no es una marca de vino ni una denominación de origen sino una clase de uva sólo lo sabe una pequeña minoría de sus amantes. A pesar de todo, este burbujeante vino blanco es una de las bebidas más famosas de Italia. Sin la meteórica carrera de los vinos espumosos *prosecco* durante la década de 1990, es probable que el nombre de Prosecco nunca hubiera penetrado en la conciencia de amplios sectores de la población, puesto que la clase en sí sólo posee un mínimo de las propiedades gustativas que suelen convertir a un vino en un codiciado placer. Sus aromas son, en el mejor de los casos, de neutros a ligeramente afrutados, aunque en ningún caso ricos o complejos y su gusto carece de una característica destacable que lo pueda definir. Es justo esta calidad de "vino sin propiedades" una de las principales claves de su éxito.

El origen de la clase de uva es poco claro. Mientras que unos opinan que proviene de la población homónima cercana a Udine, con cuya clase autóctona de Friuli, el Grela, guarda cierto parecido, otros creen que hay que buscar su origen en la costa dálmata. La introducción de la robusta clase de uva en la provincia de Treviso se remonta a finales del siglo XVIII, cuando un duro invierno acabó casi por completo con las vides de la región. La historia del vino espumoso *prosecco* se inicia en el siglo XIX cuando Antonio Carpené y tres socios más fundaron una compañía enológica que se proponía la producción de champaña.

De la champaña no se volvió a hablar, pero el *prosecco di Conegliano-Valdobbiadene* (tal como se conoce actualmente el territorio D.O.C., en el cual cada viticultor es libre de poner uno solo o ambos nombres en sus etiquetas) se convirtió en el vino espumoso más popular de Italia. El *prosecco* se produce fermentando por segunda vez el vino en grandes depósitos a presión. Tras un periodo de almacenamiento de un mes a una presión de al menos tres atmósferas, el vino obtiene la calificación de *spumante;* si no, se le denomina *frizzante*. El primero es bastante más caro que el segundo, aunque la diferencia de calidad no siempre es apreciable.

Tampoco el famoso Superiore di Cartizze, originario de las empinadas colinas de Vidor, entre Conegliano y Valdobbiadene, suele ser mejor que otros productos sin esta denominación adicional. Además de los vinos D.O.C. del nordeste de Véneto, también existen numerosas imitaciones vendidas como vinos de mesa procedentes de otras partes de la región así como de regiones tan lejanas como Apulia.

Gregorio Bartolin produce en su viñedo de Ca'Salina, cerca de Santo Stefano di Valdobbiadene, un excelente *prosecco* D.O.C.

Los modernos contenedores para la fermentación del refrescante y armónico *prosecco* cuentan con manómetros de alta precisión.

Derecha: el *prosecco* de Ca' Salina se presenta en tres variedades: *brut, extra brut* y rosado. Las finas burbujas que forma (extremo derecho) lo convierten en toda una delicia.

Los tapones de las botellas se colocan automáticamente y se aseguran con una canastilla de alambre a causa de la presión (fondo).

TRENTINO
ALTO ADIGE

Algund • Meran • Brixen
Castillo de • Bolzano
Hocheppan
Kaltern
**Alto Adigio/
Trentino**
• Trento
Riva • Castel
del Garda • Beseno
• Rovereto

Trentino no fue ni es una tierra rica. Siempre un poco a la sombra del floreciente Alto Adigio, los campesinos de la región situada alrededor de Trento y del lago de Garda siempre tuvieron que luchar por su existencia y por obtener con esfuerzo su sustento de una tierra pobre. Dado que en un principio no se concedía mucho valor a los placeres materiales, apenas había especialidades regionales. Uno se contentaba con saciar a la familia; en las modestas cocinas de las casas no había lugar para extraños experimentos culinarios. La situación, sin embargo, estaba destinada a cambiar de improviso hacia 1550 con el concilio ecuménico de Trento, puesto que este acontecimiento histórico significó el despertar de la cocina local de sus dulces sueños. Los altos dignatarios de la Iglesia llegaron con una comitiva de reputados cocineros y, dado que el concilio duró bastantes años, los maestros de la cocina trentina volvieron a incorporar paulatinamente nuevas y refinadas recetas. Fue especialmente en la preparación del pescado de agua dulce donde se tomó nota de las recetas de los cocineros de los eclesiásticos. Por desgracia, sólo pocos de estos secretos culinarios importados han llegado a nuestros días. Entre ellos aún encontramos exquisiteces como los *Gnocchi con la ricotta* o el *Pollo ripieno alla trentina,* pollo relleno al estilo regional. El gran concilio, no obstante, no fue la única influencia en la cocina de Trentino; otras fuentes de inspiración fueron los platos de la República de Venecia o los de la cocina de los Austrias. La cocina de Alto Adigio, en cambio, proviene de una tradición muy diferente. Sus raíces se encuentran en las especialidades de los países alpinos y tienden hacia el nordeste de Europa, como demuestran sus rasgos eslavos, austríacos y húngaros. El *goulasch,* por ejemplo, es un plato típico de los domingos y muchos hojaldres y dulces traen a la memoria la monarquía del Danubio. Las patatas, las coles y las albóndigas aparecen igualmente en casi todos los menús de los restaurantes. Por lo demás, las coles, llamadas *crauti* por la mayoría de los italohablan-tes de Trentino, se acostumbran a refinar con manteca y mu-chas familias todavía las adoban en casa. Las albóndigas se pre-paran con restos de pan y suelen servirse como guarnición (en el Trentino se las denomina *canederli).* Además de todos es-tos productos regionales, también se han abierto paso otros, comunes con otras regiones de Italia como la pasta, los tomates y el aceite de oliva, y es precisamente en esta coexistencia pacífica donde radica el interés de la cocina de esta región alpina.

Doble página precedente: quien desee probar *schüttelbrot* u otras clases de pan de la región, será bien atendido en la panadería Franziskaner de Bolzano.

Izquierda: Trentino y Alto Adigio son, en realidad, dos regiones completamente diferentes que, si algo tienen en común, son sus bellos paisajes, como el de la foto, tomada en los alrededores de Castello Beseno (Trentino).

COL Y PATATAS

Como en todas las regiones alpinas y prealpinas, en Alto Adigio y en Trentino también se cultivan coles. La col blanca presenta un aporte energético y alimenticio muy alto y la gran ventaja adicional de poderse conservar fermentada durante muchos meses. En otros tiempos, esto era un aspecto muy importante cuando el largo invierno llamaba a la puerta. Para prepararla, la col se cortaba en tiras finas con un cuchillo especial y se disponía en capas alternativas de sal gruesa, comino y otras especias como enebrinas y cilantro dentro de un recipiente de madera. Cuando el recipiente estaba lleno, se cubría con una tapa cuyo diámetro había de ser algo menor que el del recipiente. La cubierta se apretaba con una piedra pesada. Unos días más tarde, la col empezaba a fermentar y a producir ácido láctico. El líquido que se formaba se retiraba con cuidado y, aproximadamente unas cuatro semanas más tarde, la col ya estaba lista y podía consumirse.

Si bien en la actualidad ya no se prepara en casa en un recipiente de madera, la col fermentada no ha perdido su popularidad y sigue constituyendo, al igual que antaño, un acompañamiento para muchos platos de la cocina de Alto Adigio. Además, es un alimento excepcionalmente sano. Gracias a su alto contenido en vitamina C, no solamente era un plato muy apreciado en la región alpina, sino que se almacenaba en grandes recipientes para largos viajes que se realizaban por mar, debido a que su consumo protegía a los marineros contra el temido escorbuto, una enfermedad producida por la falta de vitamina C. La col fermentada tiene algunas otras propiedades: además de vitamina C, también contiene vitamina B y K, así como también hierro, potasio y calcio. Asimismo, las bacterias presentes en el proceso de fermentación de la col tienen un efecto curativo sobre el estómago y el intestino, especialmente si la col se consume cruda.

Tanto en Alto Adigio como en Trentino, las patatas también tienen una larga tradición. Algunos opinan, incluso, que los habitantes de esta región fueron los primeros que pudieron disfrutar del tubérculo y que pronto lo emplearon incluso para la elaboración de pan. De hecho, los diversos tipos de patata han sido durante mucho tiempo un ingrediente fundamental de un gran número de platos regionales. Se podía cocer y consumirse caliente con queso o leche, mientras que los restos enfriados podían cortarse en finas rodajas y aliñarse con aceite y vinagre. La patata no es una planta demasiado exigente y puede crecer en terrenos muy poco fértiles. Estos modestos tubérculos, además, son muy sanos, puesto que contienen numerosos minerales, vitaminas y albúmina.

En la actualidad, en Alto Adigio y en las partes septentrionales de Trentino, las patatas se utilizan sobre todo para las apreciadas albóndigas de patata. La polenta con patata, en cambio, es un plato típico de los alrededores de Trento, y se acompaña con queso local o una verdura mixta avinagrada.

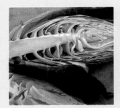

Para elaborar *sauerkraut* en casa, se necesita col blanca fresca.

Primero se corta o ralla la col en tiras finas.

A continuación, se vierte la col en un recipiente y se sala.

Para refinarla puede añadirse comino o enebro.

A continuación, se hace puré la col y se cubre con una tapa.

La *sauerkraut* ya está lista y puede sacarse del recipiente.

Gnocchi con le prugne
Ñoquis con ciruelas
(fotografía fondo)

500 G DE PATATAS
SAL
150 G DE HARINA DE TRIGO
1 HUEVO
20 CIRUELAS DESHUESADAS
200 G DE MANTEQUILLA
100 G DE PARMESANO O GRANA

Hierva las patatas, pélelas y tritúrelas con un prensapatatas. Sálelas y forme una masa con harina y huevo. Haga ñoquis grandes y rellénelos con las ciruelas. Cueza las bolas rellenas en abundante agua salada. Retire los ñoquis tan pronto como suban a la superficie. Sírvalos con mantequilla derretida y queso rallado.

Zuppa di crauti
Sopa de col fermentada

50 G DE TOCINO CORTADO EN DADOS
1 CEBOLLA CORTADA EN DADOS
2 CUCHARADAS DE MANTEQUILLA
800 ML DE CALDO
260 G DE COL FERMENTADA
1 PATATA MEDIANA
150 G DE PAN BLANCO
100 G DE NATA ÁCIDA
SAL Y PIMIENTA

Sofría el tocino y la cebolla en una cucharada de mantequilla. Añada el caldo y la col fermentada y deje que se cueza todo durante 30 minutos. Pele la patata, rállela y añádala cruda a la sopa. Deje que se cueza. Corte el pan en dados y tuéstelo con el resto de la mantequilla. Añada la nata ácida a la sopa caliente (no hirviente) y salpimiente.
Antes de servirla, esparza por encima los dados de pan.

Gnocchi di patate crude
Ñoquis de patatas crudas

1 KG DE PATATAS HARINOSAS
250 G DE HARINA DE TRIGO
SAL
100 G DE MANTEQUILLA
150 G DE RICOTTA AHUMADO

Pele las patatas crudas, rállelas y mézclelas con harina. Haga ñoquis con la masa como en la receta descrita en la página siguiente y hiérvalos en abundante agua salada. Sírvalos con mantequilla derretida y ricotta.

La **Avezzana** es una de las muchas clases de patata que se cultiva en los alrededores de Avezzano, en la provincia de L'Aquila, en los Abruzos.

La **Agata,** adecuada para hervir, madura a principios de año y se cultiva sobre todo en la Emilia-Romaña.

Alrededor de Viterbo, en el Lacio, se encuentra una zona de cultivo de patatas con una gran variedad de clases. Se conocen con el nombre genérico de **Viterbese.**

Se denomina **Pastagialla** la patata de carne amarilla que suele emplearse para hervir; la **Pastabianca,** en cambio, tiene una carne clara y más bien harinosa.

La **Sieglinde** es una patata temprana de carne amarilla y procedente de Alemania que ha encontrado en Apulia y Sicilia su suelo ideal.

Las patatas desempeñan un papel muy importante en la gastronomía de la región de los Alpes. También en territorios meridionales de Italia se cultiva este preciado tubérculo.

GNOCCHI CON LA RICOTTA
Ñoquis con ricotta

1 KG DE PATATAS HARINOSAS
250 G DE HARINA DE TRIGO
SAL
100 G DE MANTEQUILLA
300 G DE RICOTTA AHUMADO

Hierva las patatas, pélelas cuando aún estén calientes y tritúrelas con un pasapuré. Con la harina, sin amasar con demasiada fuerza, prepare una masa blanda y sálela ligeramente. Con la masa, forme rollos del grosor de un dedo y córtelos en trozos de 3 cm de longitud. Vaya colocando cada trozo en un tenedor, apriete ligeramente la masa contra el pulgar y enróllela un poco para que obtenga su forma característica. Ponga a hervir los ñoquis durante algunos minutos en abundante agua salada. Cuando suban a la superficie, retírelos con una espumadera y deje que se escurran bien. Sírvalos con mantequilla derretida y ricotta.

PAN, SOPAS DE HARINA Y ALBÓNDIGAS

La cocina de Alto Adigio no es concebible sin el pan duro. Éste se moja en caldos o sopas y está siempre disponible como acompañamiento para todas las comidas. Además del habitual pan negro de harina de trigo y centeno, la región también ofrece especialidades como *schüttelbrot, vorschlag y paarl*. El *schüttelbrot* es un pan duro y muy crujiente. El *vorschlag* se hace con harina de trigo y centeno, así como levadura, y tiene un diámetro aproximado de 25 centímetros. Los *paarl* provienen de Val Venosta y se preparan con harina de centeno y levadura. Su nombre se debe al hecho de cocerlos apareados, de tal manera que recuerdan a un matrimonio, tal y como indica este término en alemán. En otras épocas, cuando uno de los cónyuges moría, se acostumbraba a cocer solamente medio *paarl*.

Al pan de Alto Adigio se le suele añadir comino, hinojo o anís, aunque aún más típico es el empleo de trébol de pan *(trigunella caerulia)*. Esta planta se suele cultivar en los jardines de las campesinas. El trébol de pan crece hasta una altura de 40 cm y florece blanco. Las hojas y las flores se secan y trituran. Quien lleva una vida más bien urbana, puede comprar esta especia, que tiene un sabor parecido a los cubos "Maggi", en una farmacia o una droguería. En la cocina de Alto Adigio, el pan no solo desempeña un papel como comida o acompañante en las comidas, sino que

Sobre las mesas de cualquier *Buschenschänke* (una especie de bar) de Alto Adigio no falta nunca una cesta con diferentes clases de pan, entre ellas el duro *schüttelbrot* y los *vinschger paarl*, tradicionalmente sazonados con trébol de pan.

también es un ingrediente básico de otra especialidad: los restos de pan y panecillos secos no se tiran, sino que se emplean para la elaboración de las apreciadas albóndigas. De la variedad se ocupan los diferentes ingredientes que componen la masa de la albóndiga. Existen complementos sustanciosos como el tocino o el queso, y más ligeros (pero no menos tradicionales) como las cebollas, las espinacas o las setas. Una exquisitez son igualmente las *ronen-knödel* (albóndigas de remolacha), que se sirven con mantequilla dorada y parmesano rallado.

Los habitantes de la región no solo elaboran cereales y harina para el pan (y más tarde para las albóndigas), sino que utilizan estos mismos ingredientes para preparar sopas sabrosas y sustanciosas. La famosa sopa de cebada perlada, verdura y tocino entreverado constituye un delicioso ejemplo, aunque también existen

auténticas sopas de harina. La variante clásica se compone sólo de harina, manteca o mantequilla, sal y agua. Otras recetas recomiendan el empleo de leche en lugar de agua o la adición de cebollas.

CANEDERLI
Albóndigas de tocino

250 G DE PAN BLANCO O PANECILLOS SECOS
3 HUEVOS
250 ML DE LECHE
100 G DE TOCINO ENTREVERADO
1 CEBOLLA
1 MANOJO DE PEREJIL
50 G DE SALAMI
6 CUCHARADAS SOPERAS DE HARINA DE TRIGO
SAL Y PIMIENTA
NUEZ MOSCADA RALLADA

Corte el pan blanco o los panecillos en dados pequeños y viértalos en una fuente. Mezcle la leche y los huevos removiendo, viértalo encima del pan y deje reposar durante 20 minutos. Remueva la mezcla de vez en cuando.
Corte el tocino y las cebollas en dados muy pequeños; triture el perejil. Vierta el tocino en una sartén, añada la cebolla y la mitad del perejil y fría la mezcla unos 2 minutos.
Corte el salami en dados pequeños y con el resto del perejil añádalo a la mezcla anterior. Mézclelo todo con el pan reblandecido. Añada la harina. Sazone la masa con sal, pimienta y nuez moscada recién rallada.
Ponga a hervir aproximadamente 1,5 litros de agua. Con las manos humedecidas, forme 10 albóndigas de igual tamaño y cuézalas hasta que estén en su punto.

ZUPPA DI FARINA TOSTATA
Sopa de harina
(fotografía inferior)

100 G DE MANTEQUILLA
300 G DE HARINA DE TRIGO
1 L DE LECHE CALIENTE
SAL

Caliente la mantequilla en una cacerola, añada la harina lentamente y cueza hasta que adquiera un color dorado. Añada poco a poco un litro de agua, la leche caliente y la sal.
Deje que hierva durante 20 minutos hasta que se forme una sopa cremosa. Sírvala caliente.

El crujiente *schüttelbrot* puede guardarse verticalmente en estantes con casillas.

Canederli di pan grattato
Albóndigas de panecillos
(fotografía derecha)

150 G DE PAN DEL DÍA ANTERIOR CORTADO EN DADOS
LECHE
2 HUEVOS
MANTEQUILLA
1/2 CEBOLLA CORTADA MUY FINA
1 CUCHARADA SOPERA DE PEREJIL MOLIDO
50 G DE PAN RALLADO
SAL Y PIMIENTA
NUEZ MOSCADA RALLADA
QUESO RALLADO

Vierta los dados de pan blanco en la leche hasta que se
ablanden. Bata los huevos con 80 g de mantequilla y añada
la cebolla y el perejil. Prense el pan blanco y páselo por un
colador; añada la mezcla de huevo y el pan rallado. Sazone
con sal, pimienta y nuez moscada y deje reposar durante
unos minutos.
Forme bolas con la masa y hiérvalas en abundante agua
salada entre 15 y 20 minutos. Sírvalas con mantequilla
derretida y queso rallado.

Strangolapreti
Albóndigas de espinacas

Para 4–6 personas

250 G DE PAN BLANCO DEL DÍA ANTERIOR
150 ML DE LECHE
500 G DE HOJAS DE ESPINACAS FRESCAS
2 HUEVOS
4–5 CUCHARADAS DE HARINA
SAL Y PIMIENTA
NUEZ MOSCADA RALLADA
50 G DE MANTEQUILLA
ALGUNAS HOJAS DE SALVIA
50 G DE PARMESANO RECIÉN RALLADO

Corte el pan blanco en dados pequeños. Vierta la leche por
encima y mézclelo todo bien. Tape la masa y déjela macerar
durante al menos 2 horas. Limpie y lave las hojas de espinacas
y quite los tallos más gruesos. Escalde las hojas de espinacas
en abundante agua salada durante 2 minutos. Páselas por
agua fría, escúrralas bien y déjelas enfriar. Vuelva a escurrir
bien para quitarles toda el agua y córtelas tan finamente
como pueda. Haga una masa con las espinacas trituradas,
el pan remojado, los huevos y 4 ó 5 cucharadas de harina.
Sazone con sal, pimienta y nuez moscada.
En una olla grande, ponga a hervir 2 litros de agua. Con
dos cucharas, forme una albóndiga de prueba, viértala en
el agua hirviendo y retírela al cabo de 5 minutos. Según
la consistencia, añada harina o leche a la masa. Forme las
albóndigas y hiérvalas hasta que estén en su punto.
Retírelas con la espumadera, déjelas escurrir y póngalas
en una bandeja precalentada. Derrita la mantequilla en una
sartén y saltee las hojas de salvia. Añada las albóndigas a la
sartén y mézclelas con la mantequilla. Espolvoréelas con
el queso rallado y sírvalas calientes.

Derecha: los frescos de la capilla del castillo de Hocheppan.
La afición de los habitantes de Alto Adigio y de Trentino a
las albóndigas no es reciente. En los frescos de la capilla del
castillo de Hocheppan, pintados hacia el año 1200, aparece,
debajo de María con el niño recién nacido, una mujer vestida
de verde que come de una sartén albóndigas redondas y
grandes como un puño.

Cerveza

El Alto Adigio es la región cervecera de Italia por antonomasia. El agua cristalina que desciende de las montañas que rodean Merano y la posibilidad que ofrece la naturaleza de almacenar hielo en invierno que puede utilizarse en verano para la refrigeración de las bodegas, han demostrado ser desde hace mucho tiempo unas ventajas ideales. De este modo, no es extraño que, en esta región, el arte de la cervecería se remonte hacia los años 985 y 993. Por aquel entonces, las pequeñas fábricas ya suministraban a clientes particulares, así como fondas y postas, esta espumosa bebida. Por desgracia, casi ninguna de estas pequeñas fábricas de cerveza de tan rica tradición ha logrado sobrevivir. Únicamente la empresa Forst, fundada en 1857 por dos empresarios de Merano, ha logrado sobrevivir hasta nuestros días y goza de una buena salud económica.

En 1863, un tal Josef Fuchs se hizo cargo de la fábrica cervecera y fundó con ello una dinastía que ya ha llegado a la cuarta generación. La familia permanece férreamente fiel a su lema: "La calidad respeta la naturaleza, la cerveza es la naturaleza". Por lo demás, la gente de los alrededores no se refiere a la bella sede de la empresa como "fábrica" o "planta envasadora", sino que la denominan simplemente la "Forst". En ella, no solo se producen anualmente 700.000 hectolitros de cerveza, sino que también funciona un restaurante que ofrece salas para fiestas de empresa o familiares. Durante esos actos, como puede suponerse, la cerveza Forst corre a raudales. La oferta comprende diferentes cervezas: la fina, seca y fresca Pils, la exclusiva VIP-Pils, la fina y seca Forst Kronen, la burbujeante y refrescante Forst Premium, la Forst Sixtus, la cual, como Spezial-Doppelbock, trae a la memoria la tradición cervecera de los monjes de los primeros tiempos, y, por último, acorde totalmente al espíritu de nuestros días, la Forst Luxus Light, una cerveza de baja graduación y baja en calorías. La empresa, además, ejerce de representante oficial en Italia para las marcas británicas Allsopps, Arrol's y John Bull. Años atrás, la Forst compró un par de manantiales en el Vigiljoch y con el embotellamiento del agua mineral Merano Acqua minerale naturale San Vigilio se ha creado una nueva filial.

No son solo los números de la Forst lo que demuestra que la cerveza es apreciada en toda Italia. Desde Roma hasta Cerdeña y desde el lago de Como hasta Sicilia se va imponiendo el reconocimiento de que, especialmente durante los meses de verano, una cerveza fresca y que apaga la sed combina mejor con una pizza o un bocadillo que un vaso de vino tinto.

La tradicional fábrica de cerveza Forst está en Töll bei Algund (Merano). En modernas instalaciones, se elaboran y embotellan diferentes clases de cerveza, desde la Pilsen hasta la Bockbier pasando por la Märzen. Para fiestas privadas es posible reservar las agradables salas de su restaurante. En ese caso, pueden resultar muy prácticos los barriles de cerveza de 25 litros.

CEBADA

Junto con el trigo, la cebada es una de las plantas de cultivo más antiguas utilizadas por la humanidad. En excavaciones arqueológicas se han llegado a encontrar tortas de pan fabricadas con una mezcla de trigo y cebada cuya datación se remonta a la Edad de Piedra, lo que no queda claro es si la cebada utilizada era una planta cultivada o silvestre.

El grano de la cebada se asemeja al del trigo, aunque es algo más alargado y termina en punta. La cebada es muy fácil de moler y de transformar en harina. Sin embargo, dado que su harina no es muy buena para la fabricación de pan, el cereal pasó a tener fama de ser muy nutritivo aunque áspero y de difícil digestión. Para mejorar sus propiedades de panificación, la harina de cebada se mezcló, y se sigue mezclando, con otras clases de harina como la de trigo.

La cebada es un cereal muy resistente que puede crecer en las condiciones climáticas más adversas. Su cultivo era, pues, posible en todos los rincones del globo: en el antiguo Egipto, en China, en el círculo polar y en las regiones tropicales de India. Mientras que la cebada en algunas partes de Europa ha pasado a ocupar un segundo plano, en el norte de África y en los países de Oriente Medio se ha seguido cultivando e incluso constituye uno de los principales alimentos.

En Italia, la cebada se cultiva sobre todo en Alto Adigio y en Friuli. En Alto Adigio, la harina de cebada, o la cebada perlada, se utiliza como ingrediente para caldos y sopas. La auténtica sopa de cebada surtirolesa es un plato típico de la región, un abastecedor de calorías fiable que ayuda a los habitantes de las montañas durante los largos inviernos.

Minestra d'orzo

Sopa de cebada

200 G DE CEBADA PERLADA
500 ML DE CALDO
150 G DE ENDIBIAS
1 ZANAHORIA
1 MANOJO DE APIO
50 G DE PANCETA ENTREVERADA
50 G DE MANTEQUILLA

Ponga en agua fría la cebada perlada durante al menos 1 hora. Escurra la cebada y pásela junto con el caldo a una olla. Mezcle con las endibias cortadas en trozos pequeños y deje cocerlo todo a fuego lento durante aproximadamente 1 hora.

Corte en trozos pequeños la zanahoria, el apio y la panceta. Caliente la mantequilla en un recipiente y sofría la verdura y la panceta hasta que se doren. Añada el caldo con la cebada y déjelo cocer todo otros 30 minutos. Sirva la sopa caliente.

LA EXPULSIÓN DEL INVIERNO

La carretera del vino de Alto Adigio es una sucesión de pueblos vitícolas. Los nombres resultan familiares: Eppan, Tramin, Girlan, Kaltern, Kurtatsch y Margreid. Se cree que el territorio de la carretera del vino ya estuvo poblado desde tiempos muy remotos. Aún hoy en día los habitantes de la región mantienen vivos ritos y tradiciones. Junto a las numerosas fiestas del vino, la del martes de carnaval tiene una especial importancia. Un ejemplo de lo dicho es el gran desfile que se celebra en las calles de Tramin. Los terroríficos personajes disfrazados, que hacen de las suyas entre los carruajes suntuosamente engalanados, traen a la memoria los disfraces de las carnestolendas germánicas. El Egetmannszug, como se denomina el desfile en Alto Adigio, tenía originariamente un trasfondo más bien serio. De hecho, se remonta a un culto pagano a la fertilidad anterior a la época romana, que con diferentes ritos y gran alboroto, todos los años expulsaba simbólicamente el invierno y rogaba a los espíritus de la naturaleza un buen año para la agricultura y una buena cosecha en las montañas vinícolas.

Derecha: la fiesta del Egetmann es bianual. La indumentaria más adecuada son las prendas de abrigo viejas, ya que durante el espectáculo se rocía al público con hollín y betún.

UN PLATO DE CARNESTOLENDAS

El *smacafam* es un plato muy tradicional que originariamente sólo se consumía durante los últimos días del carnaval. Se trata de un suflé al que se le añade, en función de las costumbres de cada región, harina de trigo sarraceno, maíz o trigo, y que se cuece al horno con tocino y embutido. En muchas zonas también se elabora una variante dulce de este plato.

SMACAFAM
Suflé de trigo sarraceno

Para 6 personas

500 ML DE LECHE
250 G DE HARINA DE
TRIGO SARRACENO
1 CEBOLLA PEQUEÑA
SAL Y PIMIENTA
20 G DE MANTECA
DE CERDO
1–2 SALCHICHAS SIN PIEL

Caliente la leche a fuego lento en una olla. Mezcle la harina hasta que se forme un puré blando y ligeramente líquido. Corte la cebolla fina y añádala a la mezcla de leche y harina. Salpimiente.
Unte una bandeja con manteca de cerdo y extienda la masa por encima (debe tener una altura de 2 cm). Desmenuce la salchicha con los dedos y repártala sobre la masa. Precaliente el horno a 190°C y ase el suflé durante 1 hora hasta que la masa adquiera color. Sírvalo caliente.

Bolzano

Quien llega a Italia a través del Brennero, halla en Bolzano la primera ciudad realmente meridional. Durante la mayor parte del año predominan aquí temperaturas moderadas y mediterráneas; sólo el invierno es realmente frío. En la plaza del mercado, con su famoso mercado de fruta, se sigue regateando y discutiendo tan apasionadamente como hace 700 años, cuando la ciudad adquirió importancia como mercado de productos procedentes de Alemania meridional y Lombardía. También en la iglesia parroquial de la ciudad reina un intenso y animado movimiento que los habitantes de las regiones septentrionales identifican como típico de las zonas meridionales.

La cara actual de la ciudad, abierta y cosmopolita, cuenta con apenas ochenta años de edad. La ciudad donde originariamente sólo se hablaba alemán era una pequeña y tranquila localidad del Tirol del Sur que sus gobernantes, la poderosa monarquía de los Austrias en la lejana Viena, apenas tenían en cuenta. Después de la conferencia de Paz de París de 1919, en la que Austria fue obligada a ceder el Tirol del Sur al entonces relativamente joven Estado italiano, empezó cierta italianización de la ciudad. Con el acceso al poder de Mussolini llegaron trabajadores, comerciantes y funcionarios italianos. De la que fuera la alemana Bozen, con sus carteles callejeros bilingües, sólo queda el núcleo antiguo, puesto que en los barrios exteriores que se extienden entre el Talfer y el Eisack se encuentran los mismos bloques de viviendas que en el resto de Italia. Bolzano también es un importante centro industrial que ofrece puestos de trabajo a aquellos jóvenes de la región que viven en los valles alpinos y no encuentran trabajo en sus lugares de origen.

Bolzano (inferior), la actual capital de Alto Adigio, está muy bien comunicada y situada en la confluencia de los ríos Adigio, Talfer y Eisack. Desde el siglo XII, goza de un intenso comercio, de lo que son buenos ejemplos las ferias que se celebran desde entonces, y el actual mercado de la fruta.

Tres lenguas oficiales

En Trentino y en Alto Adigio se hablan tres lenguas: italiano, alemán y ladino. El estatuto de autonomía de Alto Adigio reconoce oficialmente los tres idiomas y permite con ello que los cerca de 40.000 habitantes que tienen el ladino como lengua materna puedan evitar la posible desaparición de su cultura y su idioma. Los ladinos fueron un pueblo de origen rético que pobló esta franja de tierra antes de la ocupación romana. Cuando llegaron los romanos, los ladinos resistieron a la romanización general en la medida que se mantuvieron fieles a su idioma, aunque también adoptaron palabras de origen latino. De este modo, el ladino se transformó en "una lengua románica sobre substrato rético", como dicen los lingüistas. Es pariente del retorrománico que se habla en Suiza y del dialecto friulano del nordeste de Italia.

BAUERNSPECK DE ALTO ADIGIO

Dado que la cocina de Alto Adigio está fuertemente influida por sus vecinos germánicos, ofrece especialidades que apenas se encuentran en el resto de Italia y que, además, poco tienen de italiano. Basta sólo con pensar en el *schüttelbrot* con comino, una especia que apenas se utiliza en la cocina al Sur de las regiones alpinas. Los diferentes modos tradicionales de preparación de la carne también se diferencian de las recetas de la cocina mediterránea. A los tiroleses y los trentinos la carne de cerdo les gusta sobre todo ahumada, aunque en ocasiones, como el *bollito* lombardo o el asado de cerdo alemán, también aparece sin ahumar. La grasa del cerdo se transforma en manteca y se utiliza para asar o para freír (por ejemplo, en las *strauben* y las *kniekiachl)*. Para todos aquellos que no sean tiroleses: las *strauben* se preparan con masa de crepes y se vierten en manteca caliente a través de un embudo y en forma de espiral, mientras que los *kniekiachl* están

hechos con una masa dulce con levadura cuyos trozos, grandes como una manzana, se estiran de tal manera que se abomban en el borde; se pone todo al horno con manteca y en la parte central, donde queda un hueco, se encuentra la grasa caliente; finalmente esta parte se rellena con mermelada de arándanos rojos.

El *bauernspeck* de Alto Adigio es un producto muy apreciado y típico de esta región. Las piernas de cerdo se ponen primero en un adobo de sal marina y especias. Se utilizan diferentes mezclas de laurel, enebro, pimienta, nuez moscada, canela y cilantro. Cada productor tiene su receta secreta bien guardada. Al adobo le siguen los procesos de ahumado y curado.

En otros tiempos, para el ahumado, los perniles se colgaban en las campanas de las chimeneas de las casas, mientras que hoy en día el proceso de ahumado tiene lugar en frío o a temperaturas no superiores a los 20°C y en espacios bien aireados en los que se reproduce el mismo efecto que el de las antiguas chimeneas. Durante esta fase de ahumado de aproximadamente diez días, el jamón se enriquece con esencias de madera, principalmente de enebro o de pino. El siguiente proceso, de unas veinte semanas de dura-

ción, requiere mucho tacto. El tocino debe almacenarse aireado y a temperatura constante, por lo que el clima fresco de las alturas de Alto Adigio ofrece condiciones casi idóneas para la curación armónica de carne tanto grasa como magra. De este modo, cada jamón adquiere la consistencia deseada, que no ha de ser ni muy blanda ni muy dura.

En el año 1987 se creó el Consorzio produttori *speck* dell'Alto Adige, el consorcio de los productores de tocino de Alto Adigio, que se propuso garantizar al consumidor un tocino que, a pesar de las condiciones industriales de producción, todavía conserve el mismo sabor que el elaborado antiguamente de forma artesanal en pequeñas cantidades. Como distintivo, el auténtico jamón lleva el símbolo del consorcio en la corteza.

El *bauernspeck* de Alto Adigio no puede faltar nunca en una merienda, aunque tampoco en las *törggelepartien*. En octubre y noviembre, una vez terminada la cosecha y cuando el jamón está curado, es costumbre ir de bar en bar para catar el nuevo vino y acompañarlo con un sabroso bocado. En esas ocasiones, además, se sirve queso, embutido y pan.

El *südtiroler bauernspeck* de Val Pusteria es una fuerte exquisitez valorada igualmente fuera de la región.

POLENTA

Como en todas las regiones alpinas de Italia, este sencillo puré de cereales siempre ha sido un alimento básico de la población. Se preparaba a partir de harina de trigo sarraceno o cebada y se añadía patata o calabaza amarilla. No fue hasta 1650 aproximadamente cuando la polenta se empezó a preparar con harina de trigo. Eran sobre todo las capas pobres de la población las que comían polenta en lugar de pan y la servían sin ningún acompañamiento o refinada con leche, queso y embutido.

Hoy en día, el menú de Alto Adigio todavía ofrece numerosos platos a base de polenta. La sabrosa *polenta nera,* polenta negra, se prepara con harina de trigo sarraceno. A ella se le añaden finos filetes de anchoa "fundidos" en mantequilla caliente. En caso de que se desee algo más opulento, puede acompañarse con carne o animales de caza. La *mosa* (o mus) es una polenta con una base láctea en la que se mezcla en leche hirviendo un tercio de harina de maíz y dos tercios de harina de trigo. Esta *polentina* suele combinarse con mantequilla derretida.

La vesper de Alto Adigio

La *vesper* de Alto Adigio (fondo) es una suerte de merienda que puede sustituir a la cena cuando uno desea irse a dormir temprano. Se compone de comino, *schüttelbrot* fino y crujiente, patatas recién cocidas, vino y tocino. Según el gusto de cada uno, puede ser panceta o jamón y se corta (la forma preferida de cortarlo es con la propia navaja si la *vesper* se celebra al aire libre) en lonchas o virutas muy finas.

Polenta nera
Polenta de trigo sarraceno con anchoas
(fotografía superior)

300 G DE TRIGO SARRACENO
100 G DE MANTEQUILLA
10 FILETES DE ANCHOA CONSERVADOS EN ACEITE
PARMESANO O GRANA RALLADOS
SAL

Caliente 1 l de agua con sal en una olla. Antes de que comience a hervir, vierta el trigo sarraceno y deje cocer unos 40 minutos sin dejar de remover. Disponga la polenta en un molde refractario engrasado con mantequilla.
Corte los filetes de anchoa en trozos pequeños y dórelos ligeramente con un poco de mantequilla. Distribúyalos sobre la polenta, espolvoree con el queso rallado y gratine durante 5 minutos en el horno precalentado a 240°C.
Sirva la polenta con queso o mantequilla derretida.

Polenta con la zucca
Polenta con calabaza

Pele 600 g de calabaza, corte en trozos y cueza en abundante agua salada. Cuando esté blanda, hágala puré. Durante 50 minutos haga hervir 250 g de sémola de maíz junto con el puré de calabaza en agua salada, sin dejar de remover (vea p. 19). Vuelque sobre una tabla y deje enfriar. A continuación, trocee la masa y sírvala acompañada de leche caliente.

Polenta con la cipolla
Polenta con cebolla

Prepare una polenta consistente (vea p. 19), déjela enfriar y córtela en trozos del grosor de un dedo. Rehogue cebolla picada fina en aceite de oliva y salpiméntela. A continuación, saltee los trozos de polenta, cúbralos con la cebolla y sírvalos calientes.

Asiago

Desde hace aproximadamente un siglo, el altiplano de Asiago se utiliza para el pastoreo. De la leche aromática de estas vacas alimentadas de forma natural se sigue produciendo un queso homónimo. El asiago obtuvo el predicado D.O.C. en 1978; un año más tarde se constituyó el consorcio para la protección, al que pertenecen unas cien centrales lecheras y almacenes y que supervisa que se respeten las determinaciones de producción. Según la ley, el asiago puede proceder tanto de las provincias de Vicenza y Trento como de partes de las provincias de Padua y Treviso.
De esta especialidad de queso, rico en enzimas y proteínas pero con un moderado contenido en grasas, existen diferentes variedades. El joven *asiago pressato* se produce con leche entera y su proceso de curación va de 20 a 40 días, es muy suave y tiene una masa clara. El *asiago mezzano* se fabrica con una mezcla de leche entera y leche descremada, madura al menos tres meses y tiene un sabor más acentuado que su joven colega. La curación del *asiago vecchio* es de aproximadamente un año y adquiere una pronunciada personalidad. Además, también existe el *asiago d'allevo stravecchio,* curado durante más de un año y del que se obtiene un manjar compacto y con un fuerte aroma. En la cocina, el asiago puede utilizarse de muy diversas maneras. Las variantes menos curadas pueden comerse como aperitivo o tentempié, mientras que los quesos más curados, como quesos de mesa y acompañados de un fuerte vino tinto, constituyen un final perfecto para una cena, o bien pueden complementar platos de pasta si se rallan.

MANZANAS

Alto Adigio y Trentino son regiones marcadamente agrícolas. Además del pastoreo y de la cría de vacas lecheras, del cultivo de la vid y de cereales, la producción de fruta ocupa tradicionalmente un lugar muy importante. Del relativamente pequeño jardín frutícola de Italia, la Val di Non, procede la mitad de todas las manzanas de Italia. La variedad de clases y las diferentes técnicas de almacenamiento garantizan de septiembre a junio una rica oferta en los mercados italianos. Gran parte de la cosecha se exporta a través de los pasos alpinos al resto de Europa. Por lo demás, los productores de fruta de Trentino y de Alto Adigio fueron los primeros que mejoraron sus métodos de cultivo hasta el punto de limitar el uso de herbicidas y pesticidas al mínimo imprescindible.

Es casi imposible hacer un recuento de todas las clases de manzana de la región. Muy representativo es el grupo de las Roten Delicious y de las Golden Delicious. Entre las Roten Delicious sobresale la Stark Delicious. Esta exquisita manzana, denominada también *delizia*, tiene una piel de un color rojo intenso y soporta bien el almacenamiento, si bien tras un largo periodo tiende a volverse algo harinosa. La Golden Delicious, en cambio, tiene una piel de color amarillo dorado con unas pequeñas manchas y un característico brillo rojizo en su "lado del sol". La carne es jugosa, dulce y crujiente. La Golden Delicious es una de las manzanas preferidas de la región y más exportadas. Ampliamente difundida por toda la región es la Canadá-Renette. Las tres clases maduran casi al mismo tiempo y se recogen durante un breve periodo que va del 20 de septiembre a los primeros días de octubre. Quien pertenece a los productores de calidad del organismo central Melinda-Val di Non, un gremio de 16 consorcios locales de manzanas, no solo ha de atenerse a estrictos criterios con respecto al cultivo, sino que no puede recoger sus manzanas cuando desea. Los agrónomos y químicos de la organización determinan el momento exacto de la cosecha para las diferentes clases y huertos una vez los análisis muestran que la pulpa se ha transformado en fructosa. Al mismo tiempo, determinan el último día posible de recogida para impedir que los últimos frutos en recogerse maduren con demasiada rapidez y se echen a perder antes de tiempo. Los estrechos y ajustados plazos del consorcio provocan todos los años un agitado movimiento en los campos, puesto que existen de media dos millones y medio de quintales métricos que deben recogerse conforme a las reglas dictadas por el consorcio y que deben almacenarse lo más pronto posible antes de llevarlos a los almacenes de fruta italianos o extranjeros. La rapidez del transporte a las cámaras frigoríficas, que debe efectuarse en doce horas, es fundamental: cada hora adicional de exposición de la manzana al calor y a la luz del sol significa una maduración anticipada de tres semanas.

La **Morgenduft** (mela imperatore) huele muy bien, es fresca y tiene un aroma agridulce. Es muy adecuada para cocer o asar.

La **Golden Delicious** es de un color amarillento y presenta un tono dorado con una mejillita roja al madurar. Su pulpa es dulce y jugosa.

La **Granny Smith**, de color verde hierba ocupa el cuarto lugar en las estadísticas de producción de Alto Adigio. Es jugosa, ligeramente ácida y tiene una pulpa fuerte.

La **Idared**, de color rojo, es originaria de EE.UU. y Canadá, tiene un sabor agridulce; se conserva durante mucho tiempo y es apropiada para cocer o asar.

La **Gloster** tiene un sabor chispeante, con un aroma suave y una acidez afrutada. Es característico que su volumen se reduzca del florecimiento al almacenamiento.

La **Jonathan**, con una pulpa que va desde lo dulce hasta lo ligeramente ácido, es desde hace mucho tiempo una de las más cultivadas. Su pariente más cercana es la Jonagold.

En Alto Adigio el cultivo de manzanas es más del doble que en Trentino. La relación es de 70%–30%.

La **Canada-Renette** es seca con una piel dura que primero se vuelve de color verde-amarillo y más tarde de un color tostado.

Poca acidez y un aroma dulce caracterizan la crujiente **Royal Gala,** un híbrido entre Kidds Orange y Golden.

La pulpa de la **Elstar** es ligeramente ácida, fresca, jugosa y aromática. Esta clase no puede almacenarse durante mucho tiempo.

Exquisiteces de manzanas

Los pastelitos a base de manzana gozan de una gran popularidad en todas partes. Esta simple exquisitez, de rápida preparación, consta de rodajas de manzana (principalmente de Golden Delicious) que se sumergen en una masa, frita posteriormente en aceite o manteca.

Fritelle di mele
Pastelitos de manzana
(fotografía izquierda)

Para 6–8 personas

1 CUCHARADITA DE LEVADURA SECA
50 G DE MANTEQUILLA
125 ML DE LECHE
50 G DE HARINA DE TRIGO
3 HUEVOS BATIDOS
50 G DE AZÚCAR EXTRAFINO
8 MANZANAS
ACEITE VEGETAL PARA FREÍR

Disuelva la levadura en agua templada. Derrita la mantequilla y viértala en un plato con la leche, la harina, los huevos batidos, la levadura y la mitad del azúcar. Mézclelo todo bien hasta que se forme una masa suave.
Pele y despepite las manzanas. A continuación, córtelas en aros finos y espolvoréelos con el azúcar extrafino restante. Sumérjalos en la masa y fríalos en aceite caliente hasta que se doren. Deje absorber el exceso de aceite y sírvalos.

Tentación dulce para Navidad

A pesar de que el *zelten* es un dulce típico tanto de Trentino como de Alto Adigio, ambas regiones se atienen estrictamente a sus propias recetas. En Alto Adigio, el *zelten* consta básicamente de frutos secos (higos, pasas, nueces, almendras y piñones) y cítricos garrapiñados. Se le añade únicamente un poco de harina de trigo. En Trentino, en cambio, siempre se insiste en que el *zelten* se elabore con harina y frutos secos a partes iguales.
En Alto Adigio, esta especialidad suele comerse el día de Navidad, aunque si se conserva adecuadamente, se mantiene hasta Pascua.

Zelten
Tarta de Navidad

Para la masa:
50 G DE PASAS
200 G DE HIGOS SECOS CORTADOS EN TROZOS
100 G DE AVELLANAS PICADAS
50 G DE ALMENDRAS DULCES PELADAS Y PICADAS
50 G DE PIÑONES
100 G DE FRUTOS GARRAPIÑADOS CORTADOS EN DADOS

1/2 VASO DE GRAPPA
80 G DE MANTEQUILLA
120 G DE AZÚCAR
2 HUEVOS
200 G DE HARINA DE TRIGO
10 G DE LEVADURA EN POLVO
70 ML DE LECHE

MANTEQUILLA Y HARINA PARA EL MOLDE DE LA TARTA
1 YEMA DE HUEVO
ALMENDRAS, NUECES Y FRUTOS GARRAPIÑADOS PARA DECORAR

Ponga las pasas en agua tibia, escúrralas y viértalas en una fuente con los higos, las avellanas, las almendras, los piñones y los frutos garrapiñados. Embébalo todo con *grappa*.
Derrita la mantequilla al baño María, añada el azúcar y remueva hasta que se forme una crema blanda. Vierta los huevos uno tras otro y, por último, la harina con la levadura seca. Haga más líquida la masa con la leche, añada el combinado de nueces y frutas y mézclelo bien. Unte un molde para la tarta con mantequilla y espolvoréelo con harina. Rellene con la masa y pinte la superficie con yema de huevo. Cuézalo en un horno precalentado a 180°C durante aproximadamente 45 minutos.
Decore la superficie del *zelten* con almendras, nueces y frutas garrapiñadas. Córtela en rebanadas finas y sírvala fría.

Pasta di strudel classica
Pasta de strudel

250 G DE HARINA DE TRIGO
1 YEMA DE HUEVO
3 CUCHARADAS SOPERAS DE AGUA
60 G DE MANTEQUILLA
UNA PIZCA DE SAL
30 G DE MANTEQUILLA DERRETIDA
AZÚCAR EXTRAFINO

Ponga la harina sobre una superficie de trabajo y haga un hueco en el medio. Añada en el hueco agua caliente, mantequilla en copos, la yema de huevo y una pizca de sal, mézclelo todo bien con la harina y forme una masa uniforme y elástica hasta que aparezcan pequeñas burbujas. Forme una bola con la masa y deje reposar durante 30 minutos.
Extienda un paño de cocina sobre la bandeja, espolvoree ligeramente con harina, coloque encima la masa y estírela con un rodillo tan finamente como pueda. Siga alisando la masa de *strudel* con el dorso de la mano hasta que sea muy fina, casi transparente. Tenga cuidado de que no se rompa. Unte la masa con mantequilla derretida y esparza por encima el relleno. Con ayuda de un paño de cocina, enrolle con cuidado el *strudel*, póngalo en una bandeja, úntelo con mantequilla derretida; hornéelo a 180°C hasta que se dore.

Espolvoréelo con azúcar extrafino y sírvalo caliente.

Ripieno per strudel
Relleno para strudel

500 G DE MANZANAS
15 G DE AZÚCAR
CANELA
1 VASITO DE VINO BLANCO
LA PIEL RALLADA DE 1 LIMÓN

Pele las manzanas, córtelas en cuatro partes, retire el corazón y córtelas en láminas pequeñas. Añada azúcar y canela y cuézalo todo hasta formar una masa espesa. Deje que se enfríe y espárzalo por encima del *strudel* extendido.

Las uvas Vernatsch para el St. Magdalener también crecen en las empinadas laderas de los alrededores de Bolzano.

VINOS SELECTOS DE ALTO ADIGIO

El valle del Adigio (en italiano, Adige) alberga la parte dominante del cultivo de la vid en Alto Adigio y sólo una pequeña parte de las botellas procede de las empinadas terrazas del valle del Eisack, un afluente del Adigio en su curso superior.

En Alto Adigio no solo se habla alemán, sino que la viticultura continúa estando estrechamente ligada al modelo germano, desde las clases de uva empleadas (Riesling, Silvaner, Müller-Thurgau, Trollinger –denominada aquí Vernatsch o Schiava– y Traminer) hasta la

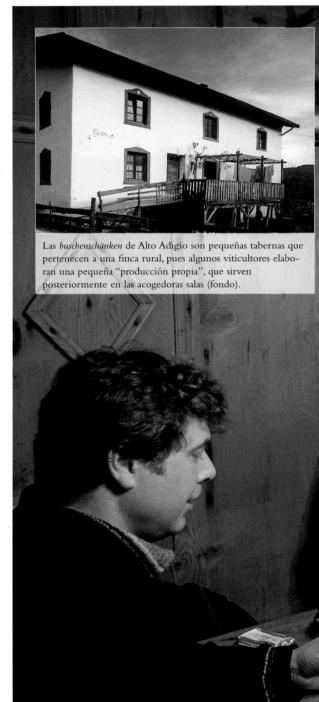

Las *buschenschänken* de Alto Adigio son pequeñas tabernas que pertenecen a una finca rural, pues algunos viticultores elaboran una pequeña "producción propia", que sirven posteriormente en las acogedoras salas (fondo).

Kalterer See Auslese y Vernatsch Alte Reben

Durante muchos años, el Kalterer See constituyó la peor imagen de los vinos de Alto Adigio. Un auténtico vino de lago, simple, grato al paladar y, con frecuencia, de gotas claras, se vertió sobre los consumidores, la mayoría de habla alemana, de estos vinos. Los vinos se elaboran de la uva Vernatsch, conocida en Alemania con el nombre de Trollinger. Durante los últimos años, muchos productores de Alto Adigio, entre los que destacan algunas cooperativas, han realizado enormes esfuerzos para volver a convertir el Kalterer See en un producto de elevada calidad. Ocasionalmente, también se ha intentado hacer olvidar esta desacreditada denominación de origen vendiendo los vinos con la denominación de clase Vernatsch.

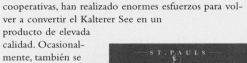

Lagrein

Vinos de un color tinto intenso con aromas de granos azules y negros, muy densos y con una gran capacidad para envejecer: cuando se catan los modernos vinos *lagrein*, sobre todo los que se han elaborado en barricas, ya no se entiende por qué los viticultores de Alto Adigio sólo han utilizado esta clase para producir modestos vinos rosados con el nombre de *kretzer*. Antaño se creía que únicamente la zona de Gries, en los alrededores de Bolzano, era apta para el *lagrein*; ahora, muchas bodegas de la zona del Adigio superior han demostrado la falsedad de tal afirmación.

Sudtiroler Pinot Nero

La Pinot, originaria de Francia, está considerada como una de las clases de uva negra más delicadas del mundo. Conocida en Alemania con el nombre de Spätburgunder, en Italia ha obtenido, por lo general, resultados poco convincentes con la excepción de Alto Adigio. En esta región, y concretamente en los alrededores de Mazzon, en la margen izquierda del Adigio, crecen uvas rojas borgoñonas, que con unas ganancias de cosecha bajas, son de color intenso, sabrosas y poseen buen aroma. Resultan muy apropiadas para acompañar platos de caza.

Südtiroler o Alto Adige (Chardonnay y Pinot Bianco)

Durante muchos años, las clases Pinot Bianco y Chardonnay se han confundido en el norte de Italia y en las regiones alpinas. Aunque los vinos que hoy en día llevan la denominación de origen Südtiroler o Alto Adige ya se vienen produciendo desde hace más de cien años, sólo con los métodos más modernos de elaboración y conservación se ha conseguido producir vinos blancos afrutados, aunque a la vez fuertes y densos. El Chardonnay resulta muy apropiado para la fermentación en barricas.

clase de denominación, el hecho de que casi toda la producción vinícola está clasificada como D.O.C., hasta las prácticas de la cosecha, y la selección.

El centro cualitativo de la viticultura de Alto Adigio es el territorio del Adigio superior, una terraza montañosa situada sobre el valle formado por dicho río, entre Bolzano y Auer. Otros centros de calidad menores se encuentran en la zona de Terlan, Merano y St. Magdalena, así como en la margen izquierda del Adigio cerca de Mazzon. Aunque las clases de uva de la zona de habla alemana gozan de muy buena fama, tras el salto cualitativo que experimentaron tanto el vino de Alto Adigio como el de muchas otras regiones italianas en la década de 1980, la mayoría de los mejores vinos pasaron a elaborarse con clases francesas como Cabernet Sauvignon, Chardonnay y Pinot

Noir (igualmente denominada Spätburgunder o Pinot Nero). No ha sido hasta estos últimos años cuando las clases de uva locales han podido hacerse con un sólido espacio y con el favor de los consumidores, en ocasiones con una calidad realmente convincente. La estrella de este desarrollo ha sido el *lagrein* tinto, otrora un modesto rosado de sabor flojo, el *kretzer*. La clase se ha venido cultivando en Alto Adigio desde el siglo XVII y su nombre hace suponer que originariamente procedía de la Valle Lagarina, en Trentino.

Con la explosión de las modernas clases francesas, el *lagrein* amenaza con caer totalmente en el olvido. Durante los últimos años, sin embargo, un grupo de viticultores y maestros del vino ha demostrado que, con un equilibrio entre un fruto blando y unos taninos

fuertes, la clase resulta muy apropiada para la producción de vinos fuertes y de un color intenso. En este sentido, la situación casi llana de Gries, en medio de la poblada Bolzano, se ha mostrado, curiosamente, como uno de los mejores lugares de cultivo para esta clase.

Otra característica especial de Alto Adigio radica en la importancia que las grandes cooperativas y bodegas han otorgado al desarrollo de una viticultura moderna y de calidad. Mientras que en muchas otras regiones italianas las cooperativas siguen elaborando con frecuencia vinos baratos y de poca calidad, algunas de las cooperativas de Alto Adigio, con sus vinos más selectos, llevan la voz cantante y obtienen premios que algún que otro renombrado viticultor tan solo puede soñar.

KALTERER SEE Y SANKT MAGDALENER

La clase de uva más difundida en Alto Adigio es la Venatsch, de color tinto, en sus diferentes subclases, conocidas por los habitantes de habla alemana como Trollinger y por los de habla italiana como Schiava. En forma del llamado vino Kalterer See, esta clase se convirtió en el producto vinícola más popular de Alto Adigio, pero, al mismo tiempo, también fue el símbolo del desmoronamiento cualitativo durante las décadas de 1960 y 1970. Cuando se hablaba

de la selección de vinos Kalterer-See, se pensaba en grandes cantidades de un vino dulce y pegajoso que sólo merecía la calificación de vino de calidad en ocasiones muy contadas. También aquí se ha producido, no obstante, esta radical transformación. El Kalterer See y su gemelo Vernatsch de las colinas situadas al Norte de Bolzano, el St. Magdalener, se elaboran con los métodos más avanzados y dan lugar a vinos ligeros, aromáticos y secos con un cuerpo blando y, en algunos casos, con un ligero toque amargo que resultan un refresco ideal para las comidas del verano.

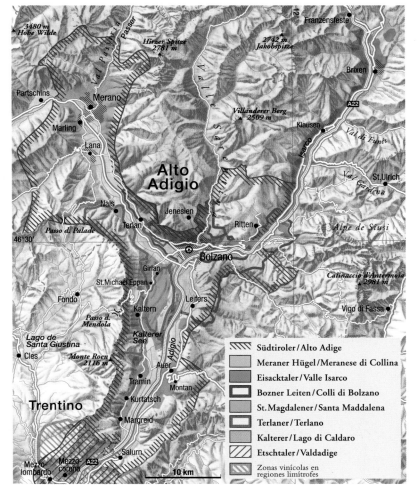

⚞⚟	Etschtaler / Valdadige
▫	Casteller
▪	Teroldego Rotaliano
◇	KaltererSee / Lago di Caldaro
⚟	Trentino
▭	Trento Spumante
⚞	Südtiroler / Alto Adige
⚟	Zonas vinícolas en regiones limítrofes

VINOS CAROS EN EL VALLE DEL ADIGIO

La importancia de la viticultura en Trentino, la mitad meridional de la doble región de Trentino-Alto Adigio, es más importante de lo que se cree. La mayor parte de la región, conocida por la mayoría de los viajeros sólo como parte final de su trayecto hacia el Brennero, está constituida por los ásperos macizos de los Dolomitas y de los Alpes Réticos; sin embargo, en el valle del Adigio y algunos de sus valles laterales se elaboran buenos vinos. Es probable que el cultivo de la vid fuese introducido en esta región por los etruscos, incluso antes de la época romana, aunque hasta hace pocos años Trentino era conocido casi exclusivamente por el comercio de vino de barril también procedente de otras regiones de Italia.

Típicas del paisaje de las colinas vinícolas son las pérgolas situadas a uno y otro lado de la autopista del Brennero. Estas uvas, en general, proporcionan abundantes cosechas, aunque no son necesariamente apropiadas para la elaboración de vinos selectos. Tres cuartas partes de la producción de uva de la provincia no se emplean para elaborar vino ni como artículo de comercio, sino que se almacenan en las gigantescas cubas de cooperativas y bodegas. En contraste con el bajo precio y la escasa calidad de los vinos, se encuentran las sumas astronómicas que se piden por los terrenos vinícolas como consecuencia de la fiebre constructora en el valle del Adigio, las cuales sofocan en su origen la voluntad por mejorar la calidad de los vinos.

Es por ello que la labor de un grupo de viticultores, que a pesar de estas dificultades ha conseguido elaborar vinos de sorprendente calidad, es aún más encomiable. Los vinos más famosos de la región son blancos elaborados a partir de Chardonnay o Pinot Grigio. Muchos amantes del vino, no obstante, consideran que los tintos del valle del Adigio son los mejores. Es sobre todo la clase de uva local Teroldego –pronunciado con acento en la primera "o"–, cultivada casi exclusivamente en los terrenos guijarrosos o en las llanuras aluviales del llamado Campo Rotaliano (en Mezzocorona y San Michele all'Adige), la que más convence con su gran variedad de vinos, que huelen a regaliz, ciruelas, cerezas o violetas y poseen una gran fuerza.

Hecha excepción del Teroldego, la mayoría de los vinos con denominación de origen Trentino se venden con la indicación de la clase de uva. Los mejores de todos ellos se elaboran con Cabernet y Merlot, aunque también con la Marzemino, una clase local agradable al paladar y a veces un poco rústica, se obtienen vinos de una cierta calidad. De la Nosiola, la clase de uva blanca más importante y que sólo se cultiva aquí, los viticultores del valle de Sarca (el valle de los lagos, que se extiende hasta el lago de Garda) elaboran un buen vino dulce: el *vin santo*. También cabe mencionar la producción de vinos espumosos, en la que se ha especializado un grupo de bodegas situadas en Trento y alrededores.

Spumante Trento

Además de Franciacorta, Trento es la única denominación de origen para vinos espumosos. Los vinos se elaboran con las clases típicas del champaña y los mejores también utilizan la fermentación en botellas. Si bien raras veces alcanzan la complejidad del Franciacorta, los *spumanti* de Trento son vinos agradables, frescos y afrutados, ideales como aperitivo.

Trentino (Cabernet)

Trentino es la réplica de la denominación de origen Südtiroler (o Alto Adige). También en este caso se venden numerosos vinos de pura clase con un nombre común. Uno de los éxitos más interesantes de los últimos años se ha conseguido en la clase Cabernet Sauvignon, cuyos vinos es posible que no alcancen la grandeza del Burdeos o las cosechas de California, aunque con su carácter afrutado y su buena estructura resultan agradables al paladar y combinan muy bien con la carne y los animales de caza.

Teroldego Rotaliano

La Teroldego es una de las clases más curiosas de Italia: sólo crece en la llanura aluvial de Campo Rotaliano, cerca de Mezzocorona y San Michele all'Adige, y sus resultados son verdaderamente convincentes. Como en el caso del *lagrein* de Alto Adigio, tiene mucho cuerpo, un color intenso, envejece muy bien, y es apropiado para acompañar cualquier plato fuerte de carne.

Nosiola

Las uvas Nosiola se han utilizado durante mucho tiempo sólo como vino de mezcla o para destilar. La clase, no obstante, resulta adecuada para la elaboración de vinos respetables. En la Val di Cembra suele mezclarse con clases aromáticas, mientras que en la Val di Sarca, el valle de los lagos, como se conoce la llanura septentrional que rodea al lago de Garda, sus uvas se emplean para la producción del excelente, dulce y semidulce, *vin santo*.

LOMBARDIA

Malas lenguas dicen que Lombardía, en especial la tan comercial ciudad de Milán, jamás aportó nada a las especialidades culinarias de Italia, ya que la gente de esta región prefiere trabajar todo el día antes de tomarse tiempo para disfrutar de una distendida comida y una buena copa de vino. A primera vista, realmente no parece fácil encontrar las huellas de los secretos culinarios de la región, pero si se observa atentamente lo que se cuece en sus ollas, se descubre algún que otro denominador común en las nueve provincias que la forman. Por ejemplo, el arroz se come aquí en todas partes, se sirve en la mesa como sustanciosa sopa o arroz de grano suelto y a menudo deja en segundo plano los platos de pasta. También es costumbre en toda Lombardía acabar una comida con un trozo de queso, que puede ser *robiola* o bien *grana padano*. Además, se usa más la mantequilla que los aceites vegetales y las salsas se enriquecen con abundante nata. Así pues, la región tiene una auténtica tradición culinaria con sus usos y preferencias. A ello contribuye el hecho de que los lombardos, por añadidura, no celebran con tanto fausto sus comidas como sus compatriotas de otras regiones de Italia, por lo menos, en los días de trabajo. El arroz con ossobuco es, por ejemplo, una auténtica comida al gusto lombardo: ahorra tiempo, ya que combina el primer y segundo plato en uno solo. También se prepara de forma sencilla la *casoeula,* que se come con rapidez, ya que la carne y la verdura se cortan en trozos pequeños y se cuece todo junto en el mismo recipiente.

Sin embargo, la "cocina rápida" de Lombardía se deja a un lado cuando la ocasión lo requiere. En una fiesta personal o del calendario no se ahorra tiempo ni esfuerzo para preparar exquisiteces y disfrutarlas sin prisa. La mesa se doblega con el peso de los platos de caza y las carnes, que en Bergamo, Brescia y Valtellina suelen acompañarse con la dorada polenta. En Mantua, en ocasiones especiales, se sirven, como se hacía antiguamente en las fiestas de pueblo cuando se reunían todos bajo las arcadas de la plaza, *tortelli di zucca,* raviolis rellenos de calabaza cubiertos con mantequilla derretida. A continuación se sirve pavo relleno, pollo relleno o también carne cocida sabrosa y variada. ¿Quién se atreverá a decir que los lombardos no son buenos sibaritas?

Doble página precedente: no se concibe la Navidad sin *panettone,* fresco en el bar de Milán y la pastelería Marchesi.

Izquierda: el lago d'Iseo, de 25 km de longitud, es uno de los lagos interiores más hermosos de Italia. Aproximadamente en su centro está situada la montañosa isla de Montisola.

ESPÁRRAGOS

Una cocina lombarda sin espárragos sería impensable. En primavera se esperan con gran ilusión los primeros tallos tiernos. Sin embargo, aparte de los lugares donde se cultiva el espárrago blanco, como Bassano del Grappa, en general los lombardos suelen preferir el espárrago triguero, que no solo sabe muy bien, sino que es mucho más fácil de cultivar que el blanco. Para que el espárrago salga blanco, hay que enterrarlo completamente o taparlo con plástico oscuro para evitar la fotosíntesis que le daría color verde. En cambio, el espárrago triguero se deja crecer a la luz del sol. Los lombardos no son los únicos con esta preferencia: ya los antiguos egipcios, griegos y romanos valoraban en alto grado esta clase de espárragos.

Se trata, además, de una hortaliza muy sana; contiene pocas calorías, es diurética y aporta mucha vitamina A y B, así como minerales. Dado que el espárrago más sabroso es el fresco, a la hora de comprarlo hay que fijarse en que los tallos no tengan manchas y estén bien limpios, se mantengan tersos, duros y estén secos. Las puntas deben estar compactadas y rectas. Se recomienda prepararlos de inmediato, aunque en caso de que se quieran conservar unos días, hay que dejarlos en un lugar oscuro y fresco, como el verdulero del frigorífico, bien envueltos en un paño húmedo.

Se pueden hacer sopas de espárragos exquisitas o usarlos como ingrediente para tortillas. Los cocidos al vapor y pasados por mantequilla siguen siendo el clásico acompañamiento insuperable. Quien desee conservar la línea, debe atar el manojo y dejarlo cocer de 20 a 25 minutos en agua salada.

ASPARAGI AL BURRO
Espárragos con mantequilla

1,5 KG DE ESPÁRRAGOS TRIGUEROS
150 G DE QUESO PARMESANO O GRANA RALLADO
100 G DE MANTEQUILLA

Si hace falta, pele los espárragos y corte los extremos más duros. Ate los tallos formando un manojo y colóquelos en vertical en un recipiente alto con abundante agua salada. Tape y deje cocer unos 20 minutos. Pase los espárragos a una fuente precalentada y espolvoréelos con queso rallado. Ponga a dorar la mantequilla en un cazo y viértala sobre los espárragos.

Los espárragos trigueros son más fáciles de cultivar que los blancos porque no hace falta cubrirlos de tierra ni con toldos. A pesar de todo, resulta un trabajo muy pesado.

SAN BERNARDO

La historia de san Bernardo de Claraval muestra en qué medida un solo hombre sabio puede influir enormemente en el destino de una ciudad (y de una región entera) y cambiarlo para siempre. Nos encontramos en el año 1134. Milán recibe con todos los honores al abad Bernardo poco antes de que se le declare santo. Llega por encargo del papa Inocencio II para dirimir un conflicto teológico y hacer que Milán vuelva a seguir de nuevo los caminos de Roma. Bernardo recibe a diario numerosos ciudadanos en la iglesia de San Lorenzo, quienes le piden insistentemente que funde un monasterio. Finalmente, Bernardo accede a la súplica y empieza a buscar un lugar adecuado para su convento. El paraje que elige a propósito es justamente una tierra árida y pantanosa fuera de las murallas, un caldo de cultivo para la malaria. Allí coloca la primera piedra para la abadía cisterciense de Claraval.

En la *Leyenda áurea* de Iacopo da Varazze, una colección medieval de leyendas de santos, se cuenta una interesante anécdota relacionada con la nueva fundación: "san Bernardo había construido un monasterio en el que aparecieron tantos mosquitos que los monjes sufrieron grandes daños. Entonces dijo san Bernardo: 'Los voy a desterrar'. A la mañana siguiente aparecieron todos los insectos muertos".

A pesar de que san Bernardo tuvo la ayuda del cielo para librarse de los mosquitos, tanto él como sus monjes, aún tenían mucho por hacer. Aparte de sus obligaciones monásticas, los cistercienses se dedicaban a enseñar a los campesinos cómo desecar terrenos de cultivo, controlar el agua y canalizarla y organizar grandes fincas de labranza que aún hoy día son cruciales en la agricultura de la llanura del Po. Con la ayuda de los frailes surgieron los campos dispuestos en terrazas repartidas al milímetro, regadas continuamente y de forma controlada. De esta forma, también en invierno, cuando nieva o hiela, se garantiza el verde pasto para el ganado vacuno.

Antes de poder cortar el tallo de espárrago con la cuchilla, hay que desenterrarlo. Este duro trabajo se hace a mano, tallo a tallo.

La mejora de los terrenos de cultivo desencadenó una serie de efectos posteriores muy positivos. Como las charcas se secaban totalmente de vez en cuando, el riesgo de la malaria descendió. El aumento en superficies de cultivo aseguró mayores cosechas y con ello aumentó el nivel de vida de los campesinos. Al crecer la superficie de pasto, creció a su vez la cantidad de ganado, cuya cría significó un aumento de ganancias. Además, también hacía falta gente que elaborara productos lácteos como queso y mantequilla. Se inventó, por ejemplo, un fabuloso queso semigraso a base de leche caliente, que se caracterizaba por su duración, y que más tarde se conoció con el nombre de "grana padano". En el campo había tal abundancia de alimentos, que pronto benefició a la cercana ciudad de Milán.

Perugino: *La visión de san Bernardo,* hacia 1490–1494, óleo sobre tela, 173 x 170 cm. Alte Pinakothek, Múnich.
La Virgen María, acompañada por ángeles, se aparece a san Bernardo.

Según las normas agrarias, para poder venderse en el mercado como espárragos trigueros, los tallos deben ser verdes en dos de sus tercios.

Asparagi alla milanese
Espárragos con huevo frito
(fotografía inferior)

1,5 KG DE ESPÁRRAGOS TRIGUEROS
SAL
QUESO GRANA RALLADO O PARMESANO
4 HUEVOS
MANTEQUILLA

Si hace falta, pele los espárragos y corte los extremos más
duros. Ate los tallos formando un manojo y colóquelos
en vertical en una olla alta con abundante agua salada. Tape
y deje cocer unos 20 minutos. Retírelos y colóquelos en
platos precalentados o en una fuente grande; espolvoréelos
con el queso rallado. Fría los huevos en mantequilla y
póngalos sobre los espárragos.

Cuando en abril empiezan a salir las puntas
de los espárragos del suelo, comienza la
temporada de los espárragos. En Lombardía,
los espárragos predilectos son los trigueros.

RISOTTO ALLA MILANESE

El arroz y los platos preparados a base de este cereal son un componente insustituible de la cultura del norte de Italia. Igual de insustituible es el azafrán para el arroz a la milanesa. Para hacerlo, los maestros de la cocina milanesa prefieren la clase de arroz Carnaroli. Los venecianos, en cambio, prefieren el Vialone Nano. El azafrán, especia aún hoy día preciosa y cara, le da al famoso plato de Milán su especial color amarillo dorado y, por eso, se le llama a veces *Risotto giallo,* arroz amarillo.

Según cuentan algunos historiadores, el azafrán apareció en la capital de Lombardía hacia el siglo XIII. De qué modo o manera no se sabe. Lo que es seguro es que el papa Celestino IV, un milanés, durante su corto reinado pontificio (del 28 de octubre al 10 de noviembre de 1241) ya usaba azafrán en abundancia. El primado de la Iglesia no utilizaba este precioso polvo de polen (traído por diplomáticos de los Abruzos) para sazonar el arroz sino que lo incorporaba al agua para su baño diario, a la que añadía otras esencias como lirio, rosas y lavanda.

RISOTTO ALLA MILANESE
Arroz con azafrán
(fotografía derecha e inferiores)

75 G DE MANTEQUILLA
50 G DE TUÉTANO DE BUEY
I CEBOLLA PEQUEÑA BIEN PICADA
350 G DE ARROZ (CARNAROLI O VIALONE)
UN VASO DE VINO BLANCO SECO
UNA PIZCA DE AZAFRÁN EN POLVO O ALGUNAS HOJAS
DE AZAFRÁN
1,5 L DE CALDO DE CARNE
SAL Y PIMIENTA
50 G DE QUESO PARMESANO RALLADO

Diluya la mantequilla y el tuétano en un cazo y sofría la cebolla picada hasta que sea transparente. Añada el arroz y remueva constantemente con una cuchara de madera hasta que los granos queden vidriosos. Añada el vino y lleve a ebullición. Mezcle entonces el azafrán. Poco a poco, vaya añadiendo con un cucharón caldo caliente a medida que lo absorba el arroz, sin dejar de remover. Salpimiente. Justo antes de que el arroz esté en su punto (unos 20 minutos), mezcle el queso parmesano y la mantequilla y déjelo reposar unos minutos tapado. No es imprescindible el uso del tuétano, pero le da al arroz una consistencia espesa fantástica.

RISOTTO ALLA MONZESE
Arroz con salchichas

200 G DE SALCHICHAS DE CERDO
1/2 CEBOLLA
100 G DE MANTEQUILLA
300 G DE ARROZ CARNAROLI
I VASO DE VINO BLANCO SECO
500 ML DE CALDO DE CARNE
SAL Y PIMIENTA
50 G DE QUESO PARMESANO O GRANA RALLADO

Retire la piel a las salchichas y córtelas en trozos pequeños. Ralle muy fina la cebolla y sofríala en la mantequilla hasta que se dore. Añada el arroz y, sin dejar de remover con una cuchara de palo, deje que se vuelva vidrioso. A continuación añada el vino blanco y llévelo a ebullición. Siga removiendo y vaya añadiendo poco a poco el caldo de carne en la medida en que el arroz pueda absorberlo. Poco antes de que esté en su punto, rectifique de sal y pimienta. Mezcle el queso rallado y, antes de servir, manténgalo tapado todavía entre 2 y 3 minutos.

RISOTTO AL SALTO
Tortitas de arroz

450 G DE RISOTTO FRÍO ALLA MILANESE (FOTOGRAFÍA INFERIOR IZQUIERDA)
40 G DE MANTEQUILLA
I CUCHARADA DE ACEITE DE OLIVA VIRGEN
QUESO PARMESANO O GRANA RALLADO

Con arroz sobrante del *risotto alla milanese* forme cuatro tortitas y colóquelas sobre papel parafinado. Presiónelas bien con las manos. Caliente la mantequilla en una sartén, y añada con cuidado las tortitas para que no pierdan su forma. Fríalas hasta que se forme una ligera corteza. Al freírlas hay que mover ligeramente la sartén para que no se quemen. A continuación, pase las tortitas a un plato, añada un poco de aceite de oliva a la sartén y, después de darles la vuelta a las tortitas, póngalas de nuevo a freír. Antes de servirlas espolvoréelas con el queso rallado.

Para un buen *risotto,* las mejores clases de arroz son Vialone y Carnaroli. También se suele emplear tuétano de buey, mantequilla, caldo de carne, vino, cebollas, azafrán y parmesano.

Sofría la mantequilla y el tuétano en una sartén. Cuando la mantequilla empiece a burbujear, añada la cebolla picada y espere a que adquiera una textura vidriosa.

Añada el arroz y vaya removiendo hasta que los granos se vuelvan transparentes; no debe dorarse. Vierta el vino blanco y siga removiendo.

El arroz debe presentar un aspecto cremoso y húmedo, pero no debe contener apenas líquido. Antes de servirlo, hay que dejarlo reposar un poco.

CALLOS

Mientras que en la mayoría de las regiones de Italia la palabra "callos" (*trippa*) se refiere a la panza de los rumiantes, en Lombardía con ella también se designa la parte superior del intestino delgado de ternera o de buey. En cambio, en Lacio este concepto incluye a todo el intestino delgado y allí lo llaman *paiata* o *pagliata*.

En Lombardía se corta el intestino delgado, un órgano rizado, lleno de glándulas y, por ello, de gusto muy intenso, para limpiarlo. Es un ingrediente importante de los callos mixtos, utilizados en la preparación de la clásica *busecca* de Lombardía. Quien tenga cierta aversión a este trabajo puede adquirir los callos ya limpios, y hasta incluso precocinados, a un charcutero de confianza. Los callos también se pueden comer en algunos buenos restaurantes preparados en diversas formas típicas del país. Se pueden tomar como entrante o segundo plato y saben de fábula.

Los callos son ricos en minerales, en especial fósforo y calcio. El único punto negativo es su alto nivel de colesterol, pero como normalmente no se comen a diario, no hay que preocuparse demasiado.

TRIPPA IN UMIDO DI MEZZANOTTE DELLA VIGILIA DI NATALE
Puchero de callos con verdura

2 KG DE CALLOS DE BUEY
SAL
100 G DE TOCINO EN TROZOS PEQUEÑOS
2 DIENTES DE AJO
I MANOJO DE PEREJIL CORTADO FINO
I TALLO DE APIO
4 ZANAHORIAS
500 G DE CEBOLLAS
CALDO DE CARNE O AGUA

Lave los callos y cuézalos durante 2 horas en agua salada.
A continuación, córtelos en trozos grandes de 3 cm. Elabore una picada con el tocino, los ajos y el perejil hasta que formen una pasta. Caliéntela en una cacerola y rehogue en ella las verduras cortadas. Seguidamente añada los callos, cúbralos con caldo o agua y déjelos cocer a fuego lento de 4 a 5 horas. De vez en cuando vaya añadiendo un poco de líquido. Al final del cocido el agua o líquido debe quedar absorbido por completo. Se pueden acompañar con polenta salteada o rebanadas de pan de maíz. También son apropiados los garbanzos con un poco de aceite, sal y pimienta.

Después de un cuarto de hora aproximadamente, se añade el azafrán en polvo previamente diluido en caldo y se siguen vertiendo pequeñas cantidades de líquido.

Lo más delicado de un *risotto* es el riego uniforme del arroz con el caldo. Tan pronto como se seca el arroz, hay que añadir más líquido, pero sólo lo justo para cubrirlo.

Antes de acabar la cocción se añaden y mezclan el parmesano y el resto de la mantequilla. Se deja reposar el arroz para que quede *al dente* y su consistencia continúe cremosa.

COTOLETTA ALLA MILANESE

La palabra *cotoletta* es probablemente una transformación de la que se usa corrientemente en el Sur de Italia, *costoletta,* con la cual se designa en el lenguaje corriente la parte del costillar, o sea, la costilla. Pero puede que también pueda provenir esta palabra del término francés *cotelette*. Esta segunda versión está reforzada por el hecho de que Francia queda más cerca de Lombardía que el sur de Italia, aunque nadie puede asegurarlo con certeza. Tanto si se usa la "s" como si se prescinde de ella, *cotoletta* o *costoletta,* en los menús y cartas italianas designa un pedazo de carne empanado o rebozado. El plato de esta clase más conocido es *cotoletta alla milanese*. Desde hace algunos años se habla de pechugas de pollo o de pavo e incluso de verdura *alla milanese*. En este caso el añadido *alla* se refiere a la forma de preparación y no quiere decir otra cosa sino que el ingrediente se presenta empanado y frito.

Tan poco claro como el nombre escrito de este plato favorito es su procedencia. Hoy día aún siguen discutiéndose austríacos y milaneses por su autoría. Algunos afirman que fueron los austríacos quienes les enseñaron a los milaneses a preparar así la carne en el periodo de 150 años de dominio sobre la ciudad. Si se observa exactamente el empanado *Wiener Schnitzel* no tiene ni de lejos que ver con la *cotoletta alla milanese*. Esta última se pasa primero por harina, después por huevo y finalmente por pan molido, es un pedazo no del lomo sino de pierna y hoy día se fríe en aceite, aunque antes se usaba manteca de cerdo.

En dos documentos consta que la *cotoletta alla milanese* se creó de verdad en Milán. El primero es una "carta de restaurante" del año 1134. Aquel año, un abad dio una comida para los canónigos de San Ambrogio, y en la lista de la comida que se ofreció para la ocasión había también *lumbulos cum panitio,* o sea, filetes de carne empanados. Esta prueba importante para las especialidades de Lombardía la cita Pietro Verri en su *Storia di Milano*. El segundo documento es una carta del general mariscal de campo Radetzky dirigida al barón Attems, oficial general de Estado Mayor del Emperador. La carta contiene toda clase de notificaciones y detalles hasta que llega a citar la *cotoletta,* a descubrir su preparación y a considerarla un verdadero "descubrimiento". ¿Acaso hubiera Radetzky hecho honor y nombrado como novedad la *cotoletta alla milanese* si la hubiera conocido ya en su patria como *Wiener Schnitzel*? ¿Fueron en realidad los austríacos quienes copiaron su plato del transalpino? Los milaneses están plenamente convencidos de que así fue. Haga una prueba y coméntelo, por ejemplo, con un cocinero lombardo. Éste le asegurará que la carne rebozada es una antiquísima especialidad milanesa.

MONDEGHILI
Albóndigas

1 PANECILLO SECO
125 ML DE LECHE
100 G DE SALCHICHA (SALSICCE)
100 G DE MORTADELA
400 G DE MEZCLA DE CARNE PICADA
2 HUEVOS
1 CUCHARADA DE PEREJIL PICADO
1 DIENTE DE AJO PICADO
40 G DE QUESO PARMESANO RALLADO
NUEZ MOSCADA RALLADA
SAL Y PIMIENTA
RALLADURA DE PAN
50 G DE MANTEQUILLA

Ponga el panecillo en remojo con la leche y luego aplástelo. Corte en trozos pequeños las salchichas y la mortadela y mezcle bien con la carne picada en una fuente. Disponga en un recipiente los huevos y junto con el perejil, el ajo, el queso y el panecillo mojado en pan añádalo todo con la masa de carne picada. Mézclelo uniformemente con una cuchara de madera y añada la sal, la nuez moscada y la pimienta. Haga pequeñas bolitas con la masa y páselas por el pan rallado. Fríalas en mantequilla y sírvalas calientes acompañadas de ensalada. En verano también se comen frías. Los *mondeghili* son una típica comida de restos. Por eso se pueden usar también sobras de asado, de cocido o de carne de salchicha picada. Los ingredientes habría que picarlos muy finos con un cuchillo especial.

SCALOPPINE AL LIMONE
Escalopa de ternera con salsa de limón
(fotografía fondo)

4 ESCALOPAS DE TERNERA DE 120 G
2 LIMONES NO TRATADOS
PIMIENTA BLANCA
6 CUCHARADAS DE ACEITE DE OLIVA
1 CUCHARADA DE MANTEQUILLA
SAL

Corte en diagonal los escalopes aplastándolos con la maza para que adquieran un grosor de 0,5 cm. Ralle muy fina la mondadura de un limón, exprima el jugo del limón y bátalo con 4 cucharadas de aceite. Condimente con pimienta y mezcle con la ralladura de limón. Vierta esta salsa sobre los escalopes, tápelos y déjelos reposar en el frigorífico durante una hora. Al cabo de media hora, déles la vuelta.

Ponga a calentar en una sartén 2 cucharadas de aceite. Retire los escalopes del adobo y deje que escurran. Póngalos en el aceite bien caliente, fría por las dos caras unos 2 minutos cada una. Resérvelos tapados.

Vierta el adobo en la sartén. Exprima el otro limón, añada el jugo y ponga a hervir a fuego fuerte. Añada la mantequilla y salpimiente. Ponga ahora los escalopes en la salsa y deje que se calienten. A continuación, dispóngalos en platos precalentados con la salsa por encima y sírvalos de inmediato.

Ossobuchi alla milanese

Ossobuco de ternera estofado
(fotografía derecha, fondo)

50 G DE MANTEQUILLA

4 TROZOS GRANDES DE OSSOBUCO DE TERNERA

SAL Y PIMIENTA

I VASO DE VINO BLANCO SECO

125 ML DE CALDO DE POLLO

4 Ó 5 TOMATES SIN PIEL Y CORTADOS EN DADOS PEQUEÑOS

20 G DE JAMÓN SALADO

I ZANAHORIA

I TALLO DE APIO

I CEBOLLA PEQUEÑA

I CUCHARA SOPERA DE PEREJIL PICADO

LA CORTEZA RALLADA DE I/2 LIMÓN

Caliente la mitad de la mantequilla en una cacerola y fría los trozos de *ossobuco* por los dos lados. Salpimiéntelos, retírelos de la cazuela y déjelos reposar en caliente.
Retire la grasa que se ha formado en la cazuela y vuélvala a poner al fuego. Vierta el vino blanco y manteniéndolo con poco calor deshaga los restos de fritura del fondo. Deje que hierva casi todo el vino blanco y añada el caldo caliente. Agregue los tomates y con poco calor déjelos rehogar a fuego lento. De vez en cuando vaya añadiendo caldo y rectifique de sal y pimienta. Corte el jamón en tiras finas y pique las zanahorias, el apio y la cebolla. Caliente la mantequilla sobrante en un cazo y saltee el jamón junto con las hortalizas durante 1 minuto aproximadamente. Añada el perejil y la ralladura de limón. Pase este rehogado a la cazuela de la carne y déjelo cocer todo junto durante diez minutos. Sirva la carne en platos precalentados y riegue con la salsa.
Tradicionalmente, este plato se sirve con *risotto alla milanese* (véase pág. 90). Pero también se puede presentar, en vez de con *risotto,* con puré de patatas o con verduras rehogadas en mantequilla.

Arrosto di maiale al latte
Pierna de cerdo en leche

I KG DE PIERNA DE CERDO

I DIENTE DE AJO

500 ML DE VINO BLANCO SECO

HARINA DE TRIGO

50 G DE MANTEQUILLA

I RAMO DE ROMERO PICADO

750 ML DE LECHE

SAL Y PIMIENTA NEGRA RECIÉN MOLIDA

Ponga la pierna de cerdo en una fuente grande, añádale el diente de ajo cortado en láminas finas, vierta el vino por encima y deje reposar la carne tapada durante dos días en el frigorífico.
Retire la pierna, séquela con mucho cuidado y espolvoréela con un poco de harina. Caliente mantequilla en una cacerola, añada la carne y el romero y sofría a fuego lento hasta dorarla por todos lados. Añada la leche y rectifique de sal y pimienta. Tape y deje cocer durante 2 horas, hasta que se ablande.
Ponga la pierna en una bandeja precalentada y manténgala caliente. Deje cocer el caldo de cocción hasta que tome consistencia. A continuación, corte la carne en lonjas y cúbrala con la salsa. Sírvala bien caliente.

Cotolette alla milanese
Costillas a la milanesa
(fotografía superior, primer plano)

4 COSTILLAS FINAS DE TERNERA

SAL Y PIMIENTA

I Ó 2 HUEVOS BATIDOS

PAN RALLADO

100 G DE MANTEQUILLA

RODAJAS DE LIMÓN PARA ADORNAR

PEREJIL PARA ADORNAR

Golpee con cuidado las costillas para aplanarlas; salpimiéntelas. Páselas primero por el huevo batido y después por el pan rallado, y con las manos aplaste bien la empanada. Derrita mantequilla en una sartén y fría en ella las costillas por los dos lados durante unos minutos de forma que queden crujientes y doradas por fuera pero blandas por dentro. Baje el fuego y dé otra vuelta a las costillas. Sírvalas adornadas de rodajas de limón y perejil.

EL IMPERIO PECK DE CHARCUTERÍA FINA

Para contar toda la historia de la casa Peck, tradicional charcutería fina milanesa, haría falta un libro entero. Pues bien, el autor Davide Paolini ya ha puesto manos a la obra y ha publicado un compendio sobre este santuario de los sibaritas que ha aparecido en la editorial Mondadori de Milán. Nosotros aquí seremos más breves.

En el año 1883, el joven Sr. Peck, que dirige con gran éxito un comercio de salchichas en Praga, inaugura en la lejana Milán una filial en la que vende, sobre todo, especialidades alemanas como salchichón, carne y jamón ahumados. El espíritu emprendedor de Peck ve pronto recompensado su esfuerzo, pues la pequeña tienda se convierte en la clave del gusto gastronómico milanés. Peck llega a ser nombrado proveedor de la corte y de muchos nobles y familias de la alta burguesía de la ciudad.

En 1918, Peck se jubila y traspasa el negocio a Eliseo Magnaghi, quien traslada los locales al punto más céntrico, a la Via Spadari. Aunque Magnaghi sigue fielmente los principios del antiguo Peck vendiendo carnes y embutidos al estilo alemán, introduce, sin embargo, algunas novedades. La oferta se amplía a platos preparados para llevar así como pasta fresca o de elaboración propia. Las amas de casa bien establecidas de Milán pronto se dan cuenta de que es mucho más cómodo y de que ahorran mucho más tiempo haciendo que les traigan los hasta hoy famosos raviolis de Peck, que no preparándolos ellas mismas en casa. Además, el nuevo dueño habilita un espacio en la trastienda en el que se pueden degustar los productos de la casa. Este encantador lugar se convierte muy pronto en el punto de encuentro de la *intelligentsia* de entonces: en las pequeñas mesas se reúnen artistas, periodistas, militares, poetas, altos cargos de la ciudad y actores: d'Annunzio, Bacchelli, Vergani, Monelli y Marchi pertenecen a la lista de clientes habituales.

Peck obtuvo otro empujón hacia la popularidad cuando el director de cine Mario Mattioli filmó en 1937 en los locales del comercio muchas escenas de su película *Felicita Colombo* (una historia sobre una mujer comerciante de productos ultramarinos de una familia rica de Milán). A la muerte de Magnaghi, es su hija Emi la que se encarga de dirigir el negocio durante 24 años.

En julio de 1956 empieza la tercera etapa de la historia de la casa Peck, con los hermanos Grazioli. Es el momento en que se inicia el milagro económico italiano que hará de Milán la ciudad más rica de Italia, y la nueva política empresarial de la casa lo tendrá en cuenta. Se abren otras tres tiendas. La Casa del Formaggio (queso) en la Via Speronari, la Bottega del Maiale (carne, embutido de cerdo) frente a la tienda principal, y la Rosticceria en la Via Cantú (cocina al ast que hoy día podría designarse como snack-bar).

Peck no es solo una tienda milanesa de comestibles selectos, sino que además se le ha otorgado una estrella Michelin. Los espárragos (en primavera), los raviolis con caracoles de mar y el lenguado al curry son algunas de sus especialidades.

más tarde le llegó el turno de la renovación a la casa principal de la Via Spadari. Además, los Stoppani adquirieron una tienda de vinos en la Via Victor Hugo y allí, en 1982, crearon un espacio para cafetería, una vinoteca y un *snack-bar* con comidas frías y calientes. Del mismo modo, un año más tarde inauguraron (también en los salones de la Via Victor Hugo) el Restaurante Peck, cuya excelente cocina recibía ya en 1986 una estrella en la *Guía Michelin*. Pero Peck siguió expandiéndose. En 1988 se empezaron las obras del nuevo edificio de la Via Spadari y en 1996 se inauguró con toda solemnidad y fasto el nuevo y radiante templo del sibarita. El edificio principal, extraordinariamente bello y de tres pisos, es el corazón y centro de distribución de la empresa Peck, que actualmente dirige las modernas cafeterías de las zonas libres de impuestos en los aeropuertos de Linate, Malpensa y Fiumicino, además de tener 6 puntos de venta en las tiendas japonesas Takashimaya y un restaurante en Tokio. En cambio, desaparecieron la Casa del Formaggio y la Bottega del Maiale como tiendas independientes, pues al hacerse las nuevas obras en el edificio central se trasladaron allí. Así mismo, se desarrollan nuevos conceptos: Catering à la Peck, que se ha convertido en imprescindible para las fiestas importantes de la ciudad, y el servicio de regalos de Navidad; además, la exportación de productos aumenta constantemente. Sus principales clientes por orden de cantidad de pedido son: Alemania, Gran Bretaña, Austria, Francia, EE.UU. y Hong Kong. Son 4 los hermanos Stoppani que se dedican en cuerpo y alma a la empresa. El mayor, Angelo, es el que se ocupa de las carnes, embutidos y de la importación. El segundo, Mario, es el encargado de los vinos y del *catering*. El tercero, Remo, se ocupa del queso y de la exportación, y Lino, el más joven, se encarga de la administración y la contabilidad. Les ayudan, tal como corresponde a los auténticos negocios familiares italianos, los hijos de Mario: Andrea, Stefano y Paolo. Los cuatro nietos estudian o se forman en el extranjero antes de entrar a trabajar. De vez en cuando ayudan detrás de los mostradores de venta o como camareros. Es casi imposible hacer una descripción detallada de la variedad de oferta que tiene Peck en una superficie de 3.300 m², presentada además de forma estimulante y con buen gusto. Hay embutido, queso, fruta, verdura, pasta seca y fresca, pan, pescado, marisco, salmón ahumado, trufas y otras setas, caviar, carne fresca, carnes preparadas, pastelería, comidas preparadas para llevar, vinos y licores. Todo, naturalmente, en un surtido increíble de las formas y clases más variadas. En otros departamentos del comercio se puede ver a su vez a los cocineros con las manos en la masa o bien tomándose un helado cremoso o un café mientras hacen un descanso en su trabajo. Incluso quien no tiene intención de comprar, sino simplemente quiere dar un vistazo, experimentará algo inolvidable. El servicio de mesa y el servicio al cliente aún siguen siendo de óptima calidad.

Además, se renuevan las cocinas y los locales de almacén y se equipan con las últimas novedades en técnicas de cocina. Esto permite a Peck ampliar en mucho la oferta de platos preparados, cosa que el público acoge con entusiasmo.

Giovanni y Luigi Grazioli observan también cómo van transformándose las costumbres y gustos gastronómicos de sus conciudadanos. Los habitantes de la ciudad del *boom* dedican buena parte de su tiempo a los comercios; ya no hay tiempo para comidas largas y distendidas a mediodía. Así, Peck ofrece canapés apetitosos y bocadillos selectos creando una nueva tendencia para la hora de comer: los empleados de las casas vecinas y los funcionarios acuden a toda prisa en el descanso a Peck. Se hacen preparar un *panino* al gusto (la variedad de oferta es enorme, lo mismo que las salsas para que cada cual pueda elegir su combinación de relleno) y desaparecen inmediatamente. A pesar de que todo esto suena a comida rápida, los Grazioli continúan ofreciendo embutidos, jamón y queso de alta calidad. Pero es que, además, cuidan mucho la atención al cliente y no quieren intimidar

a aquellos clientes de menor poder adquisitivo. Giovanni Grazzioli sueña con abrir las puertas de la charcutería Peck a todo el mundo sin que por ello se pierda el perfil exclusivo. Su credo reza: "Todo el mundo debe poder visitar nuestros locales; incluso aquéllos que sólo una vez al año pueden permitirse 100 gramos del mejor jamón, hay que tratarlos con la mayor cortesía para que tengan la sensación de que también ellos son bienvenidos". Los Grazzioli sabían muy bien que en la rica ciudad de Milán no a todo el mundo le iban tan bien las cosas, pero esto no debía ser impedimento para que disfrutasen de lo más exquisito. El 1 de septiembre de 1970 trajo un nuevo cambio de dueño en la empresa. Los Grazzioli eligieron a los hijos de la familia Stoppani de Corticelle Pieve (provincia de Brescia) pues, según ellos, éstos eran los únicos capaces de continuar el espíritu de Peck y mantener su extraordinario nivel. Bajo la dirección de los Stoppani, la casa Peck experimentaría un nuevo auge económico. Lo primero fue poner a la última, en cuanto a innovaciones técnicas, tanto la Rosticceria como la Bottega del Maiale. Cuatro años

EMBUTIDO Y QUESO

Stracchino o crescenza

El nombre de *stracchino,* como también expresa la palabra *crescenza,* describe cómo se obtenía la leche para fabricarlo: se trabajaba exclusivamente la leche de las vacas cansadas del regreso de los pastos, de las *vacche stracche;* en dialecto, *stracco* quiere decir cansado, agotado. Un *stracchino* significa un ser pequeño agotado.

Actualmente, los productores tanto medianos como pequeños de la región de los Alpes que se dedican al queso, lo tienen difícil para subsistir ante la variedad de ofertas existente y su declive viene dado a menudo por las contradictorias reglamentaciones de la Unión Europea, que pone limitaciones a estos productos o los castiga por no cumplir determinadas normas, a pesar de que ofrecen productos de calidad superior y en parte de gran fantasía. El *stracchino* es una de las clases de queso "amenazadas". Este queso, en su típica forma cuadrada, se hace de leche entera. Su masa es blanda, grasa y cremosa y tiene un color blanco perla. Es un queso excepcionalmente tierno.

Taleggio (producto D.O.C. desde 1988)

Este queso cuadrado de unos 2 kg de peso es un típico queso blando de las provincias de Lombardía. Su corteza característica de color marrón, tiende a formar moho. Directamente bajo la corteza su masa es blanda y de color amarillo paja. Por dentro, la masa del queso es compacta, tierna y blanca. El queso *taleggio* se cita ya en el año 1200. Hasta hoy nada ha cambiado respecto a la forma de elaborarlo. Lo único nuevo es que se le añaden fermentos selectos para lograr en todos los casos un producto de alta calidad. Como siempre se sigue usando leche de vaca. La

preparación del queso lleva 18 horas de trabajo. El tiempo de curación del *taleggio* es de un mes como mínimo. Este queso de sabor suave es ligeramente ácido y sabe a especias cuando está curado; no se puede conservar mucho tiempo porque se estropea con facilidad. Un poco de *taleggio* es un buen postre. También combina con la polenta caliente y sabe muy bien con peras maduras.

Gorgonzola (producto D.O.C. desde 1955)

El *gorgonzola* es una especialidad de queso antiquísima que tiene sus orígenes en la pequeña ciudad lombarda de Gorgonzola. Está documentado ya por primera vez entre los siglos XI y XII. Este queso de moho azul, tan apreciado también fuera de Italia, se produce hoy día en una región muy extensa, entre las provincias de Piamonte y Lombardía. La región produce unos tres millones de quesos al año. Partido en porciones y envuelto en papel de aluminio con etiquetas en color en las que deben figurar la marca y el sello de origen, se comercializa tanto en Italia como en el extranjero.

El *gorgonzola* combina verdaderamente bien con todo. Por su gusto picante y algo áspero va muy bien con la polenta. También combina con huevos y nueces. Sirve para dar un toque más refinado a salsas y cremas, y sabe especialmente bien con un vino tinto fuerte.

Provolone valpadana (también un producto con D.O.C.)

Este queso duro de forma característica procede originariamente de Basilicata, pero hoy día se produce también en el norte de Italia, y especialmente en Lombardía. El *provolone* se comercializa en diversos tamaños. Normalmente es redondo o en forma de pera pero también existe en barra cilíndrica. Como queso de *pasta filata* se elabora de la misma forma que la mozzarella. La masa del queso se calienta hasta que empieza a derretirse y formar hilos. Estos hilos (de ahí el nombre de *pasta filata)* se hilan dando

vueltas sobre sí mismos y con ello se obtiene su forma redonda. El queso fresco se sumerge en suero y luego se cuelga de una cuerda a curar, proceso que dura aproximadamente un año. Se protege la corteza del queso con una capa de cera o parafina para que no se seque. El *provolone* ofrece muchas variedades de sabor desde el cremoso suave *(provolone dolce)* hasta el muy fuerte *(provolone piccante).* Así como el tipo suave es apto para concluir una comida, el *provolone piccante* se usa como queso para rallar. En Lombardía también se encuentra como queso ahumado.

Grana padano

El queso *grana padano* siempre se equipara al *parmigiano reggiano,* a pesar de que las dos clases se diferencian tanto en su producción como en su procedencia de origen según el reglamento. El *parmigiano reggiano* se produce única y exclusivamente en la región de Emilia-Romaña, mientras que el *grana padano* puede ser de Véneto, Trentino, Piamonte o Lombardía. Además, la ley exige que para el primero sólo debe usarse la leche de vacas que hayan sido alimentadas sólo con pasto y heno. Sin embargo, para la elaboración del segundo se permite la leche de vacas alimentadas de otra forma. Esto no significa de ninguna manera que el *grana padano* sea un queso de menor calidad. Está controlado por un consorcio y sólo se deberían comprar trozos de las piezas que llevan grabado el sello oficial. La leche de vaca para este queso proviene de dos procesos sucesivos de ordeñado, pues hay que dejarla reposar un poco para desnatarla parcialmente: el *grana padano* sólo contiene un 30% de grasa en su masa compacta. Luego se añaden microorganismos y se calienta la leche. El tiempo de curación de este queso es de uno a dos años. El *grana padano* forma una corteza dura y lisa y tiene una masa granulosa que puede resultar seca y quebradiza. Tiene un sabor armónico, ni muy salado ni muy suave, algo picante y con reminiscencias de nueces. Es bueno como aperitivo y como queso para rallar.

Provolone piccante

Gorgonzola

Grana padano

Stracchino o crescenza

Taleggio

Salametto

Salame di Varzi

Salame di Milano

Salsiccia luganega

Cacciatorino

Salame di Varzi

En los alrededores de Pavía, al sur del Po, hay algunos lugares y municipios en los que aún hoy día se elaboran los embutidos artesanalmente. En esta región se hace también Salame di Varzi. Para esta especialidad de salchichón sólo se usa carne de cerdo de la mejor calidad, a la que se le añade solamente vino, pimienta, sal y nitrato sódico. Su largo tiempo de curación (de 3 a 4 meses) comparado con el de otras clases le da el sabor a especias característico del Salame di Varzi. Un salchichón listo para la venta pesa más o menos un kilo, tiene un tamaño mediano y su corteza es granulosa. Desde el año 1989 el salame di Varzi tiene denominación D.O.C.

Salsiccia luganega (o luganiga)

La palabra *salsiccia* se refiere casi siempre a salchicha cruda para cocer o para caldo. Se compone de una mezcla de carne grasa y carne magra de cerdo, aderezada con diversas especias y pimienta. Una muestra típica de esta *salsiccia* es la *luganiga* o *luganega*. El relleno de esta salchicha se introduce en tripas muy largas y estrechas que se cortan en segmentos

y se venden, por su longitud, a metros. En el norte de Italia se acostumbra servir con polenta, pero también se puede asar, freír o estofar.

Salame di Milano

Este salchichón, hecho de mezcla de carne de cerdo y carne de vacuno, de grasa de cerdo y especias variadas necesita tres meses para secarse y pesa como mucho 1.500 gramos. El salchichón milanés no puede faltar en un entrante *(antipasto misto)* clásico de Italia. Incluso más allá de los Alpes, este salchichón goza de una gran popularidad. El salchichón de Milán, junto con el jamón de Parma son los productos más conocidos de Italia, a pesar de que en algunos mostradores de charcutería europea las variantes que se ofrecen bajo estos nombres no son dignas de su categoría.

Cacciatorino

Esta clase de salchichón pequeño y bien curado lleva un tercio de carne de cerdo y otros dos de carne de ternera y grasas diferentes. Se ideó pensando en los trabajadores forestales, quienes de este modo podían guardarla

fácilmente en la mochila. Seguramente por esto se le llamó *cacciatorino*, pequeño cazador.

Salametto

El *salametto* es un salchichón de tamaño reducido, bien curado, parecido al *cacciatorino*. Al igual que "el pequeño cazador" también este "pequeño Salami" puede llevarse a cualquier sitio sin problemas.

¿D.O.C. o D.O.P.?

En los últimos años, los productos alimenticios italianos van apareciendo con etiquetas que, en vez de llevar la anterior D.O.C., llevan ahora D.O.P. Esta sigla significa "Denominazione di origine protetta" (denominación de origen protegida), tal como ordena la Unión Europea. Todos los productos de Italia que tienen D.O.C. están reconocidos como D.O.P. Sin embargo, el sello de D.O.C. sigue aún en vigor.

COLOMBA PASQUALE

La *colomba pasquale,* amasada en forma de paloma estilizada, es una variedad del *panettone* originaria de Pavía. Para quien quiera creerlo, cuenta la historia que se la debemos a un oscuro rey y a doce benéficas doncellas.

Después de que Abuino, señor de los lombardos, se apoderara de la ciudad de Pavía tras un largo sitio exigió, según se cuenta, que se le entregara no tan solo el oro y demás tesoros de la ciudad, sino que además insistió en que se le entregaran doce hermosas doncellas.

Las jóvenes elegidas sabían muy bien qué clase de suerte les aguardaba. Todas empezaron a lamentarse y desesperarse menos una. Esta valerosa joven no quería pasar las horas que le quedaban hasta su sacrificio sin hacer nada y mucho menos lloriqueando. Mandó que le llevaran miel, harina y frutas glaseadas y con ello confeccionó un bizcocho cuya forma recordaba a la de una paloma *(colomba)*. Una vez hubo acabado, esperó, junto con las demás vírgenes, a que la llamaran para entrar en la alcoba real. Cuando le tocó a ella, le presentó el bizcocho a Albuino. Éste, desconfiando de que estuviera envenenado, le preguntó cómo lo había preparado y le ordenó que primero lo probara ella. Como la joven obedeció la orden sin replicar, también accedió a probarlo Albuino. Al conquistador, acostumbrado a comidas mal preparadas, el bizcocho le supo a gloria y se lo acabó en un santiamén. Como señal de que estaba complacido, dejó a la muchacha en libertad.

A la masa se le añade esencia de limón, pasas de Corinto y frutas escarchadas.

En cada molde de papel se coloca sólo algo de masa y se hornea de este modo.

El *panettone* conserva su faja de papel incluso una vez horneado.

PANETTONE

Los primeros documentos que atestiguan que en las fiestas religiosas, sobre todo en Navidad, se comía un pan especial, son del siglo XI. Estas fuentes narran que en los días de fiesta las familias se reunían junto al hogar adornado y el cabeza de familia cortaba un pan grande a rebanadas. La corteza se apartaba y guardaba, pues se le atribuían poderes curativos, especialmente para el dolor de garganta. Esta versión del pan grande y su solemne ritual se acerca mucho a lo que después se llamaría *panettone*. Esta palabra es originaria del dialecto de Milán que acostumbra a servirse de las formas de diminutivos o, como en este caso, las de aumentativos.

Ya en tiempos del duque de Milán Ludovico el Moro (1452–1508) el *panettone* se elaboraba tal como se hace hoy día. En sus orígenes, este gran pan constituyó el dulce de Navidad típico de Milán. En poco tiempo, sin embargo, se ganó el corazón de todos los lombardos y actualmente no es Navidad en Italia si en la mesa navideña falta el *panettone*. Ahora mismo ya se exporta con éxito más allá de sus fronteras.

La masa con levadura del *panettone* se refina a base de esencia de limón, pasas de Corinto y frutitas escarchadas. En cada uno de los moldes no se pone demasiada masa porque dentro del horno aumenta mucho su tamaño e incluso sobresale. Una vez horneado, el *panettone* conserva su "faja" de papel, que es su etiqueta y a la vez sirve de protección para que no se seque.

Aún no hace mucho, se podía ver, al acercarse la Navidad, la misma imagen en todas las puertas de las fábricas. Tanto si se trataba de obreros industriales de la metalurgia como de artesanos medios de la construcción o de talleres pequeños, se les veía a todos apresurarse a sus casas llevando en una mano el *panettone* y, en la otra, una botella de *spumante,* normalmente de uva moscatel dulce. Esta combinación era el aguinaldo habitual del *padrone* (patrón) para su plantilla.

Otra bonita tradición relacionada con el *panettone* es la del *panettone di San Biagio*. Muchas familias milanesas siguen todavía la costumbre de guardar un *panettone* navideño hasta el día de San Blas, el 3 de febrero. La voz popular dice que quien come de este *panettone* guardado durante tanto tiempo, cuya corteza está ya seca y dura, se librará durante todo el año del dolor de garganta, el cual es muy frecuente durante el largo y nebuloso invierno del norte de Italia.

Fotografías páginas precedentes: el *panettone* sabe mejor cuanto más fresco es. En Milán, en la pastelería Marchesi y también en su cafetería, elaboran unos *panettones* exquisitos. Resulta delicioso en el desayuno o para tomarlo con una copa de *spumante* a media tarde. El bollo se parte con la mano y se come directamente.

DULCES

CREMA DI MASCARPONE
Crema de queso mascarpone
(fotografía inferior)

3 HUEVOS
200 G DE AZÚCAR
200 G DE QUESO MASCARPONE
1 COPITA DE RON

Separe las yemas de las claras y bata las yemas con el azúcar en un cuenco. Añada el mascarpone y remueva enérgicamente con el batidor. Añada el ron para darle aroma. Bata las claras a punto de nieve y añádalas poco a poco a la masa del mascarpone. Pase la crema a copas de postre y deje reposar un par de horas en el frigorífico. Sirva con pastas de té.

ROSUMADA
Vino tinto con huevo

4 YEMAS DE HUEVO
50 G DE AZÚCAR
3–4 VASOS DE VINO TINTO (BARBERA O BARBARESCO)

En una fuente bata las yemas con el azúcar hasta lograr una crema casi blanca y suelta. Sin dejar de remover con el batidor, vaya añadiendo el vino muy despacio. Pase la mezcla a copas rústicas y sírvalo.
La Rosumada es una bebida típica de Milán que se toma a media mañana o a media tarde. En verano se sustituye el vino por agua helada o leche muy fría.

SBRISOLONA
Tarta de almendras

6–8 personas

300 G DE HARINA DE TRIGO
100 G DE HARINA DE MAÍZ
100 G DE MANTEQUILLA
100 G DE MANTECA
200 G DE ALMENDRAS PELADAS

100 G DE AZÚCAR
2 YEMAS DE HUEVO
LA CORTEZA RALLADA DE 1 LIMÓN
UNAS GOTAS DE ACEITE DE ESENCIA DE VAINILLA

Tamice las 2 clases de harina y páselas a una fuente. Añada la mantequilla y la manteca y remueva hasta formar una masa fina. Pique las almendras muy finas y páselas a la masa junto con el azúcar. Añada las yemas, la ralladura de limón y la esencia de vainilla y amase hasta que se forme una pasta compacta y sin grumos.
Ponga la masa en un molde engrasado. Alise la superficie y cueza en el horno precalentado a 160°C durante 45 minutos. Déjelo luego enfriar en el molde y a continuación páselo a una rejilla, dándole la vuelta. La tarta se conserva algunos días.
El nombre italiano de esta tarta de almendras, que es muy apreciada especialmente en Mantua, proviene de que al cortarla en trozos se desmiga muy fácilmente (en italiano, "sbricciolare" significa desmigarse).

Monte bianco
Puré de castañas con nata

6 personas

600 G DE CASTAÑAS
500 ML DE LECHE
1 VAINA DE VAINILLA
100 G DE AZÚCAR EN POLVO
50 G DE CACAO
2 CL DE RON
200 G DE NATA PARA MONTAR

Con un cuchillo bien afilado, practique un corte en forma de cruz en la punta de cada castaña. Páselas a una fuente de horno y áselas al horno precalentado a 250°C durante unos 20 minutos, hasta que se desprendan las cáscaras. Retírelas del horno, páselas por agua fría y pélelas.
Ponga en un cazo las castañas, la leche y la vaina de vainilla y deje hervir a fuego lento unos 45 minutos. La leche se habrá absorbido casi por completo. Retire la vaina de vainilla y haga puré las castañas.
Añada el azúcar de lustre, el cacao y el ron y remueva hasta que no queden grumos.
Bata la nata líquida, reparta el puré en copas y adorne con nata montada.

LOMELLINA

Entre los ríos Po, Ticino y Sesia, a unos 30 km al sudoeste de Milán se extiende la llanura Lomellina, que es el granero de cereales y arroz de Italia. Al principio sólo era tierra pantanosa, pero a partir del año 1000 los monjes la convirtieron en tierra de cultivo a fuerza de drenarla. En el s. XV empezó la importación de arroz de España. Parece ser que fue el mismo Leonardo da Vinci quien proyectó el sistema de canalización para el regadío de los arrozales.

En Lomellina también se produce salami. Aquí se desarrolló la cría del cerdo como consecuencia de la producción de gorgonzola y grana, pues con los deshechos del queso se alimentaba la piara. Los lechones constituían moneda de pago para los labradores que podían tener así una modesta cría de cerdos. Inmediatamente después de la matanza se servían a mediodía filetes con cebollas asadas, todo ello sobre una base de polenta. Al atardecer se celebraba un banquete con costillas, salchichón, arroz, col rizada y pies de cerdo. Las diferentes clases de embutido se conservaban en grasa varios meses y se comían en ocasiones muy señaladas. Los riñones se acompañaban con trufas y los lomos se colgaban durante una semana a secar y luego se guisaban con el mejor vino, que también se había usado para el relleno de salchichones.

También es muy apreciada la carne de vacuno, y aquí se sirve casi siempre en forma de ragú cocido o estofado. Son especialmente apreciados los callos, allí llamados "el quinto cuarto". Junto con la carne, las ranas y las anguilas tienen un papel importante en la cocina de la zona, ya que abundan en los campos inundados de los arrozales. La anguila al vino tinto con limón y perejil, cocida a fuego lento en cazuela de barro, es una especialidad.

OCA FARCITA
Oca rellena

Para 6–8 personas

100 G DE CIRUELAS PASAS
1 OCA PELADA Y LIMPIA DE 3–4 KG DE PESO
300 G DE SALCHICHAS
2 MANZANAS, PREFERENTEMENTE REINETAS
200 G DE CASTAÑAS ASADAS Y PELADAS
10 AVELLANAS PELADAS
200 G DE JAMÓN O TOCINO
20 G DE MANTEQUILLA
CALDO O AGUA

Tenga las ciruelas en remojo durante 12 horas en agua tibia. Limpie la oca y quite el esternón para poder rellenarla mejor. Pique en trozos grandes el embutido, la manzana, las castañas, las ciruelas y las avellanas. Mézclelo todo con las manos y rellene con ello la oca. Luego cósala con bramante. Recubra con el tocino o el jamón toda la oca y átela con bramante. Póngala en una fuente de horno y cuézala en el horno precalentado durante unas tres horas a 200°C. Déle la vuelta un par de veces y rocíe también con caldo o agua caliente.

Derecha: en Italia, la Lomellina es la región más importante en lo que se refiere a la cría de gansos. En algunos locales se sirven menús compuestos exclusivamente, incluyendo el postre, de carne de oca.

A diferencia de las gallinas, los gansos no son aves de corral. Los criadores duchos en la cría de estas aves les proporcionan abundante terreno de pasto donde poder moverse con libertad.

CRÍA DE OCAS

El duque de Milán Ludovico Sforza, llamado el Moro (1452–1508), no solo protegió a artistas como Bramante y Leonardo e impulsó la construcción de su castillo, sino que, además, se ocupó de los problemas agrarios del territorio. De este modo, favoreció, por ejemplo, condiciones básicas para la cría de ocas en Lomellina al apoyar el asentamiento de una colonia judía en las cercanías de Mortara. Dado que a los practicantes de esta religión les está prohibido comer carne de cerdo, recurrieron gustosamente a la carne de oca *kasher,* es decir, considerada pura y autorizada por los rabinos.

Como en el caso del cerdo, de las ocas se aprovecha todo. Las plumas ofrecen un buen relleno para las almohadas, su grasa es un ingrediente exquisito de los embutidos, su carne es muy nutritiva y gustosa, y con el hígado se elaboran deliciosos patés. Además, las ocas son tan fáciles de cuidar como los cerdos.

Desde el punto de vista culinario, la oca es muy parecida al pato, pero debe cocinarse siempre asada a causa del alto contenido de grasa de su carne, que ha dado fama a la oca de ser un plato pesado y difícil de digerir, aunque sin razón, puesto que la carne de oca puede resultar muy ligera y fina si se retira adecuadamente la grasa durante la preparación.

En la actualidad, las ocas de Lomellina se crían principalmente para elaborar patés. El hígado de animales cebados ha sido una tradicional especialidad francesa conocida con el nombre de *foie gras.* En Italia, mientras tanto, se ha redescubierto. Pero de la oca puede hacerse mucho más; en Mortara se elabora un delicioso salchichón. Para el *salame d'oca* se rellena una mezcla de carne y grasa de oca en la piel del largo cuello del animal, que se ata con cuidado.

Del mismo modo que el pavo y el capón, la oca también suele comerse en Navidad. El animal se prepara entero en un gran asador o cortado en trozos y estofado en una olla.

PETTO D'OCA IN CRESCIONE
Pechuga de oca con berros
(fotografía inferior)

40 G DE PASAS
1/2 VASO DE BRANDY
30 ML DE ACEITE DE OLIVA
1/2 PECHUGA DE OCA DE UNOS 400 G
500 ML DE CALDO DE VERDURA
UN MANOJO DE HIERBAS PARA EL CALDO
CORTADAS EN DADOS
4 MANOJOS DE BERROS
1 CUCHARADITA DE ACETO BALSAMICO
SAL
LAS SEMILLAS DE 1 GRANADA
20 G DE PIÑONES TOSTADOS

Ponga las pasas en brandy durante unas 3 horas. En una cacerola, caliente un poco de aceite y dore la pechuga. Vierta caldo de verdura, añada la verdura, coloque la tapa y deje que se ase en el horno precalentado a 180°C. El caldo de verdura siempre debe cubrir un tercio de la pechuga. Al final del tiempo de cocción, ésta aún tiene que estar ligeramente rosada por dentro. Para asegurarse, puede medir la temperatura con un termómetro para carne; si la temperatura interior es de 63°C, la pechuga está lista.
Lave los berros y escúrralos. Añada aceite de oliva, *aceto balsamico* y un poco de sal y mézclelo todo. Reparta los berros en platos y aliñe con la mitad de la salsa.
Corte la pechuga, aún tibia, en lonchas y póngalas sobre la base de berros. Distribuya la verdura, las pepitas de granada y los piñones por encima de las lonchas y aliñe con el resto de la salsa.

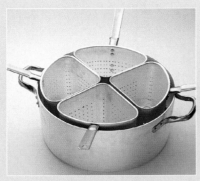

Cacerola (*casseruola con 4 colapasta a spicchio e coperchio*)
Para preparar diferentes platos de pasta que necesitan diferentes tiempos de cocción.

Sauté (*sauté a sponda dritta*)
Este cazo se mueve continuamente en forma circular para que los ingredientes no se sofrían y conserven su sabor fresco.

Olla para pasta (*pentola cilindrica*)
Ideal para cocinar espaguetis y otras clases de pasta larga como *bucatini* o *trenette*, aunque también para preparar caldos.

Colador para pasta (*colapasta sferica 3 piedi*)
Un colador para pasta hecho de acero garantiza una mayor higiene.

Plancha antiadherente (*rostiera antiaderente*)
Ideal para preparar platos de carne y verdura al horno.

Olla para cuscús (*pentola per cous cous*)
Se utiliza en Sicilia y en la isla sarda de Carloforte para el cusucusu árabe-siciliano y la tunécina *cashka*.

Sartén para suflé (*tegame svasato a 2 manici*)
Adecuado para freír pescado pequeño, tortillas y platos que se preparan en pocos minutos.

Cacerola baja (*casseruola bassa*)
Adecuada para estofados que requieren un largo tiempo de cocción a fuego lento.

Olla para pasta con escurridera (*scaldapasta a 1 manico con fondo piano*)
Con esta escurridera, la pasta lista se levanta directamente desde el agua.

Cacerola con mango (*casseruola fonda a 1 manico*)
Para la cocción al baño María o para preparar salsas o polenta.

Cacerola (*casseruola fonda a 2 manici*)
Olla de múltiples usos apropiada tanto para estofados como para carne cocida y caldos.

Sartén antiadherente (*padella antiaderente*)
Para asar a fuego fuerte y con poca grasa, aunque también para sofreír verdura cocida con aceite de oliva y ajo.

Sartén (*padella a sponda obliqua medio peso*)
Tiene que ser de acero inoxidable o de cobre.

Olla para pescado (*romboniera con griglia e coperchio*)
Esta olla se utiliza para el rodaballo.

Olla para pescado (*romboniera con griglia e coperchio*)
Puede utilizarse para decocer pescado.

Olla para freír (*padella per fritto alta con paniere*)
Se puede utilizar para escurrir bien los fritos.

LA JORNADA LABORAL DE UN CHEF DE COCINA

En las cocinas de la alta gastronomía reina una estricta jerarquía. En el lugar más bajo se encuentra el "simple cocinero". Por encima de él están el *demi-chef de partie* y el *chef de partie;* a continuación viene el *sous-chef* y, por encima de todos ellos, manda el *chef,* o director de cocina, si se trata de un restaurante muy grande.

El *chef* de cocina es el soberano indiscutible en los dominios de la cocina. Sólo a él, o en su ausencia al *sous-chef,* le corresponde decidir soberanamente, al degustar, dónde falta el último condimento. Sin la sabiduría de toda la brigada de cocina, incluso al mejor *chef* del mundo le resultaría imposible alcanzar fama internacional. Si no hay ningún responsable de hacer la compra, la jornada laboral de un chef de cocina empieza muy pronto. Entre las tres y las cuatro de la mañana compra en el mercado la verdura y los pescados que se elaborarán frescos ese mismo día. Antes del mediodía se suministra la mercancía pedida el día anterior a los mayoristas. Antes de efectuar el pedido, el chef de cocina ha tenido que regatear el precio y calcular la cantidad necesaria. ¿Se necesita solomillo para 20 comensales o se celebra una comida de negocios con un grupo de 60? En el momento de la entrega, el chef controla la calidad de la mercancía y comprueba que la carne y los productos lácteos sean realmente frescos, además de comprobar que los precios y las cantidades sean correctos. Acto seguido, habla de la carta actual con el servicio para aclarar si se esperan invitados con algún deseo especial. Entre las once y las doce se empiezan a precocinar los ingredientes. Se preparan las sopas, las salsas y se ponen los asados en el horno. El *chef* se pone manos a la obra: degusta y coordina todos los procesos. Después del almuerzo se produce una pausa. El chef da una vuelta por el restaurante y verifica si todo está en orden. Por la tarde empiezan los preparativos para la noche.

El chef, además, es responsable de crear nuevas cartas, decide sobre los precios y se ocupa de los vinos adecuados para cada plato y, a su vez, también debe asegurarse de la conservación de las bebidas y de los alimentos, así como de la disponibilidad de ollas, sartenes y vajilla. También tiene la última palabra con respecto a la política de personal de área, programa los horarios de servicio y decide quién puede estar en su cocina y quién no.

Inferior: trabajo de concentración en los dominios del *chef* de cocina Antonio Marangi del Restaurant Giannino de Milán.

EN EL RESTAURANTE

Aunque en Italia se da mucho valor a la buena cocina casera, las visitas a los restaurantes van poniéndose de moda cada vez más. Sobre todo en las ricas ciudades de la parte septentrional del país, donde muchas mujeres trabajan y ya no ejercen exclusivamente de amas de casa. Cuando los ocupados lombardos y lombardas regresan a sus casas por la tarde y comprueban que el frigorífico está vacío y no hay ningún hada madrina que haya ido a comprar y haya cocinado, se les ofrece la oportunidad de acercarse al restaurante de la esquina. Con motivo de alguna fiesta también se invita a parientes y amigos a una comida especial o a varias "cataduras" en un local selecto.

En la Italia meridional, la situación gastronómica es muy diferente. Aquí las generaciones aún suelen vivir juntas y, cuando la *mamma* no tiene tiempo de ir al mercado, se encarga de ello la nonna. La *nonna* (abuela) conoce los mejores trucos culinarios y recetas, y transmite toda su sabiduría a las hijas. En el sur, las grandes fiestas suelen celebrarse tradicionalmente en casa. Unas familias visitan a otras sentándose juntas para comer, si se da el caso, incluso durante varios días.

En Italia, una visita a un restaurante debe planificarse con un poco de antelación, puesto que los platos combinados de rápido consumo, coronados a lo sumo por un postre, no son muy habituales. El menú típico de una cena consta, como mínimo, de cuatro platos: *antipasto, primo piatto, secondo piatto* y *dolce,* es decir, entremeses, primer y segundo plato y postre. A este menú se le pueden añadir, naturalmente, otros platos intermedios.

A la hora de seleccionar los vinos, es aconsejable dejarse asesorar por el camarero o el *chef.* El vino no tiene por qué ser embotellado, pues muchos buenos restaurantes italianos ofrecen excelentes vinos a granel procedentes directamente de la región y proporcionan una mejor idea sobre la cultura vinícola local.

El *antipasto* suele estar formado por pequeñas exquisiteces que estimulan el apetito y acompañan el aperitivo. En este sentido, sigue siendo muy popular el *antipasto misto,* el clásico entremés italiano con verdura adobada o asada, setas rellenas, embutidos y jamón, olivas carnosas y otras "miniaturas" del tiempo. Con frecuencia, existe una vitrina donde se expone la oferta de forma que el cliente puede elegir directamente los ingredientes de su entremés; en algunos restaurantes el camarero se acerca a la mesa con un carro de entremeses. En la costa es muy apreciado el *antipasto di mare,* es decir, una ensalada fresca de crustáceos y marisco aliñada únicamente con unas gotas de aceite de oliva y de zumo de limón.

El *primo* suele ser un plato o bien a base de pasta o bien de arroz. Quien considera demasiado un plato entero de espaguetis puede pedir media ración sin ningún problema.

Entremeses
Los entremeses italianos suelen ser especialidades frías de la región, estimulan el apetito y preparan el paladar con vistas al siguiente plato.

Primeros platos
El *primo* es casi siempre un plato de pasta, arroz o ñoquis y sirve para combatir el hambre más intensa y crear una sensación de tranquilidad para el plato principal.

Segundos de pescado
Para el segundo plato, el cliente tiene la posibilidad de elegir entre carne y pescado, por lo que ambas opciones se tratan por separado. El camarero o el *chef* suele ofrecer en la mesa lo más fresco de su cocina. Si el pescado se come como plato intermedio antes de la carne, el cocinero reduce la ración consecuentemente.

Segundos de carne
En Italia quien desee algo que no figura en la carta puede pedirlo al camarero y la mayoría de las veces, el deseo del cliente suele cumplirse. La carne puede comerse como segundo sola o después de un plato de pescado.

Acompañamientos
En Italia no existen platos completos, es decir, la carne y el pescado se sirven sin guarnición. Quien desea uno o más acompañamientos debe pedirlos por separado.

MENU

Antipasti

Bresaola condita	L. 18.000
Insalata frutti di mare	L. 15.000
Insalata Caprese	L. 13.000
Vitello tonnato	L. 18.000

Primi Piatti

Spaghetti alla trapanese	L. 19.000
Penne all'arrabbiata	L. 15.000
Pappardelle sulla lepre	L. 20.000
Gnocchi con la ricotta	L. 18.000
Risotto nero	L. 18.000

Secondi di Pesce

Baccalá alla vicentina	L. 28.000
Filetti di lavarello in carpione	L. 36.000
Involtini di pesce spada	L. 32.000
Triglie in cartoccio	L. 30.000
Calamari ripieni in teglia	L. 32.000

Secondi di Carne

Cinghiale alla cacciatora	L. 32.000
Scaloppine al limone	L. 33.000
Bue brasato al Barolo	L. 34.000
Saltimbocca alla romana	L. 33.000
Coniglio con olive taggiasche	L. 34.000

Contorni

Radicchio al forno	L. 10.000
Melanzane alla menta	L. 8.000
Puntarelle in salsa di alici	L. 8.000
Insalata mista	L. 7.000

El *secondo* es carne o pescado, y suele pedirse con algún acompañamiento, puesto que en estos platos no hay más que carne o pescado y, a lo sumo, un poco de guarnición. Como acompañamiento se ofrece verdura estofada y en el norte, como es obvio, también *polenta.*

El último lugar lo ocupa el postre, que puede constar únicamente de una pequeña tabla de quesos o de una pieza de fruta, aunque a quien todavía le quede un poco de espacio en el estómago no debe dudar a la hora de degustar una especialidad regional, dado que Italia ofrece postres deliciosos.

Después de tantos placeres, el estómago necesita un poco de ayuda para digerir. Como digestivos algunos brebajes resultan altamente efectivos, aunque hay opiniones de todos los gustos. De las regiones septentrionales es típico el *grappa,* mientras que, a medida que descendemos hacia el sur, un licor de hierbas es lo más característico. También un *espresso* puede redondear la comida.

Dolci

Macedonia di frutta	L. 10.000
Tiramisù	L. 8.000
Zuppa Inglese	L. 9.000
Frutta varia di stagione	

Formaggi

Ricotta fresca	L. 9.000
Selezione di formaggi	L. 12.000

Vini

Rosso della casa	$^1/_2$ lt	L. 4.000
	$^1/_4$ lt	L. 2.000
Bianco della casa	$^1/_2$ lt	L. 4.000
	$^1/_4$ lt	L. 2.000

Bibite

Acqua naturale $^1/_2$ lt	L. 1.000
Acqua gassata $^1/_2$ lt	L. 1.500
Coca Cola 33 cl	L. 3.000

Birre

Nastro Azzurro 33 cl	L. 4.000
Heineken 33 cl	L. 5.000

Digestivi

Grappa	L. 5.000
Amaro	L. 5.000
Coperto e servizio	L. 3.000

Postres dulces
La comida se puede terminar con un postre dulce, a veces también con fruta del tiempo *(frutta varia di stagione)* o con una macedonia *(macedonia di frutta).*

Queso
También el queso es una buena opción. La carta de quesos *(selezione di fromaggi)* consta normalmente de productos del país, con lo cual se ofrecen especialidades que no se venden en ninguna tienda.

Vino
En muchos restaurantes los vinos de la casa son totalmente recomendables, pues en general, se trata de productos regionales buenos, a veces mejores que los embotellados.

Refrescos
En todas las cartas hay una selección de aguas minerales y también de refrescos internacionalmente conocidos. Al pedir agua el camarero pregunta: *¿naturale o gassata?* Y con ello quiere decir agua natural o con gas.

Cerveza
Normalmente se ofrecen varias clases de cervezas internacionales y una o dos clases del país. La indicación 33 cl se refiere a la cerveza embotellada. En cambio, la de barril *(alla spina)* se sirve con el sistema decimal: *birra piccola* (0,2 litros), *media* (0,3–0,4) o *grande* (hasta 1 litro).

Digestivos
Para facilitar la digestión hay licores como: Tresterbrandy *(grappa)*, licor de anís *(sambuca, mistrà, sassolino, etc)*, bitters regionales *(amaro)* y especialidades a base de hierbas aromáticas *(centerbe, genepy).*

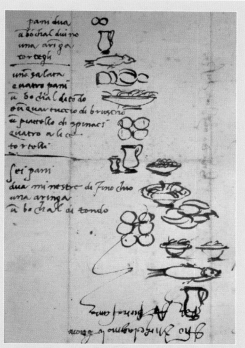

Miguel Ángel Buonarroti. *Tres listas de platos de comida.* Lápiz, 21 x 14,5 cm. Casa Buonarroti, Florencia.

LA CARTA ITALIANA

Muchos restaurantes tienen su correspondiente carta, pero los clientes no se la miran nunca. Cuesta entender, pues, por qué se toman la molestia de imprimirla. A la hora de enterarse y saber bien qué se ofrece para comer, se da mucho más crédito a lo que recomienda y dice el camarero o cocinero, o bien el dueño, que a lo que aparece escrito. Por regla general, se coloca en el exterior del local una pizarra, en la que se escriben los platos frescos del día con palabras más o menos comprensibles del dialecto regional. No hay que preocuparse si resulta indescifrable. A nadie se le ocurriría exigir que el cliente ordenara lo que desea tomar sin preguntar qué significa lo que ha visto escrito en la pizarra.
Un ritual importante consiste en la conversación prolongada con el personal de la casa en torno a los platos que se ofrecen. Por eso en algunos restaurantes no hay carta escrita. A tal fin está el camarero que "canta" las especialidades de la casa. Incluso a veces es el cocinero quien recomienda los platos al cliente, o le pregunta qué desea.
Como en Italia se acostumbran a denominar los platos en forma dialectal según la región, resulta difícil descifrar la nomenclatura cuando no se pertenece a ella, por lo que se hace imprescindible que los camareros le expliquen al cliente con todo detalle cuáles son los ingredientes empleados en cada receta. El cliente puede también preguntar cómo se prepara el plato, pues la pregunta no se interpreta como falta de confianza en el cocinero, sino como interés del cliente. Pero ¿qué se puede hacer cuando no gusta la carta? Ningún problema. Se le dice al camarero qué es lo que se quiere comer y éste pregunta en la cocina si se dispone de los ingredientes necesarios. Se informa al cocinero de cómo hay que prepararlo: espinacas ¿con o sin cebolla ni ajo? ¿se quiere picante o no, gustan las guindillas? Como todo esto el cocinero no lo sabe, acepta con agrado que el cliente le indique sus preferencias, y en ningún caso lo considera intromisión sino indicios útiles para satisfacer al cliente.

Cubierto y servicio
En algunos restaurantes el precio de un plato no incluye servicio, ni tampoco lo que uno encuentra colocado sobre la mesa (aceite y vinagre, pan, aceitunas para picar, cubiertos, etc). Para estos servicios se cobra "coperto e servizio" aparte.

Hay restaurantes, sin embargo, donde el menú o el plato lo incluye todo. En caso de que no quedara claro en la carta, se debe preguntar al camarero. Pero aunque el servicio esté incluido, los camareros se alegran de recibir propinas de un cliente

satisfecho. El porcentaje oscila entre el 5 y el 10%, pero en casos de servicios especiales puede darse hasta un 15%.

DICCIONARIO DE LAS FORMAS DE COCCIÓN

al forno: hecho al horno
alla casalinga: al estilo casero
alla griglia: a la parrilla/al grill
all'uovo: con huevo
al pomodoro: con tomate
arrabbiato: picante, con guindilla
arrosto: asado
bollito: hervido

brasato: estofado
con aglio: con ajo
con cipolla: con cebolla
con latte: con leche
con limone: con limón
con olio: con aceite
con panna: con nata
cotto: cocido
crudo: crudo
fritto: frito
gratinato: gratinado

in agro: en conserva agria
in agro-dolce: en conserva agridulce
in brodo: en caldo
in marinata: adobado
in padella: a la sartén
in umido: estofado en salsa o rehogado
magro: magro
ripieno: relleno
sott'aceto: en conserva de vinagre
sott'olio: en conserva de aceite

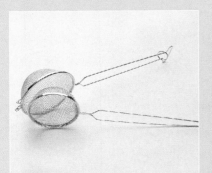

Colador para nidos (*paniere per nidi, filostagno*)
Por ejemplo, para preparar *tagliatelle* enrolladas en nidos.

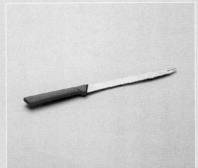

Cortador de limones (*tagliamino*)
El largo cuchillo, fino y dentado, cuenta con una punta doble para poder levantar las rodajas.

Rallador para nuez moscada y mondadura de limón (*grattugia per noce moscata e buccia di limone*)
La nuez moscada forma parte de muchas recetas.

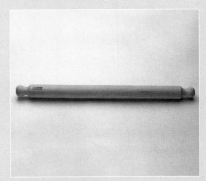

Rodillo (*mattarello*)
Utilizado sobre todo para elaborar pasta fresca, masa para tortellinis, raviolis, *quadrucci* y *tagliatelle*.

Mortero (*mortaio in marmo*)
Las salsas como el pesto es mejor prepararlas en un mortero, puesto que la albahaca se descolora en contacto con la cuchilla metálica.

Trituradora de carne (*tritacarne*)
Las hamburguesas o las *polpette* también son muy apreciadas en Italia.

Batidor (*bacinella bombata*)
Muy útil para batir nata o clara de huevo o preparar purés de fruta y verdura.

Mondador de limones (*spremi spicchi per agrumi*)
Con él, el pescado y la carne pueden rociarse sin mojarse las manos

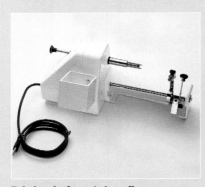

Pelador de fruta (*pela e affetta mele "kali"*)
Para pelar manzanas y quitarles el corazón perfectamente.

Prensapatatas (*schiacciapatate professionale*)
Para triturar patatas hervidas (por ejemplo, para preparar ñoquis)

Pala para la harina (*paletta per la farina*)
En la cocina italiana, la harina es omnipresente, al igual que la pala de madera, a la que la harina no se adhiere.

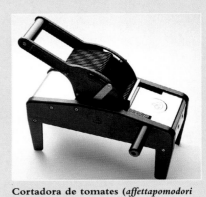

Cortadora de tomates (*affettapomodori "Econo pro"*)
Para cortar rápido tomates en rodajas de igual espesor.

Tenazas para espaguetis (*molla per spaghetti*)
Muy útiles a la hora de servir espaguetis.

Tenazas para caracoles (*molla per lumache*)
Para sujetar los caracoles sin ensuciarse las manos.

Cuchillo con mango de madera (*squamapesce*)
Para escamar el pescado.

Batidora (*frusta*)
Para batir claras de huevo, caldos concentrados y salsas e impedir que se formen grumos.

Olla longitudinal para pescado con escurridera (*pesciera con griglia e coperchio*)
Para preparar pescado largo en caldo o al vapor.

Colador chino (*chinois a maglia fine*)
Para colar todas las salsas y sopas después de haberlas preparado.

Colador fino de metal (*colino semisferico a rete fina*)
Para hacer purés, colar o filtrar caldos, sopas y salsas.

Escurridera (*schiumarola a rete fina*)
Para retirar los fritos (verdura, mozzarella de la pizza o pescado) de la freidora y escurrirlos.

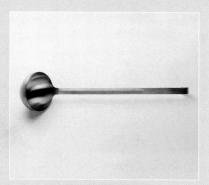

Cucharón (*mestolo fondo*)
Con un cucharón pueden removerse sopas y verterlas en platos hondos de forma limpia y fácil.

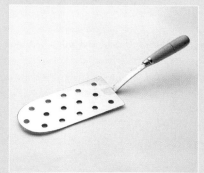

Espátula (*paletta con fori per pesce*)
La espátula agujereada es práctica para levantar pescado de un caldo o de la grasa del asado.

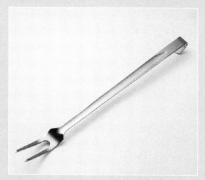

Trinchante (*forchettone unipezzo a 2 denti*)
Para dar la vuelta a los asados, levantarlos del recipiente y sujetarlos al cortar.

Cuchara grande (*cucchiaione fondo*)
Para múltiples aplicaciones, por ejemplo, para preparar *quenelles* (con ayuda de dos cucharas se da forma).

Espumadera (*schiumarola*)
Para múltiples aplicaciones: los *gnocchi*, por ejemplo, se sacan del agua de cocción con cuidado uno a uno.

Espátula (*palettina senza fori*)
Muy útil para sacar los platos de los moldes sin que la comida se rompa.

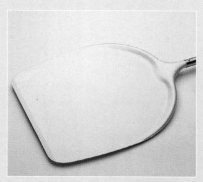

Pala llana de madera para sacar la pizza caliente del horno (*pala piatta rettangolare per pizza*)
Para los grandes hornos de madera.

Cortador de verduras (*tagliaverdure a mandolino*)
Para cortar verdura a mano con la misma rapidez que una máquina.

Barquillero (*tostatore in alluminio per gauffres e cialde*)
Para las *cialde alla fiorentina* o *brigidini*.

Aparato para modelar empanadas (*stampo per crostatine in lega di ottone*)

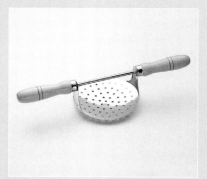

Prensa (*stampo per passatelli*)
Con este instrumento, la masa para los *passatelli* se presiona directamente sobre el caldo.

Sartén para castañas (*padella per castagne*)
Para tostar castañas sin grasa.

CREMONA Y SUS RICAS ESPECIALIDADES

La ciudad de Cremona, un importante puerto fluvial a orillas del Po, no solo tiene como emblema los mundialmente famosos violines de Antonio Stradivari, hijo de esta ciudad, sino que también cuenta con dos especialidades culinarias de renombre: el *torrone,* ese dulce de miel y almendras que a veces resulta bastante pegajoso, y la *mostarda,* de frutos confitados en mostaza picante. Lo que no está muy claro es que el origen del turrón deba buscarse precisamente en Cremona.

TORRONE

Gusta creer que el turrón se inventó en Cremona en 1441 con motivo de la boda entre Bianca Maria Visconti y Francesco Sforza. Se narra que el 25 de octubre del citado año el confitero de la ciudad preparó para el banquete de bodas un inmenso pastel con miel y almendras cuya forma se asemejaba a la del *torrazzo,* la gran torre de la plaza principal de la ciudad. Dado que el banquete se celebró precisamente ahí, este pastel debió de impresionar especialmente a los 6.000 invitados, puesto que los presentes compararon el pastel con la torre. Esta bonita anécdota, sin embargo, no tiene rigor histórico.

En tiempo de los romanos ya se solía consumir un pastel de miel y almendras al final de los banquetes. Otro testimonio antiguo de este dulce procede de la primera mitad del siglo XII, entre 1100 y 1150. En esa ocasión, un tal Gherardo da Cremona tradujo un libro del médico cordobés Abdul Mutarrif. En esta obra, *De medicinis et cibis simplicibus,* el erudito no solo alababa las cualidades de la miel, sino que también hablaba del dulce árabe denominado *turun.* Es muy probable que el origen de la palabra *torrone* haya que buscarlo ahí y no en el *torrazzo* de Cremona. Sea como fuere, en Cremona se elabora un turrón delicioso.

MOSTARDA

La palabra italiana *mostarda* deriva de la francesa *moutarde* (mostaza), la cual, a su vez, procede de la expresión *moût ardent* (mosto picante), puesto que antaño, los granos de mostaza se mezclaban con mosto de uva para fabricar una pasta picante. La *mostarda di Cremona* se elabora a partir de fruta confitada, como cerezas, higos o peras, que durante algún tiempo se maceran en una mezcla de almíbar y mostaza blanca. El resultado es un acompañamiento picante para cocidos de carne, caza o ave.

Hoy día, la *mostarda di Cremona* suele producirse en cantidades industriales, aunque en las fábricas ya no se utilizan las frutas confitadas sino una compota de fruta que se mezcla con una salsa de mostaza. Para satisfacer el gusto del comprador, la mostaza ya no tiene un sabor tan picante como antaño y, como todas las mostazas industriales, también la *mostarda* pierde aroma una vez abierta en casa.

La picante *mostarda di Cremona* se utiliza como condimento. Una especialidad parecida es la *mostarda all'uso toscano*, típica de Toscana.

En función de cada región, existen diferentes clases de turrón. Algunas veces, a esta dulce especialidad se le añade una capa de chocolate.

El imponente *campanile* y la catedral, flanqueada por las dos pequeñas torres, son los edificios más conocidos e impresionantes de Cremona.

BISCOTTI

Los *biscotti* (galletas) del paisaje culinario de Italia son dignos de mención. Cada región tiene sus propias clases y formas, productores y, en algunos casos, incluso fábricas. Nombres como Mulino Bianco o Varesi, ambos pertenecientes al grupo Barilla, producen anualmente miles de toneladas de *tenerezze, mattutini, gocciole* y otras clases de galletas. Las galletas se elaboran con masa de bizcocho, levadura o pastaflora, con o sin huevo, con azúcar o miel, añadiendo cacao o chocolate, con relleno de confitura o crema, con almendras, nueces o frutos secos. El ámbito principal de consumo de las galletas italianas o de los pastelitos es el desayuno, puesto que es por la mañana cuando se mojan uno o dos *biscotti* en el *caffè latte* (café con leche).

Pannocchie

Cinfalotti

Pan di Stelle

Gran Cereale

Primi Raggi

Mattutini

Spicchi di Sol

LOS GONZAGA EN MANTUA

Los Gonzaga reinaban en Mantua ya desde inicios del siglo XIV. La región no era precisamente una de las más ricas, aunque tenía sus propios medios de subsistencia, se mantenía apartada y se preocupaba poco de sus vecinos. La situación cambió cuando empezaron a florecer las ciudades renacentistas. En el palacio de Mantua se pensó la manera de poder elevar el prestigio de la familia Gonzaga, perteneciente a un linaje muy antiguo aunque nunca muy poderoso desde el punto de vista económico. Se diseñó una estrategia para la cual se siguió el modelo político y cultural que Lorenzo il Magnifico había adoptado en la corte de Florencia. En la metrópoli toscana se solía convencer a los embajadores de cortes extranjeras e influyentes hombres de negocios de la importancia de la ciudad mediante el impacto que producían sus construcciones arquitectónicas. En 1470, los Gonzaga se hicieron con los servicios de Andrea Mantegna (1431–1506), un pintor renombrado e innovador. En la historia del arte, éste es el primer caso de un artista pagado, y muy generosamente, por un príncipe a quien, en contrapartida, dedica toda su producción.

Superior: Andrea Mantegna. Fresco de la bóveda de la *Camera degli Sposi,* con cabezas de mujer y angelotes. 1465–1474. Palazzo Ducale, Mantua.

EL ADIÓS A LA EDAD MEDIA

El renacimiento del arte culinario italiano está estrechamente relacionado con dos nombres: el primero es el del Maestro Martino de Como y el segundo corresponde a Bartolomeo Sacchi de la localidad de Piadena, cerca de Cremona.

A principios del siglo XV, el Maestro Martino era el maestro de cocina del obispo de Aquileia y escribió un libro titulado *Liber de arte coquinaria* (Sobre arte culinario). Bartolomeo Sacchi, que llevaba por sobrenombre Platina, empezó su carrera en la corte de los Gonzaga en el año 1421. Más tarde pasó algunos años en la ciudad de Florencia antes de dirigirse a Roma, donde ejerció de secretario y escribano en la corte papal durante el pontificado de Pío II. Con el acceso al pontificado del papa Sixto IV, Sacchi fue ascendido a primer administrador de la Biblioteca Vaticana.

Platina no solo redactó un compendio sobre la vida de los papas, sino que también se interesó por escritos que tratan aspectos de la vida más terrenales que espirituales. De este modo, se hizo con el libro de cocina del Maestro Martino, tradujo la obra, la redactó en un estilo más comprensible y le añadió algunos capítulos que figuran bajo el título *De honesta voluptate et valetudine* (Sobre la honesta voluntad y salud). El libro apareció en Roma en 1474 y se convirtió con rapidez en el libro sobre cocina de mayores ventas. Dado que el latín era por aquel entonces un idioma conocido internacionalmente, la obra de Platina empezó a ser conocida fuera de los límites de la península itálica. En cien años ya se habían publicado treinta ediciones. Le siguieron traducciones libres en otros idiomas como el italiano, el inglés, el francés y el alemán.

El éxito duradero de este libro se debe al hecho de que es el primer intento de resumir el saber culinario y gastronómico de la segunda mitad del siglo XV de una manera sistemática; no solo es una sucesión de indicaciones técnicas, sino que trata todos los aspectos del arte de la cocina. De este modo, se habla sobre dietética y la higiene de los alimentos, se proporcionan trucos y datos útiles sobre las propiedades de determinados productos y preparados, así como sobre su valor nutritivo y curativo, y se discute la parte ética de la alimentación y de las alegrías que proporciona el arte de la mesa. En resumidas cuentas, este libro, dirigido a las clases medias y altas, o sea, a una elite burguesa capacitada moral e intelectualmente para entender esta disertación, constituye una nueva visión del arte culinario. Desde este momento, en la "alimentación trivial", el objetivo perseguido será la "satisfacción de gusto, que procede del buen hacer", puesto que esta satisfacción conduce a la felicidad "del mismo modo que actúa una medicina, que devuelve la salud a un enfermo".

Los méritos del Maestro Martino y de Platina conllevan el final de la cocina medieval, y dan inicio a una nueva era. Los gustos medievales se dirigían a todo lo raro y caro con el fin de responder al bienestar del invitado.

Las costosas especias aparecían en cantidades tan grandes que los invitados raras veces podían reconocer a primera vista o al primer bocado lo que estaban comiendo. Quizá fuera incluso mejor así, puesto que, por motivos de exclusividad, aparecían sobre la mesa objetos de prestigio como duras águilas u osos muy viejos que sólo podían comerse tras un largo proceso de preparación, asadura y, por último, maceración en salsas espesas. La cocina "moderna", tal como la presentaban el Maestro Martino y Platina, se basaba en la utilización de ingredientes simples, fáciles de conseguir y frescos cuyo sabor no sufriera ninguna alteración importante al cocinarse y que no necesitara especias pesadas. En estos principios básicos sigue basándose, hoy en día, la cocina italiana.

BARTOLOMEO STEFANI

El boloñés Bartolomeo Stefani fue maestro cocinero en la corte de los Gonzaga en Mantua durante la segunda mitad del siglo XVII. No se conocen las fechas exactas de su nacimiento y muerte, aunque el prólogo de su libro *L'arte di ben cucinare* (El arte de la buena cocina) permite deducir que fue el sobrino y alumno de Giulio Cesare Tirelli, quien, a su vez, era maestro de cocina al servicio de la República de Venecia.

La obra *L'arte di ben cucinare* transmite la tradición culinaria italiana y se atiene escrupulosamente a lo que promete su autor en el título. A su vez, es el primer libro de cocina en el cual, además de la preparación de platos refinados para grandes ocasiones, también se presta una considerable atención al *vitto ordinario*, la cocina diaria de las clases medias. La innovadora obra de Bartolomeo Stefani no solo propone alternativas a los banquetes principescos, sino que ofrece detalles tan rigurosos como pueda ser un presupuesto para la compra. La primera edición de la obra apareció en 1662 en Mantua; le siguieron siete ediciones más hasta 1716.

L'ARTE
DI BEN CVCINARE, ET INSTRVIRE
i men periti in questa lodeuole profeßione.
Doue anco s'insegna a far Pasticci, Sapori, Salse, Gelatine, Torte, & altro
DI BARTOLOMEO STEFANI
Cuoco Bolognese.
All'Ill.mo, & Ecc.mo Sig. Marchese
OTTAVIO GONZAGA
Prencipe del Sacro Romano Imperio, de'Marchesi
di Mantoua, e Signor di Vescouato, &c.

IN MANTOVA, Appresso gli Osanna, Stampatori Ducali. 1662.
Con licenza de'Superiori,

TORTELLI DI ZUCCA
Tortelli con relleno de calabaza
(fotografía fondo)

Para 6 personas

I CALABAZA DE UNOS 2 KG DE PESO
I50 G DE AMARETTI
50 G DE MANZANAS ADOBADAS EN SALSA AGRIDULCE
U OTRAS FRUTAS ADOBADAS EN MOSTAZA (MOSTARDA)
IOO G DE PARMESANO
I/4 CEBOLLA
NUEZ MOSCADA RALLADA
MASA DE PASTA (VÉASE PÁGINA I9I)
SAL
2 CUCHARADAS DE MANTEQUILLA

Corte la calabaza en rodajas, pélelas, retire las pepitas y cuézalas al horno a 200°C durante unos 20 minutos. A continuación, pase la pulpa de la calabaza a una fuente y hágala puré con un tenedor. Añada los *amaretti* triturados, la fruta cortada en trozos, el queso rallado, la cebolla picada y algo de nuez moscada, y mézclelo todo con una cuchara de madera. El relleno debe quedar seco. Extienda la masa de pasta de forma que quede fina y córtela en rectángulos de 4 × 8 cm. Con una cuchara, añada un poco de relleno de calabaza en cada triángulo y dóblelo de modo que se forme un cuadrado; apriete bien en los lados. Cueza los *tortelli* en abundante agua salada y sírvalos con mantequilla derretida.

PESCADO DE AGUA DULCE

Lombardía está bañada por un gran número de ríos y lagos: el lago d'Iseo, el lago d'Idro, el lago de Varese y el lago de Como no solo son centros de interés turístico sino que ofrecen una gran variedad de peces de agua dulce. Dado que la propia naturaleza no siempre puede hacer frente a la demanda, desde hace algunos años se han ido abriendo piscifactorías. Así, por ejemplo, en la provincia de Brescia existe una empresa en la cual, además de las típicas clases de agua dulce como el salmón y la trucha arco iris, también se crían anguilas e incluso esturiones, lo que permite producir una pequeña aunque excelente cantidad de caviar. A causa de los problemas medioambientales, los esturiones, antaño muy abundantes en los afluentes del Po, han desaparecido casi por completo de las aguas del norte de Italia.

FILETTI DI LAVARELLO IN CARPIONE
Filetes de corégono adobado
(fotografía página anterior)

2 CEBOLLAS
2 ZANAHORIAS
3–4 CUCHARADAS DE ACEITE DE OLIVA VIRGEN EXTRA
1 HOJA DE LAUREL
1 MANOJO DE PEREJIL
1 VASO DE VINAGRE DE VINO BLANCO
SAL Y PIMIENTA
8 FILETES DE CORÉGONO LISTOS PARA COCINAR

Pique las cebollas en trozos muy pequeños y corte las zanahorias en rodajas muy finas. A continuación, sofría las cebollas y las zanahorias en aceite de oliva. Añada la hoja de laurel, el perejil, el vinagre, el aceite y, finalmente, un vaso de agua. Salpimiente la mezcla y cuézala a fuego lento hasta que el líquido se haya reducido a la mitad.
Limpie los filetes de corégono, salpiméntelos y páselos a un molde resistente al fuego. Rehogue el pescado con la marinada y áselo en el horno a fuego medio durante algunos minutos. Una vez enfriado el pescado, déjelo reposar en el frigorífico con la marinada durante un mínimo de 12 horas.

También pueden prepararse de la misma manera las carpas, las tencas y las farras. Es importante que se utilice un buen vinagre, puesto que así el pescado se conserva sin problemas en el frigorífico durante varios días.

FILETTI DI TROTA IN COTOLETTA
Filetes de trucha rebozados

4 FILETES DE TRUCHA
250 ML DE LECHE
SAL
50 G DE HARINA DE TRIGO
1 HUEVO
PAN RALLADO
3–4 CUCHARADAS DE ACEITE DE OLIVA VIRGEN EXTRA
RODAJAS DE LIMÓN
PEREJIL

Limpie los filetes de trucha y adóbelos en leche salada durante 1 hora. Vierta la leche y escurra los filetes. Bata el huevo, enharine los filetes, sumérjalos en la masa de huevo y páselos por el pan rallado.
Caliente el aceite de oliva en una sartén y fría los filetes hasta que se doren. Escúrralos y sírvalos con rodajas de limón y perejil.

Trota (trucha)
En las aguas de Lombardía viven truchas arco iris, asalmonadas y de río, aunque a causa de la escasez y de la fuerte demanda existente, este sabroso pescado de agua dulce también se cría en piscifactorías. Las truchas saben muy bien a la parrilla, aunque también pueden adobarse o freírse rebozadas en una sartén.

Coregone, lavarello (corégono)
Este pescado, de una longitud aproximada de sólo 30 cm, es muy apreciado por su fina carne. Hacia el final del siglo XIX fue introducido en aguas del norte de Italia y desde entonces se ha reproducido de una manera excelente para satisfacción de los sibaritas. Los corégonos se adaptan a cualquier modo de preparación.

Pesce persico (perca)
Las percas constituyen un codiciado botín para todos aquellos aficionados a la pesca que un fin de semana tras otro se desplazan hasta los lagos lombardos. Este pescado, delicioso aunque con muchas espinas, también pueden comprarlo en las pescaderías cortado en filetes quienes no deseen esperar pacientemente en las orillas. Las percas pueden asarse o freírse, aunque también pueden servirse en un antipasto.

Temolo (timo)
El timo es un pescado de agua dulce poco común que vive exclusivamente en aguas especialmente limpias y cristalinas. Su carne sabe ligeramente a tomillo, por lo que debe condimentarse poco para que conserve todo su sabor.

Storione (esturión)
En los lagos de Italia septentrional ya no viven esturiones, aunque se crían en piscifactorías en pequeñas cantidades. Los esturiones son muy apreciados por sus huevas, puesto que de ellas se obtiene el caviar. Su carne es bastante grasa, aunque tiene un buen sabor a la parrilla o asada. Los filetes también pueden rebozarse y freírse.

VALTELLINA

Los productos cárnicos de Valtellina, como la *bresaola,* también son muy apreciados fuera del territorio y la demanda de *pizzoccheri,* la típica pasta de trigo sarraceno, ha aumentado en los últimos tiempos hasta tal punto que se ha tenido que organizar un método industrial de fabricación para las exportaciones.

A causa del importante incremento de la producción, el trigo sarraceno cultivado en el valle era del todo insuficiente, por lo que se ha tenido que recurrir a la importación de este cereal procedente de Rusia y la antigua Yugoslavia.

El trigo sarraceno, o *grano sarraceno* como se denomina en Italia, siempre ha formado parte de la pobre cocina de los campesinos alpinos. Para elaborar los *pizzoccheri* se mezclan dos terceras partes de harina de trigo sarraceno con una de trigo, puesto que como el trigo sarraceno no contiene la cola de la albúmina, la pasta se disgregaría. Los *pizzoccheri* pueden combinarse muy bien con un suflé de col rizada y patatas, al que se le puede añadir salvia, ajo y mantequilla y que puede gratinarse con un fuerte queso de especias alpino como el *bitto* o la *fontina.*

PIZZOCCHERI
Suflé de pasta de trigo sarraceno
(fotografía inferior)

200 G DE HARINA DE TRIGO SARRACENO
100 G DE HARINA DE TRIGO
2–3 CUCHARADAS DE LECHE
SAL
1 HUEVO
200 G DE PATATAS
1/4 DE COL RIZADA
100 G DE MANTEQUILLA
1 DIENTE DE AJO PICADO FINO
3 HOJAS DE SALVIA PICADAS FINAS
100 G DE QUESO FUERTE (BITTO O FONTINA)
100 G DE PARMESANO RALLADO

Mezcle las dos clases de harina con 2–3 cucharadas de agua y leche respectivamente, añada sal y forme una masa con el huevo. Extienda la masa y córtela en tiras de la anchura de un dedo. Cúbrala con un paño de cocina. Pele las patatas y córtelas en rodajas. Limpie la col rizada y póngala a hervir con las patatas en abundante agua salada. Añada la pasta tras 15 minutos y deje que se cueza *al dente;* escúrrala bien. Derrita la mantequilla en una sartén, añada el ajo y la salvia. En un molde distribuya en capas las patatas, la col, la pasta con el queso cortado en lonchas y añada el parmesano y la mantequilla de salvia. Espolvoree con parmesano, gratine unos minutos en el horno precalentado y sírvala caliente.

VINOS DE VALTELLINA

En otros tiempos, Valtellina suministraba, ante todo, vino de barrica a la vecina Suiza. La clase de uva predominante en el valle era la Nebbiolo, denominada Chiavennasca por los lugareños. Además de ésta, se utilizaban también pequeñas cantidades de Pinot Nero, Merlot y de otras clases locales. En las empinadas laderas del valle del Adda, que reciben directamente la luz del sol durante pocas horas, las uvas no siempre alcanzan el estado óptimo de maduración.

Es muy importante, por esto, el lugar de procedencia de cada vino, puesto que los de las pendientes mejor situadas han recibido la calificación D.O.C. Estos vinos, procedentes de la zona situada entre Sondrio y Montagna reciben los nombres de Sassella, Grumello, Inferno y Valgello, y se venden como Valtellina Superiore.

Los buenos vinos de Valtellina huelen a frutas rojas, hojas de té (como algunos vinos *nebbiolo* de Piamonte) y, cuando son jóvenes, tienen un gusto áspero y poco accesible, aunque se vuelven ligeros y suaves cuando envejecen. La especialidad real de los viticultores de Valtellina es el vino de uvas pasificadas, el Sfursat. Se trata de un vino seco a la manera del Amarone de Véneto, para cuya producción las uvas se secan antes de prensarlas con el fin de que tengan más azúcar. De hecho, sólo en tres o cuatro empresas vinícolas o bodegas se produce un vino de este tipo de calidad, y resulta una rareza.

Especialidades de Valtellina

Bresaola

Hace ya más de un siglo que la *bresaola* forma parte del registro gastronómico de la ciudad de Chiavenna, en Valtellina, pero su origen hay que buscarlo en Suiza o, concretamente, en los Grisones. Por consiguiente, es un pariente próximo de la carne de dicho cantón.

El muslo de carne de vacuno se adoba en sal y pimienta y se cuelga durante algunos meses para que se seque. Las grutas de Chiavenna ofrecen unas condiciones climáticas ideales para un curado perfecto. En ciertos casos, durante el final del proceso, es necesario ahumarla ligeramente.

La *bresaola* tiene un sabor aromático suave, no muy salado, un alto valor nutritivo y es de fácil digestión. Mientras tanto, esta especialidad también se produce de manera industrial y es tan apreciada en los últimos tiempos, que incluso puede encontrarse en las regiones más meridionales de Italia. Los sibaritas la cortan en lonchas muy finas y la aliñan con limón, aceite y pimienta recién molida.

Slinzega

A diferencia de la *bresaola*, la *slinzega* puede (aunque no tiene por qué) elaborarse con carne de caballo, asno o rebeco. Es precisamente en la provincia de Sondrio donde casi nunca se elabora con carne de vacuno, sino que se prefieren las citadas carnes, que se adoban en una salmuera preparada según una antigua receta. Los posteriores procesos de curación y ahumado son análogos a los utilizados para la elaboración de la *bresaola*.

Violino

El *violino* se obtiene de la pierna o de la espalda de cabras o corderos y se elabora como un jamón tradicional. Si se desea cortarlo en lonchas finas, hay que sostenerlo como un violín y manejar el cuchillo como un arco: de ahí su nombre.

Los trozos de carne seleccionados se condimentan con ajo y enebro y, en algunos casos, con vino tinto. El proceso de curación sigue los mismos pasos que el de la *bresaola*.

La carne de rebeco, ciervo o corzo también resulta adecuada para el *violino*. En ese caso, los más sibaritas aprecian especialmente el sabor característico de este jamón de color rojo oscuro. El *violino* sólo se fabrica de forma artesanal y en cantidades muy limitadas. Quien tenga la oportunidad de degustar dicha delicia, no debe dejarla escapar.

Bitto

Este queso lleva el nombre de un afluente del Adda, se fabrica casi exclusivamente en la provincia de Sondrio, y su cuerpo cilíndrico tiene una altura de entre 8 y 12 cm y un peso de entre 15 y 25 kg. La masa se calienta, se presiona y se sala. El tiempo de curación es de tres a seis meses en lugares frescos. Si se utiliza el *bitto* para rallar, el queso puede conservarse hasta un año entero. La masa, fina al principio, se vuelve más compacta, frágil y aromática al envejecer.

El *bitto* no solo se toma como postre tradicional con un buen vaso de Sassella, Grumello, Inferno o Vetliner, sino que también es un ingrediente imprescindible de la *polenta taragna* o del *sciatt*.

Casera

El *casera* es un queso que se produce en toda Valtellina con leche parcialmente desnatada. Tras añadir el cuajo y calentarlo, la masa debe reposar. A continuación se forma el cuerpo, que se sala inmediatamente o se vierte en una salmuera. El proceso de curación dura treinta días.

El *casera* tiene una corteza fina, es semigraso y de color blanco. En los últimos tiempos, también se viene fabricando en industrias lácteas lombardas, fuera de Valtellina.

Sciatt
Tortas de queso

Para 6 personas

200 G DE HARINA DE TRIGO SARRACENO
100 G DE HARINA DE TRIGO
SAL
100 G DE BITTO
10 ML DE GRAPPA
15 G DE MANTEQUILLA

Mezcle las dos clases de trigo. Trabájelas con agua tibia hasta que se forme una masa no muy sólida. Añada sal y déjela reposar cubierta con un paño húmedo durante 1 hora. Corte el queso en lonchas finas y mezcle con la masa. Acto seguido, añada el *grappa*.

Caliente la mantequilla en una sartén antiadherente y vierta aproximadamente una cucharada de masa cada vez, alísela y fríala. Escurra las tortas y sírvalas calientes.

Bresaola condita
Bresaola con huevo

350 G DE BRESAOLA CORTADA MUY FINA
ACEITE DE OLIVA VIRGEN EXTRA
2 YEMAS DE HUEVO
PIMIENTA RECIÉN MOLIDA
ORÉGANO
EL ZUMO DE 1 LIMÓN

Disponga la carne cortada en 4 platos o en una bandeja y rocíe con unas gotas de aceite de oliva. Vierta por encima las yemas de huevo batidas y sazónelo todo con pimienta y orégano. Transcurridos algunos minutos, añada unas gotas de zumo de limón.
Sírvala con pan de centeno.

Inferior: Bresaola con parmesano

PEQUEÑO CHAMPAÑA ITALIANO

Si el nombre de Franciacorta, una región morrénica situada en la orilla meridional del pequeño lago de Iseo entre las provincias de Bergamo y Brescia, deriva de la época napoleónica y según la *vox populi* es una combinación de las palabras "corte" y "Francia", o más bien de la denominación *francae curtes*, como se conocía en la Edad Media el privilegio de no pagar impuestos del que los monjes benedictinos disfrutaban, es un dilema todavía no aclarado. El hecho es que, si bien la viticultura ya era una actividad practicada desde la época romana, hasta la mitad del siglo XX, el vino tinto elaborado por los campesinos se destinaba casi por entero al consumo propio. La carrera propia del *franciacorta* empezó en 1961 cuando un joven enólogo de la región convenció al director de su empresa para que produjera vino espumoso. En la década de 1970, numerosos industriales de la cercana Milán invirtieron en la prometedora industria del *spumante;* la producción se concentró en la fermentación en botellas, es decir, se siguió el método utilizado para la elaboración de champaña a partir de las uvas Pinot y Chardonnay. El *franciacorta,* cuya producción mayoritaria es de la clase *brut* (aunque también se elaboran excelentes productos sin ninguna dosificación de azúcar), no solo es el único vino espumoso de Italia con la calificación D.O.G.C., sino que también puede competir con los mejores espumosos del mundo, como el cava, el *champagne* o el *winzersekt.*

Los vinos tintos y blancos no espumosos de la región, elaborados a partir de las citadas clases de uva, son con frecuencia de una calidad excelente y, desde la obtención de la calificación D.O.G.C. por parte del *franciacorta* espumoso, se venden con la denominación de origen D.O.C. *Terre di Franciacorta.*

De los vinos espumosos de la Franciacorta son responsables experimentados maestros del vino. El *franciacorta* fue el primer espumoso que obtuvo la calificación D.O.G.C.

La pequeña localidad de Sirmione, en la orilla meridional del lago de Garda, está dominada por la Rocca Scaligeri. Ésta es la patria del *lugana.*

Para que el coágulo de levadura pueda depositarse en el cuello de la botella, éstas se almacenan con el cuello hacia abajo y se giran todos los días.

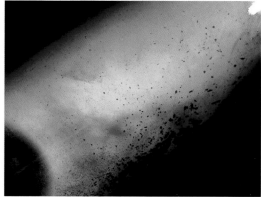

El *franciacorta* se elabora según el método de fermentación en botellas. El *spumante* permanece durante años en el lugar de fermentación. Al final se retira por decantación.

LA VITICULTURA EN LOMBARDÍA

El nombre de Lombardía va asociado con frecuencia a Milán, la ópera, la moda, la gastronomía y, seguramente, también al centro industrial o a la metrópoli comercial; raramente, en cambio, se piensa en su producción vinícola. La región siempre ha producido suficiente vino para abastecer a la mole urbana de Milán; durante muchos años suministró vino a la industria italiana de los vinos espumosos, pero sus vinos, hecha excepción del Franciacorta, no han podido alcanzar hasta ahora reconocimiento más allá de sus fronteras.

En casi todas las partes de Lombardía se cultiva la vid: desde Valtellina, en el estrecho valle del Adda, hasta las alturas de las provincias de Bergamo y Brescia pasando por la orilla occidental del lago de Garda, la llanura Padana cerca de Mantua y las colinas situadas al Sur de Pavía. Las colinas de Olterpò Pavese, en la provincia de Pavía, son la mayor zona de cultivo de la región. Aquí se cultivan, ante todo, clases de uva roja: Barbera y Croatina son las más difundidas. Los suelos calizos o de yeso son apropiados para Pinot Nero, del cual se elabora un fino y elegante vino tinto; además, junto con el Chardonnay o el Pinot Bianco, se utiliza como base para la industria de espumosos de Italia. La zona de Oltrepò Pavese proporciona vino básico para renombrados espumosos de otras regiones italianas.

Los suelos calizos o de yeso también resultan adecuados para Pinot Nero, del que se pueden elaborar finos y elegantes vinos tintos. En este caso, un cuidadoso envejecimiento en barricas enriquece su aroma y su sabor. Desgraciadamente, durante los últimos años, sólo pocos productores han emprendido la ardua tarea de producir vinos de calidad.

El Pinot Nero de Oltrepò aún se valora más como vino básico en la industria de espumosos cuando se mezcla con Chardonnay y Blanco de Borgoña. Es curioso que estos vinos básicos se utilicen para la elaboración de renombrados productos (como en Piamonte o Trentino) que apenas son conocidos fuera de Oltrepò. Dicho territorio, proveedor tradicional de vino a la capital lombarda (preferentemente destinado a las *osterie* de la ciudad), sufre el destino de muchos territorios vinícolas en los que la demanda del lugar es mayor que la oferta.

Los vinos blancos, pensados ante todo para las necesidades de la población local, se elaboran a orillas del lago de Garda. Lugana, un territorio de cultivo que Lombardía comparte con el vecino Véneto, proporciona los vinos más conocidos y, con frecuencia, también los mejores. Con otro vecino, Emilia-Romaña, comparte el *lambrusco*, cuyas cantidades de producción en la provincia de Mantua son casi insignificantes, si bien la calidad es, con frecuencia, mejor que la de la región adyacente.

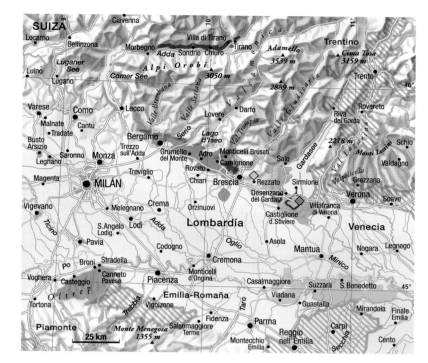

Valtellina
Valcalepio
Franciacorta (DOCG), Terre di Franciacorta
Cellatica
Capriano del Colle
Botticino
Riviera del Garda Bresciano
Tocai di San Martino della Battaglia
Lugana
Colli Morenici Mantovani del Garda
Lambrusco Mantovano
Oltrepò Pavese
Zonas vinícolas en regiones limítrofes

Si asciende por las colinas cubiertas de viñedos de Oltrepò Pavese el amante del vino es obsequiado con una vista panorámica sobre la llanura del Po.

Lambrusco
De hecho, el *lambrusco* de Emilia-Romaña es mucho más conocido que los vinos lombardos con este nombre. Sin embargo, quien busque vinos afrutados, con mucho cuerpo y no muy dulces, encontrará una gran variedad de ellos en la provincia de Mantua.

Terre di Franciacorta
Antes de que Franciacorta se convirtiera en el primer *spumante* D.O.G.C. de Italia, esta denominación de origen comprendía también los vinos blancos y tintos, los cuales, si bien siguen produciéndose, han adoptado ahora el nombre de Terre di Franciacorta. Los vinos blancos se elaboran con Blanco de Borgoña y Chardonnay, en cuyo caso los mejores productores utilizan barricas para la fermentación y el envejecimiento. Los tintos, en cambio, se elaboran con Cabernet, Barbera, Nebbiolo y Merlot.

Sebino
Sebino no es ninguna denominación D.O.C., sino que sólo posee el estatus de vino de mesa con indicación de origen geográfico (Igt). Sin embargo, algunos de los productores de mayor reputación embotellan sus mejores vinos (para el blanco se suele emplear Chardonnay; para el tinto una mezcla de Burdeos) con este nombre. Los vinos son ricos y complejos y pueden hacer sombra a algunos vinos italianos con D.O.C.

Lugana
Este vino blanco es una variante de una clase de la familia Trebbiano, cuyo territorio de cultivo está dividido entre Lombardía y Véneto. El *lugana* se elabora en la orilla meridional del lago de Garda. Los vinos blancos, de aroma más bien neutro y de sabor suave, armónico y poco ácido, resultan excelentes para acompañar platos de pescado de agua dulce y también de marisco.

Cócteles con Campari o Fernet

Todas las recetas son para 1 persona

Campari Orange
(fotografía superior)

CUBITOS DE HIELO
4 CL DE CAMPARI
8 CL DE ZUMO DE NARANJA

Vierta los cubitos en un vaso, añada el Campari y el zumo de naranja y mézclelo todo con cuidado.

Campari shakerato

5 CL DE CAMPARI
CUBITOS DE HIELO

Vierta el Campari con los cubitos de hielo en una coctelera y agítela enérgicamente. Viértalo a través de un colador en un vaso previamente enfriado.

Apotheke

CUBITOS DE HIELO
2 CL DE FERNET BRANCA
2 CL DE VERMUT ROJO
2 CL DE CREMA DE MENTA (VERDE)

Vierta todos los ingredientes en una coctelera y mézclelos. Páselos a un vaso previamente enfriado.

CAMPARI: ¿QUÉ OTRA COSA SI NO?

El café Campari de Milán es toda una institución de la cultura italiana de la restauración. Inaugurado en 1867 en las Galerías Vittorio Emmanuele II, se hizo pronto con una gran y fiel clientela. Detrás del mostrador se encontraba, por aquel entonces, el mismísimo propietario del bar, Gaspare Campari, quien servía a sus clientes la creación propia *Bitter all'olandese, bitter* a la holandesa. La bebida, roja y bastante amarga, fue recibida con entusiasmo y fue rebautizada con el nombre de "Bitter Campari".

Hasta nuestros días, nadie sabe exactamente, hecha excepción, como es obvio, de unos pocos empleados del bar milanés, de qué consta el famoso *bitter* rojo. Los entendidos de licores pueden pensar que el sabor amargo, como en los demás aperitivos, también tiene que atribuirse a las mondaduras de naranjas amargas o a la quina. Pero, ¿qué más se le añade al Campari? La empresa lo mantiene en secreto. Sólo un experto puede reconocer que en la fabricación del *bitter* se utiliza una infusión de hierbas, frutos y partes de plantas. A continuación, y con ayuda del alcohol, se extraen los aromas de la mezcla. Este concentrado se remata con alcohol, agua, azúcar y un colorante rojo. ¿Cuál? Lo único que se sabe es que antaño el color rojo se obtenía del caparazón de las tortugas, pero hoy se produce químicamente.

Fernet

Fernet: este nombre sugiere, sin duda, un plato magnífico aunque pesado y el alivio que un vasito de este aromático licor promete. Fernet, no obstante, no solo es un excelente digestivo, sino también un símbolo del *ben bere alla milanese* (el buen beber a la milanesa).

Este brebaje preparado con diferentes hierbas y alcohol, cuya composición se mantiene en estricto secreto, envejece, como mandan los cánones, en barriles de madera de roble. En las primeras botellas de Fernet, que se remontan al siglo XVIII, se pegaban etiquetas que indicaban exactamente para qué o contra qué se podía utilizar la bebida: "Tiene un efecto positivo sobre el estómago, facilita la digestión, fortalece el cuerpo, combate el cólera, baja la fiebre y cura a quienes padecen agotamientos nerviosos, falta de apetito, mareo o la solitaria; además, previene para quienes tienen que residir en zonas húmedas o malsanas. Tómeselo a cualquier hora del día puro o mezclado con agua, gaseosa, vino, café, vermut u otras bebidas".

En la actualidad, alguna de estas indicaciones ya no es tan fiable, como por ejemplo la referente al cólera, aunque sí es cierto que, tomado después de una comida copiosa, resulta ideal para no sentir el estómago pesado.

Los bares milaneses como el Camparino (fotografía) convidan a parar tras unas ajetreadas compras y tomarse un café rápido o un Campari Orange.

LOS BARES ITALIANOS

El auténtico bar italiano permanece abierto durante todo el día y es, por este hecho, un apreciado punto de encuentro para cualquier momento. Por la mañana, en el camino hacia el trabajo, el italiano tiene costumbre de tomarse de pie el *caffè latte* (café con leche acompañado por una pieza de bollería, un par de galletas o incluso solo).

En Italia, a diferencia de otros países, el desayuno no suele ser copioso. Del desayuno inglés con huevos, beicon y cereales o de los desayunos alemanes a base de panecillos, mermelada y embutido o se ha oído hablar o recibido alguna noticia, pero siempre con incredulidad.

Hacia las diez se tiene una nueva excusa para ir al bar. Es la hora de un pequeño bocado, el cual, en función de la constitución y la profesión, se acompaña con un *espresso* o un trago de *spumante*. Si al mediodía no se va a comer a casa, durante la pausa lo mejor es ir rápidamente al bar y comprar un *tramezzino*, un bocadillo relleno con varios ingredientes que, sobre todo en las regiones septentrionales, suele calentarse en la tostadora.

La nueva visita al bar tiene lugar después del cierre del comercio o al terminar la jornada laboral. Ahora se bebe un carajillo y, según lo tarde que sea, en esta ocasión también puede pedirse un aperitivo. En Italia se prefieren sobre todo los estimulantes del apetito amargos como el Campari, el Aperol o diferentes aperitivos elaborados a base de hierbas, aunque un *spumante* seco se ha vuelto durante los últimos tiempos tan popular como los anteriores.

Después de la cena es la hora ideal para un último café, el *caffè corretto*, un *espresso* "corregido" con *amaretto*, *grappa* o *sambuca*, parecido a lo que conocemos como carajillo. Seguro que a esta hora en el bar se encuentra alguien conocido y puede mantenerse una charla informal sobre las compras de coches, la situación política de Italia o simplemente cotillear sobre lo que ocurre en el barrio.

Lombardía, con su capital Milán, se encuentra entre las regiones más desarrolladas de Italia desde el punto de vista económico.

En el otrora feudo de los poderosos Sforza no solo se han establecido los grandes bancos sino los medios de comunicación y muchas firmas dedicadas a la moda y al diseño. Las empresas cuya sede no se encuentra en Milán abren al menos una elegante boutique en Via della Spiga, en el Corso Vittorio Emmanuele o en cualquier otra de las famosas calles comerciales de la ciudad.

VAL D'AOSTA

VALLE DE AOSTA

Gran San Bernardo
2469 m
Aosta
Gressoney-
la-Trinité
Valle de Aosta
Cogne

Italia aún hoy está lejos de una identidad italiana global, cosa especialmente notoria cuando se visita la zona fronteriza. Aquí la afiliación política se documenta a menudo exclusivamente a través de la presencia de periódicos y televisiones italianas, mientras que el habla, el estilo de vida y la cocina son absolutamente todo lo contrario. Y así sucede en la pequeña región del Valle de Aosta. Para los habitantes del valle, el gobierno romano queda muy lejos y representa una grandeza más bien negligente, ya que el estado de autonomía garantiza cierta independencia política y cultural; se habla el dialecto de Saboya.

De todos modos, la historia del Valle de Aosta pertenece más a los libros de texto franceses que a los italianos. Tras el derrumbamiento del Imperio Romano de Occidente, en el año 443 el valle glaciar cayó en manos de los burgundios, y a finales del siglo VI pasó a manos de los francos. En el año 1025, la zona fue adquirida por la casa de Saboya. Los nuevos soberanos pronto se dieron cuenta de que los tercos habitantes del valle únicamente admitían órdenes a disgusto, con lo cual cambiaron su estrategia de tal modo que concedieron una amplia autonomía a las gentes del Valle de Aosta. A partir de entonces, la calma volvió a reinar en el valle. Actualmente, esta política se sigue practicando desde Roma con éxito.

La lucha por la independencia de los habitantes del Valle de Aosta no tiene nada que ver con la xenofobia excéntrica. Al fin y al cabo, el valle ofreció siempre acceso a los pasaportes importantes, que aseguraban el comercio entre la península de la bota y las áreas económicas del norte de los Alpes. Por eso, hoy igual que entonces se recibe con mucha amabilidad a los viajeros que quieren cobrar fuerzas con el fin de continuar el viaje o se les anima a quedarse y sobre todo se les obsequia con deliciosas especialidades.

La cocina del Valle de Aosta es sencilla y al mismo tiempo fuerte, como pertenece a una región montañosa. Las sopas de pan calientes y sustanciosas son la comida ideal para los fríos días de invierno; entre amigos se puede disfrutar de la *fonduta*, la variedad local de la apreciada *fondue* de queso de las regiones de los Alpes. Otra vez hay polenta, enérgico pan de centeno, tocino ahumado, apetitosas especialidades de embutidos, carne de ternera y cerdo y caza de las montañas y bosques de los alrededores. La carne se cuece, asa o guisa con mantequilla y crema de leche, puesto que la comida calórica se convierte en un antídoto perfecto contra las gélidas temperaturas.

Doble página precedente: la economía de pasto alpino y la fabricación de quesos son de gran importancia en el Valle de Aosta. Los jóvenes como Nadir Vollget, futuro maestro de quesos en la Cascina Vollget en Brissogne, procuran que se mantenga la tradición.

Izquierda: el Valle de Aosta está rodeado por los Alpes de Valais, el macizo del Montblanc y los Alpes Grayos. El castillo Fénis está situado entre Aosta y St. Martín.

PAN DE CENTENO

El tradicional pan de centeno del Valle de Aosta se puede calificar de especialidad de la región. Extraordinariamente aromático y con un sabor algo dulce es idóneo, untado con mantequilla, para acompañar los vinos de la región.

Tradicionalmente, en los pueblos más pequeños había unas casetas colectivas para hacer pan donde se reunían hasta cuatro veces al año (aunque casi siempre en noviembre). Para que no pudieran surgir conflictos, cada uno de los habitantes del pueblo dotaba su molde de pan de muescas individuales o marcaba los respectivos panes con sus iniciales. El pan cocido al horno hecho exclusivamente de harina de centeno se conservaba todo un año, pero naturalmente con el tiempo se endurecía tanto

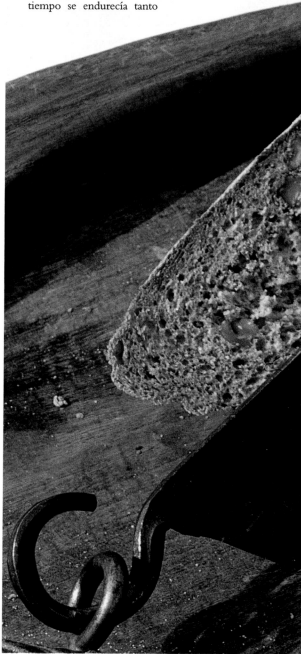

SOPAS DE PAN

Como en las regiones de los Alpes el invierno es largo y frío, a sus habitantes les viene muy bien una sopa sustanciosa y caliente. En el Valle de Aosta y los valles laterales se comían y se siguen comiendo muchas sopas de pan con queso, que se cuecen al horno a fuego lento y sin prisas. La variante más sencilla de este plato es la *seupette de Cogne*. Está únicamente compuesta de pan, *fontina,* mantequilla y caldo, ingredientes que no faltaban nunca en la cocina de la granja de montaña más pobre. La *zuppa di Valpelline* con su complemento de tocino, col rizada y hierbas aromáticas como la mejorana y la ajedrea representa, por otra parte, la versión casi más lujosa de la sopa de pan.

Zuppa di Valpelline
Puchero de col rizada con *fontina* del Valle de Pelline (fotografía superior)

I COL RIZADA
50 G DE TOCINO
500 G DE PAN SECO
AJEDREA O MEJORANA PICADAS
150 G DE FONTINA CORTADO EN LONCHAS MUY FINAS
80 G DE MANTEQUILLA
I L DE CALDO DE CARNE
SAL Y PIMIENTA

Lave la col rizada y corte el tocino en dados muy pequeños. Rehogue la col rizada junto con el tocino en una cacerola hasta que adquiera color. Corte el pan en rebanadas y tuéstelo en el horno.
Cubra el fondo de una fuente resistente al horno con unas rebanadas de pan tostado. Encima coloque una capa de col rizada, esparza hierbas picadas por encima, coloque una loncha de queso y algunos trocitos de mantequilla. Luego vuelva a disponer una capa de col rizada y así sucesivamente hasta que se hayan agotado todos los ingredientes. La capa superior debe ser de queso y mantequilla. Para finalizar, vierta el caldo de carne por encima y coloque la fuente durante aproximadamente una hora en el horno precalentado a 160°C.

Zuppa di pane
Sopa de pan

300 G DE CEBOLLAS
50 G DE MANTEQUILLA
1,2 L DE CALDO DE CARNE
200 G DE PAN SECO CORTADO EN REBANADAS
100 G DE GRUYÈRE RECIÉN RALLADO
PIMIENTA NEGRA RECIÉN MOLIDA

Pele las cebollas y córtelas en rodajas finas. Derrita la mantequilla en una cacerola. Añada las cebollas y rehóguelas a fuego lento durante 20 minutos sin que lleguen a tostarse. Finalmente vierta el caldo de carne para que hierva 20 minutos. Mientras tanto tueste las rebanadas de pan en el horno. Después cubra el fondo de un molde para suflé con las rebanadas de pan, esparza el Gruyère rallado por encima y vierta el caldo de carne y cebolla. Sazone el plato con pimienta negra recién molida y hornéelo durante 20 minutos en el horno precalentado a 180°C. Sírvala muy caliente.

Zuppa di pane e cavolo
Sopa de col verde con pan

500 G DE PAN SECO
3 DIENTES DE AJO
I COL VERDE PEQUEÑA
30 G DE MANTEQUILLA
I CEBOLLA PEQUEÑA
100 G DE GRANA RALLADO
1,5 L DE CALDO DE CARNE
PIMIENTA BLANCA RECIÉN MOLIDA

Primero corte el pan en rebanadas y tuéstelo ligeramente al horno. Después frote las rebanadas de pan con un diente de ajo. A continuación, lave la col, cueza las hojas a fuego lento en agua salada y resérvelas. Pele las cebollas y píquelas muy finas.
En una cacerola caliente la mantequilla y rehogue las cebollas. Coloque una capa de col encima y esparza queso rallado. Disponga en capas las rebanadas, la col y el queso uno encima de otro hasta acabar los ingredientes. Después vierta el caldo, tápelo y cuézalo al horno ya calentado a 160°C durante unas dos horas. Espolvoree con pimienta blanca y sirva caliente.

que se tuvo que inventar un utensilio especial para par-
tirlo. El *copapan,* un cortador de pan estable, fue el utensilio que solucionó el problema con la mayor eficacia.
Actualmente el pan de centeno del Valle de Aosta se
hace mezclado en cantidades considerables con harina
de trigo. Las hogazas redondas con la cuadrícula coro-
nando la parte superior ya no tienen oportunidad de
volverse tan duras como sus precedentes. De
hecho, no pueden conservarse ni mucho
menos durante tanto tiempo y
deben comerse mucho
antes.

El *pane nero*, elaborado con harina de
centeno y trigo, es típico del Valle de
Aosta. Sabe especialmente bien acompañado de lardo, el tocino con especias,
y de los quesos de la región.

QUESO DE
LOS ALPES

El Valle de Aosta con sus verdes superficies de pasto ofrece las condiciones ideales para la industria lechera. No es de extrañar que la leche tenga mucho cuerpo, y su mantequilla aromática, su crema de leche sustanciosa y, naturalmente, su queso, estén en lo más alto del programa culinario de los valdostanos. El tradicional *fontina* es el queso más famoso del valle. El nombre es o bien una derivación del verbo *fondere,* que significa fundir y, como bien indica este queso es una delicia incluso fundido, o bien procede del Alpe Fontin que está situado a 25 kilómetros de la capital de provincia, Aosta. Nadie lo sabe con exactitud. En cambio lo que los hechos dan por seguro es que el *fontina,* amarillo claro y muy suave, se obtiene de la mejor leche entera de vaca. Las vacas que proporcionan esta leche de primera calidad se alimentan de la hierba de los pastos que se encuentran a gran altura.

El *fontina,* rico en materia grasa, con su masa de color amarillo pálido, elástica y con los pocos y pequeños agujeros que la recorren, debe madurar a una temperatura de entre 8 y 12°C. Para ello muchas queserías utilizan bóvedas de almacén cavadas especialmente en las rocas. El queso de la producción estival se caracteriza por su consistencia, como si fuera manteca con gusto aromático.

Si el *fontina* es aún joven, se toma en la mesa como queso al corte. Cuando se vuelve algo más maduro se funde fácilmente y por eso es adecuado también como queso para cocinar. Las proteínas y grasas concentradas de la leche entera lo convierten en un queso consistente, además de ser un elemento imprescindible en la alimentación diaria de la cocina de montaña del Valle

La protegida marca comercial del *fontina.*

El *toma de Gressoney* del Valle de Gressoney es, como el *fontina* y el *solignon,* un queso típico de las regiones alpinas elaborado con leche de vaca.

de Aosta. Además, proporciona importantes elementos minerales como el calcio y el fósforo.

Si se consideran todas estas virtudes, no es de extrañar que siempre haya quien lo intente copiar. La imitación más conocida es el *fontal,* que crearon los especialistas en queso de Dinamarca tras conocer las virtudes del queso del Valle de Aosta durante la Segunda Guerra Mundial. Esta versión industrial del *fontina* se produce también en otros lugares, lejos del Valle de Aosta. Por este motivo, los productores del auténtico *fontina* vieron la necesidad de proteger su producto contra las imitaciones. En primer lugar se reconoció que se trataba como un queso "típico"; el segundo paso fue la obtención de la D.O.C. en 1955. El sello de tinta que adorna la superficie de todos los *fontina* oficiales y, por consiguiente, es garantía de calidad, muestra el símbolo del estilizado Monte Cervino con el trazo *Consorzio produttori fontina* (comunidad de intereses de los productores de *fontina*).

Sin embargo, la región del Valle de Aosta tiene otras interesantes especialidades de queso que ofrecer, por ejemplo el *solignon,* que proviene originalmente del Valle de Gressoney. El *solignon* consta de un ricotta muy graso y se mezcla con diferentes condimentos, sal, pimienta molida, guindillas, ajo, enebro, hinojo y comino. El *solignon* puede comerse fresco o como variante ahumada. Antes, para secarlos, los colgaban de la chimenea. Además de una larga capacidad para conservarse, también consiguieron un sabor ahumado propio muy especial.

El *toma de Gressoney,* también del Valle de Gressoney, merece ser degustado. Este queso medio graso se fabrica del mismo modo que el *fontina.* Tienen un parecido muy asombroso debido a que se utiliza el mismo marco y se trabaja con los mismo utensilios. Si se quiere diferenciar el *fontina* del *toma de Gressoney* la manera más fiable de hacerlo es mirar el sello de tinta.

Izquierda: el *fontina* del Valle de Aosta se fabrica ya desde la Edad Media.

FONDUTA

En los valles de los Alpes la fabricación de quesos tiene una larga tradición. A lo largo del día pasan por la mesa quesos de todas las variedades, frescos o curados, con pan, en papillas de cereales, en sopas o como acompañamiento de platos de carne. Como los trozos de queso que sobraban se podían refundir, la *fondue* de queso clásica da pruebas no solo de una comida sustanciosa sino, al mismo tiempo, de una habilidad para aprovechar los restos de manera razonable y económica. La *fondue* de queso era y es una popular forma de entrar en calor en toda la región de los Alpes. El Valle de Aosta no es ninguna excepción, puesto que también allí se saborea la *fonduta.*

Mientras que en las *fondues* de queso clásicas de Suiza el queso, una mezcla de Emmental y Greyerz, se funde con vino blanco, especias y algo de zumo de limón, la fondue al estilo Brillat-Savarin utiliza la yema de huevo como ingrediente adicional. La *fonduta* también se refina con yema de huevo pero requiere que el queso (en este caso también el *fontina*) se deje reposar cuatro horas como mínimo en leche antes de la fundición. La cazuela de *fonduta* ideal debe tener un fondo redondeado para que así la masa de queso fundida se pueda remover mejor con el batidor.

La *fonduta,* que anteriormente también se comía mucho en Piamonte, puede servirse como entrante o como plato principal. También se sirve como salsa de queso para el arroz o *tagliatelle* o se rellenan los raviolis con ella. Quien desea disfrutar de la *fonduta* al estilo clásico pone el queso fundido en platos de terracota hondos y añade trocitos de pan tostado. En otoño el queso se refina ocasionalmente con una pizca de trufa blanca.

FONDUTA VALDOSTANA
Fonduta al estilo de Aosta

400 G DE FONTINA NO DEMASIADO MADURO SIN CORTEZA
250 G DE LECHE ENTERA FRESCA
30 G DE MANTEQUILLA
4 YEMAS DE HUEVO
1 TRUFA BLANCA O ALGUNOS CHAMPIÑONES
SAL Y PIMIENTA BLANCA
REBANADAS DE PAN TOSTADO

Corte el *fontina* en rebanadas finas y téngalo en remojo en leche durante 4 horas como mínimo. Derrita la mantequilla en un cazo para *fondue* al baño María. Añada las rebanadas de queso y 3 cucharadas de leche en la que había el queso, a la mantequilla. Reduzca el fuego y mantenga el agua caliente pero sin llegar a hervir. Remueva constantemente y vaya fundiendo el queso. Bata la yema de huevo con la leche restante e incorpórelo rápidamente para que se obtenga una crema uniforme y espesa. Sazónelo con sal y pimienta. Reparta la *fonduta* en fuentes pequeñas, esparza trocitos de trufa o de champiñón por encima y sírvala con rebanadas de pan tostado.

Fondo: Renato Vollget, propietario de la Azienda y Trattoria Vollget en Brissogne, comprueba el grado de madurez del *fontina* de elaboración propia.

La materia prima para las especialidades valdostanas de queso es, naturalmente, la fresca y aromática leche alpina, producida por las vacas del Valle de Aosta. Para elaborar el *fontina* se utiliza leche natural y cruda de un solo ordeño.

La leche fresca y cruda para la *fontina* se calienta en una gran cuba y se mezcla con cuajo. Después de la coagulación, el queso se separa del suero.

El *fontina* madura durante tres meses de promedio. Durante este tiempo, el experto quesero va retirando muestras de la masa con un cuchillo curvo.

ESPECIALIDADES DEL VALLE

Tortino di riso alla valdostana
Pastel de arroz con lengua de buey

150 G DE LENGUA DE BUEY EN SALMUERA
100 G DE FONTINA
500 ML DE LECHE
SAL Y PIMIENTA
NUEZ MOSCADA RALLADA
350 G DE ARROZ (VIALONE)
1 CEBOLLA PEQUEÑA
90 G MANTEQUILLA
PARMESANO RALLADO
PAN RALLADO

Corte en dados la lengua de buey y el queso *fontina* y dispóngalos en una fuente. Vierta la leche y condimente con sal, pimienta y nuez moscada. Cúbralo y déjelo reposar en un lugar frío durante una hora.
Mientras tanto, puede cocer el arroz *al dente* y escurrirlo. Debe cortar la cebolla y sofreírla con 50 g de mantequilla de manera que quede vidriosa. Añada el arroz, esparza y mezcle el parmesano. Unte un molde hondo de suflé con mantequilla y disponga en capas alternas el arroz y la lengua de buey con *fontina*.
Espolvoree con pan rallado y copos de mantequilla y hornee a 200°C hasta que quede dorado.

Maíz y arroz

El maíz no llegó al Valle de Aosta hasta finales del siglo XVIII. El arroz también se conoció bastante tarde en esta región, a partir de las estrechas relaciones con Piamonte. De todos modos, los valdostanos integraron rápidamente estos dos nuevos ingredientes en su cocina. Con el maíz preparaban la polenta y, con el tiempo, la lista de los platos tradicionales con polenta se ha hecho muy extensa. Hay *Polenta concia* (suflé de polenta), *Polenta condita* (polenta con salsa), *Polenta cùnsa* (polenta con queso) y *Polenta alla rascard* (polenta a la campesina, llamada así por la casa de labor típica del valle). La *Polenta alla rascard* se prepara con *fontina* y un estofado de carne picada, salchichas, especias y vino blanco. Se deja enfriar el puré de maíz, se corta en tiras y se coloca en un recipiente hondo en capas alternas con el estofado. Para terminar, se cubre la polenta con lonchas de *fontina* cortadas finamente.
El surtido de platos de arroz también es grande. Especialmente sabrosos son el *Riso con la fonduta*, arroz con *fonduta*, y el *Riso con vino di Donnaz*. También está muy rico el *Tortino di riso alla valdostana*. Se trata de un suflé de arroz con *fontina* y lengua de buey en salmuera. El mejor *tortino* se logra con un arroz de gran calidad como arborio o vialone.

Polenta cùnsa
Polenta con queso
(fotografía inferior)

2,5 L DE AGUA
SAL
300 G DE SÉMOLA DE MAÍZ
150 G DE FONTINA RALLADO
150 G DE MANTEQUILLA
PIMIENTA RECIÉN MOLIDA
50 G DE FORTINA Y DE TOMA CORTADOS EN DADOS

Ponga a hervir unos 2,5 l de agua en una olla grande. Debe salar el agua y, removiendo continuamente, ir agregando la sémola de maíz. Añada el queso rallado. Déjelo cocer durante 50 minutos aproximadamente sin dejar de remover con una cuchara de madera.
Derrita la mantequilla. Disponga la polenta en un plato de porcelana grande y vierta la mantequilla por encima. Esparza por encima los trozos de queso y espolvoree con la pimienta recién molida. Sirva caliente.

Página siguiente: *lepre in civet*, liebre a la pimienta
Inferior: *polenta cùnsa*, polenta con queso

Liebre a la pimienta

Puede ser que sus ambiciones no estén puestas en la caza, o que no esté seguro de cómo vaciar una liebre fresca, en cuyo caso es mejor recurrir a un animal ya preparado para cocinar. La siguiente receta también es adecuada para la carne de gamuza y el faisán. En el Gran Paradiso se conoce una variante singular pero muy sabrosa con marmota, para la cual esta carne debe estar como mínimo 48 horas en un escabeche de vino blanco, zanahorias, apio, cebollas y otras especias, para que pierda su peculiar sabor fuerte.

Lepre in civet
Liebre a la pimienta
(fotografía fondo)

1 LIEBRE CON HÍGADO Y CORAZÓN PREPARADA PARA
COCINAR
2 CEBOLLAS
1 ZANAHORIA
2 DIENTES DE AJO
1 APIO ENTERO
1 HOJA DE LAUREL
1,5 L DE VINO TINTO
50 G DE MANTEQUILLA
50 G DE TOCINO

SAL Y PIMIENTA
2–3 CUCHARADAS DE VINAGRE DE VINO

Es recomendable que el carnicero trocee la liebre. Pase los trozos de liebre sin menudillos a un plato. Corte en trozos pequeños 1 cebolla, la zanahoria, ajo y apio y repártalos por la carne. Añada la hoja de laurel y vierta el vino tinto. Deje macerar la liebre un par de días en el escabeche.

Retire las porciones de liebre del escabeche, escurra cuidadosamente con un crespón de cocina y limpie escrupulosamente, eliminando restos de piel y tendones. Caliente la mitad de la mantequilla en la sartén y ase la liebre a fuego fuerte unos 10 minutos. Retire la carne de la sartén y deseche el líquido que se ha formado.

Corte el tocino y la cebolla en trozos pequeños y sofríalos con un poco de mantequilla hasta que adquieran una textura vidriosa. Vuelva a echar los trozos de carne en la sartén, salpimiente y áselos otros 10 minutos.

Cuele el escabeche y viértalo en la carne con un cucharón. Cueza el líquido a fuego lento y siga virtiendo el escabeche de vino tinto, hasta que la carne esté muy blanda y tierna.

Corte el corazón y el hígado en dados y dórelos en una cacerola con el resto de la mantequilla durante poco tiempo. Salpimiente y añada el vinagre de vino.

Tome los menudillos del corazón y añádalos removiendo en el caldo concentrado del asado. Sirva la liebre con el caldo concentrado. Para acompañar, ofrezca polenta.

LA COCINA Y LA CÁMARA DE HUMO

Antiguamente, la carne de buey sólo llegaba a la mesa del campesino de montaña cuando se tenía que matar a un animal por necesidad. Y para poder consumir las provisiones durante el mayor tiempo posible, la carne se conservaba en salmuera. También la clásica *Carbonade* consta de carne de buey conservada en sal. Los platos de estofado de esta clase también se encuentran, por cierto, en la cocina flamenca y española. El nombre *Carbonade* (de *carbone,* carbón) hace alusión a la salsa viscosa y tan oscura, casi negra, que se forma al cocer la carne.

CARBONADE ALL'USO AOSTANO
Estofado de buey
(fotografía inferior)

800 G DE CARNE DE BUEY (POR EJEMPLO, DE ESPALDA)
HARINA DE TRIGO
50 G DE MANTEQUILLA
800 G DE CEBOLLAS, CORTADAS
750 ML DE VINO TINTO FUERTE
SAL Y PIMIENTA RECIÉN MOLIDA
NUEZ MOSCADA RALLADA

Corte la carne de buey en trozos, páselos por harina y dórelos a fuego fuerte en una sartén con mantequilla. Retire la carne y resérvela. Saltee a fuego fuerte las cebollas cortadas, vuelva a añadir la carne y ásela a fuego lento; vaya vertiendo el vino tinto. Cuando la carne esté en su punto (después de unas dos horas), condiméntela con sal, pimienta recién molida y nuez moscada rallada.
Antiguamente se utilizaba para la *Carbonade* carne de buey en salmuera, actualmente carne fresca. Para acompañar se ofrece polenta.

COSTOLETTA ALLA VALDOSTANA
Chuletas de ternera con *fontina*

4 CHULETAS DE TERNERA
100 G DE FONTINA, CORTADO EN LONCHAS
SAL Y PIMIENTA
HARINA DE TRIGO
1 HUEVO
PAN RALLADO
80 G DE MANTEQUILLA

Corte las chuletas al través con un cuchillo afilado, sin separarlas del hueso. Ponga una lámina de queso en cada bolsa y apriete bien los bordes. En caso necesario, sujételo con un mondadientes. Salpimiente por ambas caras. A continuación, páselo primero por harina, después por huevo batido, y finalmente por pan rallado. Fría las chuletas en mantequilla hasta que adquieran un color marrón dorado.

Carbonade all'uso aostano, estofado de buey

Tocino y embutido

1 Mocetta

La *mocetta* y el tocino de Arnad figuran entre las especialidades de carne más importantes del Valle de Aosta. La *mocetta* o *mozzetta* se elaboraba originariamente con carne de cabra montesa. Dado que la cantidad de estos animales va disminuyendo en este macizo de roca del Gran Paradiso, se ha considerado a la cabra montesa como animal protegido, y se ha prohibido su caza. Por eso, actualmente, la *mocetta* se produce a partir de carne de gamuza o de cabra. La carne condimentada se pone primero en salmuera y se aplasta con un peso. Después de 25 días, éste se retira y se deja curar de tres a cuatro meses en un entorno ventilado. La *mocetta* se debería consumir antes del transcurso de un año porque después se vuelve demasiado seca y dura. Se corta en láminas finas y se sirve como entremés, acompañada de pan de centeno untado con mantequilla y miel.

2 Coppa al Ginepro

Este jamón de cogote de Arnad logra su especial aroma mediante las enebrinas, con las cuales se frota el jamón durante su periodo de curación.

3 Tocino de Arnad

Este tocino, famoso por su capacidad de conservación y su gran sabor, se elabora a partir de la corteza de cerdos especialmente grasos. Ya elaborado y cortado en trozos, el tocino, se cubre alternando con sal y especias (pimienta, laurel, romero, salvia, clavo). Después de algunos días en reposo, se retira la sal sobrante. A continuación, el tocino debe estar colgado durante al menos tres meses. Acompañado con pan de centeno o nueces ralladas, resulta apetitoso sirviéndolo como *antipasto*.

4 Bon Bocon

En el relleno de carne de cerdo blando, suave y pastoso del *salamino* "Guter Happen" de Arnad, ya se saborea la cercanía de Piamonte.

5 Pancetta steccata

La *pancetta steccata* es una especialidad singular pero muy sabrosa del Valle de Aosta. El trozo de panceta con una gruesa corteza conservada en sal se cose y se coloca tensamente entre dos tablones de madera de enebrina. Con esto, se hace presión para sacar el aire sobrante del tocino, se favorece el proceso de curación y, además, la madera aporta una nota aromática. Después de dos meses, aproximadamente, la *pancetta steccata* se corta en láminas finas y se acompaña de un pan fuerte.

Boudin (sin fotografía)

El *boudin* es un tipo de *sanguinaccio,* un embutido de sangre, y se elabora con sangre de cerdo y una mezcla de tocino y patatas cocidas. Se puede consumir fresco o curado, crudo o cocido.

Saucisse (sin fotografía)

El asado de embutido de la *saucisse* o *salciccia* se elabora a partir de carne picada de buey y cerdo, y se condimenta picante con pimienta, moscada, canela y ajo conservado en vino. Este embutido logra el mejor sabor cuando se ha curado durante medio año, aproximadamente. Después, se puede conservar perfectamente en aceite, para que no endurezca.

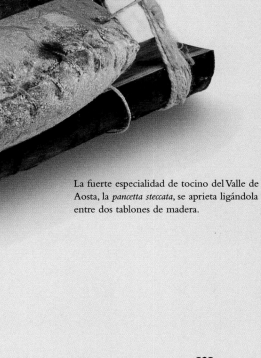

La fuerte especialidad de tocino del Valle de Aosta, la *pancetta steccata*, se aprieta ligándola entre dos tablones de madera.

TERRAZAS
DE ALTURA
VERTIGINOSA

La región más pequeña de Italia pertenece, desde el siglo IX, al reino de Saboya y se encuentra, desde entonces, en una zona de tensión entre Francia y el Piamonte italiano, que influyen tanto en la aparición del fenómeno bilingüe como en la producción de vino. La superficie de cepas de la región, que no llega a 1.000 hectáreas, se extiende unos 90 kilómetros en el largo y estrecho valle del Dora Baltea entre la población de Morgex, cerca de Courmayeur y a los pies del Mont Blanc, y Donnas, en la frontera con Piamonte. En paredes de piedra escarpadas se encuentran estrechas y espectaculares terrazas, hasta alturas de 1.300 metros sobre el nivel del mar: éstas son las montañas de vid más altas de Europa. El clima de este valle alpino se caracteriza por inviernos muy rigurosos y veranos bastante calurosos. La gran oscilación térmica entre el día y la noche favorece el fuerte aroma de la uva en el periodo de vegetación. Mientras que en muchos de los lugares crecen uvas para vinos blancos con buen juego de acidez, las terrazas orientadas estrictamente hacia el sur cerca de Chambave, las cuales se consideran comúnmente los mejores sitios de toda Aosta, también son adecuadas para vinos tintos fuertes y de mucho cuerpo. Aproximadamente tres cuartos de la producción de vino regional forman parte de la peculiar calificación D.O.C. Valle d'Aosta, la cual prevé 26 tipos de vino diferentes con 22 clases de cepa permitidas; ninguna otra región de Italia conoce una variedad más grande en un espacio tan reducido. Aquí llaman la atención, sobre todo, la gran cantidad de clases autóctonas como Blanc de Morgex, Fumin, Neyret, Petit Rouge, Vien de Nus y Prëmetta, junto a los cuales se cultivan otros tipos también conocidos como Merlot, Pinot Grigio o Chardonnay.

En el curso medio e inferior madura la propia Nebiolo, una clase que suele ser muy exigente y que produce vinos interesantes, ligeramente rústicos en Donnas (o Donnaz). De las clases de tintos habituales, hay que destacar el *petit rouge* y el *gamay* en el valle superior, mientras que, en cuanto a los vinos blancos, sobresalen el *blanc de Morgex et La Salle* y el dulce *moscato di Chambave passito*.

Petit Rouge

De la clase Petit Rouge, que sólo crece en el Valle de Aosta, se producen unos tintos afrutados y suaves. Las uvas se pueden prensar de clase pura, pero se combinan con otras clases (entre éstas, Dolcetto, Gamay y Pinot Nero) en el Chambave tinto, el Enfer d'Arvier, el Novello, el Nus Rosso y el Torrette.

Donnaz

El único vino de Nebbiolo del Valle de Aosta –Freisa, Neyret y Vien de Nus son apenas significativos – se produce tocando a la frontera con el Piamonte y a la zona de cultivo de Carema. De todas formas, no se puede comparar con las grandes plantaciones de Nebbiolo de Langa y se muestra, en el mejor de los casos, suave y afrutado, pero nunca logra la complejidad y la longevidad del *barolo* o *barbaresco*.

Enfer d'Arvier

Este vino procede de los lugares escarpados del Valle Dora Balteam, los cuales cuelgan desde una altura de 1.000 metros. El tinto seco se prensa a partir de Petit Rouge, Docetto, Gamay, Neyret, Spätburgunder y Vien de Nus, y resulta mayoritariamente ligero y con una cantidad de alcohol relativamente baja.

GROLLA DELL'AMICIZIA

En el Valle de Aosta, todas las familias poseen una *grolla dell'amicizia*. En ocasiones especiales, sacan del armario este vaso de la amistad, para hacer honor a los amigos o miembros de la familia. Este recipiente está elaborado con madera de la región. Tiene un vientre redondo y plano, y se cierra arriba colocando una tapa que queda bien ajustada, y acaba en diferentes picos por donde se bebe.

La familia o el grupo de amigos se sientan juntos y beben de la *grolla*. Tradicionalmente, el recipiente se llena con *caffè cognese*, con lo que el nombre no hace referencia al cognac que hay mezclado, sino a la población valdostana de Cogne. Aunque el *Caffè cognese* se prepara en cada población según una receta secreta diferente, la mayoría de las veces se elabora con café, un poco de *grappa,* azúcar y una piel de naranja o limón. De todos modos, las proporciones de la mezcla pueden ser diferentes.

Los lingüistas aún discuten sobre el origen del término *grolla*. Unos afirman que la palabra viene del francés *grasal* o *graal,* transmitidas antiguamente, y con esto se remite a la copa del grial, del cual bebían en común los caballeros. Por el contrario, otros opinan que *grolla* tiene su raíz en el *gradalis* latino, el recipiente del cual Jesucristo bebió en la Santa Cena.

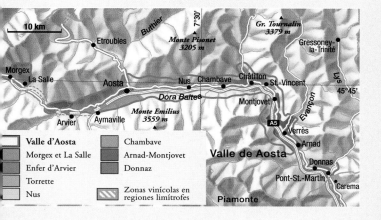

POSTRES

Para los simples aunque sabrosos postres del Valle de Aosta se utilizan únicamente los mejores ingredientes de la región, que conservan todo su sabor natural. Las *pere San Martin al vino rosso* constituyen un buen ejemplo de esta simple aunque genial filosofía. Si bien el Valle de Aosta no es uno de los grandes productores italianos de peras, en él se cultiva una clase especialmente singular y aromática: la pequeña pera rubicunda de invierno denominada San Martin. Cubierta completamente de vino tinto y asada al horno: el sabor es excelente.

La *panna cotta* también es un postre simple aunque excepcionalmente delicioso, si se utiliza una buena nata. Este postre no es originario del Valle de Aosta, sino que es típico de todas las regiones del norte de Italia, las mayores productoras de leche. Hoy en día, esta "nata cocida" se come en casi todas las partes del país.

Pere San Martin al vino rosso
Peras de invierno al vino tinto
(fotografía derecha)

500 G DE PERAS PEQUEÑAS DE COLOR TOSTADO
UN BUEN VINO TINTO
CLAVOS DE ESPECIA
AZÚCAR EXTRAFINO PARA ESPOLVOREAR
NATA PARA MONTAR

Lave bien las peras y dispóngalas en un molde hondo para horno. Cubra la fruta casi por completo con vino tinto, añada algunos clavos y espolvoréelas con azúcar.
Póngalas en un horno precalentado a fuego medio durante aproximadamente 1 hora, con lo que el líquido adquirirá la misma consistencia que un jarabe.
Deje enfriar las peras y sírvalas con nata montada y una cucharada de jarabe.

Panna cotta
Nata cocida
(fotografía inferior)

Para 8 personas

6 LÁMINAS DE GELATINA
1 L DE NATA
80 G DE AZÚCAR

Ponga la gelatina en un poco de agua fría y presiónela. Ponga a cocer la nata con el azúcar durante 15 minutos, sin dejar de remover. Retire la nata del fuego y disuelva completamente en ella la gelatina removiendo.
Vierta la mezcla de nata en moldes individuales y deje que se enfríe durante unas horas. Sírvala con sirope de frutas del bosque o de frambuesa.

HIERBAS CONTRA EL FRÍO

El Genepy es, seguramente, el licor más famoso del Valle de Aosta. Hecho según unas recetas estrictamente guardadas, no se produce sólo con alcohol, azúcar y agua, sino también con las diferentes hierbas aromáticas locales, entre ellas genciana y artemisa glaciar. Especialmente la recolección del último ingrediente, que lleva el nombre botánico *Artemisia glacialis* y crece en los lugares de alta montaña debajo de la capa de nieve, está estrictamente reglamentada. Se precisa un permiso especial y sólo se pueden recolectar pocas plantas.

Para elaborar el Genepy se pueden utilizar hierbas frescas o secas. Si las plantas son frescas, obsequian al licor con una bonita coloración verde. Por el contrario, si se utilizan plantas secas, se obtiene una variante de color amarillo claro. El Genepy tiene alrededor del 40% de alcohol. Se toma como bebida de refuerzo pero también sirve de buen digestivo. Además, consigue calentar, temporada a temporada, a los aficionados al esquí. Un licor de hierbas muy parecido que podría hacer la misma función es el Alpinista. Éste también se elabora a partir de varias hierbas del valle.

Al lado de los licores con alto grado de alcohol, en el Valle de Aosta también se beben aguardientes muy apreciados desde que la *grappa* se pasó a refinar con hierbas de montaña, arándanos o miel.

GRAN SAN BERNARDO

Ya alrededor del nacimiento de Cristo, los romanos construyeron el Gran San Bernardo como paso de los Alpes. Desde entonces, éste conecta el Valais suizo con el Valle de Aosta italiano. Hoy en día, los Alpes se pueden atravesar fácilmente en tren, avión o coche, y cuesta imaginarse que, antiguamente, el camino a través de esta montaña resultaba peligroso y arriesgado. Se podía ir en coche de caballos hasta que el camino lo permitía, montado en un caballo o bien en un burro o, en el peor de los casos, incluso a pie. La gente dependía de los conocedores de la localidad, que despertaban más o menos confianza y les podían mostrar el buen camino, pero también el camino erróneo. Debían pensar exactamente donde podrían

El ingrediente principal del Genepy, *Artemisia,* crece a una altura de 2.000 a 3.000 metros y se recolecta a finales de agosto.

cebar a los animales y encontrar un sitio para descansar cuando oscureciera. Además, los ladrones acechaban en los barrancos y robaban el dinero a los viajeros. A menudo, quien atravesaba los Alpes se encontraba desamparado ante los cambios meteorológicos, tan temidos en alta montaña. Tenía que guardar silencio ante el continuo peligro de aludes. En verano, eso quería decir tener cuidado con el desprendimiento de tierras y guijarros; en invierno, una capa de nieve podía cubrirle y enterrarle fácilmente.

Para dar protección, refuerzo y ayuda de emergencia a los viajeros, San Bernardo de Menthon, por aquel entonces archidiácono del Valle de Aosta, fundó, a mediados del siglo XI, un hospicio arriba del paso, que era, en aquella época, el camino más importante de comercio y de peregrinaje a través de los Alpes. La primera cita escrita sobre los perros del paso datan de principios del siglo XVIII. La crónica del convento relata que el hospicio permanecía abierto día y noche para los viajeros. Todos los visitantes recibían gratui-

Superior y derecha: de las renombradas instalaciones de destilación de fabricantes de licores y comestibles La Valdotaine, en St. Marcel, surgen especialidades muy singulares, a saber, la "aromática" Grappe. El gran surtido va desde *grappa* de frambuesa hasta *grappa* de regaliz y *grappa* de guindilla.

tamente un plato de comida con carne y pan. Los trozos grandes de carne se cocían en un asador, una tarea laboriosa por parte del cocinero. En 1701 el maestro de cocina Vincent Canos construyó un rodillo y colocó un perro que, con su movimiento, girara el asador. En 1750 los *marronniers*, los que se encargaban del hospicio, empezaron a llevarse a estos perros al camino. Los grandes San Bernardos de linaje tenían que ir delante de los transeúntes y abrir camino, a través de la nieve, con su amplio pecho. Además, los perros mostraban un sorprendente sentido de la orientación, de modo que podían guiar a los *marronniers* y a sus viajeros incluso en la oscuridad o con niebla, hacia el valle, o de regreso al hospicio. Los San Bernardos también destacaban como perros buscadores en aludes. Para ello no se les tenía que enseñar de forma especial, ya que forma parte de su propia naturaleza el escarbar en la nieve buscando cosas cuyo olor pueden percibir a través de la masa de nieve. De hecho, en aquellos tiempos, el número de

Aunque el perro con el barrilete es un símbolo apreciado del romanticismo de los Alpes, la verdad es que esta carga molesta a la hora del rescate.

viajeros enterrados y congelados disminuyó drásticamente. El pequeño recipiente con aguardiente, que los San Bernardos, según dicen, llevaban en el collar se puede atribuir al reino de la leyenda. Aunque los perros grandes también transportaban, ocasionalmente, cargas al hospicio, su tarea de salvación consistía en hallar a los desaparecidos, y no en proveer de alcohol a los salvados. Los cronistas del hospicio no relataron en ningún sitio sobre estos misteriosos pequeños recipientes.

Actualmente, el hospicio todavía se puede visitar. Los hermanos de la orden hacen de guía, como se hacía antes. Su trabajo prioritario ya no es el de buscar a gente cubierta por la nieve y rescatar a los transeúntes agotados, sino el de ofrecer a los huéspedes un lugar de tranquilidad apartado del estrés del mundo exterior. Los San Bernardos tampoco se utilizan hoy día para salvar gente en las montañas. Para eso hay helicópteros y grupos de rescate con aparatos sonar.

El claro licor de hierbas aromáticas del Valle de Aosta se llama Genepy. Se aromatiza con diferentes especias y hierbas, entre ellas también la artemisa glaciar.

EMONTE

Lago
Maggiore
Crusinallo
Lago
d'Orta
Gran
Paradiso
4061 m
Ivrea
Novara
Vercelli
Turin
Chivasso
Pinerolo Piamonte
Po
Monferrato
Alessandria
Carmagnola
Neive
Alba
Lange
Albaretto della Torre
Tanaro
Cuneo

La "tierra al pie del monte", que es lo que Piamonte significa, despliega toda su magia en otoño, cuando las hojas de los árboles se vuelven doradas y las espesas capas de niebla se extienden por los valles y colinas. Es éste el momento propicio para buscar trufas y otras deliciosas setas, recoger nueces, recolectar cardos, salir de caza o bien admirar las presas recién capturadas en las tiendas. El atardecer es la hora de sentarse a charlar con los amigos junto a la chimenea; en estas ocasiones no suele faltar una buena botella de vino. La cocina piamontesa puede parecer muy refinada, pero en realidad se basa en una tradición culinaria autóctona habituada a ingredientes de primera clase y sumamente aromáticos como las trufas, el ajo, la caza y la verdura fresca.

El otoño es también el tiempo de la vendimia. Piamonte ha adquirido una fama mundial gracias a una serie de excelentes vinos. *Barolo, barbaresco* y *barbera,* son sólo tres nombres, pero juntos indican una elevada calidad. En las bodegas piamontesas, sin embargo, se pueden descubrir otros tesoros, puesto que en la región se producen vinos espumosos nobles que no tienen nada que envidiar a los mejores champañas.

Suele decirse que la cocina piamontesa está estrechamente emparentada con la francesa, pero esto es sólo una verdad a medias: es más exacto afirmar que existen influencias francesas en las cacerolas de Piamonte e influencias piamon-tesas en las cacerolas francesas. Este continuo intercambio gastronómico tiene ochocientos años de historia, puesto que Piamonte formó parte del antiguo estado de Saboya, dividido en la actualidad entre Francia, Suiza e Italia. El dialecto de Saboya que aquí se hablaba tenía aportaciones francesas. Es por este motivo por lo que en los libros de cocina piamontesa aún se encuentran hoy día muchas expresiones culinarias francófonas. *Fumet* es el ahumado, *civet* es el caldo y *cocotte* es el nombre de la cacerola de hierro colado. Pero esto no significa, ni de lejos, que la co-cina piamontesa sea una rama de la tradición culinaria fran-cesa, dado que dispone de especialidades totalmente propias: *bagna caoda,* las ricas verduras piamonte-sas con sabrosa salsa de anchoa, arroces como el *risotto alla piemontese, paniscia di Novara* o quesos de categoría mundial como el gorgonzola o el *castelmagno,* exquisiteces absolutamente agradables para el paladar.

Doble página precedente: para la búsqueda de trufas en otoño, lo que cuenta no es tanto el saber humano sino sobre todo el buen olfato del perro.

Izquierda: el lago de Orta es el más occidental de los lagos situados al pie de los Alpes. Orillas de espesos bosques se intercalan con silenciosos pueblos. En medio del lago se halla la isla de San Giulio.

CASTELMAGNO

El *castelmagno* es una especialidad de Piamonte. Este queso mohoso azul con denominación de origen controlada (D.O.C.) se produce exclusivamente en los municipios de Castelmagno, Pradleves y Monterosso Grana de la provincia de Cuneo. El auténtico *castelmagno* se reconoce fácilmente por su distintivo: en la parte superior del queso sobresale un pequeño triángulo con la letra C estilizada. Como su famoso pariente gorgonzola, el *castelmagno* se remonta con orgullo a su antigua tradición, puesto que ya se cita en un acta judicial del año 1277. En este escrito se afirma que, para usar una pradera, que por aquel entonces se disputaban los municipios de Castelmagno y Celle di Macra, había que pagar un impuesto anual en efectivo a los marqueses de Saluzzo en forma de queso de Castelmagno. Gracias al apego a la tradición de los productores de queso, el *castelmagno* sabe hoy casi exactamente como en el siglo XIII. La materia seca de este queso semicurado contiene solamente un 34% de grasa. Normalmente se fabrica con leche de vaca, aunque se le pueden añadir pequeñas cantidades de leche semidesnatada de oveja o cabra. La masa láctica se deja espesar, se envuelve en un paño y se cuelga para que se escurra todo el líquido. Se deja reposar unos días en barreños de madera y, acto seguido, se le da la forma a presión. Los quesos se curan entre 2 y 5 meses en grutas bien aireadas excavadas en la roca. Un *castelmagno* tierno tiene la corteza rojiza, una masa de color marfil, un ligero sabor a sal y con notas de nuez. El curado, en cambio, presenta una corteza de color rojo oscuro o gris, una masa de color ocre con arterias de color azul verdoso del moho y un sabor bien sazonado y fuerte. En todos sus grados constituye un excelente queso de mesa, y puede acompañarse con miel de acacia y vino generoso.

Cuando la leche se cuaja, la cuajada se llena en bolsas y se cuelga para que se escurra el resto del suero.

El proceso de curación del *castelmagno* es de 4 a 6 meses, tras el cual adquiere un sabor aromático y fuerte.

¿QUÉ SIGNIFICA LA CALIFICACIÓN D.O.C. EN EL QUESO?

La abreviación D.O.C. significa "Denominazione di origine controllata", denominación de origen controlada, y supone una procedencia controlada legalmente mediante la cual, como sucede en el caso de los buenos vinos, se protegen clases de queso contra imitaciones de inferior calidad. Para producir un determinado queso, los fabricantes suelen asociarse en un *consorzio di tutela,* una forma de cooperativa que elabora una descripción exacta de la región de origen, del método de producción y del producto acabado, y se ocupa de que estas premisas se cumplan por medio de un sistema de control propio. Además, se tramita una solicitud para que el queso de origen sea reconocido oficialmente. Después de superar la prueba estatal, el queso ya puede llevar el nombre añadido D.O.C., aunque esto conlleva una sujeción continua a análisis y pruebas efectuadas por expertos independientes. Actualmente, en Italia no solo hay queso con la calificación D.O.C., sino también jamón, vinagre (*aceto balsamico di Modena* D.O.C.) y otras especialidades que pueden vanagloriarse de una denominación de origen protegida.

GORGONZOLA

El gorgonzola es uno de los artículos más conocidos y exportados de Italia. Los pequeños triángulos envueltos en papel de estaño llenan los mostradores de queso de todo el mundo occidental. El gorgonzola es, como otras muchas clases de queso, un producto con D.O.C., pero su región de origen es mucho más amplia que la del *castelmagno,* por poner un ejemplo. El gorgonzola puede proceder de provincias lombardas (Bergamo, Brescia, Como, Cremona, Milán o Pavia) o piamontesas (Cuneo, Novara y Vercelli). Hoy

La leche se calienta a unos 30°C y se le añade cuajo de ternera. También se le añaden esporas del hongo mohoso noble *pennicilium glaucum.*

en día, gran parte de los productores se han establecido en la provincia piamontesa de Novara.

El gorgonzola es un queso cremoso de vaca cuya materia seca contiene un 48% de grasa. Antaño se elaboraba con leche sin pasteurizar, pero actualmente, por motivos higiénicos, se usa leche pasteurizada, fermentos añadidos y esporas de hongos que enmohecen *(penicillium glaucum).* El proceso de curación del gorgonzola dura entre 2 y 3 meses a temperatura controlada, y se efectúa en cuevas de roca viva o en otros lugares adecuados.

Es un excelente queso de mesa, puede comerse como aperitivo en apetitosas tapas o bien con algo de pan y un buen vino tinto al final de una comida. En la cocina también es útil: los *rissotti,* salsas, rellenos y guarniciones adquieren un aroma especial si se sazonan con gorgonzola desmenuzado.

Una vez la masa ha soltado el suero se introduce presionando en un molde de 25 a 30 cm de diámetro. Es el momento de que comience a hacerse el queso. Más tarde, el maestro quesero lo irá extrayendo del molde para comenzar la fase de salado de la superficie.

El *gorgonzola* presenta diversos grados de madurez y moho. Cuanto más curado está el queso más fuerte es su sabor.

Izquierda: para que el hongo penetre a través del queso de manera uniforme, se reparten las esporas pinchando la masa por un lado durante una semana y por el otro la siguiente y así sucesivamente.

TRUFAS

Las trufas del bosque ya eran muy apreciadas por los antiguos romanos. En la obra culinaria *De re coquinaria,* atribuida al *gourmet* Marco Gavio Apicio, se encuentran algunas recetas que requieren la utilización de trufas. De él se deduce que algunos banquetes de la alta sociedad romana eran coronados con esta noble seta.

Los romanos creían que las trufas crecían bajo los árboles que Júpiter, el señor de las fuerzas naturales, había partido con uno de sus rayos. Hoy sabemos que las trufas son un tipo de seta que se cría bajo tierra en simbiosis con las raíces de robles, álamos o avellanos, pero esto no nos ha servido para poder multiplicar y criar estas buscadas y deseadas setas como se ha logrado sin problemas con los champiñones. Aunque se preparen en cultivo raíces de roble con esporas de trufa, las setas tardan 10 años en crecer. De este modo, a los fanáticos de las trufas no les queda otro remedio que adquirirlas a los recolectores profesionales, llamados *trifulau* en Piamonte, y seguir pagando grandes sumas por esta seta.

El boscoso Piamonte es una región clásica de trufas: aquí se encuentra la trufa blanca *(Tuber magnatum),* denominada también *trufa Alba,* que es la más aromática y codiciada del mundo. Según documentos antiguos, los príncipes de Acaja, en el año 1380, regalaron a una tal princesa Bona algunas trufas blancas. Unos años antes, Carlos I, con motivo de un asedio de Alba, se había tomado una gran ración de esta exquisita trufa. En Langhe, una región de colinas cercana a Alba, se sigue celebrando anualmente, durante el mes de octubre, la fiesta de la trufa. Es en ese momento cuando las primeras trufas blancas empiezan a madurar.

Hasta el 31 de diciembre, cuando concluye la temporada de la trufa, Alba corona su fama como centro gastronómico y vinícola con un gran abanico de excelentes platos de trufa.

El tamaño de las trufas blancas de Alba oscila entre el de un cacahuete y el de un puño. Muchas áreas de Langhe son poco productivas y los recolectores prefieren dirigirse a Pavía.

La tierra adherida a las trufas sólo puede retirarse poco antes de emplearlas. Si se limpian demasiado pronto, pueden perder su aroma.

Trufa blanca, trufa de Alba *(tuber magnatum)*
La trufa blanca, *tuber magnatum, tartufo bianco,* o
también denominada trufa de Alba, es la especie
más buscada. Tiene un aroma intenso con un sabor
a ajo y una nota de queso maduro. En cocina se
emplea cruda, rallándola con el rallador de trufas
directamente sobre el plato servido. Combina muy
bien con el *risotto,* los huevos, la pasta o la carne
cruda de buey. La trufa blanca tiene un color
amarillento, gris u ocre claro, una forma redondeada
irregular y su carne es de color rojo amarronado con
sus características vetas blancas.

Existen unas 50 clases, pero sólo unas pocas son comestibles y, dado que crece bajo tierra, su búsqueda es
difícil. Solamente el señalar una región de búsqueda
prometedora requiere cierta intuición y conocimientos técnicos que se guardan celosamente.

De este modo, no es extraño que se haya intentado
mejorar un poco la suerte de los hallazgos mediante
prácticas de magia. En la región de Langhe, por consiguiente, se cuentan numerosas historias llenas de
misterio, anécdotas y ritos sobre la trufa.

Sin embargo, en vez de esperar el auxilio místico, la
mayoría de *trifulau* confía exclusivamente en sus perros de raza cruzada, cuyo fino olfato los convierte en
animales muy costosos. La búsqueda con cerdos también es posible, pero como estos animales no pueden
domesticarse bien, es muy difícil controlar que no se
coman la pieza cuando la encuentren. A los perros
también les gustan las trufas, pero por regla general se
someten al intercambio que su amo les propone y
entregan su botín a cambio de unas galletas.

Cuando la fase de la luna, el barómetro o indicadores
secretos presagian condiciones favorables, el *trifulau*
sale, preferiblemente en una noche oscura, en busca
del oliente factor económico. Es cuando el sentido
olfativo del perro se encuentra en mejores condiciones. Al amanecer, el buscador regresa a Alba con las
trufas blancas recubiertas de tierra (una trufa pesa de
50 a 100 gramos) y cierra el trato con *gourmets,* finos
catadores, cocineros y gastrónomos. El valor del hallazgo depende de la oferta del día, pero el precio
puede oscilar entre los 140 y los 230 dólares por cada
100 gramos.

Izquierda: las trufas son una cuestión de confianza, puesto
que como en todos los negocios, también en éste existe
el fraude. La mayoría de los *chefs* de cocina y comerciantes
particulares permanecen fieles a su proveedor *trifulau* y
sólo le compran a él.

Uova alla piemontese con tartufo bianco
Huevos a la piamontesa con trufas blancas
(fotografía superior)

100 G DE MANTEQUILLA
1 PUÑADO DE PEREJIL PICADO
1 DIENTE DE AJO CORTADO EN LÁMINAS FINAS
30 G DE TRUFA BLANCA CORTADA EN LÁMINAS FINAS
1/2 VASO DE VINO MARSALA SECO
4 HUEVOS
SAL Y PIMIENTA

Caliente 70 g de mantequilla en un cazo. Añada el perejil,
el ajo y las trufas. Deje que se doren unos minutos a una
temperatura muy baja e interrumpa la cocción rociándolos
con el vino. Caliente la mantequilla restante en una sartén
y fría los huevos; salpimiente. Póngalos en platos y vierta la
salsa de trufa por encima. Sírvalos de inmediato.

Carne cruda all'albese
Carne cruda con trufas

1 KG DE CARNE DE MUSLO DE TERNERA
4 FILETES DE ANCHOA
1 DIENTE DE AJO
EL ZUMO DE 1 LIMÓN
250 ML DE ACEITE DE OLIVA VIRGEN EXTRA
SAL Y PIMIENTA
1 TRUFA BLANCA EN LÁMINAS FINAS

Pase la carne por la picadora. Pique muy finamente las
anchoas y el ajo, dispóngalos en un cuenco y agregue el
zumo de limón. Añada aceite de oliva y un poco de agua.
Sazónelo todo con sal y pimienta y remuévalo bien. Mezcle
la carne con la salsa y déjela reposar unas horas en el frigorífico. Antes de servir, vuelva a removerlo todo bien y adór-
nelo con las láminas de trufa.

Uova affogate ai tartufi
Huevos escalfados con trufas blancas

1 L DE AGUA
SAL
1 CUCHARADA DE VINAGRE
6 HUEVOS
4 ANCHOAS
30 G DE TRUFAS BLANCAS PICADAS FINAS
1 PUÑADO DE PEREJIL PICADO FINO
60 G DE MANTEQUILLA
EL ZUMO DE 1 LIMÓN

Ponga el agua a hervir en una cazuela y añádale sal y
vinagre. Casque los huevos y viértalos en la cazuela de agua
hirviendo. Tan pronto como la clara se solidifique, retire los
huevos con una espátula y póngalos en un recipiente con
agua fría. Retire el agua hirviendo del fuego. Con un
cuchillo, recorte los bordes de los huevos y póngalos otra
vez en el agua, que ahora estará templada.
Limpie las anchoas, quíteles las espinas y tritúrelas. En otro
cuenco, triture las trufas y el perejil y mézclelos con la
mitad de la mantequilla. Caliente la mantequilla restante en
un cazo y, tan pronto como empiece a hacer espuma,
agregue las anchoas picadas y caliéntelas a fuego muy lento.
Añada en este cazo las trufas y el perejil junto a la salsa de
limón y mézclelo todo bien. Coloque los huevos escalfados
en platos, vierta la salsa por encima y sírvalos.

EL CULTIVO DEL ARROZ

Existen diferentes teorías sobre cómo ha llegado el arroz hasta Italia. Mientras unos opinan que ya era conocido por los romanos, otros afirman que esta gramínea blanca fue introducida por los árabes en Sicilia al iniciarse el primer milenio; en Venecia prefiere decirse que los comerciantes lo importaron por mar en sus viajes a Oriente. Sea como fuere, el desarrollo del cultivo planificado del arroz no empieza hasta el siglo XV, después del paso por Europa de la peste, que tanta hambre había sembrado durante la Edad Media. También Italia sentía entonces la necesidad de buscar nuevos productos alimenticios, y se acordó del arroz. Los monjes cistercienses del convento de Lucedio, cerca de Trino Vercellese, no tardaron en descubrir que en la región del Po, donde el agua no faltaba, se daban las circunstancias idóneas para el cultivo de arroz, dado que las plantas crecían muy bien. Sin embargo, los habitantes de los pueblos vecinos no querían saber nada de este grano y se mostraban escépticos ante una planta que necesitaba tanta agua; creían que este método de cultivo favorecería la difusión de enfermedades como la peste. El arte de convicción de los monjes y la necesidad de alimentarse vencieron por fin tales temores.

En el siglo XIX se empezó a cultivar arroz en la llanura del Po a gran escala porque se demostró que comerciar con éste suponía un potencial económico significativo para una región no precisamente rica. Se construyeron grandes canales, como el inaugurado en 1852 (el Canale Cavour) y se estudió la manera de regar grandes superficies. De esta forma, el cultivo del arroz fue ganando terreno. En poco tiempo, el arroz italiano pasó a ser muy apreciado en el extranjero. Su exportación aportaba grandes beneficios. Parece ser que incluso Thomas Jefferson, el tercer presidente de EE.UU., se llevó algunos granos de arroz en su viaje por Italia. El arroz procedente de las plantaciones de la llanura del Po resistía mejor el calor que el que Jefferson conocía de su país. De esta forma, el tipo de arroz del Viejo Mundo "fue importado" a EE.UU. y se impuso con rapidez en todas las plantaciones del país.

En el siglo XX, el cultivo del arroz se había perfeccionado hasta tal punto que Italia había llegado a situarse a la cabeza de los productores de arroz de Europa. Sin embargo, todavía en los años cincuenta, la llanura del Po pagó la presencia de la potente industria del arroz y el bienestar de pocos terratenientes con la terrible miseria de las capas bajas de la población, que trabajaban en los arrozales por un sueldo ridículo. El destino de los *risaroli,* los jornaleros del arroz, y el de las *mondine,* las mujeres que quitaban las malas hierbas, ha quedado recogido en numerosas canciones populares y obras de teatro, pero el testimonio más conmovedor del extenuante trabajo del campo lo recoge la película italiana *Riso amaro (Arroz amargo),* dirigida por el neorrealista Giuseppe de Santis en el año 1949.

Hoy en día, buena parte del cultivo del arroz está mecanizado. Los aparatos modernos se encargan del agobiante sembrado, de arrancar las malas hierbas y de realizar la cosecha. A pesar de todo, sigue siendo un reto agrícola, puesto que los campos requieren un lento pero continuo flujo de agua. Por este motivo, las superficies de cultivo deben estar ubicadas en un determinado ángulo de inclinación del terreno para impedir que el agua no se escurra rápidamente o se estanque, dado que en ambos casos peligraría la cosecha.

La película neorrealista *Riso amaro* (Arroz amargo) de 1949 muestra un cuadro terrible de las condiciones de los temporeros en los campos de arroz de la llanura del Po. Las *mondine* permanecían día tras día descalzas y agachadas en las frías aguas del campo arrancando malas hierbas y sembrando las plantas del arroz entre diez y doce horas. No solo estaban expuestas al ardiente sol, a las sanguijuelas y a los mosquitos, sino también, con frecuencia, a los caprichos y malos tratos de los capataces.

El arroz se cosecha en septiembre: las plantas están secas y son de color dorado.

Unos molinos enormes se encargan del desgrane. A continuación, se limpia el arroz.

Después de la siembra en marzo, se procede a llenar de agua los arrozales. La región situada entre Vercelli, Novara y Pavía parece en ese momento un inmenso lago.

CLASES DE ARROZ

En Italia, el arroz que se cultiva procede casi exclusivamente de la clase *Oryza sativa japonica* que al cocerlo mantiene una textura *al dente*. La otra clase de arroz largo, *Oryza sativa indica,* que se cuece rápidamente y que queda pastoso, apenas es significativo. El arroz italiano está controlado por el instituto nacional correspondiente, que analiza regularmente la calidad, el estado higiénico y los componentes nutritivos de sus diferentes clases. La oferta se subdivide en cuatro categorías, que deben figurar en las etiquetas de los envases: el *riso comune,* arroz común, el *riso semifino,* arroz de grano redondo, el *riso fino,* de grano medio o arroz estándar, y el *riso superfino,* un arroz muy alargado.

Dado que los diversos platos de arroz exigen una consistencia distinta, los cocineros del norte de Italia tienen muy en cuenta la calidad del arroz a la hora de escogerlo. Una clase de arroz de larga cocción como el Razza 77 y el Ribe tienen granos grandes casi transparentes con poco almidón. Son apropiados para ensaladas de arroz y platos cocidos o al horno. Las clases de grano semiduro como el Arborio, el Carnaroli y el Vialone tienen granos grandes con un alto nivel de almidón, quedan húmedos y jugosos y resultan especialmente apropiados para el *risotto*. Las clases que al cocerse quedan blandas, como el Maratelli y el Balilla, son de grano muy pequeño con mucho almidón, se cuecen enseguida sin deshacerse y son especialmente adecuadas para sopas.

Riso comune (arroz común)
A él pertenecen las clases Balilla, Americano 1600, Elio, Selenio y Originario. El *riso comune* es de grano corto redondo o semirredondo, precisa entre 13 y 14 minutos de cocción, queda relativamente blando y es adecuado para platos dulces que lleven arroz, sopas y *timbale.*

Riso semifino (arroz redondeado)
A este grupo pertenecen las clases Maratelli, Vialone nano, Padano, Lido, Argo, Cripto y Rosa Marchetti. El *riso semifino* presenta granos gruesos medianos o semilargos redondeados o semirredondeados, tiene que hervir 15 minutos y es adecuado para *minestrone* y otras sopas, pero también para *timbale* y como acompañamiento.

Riso fino (arroz de grano medio o arroz corriente)
Este grupo se subdivide en *fino medio* (clases Europa, Loto, Riva) y *Lungo A* (clases Ariete, Cervo, Drago, Ribe, R.B., Rizzotto, Sant' Andrea, Ringo y Vialone). El grupo *riso fino* es de grano largo fusiforme, hecha excepción del Vialone, que tiene el grano redondo, debe hervir 16 minutos, se cuece uniformemente, se mantiene *al dente* y, por tanto, es adecuado para un *risotto,* una ensalada de arroz, una sopa o como acompañamiento.

Riso superfino (arroz largo)
Este grupo se subdivide en *lungo A* (Arborio, Baldo, Roma, Razza 77, Koral, Volano y Carnaroli) y *lungo B,* al que pertenecen el Graldo, Panda, Pegaso y Thaibonnet. El *riso superfino* es de grano largo semifusiforme, necesita 18 minutos de cocción y es muy apropiado para un *risotto.* Con el Carnaroli, que no se deshace al cocerse y es el doble de caro que las demás clases, puede prepararse un *risotto* excepcional, aunque también se puede usar en entrantes, ensaladas, *timbale* y como acompañamiento.

1 R.B.
2 Riso brillato
3 Riso sbramato
4 Roma
5 Riso parboiled
6 Balilla
7 Vialone nano
8 Arborio

RISOTTO AL BAROLO
(Risotto con vino barolo)
(fotografía superior)

100 G DE MANTEQUILLA
1 CEBOLLA PEQUEÑA
400 G DE ARROZ
250 ML DE VINO BAROLO
1 L DE CALDO DE CARNE (APROXIMADAMENTE)
50 G DE GRANA RALLADO
PIMIENTA NEGRA RECIÉN MOLIDA
TRUFAS BLANCAS AL GUSTO

Caliente la mitad de la mantequilla en un cazo ancho y de paredes bajas. Corte la cebolla y póngala en el cazo sin que se dore. Añada el arroz y fríalo un poco removiendo constantemente. Añada el vino y deje que hierva. Poco a poco, vaya añadiendo el caldo de carne. Déjelo hervir hasta que el arroz haya absorbido el líquido y esté cocido. Retire la cacerola del fuego y añada con cuidado la mantequilla restante. Sirva con un poco de pimienta recién molida.
El plato se puede refinar añadiéndole virutas de trufa al gusto.

previamente calentado. Vierta la salsa de asado en el centro del arroz y decórelo con finas láminas de trufa.

RISOTTO ALLE SPUGNOLE
Arroz con colmenillas

100 G DE NATA LÍQUIDA
250 ML DE AGUA
25 G DE COLMENILLAS SECAS
2 CHALOTES PICADOS
2 CUCHARADAS DE MANTEQUILLA
200 G DE ARROZ VIALONE U OTRO DE IGUAL CATEGORÍA
250 ML DE VINO BLANCO
SAL Y PIMIENTA
750 ML DE CALDO CALIENTE DE POLLO
60 G DE MANTEQUILLA
60 G DE QUESO PARMESANO RECIÉN RALLADO
PEREJIL FINO PICADO

Ponga a hervir el agua con la nata, viértala sobre las colmenillas y deje que éstas se hinchen en esta agua cremosa durante unos 15 minutos. Vierta el líquido en otro recipiente y resérvelo. Lave las setas bajo el chorro de agua y córtelas en trozos gruesos. Sofría los chalotes en 2 cucharadas de aceite, añádales las setas y el arroz. Vierta vino interrumpiendo así la cocción y sazone con sal y pimienta. Vaya echando el agua previamente reservada y, a continuación, haga lo mismo con el caldo de pollo hasta que el arroz lo haya absorbido todo y quede cocido. Agregue la mantequilla, el parmesano y el perejil. Sírvalo caliente.

RISOTTO AI PORCINI
Arroz con níscalos

Para 4–6 personas

85 G DE MANTEQUILLA
1 CEBOLLA GRANDE CORTADA EN AROS
300 G DE NÍSCALOS FRESCOS CORTADOS EN LÁMINAS
SAL
400 G DE ARROZ CARNAROLI
1,75 L DE CALDO CALIENTE DE POLLO
60 G DE QUESO PARMESANO RECIÉN RALLADO
PIMIENTA RECIÉN MOLIDA

Caliente la mitad de la mantequilla en una sartén y rehogue la cebolla y las setas hasta que queden blandas. Sazone con sal y añada el arroz. Vaya vertiendo el caldo poco a poco hasta que el arroz haya absorbido todo el líquido y esté cocido (unos 20 minutos). Apártelo del fuego y agregue la mantequilla restante y el parmesano. Sazone con pimienta y sírvalo inmediatamente.

RISOTTO ALLA ZUCCA
Arroz con calabaza

90 G DE MANTEQUILLA
1 CEBOLLA PICADA FINA
300 G DE CALABAZA CORTADA EN DADOS
SAL
400 G DE ARROZ ARBORIO
1,75 L DE CALDO CALIENTE DE VERDURAS
NUEZ MOSCADA RECIÉN RALLADA
PIMIENTA
60 G DE QUESO PARMESANO RALLADO

Caliente 60 g de mantequilla en una sartén, rehogue la cebolla y agregue la calabaza y deje que se ponga blanda. Tritúrela en el pasapurés y sálela. Añada el arroz y cuézalo un minuto sin dejar de remover. Poco a poco, vaya añadiendo el caldo de verduras sin dejar de remover hasta que el arroz haya absorbido el líquido y quede blando y cremoso. Retire la sartén del fuego y añada mantequilla, nuez moscada, pimienta y queso parmesano.

El excelente arroz Carnaroli es muy adecuado para preparar un *risotto*. Absorbe la humedad de forma homogénea y, a pesar de todo, queda *al dente* y suelto.

PANISCIA DI NOVARA
Sopa de verduras con arroz

200 G DE TOMATES MADUROS
2 TALLOS DE APIO
2 ZANAHORIAS MEDIANAS
1 COL RIZADA PEQUEÑA
300 G DE JUDÍAS FRESCAS BORLOTTI
50 G DE CORTEZA DE TOCINO
1 SALCHICHÓN PEQUEÑO D'LA DUJA (EMBUTIDO CONSERVADO EN ACEITE)
1 CEBOLLA MEDIANA PICADA
50 G DE TOCINO PICADO
25 G DE ACEITE DE OLIVA
300 G DE ARROZ DE GRANO REDONDO
150 ML DE VINO BARBERA

Pele los tomates y quíteles las semillas. Pele las zanahorias y el apio y córtelos en trozos pequeños. Retire las hojas exteriores de la col y corte las interiores en juliana; retire las vainas a las judías. Ponga en una olla las verduras con la corteza de tocino, cúbralas con agua, sálelas y déjelas cocer unas 2 horas. Pele el salchichón y píquelo. En una cacerola, sofría la cebolla, el tocino y el salchichón en aceite de oliva. Añada el arroz y remuévalo; vierta el vino y deje que se evapore. Agregue la sopa de verduras y cuézalo todo a fuego lento hasta que esté en su punto (unos 20 minutos). Deje reposar la *paniscia* unos minutos y sírvala.

RISOTTO ALLA PIEMONTESE
Risotto a la piamontesa

350 G DE ARROZ PARA RISOTTO
1 L DE CALDO CALIENTE DE CARNE
50 G DE MANTEQUILLA
40 G DE QUESO PARMESANO RALLADO
NUEZ MOSCADA RALLADA
40 G DE SALSA DE ASADO
SAL
TRUFAS

Cueza el arroz a fuego fuerte durante 15 minutos en el caldo de carne. Remuévalo de vez en cuando. Aparte la olla del fuego y añada mantequilla, parmesano, sal y una pizca de nuez moscada. Déjelo reposar unos minutos y, a continuación, ponga el arroz en un recipiente profundo

CARNE Y AVES

La cocina de Piamonte es muy variada y, en ocasiones, incluso opulenta. Los piamonteses preparan una de las especialidades preferidas del norte de Italia, es decir, el *bollito misto,* con cuatro o más clases de carne diferentes en vez de utilizar sólo una o dos.

El pollo y la carne de ternera no pueden faltar en la olla. Esta versión simple de *bollito* puede enriquecerse con capón o lengua de buey, pero si se desea una variante más representativa, no se puede prescindir de la lengua ni de la pierna de ternera. Además de las carnes mencionadas, el auténtico *bollito misto* lleva cabeza de ternera, pies de cerdo y *cotechino,* una salchicha de carne de cerdo fuertemente condimentada.

La elaboración del *bollito* es sencilla si se compara con la de otros platos: los trozos de carne se ponen en una olla uno tras otro o bien todos juntos y se hierven en agua hasta que quedan blandos y en su punto. Únicamente las salchichas se ponen en un cazo distinto. Se filetean los trozos de carne, se les añaden las salchichas y se sirve todo con *bagnet verd,* una salsa verde de perejil, ajo, anchoas y aceite, con *bagnet d'tomatiche,* una salsa agridulce de tomate, o con *mostarda di Cremona,* un sirope de mostaza fuerte con frutas escarchadas picantes.

Pero no solo las comidas hervidas son las preferidas en Piamonte, sino también las estofadas. El *bue brasato* es un plato típico del norte de Italia que consiste en un estofado que se hace lentamente de carne de buey con verduras, especias y un fuerte vino tinto. El nombre de este plato proviene de su método de preparación. *Brasato* deriva de la expresión brasa, utilizada en el norte de Italia, y que significa carbón, puesto que,

en otros tiempos, la olla del estofado se ponía sobre el hornillo de carbón, con lo que el calor se repartía uniformemente, y también se ponían brasas ardientes sobre la tapadera.

Manzo brasato al Barolo
Estofado al vino tinto
(fotografía inferior)

Para el adobo:

1 ZANAHORIA
1 CEBOLLA MEDIANA
1 RAMA DE APIO
2 HOJAS DE LAUREL
PIMIENTA NEGRA EN GRANO
UN TROZO PEQUEÑO DE CANELA EN RAMA
VINO TINTO BAROLO

1,5 KG DE CARNE DE VACUNO (PARA ESTOFADO)
100 G DE MANTEQUILLA
SAL Y PIMIENTA
1 VASO DE BRANDY

Corte en trozos pequeños la zanahoria, la cebolla y el apio y póngalos en una olla grande con las hojas de laurel, los granos de pimienta y el trozo de canela en rama. Añada la carne y el vino y déjelo reposar 24 horas en un lugar fresco. Retire la carne del adobo, escúrrala y séquela con papel de cocina.

Ponga a calentar la mantequilla en un cazo, ase bien la carne y sálela. A continuación cuele el adobo y viértalo sobre el asado con un cucharón. Tape el recipiente y deje que la carne se vaya cociendo a fuego lento durante unas horas hasta que la salsa haya desaparecido casi totalmente. Extraiga la carne, córtela en rodajas y dispóngala en una fuente precalentada. Pase la salsa por un colador chino y caliéntela a fuego lento en un cazo pequeño; salpimiente. Añádale el brandy y deje que se espese. Vierta la salsa sobre la carne y sírvala con puré de patatas.

Bollito misto
Carne mixta hervida

Para 8–10 personas

1 LENGUA DE TERNERA SALADA (EN SALMUERA) DE UNOS 600 G
SAL
GRANOS DE PIMIENTA
1 KG DE CARNE DE BUEY (ESPALDA O PESCUEZO)
1 PULARDA YA LIMPIA DE 1,5 KG
3 ZANAHORIAS
4 TALLOS DE APIO
1 PUERRO PEQUEÑO
2 CEBOLLAS
500 G DE CARNE DE TERNERA (MUSLO)
300 G DE SALCHICHAS FRESCAS DE CERDO ADEREZADAS CON AJO

Cubra la lengua con agua y póngala a hervir. Baje la temperatura y deje que se cueza una hora y media hasta que esté blanda.

Mientras tanto, vierta 3 litros de agua con sal en una olla y añada los granos de pimienta y la carne de buey. Baje el fuego y deje que hierva durante 30 minutos; añada la pularda.

Corte en trozos finos las zanahorias, el apio, el puerro y las cebollas e incorpórelos, con la carne de ternera, en la olla grande junto a la carne de buey y la pularda. Deje que se cueza todo una hora más.

Pinche por distintos lados las salchichas y caliéntelas lentamente cubiertas de agua. Pase por agua fría la lengua de ternera cocida y, con un cuchillo de cocina, pinche la punta y retire la piel. Añádala al resto de carne de la olla y espere a que esté caliente.

Corte las diferentes clases de carne en rodajas finas. Divida las salchichas y la pularda en raciones y colóquelas en una fuente previamente calentada. Decore con las verduras.

Se acompaña con *bagnet verd* (salsa verde, véase página siguiente).

Fondue de verduras

El plato clásico piamontés *bagna casola* no es otra cosa que una especie de *fondue* de verduras. En una salsa caliente de ajo y anchoas trituradas, se mojan verduras crudas o escaldadas (cardos, apio, corazones de alcachofa, tiras de pimiento, cebollas tiernas, etc.) y se acompañan con pan crujiente.

Bagna caoda
Salsa caliente

50 G DE MANTEQUILLA
5 DIENTES DE AJO CORTADOS EN LÁMINAS FINAS
250 ML DE ACEITE DE OLIVA VIRGEN EXTRA
100 G DE FILETES DE ANCHOA CORTADOS EN TROZOS PEQUEÑOS

Derrita la mantequilla en un cazo y añada el ajo para que se dore. Poco a poco, vaya echando el aceite de oliva y añada las anchoas removiendo hasta que se forme una masa cremosa.

Deje cocer la salsa suavemente unos 30 minutos y colóquela en un recipiente de barro sobre un hornillo. Para que la salsa sea más fácil de digerir, se recomienda extraer la parte central de los dientes de ajo o bien ponerlos en adobo con leche durante unas horas antes de cocinarlos.

Vitello tonnato
Carne de ternera en salsa de atún
(fotografía fondo)

700 G DE CARNE DE TERNERA (FILETE O MUSLO)
ACEITE DE OLIVA
500 ML DE VINO BLANCO SECO
SAL Y PIMIENTA
2 HOJAS DE LAUREL
2 TALLOS DE APIO
I DIENTE DE AJO
2 YEMAS DE HUEVO
200 ML DE ACEITE DE OLIVA VIRGEN EXTRA
EL ZUMO DE I LIMÓN
200 G DE ATÚN EN ACEITE
2 FILETES DE ANCHOA TRITURADOS
2 CUCHARADAS DE ALCAPARRAS
PIMENTÓN PARA DECORAR

Ponga la carne en un cazo con aceite y dórela bien. Interrumpa la cocción con el vino blanco y salpimiente. Añada el laurel, el apio y el ajo y déjelo estofar todo a fuego medio durante unos 50 minutos. Deje que se enfríe. Haga una mayonesa con las yemas, un poco de aceite y el limón. Pase por el chino la mayonesa con el atún, las anchoas y las alcaparras. Corte la carne fría en rodajas finas y póngala en platos llanos. Úntela con mayonesa y refrigere 2 ó 3 horas. Sírvala con alcaparras y pimentón, acompañada de vino tinto. Este plato ya era conocido a principios el siglo XIX.

La batalla y el ragú de aves

Existen teorías diversas acerca del origen del *pollo alla Marengo* y, en parte, resultan contradictorias. El famoso cocinero Auguste Escoffier (1846–1935) cita este plato en su libro *Il libro dei menu* (El libro de los menús) y el historiador Massimo Alberini, autor del prólogo de la citada obra, cataloga esta receta de la siguiente forma:
"El *Marengo* es uno de los pocos nombres, históricamente probado, que están relacionados con algún acontecimiento histórico. La tarde del 14 de junio del año 1800, el cocinero del por aquel entonces primer cónsul Napoleón Bonaparte preparó a toda prisa un *pollo alla Marengo* con pulardas que, supuestamente, habían sido robadas a un labrador piamontés. El cocinero partió las aves y estofó los trozos en aceite de oliva, vino blanco y perejil mientras en el exterior tenía lugar la batalla de Marengo. Con el correr del tiempo, Escoffier, uno de los cocineros más representativos de la historia de la cocina moderna, refinó el plato agregándole tomate, gambas de río, rebanadas de pan y huevos fritos, ingredientes que Napoleón, fiel a "su pollo", nunca habría permitido incorporar."

Pollo alla Marengo
Pollo a la Marengo
(fotografía izquierda)

I POLLO LIMPIO
HARINA DE TRIGO
120 G DE ACEITE DE OLIVA VIRGEN EXTRA
SAL Y PIMIENTA
500 G DE TOMATES MADUROS PELADOS Y SIN SEMILLAS
ALGUNAS HOJAS DE ALBAHACA
500 ML DE VINO BLANCO SECO
200 G DE SETAS FRESCAS CORTADAS EN LÁMINAS
6 GAMBAS DE RÍO
6 REBANADAS DE PAN BLANCO
6 HUEVOS
EL ZUMO DE UN LIMÓN
30 G DE PEREJIL PICADO

Lave el pollo, córtelo en trozos y páselos por harina. Caliente el aceite de oliva en una sartén. Añada primero los muslos y posteriormente fría las demás partes a fuego lento dándoles la vuelta de vez en cuando; salpimiente. Retire las pechugas de la sartén y manténgalas calientes. Corte en trozos los tomates y póngalos en la sartén con el ajo y la albahaca. Interrumpa la cocción con un vaso de vino y manténgalo tapado a fuego lento durante 15 minutos. Vuelva a poner las pechugas en la sartén, añada las setas y deje cocer durante otros veinte minutos a fuego lento. Caliente el vino restante en una cacerola. Añada las gambas y cuézalas de 4 a 5 minutos. Retírelas del vino y manténgalas calientes. En otra sartén, tueste en un poco de aceite las rebanadas de pan de tal forma que queden blandas por dentro. En este aceite, fría los huevos sin que se peguen entre sí. Vierta un poquito de limón sobre el pollo y añádale unos pellizcos de perejil, sal y pimienta. Coloque los trozos de carne con el jugo del asado en el centro de una fuente de servir y alrededor un huevo en cada una de las rebanadas de pan. Decore el plato con las gambas y sírvalo.

Prosciutto baciato

El *prosciutto baciato*, conocido también con el nombre de *filetto baciato*, es una exquisita especialidad de Piamonte. Se elabora con filete de cerdo o con alguna otra parte magra del mismo animal. La pieza de carne, cuyo peso debe oscilar entre los 700 y los 800 g, se mantiene en adobo una semana entera con vino blanco y especias. A continuación, con abundante *lardo* (tocino), se hace una pasta de salchichón de 1,5 cm de grosor con la que se recubre el filete por todas partes. Se introduce todo a mano en tripas naturales y se deja reposar durante seis meses. Cortado en lonchas, este *prosciutto baciato* tiene un aspecto muy bueno. El interior rojo vivo destaca del borde claro, casi blanquecino. Muy pocas charcuterías elaboran esta especialidad. La producción anual es de unas 20.000 piezas.

Bagnet verd
Salsa verde

I MANOJO DE PEREJIL PEQUEÑO
I DIENTE DE AJO
ALCAPARRAS
2 PEPINILLOS PEQUEÑOS EN ESCABECHE
2 FILETES DE ANCHOA
I PANECILLO SECO
3 CUCHARADAS DE VINAGRE DE VINO
I HUEVO DURO
ACEITE DE OLIVA VIRGEN EXTRA
SAL Y PIMIENTA
I CUCHARADITA DE AZÚCAR

Corte bien fino el perejil, el ajo y las alcaparras y pique las anchoas y los pepinillos. Ablande el panecillo en vinagre. Páselo todo a un mortero, añada yema de huevo y macháquelo. Páselo por un colador y mézclelo con aceite de oliva. A continuación, sazónelo con sal, pimienta y azúcar. Como acompañamiento puede utilizarse carne cocida de ternera o *bollito misto*.

A diferencia de los fabricados en masa, los *grissini* de la pequeña panadería de la esquina pueden alcanzar una longitud de 70 centímetros. Para que sean tan largos, delgados, redondos y regulares, hay que saber hacer la pasta muy bien.

GRISSINI

En el año 1860, la casa de Saboya cedió a Francia los territorios de Niza y Saboya y obtuvo, a cambio, la categoría real. Poco después, Víctor Manuel II fue coronado rey de Italia. Aparte de todas las intrigas del proceso de unificación, al rey le preocupaba la suerte de su hijo pequeño. El príncipe no tenía apetito, protestaba y no quería comer pan. El médico supuso que la inapetencia del príncipe se debía a problemas digestivos y le pidió al panadero de la corte que hiciera un pan de fácil digestión sin miga blanda. El panadero de la corte se puso a darle vueltas al asunto hasta que se le ocurrió la idea de fabricar una barra de pan blanco muy fina y larga y fácil de romper, especialmente digestiva por su largo tiempo de cocción. La tradición no cuenta si con ello el príncipe superó su aversión al pan, pero el nuevo producto obtuvo numerosos imitadores entre los panaderos de Turín, quienes pronto empezaron a competir para ver quién elaboraba las barritas más finas y largas.

Mientras tanto, los *grissini* se han convertido en un producto habitual de la mesa italiana, y ya no son solo los panaderos de Turín quienes los fabrican, sino sobre todo las grandes empresas del sector, que los producen a toneladas utilizando técnicas altamente sofisticadas. Los críticos de estas barritas empaquetadas de forma esterilizada se quejan, sin embargo, del sabor desvaído de los empaquetados y prefieren adquirirlos en las pequeñas panaderías tradicionales que, por suerte, aún existen en la zona de Turín.

Los *grissini* se elaboran con harina de trigo, agua, levadura y un poco de sal. Para que salgan crujientes, hay que sacar todo el aire de la masa.

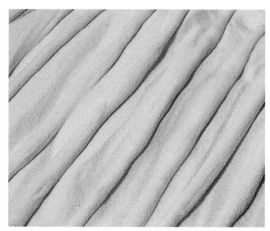

Cuando los *grissini* salen del horno, deben estar bien cocidos, pero en ningún caso tostados.

Los *grissini* elaborados a mano tienen un sabor mucho más aromático que los empaquetados en las grandes fábricas.

DOLCI

La casa de Saboya siempre tuvo un especial aprecio por las pastas finas. Parece ser que los *savoiardi*, los deliciosos melindros, se deben a un pastelero de la corte, quien en el año 1348 intentó alegrar a sus señorías. Como este bizcocho alargado no solo se fabrica en Piamonte sino también en otras regiones que antes pertenecían a la región de Saboya, la ciudad francesa de Yenne reclama esta especialidad como propia.

También se discute la procedencia del *zabaione* o *zavaglione*. Unos opinan que fue Bartolomeo Scappi, un cocinero del Renacimiento líder en su arte, quien lo inventó en el siglo XVI. Otros opinan que el nombre de esta crema espumosa al vino procede de San Pascual Bayón. La tradición popular piamontesa hace de *Sanbajun* una forma resumida San Pascual Bayón, y con un poco de fantasía podría interpretarse como *zabagliun*. La fiesta de este santo, quien en 1722 fue elegido patrón de la *Associazione cuochi di case e famiglie*, se celebra anualmente en Turín el 7 de mayo.

ZABAIONE (ZABAGLIONE)
Crema espumosa de vino
(fotografía superior)

12 YEMAS DE HUEVO
100 G DE AZÚCAR
CANELA EN POLVO
400 ML DE VINO DE MARSALA
1 COPITA DE RON

Ponga las yemas y el azúcar en una cacerola. Mézclelas con el batidor hasta que se forme una crema espumosa y la mezcla quede casi de color blanco. Agregue un pellizco de canela en el vino y añádale un toque aromático con el ron. Bata el vino y viértalo poco a poco en la crema espumosa. A continuación ponga la cacerola al baño María, deje la crema a temperatura muy baja y remueva con mucho cuidado. Cuando la crema quede bien cremosa y haga espuma, retírela del fuego y sírvala en pequeños cuencos.

SAVOIARDI
Pastas de Saboya (melindros)
(fotografía superior)

3 HUEVOS
100 G DE AZÚCAR
90 G DE HARINA DE TRIGO
SAL
20 G DE MANTEQUILLA
30 G DE AZÚCAR EN POLVO

Separe las yemas de las claras y bata en un cuenco las yemas con 75 g de azúcar. Añada lentamente 75 g de harina y una pizca de sal; mézclelo todo. En otro cuenco, bata las claras a punto de nieve e introduzca poco a poco y con cuidado en la mezcla. Unte con mantequilla una bandeja de horno y espolvoree con harina. Llene una manga pastelera con una abertura de 14 mm con la crema. Vaya exprimiendo tiras de 10 cm de largo sobre la bandeja, dejando suficiente espacio entre ellas.

Mezcle el azúcar en polvo con el azúcar restante y espolvoree la mitad sobre las barritas. Espere unos 10 minutos a que hayan absorbido el azúcar y vuelva a espolvorear con el resto del azúcar. Espere de nuevo unos minutos.

Cueza las barritas en el horno precalentado a unos 150°C hasta dorarlas. Retire los melindros del horno con sumo cuidado y déjelos enfriar sobre una rejilla.

BONÉT
Crema de pudín o flan

4 YEMAS DE HUEVO
130 G DE AZÚCAR
50 G DE AMARETTI
15 G DE CACAO EN POLVO
250 ML DE LECHE
1 COPITA DE RON

Bata las yemas con 100 g de azúcar en un cuenco hasta que queden espumosas. Desmigue los "amaretti" y añádalos a las yemas con el cacao en polvo, la leche y el ron. Remuévalo todo bien hasta que se forme una masa cremosa.

Caramelice el azucar restante y cubra con él el fondo y paredes de una flanera. Vierta la crema y póngala en una cacerola al baño María. Ponga la cacerola en el horno precalentado a 180°C y déjela cocer una hora. Procure que el agua no hierva nunca.

Retire la flanera del horno. Deje reposar la crema 15 minutos en el molde y vuélquela en un plato. Sírvala fría o caliente.

CASTAÑAS

No hace aún tanto tiempo que la castaña era la base de la alimentación en las regiones montañosas de Cuneo y Val de Susa. En tiempos difíciles, incluso había llegado a salvar del hambre a la población. En Piamonte sigue habiendo muchas clases de castañas, pero la más apreciada es la *marone*. A diferencia de las castañas no comestibles (castañas de Indias), que presentan entre tres y cinco castañas en un solo fruto, esta clase noble tiene un solo fruto pero muy grande y sabroso.

Las castañas *(marone)* no solo se asan, hierven, se toman para picar con vino o como acompañamiento para pescado azul o platos de caza, sino que se han convertido en una fina especialidad mundial de los confiteros, los *marrons glacés*. Los delicados frutos deben primero secarse mediante un procedimiento especial y luego azucararse y glasearse en un sirope. Como en la elaboración se producen muchos desechos, dado que las castañas que pierden un trozo se retiran inmediatamente, este dulce resulta relativamente caro.

Los *marroni canditi*, como se los llama en Italia, son un postre navideño en Piamonte y un objeto de regalo muy apreciado.

Gianduiotto

CONFITERÍA

Desde que los conquistadores trajeron de sus expediciones al Oeste no tan solo la noticia de un nuevo mundo, sino también el cacao, apareció la fiebre del chocolate. A principios del siglo XVI, Hernán Cortés y sus hombres no podían ni imaginarse cuál sería el entusiasmo que el minúsculo grano de cacao provocaría. Al cabo de algunas décadas, la moda, el gusto y la tradición de Europa habían cambiado profundamente. En los siglos XVII y XVIII, el cacao estaba tan extendido que en todas las fondas venecianas y florentinas se podía tomar chocolate caliente.

Por aquel entonces, Piamonte y su capital Turín se convirtieron en un centro confitero del cacao. En 1800 llegaron a la región algunos suizos, como François Cailler, deseosos de aprender. Los confiteros más famosos de Italia, Peyrano, Streglio, Feletti, Talmone y Caffarel son todos piamonteses. A Caffarel se debe la invención del famoso bombón turinés de avellana *gianduiotto,* creado durante los carnavales de 1865 en honor de la máscara teatral popular Gianduja, emblema de la ciudad. El *gianduiotto* auténtico lleva cacao, azúcar, vainilla y avellanas.

Inferior: cada fruto del árbol del cacao *(theobroma cacao)* encierra de 20 a 30 semillas blanquecinas, los llamados granos de cacao. Antes de ser elaborados, hay que hacerlos fermentar, tostar y moler, para luego convertirlos en una masa de cacao de color marrón.

CÓMO SE FABRICA EL CHOCOLATE

El árbol siempre verde del cacao alcanza una altura de hasta 8 metros. Sus flores rojas son diminutas comparadas con los frutos grandes amarillos o rojos en forma de pepino que salen directamente del tronco o de las ramas principales. Los árboles del cacao necesitan temperaturas cálidas e incluso tórridas, pero no soportan directamente los rayos del sol. Son sobre todo los pequeños árboles que empiezan a crecer, los que necesitan la protección de plantas mayores que les hagan sombra. A su vez, estos árboles necesitan un altísimo grado de humedad del aire.

El árbol tarda diez años hasta que puede dar buenos frutos, que maduran irregularmente y que deben recogerse en periodos de 4 a 6 semanas. Bajo la corteza semidura y estriada se halla un fruto carnoso y dulce que envuelve los granos de cacao. Los frutos recién recolectados se parten y de ellos se obtienen entre 30 y 50 granos blancos, que se ponen en una cuba donde empieza a fermentar la parte carnosa. Se forman los primeros aromas. Más tarde los granos se secan, se tuestan, se descascarillan y se muelen hasta que se forma una papilla: la crema de cacao. La masa se pasa por la prensa para elaborar polvo de chocolate de mayor o menor contenido en aceite, por ejemplo para elaborar cacao líquido o para pastelería (la masa se pasa hasta que sale toda la manteca de cacao y el resto de la masa se vuelve a moler). Las recetas base para chocolate contienen crema de cacao, azúcar, manteca de cacao, productos lácteos como leche evaporada o leche en polvo y sustancias aromáticas como vainilla o canela. Los ingredientes se mezclan primero a fondo en un mezclador, una suerte de máquina trituradora. A continuación, la masa tiene que madurar durante 24 horas a una temperatura entre 25 y 50°C, hasta que adquiera consistencia. Este chocolate crudo se puede usar para ciertos productos sencillos. Para tabletas de chocolate fino, hay que poner la masa en lo que se denomina *conche*, en cuyas ruedas se muele durante varios días a una temperatura entre 60 y 85°C. De esta forma, las sustancias aromáticas se mezclan y emulsionan. Luego se enfría la papilla a 28°C y se le da forma de tableta.

Diseño de envoltorio de la primera mitad del siglo XIX. Las tres simpáticas niñas que en él aparecen anuncian los tres productos básicos de la fábrica Caffarel: cacao, chocolate y bombones.

FERRERO Y LA CREMA DE CHOCOLATE

La historia de las especialidades del chocolate piamontés sería incompleta si no mencionáramos a los hermanos Giovanni y Pietro Ferrero de la población de Farigliano, situada cerca de Cuneo. El primero nació a finales del siglo XIX y el segundo, a principios del siglo XX. Ambos vivieron las dos guerras mundiales y los reveses que éstas comportaron. La familia, sin embargo, que tenía en su haber una pequeña pastelería en Alba, no se desalentó. Poco después de terminar la Segunda Guerra Mundial, los Ferrero empezaron a fabricar una nueva crema de cacao y avellanas, a la que bautizaron con el nombre de *nutella,* y la ofrecieron a un precio muy asequible.

El apetitoso aroma del chocolate y la alta calidad de las avellanas empleadas, procedentes de Piamonte, hicieron que la crema aromática y nutritiva alcanzara rápidamente el éxito. Los amigos de la *nutella* permanecieron fieles a Ferrero, pues hoy en día la empresa está a la cabeza de los fabricantes de golosinas y produce una gran variedad de exquisiteces.

Pero la *nutella* es algo más que una crema de chocolate; es una pasión con potencial adictivo. El 27 de septiembre de 1998 se celebró en un hotel de las afueras de Alba un encuentro de 350 *nutellomani* para entregarse juntos a su placer favorito. El único lugar posible no podía ser otro que Alba (el mismo alcalde del municipio estuvo presente e hizo pública su pasión), puesto que es la sede de aquella antigua fábrica Ferrero que todavía hoy produce millones de toneladas de *nutella*. El promotor de la fiesta de la *nutella* se llama, cosas del destino, Davide Ferrero, pero no está emparentado con los "auténticos" Ferrero. Este joven abogado es, además, presidente del Ciococlub, la organización que engloba a los adictos a la *nutella*. Actualmente, el club tiene una página propia en Internet y cuenta hasta la fecha con 10.000 socios. Para entrar en la fiesta de la *nutella,* los invitados tenían que pagar un donativo mínimo de unas 900 pesetas. La recaudación de la fiesta se destinó en parte a fines benéficos, pero también para costear 50 kilos de crema de chocolate que servían para untar catorce panes gigantes (cada uno de dos metros y medio de largo) que fueron devorados muy a gusto por los felices invitados. La fiesta de la *nutella* y el Ciococlub no son un gancho comercial y el presidente hace constar que ni Ferrero ni ninguna empresa de chocolate los patrocina. La "auténtica" familia Ferrero había notificado que no tenían nada que ver con el acto ni querían saber nada. Pero esto no les importaba en absoluto a los entusiastas y no les privó de disfrutar de la fiesta.

FERDINANDO CORTES
CAVATO DA VN ORIGINALE FATTO INAZI CH'EI SI PORTASSI ALLA CONQVISTA DEL MESSICO

Hernán Cortés (1485–1547) en un grabado en cobre de Isabella Piccini (hacia 1665–1692) coloreado sobre un retrato de la época.

ALESSI: DISEÑO PARA LA COCINA

Buenos cuchillos, ollas, cacerolas, sartenes, tijeras y demás utensilios de cocina tienen en Piamonte cierta tradición. El valle de Strona siempre ha ofrecido inmejorables condiciones para la industria de la elaboración del metal. De los montes bajan con toda su fuerza riachuelos que antiguamente, bien aprovechados, daban energía, algo muy importante en los tiempos anteriores a la invención de los sistemas actuales. En la orilla norte del lago de Orta todavía se encuentran algunos fabricantes de utensilios de cocina de acero noble y otros materiales. Uno de ellos es Alessi. El abuelo de Alberto Alessi, el director general en funciones (de la tercera generación) estableció un pequeño taller en Omegna en 1921. En 1928 se trasladó a Crusinallo, donde la empresa tiene aún su sede.

A Alessi se le conoció siempre por su diseño claro y funcional, pero en los años ochenta la empresa se propuso algo más: fabricar utensilios que por su forma y función facilitaran el proceso de cocción y con ello mejoraran decididamente la calidad de los platos. De este modo, el equipo creativo puso manos a la obra con diseñadores, cocineros e historiadores, y desarrolló nuevos productos que no solo entraron en las cocinas italianas sino que pronto fueron bien recibidos en el extranjero. Los precios relativamente altos no asustan mucho a los clientes porque quien entiende de cocina sabe, en primer lugar, que los buenos utensilios son imprescindibles y, en segundo lugar, que las buenas baterías de cocina son indestructibles. Por ello vale la pena pagar unas liras, pesetas, marcos, libras o dracmas de más.

LA HISTORIA DE LA EMPRESA

Giovanni Alessi

1921
Giovanni Alessi Anghini funda en Omegna un taller de elaboración de metal, donde empieza a realizar trabajos por encargo. En 1924, Alessi comienza a dedicarse a la fabricación de productos propios.
1928
La empresa Alessi se traslada a la localidad de Crusinallo.
1932
Carlo, el hijo mayor del fundador de la empresa, entra en el negocio. Estudiante de diseño industrial, crea, entre otras cosas, el juego de té y café Bombé.
1955
En los años de la posguerra, el taller se transforma en una empresa moderna. Carlo permanece como director de la empresa y su hermano Ettore empieza a colaborar con diseñadores como Luigi Massoni, Carlo Mazzeri y Anselmo Vitale.

La sede de la empresa Alessi en Crusinallo.

1970
Alberto, que había cursado estudios de derecho y era nieto del fundador de la casa, Giovanni, entra en la empresa. Se traza como meta eliminar la barrera existente entre producción masiva y calidad artesanal.
1972
Alberto encarga a Ettore Sottsass el diseño de algunas aceiteras y vinagreras.
1977
Richard Sapper realiza el diseño de la primera *caffetiera*. Con esta pieza comienza una colaboración que dará como resultado numerosos diseños clásicos para hacer café.
1980
Achille Castiglioni trabaja con Alessi y diseña Dry, la primer cubertería de los herreros de diseño. En 1982 sale al mercado.
1983
Se pone en marcha el proyecto Té y Café Piazza. La idea es la siguiente: un grupo de arquitectos famosos diseña un juego de café o té sin tener en cuenta la producción masiva. El resultado: objetos de diseño con materiales nobles y en edición limitada de arquitectos como Michael Graves, Hans Hollein, Aldo Rossi, Robert Venturi o Richard Meier.
1986
Philippe Starck trabaja para Alessi y logra a la primera un clásico posmoderno, el exprimidor Juicy Salif, que sale al mercado en 1989.
1989
Los diseñadores Stefano Giovanonni y Guido Venturini proyectan, como dúo de diseño King-Kong, la alegre colección Girotondo.
1993
Empieza el proyecto Family Follows Fiction, una serie de objetos de uso corriente hechos por jóvenes diseñadores con formas inspiradas en personajes del cómic y en juguetes.
1997
Enzo Mari entra en las filas de los diseñadores famosos que trabajan para Alessi. Salen nuevos diseños, aunque Alessi vuelve a sacar al mercado algunos que se habían proyectado en los años sesenta para Danese.

Página siguiente:
exprimidor de limones
Juicy Salif
Philippe Starck, 1989

Aceiteras para vinagre, aceite, sal y pimienta
Ettore Sottsass, 1978

Cafetera exprés La Cupola
Aldo Rossi, 1989

9090 Caffettiera
Richard Sapper, 1979

Cafetera La Conica
Aldo Rossi, 1984

Dry
Achille Castiglioni, 1982

Cesta para el pan
Enzo Mari, 1997

Hervidor "cantarín"
Richard Sapper, 1983

Exprimidor de ajos Nonno di Antonio
Guido Venturini, 1996

Sacacorchos Anna G
Alessandro Mendini, 1994

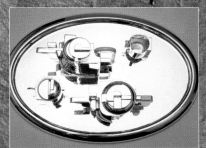

Juego de té y café Piazza
Hans Hollein, 1983

Juego de café y té Bombé
Carlo Alessi Anghini, 1945

Portador de tostadas de la serie Girotondo
King Kong, 1996

Calentador de agua II Conico
Aldo Rossi, 1986

Azucarera
Michael Graves, 1992

VINAGRE

El vinagre es un condimento muy antiguo. Este vino oxidado ya era conocido por los romanos, durante la Edad Media se utilizó como medicina contra la peste, y en la actualidad experimenta un nuevo auge en la cocina más refinada. Antaño se consideraba el vinagre como un ingrediente basto, ya que, debido a su alto grado de acidez, no servía para platos delicados. Pero los *chefs* de cocina italianos que han recuperado las tradiciones de la cocina mediterránea ya se han percatado de que el vinagre no es un enemigo que mata el sabor, sino un auxiliar técnico de cocina que hace más sabrosa una sopa, sirve para cocinar riñones en su punto, mejora las salsas y hace que los pimientos sean más digestivos. No puede faltar en los platos fríos, puesto que resulta imprescindible en una salsa de ensalada con aceite, sal y ajo. El vinagre se fabrica añadiendo unas bacterias de ácido acético *(acetobacter aceti)* a un vino con un bajo grado de alcohol, tanto blanco como tinto. A continuación, se espera hasta que estas bacterias hayan transformado por oxidación el alcohol en ácido acético. Como portadora de bacterias, se usa casi siempre una madre de vinagre. Esta masa parecida a una gelatina se forma en recipientes en los que se han

Cesare Giacone es un maestro del vinagre. Aquí, examina atentamente el color y los reflejos de la luz en sus productos.

Dado que hay que comprobar cuidadosamente la madurez del vinagre, el fabricante apenas se diferencia del viticultor.

elaborado ya grandes cantidades de vinagre. En otros tiempos, la madre del vinagre era considerada como un auténtico tesoro, puesto que con ella se podía seguir siempre obteniendo más vinagre. La ley italiana considera que un buen vinagre debe hacerse de vino y debe contener un mínimo de un 6% de ácido acético y un 1,5% como máximo de residuo de alcohol. Aunque hoy en día el vinagre suele fabricarse en cadena, aún quedan algunas bodegas que ofrecen vinagre artesanal aromático de vino blanco o tinto. En Piamonte se lucha intensamente contra la opinión de que el vinagre sólo es un "vino estropeado". Entre otras, tiene su sede en Piamonte la empresa Ponti; con una producción anual de 45 millones de botellas, obtiene grandes beneficios y tiene fama, en Europa, de ser el mejor productor de vinagre fino. Además de Ponti, existen también los pequeños entusiastas del vinagre como Cesare Giacone, del restaurante Dei Cacciatori en Alberetto della Torre.

En comparación con otros países de la Unión Europea, el consumo de vinagre es muy bajo en Italia (0,9 litros por persona frente a un consumo medio de 1,4 litros). Sin embargo, hay que tener en cuenta que, en la Italia central y meridional, este condimento se fabrica tradicionalmente en casa y estas cantidades no aparecen en las estadísticas de ventas.

El vinagre puede ser muy añejo. Sólo pierde el color brillante al cabo de los años, pero mejora notablemente su aroma.

Los barriles de vinagre tienen una pequeña abertura en la superficie a través de la cual el maestro vinagrero toma pruebas regularmente. Además de la calificación gustativa y olfativa, también se mide si el vinagre contiene alcohol, dado que, hasta que el alcohol no se haya transformado por completo, no se puede considerar que el vinagre está a punto.

VINAGRE DE MIEL

Contrariamente a lo que pudiera parecer, el vinagre no tiene por qué estar elaborado obligatoriamente a partir de vino. En el antiguo Egipto ya se elaboraba un vinagre de miel que, probablemente, sea el más antiguo del mundo. En la actualidad, aún se elabora este tipo de vinagre con fina miel de acacia, la cual, mezclada con un poco de agua, empieza a fermentar lentamente. El aire y la temperatura deben dosificarse con mucho cuidado. El vinagre obtenido de esta manera no se pone a pasteurizar ni se limpia químicamente con el fin de no dañar sus sanos enzimas. El grado de acidez está situado por debajo del nivel que presenta el clásico vinagre de vino, por lo que resulta sumamente digestivo. Es muy adecuado para ensaladas porque sus sales minerales no reaccionan con las de los elementos crudos. También proporciona un sabor agridulce a las salsas. Diluido en agua, incluso apaga la sed en verano. Se suele usar bastante para aromatizar macedonias, arroz y queso.

SOTT'ACETI
Verduras en vinagre

1 KG DE VERDURAS FRESCAS DEL TIEMPO
(POR EJEMPLO CEBOLLAS TIERNAS, BRÉCOL, COLIFLOR,
ZANAHORIAS, PIMIENTO, PEPINILLOS, CALABACÍN, BERENJENAS,
APIO, CALABAZA Y ALCACHOFAS)
1 L DE AGUA
1 L DE VINAGRE DE VINO DE CALIDAD
30 G DE SAL
15 G DE AZÚCAR
HOJAS DE LAUREL AL GUSTO

Limpie las verduras y corte en trozos pequeños las piezas grandes. Disponga en un recipiente grande el agua, el vinagre, la sal y el azúcar (si se desea, también las hojas de laurel) y remuévalo todo; póngalo a hervir. Cuando la sal y el azúcar se hayan disuelto, añada las verduras. El tiempo de cocción dependerá de su tamaño sin que queden demasiado cocidas. Ponga las verduras en botes de conserva y añádales el líquido de cocción. Cierre los botes y almacénelos en frío para consumirlos pronto o esterilícelos en el horno al baño Maria a 90°C durante 30 minutos.

VINAGRE AROMÁTICO

Los vinagres exóticos elaborados a base de vinagre de vino y hierbas aromáticas se han puesto muy de moda. Sin embargo, se debería tener mucho cuidado con estos preparados, porque suelen aportar un aroma muy distinto al del vinagre de vino, influyen mucho en el sabor de la comida y pueden llegar a quitar el sabor de un plato. Una categoría aparte es la de los vinagres de fruta, puesto que de las frutas debe elaborarse primero un mosto que posteriormente se transformará en vinagre.
Los vinagres de frambuesa, cereza y de frutos del bosque son adecuados para ensaladas y pueden dar un toque interesante a las salsas. El vinagre de ajo combina bien con ensaladas que deban tener un ligero sabor a ajo. Los de estragón, laurel y romero van bien con el pescado, pero también se pueden usar para ensaladas.

Vinagres de frambuesa, romero, salvia, guindilla, estragón y menta (de izquierda a derecha).

UNA LEY PARA EL VINO

No existe una normativa legal para el vino más discutida que la italiana. Lo que querían los legisladores con su aparición en el año 1963 era proteger a los viticultores de una competencia desleal. Para el consumidor, la protección de la denominación de origen es también importante, y le garantiza que el vino adquirido procede auténticamente de la región que lo produce, tal como está indicado en la etiqueta de envase, un hecho éste del que antaño no se tenía una certeza absoluta.

La normativa no solamente indica el lugar de origen, sino que también regula la clase de uva con la que se ha elaborado el vino y controla el proceso de elaboración.

Para distinguir las calidades, la legislación ha establecido una pirámide con cuatro categorías. La gran mayoría de los vinos se clasifican como *Vino di Tavola,* vino de mesa, y se venden sin denominación de origen. En una categoría superior están los *Vini con indicazione geografica* (Igt), vinos con indicación de procedencia. Los vinos superiores a éstos entran en la categoría D.O.C., *Denominazione di origine controllata,* procedencia de origen controlada, y llevan etiqueta indicadora. La clase superior, por último, lleva en Italia las siglas D.O.C.G., *Denominazione di origine controllata e garantita,* vinos controlados y garantizados entre los que únicamente se encuentran 18 denominaciones de origen.

En la práctica se ha demostrado que las casi 300 denominaciones de origen que poseen los vinos italianos no siempre son una garantía de alta calidad. Por desgracia, en muchas regiones cuyos vinos llevan la etiqueta D.O.C. e incluso D.O.C.G., el vino no es de muy buena calidad, por lo que no deberían merecer incorporar en la etiqueta estos certificados.

A la hora de seleccionar un vino, los buenos catadores no se orientan por la categoría de la normativa sino por el nombre de la bodega. De esta manera, ocurre que, aunque de forma paradójica, algunos vinos de mesa son los más apreciados y caros que se sirven en Italia.

Barbera d'Alba
Nebbiolo d'Alba
Roero
Dolcetto d'Alba
Barbaresco
Barolo
Dolcetto di Diano d'Alba
Asti
Dolcetto di Dogliani
Dolcetto delle Langhe Monregalesi
Zonas vinícolas en regiones limítrofes

5 km

PIAMONTE: EL REINO DEL NEBBIOLO

Piamonte está situado entre el arco noroccidental de los Alpes y los Apeninos, que determinan su clima: un verano muy caluroso y un invierno frío, casi continental. En la mayoría de las comarcas de la región existen viñedos, especialmente en las pendientes de las laderas de la mitad meridional (provincias de Cuneo, Asti y Alessandria). Casi 50.000 hectáreas del territorio piamontés están dedicadas a viñedos, al tiempo que un 60% están autorizadas para la producción de vino de calidad, un porcentaje muy alto en Italia. La cepa más extendida en Piamonte es negra (no podría ser de otra manera) y se llama Barbera. A mediados de los años ochenta se produjo el mayor escándalo vinícola de Italia con esta clase corriente de cepa que hoy en día se ha convertido casi en estrella. Sus vinos han alcanzado un nivel que les asegura el prestigio entre los catadores mundiales de vino. Dicho prestigio se debe casi exclusivamente a los vinos Nebbiolo que se cosechan en la colina de Lange o Langhe, limítrofe con las tierras de la capital de las trufas, Alba, y que se llaman *barolo* y *barbaresco*. El comienzo de la producción de estos vinos en el siglo XIX señala casi el nacimiento del vino de marca moderno italiano, así como el de la región de Piamonte como sólida y tradicional proveedora de vinos de primera categoría.

Rey de los vinos y vino de los reyes: así ha sido denominado el vino *nebbiolo* más importante, el *barolo*. Su nombre procede del enólogo francés Oudart, al servicio de la *marchesa* Giulietta Faletti en su palacio de Barolo, quien promovió la elaboración de esta nueva clase de vino. Reúne de forma ideal las propiedades características de la uva Nebbiolo: fuerza, elegancia y larga conservación. El *barolo* bueno, al envejecer, desprende notas aromáticas de trufa, brea, madera añeja, rosas, té y especias. Cuando ya está bien maduro, tiene un sabor aterciopelado, pleno y exquisito.

NO SOLO EN PIAMONTE

Aunque la Nebbiolo está considerada como una de las mejores cepas del mundo, no ha logrado difundirse, a diferencia de lo ocurrido con las famosas uvas francesas Cavernet Sauvignon o Merlot. En Italia, fuera de la región de Piamonte, se cultiva casi únicamente en la zona de Lombardía. En Valtellina es la clase principal que se emplea en la elaboración del D.O.C. Valtellina, pero allí se la conoce con el nombre de Chiavennasca, y los vinos tintos que se producen en el territorio del Franciacorta también contienen un pequeño porcentaje de esta clase. Aparte de esto, a veces se planta en EE.UU. (sobre todo en los viñedos de Sonoma, Paso Robles, Santa María y Santa Bárbara) y se está haciendo la prueba en algunas viñas australianas.

Hasta los tiempos de Oudart, el *nebbiolo* de Barolo y de los pueblos de alrededor se fabricaba casi siempre dulce. Más tarde, se dejaba fermentar el mosto o el vino en los granos de uva, pero los vinos jóvenes obtenían un sabor excesivo a tanino, eran fuertes y poco apetecibles. Sólo conseguían cierto encanto al envejecer. En la década de 1980, un grupo de viticultores de Piamonte se puso manos a la obra con el fin de darle un toque de modernidad al Barolo. Cambiaron el sistema del lagar e hicieron madurar el vino en barricas de madera nueva. Con ello consiguieron darle al vino joven una estructura más suave y apetecible. Ocurre con frecuencia que, cuando se cambia algo, las opiniones son dispares. En Piamonte también hubo discusiones entre progresistas y tradicionalistas para ver quién hacía el auténtico *barolo*. En el fondo, la discusión era inútil, porque los mejores partidarios de uno y otro bando producen excelentes vinos de diferentes clases.

En la vecindad inmediata del *barolo* (en la parte opuesta de la pequeña ciudad de Alba) se produce el *barbaresco,* un vino al que se le atribuye poca fuerza, aunque lo que le falta de fuerza lo suple con elegancia y cierta "feminidad". Antiguamente, el más famoso y exitoso de los dos vinos pagó tributo a su gran éxito. Muchos viticultores y bodegas empezaron a prensar cantidades cada vez mayores, que fueron en perjuicio de la calidad. Actualmente, no obstante, un grupo de productores de *barbaresco* y de sus alrededores ha vuelto a darle un nuevo impulso y le ha devuelto su prestigio.

Otros vinos *nebbiolo* de la región de Asti son el *nebbiolo d'Alba* y el tinto *roero,* considerado como de segunda categoría pese a que su calidad es cada día mayor. Los vinos del norte de Piamonte *gattinara* y *ghemme* son también de la clase *nebbiolo.* Su cepa se llama Spanna. Ambos corrieron una suerte parecida al *barbaresco* pero con consecuencias aún peores, pues ni siquiera su recién obtenida calificación D.O.C. les ha podido devolver su prestigio. *Nebbiolo* tiene 14 clases de vino con denominación D.O.C., aunque la mayoría son poco importantes. Entre ellos se encuentran algunos vinos tradicionales, antiguos pero olvidados, como *boca, bramaterra* y *fara,* así como otros de nueva denominación de origen como *langhe, monferrato* y *piemonte,* nombres que esconden vinos de mesa de alta calidad. A algunas de estas cepas selectas se le añade un mayor o menor porcentaje de *barbera.*

La uva Nebbiolo necesita mucha luz en verano y calor. Los fríos inviernos de Piamonte, aquí cerca de Ivrea, favorecen la regeneración óptima de los viñedos.

BARBERA, DOLCETTO, GAVI Y CÍA.

La cepa Barbera y las denominaciones de origen basadas en ella (Barbera d'Alba, Barbera d'Asti, Barbera del Monferrato), cuyas clases principales de vinos se producen a gran escala en Piamonte, fueron protagonistas del mayor escándalo vinícola de la posguerra. Durante mucho tiempo han tenido mala fama, pero en la década de 1980, un grupo de viñadores de Piamonte, encabezado por Giacomo Bologna y Angelo Gaja, se puso a estudiar las distintas calidades de este vino y, teniendo en cuenta los conocimientos adquiridos en sus viajes a Francia, se cambió de forma radical el modo de trabajo en las viñas y la técnica de las bodegas. El *barbera* tradicional, casi siempre con poco cuerpo y alta acidez, fue sometido a una reducción de ácido y depositado en pequeñas cubas de madera, con lo que se enriqueció su *bouquet* aromático y su sabor ganó en finura. Al mismo tiempo, se limitó su cosecha con lo cual se consiguieron vinos concentrados y fuertes, que nadie hubiera imaginado que pudieran obtenerse jamás.

Las clases obtenidas tenían la fuerza y la frescura aromática que caracterizan los vinos de calidad y se abrieron rápidamente un hueco entre los mejores vinos tintos de Italia. Puras o mezcladas con otros tipos de uva (la Nebbiolo, la Cabernet Sauvignon e incluso la difícil Pinot Nero han arraigado muy bien), los mejores representantes de las denominaciones con D.O.C. *(barbera d'Asti, barbera d'Alba, langhe o piemonte)* resultan muy adecuados para acompañar los platos regionales.

Una asombrosa carrera como la del *barbera* la tuvo también la clase Dolcetto, cuyos vinos, muy al contrario de lo que su nombre puede indicar, no son dulces sino afrutados y secos. Tradicionalmente, el vino *dolcetto* era utilizado como vino de mesa en la parte meridional de la región de Piamonte, en las colinas de Langhe de la provincia de Cuneo. Su aroma está impregnado de tonos de cereza y pimienta, mientras que su sabor afrutado suave, aun con un grado de alcohol muy elevado, nunca resulta demasiado pesado. La Grignolino se acerca más a la tendencia ligeramente afrutada. Los vinos pueden resultar muy seductores por su aroma a rosas y bayas. Lamentablemente, son raros y escasos los productos de alta calidad del *grignolino*, lo cual vale también para las dos últimas clases que merecen ser mencionadas, la Bracchetto y la Freisa.

La Freisa es una cepa tradicional muy antigua y sus vinos pueden resultar de lo más diverso. Con frecuencia son ligeramente espumosos, a veces incluso suaves y deliciosos, y se beben inmediatamente después de la cosecha. En los últimos años, algunos viticultores activos han demostrado que se pueden elaborar vinos de Freisa que resultan fuertes, de cuerpo consistente y que se conservan durante cierto tiempo en barricas de madera para que maduren. El aroma

Las cepas Dolcetto eran antes las proveedoras de los vinos de mesa. Actualmente proporcionan vinos de primera calidad.

ESPUMOSOS DULCES

Las cepas de vino blanco más extendidas en Piamonte no se destinan a vino normal sino a vino espumoso. Es el moscatel o Moscato, para ser precisos la cepa Moscato di Canelli, que no debe confundirse con la Moscato d'Alessandria, Moscato Giallo o el Moscato Rosa, especialidades que pertenecen a la misma familia, pero de la que se obtienen vinos muy distintos. Las clases de esta familia son las más antiguas entre todas. Seguramente se vienen cultivando por tierras del Mediterráneo desde hace tres mil años.

El vino que se produce de la cepa moscatel en Piamonte, exactamente en las provincias de Asti, Alessandria y Cuneo, lleva el famoso nombre de Asti, en otros tiempos conocido como *asti spumante*.

Propiamente existen dos clases de este vino: el *moscato d'Asti* y el *asti*. Ambos son ligeros, con un bajo porcentaje de alcohol, suaves, espumosos o de aguja, pero se diferencian en el modo de su obtención. El tradicional *moscato d'Asti* sufre diversas filtraciones durante su fermentación y cada vez se vuelve a iniciar el proceso hasta que la proporción de azúcar natural logra su punto y se produce el gas carbónico espumoso.

El *asti* que se elabora de forma industrial sale de grandes tanques de fermentación y se le transforma en espumoso mediante una segunda fermentación, contiene mucho más ácido carbónico y sus tapones, por tanto, tienen que colocarse a una presión mayor que los del *moscato d'Asti*.

Aunque en la región de Asti la mayor parte del cultivo corresponde a pequeños viticultores, el vino se elabora en enormes instalaciones, la mayoría de las cuales tienen su sede en la ciudad de Canelli. En el pasado, estas bodegas prosperaron principalmente gracias a la exportación.

Sin embargo, en los últimos años, el alza lograda por el desarrollo de este vino ha caído casi en picado. La obtención de la denominación D.O.C.G. no ha mejorado la situación.

Tanto el buen *moscato d'Asti* como el buen *asti* son bebidas suaves y afrutadas que, servidas bien frías, sobre todo en verano, saben a pura delicia. En las demás estaciones del año despliegan sus mejores propiedades cuando se combinan con postres a base de fruta fresca o pastas dulces y ligeras.

del *bracchetto,* sin embargo, se parece al *moscato* o moscatel, muy difundido en Piamonte, o al *gewürztraminer.* Estos vinos no resultan fáciles de combinar con las comidas.

En estos últimos años se han introducido uvas blancas como la Chardonnay y la Sauvignon Blanc y se han conseguido excelentes resultados, aunque las cepas blancas tradicionales de Piamonte siguen siendo Arneis y Cortese. La primera posee, en las colinas de Langhe, en Roero, un territorio propio con D.O.C. y se puso muy de moda, pero los exagerados precios a los que se comercializó y su reducida producción acabaron con su prestigio. La uva Cortese se emplea especialmente para el vino con D.O.C. *gavi,* el blanco más popular de Piamonte.

El fresco y suave caldo, de aromas neutros, es adecuado para acompañar entrantes y verdura. Las otras clases de uva que se cultivan en Piamonte, y sus clases de vino (Favorita, Bonarda, Erbaluce, Ruché, Pelaverga, Timorasso, etc.) solamente son apreciadas en la región pero en algunos casos excepcionales dan vinos de primera.

Barolo

El rey de los vinos se elabora con las uvas Nebbiolo de las pendientes situadas al sudeste de la ciudad de Alba. De los tres valles que se extienden a lo largo de las colinas del Langa salen vinos de características muy dispares: el de La Morra da vinos suaves, más afrutados, en cambio Serralonga y Castiglione, dan más bien vinos clásicos de taninos acentuados. En la actualidad, los vinos se elaboran de forma que, aun siendo jóvenes, ya se pueden probar, dado que sus taninos ya no resultan tan ásperos como en otros tiempos. Cuando han alcanzado su plena madurez despliegan

un exquisito *bouquet* en el que se perciben hojas de té, tabaco dulce, trufas y cuero. Son de sabor pleno y fuerte y estructura aterciopelada y suave. Combinan con los platos de carne típicos de Piamonte.

Vino da Tavola

Aunque los productores ocultan el nombre de los vinos de mesa ofreciéndolos bajo la denominación de origen *langhe* o *piemonte,* todavía existen: se trata de excelentes vinos de mesa que en los años de la revolución de calidad de los ochenta ayudaron a mantener la fama de las buenas viñas italianas.

En Piamonte, estos vinos suelen estar mezclados con diferentes clases de cepas (Nebbiolo y Barbera, Barbera y Cavernet Sauvignon o Pinot Nero, Nebbiolo y Cabernet o Merlot, etc.). La mayor parte son de sabor fuerte, y aroma elegante y variado. Constituyen la mejor selección para una cena de gala con carnes finamente sazonadas.

Barbaresco

Hasta la década de 1960, este vino tenía mejor fama que su vecino, el *barolo,* pero el *nebbiolo* cayó algo en el olvido a causa de la negligencia de los viticultores acostumbrados al éxito. El hecho de que el *barbaresco* pareciera más aguado y débil se solía interpretar como una característica de su base "femenina".

En los últimos años, una serie de viticultores han obtenido merecida fama con vino *barbaresco* fuerte, de variada calidad y que puede envejecer sin problemas. En su madurez, es un vino de *bouquet* armonioso y muy adecuado para los platos de trufa de Langhe.

Barbera d`Alba

En las colinas de la región del *barolo* y del *barbaresco* situadas en los alrededores de la ciudad de Alba crece la uva para el vino *barbera d'Alba,* que es fuerte y rica en taninos. Su color rojo espeso, su buen *bouquet* afrutado y su cuerpo lleno y consistente hacen que el vino sea un acompañante ideal para platos de pasta y de carne. Como

son muchos los viticultores de la región que prefieren trabajar con el *barolo* y el *barbaresco,* no es extraño que la calidad de los vinos *barbera* a veces deje que desear. Los mejores representantes de esta denominación de origen figuran, a pesar de todo, entre los mejores vinos *barbera* de toda Italia.

Moscato

El *moscato d'Asti* es la versión finamente afrutada y elegante del famoso *asti,* que antes se llamaba *asti spumante.* Estos vinos, con su *bouquet* muy afrutado en el que suelen predominar los aromas a pera, con su sabor agradablemente dulce y sus burbujas suaves nada agresivas, son extraordinarios acompañantes de postres de fruta.

Barbera d'Asti

En otros tiempos era un vino muy ácido y se producía en grandes cantidades, pero hoy en día, el *barbera d'Asti* se ha ido abriendo paso hasta llegar a ser comparativamente el mejor de las dos denominaciones Barbera. A diferencia de Langa, donde las mejores bodegas se reservan para la Nebbiolo, en la provincia de Asti, la uva Barbera está considerada como la mejor clase de uva negra y como tal se emplea: es muy apropiada para mezclas con muchas otras clases como la Nebbiolo, la Borgoña tardía o la Cabernet. De ella se obtienen vinos muy añejos y fuertes.

Gavi

Gavi o *gavi di Gavi* fue durante un tiempo el vino blanco de moda en Piamonte, pero debido sobre todo a su mala relación calidad-precio su éxito fue pasajero. Se produce de la uva Cortese en la región de la ciudad que lleva su

mismo nombre, Gavi, en la provincia de Alessandria. Sus vinos tienen un *bouquet* más bien neutro, y son suaves y agradables al paladar. Resultan muy apropiados para acompañar platos con verdura.

Langhe

De entre los nuevos vinos catalogados con D.O.C. de *piemonte, monferrato y langhe* (entre ellos existe un gran número de tintos y blancos), la denominación *langhe* D.O.C. es la que cuenta con mayor prestigio. Ello se debe, sobre todo, a que muchos productores de vanguardia embotellan bajo esta denominación de origen sus antiguos *Vino di Tavola,* que no encajaban en ningún estatuto de D.O.C. porque no se producían según la ley vigente o porque estaban hechos con otras uvas.

VERMUT

El vermut, vino aromatizado posteriormente con especias y hierbas aromáticas, no era considerado una bebida de prestigio. Sí parece tener una larga tradición, pero como bebida no gustaba a nadie. Su nombre procede seguramente de la palabra del antiguo alemán *werimouta,* que designa un producto amargo estimulante para el estómago. Su prestigio cambió en 1786 con Antonio Benedetto Carpano, quien presentó a la clientela de su bar una creación propia a la que dio el nombre de vermut.

La nueva bebida fue acogida inmediatamente con entusiasmo. Carpano no solo consiguió ennoblecer vinos blancos del país con una refinada y muy secreta mezcla de hierbas aromáticas, sino que también logró limpiar la imagen mediocre del vermut y venderlo precisamente como vino de lujo. Esta idea convenció a la competencia de Carpano. Pronto empezaron otros fabricantes de licores, sobre todo Cinzano, con la producción del aromático licor. Martini & Rossi ofreció en 1863 su versión de vermut para el mercado. Posteriormente, les siguieron otras empresas de Piamonte como Gancia y Cora.

Piamonte continúa siendo la patria del vermut y los nombres de Carpano, Cinzano y Martini y Rossi aún son emblemáticos cuando se habla de esta bebida. La diferencia estriba en que hoy ya no hacen falta las pequeñas cocinas de hechicero, pues la producción se

ha beneficiado de los avances tecnológicos. Como ingrediente básico se usa el vino blanco. Antiguamente, los pioneros echaron mano del *moscato d'Asti* o del *moscato di Canelli.* Hoy en día se emplea un vino blanco que apenas tenga sabor propio, se le añade azúcar, alcohol y una mezcla de extractos de hierbas aromáticas, entre ellas artemisa, hojas de ajenjo, mejorana, nuez moscada, tomillo, salvia, canela, anís, hinojo y clavo de especia. El vino "sazonado" de este modo se calienta y se destila. El vermut rojo se colorea con caramelo. El contenido de alcohol del vermut no puede ser menor de 18°.

MANHATTAN
(fotografía izquierda)

4 CL DE WHISKY
2 CL DE VERMUT ROJO
I CHORRITO DE ANGOSTURA
CUBITOS DE HIELO
CEREZAS EN ALMIBAR

Mezcle el whisky, el vermut, la angostura y los cubitos en la coctelera y llene las copas de cóctel previamente enfriadas. Decore con una cereza. También se le puede añadir, si se desea, una corteza de lima.

Martini, Carpano, Gancia, Cora, Cinzano son nombres famosos de vermut que no pueden faltar en ningún bar bien provisto. Con vermut se hacen también los dos grandes cócteles clásicos de Italia: el Americano y el Negroni. El Negroni parece que debe su nombre a un cierto conde Camillo Negroni, inventor de la bebida.

Dry Martini

5 CL DE GINEBRA
1 CL DE VERMUT EXTRA SECO
CUBITOS DE HIELO
1 ACEITUNA CON HUESO

Ponga en una coctelera la
ginebra, el vermut y los cubitos
de hielo, agítela y llene una copa
de cóctel previamente enfriada.
Decórela con la aceituna. Utilice
siempre aceitunas con hueso y
nunca las rellenas. Las aceitunas
tampoco deben estar aliñadas
con aceite, sólo con sal. Se
puede poner una corteza rizada
de limón.

Todas las recetas para 1 persona

Martini extra dry

6 CL DE GINEBRA
1 CHORRITO DE VERMUT EXTRA
DRY

Ponga los ingredientes en una
coctelera, agítela y vierta el
cóctel en una copa previamente
bien enfriada. Los puristas
admiten que a la ginebra sólo se
le muestre la botella de vermut.

Americano

CUBITOS DE HIELO
3 CL DE CAMPARI
3 CL DE VERMUT ROJO
SODA
UNAS RODAJAS DE LIMÓN

Ponga los cubitos en un vaso.
Añada el vermut y el Campari.
Acabe de llenarlo con soda y
remuévalo un poco. Decórelo
con rodajas de limón.

Negroni

2 CL DE CAMPARI
2 CL DE VERMUT ROJO
2 CL DE GINEBRA
CUBITOS DE HIELO
RODAJAS DE NARANJA Y LIMÓN

Ponga el Campari, el vermut, la
ginebra y los cubitos en una
coctelera, agítela y viértalo todo
en una copa de cóctel previamente enfriada. Decórela con
rodajas de naranja y limón.

LIGURIA

Liguria

Según un dicho popular, los ligures se cierran ante los desconocidos, donde mejor se encuentran es en su casa y prefieren hacerlo todo por sí mismos. Igualmente en su cocina los ligures utilizan los productos familiares que, o bien obtienen en su región costera, de 350 kilómetros de longitud y con un interior escabroso y montañoso, o bien pescan en los mares propios. Las aromáticas hierbas, las apetecibles variedades de verdura, el pescado, los huevos para la *torta pasqualina:* todo es *nostrano,* es decir, de nuestra tierra, como se hace constar en los rótulos del mercado. Hasta el vino, cultivado con enormes esfuerzos en terrazas infranqueables y empinadas y elaborado con mimo en bodegas pequeñas, pero extraordinariamente interesadas por la calidad, parece haberse descubierto en Liguria; tan acentuada es su afinidad con los platos ligures.

Las tortas picantes son una especialidad de la región. Además de la *torta pasqualina,* todavía se sigue sirviendo la *torta marinara,* que, frente a lo que sugiere su nombre, no es una torta con relleno de pescado, sino una torta de hierbas muy fuerte. Las mujeres de los marineros la preparaban con acelgas, requesón, setas frescas y queso parmesano, conscientes de que, tras haberse pasado meses enteros en alta mar bajo la férula del cocinero del barco, más o menos capacitado, que generalmente no podía ofrecer más que bacalao y galletas, durante sus días libres en tierra firme sus maridos mostraban un gran interés por las hierbas aromáticas, por las setas con sabor a tierra y por los quesos frescos. No es extraño que la cocina ligur lleve el sobre-nombre de *cucina del ritorno* o cocina del regreso. La *focaccia* es una variante más modesta, pero no menos sabrosa, de la *torta salata* o torta salada. En algunas comarcas la torta fina de pan se rellena con queso, se rocía con abundante aceite y se guarnece con cebolla. Esta guarnición estaba especialmente indicada en las ciudades costeras, pues la eficacia bactericida y el elevado índice de vitamina C del bulbo blanco protegían a la población de las enfermedades traídas de ultramar.

Como prefieren hacer las cosas por sí mismos, los ligures han desarrollado su propia pizza. La especialidad, similar a una *focaccia,* que lleva una guarnición de cebolla y boquerones y procede de Oneglia, la actual Imperia, se llama *pizza all'Andrea.* Según la leyenda, la creó, a finales del siglo XV y principios del siglo XVI, el hombre de Estado y gran navegante genovés Andrea Doria.

Doble página precedente: las verduras aromáticas, como por ejemplo las alcachofas frescas, forman parte de la cocina ligur. En la fotografía, Giampiero Navone controla sus cultivos.

Izquierda: las escarpadas e inaccesibles viñas en terraza de Cinque Terre, aquí en la comarca de Corniglia, no permiten utilizar máquinas. El cuidado de las vides y la vendimia se hace a mano.

Alice (boquerón o anchoa)
y sardina o sarda (sardina)

Los pescadores alaban sus productos recién pescados con
expresiones tales como "Se venden maravillosos boquerones, frescos y vivos,
como si fueran un azogue"
o "Vendo la plata del
mar". El boquerón,
conocido también con
el nombre de anchoa, se
pesca tradicionalmente,
como la sardina, en alta
mar frente al golfo de
Génova. No obstante,
ya que tiene un tipo
de carne relativamente
grasa, los boquerones

Boquerón

Sardina

y las sardinas se utilizan cada vez menos frecuentemente
en las cazuelas y en las sartenes, lo cual no deja de ser
una verdadera lástima, ya que estos pescados tienen
un sabor muy delicado y aromático. El boquerón y la
sardina pueden prepararse perfectamente en fresco,
pero también mantienen todo su sabor cuando son
conservados en aceite, en sal o en marinada. La sardina
tiene un bajo precio y se vende con bastante frecuencia
ahumada.

Aguglia (pez aguja)

Este pescado de primera calidad pertenece a la familia
del bacalao, pero tiene un aspecto totalmente diferente.
El pez aguja tiene un cuerpo muy delgado y alargado,
y alcanza hasta 1 metro de longitud. Puede pescarse
durante todo el año, aunque la temporada mejor se
sitúa entre los meses de septiembre y enero. Su carne
es fina, consistente y adecuada para asarse a fuego lento.
Este sabroso pescado no puede faltar en un *fritto misto
alla ligure*.

Tonno (atún)

El atún de las aguas ligures es claramente de menor
tamaño que sus congéneres de otros litorales, aunque
su carne, nutritiva y consistente, tiene como mínimo un
sabor igual de agradable. Cuando es muy fresco, el atún
se corta en finísimas lonchas y se sirve como *carpaccio*. En
cualquier caso, preparado a la parrilla este pescado es una
auténtica exquisitez. El atún en aceite o vinagre se utiliza
en salsas bien condimentadas o en rellenos de pastas.

Sgombro (caballa)

La caballa está emparentada con el atún y es uno de los
peces que más abunda en todo el mundo. En Italia es
muy apreciado este pescado sabroso, sano y barato. No
obstante, la caballa debe consumirse muy fresca, pues
se echa pronto a perder.

EN BUSCA DEL PESCADO AZUL

Las aguas del golfo de Génova son muy movidas. Entre poniente y levante acechan innumerables remolinos, bancos de arena, temporales y otros sobresaltos que convierten el trabajo cotidiano de los pescadores y de los marineros en una peligrosa aventura. Los pescadores sobre todo tenían –y tienen todavía hoy– que luchar duramente para ganarse el pan, pues las aguas no son precisamente ricas en peces. Para pescar algo, hay que aventurarse mar adentro y esperar allí el *pesce azzurro,* así llamado por los reflejos verdiazules de su piel y por vivir en las aguas de color azul oscuro de alta mar. El grupo del pescado azul está formado por los arenques, las sardinas y los boquerones, pero también por otras especies, como la caballa, el atún y el pez espada.

PLATOS LIGURES DE PESCADO

Las sardinas rellenas tienen una preparación sencilla, pero dan algún trabajo, pues no es fácil rellenar sus pequeños cuerpos con la pasta condimentada. No obstante, el esfuerzo merece la pena, pues esta especialidad típicamente ligur es sencillamente deliciosa.

Por el contrario, el *cappon magro* es un plato algo más complejo y su preparación requiere emplear algún tiempo. El interés del "capón magro" está en la perfecta combinación de los ingredientes del mar con los del campo y la huerta. Siendo como era inicialmente una simple comida de marineros, el plato fue perfeccionándose progresivamente en tierra, pues en definitiva ofrecía la ventaja de eludir hábilmente el precepto de la abstinencia. Como los capones –gallos castrados y cebados– son muy grasos, no podían comerse en Cuaresma. Entonces los ingeniosos ligures recurrieron al "capón magro" que, en la línea de la corrección política de la Iglesia, consta de diversos tipos de pescado, aunque culinariamente puede rivalizar con la fina exquisitez de la carne de ave. La *burrida,* por el contrario, es un plato de pescado sencillo pero muy nutritivo, que antiguamente se preparaba a diario en los pueblos de pescadores.

CAPPON MAGRO
Capón magro
(fotografía derecha)

I TRIGLA LISTA PARA COCINAR
I LANGOSTA PEQUEÑA
12 LANGOSTINOS
MARISCO VARIADO
CALDO DE CEBOLLA Y HIERBAS
ACEITE DE OLIVA
EL ZUMO DE I LIMÓN
SAL
I COLIFLOR
200 G DE JUDÍAS VERDES
I PATATA GRANDE
I CORAZÓN DE APIO
2 ZANAHORIAS
I MANOJO DE SALSIFÍ NEGRO
4 ALCACHOFAS
VINAGRE
200–300 G DE BISCOTES
I DIENTE DE AJO PARTIDO POR LA MITAD
6 HUEVOS DUROS EN CUARTOS
15 ACEITUNAS VERDES
100 G DE SETAS EN ACEITE

Para la salsa:
2 PANECILLOS DUROS
VINAGRE
6 ANCHOAS
HOJAS DE ALBAHACA PICADAS
I DIENTE DE AJO PICADO
I MANOJO DE PEREJIL PICADO
50 G DE PIÑONES
20 G DE ALCAPARRAS
2 YEMAS DE HUEVO
I VASO DE ACEITE DE OLIVA
1/2 VASO DE VINAGRE DE CALIDAD

Lave la trigla y quítele las espinas. Limpie la langosta, los langostinos y el marisco. Hierva todo junto en un caldo de cebolla y hierbas. Deje macerar en aceite, zumo de limón y sal.
Cueza en una olla la coliflor, las judías, la patata, el apio y 1 zanahoria. Cueza separadamente el salsifí y las alcachofas partidas en cuartos. Corte en trozos pequeños las verduras cocidas y aliñelas con aceite, vinagre y sal.
Para elaborar la salsa, ponga a remojo los panecillos en el vinagre. Pase por agua las anchoas y aplástelas en el mortero. Agregue las hojas de albahaca, el ajo, el perejil, los piñones, las alcaparras, las yemas y los panecillos y aplástelo todo hasta lograr una pasta consistente. Pase la pasta por un colador y mézclela en una fuente con el aceite y el vinagre. Frote con ajo los biscotes y recubra con ellos el fondo de una sopera. Deje caer gota a gota un poco de aceite sobre los biscotes y vierta unas cucharadas de salsa. Disponga la trigla y una parte de los huevos duros en capas encima de la verdura. Finalmente coloque la langosta en el centro y distribuya alrededor el marisco. Pique el resto de los huevos y espárzalos por encima.
Corte en rodajas una zanahoria cruda y disponga las mismas sobre la verdura junto con los langostinos, las aceitunas y las setas.

ACCIUGHE RIPIENE AL FORNO
Boquerones rellenos al horno

600 G DE BOQUERONES FRESCOS
I PANECILLO DURO
LECHE
2 HUEVOS

Izquierda: la Riviera ligur se caracteriza sobre todo por sus escarpados acantilados.

40 G DE QUESO PARMESANO RALLADO
MEJORANA
I DIENTE DE AJO PICADO
SAL Y PIMIENTA
ACEITE DE OLIVA
PAN RALLADO

Eviscere los boquerones, córteles la cabeza y la cola, límpielos y déjelos escurrir. Ablande el panecillo en leche y pique algunos boquerones. Para elaborar el relleno, mezcle en una fuente los huevos, el queso, el pan puesto en remojo, la mejorana, el ajo y los boquerones picados y salpimente. Rellene los boquerones con la mezcla, unte con aceite una fuente refractaria y espolvoree con pan rallado. Introduzca los boquerones rellenos con el relleno hacia arriba y áselos entre 12 y 15 minutos en el horno precalentado a 200°C hasta que el relleno se dore.

BURRIDA
Sopa de pescado

I KG DE CEBOLLAS
2 DIENTES DE AJO
5 CUCHARADAS DE ACEITE DE OLIVA
500 G DE TOMATES
SAL
I KG DE PESCADO VARIADO
500 G DE MARISCO (LANGOSTINOS, CALAMARES PEQUEÑOS)
PIMIENTA
I MANOJO DE PEREJIL PICADO
1/2 CUCHARADITA DE ORÉGANO PICADO
I VASO DE VINO BLANCO SECO

Corte las cebollas en aros finos y el ajo en rodajas finísimas. Caliente aceite en una olla a fuego lento y rehogue en él la mitad de la cebolla y del ajo. Escalde los tomates, pélelos, quíteles las pepitas y córtelos en dados pequeños. Extienda la mitad sobre la cebolla y sazone con sal.
Eviscere y limpie el pescado y el marisco. Filetee el pescado, pele los langostinos y corte la cabeza de los calamares. Introduzca en la olla el pescado y el marisco, salpimiente. Cubra con el resto de la cebolla, del tomate y del ajo y vuelva a salpimentar. Extienda perejil y orégano sobre la capa superior. Vierta el vino blanco y el resto del aceite de oliva y hierva el líquido a fuego lento hasta que la sopa se espese.

LA COCINA
DE COLÓN

Ya durante la época prerromana Génova era un puerto importante que facilitaba las relaciones comerciales con los griegos, los etruscos y los fenicios. En el siglo XI la capital de Liguria se convirtió en una potencia colonial y fue, con Venecia, Pisa y Amalfi, una de las cuatro grandes repúblicas marítimas. No deja de ser una ironía que Génova perdiese su posición de fuerza en los océanos cuando precisamente Cristóbal Colón, supuestamente genovés, descubrió América en 1492.

¿Cuál era concretamente el menú marinero en tiempos de Colón? ¿Cómo se alimentaba la tripulación en aquellos viajes realizados a las colonias de ultramar que podían durar semanas y hasta incluso meses enteros? Viajar en aquellos galeones o carabelas no equivalía precisamente a realizar un crucero de placer, sin embargo, a bordo los cocineros no escatimaban esfuerzos para mantener cierto estándar alimentario durante las largas travesías, aunque solamente fuera para que no decayeran excesivamente el humor y la moral de los tripulantes y, en última instancia, para que no se resintiesen ni su salud ni sus fuerzas. Ahora bien, si la travesía por algún motivo se prolongaba más de lo previsto o se había efectuado un cálculo equivocado de la provisión de víveres, podían faltar existencias en el barco y presentarse casos graves de enfermedades carenciales tales como el escorbuto.

El alimento básico de la tripulación era el inevitable biscote, pues pesaba poco, no creaba problemas de almacenamiento y se conservaba durante mucho tiempo. Los marineros lo tomaban ablandándolo con un poco de agua o de aceite, o bien se complementaba con otros productos como, por ejemplo, la carne de cerdo con judías o con verduras. Otras fuentes señalan que en algunas ocasiones había incluso queso. Según los historiadores, los hombres que viajaban en los barcos del siglo XV recibían por término medio una ración diaria de aproximadamente 3.900 calorías, procedentes de hidratos de carbono (70%), grasas (15%) y proteínas (15%). Era, por tanto, una dieta muy apropiada para mantener en condiciones óptimas a una tripulación que tenía que llevar a cabo trabajos muy duros. Tampoco se regateaba el vino, independientemente de que por su conservabilidad era ideal como bebida de a bordo. El marinero que tenía que prestar sus servicios en el timón recibía diariamente medio litro de vino, 700 gramos de biscotes, 50 gramos de carne de cerdo salada y 100 gramos de judías verdes o secas.

En aquellos tiempos los pasajeros tenían que cuidarse de sí mismos. Sus cestas de provisiones contenían carne secada al aire o salada o anguila acecinada. Los historiadores no acaban de ponerse de acuerdo acerca de si se cocinaba en los barcos hacia el año 1400 ni acerca de la manera de hacerlo, aunque en general se cree que los cocineros disponían de pequeñas cocinas de carbón que se izaban a cubierta cuando el tiempo era bueno y el mar estaba tranquilo o cuando el barco

Las tres carabelas, la Niña, la Pinta y la Santa María, en las que Colón realizó su primer viaje de exploración (xilografía, hacia 1860).

fondeaba en el puerto. En cambio, cuando el tiempo era malo o había marejada se servía a los tripulantes un rancho frío. El hecho de que los marineros pescasen durante la travesía pescado fresco para variar el menú y aliviar las reservas de víveres avala la tesis de que, cuando las condiciones eran favorables, se cocinaba en alta mar. Y como no cabe suponer que se tomase el pescado crudo, tenía que haber estufas o cocinas. Asimismo las raciones de judías verdes y secas indican que se preparaban a bordo potajes sencillos.

STOCCAFISSO ALLA GENOVESE
Bacalao a la genovesa
(fotografía inferior izquierda)

I KG DE BACALAO REMOJADO
I ZANAHORIA
I CEBOLLA
I RAMA DE APIO
2 DIENTES DE AJO
ACEITE DE OLIVA VIRGEN EXTRA
20 G DE PIÑONES
25 G DE SETAS SECAS PUESTAS EN REMOJO
EN AGUA TEMPLADA
I VASO DE VINO BLANCO SECO
SAL
500 G DE PATATAS
3–4 CUCHARADAS DE SALSA DE TOMATE
150 G DE ACEITUNAS NEGRAS

Limpie el bacalao ya remojado y córtelo en trozos. Pele la zanahoria, la cebolla, el apio y el ajo, córtelo todo en trozos pequeños y rehogue en aceite de oliva. Incorpore el bacalao, los piñones y las setas picadas, vierta el vino blanco, sazone con sal y hierva a fuego lento durante 30 minutos.
Agregue a continuación las patatas peladas, lavadas y troceadas. Mezcle la salsa de tomate con un poco de agua templada, añada la mezcla al bacalao y hierva otros 30 minutos.
Incorpore las aceitunas poco antes de que terminen de cocerse el bacalao y las patatas. Sirva el plato caliente.

STOCCAFISSO Y BACCALÀ

El abadejo era muy apropiado para la alimentación en alta mar. Eviscerado y secado al aire, se almacenaba fácilmente en las bodegas y se conservaba mucho tiempo sin que su valor nutritivo se resintiese.
Existen dos variantes en la forma de preparación del abadejo seco: el *stoccafisso* y el *baccalà*. Para preparar el *stoccafisso*, una vez pescado se le corta la cabeza, a continuación se eviscera, se empareja a otro ejemplar por la cola y se cuelga para que se seque. Para el *baccalà* se parte en dos el abadejo eviscerado, se retira la espina dorsal y se sala a fondo la carne antes de ponerse al sol para que se seque. La diferencia está, por tanto, en la cantidad de sal.

En estos momentos tanto el *stoccafisso* como el *baccalà* experimentan un renacimiento en las cocinas italianas. Los cocineros ligures emplean de forma casi exclusiva el que procede de Noruega, el cual se seca en

Bacalao secándose

grandes cantidades en los acantilados que se encuentran en los fiordos. Antes de proceder a su preparación se golpea para que las fibras se rompan y la carne esté tierna. Después se mantiene en remojo durante un día como mínimo.

COCINAS MODERNAS A BORDO

Quien se embarca en Génova, en Livorno o en otra ciudad portuaria para realizar un crucero por el Mediterráneo no tiene que preocuparse de su manutención. En los barcos suele haber varios restaurantes con capacidad para ofrecer todo lo que puede servirse en tierra, desde una comida rápida de autoservicio hasta un menú completo o un bufé suntuosamente decorado.

Por su propia naturaleza, las cocinas de a bordo tienen que resolver mayores problemas de logística, de organización y hasta puramente físicos que los espacios de actuación culinaria de los hombres de tierra adentro. Sólo el embarque de provisiones e ingredientes requiere varias horas. Y como, tratándose sobre todo de travesías con pasajeros, los tiempos de demora deben reducirse al máximo, en el puerto debe estar todo a punto para el momento en que arribe el barco. Mientras muchos huéspedes abandonan el buque a pie o en sus coches y suben a bordo nuevos clientes,

la reposición de víveres en los depósitos de provisiones debe efectuarse con rapidez. Ahora bien, en una base flotante el espacio es siempre limitado. Tanto si se trata de la minúscula cocina de un pequeño yate de aficionado como si se trata de la cocina de un gran buque de pasajeros, todo tiene que ser funcional y estar al alcance de la mano, pero siempre ahorrando espacio. De hecho, la compañía prefiere llevar a bordo un par más de viajeros de pago que contar con grandes superficies innecesarias para la infraestructura de su barco.

Y están además las marejadas, muy temidas tanto por los turistas de estómago delicado como por los cocineros acostumbrados a navegar en alta mar. Es cierto que los grandes buques actuales disponen de estabilizadores muy eficaces que garantizan una travesía segura, pero, sobre todo en otoño e invierno, el Mediterráneo, tan tranquilo normalmente, puede agitarse. Para que las ollas y las sartenes no se deslicen ni acaben cayéndose, los fogones cuentan con dispositivos de apoyo especiales. Asimismo los utensilios de cocina y el instrumental del cocinero se guardan en sistemas de armarios y de estantes que mantienen las cosas en su sitio incluso cuando más se mueve el barco.

También los restaurantes están equipados para las marejadas. Por tanto, quien posee la imprescindible cualidad de no ser propenso al mareo podrá comer con seguridad y tranquilidad aun en los momentos en que más arrecie el viento. La mesa no se caerá, pues suele estar firmemente fijada en el suelo en tanto que los floreros están atornillados en el tablero. Quien, camino del bufé frío, empiece a marearse podrá agarrarse rápidamente a uno de los pasamanos de latón colocados por todas partes. Por lo demás el habituado a los cruceros sólo llenará su plato de sopa hasta los bordes cuando el mar esté absolutamente en calma o el barco esté en el puerto. Es algo que se lo agradecerán su ropa y los demás clientes.

CIMA RIPIENA
Pecho de ternera relleno
(fotografía izquierda)

750 G DE PECHO DE TERNERA LISTO PARA RELLENAR
1 DIENTE DE AJO
2 L DE CALDO DE VERDURA
2 HOJAS DE LAUREL

Para el relleno:
100 G DE SOLOMILLO DE TERNERA EN DADOS
30 G DE MANTEQUILLA
100 G DE SESOS DE TERNERA PUESTOS EN REMOJO
DURANTE 2 HORAS Y LIMPIADOS
100 G DE LECHECILLAS DE TERNERA PUESTAS EN REMOJO
DURANTE 2 HORAS Y LIMPIADAS
1 VASO DE VINO BLANCO SECO
15 G DE SETAS SECAS
75 G DE GUISANTES FRESCOS
1 CUCHARADA DE MEJORANA PICADA
20 G DE PISTACHOS
30 G DE PARMESANO RALLADO
3 HUEVOS
SAL
PIMIENTA RECIÉN MOLIDA
NUEZ MOSCADA RECIÉN RALLADA

Lave el pecho de ternera, seque con un paño y frote el interior con un diente de ajo.

Para el relleno, sofría en mantequilla los dados de ternera, incorpore los sesos y las lechecillas y sofría todo junto. Vierta el vino blanco. Ponga a remojar las setas secas en agua templada. Pase por la picadora la carne sofrita y las setas y ponga la mezcla en una fuente. Agregue los guisantes, la mejorana, los pistachos, el parmesano y los huevos batidos y mezcle todo a fondo. Sazone con sal, pimienta y nuez moscada rallada.

Rellene con la mezcla dos tercios del pecho de ternera, cósalo con bramante, envuelva en un paño de cocina y ate con una cuerda. Introduzca en una olla y cubra totalmente con el caldo de verdura. Incorpore las hojas de laurel y deje hervir una hora en el caldo caliente primero sin tapa y después otra hora tapado. Pinche varias veces la envoltura de la carne con un mondadientes o con una aguja para que no reviente.

Retire del paño el pecho de ternera, colóquelo entre dos platos, ponga un peso encima y deje que se enfríe. Corte en rodajas y sirva con aceite de oliva de primera calidad y con hierbas frescas.

TORTA PASQUALINA
Torta de Pascua

Para 6–8 personas

Para la masa:
250 G DE HARINA
2 CUCHARADAS DE ACEITE DE OLIVA VIRGEN EXTRA
1 VASO DE AGUA FRÍA
SAL

Para el relleno:
400 G DE ACELGAS
400 G DE ESPINACAS
2 MANOJOS DE RÚCOLA
ACEITE DE OLIVA EXTRA VIRGEN
1 CEBOLLA PICADA
2 CLAVOS DE ESPECIA
3 CUCHARADAS DE PAN RALLADO
300 G DE QUESO FRESCO DE CABRA
50 G DE QUESO RALLADO
6 HUEVOS
SAL
PIMIENTA RECIÉN MOLIDA
1 CUCHARADA DE MEJORANA PICADA

Mezcle la harina, el aceite, el agua y una pizca de sal y amase durante 10 minutos hasta conseguir una masa fina y maleable. Envuelva en un paño y deje en reposo unas horas.

Lave y corte en tiras las acelgas, las espinacas y la rúcola. Caliente en una olla 2 cucharadas de aceite de oliva y un poco de agua, agregue la cebolla picada y los clavos y, con la olla tapada, rehogue durante 5 minutos. Retire los clavos. Pase a la olla las acelgas, las espinacas y la rúcola, mezcle a fondo y deje reposar. Saque las verduras de la olla, deje que se escurran, exprímalas, páselas a una fuente y mézclelas con el pan rallado, el queso fresco, el queso rallado y 2 huevos. Sazone con sal y pimienta e incorpore la mejorana.

Unte con aceite de oliva un molde desmontable de 28 cm de diámetro. Estire dos terceras partes de la masa formando una capa de 2–3 mm de espesor y recubra con ella el fondo y las paredes del molde. La masa debe sobresalir ligeramente de los bordes. Ponga en el molde tres cuartas partes del relleno de verdura. Efectúe cuatro hoyos con la cuchara y deslice en cada uno de ellos un huevo cascado. Recubra a continuación con el resto del relleno. Estire la masa restante formando una lámina y recubra con ella el relleno. Doble sobre la cubierta la masa que sobresalga de los bordes y apriete bien. Unte con aceite. Efectúe algunos agujeros sin estropear los huevos. Cueza la tarta aproximadamente 1¹/₂ horas en el horno precalentado a 180°C. Deje que se enfríe ligeramente antes de cortarla.

ACEITE DE OLIVA

Actualmente Italia es, después de España, el segundo productor de aceite de oliva del mundo. Con las únicas excepciones de Lombardía y Piamonte, cuyo clima no es idóneo para su cultivo, en Italia crecen olivos de las más diversas especies y tamaños, que producen aceites muy variados. Liguria produce un aceite especialmente fino. A diferencia del aceite de Toscana, que a veces es muy aromático pero acerbo, o del fuerte y afrutado de Apulia, el aceite de oliva de Liguria es muy ligero y delicadamente aromático. Desgraciadamente es difícil adquirirlo fuera de la región, pues se producen cantidades muy bajas. En esta zona tan montañosa y escarpada el cultivo y la recolección de la oliva son tan difíciles como la viticultura, pues los olivos se encuentran necesariamente en terrazas estrechas y de acceso difícil. En Liguria se cultivan fundamentalmente las variedades Taggiasca y Lavagnina, aunque la mayor parte del aceite procede de la aceituna Taggiasca. Estos frutos, relativamente pequeños, se recolectan en una fase casi de madurez plena en los meses de diciembre y enero. Durante la recolección trabaja toda la familia, pues no hay más remedio que ajustarse a los modos tradicionales, ya que la estrechez y lo escarpado de los terrenos impiden la utilización de las cosechadoras modernas, habituales en los llanos. El equipo de recolección se acerca a los olivares provisto de grandes redes, largas varas y altas escaleras. Se comienza extendiendo bajo los árboles las redes de captura, después se golpean con cuidado las ramas con las varas para que caigan los frutos maduros y lo que queda se recoge a mano. Este método de recolección exige mucha mano de obra, lo cual influirá en el precio del aceite. Sin embargo, las aceitunas recolectadas a mano tienen la gran ventaja de carecer de grietas y de que la pulpa oleaginosa no se oxida en contacto con el aire, con las consiguientes repercusiones negativas en el sabor y en la calidad del aceite resultante. La elevación del índice de ácidos oleicos libres y la

fermentación inminente son los principales peligros que corre la recolección reciente. De ahí la necesidad de llevar las aceitunas a la almazara cuanto antes. Como en una Liguria sólo parcialmente abierta al tráfico la distancia hasta la carretera o hasta la capital de la provincia es muy larga, para acortar las vías de transporte se construyeron almazaras (se llaman *gumbi*) en casi todos los pueblos. Estos pequeños molinos se encuentran en muchos casos en las bodegas de las casas particulares y antiguamente solían ser activados por burros. Si el pueblo estaba cerca de un río o de un arroyo, el molino podía impulsarse hidráulicamente. Todavía hoy funcionan en Liguria pequeñas almazaras, que producen extraordinarios aceites siguiendo métodos tradicionales.

En primer lugar las aceitunas se reducen a una pulpa parda entre las pesadas muelas. Después se extiende la masa oleaginosa sobre esteras redondas, que se apilan las unas sobre las otras, formando una "torre" de la que fluye el aceite según se va acentuando la presión ejercida desde arriba. El líquido resultante contiene aceite, pero también agua y restos de aceitunas. Antiguamente —algunos pequeños productores persisten en el mismo proceso— se dejaba sencillamente la emulsión a su aire, pues el aceite y el líquido vegetal se separan automáticamente por cuanto el aceite asciende y la capa acuosa, más pesada, permanece en el fondo. Pero como los restos del fruto empiezan a fermentar fácilmente, en la actualidad suelen utilizarse centrifugadoras para separar el aceite y el agua. A continuación se transvasa el aceite a grandes depósitos para que las sustancias turbias se posen en el fondo. En Liguria estos depósitos tradicionales se llaman *giare*. Algunas almazaras disponían también de "depósitos de almacenamiento" en toda regla, con su interior recubierto por azulejos de cerámica. Sin embargo, la clarificación tiene lugar generalmente en modernos tanques de acero.

Coniglio con olive Taggiasche
Conejo con aceitunas Taggiasca

1,5 KG DE CONEJO LISTO PARA COCINAR, CON VÍSCERAS
(HÍGADO, CORAZÓN Y RIÑONES)
1 CEBOLLA PEQUEÑA
3 DIENTES DE AJO
1 RAMA DE ROMERO
1 RAMA DE TOMILLO
2 HOJAS DE LAUREL
1 TROZO DE PEPERONCINO (GUINDILLA)
ACEITE DE OLIVA VIRGEN EXTRA
SAL
750 ML DE VINO BLANCO SECO (VERMENTINO)
70 G DE ACEITUNAS NEGRAS EN SALMUERA

Corte el conejo en trozos de tamaño mediano, lave y seque con un paño. Lave el hígado, el corazón y los riñones y resérvelos.
Pique finamente la cebolla, aplaste los dientes de ajo y pique las hierbas. Rehogue en una cazuela en aceite de oliva la cebolla, el ajo, las hierbas, las hojas de laurel y un trocito de *peperoncino*. Incorpore los trozos de conejo y fríalos a fuego fuerte por todos sus lados. Corte en trozos pequeños las vísceras e introdúzcalas en la cazuela.
Cuando la carne se dore, sazone con sal y vierta el vino. Tape la cazuela, reduzca el fuego y deje que el vino se vaya evaporando lentamente. Si la carne se seca demasiado, agregue un poco de agua templada. Pasados aproximadamente 45 minutos, incorpore las aceitunas negras y déjelo hervir todo otros 15 minutos hasta que el jugo del asado se espese.

La coloración de la aceituna recién recolectada refleja su distinto grado de maduración. Cuanto más oscuras son las aceitunas, más maduras están.

Dadas las condiciones del terreno, en muchas comarcas italianas la recolección de la aceituna debe realizarse obligadamente, como siempre se ha hecho, con redes y con mucho trabajo.

Ceppo Antiquo: Olio extra vergine di oliva

Gaziello: Olio extra vergine di oliva

Trucco: Olio extra vergine di oliva.

Amoretti Carlo: Olio extra vergine di oliva

Ranzo imperia: Olio extra vergine di oliva

Podere L'Alpicella: Olio extra vergine di oliva

Amoretti Carlo: Olio extra vergine di oliva

Trucco: Olio extra vergine di oliva taggiasca

La albahaca es anual y tiene hojas de diverso tamaño.
Los tallos alcanzan hasta 50 cm de altura.

EL PESTO
Y OTRAS SALSAS

El *pesto alla genovese,* también llamado *battuto alla genovese* es, seguramente, la especialidad más conocida de Liguria. También encuentra muchos partidarios al otro lado de los Alpes este fuerte condimento verde elaborado a base de albahaca, aceite de oliva, ajo, piñones y queso, a pesar de que generalmente allí solamente llega para acompañar a las pastas en tarros de cristal como un producto esterilizado. En cualquier caso merece la pena probar el aromático pesto recién preparado.

Existen muchas opiniones con respecto a los ingredientes del pesto y muchos puntos de vista sobre la mejor manera de prepararlo. Unos insisten en que los piñones son imprescindibles, en tanto que para los puristas constituyen una "variante" de la región de Savona y no tienen nada que ver con el auténtico *pesto alla genovese.* Tampoco existe unanimidad acerca de si deben lavarse las hojas de albahaca ni sobre la posibilidad de preparar el pesto en la batidora en lugar de hacerlo en el mortero de mármol. Lo único que cabe decir es que las cuchillas metálicas de la batidora alteran realmente el sabor de la albahaca, aunque por otro lado este utensilio eléctrico ayuda a conseguir rápidamente una pasta homogénea, cuya elaboración exige mucho tiempo al cocinero que recurre a los utensilios tradicionales del mortero y de la mano de madera.

De todos modos los expertos coinciden en dos puntos. El aromático sabor del pesto depende decisivamente de la calidad del aceite de oliva y de las características de las hojas de albahaca. Se impone el uso exclusivo del mejor aceite virgen extra de Liguria. Un aceite barato estropea el pesto, lo mismo que una insípida hierba de invernadero que nunca ha visto un verdadero rayo de sol. Asimismo la fuerte albahaca del sur de Italia adultera el aroma, pues suele tener cierto regusto a menta. La mejor, sin duda, es la albahaca ligur de hoja pequeña, que se cultiva en un huerto minúsculo y recibe de vez en cuando una intensa brisa marina. El aroma más intenso corresponde a las hojas recolectadas durante la floración. Quien no lo crea, que se dé una vuelta por el baluarte del pesto que es Génova. La degustación *in situ* le demostrará que en ninguna parte del mundo el pesto ligur sabe como aquí.

Las delicadas creaciones ligures de pasta serían impensables sin las exquisitas salsas que se preparan en la región. En Liguria, la clara y cremosa *salsa di noci,* elaborada con nueces, piñones, ajo, mantequilla y nata, tiene casi tanta aceptación como la salsa verde de pesto. La combinación de las nueces con la nata o el yogur podría hacer pensar en un origen oriental de la receta. En tanto que ciudad portuaria importante, Génova ha constituido tradicionalmente un foro culinario para las influencias técnicas de las cocinas de todos los países. Otras salsas ligures, como el *sugo di carciofi,* que se prepara con alcachofas, setas, cebollas, ajo y concentrado de tomate, combina muy bien con *trenette* o *trofie.* El *bagnum di acciughe* o cocción singularmente aromática de boquerones y tomates es la única salsa que no se utiliza para condimentar las pastas, sino que se extiende sobre rebanadas tostadas de pan blanco.

PESTO ALLA GENOVESE
Salsa de albahaca
(fotografía derecha)

5 MANOJOS DE ALBAHACA
1 DIENTE DE AJO
20 G DE PIÑONES
SAL GORDA
25 G DE QUESO PECORINO NO MUY FUERTE, RALLADO
25 G DE PARMESANO O GRANA RALLADO
2–3 CUCHARADAS DE ACEITE DE OLIVA VIRGEN EXTRA

Lave con cuidado y escurra la albahaca, pásela por la picadora junto con el ajo, los piñones y una pizca de sal. Agregue poco a poco los quesos rallados y consiga una pasta homogénea. Al final, mezcle lentamente el aceite de oliva hasta que se forme una masa cremosa.
Antes de extenderlo sobre la pasta (preferiblemente *trenette*), mezcle el pesto con un poco del agua caliente en que se ha hervido la pasta.

Es discutible que las salsas ligures tradicionales hayan de prepararse en el mortero, pero en cualquier caso sólo con buenos ingredientes se obtiene un resultado satisfactorio.

MINESTRONE ALLA GENOVESE
Sopa de verduras a la genovesa
(fotografía páginas 178–179; izquierda)

100 G DE COL BLANCA
50 G DE JUDÍAS VERDES
2 PATATAS
2 ZANAHORIAS
2 TALLOS DE PUERRO
2 TOMATES
1 RAMA DE APIO
2 CALABACINES
1 CEBOLLA
1 DIENTE DE AJO
1 MANOJO DE PEREJIL
UNAS HOJAS DE BORRAJA
100 G DE ALUBIAS ROJAS FRESCAS
1/2 TAZA DE ACEITE DE OLIVA
1 TROZO DE CORTEZA DE PARMESANO
150 G DE PASTA CORTA
1 CUCHARADA DE PESTO
SAL
PARMESANO RALLADO

Limpie y corte en trozos pequeños todas las verduras
y hierbas. Ponga a hervir en una olla grande 2 litros de
agua, cuando rompa el hervor, introduzca las judías, las
verduras y las hierbas. Agregue la cebolla, el ajo y las hierbas, reduzca el calor y, con la olla tapada, deje hervir
durante 1 hora aproximadamente, removiendo de vez en
cuando. A continuación vierta el aceite, introduzca la
corteza de queso y sazone las verduras con sal. Aplaste
las patatas y las judías con una cuchara de madera o con
una cuchara sopera para que la sopa adquiera una consistencia espesa. No reduzca a puré las verduras. Cuando las
verduras se encuentren completamente cocidas, agregue
las pastas y mantenga la cocción hasta que éstas estén en
su punto.
Retire la sopa del fuego, añada el pesto y sazone con sal.
Distribuya en platos y sirva con un chorro de aceite de
oliva y parmesano rallado.

SALSA DI NOCI
Salsa de nueces

18 NUECES
50 G DE PIÑONES
1/2 DIENTE DE AJO
1 MANOJO DE PEREJIL
250 ML DE NATA LÍQUIDA
SAL Y PIMIENTA
3 CUCHARADAS DE PARMESANO RALLADO
40 G DE MANTEQUILLA

Escalde las nueces y a continuación pélelas. Pique
finamente en la picadora las nueces, los piñones, el ajo
y el perejil y pase todo a una fuente. Luego incorpore
lentamente la nata sin dejar de remover. Sazone con sal
y pimienta.
Extienda la salsa sobre la pasta con parmesano rallado
y mantequilla derretida.

BAGNUM DI ACCIUGHE
Boquerones en tomate

800 G DE BOQUERONES FRESCOS
2 DIENTES DE AJO MUY PICADOS
1 CEBOLLA MUY PICADA
4–5 CUCHARADAS DE ACEITE DE OLIVA
300 G DE TOMATES MADUROS PELADOS Y SIN PEPITAS
SAL Y PIMIENTA
1 VASO DE VINO BLANCO SECO
1 MANOJO DE PEREJIL PICADO
REBANADAS TOSTADAS DE PAN BLANCO

Limpie los boquerones, córteles la cabeza, eviscérelos
y séquelos con un paño. Rehogue el ajo y la cebolla
en aceite de oliva. Corte el tomate en daditos, incorpore,
sazone con sal y pimienta y deje cocer a fuego lento
durante 10 minutos. Vierta la mitad del vino blanco
y reduzca a fuego lento.
Coloque en la sartén los boquerones ya preparados, vierta
el vino restante, cubra los boquerones con un poco de salsa
y espolvoréelos con perejil. Salpimiente. Según sea su
tamaño, los boquerones se habrán cocido aproximadamente
en 10 minutos. Frote con ajo las rebanadas de pan blanco
tostado, colóquelas en platos y distribuya sobre ellas los
boquerones con su *bagnum*.
Antiguamente el *bagnum di acciughe* era el desayuno de los
pescadores que, tras volver de la pesca, esperaban a que sus
redes se secaran. En los barcos había estufas pequeñas de
carbón en las que los marineros podían prepararse este
plato tan sencillo.

PASTA
Y FOCACCIA

Actualmente es imposible determinar cómo llegó la pasta a Italia. No obstante, la falta de pruebas documentales se compensa con las más diversas y detalladas historias acerca de "cómo pudo suceder".

En Liguria y sobre todo en Génova se insiste en una versión en la que la soberbia ciudad marítima *(Genova la superba* gustan de llamarla los genoveses) y el comercio con Oriente, floreciente en los viejos tiempos, representan un papel fundamental. Según dicha versión los navegantes genoveses conocieron las pastas en sus viajes comerciales a Mongolia. Los nómadas llegaron incluso a revelar a sus visitantes extranjeros la receta que señalaba el modo de mezclar la harina y el agua para conseguir la pasta. La técnica de la manipulación de la harina estaba muy extendida entre los pueblos nómadas de la estepa, pues, el hecho de estar permanentemente de viaje no les permitía disponer de la tranquilidad que la masa hecha con levadura necesita para aumentar de volumen. Sin embargo, descubrieron que la masa formada con harina, agua y un poco de sal se secaba rápidamente al sol y que, por lo tanto, era fácil de transportar. El proceso podía incluso acelerarse formando con la masa tiras largas y estrechas que tardaban todavía menos en endurecerse. Bastaba con cocer las tiras secas en un poco de agua antes de tomarlas para que volviesen a aumentar de volumen. Servidas con verdura o con carne, constituían un plato consistente.

Los genoveses quedaron impresionados y volvieron a su casa con la receta de la pasta. En Liguria el nuevo plato contó rápidamente con muchos partidarios, tanto más cuanto que la pasta resultaba muy nutritiva, de forma que con ella se salvaban las estrecheces provocadas por la carencia de otros alimentos. Los imaginativos ligures perfeccionaron la receta, desarrollaron las formas más diversas y crearon, además, las pastas rellenas. Todavía hoy se reclama en Liguria la autoría de los *ravioli,* los *pansoti,* los *zembi d'arzillo* y otras exquisiteces rellenas.

Ahora bien, los *ravioli,* los *pansoti* y demás no son los únicos descubrimientos de la cocina ligur. Dado que en esta región existe un talento muy desarrollado para hacer de la necesidad virtud, se encontró una fórmula tan hábil como sabrosa para resolver el problema regional del pan. El penetrante aire marino que domina a lo largo de toda la franja costera hacía prácticamente imposible conseguir un buen pan, pues en un clima de estas características la levadura fermenta mal, aparte de que la elevada humedad del aire impide el endurecimiento de la corteza del pan, a la vez que mantiene muy húmeda la miga. El pan se enmohece rápidamente después de la cocción. Los ligures resolvieron el problema con la creación de una torta delgada sin levadura que podía tomarse recién salida del horno. Había nacido la *focaccia.* Para darle sabor, se rociaba con aceite de oliva y se esparcían sobre ella unos granos de sal. En algunas comarcas se extendía también sobre ella un queso con mucho sabor y se acompañaba con semillas de hinojo o, como en San Remo, con cebolla picada.

FOCACCIA
Torta con guarnición

200 G DE HARINA DE TRIGO
100 ML DE ACEITE DE OLIVA VIRGEN EXTRA
1/2 CUCHARADITA DE SAL
GUARNICIÓN AL GUSTO

Amase la harina con la mitad del aceite de oliva para formar una pasta. Incorpore el agua fría necesaria para que la masa sea homogénea. Envuelva la masa en un film transparente y déjela 1 hora en reposo. A continuación vuelva a amasarla y déjela en reposo otros 5 minutos. Estírela con el rodillo para pastas formando una lámina fina, extiéndala sobre una bandeja de horno engrasada y con un pincel úntela con el resto de la mantequilla o recúbrala con la guarnición como si fuera una pizza. Hornéela 10 minutos en el horno precalentado a 220°C.

PANISSA
Puré de garbanzos

250 G DE HARINA DE GARBANZOS
ACEITE DE OLIVA VIRGEN EXTRA
CEBOLLETAS FRESCAS PICADAS
SAL Y PIMIENTA RECIÉN MOLIDA

Ponga a hervir en una olla 1 l de agua, añada poco a poco la harina, sazone con sal y remueva con una cuchara de madera. Pase la mezcla por un colador a una cazuela y cueza a fuego lento 1 hora. La *panissa* está lista cuando el puré se desprende fácilmente de las paredes laterales de la cazuela. Distribuya el puré de garbanzos en platos, rocíe con aceite de oliva, extienda por encima cebolleta y sazone con sal y pimienta. Sirva caliente o frío, acompañado con un buen vino blanco seco.

PANSOTI
Bolsas de pasta rellenas
(fotografía derecha, primer plano)

Para 6 personas

Para la pasta:
500 G DE HARINA DE TRIGO
3 HUEVOS
SAL

Para el relleno:
500 G DE ACELGAS
500 G DE BORRAJA
250 G DE LECHUGA RIZADA
150 G DE RICOTTA
2 HUEVOS
50 G DE PARMESANO RALLADO
2 RAMITAS DE MEJORANA
1 DIENTE DE AJO

Amase la harina, los huevos y un poco de sal, agregando el agua suficiente para que la pasta resulte maleable. Estire la pasta y córtela en triángulos del tamaño de la palma de la mano. Lave las verduras y cuézalas sin añadir agua hasta que pierdan consistencia. Estrújelas a fondo, redúzcalas a puré en la batidora y mézclalas con el requesón, los huevos y el parmesano. Pique finamente las hojas de mejorana y el diente de ajo e incorpórelo todo. Con una cucharilla de té extraiga porciones del tamaño de una nuez y colóquelas en los triángulos. Junte los extremos sobre el relleno formando bolsitas abombadas. Cuézalas en su punto en agua con sal durante 10 minutos y sáquelas. Sirva con salsa de nueces (véase página 175).

FARINATA
Y PANISSA

El garbanzo se cultiva sobre todo en el cálido sur de Italia, aunque también tiene gran aceptación en Lombardía, Piamonte y Liguria. Antes de proceder a su preparación los garbanzos deben ponerse en remojo. Después se cuecen durante tres horas aproximadamente. No obstante, los garbanzos secos se pueden moler para obtener una fina harina con la cual se elaboran sabrosas tortas de garbanzo, como la *farinata,* o el puré de garbanzos o *panissa,* que no debe confundirse con la *paniscia,* que es un plato de arroz típico del Piamonte. Si la *panissa* es un producto más bien rústico, que se acompaña con un vino blanco seco y fuerte, la receta de la *farinata* presenta diversas variantes más refinadas. En la provincia de Imperia se agrega cebolla picada a la pasta, en Savona se sazona con romero y en otras partes se le añade pimienta recién molida.

Para la masa de la *farinata* se introduce poco a poco la harina de garbanzos en agua caliente y se remueve constantemente para que no se formen grumos.

No todas las sartenes para *farinata* son tan grandes como ésta. En las tiendas de utensilios domésticos de Liguria se encuentran modelos especiales de cobre.

Como la cocción de la *farinata* a 300°C sólo dura unos minutos, los resultados son realmente exquisitos.

Farinata

Torta de garbanzos
(fotografía izquierda, fondo)

500 G DE HARINA DE GARBANZOS
SAL
6–8 CUCHARADAS DE ACEITE DE OLIVA VIRGEN EXTRA
PIMIENTA NEGRA RECIÉN MOLIDA

Ponga a hervir aproximadamente 1,5 l de agua en una olla grande y pesada. Introduzca poco a poco la harina, remueva y sazone con sal. Cueza a fuego lento durante 1 hora, removiendo con frecuencia con una cuchara de madera. Al final, la masa habrá de ser blanda y espesa. Extienda la mezcla en un molde refractario untado con aceite, vierta encima un poco de aceite y hornee 30 minutos en el horno precalentado a 200°C hasta que la superficie se dore. Espolvoree con pimienta recién molida y sirva inmediatamente.

Tipos de pasta ligur

Pansoti

Los *pansoti* se parecen a los *ravioli*, pero no son cuadrangulares, sino triangulares. Se rellenan con una mezcla de hierbas, de composición variable, que se llama *preboggio*, y combinan perfectamente con la salsa de nueces.

Corzetti

Los *corzetti* proceden del valle de Polcevera. Antiguamente eran de elaboración casera, pero actualmente estas pastas, que contienen huevo, pueden adquirirse también en su versión industrial. Se sirven sencillamente con mantequilla derretida, pero también pueden acompañarse con salsas de carne o de setas.

Piccagge

Las *picagge* son la versión ligur de las *fettuce* o pastas con forma de cinta. Las *picagge* elaboradas con huevo se acompañan mejor con una salsa de alcachofas o con pesto.

Trenette

Las *trenette* se elaboran con harina de trigo integral. Las hay en forma de pastas frescas largas y planas o bien se presentan como producto seco. También se sirven con una salsa de pesto y judías cocidas y patatas.

Trofie

Las *trofie* son los *gnocchi* ligures. Se elaboran con harina integral o con harina blanca de trigo y puede añadirse a la pasta a voluntad salvado o harina de castaña. Las *trofie* proceden de la región de Recco y Camogli. Los ñoquis tienen forma de espiral y se cuecen con judías y con láminas de patata, que después se incorporan al pesto.

Época de recolección en la llanura repleta de huertas de Albenga, en la provincia de Savona.

VERDURAS

En Liguria el cultivo de las verduras plantea los mismos problemas que el de la vid y el del olivo. Son relativamente poco frecuentes las llanuras extensas, idóneas para la creación de tablas largas y planas. En su lugar, en algunas partes se cultivan con paciencia y con mimo pequeñas plantaciones distribuidas en varias terrazas. No es esto algo que les asuste. Todo lo contrario. En Liguria se prefiere la verdura tierna y apetitosa y los ligures están orgullosos de los platos regionales en los que se emplea. Entre las variedades de mayor aceptación están la alcachofa, el espárrago, el puerro y el tomate, además de la aceituna de mesa y de las judías de mata.

La palabra italiana *carciofo* con que se designa la alcachofa deriva de la palabra árabe *kharshuf,* lo cual indica que esta planta se cultivó también en Oriente Próximo. Actualmente la alcachofa se cultiva en toda la cuenca mediterránea y en Italia se dan las variedades más diversas. En Liguria se cultiva fundamentalmente la variedad S*pinoso di Liguria,* que se recolecta en otoño e invierno. Además de exquisita y de ser de fácil digestión, la alcachofa es muy saludable. Independientemente de que se tome cocida, rellena o untando hoja por hoja en una salsa, la alcachofa contiene muchas sales minerales y sustancias de lastre, estimula la digestión con sus principios amargos, tonifica el hígado, desintoxica el organismo y reduce el nivel de colesterol.

Junto a las infinitas recetas de que disponen para preparar las preciadísimas alcachofas, los ligures han dado con el *condijun* la respuesta adecuada a la *salade*

niçoise que se hace en la cercana Riviera francesa. Con judías secas y garbanzos se prepara una sabrosa sopa, la *mesciua,* sobre todo en la estación fría. Según la leyenda esta especialidad se descubrió en una de las ciudades marítimas. Se supone que antiguamente las mujeres pobres acudían al puerto cuando se cargaba a bordo o se descargaba una partida de sacos de cereales o de judías, pues durante la operación siempre se rasgaba algún saco, de forma que recogían los granos y las judías y podían preparar una sopa para la cena de la familia.

Además de la variedad Spinoso di Liguria, en Liguria se cultiva también la maravillosamente suave Violetto d'Albenga.

EL PLACER DE LA ENSALADA

En la Riviera estival priman las apetecibles ensaladas que huelen a huerta, a mar y a aceite de oliva. Si al mediodía en Francia se pide una *salade niçoise,* unos kilómetros más al este un genovés encargará *condiggion,* que en otras zonas se llama *condijun.* A pesar de las diferencias lingüísticas, todas estas ensaladas incluyen verduras frescas, como tomate, pepino, pimiento y cebolla, aliñadas con albahaca, con ajo y con una salsa de vinagre, aceite y sal. Este apetitoso plato estival se completa con un huevo duro partido en octavos y con aceitunas negras.

CONDIJUN
Ensalada mixta
(fotografía centro, fondo)

1 DIENTE DE AJO
4 TOMATES NO DEMASIADO MADUROS
2 PIMIENTOS AMARILLOS
1 PEPINO
2 CEBOLLETAS
1 PUÑADO DE ACEITUNAS NEGRAS EN SALMUERA
2 ANCHOAS
UNAS HOJAS DE ALBAHACA
ACEITE DE OLIVA
VINAGRE
SAL
1 HUEVO DURO

Frote con el ajo el interior de una ensaladera. Quite las pepitas a los tomates y a los pimientos y córtelos en trozos pequeños. Corte del mismo modo el pepino y las cebolletas. Ponga todo junto en la ensaladera. Agregue las aceitunas, las anchoas limpias y las hojas de albahaca. Aliñe con aceite, vinagre y sal. Agregue a voluntad un huevo duro partido en octavos.
Mezcle todo bien y mantenga en reposo 10 minutos antes de servir.

Mesciua
Potaje de legumbres

300 G DE GARBANZOS
300 G DE ALUBIAS BLANCAS SECAS
100 G DE TRIGO SARRACENO
BICARBONATO SÓDICO
SAL
PIMIENTA NEGRA
ACEITE DE OLIVA

La víspera, ponga en remojo en abundante agua templada los garbanzos, las alubias y el trigo sarraceno por separado, agregando en cada caso 1 cucharadita de bicarbonato sódico.
Retire el agua a los garbanzos y a las alubias, póngalos en agua fría ligeramente salada y cueza durante 3 horas. Media hora antes del final del tiempo de cocción ponga el trigo sarraceno en otra olla con agua ligeramente salada y cueza durante 30 minutos. Cuando estén cocidos los garbanzos, las alubias y el trigo sarraceno, vuelque este último con el agua de la cocción en la olla de los garbanzos y las alubias. En total debería haber 1,5 l de líquido en la olla. Sazone con sal y hierva durante otros 15 minutos.
Pase el potaje a una sopera y sirva. Ponga en la mesa un molinillo con pimienta negra y aceite de oliva de forma que cada comensal pueda servirse a su gusto.

Fricassea di carciofi
Fricasé de alcachofas

12 ALCACHOFAS
10 ML DE ZUMO DE LIMÓN
3 HUEVOS
30 G DE QUESO GRANA RALLADO
1 DIENTE DE AJO
20 ML DE ACEITE DE OLIVA

Limpie las alcachofas, corte los tallos y retire las hojas exteriores duras. Corte las alcachofas en trozos, elimine la pelusa del interior. Póngalas en una fuente con agua a la que se habrá añadido el zumo de limón y resérvelas.
Bata los huevos y mézclelos con el queso. Caliente aceite en una sartén y sofría las alcachofas con el ajo. Incorpore dentro de la sartén la masa de huevo y queso a las alcachofas y revuelva todo a fondo. Sirva inmediatamente muy caliente.

Carciofi ripieni
Alcachofas rellenas
(fotografía inferior extremo derecho)

8 ALCACHOFAS
ZUMO DE LIMÓN
2 DIENTES DE AJO
1 MANOJO DE PEREJIL
ALGUNAS RAMAS DE MEJORANA
ACEITE DE OLIVA
SAL Y PIMIENTA
30 G DE HARINA DE TRIGO
2 HOJAS DE LAUREL

Retire las hojas exteriores leñosas de las alcachofas, corte la base de forma que quede plana. Golpee en la tabla de picar los extremos de las hojas para ahuecarlas. Las alcachofas deberán tener la forma de un cono seccionado. Ahueque las hojas y elimine la pelusa. Ponga las alcachofas en una fuente con agua a la que se habrá añadido zumo de limón y resérvelas.
Pique finamente la pelusa con el ajo, el perejil y la mejorana. Mezcle todo y a continuación revuelva en una fuente con aceite, sal y pimienta. Rellene las alcachofas con la mezcla y espolvoree con harina. Caliente aceite en una sartén alta y fría en ella las alcachofas cabeza abajo hasta que el relleno se dore. Agregue entonces agua caliente, sal y las hojas de laurel y dé la vuelta a las alcachofas. Cueza 30 minutos más con la tapa abierta. Las alcachofas estarán cocidas cuando el líquido se haya evaporado. Sirva el plato caliente.

POSTRES

Tratándose del remate dulce de una comida, la cocina ligur no recurre ni a las tartas suntuosas ni a los postres de preparación compleja. En Liguria se prefiere la repostería pequeña pero fina, como los almendrados, los merengues (típicos de carnaval) o unas galletas suaves. También cuenta con mucha aceptación la fruta confitada. Los *biscotti del Lagaccio* o bizcochos del lago Lagaccio son una especialidad característica. El héroe nacional ligur Andrea Doria ordenó en el año 1539 la construcción de este lago artificial para que la bella fuente de Neptuno situada en su jardín contara con un magnífico surtidor. Sin embargo, aquel proyecto, aparentemente frívolo, resultó de gran utilidad a los vecinos de los pueblos circundantes, pues el acueducto que llevaba el agua desde el lago hasta el soberbio parque alimentaba a su paso una fábrica de pólvora y un molino con su correspondiente horno. Las galletas de Lagaccio elaboradas en él tuvieron una acogida entusiasta y no tardaron en venderse en grandes cantidades.

BISCOTTI DEL LAGACCIO
Galletas de Lagaccio

50 G DE LEVADURA DE PANADERÍA
600 G DE HARINA DE TRIGO
150 G DE MANTEQUILLA
200 G DE AZÚCAR
20 G DE SEMILLAS DE HINOJO
UNA PIZCA DE SAL

Amase la levadura, un poco de agua templada y una cuarta parte de la harina hasta lograr una masa esponjosa. Deje reposar la masa en un lugar caliente hasta que se doble su volumen. Agregue el resto de la harina y vuelva a amasar. Incorpore la mantequilla fundida al baño María, el azúcar, las semillas de hinojo y una pizca de sal. Si fuera necesario, añada un poco de agua templada hasta conseguir una masa blanda y maleable. Cubra con un paño de cocina y deje en reposo 1 hora en un lugar caliente.
Extienda con las manos la masa formando dos panes alargados y déjelos en reposo 1 hora más.
Coloque los panes en una bandeja de horno y cuézalos unos 30 minutos en el horno precalentado a 180°C.
Deje reposar hasta el día siguiente, corte en rodajas de 2 cm de ancho y tuéstelas en el horno a fuego muy bajo.

RAVIOLI DOLCI
Raviolis dulces

200 G DE QUESO RICOTTA O DE REQUESÓN
LA CORTEZA LAVADA DE 1 NARANJA
150 G DE FRUTAS CONFITADAS
300 G DE PASTA DE HOJALDRE YA PREPARADA
(EVENTUALMENTE CONGELADA Y DESCONGELADA)
HARINA DE TRIGO PARA ESTIRAR
ACEITE PARA FREÍR
AZÚCAR EN POLVO

Deje escurrir bien el queso ricotta. Lave con agua caliente la naranja, séquela y raspe finamente la corteza. Pique finamente las frutas confitadas, mezcle con el queso ricotta y la corteza de naranja.
Extienda el hojaldre formando una lámina fina sobre la superficie de trabajo enharinada. Si utiliza pasta de hojaldre congelada, superponga las hojas descongeladas y a continuación estírelas. Distribuya con una cucharita la mezcla de queso ricotta y naranja sobre la mitad de la pasta. Procure que entre los diversos montoncitos haya una distancia de unos 5 cm. Doble por encima con holgura la segunda mitad de la pasta. Corte bolsas de pasta alrededor de los rellenos y apriete firmemente los bordes.
Caliente abundante aceite en una sartén honda. El aceite habrá alcanzado la temperatura idónea cuando asciendan pequeñas burbujas a lo largo de una varilla de madera metida en él. Introduzca por raciones las bolsas redondas de pasta y dórelas.
Escurra en papel de cocina, espolvoree finamente con azúcar en polvo y sirva inmediatamente.

SCIUMETTE
Merengues

4 HUEVOS
80 G DE AZÚCAR EN POLVO
1 L DE LECHE
15 G DE HARINA DE TRIGO
1/2 CUCHARADA DE PISTACHOS FRESCOS PELADOS
CANELA EN POLVO

Separe las yemas y las claras. Bata las claras con 25 g de azúcar en polvo a punto de nieve. Ponga a hervir la leche en un cazo e introduzca lentamente con una cuchara la clara batida, que cuajará inmediatamente. Cueza brevemente las "bolas de nieve" que se formen, sáquelas con una espumadera y deje que escurran en un colador.
Retire la leche del fuego, agregue el azúcar restante, mezcle la harina revolviendo y deje enfriar.
Triture los pistachos, hiérvalos unos minutos en un poco de leche y páselos por un colador. Bata las yemas, incorpórelas poco a poco a la mezcla de leche y harina. Incorpore al final el puré de pistachos. Ponga de nuevo la crema en el fuego al baño María y deje que se espese a fuego lento, procurando que el agua no hierva y la crema esté siempre blanda. Pase la crema a una fuente, a continuación, decore con las "bolas de nieve" y espolvoree con canela.
En Liguria las *sciumette* se preparan tradicionalmente en carnaval.

COBELLETTI

500 G DE HARINA DE TRIGO
200 G DE AZÚCAR
300 G DE MANTEQUILLA
LECHE
1 HUEVO
1 VASITO DE MARSALA
DULCE DE MEMBRILLO

Amase la harina, el azúcar, la mantequilla y un poco de leche hasta formar una pasta. Incorpore a continuación el huevo y el marsala. Estire la pasta hasta formar una lámina que alcance 2 mm de espesor. Unte con mantequilla moldes de tarta pequeños y relativamente planos, recubra con la pasta y ponga en el centro un poco de dulce de membrillo.
De la pasta restante extraiga una cubierta para cada molde, cubra con ellas los moldes apretando los bordes.
Hornee durante 25 minutos hasta dorarse en el horno precalentado a 200°C.

Superior: *Sciumette*, merengue
Inferior: *Cobelleti*, tortitas de pastaflora

CONFITERÍA ROMANENGO

Si actualmente viviesen la duquesa de Parma y
Giuseppe Verdi y se perdiesen por la Via Soziglia
de Génova, reconocerían sin ninguna duda una
tienda, la confitería Pietro Romanengo, famosa
desde hace más de 200 años por sus exquisitas
especialidades dulces. El padre de Pietro fundó en
el año 1780 en la Via Maddalena una tienda de
productos coloniales y no tardó en hacerse con el
diploma de confitero extendido por la universidad
de Génova. Adoptó como marca de fábrica una
paloma con un ramo de olivo, en homenaje a la
paz alcanzada después de acabadas las guerras napole-
ónicas. Para la presentación de sus productos Stefano
Romanengo introdujo el papel azul que todavía se
continúa utilizando para los cucuruchos de azúcar.
Sacó el máximo partido sobre todo del puerto de
Génova, a través del cual se importaban todos los
productos orientales, como el azúcar, las frutas y las
especias. Su hijo Pietro se autodenominó "primer
confitero–chocolatero" y amplió de forma notable
sus actividades. Sus principales productos eran las
mermeladas, las confituras, las frutas confitadas, los
jarabes y los licores. Para elaborarlos adaptó las recetas
orientales que los cruzados introdujeron en la Génova
medieval. Siguiendo las pautas de París, Pietro utilizó
en su tienda de la Via Soziglia maderas nobles y
mármol y elaboró sus productos con maquinaria
francesa. En aquella época la duquesa de Parma y el
compositor Giuseppe Verdi, ya citados, adquirían las
especialidades selectas de la Via Soziglia, que Verdi
incluso las cita en sus cartas.

En el enlace matrimonial del príncipe Umberto con
Margarita de Saboya, que se celebró en el año 1868,
los invitados paladearon los dulces de Romanengo. La
nota del pedido correspondiente figura en el archivo
municipal de Génova; la lista incluye "frutas confitadas, caramelos elegantes, bomboneras y peladillas".
Estas últimas continúan teniendo mucha aceptación
en Italia en las bodas. Se elaboran con almendras,
pistachos y piñones y, según el libro *L'art du confisseur
modern,* de 1879, es una de las labores más difíciles·de
un confitero.

En 1859 la industria genovesa del azúcar empleaba
a 200 trabajadores, que producían más de 300.000
kilogramos de frutas confitadas al año. La mayor parte
se exportaba a Holanda, Alemania, Europa septentrional, América del Norte y del Sur y Suiza.
Actualmente la empresa Romanengo cuenta con
24 empleados fijos y con otros tantos temporales,
que elaboran todos los productos en la línea de la
tradición artesanal. El centro de producción se
encuentra en el Viale Mojon, donde, partiendo de
frutas frescas y maduras, como la naranja amarga, el
melón, el membrillo y la nuez, y de pétalos de rosa, se
elaboran las mermeladas, jaleas y jarabes más exquisitos,
así como también las famosas frutas confitadas y las
peladillas. En el libro *Il negoziante,* de Gian Domenico
Pen (1683), se señala que las confituras y conservas
dulces de Génova son "las mejores del mundo". En
Cuaresma se elaboraban artículos de confitería sin grasa.
El año 1868 el periódico *Popolo d'Italia* indicaba que
en el periodo anterior a la Pascua se desarrollaba una
intensa actividad en Romanengo, provocada por la
gran demanda de su insuperable mazapán cuaresmal,
que todos los católicos podían tomar sin temor a
sucumbir ante el demonio de la sensualidad.
La histórica tienda de Via Soziglia es una joya del
casco antiguo de Génova y se mantiene intacta desde
su inauguración en 1814. En ella puede contemplarse
una colección de utensilios y objetos antiguos que
sirvieron en su tiempo para elaborar y empaquetar
las especialidades de Romanengo.

LA VITICULTURA EN EL PAÍS DE LOS NAVEGANTES

Los griegos y los etruscos cultivaban ya la vid en la zona costera más estrecha y atractiva de Italia, que, encajada entre las cumbres de los Apeninos y las playas de la Riviera, se extiende desde la frontera francesa hasta las blancas canteras de mármol de Carrara. Aunque la vid se ha cultivado aquí desde la Antigüedad –por ejemplo, la existencia de la uva Dolcetto, llamada Ormeasco en Liguria, está documentada en el siglo XIV– en esta región de navegantes la viticultura ha constituido una actividad económica más bien de segundo orden, complementada en cualquier caso por la industria pesada y el turismo.

Asimismo el auge que en general registró la viticultura italiana desde finales de los años setenta del siglo XX sólo se ha reflejado parcialmente en Liguria. Continúan desapareciendo las viejas variedades de vid autóctonas, pues las jóvenes generaciones no las cultivan; no llega al cinco por ciento de la producción el vino que alcanza el nivel de calidad exigible y todavía se vende la mayor parte del vino sin embotellar a los turistas y a la población autóctona. Probablemente sería injusto pedir a los viticultores que cultiven mejor las variedades de sus vides y la multiplicidad de sus viñedos, pues el trabajo es realmente muy penoso en muchos casos y el rendimiento generalmente no guarda ninguna relación con el esfuerzo. Es una pena, sin embargo, que una de las comarcas vinícolas más fascinantes de Italia se vaya agotando progresivamente o que sufra las presiones de una urbanización cada vez más avanzada.

Los vinos realmente recomendables de Liguria proceden de las superficies cultivadas Riviera Ligure di Ponente y Rossese di Dolceacqua al oeste, Cinque Terre al norte de la ciudad marítima de La Spezia y Colli di Luni en la frontera con Toscana; la última se prolonga en la región contigua, lo cual constituye un caso único en la viticultura italiana.

VARIEDADES DE VID DESCONOCIDAS

Aunque las condiciones son adversas, también en Liguria se encuentran vinos deliciosos e interesantes, casi siempre de nombres desconocidos. Uno de los mejores caldos es el Rossese di Dolceacqua, de los alrededores de Ventimiglia. La variedad Rossese es de origen francés y produce vinos tintos medios, aunque muchos viticultores obtienen de ella vinos claros y de poco cuerpo. La variedad Ormeasca procede de la región contigua. Pocas veces alcanza la densidad y el afrutamiento intenso de sus diversas primas piamontesas, pero sobre todo en las montañas de Pieve di Teco puede dar lugar a buenos vinos de sabor pleno y suave.

El vino blanco más interesante de Liguria se obtiene de la variedad Pigato. Los vinos pueden ser realmente fuertes y combinan perfectamente con los sabrosos platos de pescado que se sirven en estas costas. Ocasionalmente se conservan incluso en cubas pequeñas de madera y entonces adquieren más fuerza y un sabor más pleno. Más finos y afrutados son los vinos de la variedad Vermentino, que se presentan bajo la D.O.C. Riviera con los nombres de Ligure di Ponente y Colli di Luni. No obstante, los verdaderamente famosos, aunque no siempre mejores que los vermentino, son los blancos de Cinque Terre, sobre todo en su variedad dulce *sciacchetrà*.

CINCO POBLACIONES Y UN OLVIDADO SCIACCHETRÀ

Cinque Terre, es decir, cinco poblaciones o cinco tierras, es con mucho la superficie cultivada más conocida de Liguria. Aunque en conjunto apenas si supera la superficie de una sola propiedad vinícola bordelesa de tipo medio, cuenta con algunas de las viñas más dramáticas de la viticultura mundial. Estrechas y casi amenazadoras paredes de terrazas se alzan en las escarpadas pendientes que dan al mar. A muchas de las viñas sólo se puede llegar a pie y la viticultura exige aquí un gran esfuerzo. De no ser por el turismo, que todavía garantiza un negocio rápido con los vinos autóctonos, la mayoría de las superficies hubiera quedado abandonada desde hace mucho tiempo. En cualquier caso la fácil salida que los vinos vendidos sin embotellar encuentran en los consumidores poco críticos ha impedido que los viticultores y cosecheros de la zona se interesen realmente por la calidad.

La especialidad más famosa de las Cinque Terre, el *sciacchetrà*, ha caído casi en el olvido. Son pocos los viticultores que pueden ofrecer una calidad aceptable y unas cantidades considerables de este vino dulce, de color intenso entre amarillo pajizo y ambarino, aromático y balsámico, que se obtiene de la variedad Albarola y puede presentar un sabor sorprendentemente aromático. Es de esperar que este auténtico monumento del vino italiano se salve de la desaparición.

En las estrechas terrazas vinícolas de Cinque Terre, como en ésta de Levanto, los viticultores tienen que trabajar en condiciones difíciles.

Vermentino Riviera Ligure di Ponente
Como los *vermentino* del sureste de Liguria, los vinos de la Riviera Ligure occidental de las faldas de los Apeninos entre Génova y Ventimiglia suelen ser agradablemente afrutados. Se consideran especialmente buenas las vides de las comarcas de Riviera dei Fiori, Albenga y Finale.

Colli di luni
Los vinos blancos y los tintos que pertenecen a esta Denominación de Origen se elaboran en la zona fronteriza situada entre Liguria y Toscana. En los blancos predomina la afrutada variedad Vermentino y en los tintos la Sangiovese, como en la mayoría de los vinos de la cercana Toscana.

Piamonte

Ovada

Monte Menegosa
1355 m

Fossano

Monte Antola
1597 m

Monte Maggiorasca
1799 m

Emilia-Romaña

Demonte

Cuneo

Tanaro

Ceva

Millesimo

A26

Appennino Ligure

A7

Torriglia

A15

Pontremoli

Borgo
S.Dalmazzo

Mondovì

Arenzano
Varazze
Albisola Marina

Génova

Nervi
S. Margherita
Ligure

Recco
Rapallo

Chiavari
Lavagna

Portofino

Lunigiana

Toscana

Limone
Piemonte

Ormea

Monte Galero
1708 m

Savona

Spotorno

Liguria

Sestri
Levante

A12

Monte Saccarello
FRANCIA 2200 m

Alpi Marittime

Pieve
di Teco

Finale Ligure
Loano

Pietra Ligure

Golfo de Génova

Levanto

Cinqueterre

La Spezia

Sarzana

44°

Riviera Ligure di Ponente

A10

Albenga

Riomaggiore

Portovenere

Lerici

Diano Castello

Alassio

Dolceacqua
Camporosso

Taggia

San Remo

Imperia
Porto Maurizio

25 km

Ventimiglia Bordighera

Rossese di Dolceacqua

Riviera Ligure di Ponente

Cinqueterre,
Cinqueterre Sciacchetrà

Colli di Luni

Zonas vinícolas en
regiones limítrofes

EMILIA-ROMAGNA

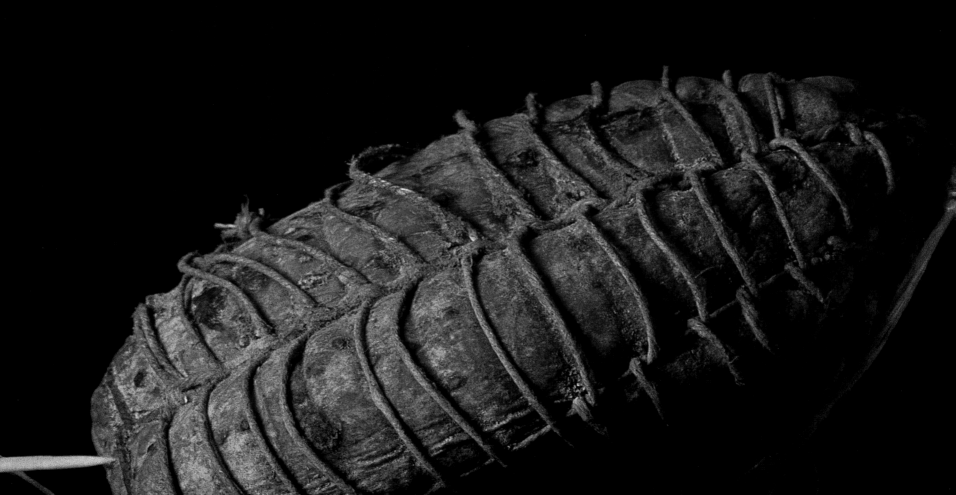

EMILIA-ROMAÑA

Piacenza
Bobbio
Parma
Reggio nell'Emilia
Ferrara
Comacchio
Modena
Valli di Comacchio
Emilia-Romaña
Bolonia
Ravenna
Faenza
Forlì
Cesena
Rimini

Las tiendas de productos selectos y la cocina de Emilia-Romaña ofrecen todo cuanto el paladar ansía: jamón recio, mortadela fresca, parmesano gustoso, pastas caseras servidas en infinitas variantes y con salsas irresistibles, opulentos platos de carne, caza de fuerte sabor, pasteles dulces y salados, postres exquisitos, vinos abocados y, no en último término precisamente, el vinagre más famoso del mundo, el *aceto balsamico tradizionale,* elaborado únicamente por unos pocos productores establecidos. La variedad de esta cocina deriva, entre otras cosas, del hecho de que esta zona está formada por dos regiones distintas: la Emilia, situada entre la cuenca del Po y la Toscana septentrional, y la Romaña, la región montañesa con la costa adriática al este. La feraz Emilia aporta pasta, productos lácteos y finas carnes, en tanto que la Romaña, casi árida e inaccesible en ocasiones, contribuye con hierbas vigorosas, con caza de fuerte sabor y con platos de pescado de la costa. El menú se completa con las especialidades urbanas. Parma está orgullosa de su jamón y de su *culatello,* en Bolonia se preparan la mortadela más suave, la mejor lasaña y los *tortellini* más exquisitos del mundo, Piacenza es la patria de los *tortelloni,* Reggio Emilia destaca por sus estofados y por el *erbazzone,* Ferrara destaca por sus salchichas y en Módena se sirve el *zampone,* el pie de cerdo relleno de sabor incomparable.

En Emilia-Romaña se vive de la gastronomía en dos sentidos. Las especialidades autóctonas son degustadas por los habitantes de esta región, pero también se han preparado desde siempre con destino a la exportación, asegurando así el bienestar de la zona. Ya en la Edad Media el resto del mundo apreciaba el jamón y el queso de Parma y en ninguna otra parte de Italia se registra tal densidad de fábricas pequeñas, medianas y grandes de productos alimenticios.

Aunque en este momento las especialidades de Emilia-Romaña pueden adquirirse en cualquier parte del mundo, es preferible probarlas en su lugar de origen. Existe la posibilidad de charlar amistosamente con los lugareños, frente a una botella de *lambrusco* y a una *piadina* o torta tradicional cocida en fuego de leña, sobre la única cuestión realmente decisiva de la cocina regional: ¿cuáles son los chicharrones más sabrosos? ¿Los más bien secos de Emilia o los jugosos y grasos preferidos en Romaña?

Doble página precedente: para comprobar el grado de curación de su *culatello,* Fernando Cantarelli utiliza el tradicional hueso de caballo.

Izquierda: las lagunas del delta del Po definen el paisaje de Emilia, en tanto que son las montañas las que establecen el perfil de Romaña, situada al Este.

PASTA

Emilia-Romaña es el paraíso de la pasta. Independientemente de las innumerables variantes de la *pasta secca* de sémola de trigo duro, la *pasta fresca* casera de harina de trigo y huevo se puede probar en cualquier parte. Los expertos coinciden en que en ninguna otra región la pasta fresca es tan aterciopelada y elástica como aquí. En las cocinas pequeñas y grandes de Emilia-Romaña se prepara la *pasta fresca* en sus variantes más diversas: en forma de cintas o de rombos, rectangular o cuadrada, con relleno de carne o de queso, como *ravioli*, *tortellini* o *tortelli*, como humeante lasaña, como *anolini*, *agnolotti*, *cappelletti* o *cappellacci*, con *sugo* o con *ragù*. No hay límites para la fantasía.

La pasta se elabora invariablemente con la misma receta, se amasa con esmero y después se estira simplemente con las manos o en láminas finas con el rodillo. Cada *rasdora* –palabra que antiguamente designaba al ama de casa en el dialecto regional– tiene su propia técnica y conoce las recetas secretas tradicionales relacionadas con la "vida interior" de la pasta. Los *tortelli di primavera*, rellenos de hierbas aromáticas y de *ricotta*, proceden de Parma. En otras comarcas la pasta se rellena con calabaza y en las montañas de Emilia con castañas. Los *tortellini*, de los que existen alrededor de 110 recetas distintas, son supuestamente una creación boloñesa. Su forma simboliza hipotéticamente el ombligo de Venus.

Sin embargo, en esta zona la pasta no solo da lugar a exquisitas variedades de pastas, sino también a especialidades horneadas como las *torte salate* o tortas picantes y a tortas crujientes como la *piadina*, la *tigella* y la *crescentina*. En Reggio Emilia se prepara el *erbazzone*, que es una torta aromática con relleno de espinacas y acelgas, y en Módena la *tigella* se sirve con manteca de cerdo mezclada con romero y ajo.

TORTELLINI ROMAGNOLI
Tortellini con relleno de pavo
(fotografía inferior)

Para la masa:
400 G DE HARINA DE TRIGO
1/2 CUCHARADITA DE SAL
4 HUEVOS

Para el relleno:
25 G DE MANTEQUILLA
350 G DE PECHUGA DE PAVO CORTADA EN TROZOS PEQUEÑOS
50 G DE RICOTTA
50 G DE BEL PAESE
25 G DE PARMESANO RALLADO
RALLADURA DE 1/2 LIMÓN
2 HUEVOS
NUEZ MOSCADA RALLADA
SAL Y PIMIENTA NEGRA RECIÉN MOLIDA

MANTEQUILLA DERRETIDA
PARMESANO RALLADO PARA ESPOLVOREAR

Para elaborar la masa de la pasta, tamice la harina sobre la superficie de trabajo y haga un hueco en el centro. Ponga en él la sal y los huevos y amase con la harina hasta lograr una masa elástica. Dé a la masa forma de esfera, envuélvala en un paño húmedo y déjela en reposo 30 minutos.
Caliente la mantequilla en una sartén pesada, introduzca la carne de pavo y ase a fuego lento entre 15 y 20 minutos. Pase la carne de pavo por la picadora y mézclela con el resto de los ingredientes para el relleno. Sazone con nuez moscada, sal y pimienta.
Estire finamente la masa y saque círculos de 5 cm de diámetro. Ponga un poco de relleno en el centro de cada círculo y dóblelo en forma de media luna. Enrolle cada pieza como un anillo alrededor de un dedo y apriete los extremos.
Cueza los tortellini en abundante caldo de verduras o de carne hasta que asciendan a la superficie. El proceso dura unos 5 minutos. Retírelos con una espumadera y páselos a una fuente calentada.
Vierta encima la mantequilla derretida y espolvoree a voluntad parmesano rallado.

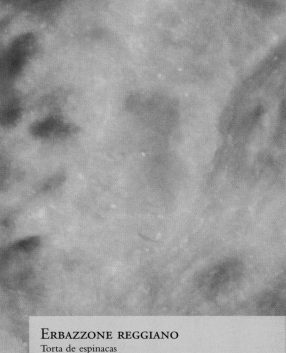

ERBAZZONE REGGIANO
Torta de espinacas
(fotografía fondo)

Para 6 personas

Para la masa:
300 G DE HARINA DE TRIGO
1/2 CUCHARADITA DE SAL
65 G DE MANTEQUILLA DERRETIDA
1 CUCHARADA DE ACEITE VEGETAL

Para el relleno:
1 KG DE ESPINACAS O DE ACELGAS
4 CUCHARADAS DE ACEITE DE OLIVA
50 G DE JAMÓN AHUMADO EN DADOS
1 CUCHARADA DE PEREJIL PICADO
1 DIENTE DE AJO APLASTADO
1 HUEVO
50 G DE PARMESANO RALLADO
SAL
25 G DE MANTEQUILLA

Tamice sobre una fuente la harina y la sal y amase con la mantequilla derretida hasta conseguir una mezcla desmigajada. Incorpore el aceite vegetal y añada el agua templada suficiente para que resulte una masa lisa y maleable. Reserve en un lugar frío.
Para elaborar el relleno, lave las espinacas (o las acelgas), escáldelas brevemente, escúrralas a fondo y píquelas finas o tritúrelas con la batidora. Caliente aceite de oliva en una sartén, agregue los dados de jamón y rehogue 2 minutos a fuego lento. Mezcle las espinacas revolviendo y rehogue otros dos minutos. Añada el perejil y el ajo aplastado y rehogue 2 minutos más. Bata los huevos a punto de nieve. Retire la sartén del fuego, incorpore revolviendo los huevos y el parmesano. Sazone con sal y deje enfriar.
Aplane con un rodillo dos terceras partes de la masa y extiéndalas formando una lámina fina y circular. Unte con mantequilla derretida un molde desmontable de unos 25 cm de diámetro, cubra a continuación con la masa el fondo y los laterales, introduzca el relleno de espinacas y oprima hacia abajo el borde saliente de la masa. Estire la masa restante en forma de "tapadera", colóquela sobre el relleno y una los bordes apretando firmemente. Pinche varias veces la tapadera con un tenedor y úntela con el resto de la mantequilla derretida. Cueza durante casi 1 hora en el horno precalentado a 200°C. Sirva caliente o frío.

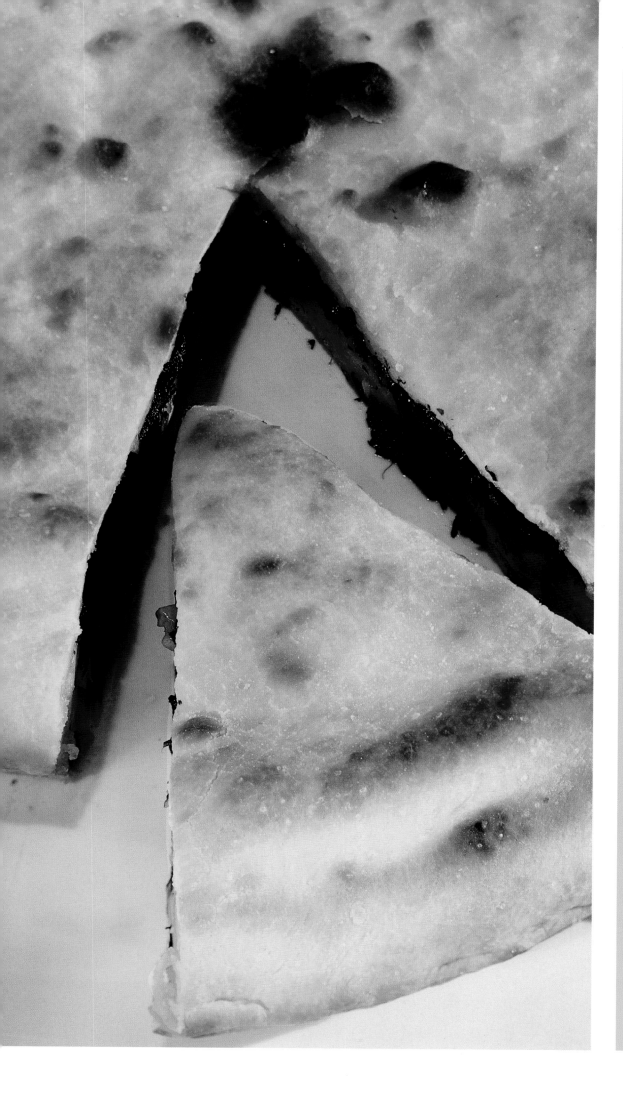

Esta *piadina* se rellena, como si fuera un *panino*, con *mozzarella* y tomate.

Tigella

La *tigella* es un pan tradicional que se prepara en la comarca de Módena. Se elabora mezclando harina de trigo, agua y sal hasta lograr una masa esponjosa. Tras 30 minutos de reposo, la masa se parte en porciones redondas y se estira. Para la cocción, las tortas se introducen en moldes planos especiales. Originariamente la palabra *tigella* designaba el material refractario del que estaba hecho el recipiente de la cocción, pero con el tiempo el nombre pasó a designar la torta misma.

Piada o piadina

En Romaña la torta redonda no se llama *tigella*, sino *piada* o *piadina*. La masa se elabora con harina de trigo, agua, sal y un poco de aceite o de manteca de cerdo a voluntad. Se estira con el rodillo hasta alcanzar las dimensiones de una bandeja de horno redonda. Estos moldes del tamaño de un plato son de acero fino o de terracota, aunque también puede utilizarse una sartén de hierro colado. La *piada* está a punto tras unos pocos minutos de cocción. Es exquisita con jamón de Parma, queso o verduras poco cocidas.

Crescentina

La *crescentina* se distingue de la *tigella* y de la *piada* por contener levadura. Por lo demás, la masa, como sucede con el resto de las tortas, se prepara con harina de trigo, agua, sal y una pequeña cantidad de manteca de cerdo. Para que la masa pueda incorporar la levadura, debe permanecer en reposo durante una hora. Entonces se corta en rodajitas redondas y se cuece en un molde plano. La *crescentina* puede ser un sustituto del pan en todos los platos posibles, a pesar de que resulta más exquisita si se acompaña con jamón, queso y verduras.

Gnocco frito

La masa se prepara con harina de trigo, agua, manteca de cerdo, sal y una pizca de levadura química. Se mantiene en reposo en un lugar cálido, se estira formando una capa plana y se corta en rombos que se perforan con un tenedor. Los rombos se fríen en abundante aceite y alcanzan su mejor sabor cuando se sirven calientes.

Erbazzone

Como la *torta pasqualina* ligur, el *erbazzone reggiano* es una *torta salata,* es decir, una torta salada y picante. Sin embargo, a diferencia de la torta pascual de Liguria el *erbazzone* de Reggio no se prepara con huevos, sino con jamón o con tocino adobado. En algunas comarcas montañosas se añade arroz cocido al relleno de acelgas y espinacas.

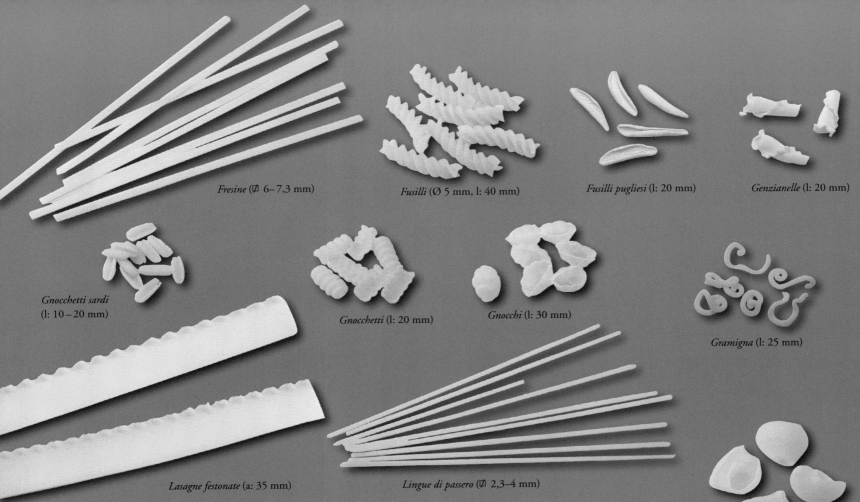

Fresine (Ø 6–7,3 mm)

Fusilli (Ø 5 mm, l: 40 mm)

Fusilli pugliesi (l: 20 mm)

Genzianelle (l: 20 mm)

Gnocchetti sardi (l: 10 – 20 mm)

Gnocchetti (l: 20 mm)

Gnocchi (l: 30 mm)

Gramigna (l: 25 mm)

Lasagne festonate (a: 35 mm)

Lingue di passero (Ø 2,3–4 mm)

Lumache rigate grandi (l: 35 mm)

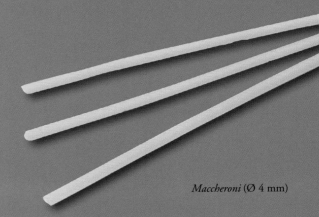

Maccheroni (Ø 4 mm)

Occhi di pernice (Ø 4 mm)

LA MEJOR SALSA PARA UNA DETERMINADA PASTA

Saber combinar una pasta con una apetitosa salsa constituye poco menos que toda una ciencia. Un cocinero italiano se prestará gustosamente a ofrecer sus puntos de vista personales sobre este tema, si bien existen una pocas reglas básicas que se respetan en términos generales.

Las variedades de pasta rellena, como los *ravioli,* los *pansoti,* los *cappelletti* o los *tortellini,* tienen tanto aroma en sí mismas que es suficiente servirlas con un poco de mantequilla a la salvia o con una salsa de tomate muy suave. En el norte suelen acompañarse con una salsa de nata.

La *pasta fresca* delgada, como, por ejemplo, los *tagliolini,* no puede "matarse" con una salsa fuerte. Bastan un poco de trufa rallada, algo de mantequilla o una cucharada de parmesano rallado.

En cambio, la *pasta fresca* más consistente, como las *tagliatelle,* admiten una salsa fuerte preparada con setas, queso, nata, jamón o incluso pescado.

Tratándose de la pasta seca, existen más posibilidades combinatorias. Como carece de un sabor propio marcado, la *pasta secca* depende en gran medida de la salsa que la acompaña. En este caso es incuestionable que cuanto mayor es el hueco de una pasta, más salsa admite.

El fabricante campaniense de pasta Voiello llegó incluso a pedir al diseñador de coches Giorgetto Giugiaro la "construcción" de una pasta que admitiese la mayor cantidad posible de salsa. El resultado fue la pasta de diseño Marilla, que resulta exquisita con salsa de tomate y parmesano.

Abreviaturas y signos:
mm = milímetros
Ø = diámetro
⌀ = sección
l = longitud
a = altura

POSIBLES COMBINACIONES DE SALSAS Y PASTA

Aglio e olio
El aceite de oliva y el ajo van bien con la pasta larga, como los espaguetis y las *linguine.*

Ai frutti di mare
Los mariscos son idóneos para la pasta larga y muy delgada, como los *spaghettini* o los *capelli d'angelo.*

All'amatriciana
Esta salsa de tomate y tocino va bien con la pasta larga hueca, como los *bucatini* o los macarrones.

Alla napoletana
Esta salsa de tomate clásica se adapta a todos los tipos de pasta.

Allo spezzatino
La carne estofada es idónea para la pasta en forma de cinta.

Burro e salvia
La mantequilla y la salvia enriquecen todas las variedades, incluida la pasta rellena.

Carbonara
Salsa de tocino, queso y huevo ideal para la pasta larga y fina.

Pesto
Esta crema de albahaca, aceite de oliva, piñones, ajo y queso parmesano o pecorino es apta para la pasta en forma de cinta, las largas y delgadas y la pasta rellena.

Ragù alla bolognese
Salsa de carne picada, muy apropiada para las variedades de pasta larga y para el relleno de la lasaña.

Salsa di noci
La salsa de nueces ligur es idónea para la pasta en forma de cinta.

Sugo di pesce
Esta salsa de tomate y pescado acompaña perfectamente a la pasta de grandes huecos, como los macarrones o las *penne.*

Abissina rigate (l: 35 mm)

Anelli (Ø 8 mm)

Bavette (⌀ 1,4–1,8 mm)

Bucatini (Ø 2,6–2,9 mm)

Cannelloni (Ø 30 mm, l: 100 mm)

Capellini (Ø 1,2–1,4 mm)

Cappelletti (Ø 30–40 mm)

Capunti (l: 20–25 mm)

Cavatelli (l: 20 mm)

Cavatellucci (l: 20   m)

Chiocciole (l: 15–20 mm)

Cinesini (l: 12 mm)

Ciriole (Ø 3 mm)

Conchiglie (l: 35 mm)

Ditali rigati (Ø 4 mm, l: 10 mm)

Faresine (⌀ 8–10 mm)

Farfalle (l: 35 mm)

Fedelini (Ø 1,2–1,4 mm)

Fenescècchie (Ø 6 mm, l: 40 mm)

Fettuccelle (⌀ 6–7,3 mm)

Fettuccine (⌀ 8–10 mm)

La harina debe ser muy fresca, pues de no serlo podrían formarse en la masa orificios desagradables. En general se calcula 1 huevo por 100 g de harina, aunque se trata de un cálculo meramente orientativo.

Para elaborar la pasta, en algunas zonas de Italia se utilizan exclusivamente yemas o claras, incluso se prescinde del huevo y se utiliza sólo harina de trigo, agua y una pizca de sal.

Primero los huevos se mezclan en un hueco formado en un montoncito de harina. Después se amasa la harina con toda la energía y el tiempo necesarios para obtener una masa homogénea y maleable, susceptible de poder ser estirada finísimamente.

LA PASTA EN SÍ...

En Italia prácticamente cada región tiene su propia teoría sobre el origen de la pasta. Los ligures sostienen que los comerciantes genoveses descubrieron la receta entre los pueblos nómadas de Mongolia y la trajeron a su Riviera natal. Según los venecianos, fue Marco Polo quien importó la pasta de China; se desentienden totalmente de la sospecha, formulada por historiadores impertinentes, de que en realidad el famoso viajero nunca salió de su patria. En Roma dicen que los emperadores y senadores de la Antigüedad ya comían pasta. Para los sicilianos es indudable que la pasta llegó a la isla o bien con los antiguos griegos o bien con los árabes medievales. En Nápoles, por el contrario, nadie quiere saber nada de esta historia, pues los campanienses creen que la pasta primitiva de los griegos y de los romanos consistía en trozos de una pasta ordinaria que los imaginativos cocineros de las cocinas napolitanas de los *maccheroni* o macarrones supieron transformar en lo que hoy es: una pasión de toda Italia.

En cualquier caso, lo cierto es que actualmente la pasta se presenta en más de 300 variantes y que constituye uno de los platos más apreciados de los menús italianos. Se distinguen dos clases. La *pasta secca* incluye las pastas elaboradas con sémola de trigo duro y agua; se comercializa como producto seco y raras veces se elabora en casa. La *pasta fresca* o *pasta fatta in casa* es, por el contrario, la pasta casera, cuya masa se elabora con harina de trigo, huevo y eventualmente un poco de agua o de vino blanco. Existe, con todo, una *pasta fresca* casera que renuncia al huevo.

La *pasta secca* es un producto acabado que por su intachable tradición se sitúa elegantemente más allá de la discusión a favor o en contra de los productos prefabricados. Hasta el ama de casa más hacendosa y el cocinero más ambicioso confían básicamente la elaboración de las pastas de trigo duro al *pastaio* o elaborador de pastas y últimamente a las fábricas. La *pasta secca* se clasifica en dos grupos: la *pasta lunga* y la *pasta corta*. La primera abarca todas las formas de pastas que superan los diez centímetros de longitud, como los espaguetis, los *spaghettini* o fideos largos y las *tagliatelle* o tallarines. El concepto de *pasta corta* incluye formas más cortas, como las suntuosas *penne*, las *farfalle* (mariposas) de tamaño medio y también las diminutas pastas para sopas. En general la *pasta secca* se caracteriza por una *tenuta di cottura* fiable, es decir, por no perder consistencia durante la cocción y no deshacerse en el agua hirviendo. Aun cuando la mayoría de los fabricantes hace constar en los envases de sus pastas el tiempo exacto de cocción, una buena *tenuta di cottura* se refleja en el hecho de que la pasta que, por descuido, haya sufrido una cocción excesivamente larga no se ablanda ni se apelmaza, sino que conserva su forma y su consistencia *al dente* aun pasados dos minutos del tiempo recomendado.

A diferencia de la *pasta secca*, que casi siempre se elabora industrialmente, la *pasta fresca* es el producto individual de un cocinero. Existen innumerables artificios y recursos para lograr una masa especialmente moldeable o para estirarla en capas singularmente finas. Sin embargo, la receta básica es casi siempre la misma: un huevo y una pizca de sal por cada 100 g de harina. Hay *pasta fresca a strisce*, como las pastas cortadas de la masa lisa, y *ripiena* o rellena. Los rellenos son tan diversos como las formas mismas de las pastas; desde la calabaza a la carne y al pescado pasando por la *ricotta*, prácticamente todo tiene cabida en las bolsitas de pasta.

En algunas regiones italianas se colorea la masa de la pasta fresca para conseguir una *pasta colorata*. El secreto de la *pasta nera* que se elabora en algunas comarcas costeras radica en la tinta del calamar. La espinaca reducida a puré proporciona su color a la *pasta verde*, una cucharada de concetrado de tomate hace que la masa adquiera un tono rojo claro y una pequeña cantidad de zumo de remolacha tiñe la pasta de un rosa suave. En Cerdeña se utiliza el azafrán para dotar al *malloreddus* de sus reflejos de color amarillo oro. Entretanto también se encuentra en el mercado *pasta secca* coloreada. Estas variedades se colorean con un colorante artificial o con los mismos medios naturales que la *pasta fresca*.

El que las pastas engorden no deja de ser un prejuicio, pues 100 gramos de *pasta secca* no cocida contienen entre 325 y 355 calorías y la misma cantidad de *pasta fresca* contiene alrededor de 365 calorías. Por otra parte las pastas suministran valiosos hidratos de carbono, incluyen minerales de importancia vital y aportan las vitaminas B1, B2 y niacina. De no servirse con una salsa muy pesada, la pasta puede incluso constituir un plato dietético.

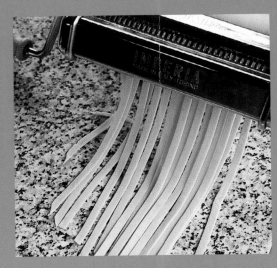

Las *tagliatelle* o tallarines son una de las pastas más tradicionales de Emilia-Romaña y se preparan frescas casi todos los días.

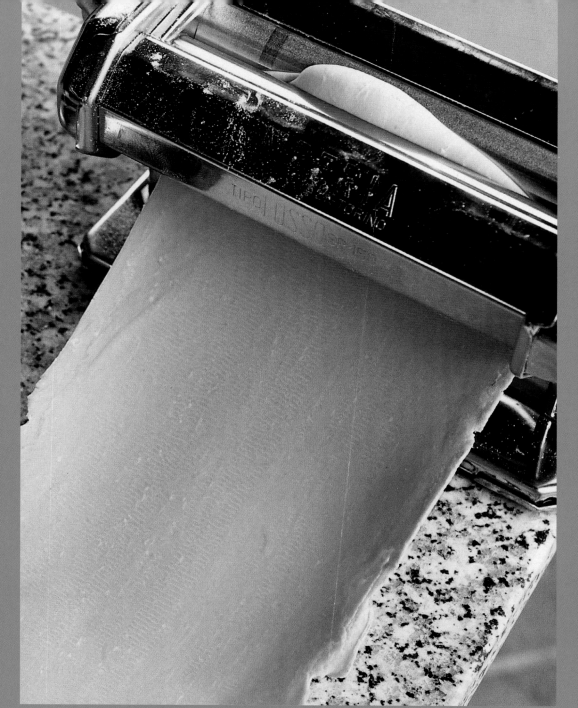

Quien quiera evitarse la molestia de estirar directamente la pasta puede hacerse con una máquina especial que se activa con una manivela o incluso con corriente eléctrica. Contando con los accesorios correspondientes, se pueden obtener todas las formas imaginables de pasta.

COCCIÓN CORRECTA DE LA PASTA

La pasta se cuece rápidamente y para obtener resultados plenamente satisfactorios basta con observar un par de reglas básicas. La olla debe ser grande y de paredes altas. Se calcula un mínimo de 1 litro de agua por 100 g de pasta, pues ésta tiene que poder moverse libremente para no aglutinarse. Además hay que incorporar entre ocho y diez gramos de sal por cada litro de agua.

Antes de introducirse la pasta en la olla, el agua tiene que hervir a borbotones y el agua debe seguir hirviendo durante todo el tiempo de la cocción. La acción de revolver de vez en cuando asegura la cocción uniforme de toda la pasta. La rellena debe cocerse con cuidado; si el agua hierve demasiado o si se revuelve con violencia, la pasta sufre deterioros y el relleno sale.

El tiempo de cocción depende del tamaño de la pasta. La pasta muy pequeña o muy delgada se cuece antes que la mayor o más gruesa. En general el tiempo de cocción de la pasta fresca es menor que el de la *pasta secca*. Sólo probándola se puede determinar el punto de cocción. La pasta italiana se cuece al *dente;* debe ser blanda por fuera y al mismo tiempo presentar cierta resistencia en su interior. Cuando la pasta está "en su punto", se pasa el contenido de la olla a un colador.

RECETA BÁSICA PARA ELABORAR PASTA

Para 6–8 personas

500 G DE HARINA DE TRIGO
5 HUEVOS
1/2 CUCHARADITA DE SAL
HARINA PARA ESPOLVOREAR

Tamice la harina sobre una superficie de trabajo, realice un hueco en el centro y vierta en él los huevos y la sal. Incorpore la harina de los bordes y forme una masa compacta. Amase 15 minutos hasta lograr una masa maleable, envuélvala en film transparente y déjela en reposo 1 hora.

Espolvoree con harina la superficie de trabajo y estire finamente la masa con un rodillo enharinado, pasándolo cuantas veces sea preciso para que la masa esté uniformemente estirada.

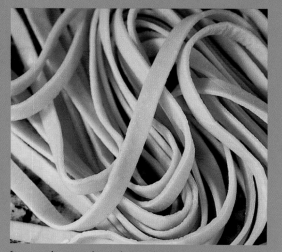

Las pastas largas, anchas y planas se llaman en general *tagliatelle*. En la provincia de Parma hay una variante para la cual se utiliza una mezcla de harina de trigo y de harina de castaña.

LA PASTA EN EL MERCADO

Pasta di semola di grano duro secca
Las pastas secas de sémola de grano duro y agua se conservan mucho tiempo cuando se almacenan en buenas condiciones.

Pastina o pasta corta mista
Las pastas pequeñas de grano duro se utilizan como ingredientes de caldos y de sopas *(pasta in brodo)*.

Pasta glutinata
Estas pastas de grano duro, a las que se incorporan proteínas aglutinantes, se suelen utilizar en la alimentación infantil.

Pasta corta o pasta tagliata
Son las pastas de grano duro y de tamaño medio que se toman como *pasta asciutta* o pasta seca sólo con un poco de salsa de tomate.

Pasta lunga
Las pastas largas de trigo duro, como los espaguetis, se toman también como la *pasta asciutta*.

Pasta di semola fresca
Estas pastas de agua y trigo duro no son secas, sino frescas. Son una especialidad de las regiones meridionales. Uno de los representantes de esta variedad son los *malloreddus* sardos.

Pasta all'uovo secca
Las pastas secas de trigo duro y huevo se elaboran con frecuencia en forma de cintas. También los raviolis o los *tortellini* rellenos del mercado son de masa de huevo, pero no son tan sabrosos como las pastas caseras.

Pasta all'uovo fresca
Las pastas caseras de harina de trigo y huevo se conservan poco tiempo, por lo que deben consumirse con la mayor brevedad posible.

Pasta speciale
Son las pastas coloreadas o *pasta colorata* y las variedades cuya masa lleva ingredientes aromáticos (setas, trufas, vino) o incorpora otras clases de harina (integral, de trigo sarraceno).

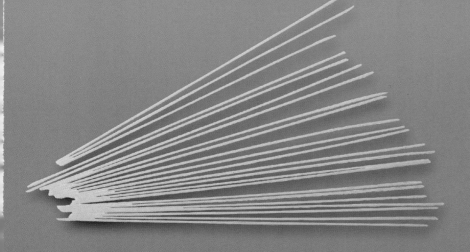

Spaghetti (Ø 1,8–2 mm)

Spiganarda (Ø 3 mm, l: 15 mm)

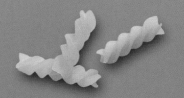

Spirali (Ø 5 mm, l: 40 mm)

Strascinati tricolore (l: 40 mm)

Taccheroni (l: 35 mm)

Tagliatelle all'uovo (⌀ 4,3–5,8 mm)

Tagliatelle con spinaci (⌀ 4,3–5,8 mm)

Taglierini (Ø 3 mm)

Tortelli (⌀ 50 mm)

Tortellini (Ø 45–50 mm)

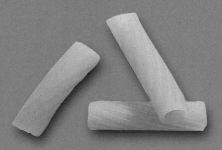

Tortiglioni (Ø 10 mm, l: 50 mm)

Trenette
(⌀ 3,5 mm)

Triangoli di pasta nera al salmone (50 × 60–80 mm)

Trocchi (⌀ 4 mm)

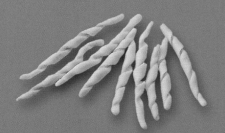

Trofie (Ø 4 mm, l: 50 mm)

Trucidi pugliese (Ø 4 mm, l: 20 mm)

Truciolotti (l: 20–25 mm)

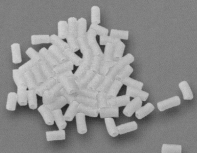

Tubettini (Ø 4 mm, l: 6 mm)

Orecchiette (Ø 20–25 mm)

Pansoti (50 × 60–80 mm)

Panzerotti di magro (50 × 60 mm)

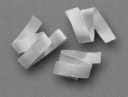

Pappardelle (∅ 11–15 mm)

Passadelli (Ø 4 mm, l: 15–30 mm)

Pasta a riso (l: 4 mm)

Penne mezzane (Ø 4 mm, l: 25 mm)

Pennette (Ø 5 mm, l: 25 mm)

Penne mezzi ziti corte (Ø 5 mm, l: 20 mm)

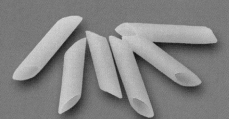

Penne (Ø 8 mm, l: 40 mm)

Pennoni rigati (Ø 10 mm, l: 35 mm)

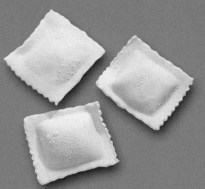

Ravioli (l: 40–50 mm)

Ravioli alle noci (l: 40–50 mm)

Rigatoni (Ø 13 mm, l: 60 mm)

Riscossa (l: 20–25 mm)

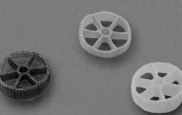

Ruote tricolore (Ø 20–24 mm)

Schiaffoni (Ø 10 mm, l: 55 mm)

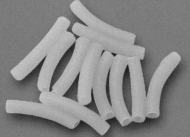

Sedanini (Ø 4 mm, l: 30 mm)

Ruvida (Ø 3 mm)

BARILLA

Dove c'è Barilla, c'è casa, "Donde está Barilla, estás en casa". El eslogan publicitario es perfecto; es difícil que un pueblo relacione su identidad con el bienestar físico en la medida en que lo hacen los italianos. En este caso no piensan en primer término en la pizza, sino en la pasta, concretamente en Barilla, la fábrica de pasta de Parma. Hace ya tiempo que los típicos envases azules de *rigatoni, farfalle* o *bucatini,* con caracteres blancos sobre fondo rojo, aparecen en las estanterías de los supermercados de Moscú, Addis Abeba, Tokio y Copacabana. La fábrica principal de Barilla —el mayor fabricante de pasta y líder indiscutible del

Los envases de espaguetis se transportan mediante una cinta hasta la sección de embalaje, desde donde se remiten a todo el mundo.

Los espaguetis secos deben tener una longitud homogénea para que encajen en el envase.
Derecha: Las pastas largas y lisas, como los espaguetis, se cuelgan de unas varas para que se sequen.

mercado italiano— es el centro del llamado *Food Valley* italiano, situado entre Parma y Módena, en la cuenca del Po, al norte de Italia, donde se concentra la mayor parte de la industria alimentaria italiana.

En lo que respecta a la producción italiana de pasta, Parma ocupaba ya en el siglo XIX la tercera posición, tras Nápoles y Génova, según consta en el *Leipziger Universal Lexicon der Kochkunst,* de 1890. Asimismo el panadero Pietro Barilla vendía pasta en la tienda que abrió el año 1877 en el centro de Parma; era pasta de huevo y *pasta secca* de trigo duro. Pasó a la historia de la firma como su verdadero fundador, pues, aprovechándose de los avances técnicos, hacia 1900 invirtió sus ahorros en una amasadora nueva y en una prensa de hierro colado que dispararon la producción. En 1910 se construyeron nuevas naves a las puertas de Parma y los hijos de Pietro, Gualtiero y Riccardo, adquirieron los hornos más modernos y máquinas para tamizar la harina, amasar, cortar la masa, plegarla, prensarla, etc. Al poco tiempo trabajaban allí 100 obreros, que elaboraban 80 quintales métricos de pasta al día. El volumen de pedidos crecía incontablemente; se conquistaron nuevos mercados en otras regiones de Italia y en el extranjero, sobre todo en América, donde los emigrantes italianos reclamaban sus pastas. Los clientes hacían sus encargos a través de los catálogos del Pastificcio Barilla, cuyo grafismo supo expresar con elegancia la divertida estética de las docenas de pastas diferentes.

Desde el primer momento la calidad del producto fue la exigencia suprema, en dependencia directa de la calidad de la harina de trigo duro. Riccardo Barilla solía espolvorearse harina en la manga de su traje negro. Si al soplar no quedaba ni una mota, la harina era buena, es decir, estaba seca y bien molida. Los parmesanos de mayor edad todavía recuerdan los destartalados vehículos de Barilla que, cegadoramente amarillos y cargados de pan y de pasta recién hecha, recorrían las calles de Parma a primeras horas de la mañana arrastrados por animales blancos de sangre fría, alimentando una imagen que era y es sinónimo del auténtico valor nutritivo de los huevos frescos y del trigo.

En los años treinta del siglo XX eran ya 700 los obreros ocupados en una producción de 800 quintales métricos de pastas y de 150 de pan al día. En el año 1952, bajo la dirección de otro Pietro, nieto del primero, se abandonó la producción de pan, y todas las fuerzas se concentraron en el intento de comandar el mercado nacional de las pastas. Apoyándose en el premiado eslogan publicitario *Con pasta Barilla è sempre domenica,* "Con pastas Barilla siempre es domingo", la marca fue el icono de la Italia en expansión de los años cincuenta. Tras el intervalo norteamericano de los años setenta, Pietro Barilla volvió a comprar la empresa y actualmente se turnan sus hijos Guido, Paolo y Lucca. Entretanto las aproximadamente 30 fábricas, cuatro de ellas en el extranjero, han incorporado también la producción de galletas. Bajo el sugestivo nombre comercial del Mulino Bianco (molino blanco), los *biscotti,* inevitables en el desayuno italiano, representan más de la mitad de las ventas y llenan un nuevo capítulo de éxitos de la historia de la firma Barilla.

En 1877 Pietro Barilla abrió en el centro de Parma una tienda en la que vendía pasta al huevo fresca y *pasta secca* de trigo duro.

Hacia 1900 Pietro Barilla (1845–1912) adquirió maquinaria moderna, que le permitió incrementar considerablemente su producción.

RALLANDO EL QUESO

Son muchas las recetas en que se indica que las pastas han de servirse con su salsa correspondiente y con parmesano rallado o, como es habitual en el sur de Italia, con *pecorino* también rallado. Ahora bien, ¿cuál es la mejor manera de hacer llegar al plato estas dos variedades de queso duro? El viejo rallador doméstico presta servicios más que aceptables, pero implica cierto peligro de heridas, como lo podrá atestiguar cualquiera que por descuido se haya dejado en él las uñas. Es mucho más fácil rallar queso utilizando un molinillo apropiado. En este caso se coloca el queso en una caja en cuyo interior hay un rallador cilíndrico, que se me mueve mediante una manivela mientras se ejerce una ligera presión sobre el queso. No obstante, deben adoptarse las debidas precauciones con los molinillos baratos de plástico, pues es fácil que se parta la manivela. Las preferencias personales decidirán en última instancia el método que se adopte para rallar. Lo que importa es que el queso esté recién rallado y que se consuma inmediatamente. No deben conservarse innecesariamente mucho tiempo los quesos rallados; en cualquier caso las porciones de queso rallado ya preparado envasadas en plástico no son admisibles.

Para el queso parmesano se recomienda utilizar un rallador plano que no lo ralle excesivamente.

Al pasar trozos pequeños de queso por un rallador de cocina curvo hay que tener cuidado con los dedos.

Los quesos duros se rallan rápidamente y sin riesgos con un molinillo. Los mejores aparatos son de acero.

Los molinillos de plástico resistente y con buenas muelas son a menudo una alternativa muy colorida.

PARMIGIANO REGGIANO

Para elaborar el queso parmesano, se mezcla al amanecer leche de la tarde con leche de la mañana.

La leche se calienta y se cuaja añadiéndole cuajo.

La leche cuajada se desmenuza con el macho hasta lograrse un granulado fino.

Tras un nuevo calentamiento el primer queso se deposita en el fondo.

Se extiende un paño bajo la masa del queso y fluye el primer suero.

Dos hombres fuertes se encargan de sacar del caldero la masa fresca de queso.

La masa de queso se prensa en un molde para que fluya el suero restante.

El queso fresco con algo de corteza se mantiene en salmuera entre 3 y 4 semanas.

Ya en la Edad Media los enormes quesos almacenados en las queserías de Parma pasaban por ser una verdadera "atracción turística". Hacia 1500 a los peregrinos y a los viajeros se les ofrecía como aperitivo el queso típico de la región cortado en tacos. Fue probablemente en 1612 cuando Bartolomeo Riva, tesorero de los Farnesio bajo el mandato de Ranuccio I, concibió el logotipo del *parmigiano reggiano,* que todavía persiste. El parmesano, producto con D.O.C, se sigue elaborando según los métodos tradicionales, los cuales, en cualquier caso, están regulados por ley, lo mismo que la zona en que este queso puede elaborarse. De ahí que únicamente puede llevar el nombre de *parmigiano reggiano* el queso elaborado en las provincias de Parma, Reggio Emilia, Módena, Mantua (en la margen derecha del Po) y Bolonia (sólo a la izquierda del Reno). Además la leche utilizada debe proceder de animales no estabulados y alimentados exclusivamente con pastos verdes.

En la quesería se deja reposar la leche durante toda la noche para que a la mañana siguiente pueda retirarse la nata. Entonces a la leche sin grasa se agrega leche sin desnatar recién ordeñada. La mezcla se calienta en una gran caldera de cobre. Cuando se alcanzan los 33°C, el maestro quesero introduce cuajo de estómago de ternera. La fermentación empieza inmediatamente y quince minutos después la leche está cuajada. Se desmenuza la *cagliata* o cuajada hasta que las partículas tengan el tamaño de los granos de trigo; de ahí el nombre de *grana* (grano). Entonces se vuelve a calentar la masa, lentamente al principio hasta los 45°C y rápidamente después hasta los 55°C, de forma que el queso se separe del suero. Utilizando un gran paño, hombres fuertes alzan de la caldera este bloque, que puede llegar a pesar 60 kilogramos y que, una vez

Cada pieza de queso lleva grabado con fuego el sello de su fábrica.

El maestro quesero examina el nivel de curación del queso cada cierto tiempo.

El *parmigiano reggiano* debe estar mucho tiempo almacenado antes de lograr su curación definitiva. Las variedades más antiguas permanecen hasta tres años en estanterías de madera.

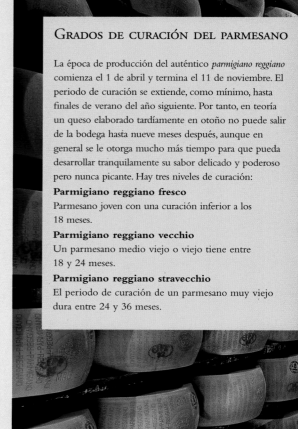

GRADOS DE CURACIÓN DEL PARMESANO

La época de producción del auténtico *parmigiano reggiano* comienza el 1 de abril y termina el 11 de noviembre. El periodo de curación se extiende, como mínimo, hasta finales de verano del año siguiente. Por tanto, en teoría un queso elaborado tardíamente en otoño no puede salir de la bodega hasta nueve meses después, aunque en general se le otorga mucho más tiempo para que pueda desarrollar tranquilamente su sabor delicado y poderoso pero nunca picante. Hay tres niveles de curación:

Parmigiano reggiano fresco
Parmesano joven con una curación inferior a los 18 meses.

Parmigiano reggiano vecchio
Un parmesano medio viejo o viejo tiene entre 18 y 24 meses.

Parmigiano reggiano stravecchio
El periodo de curación de un parmesano muy viejo dura entre 24 y 36 meses.

Son hombres y no máquinas los que acompañan al *parmigiano reggiano* desde la caldera de leche hasta el lugar de curación.

partido por la mitad, se deposita en un molde de madera o metálico. Previamente se ha recubierto el molde con un paño para que después pueda retirarse el queso fresco sin contratiempos. Es el momento de forzar suavemente la salida de los restos de suero de la masa cuajada. En cuanto el queso adquiere cierta consistencia y empieza a formarse una corteza se estampan el logotipo –*Parmigiano Reggiano* trazado con puntitos– y los datos correspondientes a la fabricación. A continuación los quesos permanecen en una solución salina entre tres y cuatro semanas. Después se secan durante algunos días al sol para que su corteza se consolide.

No obstante, el parmesano no alcanza su curación definitiva en el marco de la quesería, sino en enormes naves atendidas por la cooperativa o por un socio capitalista. Estas "catedrales" pueden albergar entre 50.000 y 100.000 quesos. El queso debe seguir recibiendo cuidados durante el proceso de curación. En los primeros seis meses debe darse la vuelta a todas las piezas cada cuatro o cinco días y en los meses siguientes cada diez días. Al final de este largo proceso se efectúa una prueba minuciosa y, si los resultados son convincentes, se graba con hierro candente el sello de calidad.

Exteriormente y desde el punto de vista de la producción, el parmesano auténtico apenas se distingue de las variedades Grana Padano, Grana Vernenga o Grana Lodigiano. En cualquier caso, un queso *grana* puede proceder de las regiones más diversas del norte de Italia y, además, la leche utilizada en su elaboración puede corresponder a vacas que no han sido alimentadas con tanto esmero.

CHIZZE
Bolsas de pasta rellenas
(fotografía superior)

Para la masa:
400 G DE HARINA DE TRIGO
20 G DE MANTEQUILLA
20 G DE MANTECA DE CERDO
UN SOBRE DE LEVADURA QUÍMICA
UNA PIZCA DE SAL

200 G DE PARMESANO RALLADO FINO
MANTECA DE CERDO O ACEITE PARA FREÍR

Amase lentamente la harina con la mantequilla, la manteca de cerdo, la levadura y la sal. Si fuera necesario añada un poco de agua templada. La masa no deberá estar demasiado húmeda, para que no se pegue al estirarla, ni demasiado seca, para evitar que se quiebre.
Estire la masa sobre una superficie de trabajo enharinada formando una capa de 2 mm de espesor y córtela en cuadrados de 7 u 8 cm de lado. Esparza parmesano sobre los cuadrados y dóblelos formando triángulo. Apriete firmemente los bordes y fría las *chizze* en manteca de cerdo o aceite caliente.

CROSTINI AL PARMIGIANO
Pan tostado con parmesano

2 HUEVOS
150 ML DE LECHE
400 G DE PARMESANO RALLADO
PIMIENTA
NUEZ MOSCADA RALLADA
1 BAGUETTE
30 G DE MANTEQUILLA
100 ML DE VINO TINTO

Mezcle entre sí revolviendo los huevos, la leche y el queso. Sazone con pimienta o nuez moscada. Corte el pan en rebanadas y extienda sobre cada una de ellas la pasta de queso. Caliente la mantequilla en la sartén y dore ligeramente las rebanadas de pan. Pasados algunos minutos, vierta el vino y tape la sartén. Mantenga la cocción hasta que el queso se funda.

PORTAFOGLI DI PARMIGIANO
Bolsitas de parmesano

6 LONCHAS FINAS DE TERNERA O DE CERDO
PARMESANO RALLADO
6 LONCHAS DE JAMÓN DE PARMA
HARINA DE TRIGO
30 G DE MANTEQUILLA
1 VASO DE VINO BLANCO
50 ML DE NATA
SAL Y PIMIENTA

Espolvoree con parmesano cada loncha de carne y cúbrala con una loncha de jamón, sujetándola con mondadientes. Pase por harina las bolsitas de parmesano, caliente la mantequilla en una sartén y fría la carne a fuego medio. Rocíe de vez en cuando un poco de vino blanco, al final añada la nata y deje que hierva todo brevemente. Sazone con sal y pimienta.

PROSCIUTTO DI PARMA

No es tan fácil explicar el origen del incomparable sabor del jamón de Parma. Según unos la causa estaría en las favorables condiciones climáticas existentes en Parma y en sus alrededores, mientras que para otros todo se debería a la alimentación sana de los cerdos. En cualquier caso no deben desatenderse factores ulteriores tales como el corte correcto del jamón, el acierto en la salazón y un periodo de curación suficientemente largo.

"De cerdo joven, criado a ser posible en el monte, poco salado, un corte aromático". Así se señala en la descripción casi técnica del jamón de Parma formulada en el siglo XVI por Bartolomeo Scappi, cocinero personal del papa Pío V. En épocas pasadas existía la costumbre de salar y secar al aire la carne por razones de conservación. Pero a finales del siglo XIX estas "conservas" experimentaron un verdadero auge. De pronto el aromático jamón estuvo en boca de todos como entremés. La demanda se disparó y hacia 1870 surgió en Langhirano, pequeña población cercana a la capital de la provincia, Parma, una industria del jamón altamente cualificada.

Todavía hoy existen enormes naves de almacenamiento en Langhirano y en los pueblos limítrofes. Tras sus altos muros se curan millones de jamones de Parma, esmeradamente oreados a través de ventanas con persianas de tablillas móviles que se abren o se cierran según sean las condiciones climáticas. El *prosciutto di Parma* es un artículo con D.O.C., es decir, un producto con denominación de origen legalmente protegido y controlado. Un consorcio vela por la observancia estricta de las normas de calidad. Los mismos cerdos, cuyos jamones llevarán después el ansiado signo de marca con la corona de Parma, están sometidos a un reglamento estricto. Tienen que proceder de granjas controladas del norte y centro de Italia y durante toda su vida únicamente pueden ser alimentados con el suero procedente de la elaboración del parmesano, con cebada forrajera, con maíz y con fruta. Se sacrifican a los diez meses, pero sólo si están suficientemente gordos y alcanzan en la báscula un peso mínimo de 160 kilogramos. La capa de grasa es absolutamente necesaria, pues durante el proceso de curación envuelve como un manto protector la carne suave, consistente y rosada del cerdo e impide que se seque. En la primera fase de

elaboración la pierna fresca del cerdo, que pesa entre diez y once kilogramos, se sala y se conserva en cámaras frigoríficas entre cero y cuatro grados centígrados. La sal y el frío eliminan el agua de la carne. De vez en cuando se golpea el jamón para que la sal penetre en las fibras más profundas. Cuando se ha extraído del jamón suficiente cantidad de agua, se lava la pieza y, para que no se seque, se extiende una gruesa capa de pasta grasa de manteca de cerdo, harina de arroz y pimienta sobre la parte del corte no cubierta por la corteza. A continuación el jamón debe curarse varios meses para que los procesos bioquímicos naturales conviertan la carne salada cruda en un aromático jamón de Parma. Al final el peso del jamón será de unos siete kilogramos. Un *prosciutto di Parma* auténtico necesita entre diez y doce meses, pero cabe la posibilidad de alargar su curación para conseguir un sabor más delicado y refinado.

La mitad de la producción de jamón de Parma se destina a la exportación. Como fuera de Italia las preferencias se decantan por las piezas sin hueso, el jamón se deshuesa con cuidado y a continuación se introduce en bolsas herméticamente cerradas que aseguran la conservación del aroma. La otra mitad de la producción se consume en Italia. El *prosciutto di Parma* puede servirse como *antipasto* únicamente con pan blanco o con *grissini* (bastones de pan), pero también puede acompañarse con melón fresco o con higos maduros. Obviamente también combina con los espárragos con mantequilla. Sea cual sea la forma en la que se presente en la mesa, lo importante es que esté cortado en lonchas finas, pues sólo entonces despliega todo su aroma.

Para comprobar el grado de curación del jamón se utiliza un hueso de caballo hueco por dentro. Su funcionamiento es similar al de un vaciador de manzanas.

Durante los meses que permanecen colgados en bóvedas de microclima idóneo (inferior) los jamones van adquiriendo su singular sabor a través de procesos bioquímicos naturales.

Este exquisito jamón debe cortarse en lonchas finas poco antes de tomarlo.

Un consorcio se encarga de controlar la calidad del jamón parmesano.

Fernando Cantarelli no es solo un maestro del jamón, sino también un apasionado hostelero de Samboseto al frente de su Trattoria Cantarelli. Sus clientes, entre los que se encuentran personalidades destacadas, saben apreciar la calidad que les ofrece.

CULATELLO

En cierto sentido el *culatello* es la quintaesencia del jamón de Parma. En este caso no se convierte en jamón toda la pierna del cerdo, sino sólo el corazón de la misma, es decir, el valioso núcleo correspondiente a la carne muscular blanda y tierna. En el momento de ser sacrificados en otoño, los cerdos, cebados con suero, salvado, maíz y cebada, deberán tener por lo menos catorce meses y un peso superior a los 180 kilogramos. Las piernas pesan unos 15 kilogramos, aunque se eliminan más de dos terceras partes, de modo que al final un *culatello* sólo arroja en la báscula un peso de 4 kilogramos.

El *culatello* procede de Zibello, pequeña ciudad situada cerca de Módena. Su elaboración continúa siendo artesanal. Los núcleos del jamón, que son pequeños, tienen forma de pera y están debidamente cortados, son sometidos inicialmente a un tratamiento en salmuera y después se introducen en una piel que transpira y se parece a un intestino. Comienza el proceso de secado y de curación, que durará 14 meses.

El *culatello* tiene un sabor suave y agradable y una carne muy tierna. Con unas lonchas finísimas y con un poco de pan se preparan unos entremeses muy sencillos, pero deliciosos. Para disfrutar todavía más del jamón, se le quita la piel y se mantiene en maceración en vino durante diez días. Los expertos discuten acerca de si es el vino blanco o el vino tino el que mejor desarrolla su sabor.

El auténtico *Culatello di Zibello* es una marca registrada desde 1996.

BOLOGNA, LA GRASSA

Muchas ciudades italianas llevan un sobrenombre, que tiene un origen histórico o que las caracteriza acertadamente. Serena y señorial, Venecia es *La Serenissima*, Génova es *La Superba* o Soberbia, la Ciudad Eterna se llama *Roma l'Eterna* y Bolonia recibe la calificación de *La Dotta* o Docta, dado que cuenta con la universidad más antigua del continente europeo (1119). Pero Bolonia tiene un segundo sobrenombre: *Bologna la Grassa*. El epíteto "la gorda" no deja de tener unas connotaciones negativas, pero el hecho es que los boloñeses muestran claramente su predilección por la opulenta y sólida cocina de su ciudad natal. En Bolonia se cocina según las recetas tradicionales y empleando mucho tiempo, se mantiene una actitud escéptica ante las novedades y las preparaciones dietéticamente correctas suelen merecer la consideración de incomestibles.

La región vive en buena parte de la elaboración de artículos alimenticios: pastas, jamón de Parma, parmesano, cría de vacas y de cerdos, *aceto balsamico,* leche y productos lácteos; todos estos artículos son factores económicos comunales. No es extraño que culinariamente se viva en la abundancia y que cada cocinero sepa combinar imaginativamente las especialidades de la región. ¿A quién, si no, se le ocurriría rellenar generosamente la pasta con lomo de cerdo, jamón crudo y mortadela? En opinión de los boloñeses, sólo con este relleno los *tortellini,* que se sirven con una sustanciosa salsa de tomate y carne, hacen honor a su nombre. También las suculentas empanadas son preparaciones típicas de esta región. El *pasticcio di maccheroni* se prepara con pasta, lechecillas de ternera, queso, jamón, carne y setas y se cuece en el horno hasta que se forma una costra crujiente. En Bolonia, sin embargo, se prefiere el *pasticcio di tortellini*. En cualquier caso toda la Emilia-Romaña coincide en un suflé de pasta: la lasaña es y seguirá siendo genial.

Bolonia es un paraíso del embutido y del queso, aunque tampoco faltan las frutas y las verduras frescas en las legendarias calles golosas de la ciudad (en la fotografía, la Via Drapperie).

Las tiendas de Bolonia no solo tienen especialidades muy condimentadas (inferior); para el que pueda permitirse unas cuantas calorías más, existe la tentación de la *pasticceria* (superior).

LAS CALLES GOLOSAS DE BOLONIA

Para los boloñeses, comer bien es la prioridad absoluta. En los 35 km de soportales del casco antiguo de Bolonia existen innumerables puestos en los que se venden las especialidades regionales. Cerca de la iglesia de San Petronio, entre Via Drapperie, Via Caprarie y Via Pescherie, existe un auténtico "barrio de la glotonería", en el que un visitante inexperto no sabe qué escaparate o qué mostrador repleto admirar más. El tradicional establecimiento de comestibles finos Tamburini refleja elocuentemente la filosofía boloñesa del placer. La tienda está llena de todos los embutidos y quesos imaginables y en ella el movimiento es incesante. En Tamburini se venden exclusivamente, tal como se asegura, artículos de elaboración artesanal que satisfacen las mayores exigencias de calidad. En efecto, a un boloñés nada le estropearía tanto la comida como unos productos de mala calidad.

Tamburini (establecimiento fundado en 1932) no solo vende productos selectos, sino que en la taberna contigua se sirven exquisiteces.

Además de ser la mayor ciudad de Emilia-Romaña, Bolonia es también la más antigua. Sus soportales, como los de la Piazza Santo Stefano de la fotografía, invitan al callejeo.

LASAGNE AL FORNO

Lasaña al horno
(fotografía derecha)

Para 6 personas

300 G DE PASTA FRESCA (VÉASE PÁGINA 191)
SAL
ACEITE DE OLIVA
RAGÙ ALLA BOLOGNESE (VÉASE MÁS ABAJO)

Para la salsa besamel:

3 CUCHARADAS DE MANTEQUILLA
3 CUCHARADAS DE HARINA DE TRIGO
SAL Y PIMIENTA RECIÉN MOLIDA
500 ML DE LECHE

MANTEQUILLA
100 G DE PARMESANO RECIÉN RALLADO

Estire la masa de la pasta formando una capa de unos
3 mm de espesor y córtela en rectángulos grandes y
uniformes. Cuézalos 5 minutos en agua con sal hirviendo
a la que se habrán añadido unas gotas de aceite. Retírelos
con cuidado y deje que escurran sobre blonda de cocina.
Prepare el *ragù alla bolognese* según la receta descrita más
abajo.
Para elaborar la salsa besamel, derrita la mantequilla en
una olla para salsas, introduzca la harina y revuelva. Retire
del fuego, salpimiente, vierta poco a poco la leche y
revuelva. Ponga a cocer sin dejar de remover y cueza
otros 10 minutos.
Unte con mantequilla un molde para suflés. Recubra
el fondo con una capa de rectángulos de lasaña y cubra
uniformemente con salsa besamel. Extienda por encima
una capa de *ragù alla bolognese* y espolvoree el parmesano.
Recubra nuevamente con una capa de rectángulos de

lasaña y continúe así hasta acabar los ingredientes. Coloque
el resto de la salsa besamel sobre la capa superior de la
lasaña, espolvoree con parmesano recién rallado y ponga
encima copos de mantequilla.
Hornee unos 30 minutos en el horno precalentado
a 200°C.

TAGLIATELLE AL PROSCIUTTO

Tallarines con jamón

Para la masa:

300 G DE HARINA DE TRIGO
3 HUEVOS
UNA PIZCA DE SAL
HARINA PARA ESPOLVOREAR

150 G DE JAMÓN DE PARMA O DE JAMÓN COCIDO
50 G DE MANTEQUILLA
1 CEBOLLA PEQUEÑA PICADA FINA
SAL Y PIMIENTA RECIÉN MOLIDA
50 G DE PARMESANO FRESCO RALLADO

Para elaborar la masa, amase todos los ingredientes hasta
lograr una pasta moldeable. Cubra con un paño húmedo
y deje en reposo 30 minutos.
Estire la masa sobre una superficie enharinada, córtela en
tiras de 5 mm de anchura y de 10 cm de longitud. Cuézalas
al dente durante 10 minutos en una olla grande con 3 l de
agua con sal.
Corte el jamón en trozos pequeños separando las partes
grasas de las magras. Derrita la mantequilla en una sartén
grande. Agregue los dados grasos de jamón y sofríalos.
Incorpore la cebolla y rehóguela hasta que esté tierna y
transparente. Añada entonces los dados magros de jamón,
fríalos removiendo constantemente.
Incorpore a la sartén la pasta bien escurrida. Mezcle bien,
sazone con sal y pimienta y sirva con parmesano fresco.

RAGÙ ALLA BOLOGNESE

Salsa boloñesa
(fotografía inferior)

1 CEBOLLA
1 ZANAHORIA PEQUEÑA
1 TALLO DE APIO
100 G DE PANCETA
200 G DE CARNE PICADA
3 CUCHARADAS DE ACEITE DE OLIVA VIRGEN EXTRA
1 VASITO DE VINO BLANCO
200 G DE TOMATE TRITURADO
2 CUCHARADAS DE CONCETRADO DE TOMATE
ORÉGANO
SAL Y PIMIENTA
1 TAZA DE CALDO DE CARNE

Pique la cebolla, la zanahoria y el apio, corte la panceta en
trozos pequeños y sofríalo todo lentamente junto con la
carne picada en aceite de oliva. Vierta el vino blanco y
mezcle a fondo. Agregue el tomate triturado y el concentrado de tomate, sazone con orégano, sal y pimienta. Vierta
un poco de caldo de carne y hierva a fuego muy lento al
menos 1 hora.
En Bolonia esta salsa clásica presenta tantas variantes
como hogares hay. Por ejemplo, tiene mucha
aceptación la incorporación de hígado
de pollo picado. Lo importante
es que todos los ingredientes
se cuezan muy lentamente
durante mucho tiempo,
pues así la salsa adquiere
un sabor más intenso.

Mortadella

La *mortadella,* verdadera creación boloñesa que fuera de la ciudad se llama incluso *bologna,* es indudablemente una de las especialidades italianas más conocidas. En la actualidad ya no se elabora exclusivamente en las provincias de Parma y de Bolonia, sino también en muchas otras regiones. La mortadela se elabora con carne picada de cerdo y con tiras grasas alargadas que forman sus típicas "piedras de mosaico" blancas. A la carne de cerdo se le pueden incorporar otras carnes, por ejemplo de vaca, de ternera, de burro o de caballo. En ocasiones se añaden incluso callos, chicharrones o cortezas de tocino. Además cada charcutero dispone de su propia receta secreta para la mezcla de especias, que confiere a la mortadela su incomparable sabor. Según las diversas calidades la mortadela se complementa con vino, ajo, granos de pimienta o pistachos. La masa se introduce en tripas artificiales y se cuece muy lenta y suavemente. El embutido final puede pesar entre medio kilogramo y un quintal métrico.

La mortadela ha de cortarse muy fina, pues sólo así despliega todo su aroma, y debe consumirse rápidamente.

Bolonia tiene el sobrenombre de *la Grassa,* "la gorda". Basta ver los mostradores repletos de embutidos y de quesos de los negocios del ramo para comprender el porqué del mismo.

La mortadela y otros embutidos

Salama da sugo

Este embutido para freír es una especialidad de Ferrara. Se elabora con hígado y lengua de cerdo, que se recubre con una capa de carne picada de pescuezo, tocino y cabeza de cerdo y se introduce en una vejiga de cerdo. Se sazona con sal, pimienta, clavo y canela y a veces también con otras especias. Asimismo, según el método de elaboración la *salama* se mantiene un par de días en vino tinto, preferiblemente de uva Sangiovese. Después el embutido se cuelga para que se seque y se cura por espacio de hasta un año. Algunos charcuteros lo espolvorean con ceniza, mientras que otros lo rocían con una mezcla de vinagre y aceite. Antes de tomarse, la *salama* se fríe para que desprenda el exquisito jugo, *sugo,* que le da nombre.

Cappello del prete o cappelletto

Al elaborarse el *culatello,* el delicioso jamón pequeño del núcleo de la pierna del cerdo, queda mucha carne, que no se desaprovecha, sino que se trocea y se introduce en el pellejo de la parte superior de la misma pierna. Al coser el pellejo, el embutido adquiere su típica forma triangular, que recuerda al sombrero de un sacerdote. El *cappello del prete* se cuece durante dos horas y, al igual que el *cotechino,* se puede servir con lentejas.

Cotechino

El *cotechino* es una especialidad de Módena. Este embutido para freír se elabora con chicharrones de cerdo *(cotica),* carne magra de cerdo, otras partes del animal, grasa y especias. Durante la cocción los chicharrones se convierten en una masa gelatinosa, que confiere al embutido una consistencia viscosa y, a la vez, un sabor incomparable. El *cotechino* no solo tiene aceptación en Emilia-Romaña, donde se sirve con lentejas y chucrú. Tampoco puede faltar en un *bollito misto* piamontés.

Coppa

Esta exquisitez se elabora con la parte musculosa del pescuezo del cerdo, que se mantiene entre 10 y 18 días en salmuera y después se introduce en un intestino de vaca. La *coppa* debe curarse durante medio año más o menos. Después se envuelve, para su conservación, en un paño impregnado de vino blanco. La *coppa* se corta muy fina y, con pan, es un *antipasto* exquisito.

Pancetta

La *pancetta* es el tocino entreverado del vientre *(pancia)* del cerdo. Se comercializa fresca, ahumada o secada al aire y se aromatiza con especias tales como pimienta, clavo, canela, nuez moscada y bayas de enebro.

Salsiccia

La salchicha se elabora con carne de primera calidad de cerdo o de vaca, a la que se incorporan trozos de pecho y de panza. Se adoba de un modo diferente según las diversas regiones; en Bolonia, por ejemplo, se aromatiza con sal, pimienta, canela y una pizca de salitre.

Zampone

El pie de cerdo relleno es una especialidad típica de Emilia-Romaña. Es un embutido para freír que se elabora con la misma carne del pie, con otras partes del cerdo picadas y con distintas especias. Antes de comerlo, se cuece durante varias horas y suele servirse con lentejas, aunque también es exquisito con un *zabaione cotto.*

Fave stufate
Habas con mortadela

2 CEBOLLAS
25 G DE TOCINO O MANTECA DERRETIDOS
I KG DE HABAS FRESCAS
SAL Y PIMIENTA NEGRA RECIÉN MOLIDA
50 G DE MORTADELA
250 ML DE CALDO DE POLLO
100 G DE MANTEQUILLA
4–6 REBANADAS DE PAN SECO

Pele las cebollas y córtelas en aros. Caliente en una cazuela el tocino o la manteca de cerdo y rehogue 5 minutos los aros de cebolla. Desgrane las habas, agréguelas y sazone con sal y pimienta.
Corte la mortadela en daditos y añádala a las habas. Vierta el caldo de pollo, tape la cazuela y cueza 20 minutos hasta que las habas se ablanden.
Caliente mantequilla en una sartén grande y dore en ella por ambos lados las rebanadas de pan. Por último, coloque el pan frito en una fuente caliente y extienda encima de éste las habas.

Stufato d'agnello
Ragú de cordero

800 G DE CARNE DE CORDERO DESHUESADA
(ESPALDILLA O PIERNA)
2 CUCHARADAS DE MANTEQUILLA
2 CEBOLLAS PICADAS FINAS
4 PATATAS GRANDES
3 ZANAHORIAS
CALDO DE CARNE
12 PATATAS PEQUEÑAS
2 CUCHARADAS DE PEREJIL PICADO
ACETO BALSAMICO

Limpie bien la carne de cordero y córtela en trozos pequeños. Caliente la mantequilla en una sartén y rehogue en ella la cebolla. Agregue la carne y ase a fuego vivo.
Pele y corte en daditos las patatas grandes, corte la zanahoria en rodajas. Incorpore ambas a la carne y rehogue todo junto sin dejar de remover. Cubra la carne con el caldo y lleve a ebullición. Después cueza a fuego lento. Pele las patatas pequeñas, lávelas e incorpórelas tras 1 hora de cocción.
Cuando las patatas estén cocidas, retire la olla del fuego. Sirva el ragú de cordero en platos, espolvoree todo con perejil picado y rocíe cada ración con un poco de *aceto balsamico*.

Rognoni alla parmigiana
Riñones a la parmesana
(fotografía derecha)

500 G DE RIÑONES DE TERNERA
I CUCHARADA DE MANTEQUILLA
2 CUCHARADAS DE ACEITE DE OLIVA
I DIENTE DE AJO MUY PICADO
2 CUCHARADAS DE PEREJIL PICADO
SAL
ZUMO DE I LIMÓN

Mantenga en agua los riñones durante varias horas para que pierdan su regusto áspero. Escurra bien y corte en lonchas finas.
A continuación, caliente la mantequilla y el aceite en una sartén. Rehogue en ellos el ajo y la mitad del perejil. Incorpore los riñones, ase a fuego vivo y sázone con sal. Retire a los 5 minutos, rocíe con el zumo de limón y esparza el perejil restante.
Sirva con rebanadas de polenta tostadas.

Zampone e lenticchie
Zampone con lentejas
(fotografía superior)

Para 4–6 personas

I ZAMPONE COCIDO DE I KG O 2 ZAMPONI PEQUEÑOS DE 500 G
CADA UNO
300 G DE LENTEJAS DE CASTELLUCCIO
4–5 HOJAS DE SALVIA
I RAMITA DE ROMERO
UNAS HOJAS DE APIO
2 DIENTES DE AJO PELADOS
2 TOMATES SECOS PARTIDOS POR LA MITAD
I GUINDILLA PEQUEÑA
3 CUCHARADAS DE ACEITE DE OLIVA VIRGEN EXTRA
SAL Y PIMIENTA

Introduzca el *zampone* previamente cocido en una olla con agua fría y llévelo a ebullición. A continuación reduzca el calor y deje hervir durante 20 minutos más (a no ser que las indicaciones que contenga el envase señalen otra cosa). Entretanto ponga en agua fría las lentejas junto con las hierbas, las hojas de apio, el ajo, el tomate y la guindilla, lleve a ebullición y deje hervir durante 20 minutos hasta su total cocción. Retire las

hierbas y los dientes de ajo. Agregue aceite de oliva y sazone con sal y pimienta.
Corte en rodajas el *zampone* y sirva con las lentejas.
Se puede sustituir el *zampone* cocido por un pie de cerdo crudo, relleno y fresco. Un pie de cerdo fresco debe cocerse durante 3–4 horas.

Cotechino in galera
Asado de vaca relleno

700 G DE COTECHINO
I FILETE DE CARNE DE VACA DE REDONDO,
DE UNOS 500 G
2 LONCHAS GRANDES DE JAMÓN COCIDO O AHUMADO
4 CUCHARADAS DE ACEITE DE OLIVA
I CEBOLLA PICADA
250 ML DE VINO TINTO
250 ML DE CALDO DE CARNE DE VACA
SAL Y PIMIENTA NEGRA RECIÉN MOLIDA

Pinche varias veces el embutido, luego envuélvalo en un paño, cúbralo totalmente con agua y póngalo a cocer a fuego lento durante 1 hora en una olla grande.
A continuación retire de la olla, deje escurrir, retire el paño, quite la piel al embutido y deje enfriar. Golpee en toda su superficie la carne de vaca, coloque encima de ésta una junto a otra las lonchas de jamón y ponga el *cotechino* en el centro. Enrolle el conjunto y ate con bramante.
Caliente aceite en una cazuela, ponga las cebollas y rehogue 5 minutos. Agregue el rollo de carne y ase uniformemente por todos los lados. Vierta el vino y el caldo de carne, sazone con sal y pimienta, tape la cazuela y cueza a fuego lento hasta que la carne esté blanda. Retire el rollo de carne y deje enfriar brevemente. Aparte los hilos y corte con cuidado la carne en rodajas. Sirva en una fuente caliente, vierta encima el caldo concentrado del asado y presente en la mesa inmediatamente.

CHRISTOFORO DA MESSISBUGO

A finales de la Edad Media los modales en la mesa eran horribles. Se comía de una olla que estaba al alcance de todos. La carne se servía en una pieza, de la que cada comensal cortaba un trozo. Las aves se presentaban en la mesa enteras y hasta los grandes faisanes se despedazaban con las manos. Fue Christoforo da Messisbugo, de Ferrara, quien en el siglo XVI puso fin a aquellos modales tan desagradables.

Messisbugo empezó su carrera como "trinchante" y mayordomo de la corte de los Este, que estaba entonces al frente de su ciudad natal. No se limitó a partir directamente por la mitad los trozos grandes de comida, sino que a lo largo de sus años de servicio perfeccionó hasta tal punto el arte de trinchar que en el año 1533 el emperador Carlos V lo nombró, en reconocimiento de sus méritos, conde palatino. Messisbugo trinchaba los asados y otros platos a la vista de los asombrados príncipes y de sus invitados con tal habilidad que nunca los tocaba con los dedos, sino solamente con los tenedores y cuchillos previstos para la ocasión.

En cuanto mayordomo, debía administrar los bienes, organizar recepciones y banquetes y dirigir todo un ejército de sirvientes encargados, en tales eventos, del suministro de bebidas y de toallas, de traer y retirar los platos, de retirar discretamente la comida caída o de estar al tanto del bufé. Además se encargaba de que la decoración de la mesa satisficiera las exigencias estéticas de una nobleza de gustos refinados y decidía sobre los vinos y los platos.

La corte de los Este era el centro de los modales refinados y de los manjares selectos. A diferencia de lo que sucedía en la Edad Media, un banquete no era solo una demostración de fuerza y de riqueza, sino que, en cuanto efímera obra de arte total, debía interesar a algo más que al paladar. Los torneos de exhibición, los intermedios de música y canto, las representaciones artísticas y la recitación de poemas trataban de entretener a los comensales mientras las mesas, cubiertas de manteles de encaje, vajillas de plata y porcelanas de Florencia, se combaban bajo el peso de los manjares. En Ferrara un menú de 120 platos no era infrecuente.

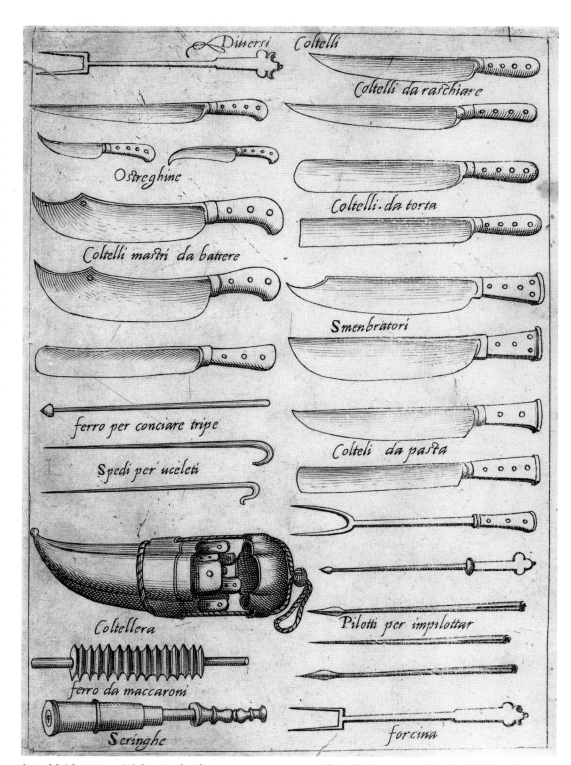

Antes del siglo XVI no existía la costumbre de comer con cuchillo y tenedor. Había, como mucho, una cuchara para la sopa. Al introducirse unos modales más refinados en la mesa, empezaron a utilizarse en la cocina los cubiertos más diversos.

CORNETTI FERRARESI

En el año 1287 los estatutos comunales obligaron a los panaderos a "cocer pan cuyos bordes no se arqueen". Evidentemente por aquellas fechas se distribuía en la ciudad un pan relativamente húmedo, cuando no estaba elaborado con una harina excesivamente húmeda. Entonces los imaginativos panaderos concibieron los *cornetti ferraresi* o cruasanes de Ferrara. Describiendo un banquete celebrado en honor del duque, Christoforo da Messisbugo habla en 1536 de un pan "vuelto" por persona.

Christoforo da Messisbugo expuso sus ideas en un libro. En *Banquetes, combinación de platos y bebidas, organización en general* proporciona valiosas sugerencias sobre los banquetes cortesanos. El capítulo dedicado a las recetas de pastas, suflés, sopas y platos de huevos, de carne y de pescado recoge las preparaciones tradicionales de la región, aunque también cita especialidades que se elaboraban en Milán, Florencia, Nápoles, Sicilia y Venecia. Editado en Ferrara entre los años 1529 y 1548, el libro tuvo varias ediciones hasta el año 1600 y difundió en las cortes europeas la nueva filosofía de la comida como placer de los sentidos y del espíritu.

GRAMOLA

Antiguamente las campesinas de Emilia-Romaña removían y amasaban el pan en la *madia,* aparador rústico con repisa plegable. El cambio llegó con la práctica *gramola.* Era un utensilio de madera que permitía elaborar una masa de pan homogénea sin mayores esfuerzos. Se manejaba entre dos personas. Una mujer alzaba y bajaba la palanca colocada paralelamente a la superficie de trabajo con la que se trabajaba la masa y otra procuraba que bajo la palanca siempre hubiese harina suficiente.

Cocina judía en Ferrara

En el destino y en la historia de Ferrara ha influido con frecuencia su gran comunidad judía. Lo mismo cabe decir de su cocina. Las prescripciones judías relativas al tratamiento de la carne y la inclinación religiosa a considerar a Dios como el dispensador único de todos los alimentos dieron lugar a la aparición de platos específicos tan exquisitos que no solo los tomaban los judíos ortodoxos de Ferrara, sino también sus vecinos cristianos. El libro de Messisbugo sobre los banquetes refleja hasta qué punto estaban presentes los hábitos alimenticios judíos, pues incluye todo un capítulo bajo el epígrafe de "Platos judíos de carne".

Rehogue la acelga en una sartén antiadherente con un poco de aceite de oliva. Ponga las judías en una olla con poca agua y algo de aceite de oliva y hierva a fuego lento. Pasada 1 hora, incorpore las acelgas, el trozo de pecho de vaca y las *salsicce*. Tape y cueza a fuego muy lento durante 4 horas.

Bata los huevos y agréguelos con el pan rallado a la carne picada, mezcle a fondo y sazone con sal y pimienta. Forme con la masa albóndigas pequeñas, del tamaño de una nuez, y cuézalas en agua con un poco de aceite de oliva. Cuando estén cocidas, incorpore las albóndigas a la olla con las acelgas. Corte en lonchas la carne de vaca y decore con huevos duros también cortados en rodajas finas. Sirva con las acelgas y con las albóndigas.

HAMIM
Pecho de vaca con albóndigas
(fotografía fondo)

1,5 KG DE ACELGAS
ACEITE DE OLIVA
700 G DE JUDÍAS SECAS
1 KG DE PECHO DE VACA
2 SALSICCE
2 HUEVOS
50 G DE PAN RALLADO
500 G DE CARNE MAGRA DE VACA PICADA
SAL Y PIMIENTA
2 HUEVOS DUROS

BURRICHE
Bolsas de hojaldre rellenas

4 REBANADAS DE PAN INGLÉS
1 TAZA DE CALDO DE CARNE
300 G DE CARNE DE POLLO
1 CEBOLLA
30 G DE GRASA DE GANSO O ACEITE DE OLIVA
1 HUEVO
SAL Y PIMIENTA
300 G DE HOJALDRE

Ponga en remojo las rebanadas de pan en el caldo de carne, corte en trozos pequeños la carne de pollo.

Pique la cebolla y rehóguela en la grasa de ganso. Agregue la carne de pollo, salpimiente y fría a fuego lento. Si fuera necesario vierta un poco de agua o caldo de carne. Retire la olla del fuego, incorpore a la carne de pollo el pan puesto en remojo y el huevo y mezcle todo a fondo. Deje que se enfríe la masa, píquela después finamente o pásela por la picadora. Sazone con sal y pimienta.

Estire el hojaldre en capas no muy delgadas y extraiga círculos de 10 cm de diámetro. Ponga el relleno en el centro y doble la pasta de modo que se formen medialunas. Apriete firmemente los bordes. Colóquelos en un molde refractario untado de grasa y hornee durante 30 minutos en el horno precalentado a 150°C.

VALLI DI COMACCHIO

Antiguamente Valli di Comacchio, una de las más grandes lagunas salobres de Italia, ocupaba una impresionante extensión de más de 400.000 hectáreas. Con la desecación de la superficie pantanosa se ganó terreno fértil, pero se perdió buena parte de los caladeros que todavía eran productivos. No obstante, actualmente se continúa pescando en las 13.000 hectáreas de lagunas que quedan y la pequeña población de pescadores de Comacchio no ha perdido totalmente su encanto. Algunos pescadores, pocos, continúan viviendo en sus *casoni,* pequeñas y sencillas chozas construidas en la laguna sobre colinas artificiales de tierra o sobre pilotes de madera. Junto a los *casoni* sobresalen del agua los dispositivos de pesca, que, aunque parecen primitivos, son realmente muy efectivos. El *lavoriero* viene mostrando su eficacia desde hace siglos. Se trata de una nasa terminada en punta, cuyo canasto en forma de embudo captura las anguilas cuando en otoño se dirigen hacia el mar.

En las salobres Valli viven lubinas, platijas, cangrejos, moluscos, lisas y sobre todo anguilas. Según los pescadores, en ninguna otra parte pueden pescarse tantas anguilas como aquí. Estos peces, alargados y delgados, de agua dulce o salada, nacen en el mar de los Sargazos, que es una enorme cuenca marina del océano Atlántico situada entre las Antillas y las Azores. La corriente del golfo las arrastra hacia Europa, donde se establecen en los mares interiores y los deltas de los ríos. Allí permanecen las anguilas siete, diez y hasta doce años antes de regresar a sus lugares de origen para desovar y para morir.

Las anguilas muy jóvenes, que son justamente las primeras en alcanzar las aguas europeas, se llaman angulas. Generalmente se suelen pescar en alta mar. En Italia se conocen con el nombre de *cieche,* pues son ciegas para las redes de los pescadores. No obstante, no se pescan todas las anguilas jóvenes. En la laguna de Comacchio los pescadores esperan a que hayan llegado a las aguas salobres, donde los bancos de anguilas se retienen con rejas especiales. La captura únicamente se lleva a cabo cuando las anguilas han alcanzado suficiente peso.

La anguila se consume en toda Italia, motivo por el cual las recetas regionales son numerosas. Se prepara a la parrilla, asada, estofada o en salsa. Un buen ejemplar de *capitone,* como se denomina en Italia a la anguila hembra adulta que alcanza un

La técnica de captura que se utiliza es sencilla, pero es preciso saber dominarla. Se comienza subiendo la red a la superficie.

A continuación, el pescador se sirve de un buitrón para conseguir su botín en el limitado círculo que forma la red.

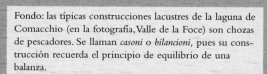

Fondo: las típicas construcciones lacustres de la laguna de Comacchio (en la fotografía, Valle de la Foce) son chozas de pescadores. Se llaman *casoni* o *bilancioni,* pues su construcción recuerda el principio de equilibrio de una balanza.

En las salobres aguas se pescan sobre todo anguilas y lisas. Las especialidades regionales de pescado se preparan con capturas recientes.

metro de longitud, no solo tiene mucha aceptación en la región de Emilia-Romaña como plato típico para ser consumido en la celebración de la Navidad, sino también en la capital, Roma, y en las regiones meridionales.

La visita a Valli di Comacchio se impone no únicamente desde el punto de vista gastronómico. La laguna es en parte un parque natural protegido, en el que los ornitólogos (aficionados) pueden contemplar más de 200 especies de aves, entre ellas becadas, golondrinas de mar, garzas y cigüeñas que, procedentes del Norte, hacen escala para anidar. No obstante, seis familias de cigüeñas y una pequeña colonia de flamencos parecen encontrarse tan a gusto en Valli que viven permanentemente en la laguna y no continúan su migración hacia el Sur, como lo hacen sus congéneres. También debe visitarse el Museo delle Valli, de reciente creación, al cual, desde la primavera hasta el otoño, se accede en barco desde la estación de tren de Foce, a 20 minutos de distancia de Comacchio por carretera.

ANGUILA DEI CASONI DI VALLE
Anguila al vino

2 CEBOLLAS PICADAS
I ZANAHORIA CORTADA EN DADOS
SAL
500 ML DE VINO TINTO
2 ANGUILAS DE 600 G CADA UNA
2 TOMATES PELADOS, SIN PEPITAS Y CORTADOS EN DADOS
I CUCHARADA DE VINAGRE DE VINO
PIMIENTA
PEREJIL

Ponga a hervir la cebolla y la zanahoria en una olla con una pizca de sal, el vino tinto y 500 ml de agua. Eviscere las anguilas, elimine las cabezas y las colas y corte en trozos de 10 cm de longitud. Disponga en capas los trozos de pescado y la verdura cocida en un molde refractario (preferiblemente de terracota). Salpimiente y vierta encima el caldo de verdura y vino. Cueza 45 minutos en el horno precalentado a 150°C, y poco antes de que las anguilas estén cocidas, incorpore el tomate y el vinagre y esparza el perejil. Sirva con polenta.

EL PARAÍSO ADRIÁTICO

Poblaciones costeras como Cervia, Cesenatico, Rimini, Riccione o Cattolica evocan turistas, cremas protectoras y excesos en las noches de discoteca. Actualmente, olvidada ya la peste de algas de 1989, la costa de Emilia-Romaña tiene una enorme aceptación entre los aficionados al baño y a la diversión de cualquier país. Todo empezó de una manera absolutamente inofensiva. Cuando el 30 de julio de 1843 el conde Baldini inauguró un establecimiento de baños en la playa de Rimini, que todavía formaba parte del Estado Vaticano, de costumbres tan rigurosas, un cardenal roció con agua bendita las seis casetas de baño.

Al cabo de 150 años, Rimini era uno de los centros de la vida desinhibida de playa. Son los menos los turistas que saben que en Rimini y en sus alrededores se puede comer muy bien. A lo largo del Adriático se sirve tradicionalmente mucho pescado. Ravenna y Cervia ofrecen una cocina marinera muy atractiva, que nada tiene que ver con la solidez y la abundancia de las tradiciones culinarias típicas de otras zonas de Emilia-Romaña. En Rimini no puede dejar de probarse el *brodetto*, la exquisita sopa de pescado que reconfortó a Julio César en su marcha sobre Roma, tras haber pasado algo más al norte el Rubicón mientras pronunciaba las palabras, tantas veces citadas, *alea iacta est* (la suerte está echada).

Con sus amplias playas de arena (Lignano Sabbiadoro en la fotografía), las costas de Emilia-Romaña atraen desde la primavera hasta el otoño a multitud de turistas necesitados de descanso y sobre todo ávidos de sol.

LA INDUSTRIA ALIMENTARIA MODERNA

Hace ya tiempo que la industria alimentaria se introdujo en la cocina italiana, tanto en la casera como en la profesional. Debido a las prisas de la vida cotidiana, las amas de casa italianas recurren a los productos que ya se encuentran elaborados. El ejemplo más tradicional en este caso es la *pasta secca,* que puede adquirirse en cualquiera de sus variantes y evita la engorrosa elaboración de la masa. Barilla, Buitoni y otros fabricantes satisfacen todos los deseos. Asimismo, en el norte de Italia, donde el sol y, como consecuencia de esto, el tomate escasea, cada vez se recurre más a los *pomodori pelati,* los tomates en lata luminosamente rojos y ya pelados. La polenta instantánea evita la larga y agotadora acción de batir la polenta o sémola de maíz, el queso puede adquirirse ya rallado en bolsas y los fabricantes tienen incluso en cuenta las preferencias regionales: en Piamonte y en el valle de Aosta se vende la *fonduta* en lata como mezcla de quesos para preparar *fondue,* que solamente hay que calentar y no forma grumos, y en la Valtelina los *pizzoccheri,* las famosas pastas de trigo duro, se comercializan en envases de cartón.

Ahora bien, a diferencia de lo que sucede en muchos otros países europeos, en Italia la utilización de productos ya elaborados no determina necesariamente la decadencia de los hábitos culinarios, debido a que se mantiene férreamente la tradición del menú y a que ni las pastas preparadas ni la salsa de pastas de frasco se entienden como el equivalente de las salsas "propias", sino como una especie de solución de último recurso. En efecto, siempre que sea posible se dedicará mucho tiempo a comprar en el mercado y a la cocina, se preferirán las pastas frescas a la *pasta secca,* se servirán especialidades caseras y, desde luego, no se terminará la comida con un postre de la sección de congelados.

El alto nivel que los cocineros italianos, tanto profesionales como aficionados, piden para los productos alimenticios y el valor que los buenos catadores siguen atribuyendo a la comida y a la bebida son la causa de que, por término medio, los productos elaborados italianos sean cualitativamente mejores y más apetitosos que los de los países del centro y norte de Europa. Existen algunas empresas pequeñas y medianas que se esmeran en elaborar productos que podrían pasar por caseros.

En Módena está, por ejemplo, la famosa Fini. La fábrica de pastas situada en las afueras de la ciudad produce *tortelli, tortellini* y *tortelloni,* embutidos como mortadela y *zampone,* un *aceto balsamico* de fabricación industrial pero realmente exquisito y el famoso licor de nueces *nocino,* típico de Emilia, que prácticamente ya ninguna familia prepara en su casa. La Fini atiende además tres restaurantes de autopista y es propietaria de uno de los mejores hoteles de la ciudad y del reputado Ristorante Fini, que fue donde comenzó todo.

En 1912 Telesforo y Giuditta Fini abrieron un restaurante, con sólo seis mesas de madera de nogal, en las habitaciones posteriores de una tienda de embutidos. Giuditta preparaba en la cocina un asombroso plato de pasta, *maltagliati e fagioli,* que fue un gran éxito. La oferta no tardó en ampliarse con nuevos platos, como *tortellini, bollito misto,* asados e inimitables *antipasti,* y el local fue objeto de varias remodelaciones. Entretanto el restaurante alcanzó tanta fama que las estrellas de Hollywood y Cinecittà acudían a él cuando recalaban en Módena.

La firma Fini ofrece un amplio programa de especialidades regionales precocinadas, como por ejemplo *zampone.*

Derecha: el restaurador Illiano Bulgarelli recomienda el *bollito misto* fresco, que el cliente incluirá en su carrito.

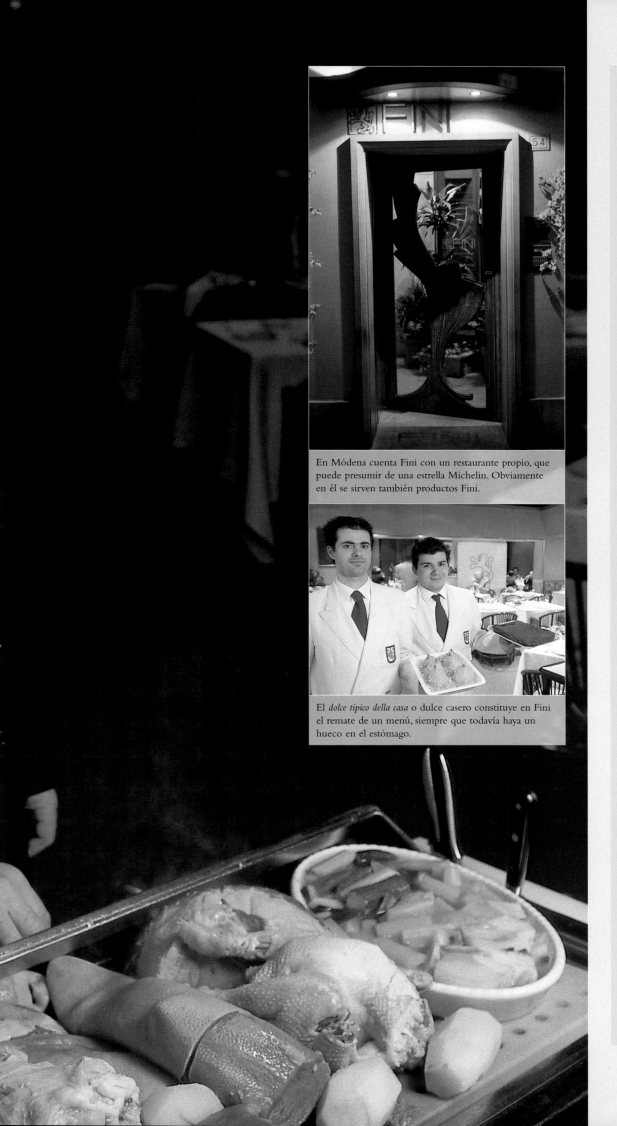

En Módena cuenta Fini con un restaurante propio, que puede presumir de una estrella Michelin. Obviamente en él se sirven también productos Fini.

El *dolce tipico della casa* o dulce casero constituye en Fini el remate de un menú, siempre que todavía haya un hueco en el estómago.

NOCINO

Junto a Campania, Emilia-Romaña es la región que más nueces produce. Durante la recolección, en septiembre y octubre, toda la familia colabora en el vaciado de los nogales. Ahora bien, no solo se aprovechan las nueces maduras; con las nueces todavía verdes puede elaborarse una exquisitez de alta graduación que se conoce con el nombre de *nocino*. Actualmente el *nocino* se elabora en casi toda Italia, y en muchos casos es industrial. No obstante, en los alrededores de Módena, de donde es originario este licor de nueces, los campesinos lo elaboran de forma artesanal.

Tradicionalmente las nueces verdes se arrancan del árbol hacia el 24 de junio, coincidiendo con el día de san Juan. Las nueces, limpias y partidas en cuartos, se introducen en una botella de vidrio abombada, se vierte sobre ellas una mezcla de alcohol, azúcar, canela y clavo y finalmente se abandonan a su suerte durante 40 días en un rincón cálido y soleado. Con el tiempo el líquido se transforma y adquiere un tono pardo oscuro. Finalmente se le añaden azúcar y especias y, si resulta demasiado fuerte, se diluye con un poco de agua. Una vez elaborado, el *nocino* es un digestivo delicioso y, en opinión de los consumidores, muy eficaz.

En Módena una comisión de los fabricantes privados de *nocino,* expresamente nombrada con este fin, se reúne cada año para premiar el mejor licor. La comisión está formada por amas de casa con experiencia, que prueban uno tras otro los productos que compiten y que al final eligen el *nocino* del año. Obviamente no se trata de una cosa muy seria, como se desprende del grado de alcohol, relativamente alto, de este remedio universal casero.

DULCES

Por su nombre la *zuppa inglese* suena a británica, pero es un postre italiano tradicional. Esta sopa dulce se servía ya en el año 1552 en Siena como postre en la mesa del duque de Correggio, quien fue enviado a la ciudad del Palio por Cosme I de Médicis para negociar la rendición de los españoles retenidos en la fortaleza por las tropas de Enea Piccolomini. En Florencia la *zuppa inglese* se conocía en la corte de los Médicis y se servía en los banquetes importantes. En el siglo XIX este postre hizo las delicias del paladar de los numerosos ingleses que vivían entonces en la antigua capital de Italia; fueron ellos los que le dieron su nombre.

El *bensone* se sirve tradicionalmente en el desayuno. En la comarca de Parma esta tarta se llama *bosilan,* en los alrededores de Piacenza *bissolan,* en Reggio Emilia *buccellato* y en Módena *bensone.*

CREMA ALLA VANIGLIA CON SAVOIARDI
Crema a la vainilla con galletas de Saboya
(fotografía inferior)

350 ML DE LECHE
1 SOBRE DE VAINILLA
4 YEMAS DE HUEVO
100 G DE AZÚCAR
50 G DE HARINA
SAL
100 ML DE LICOR
400 G DE GALLETAS DE SABOYA
HOJAS DE MENTA

Lleve a ebullición la leche con la vainilla y déjela reposar durante 30 minutos. Monte las yemas con el azúcar hasta obtener una mezla homogénea. Añada la harina y una pizca de sal. Caliente la mezcla de huevo y agregue la leche lentamente, sin dejar de remover, hasta que la crema presente un aspecto compacto. Diluya el licor con un poco de agua y empape en él las galletas. Reparta la crema en platos individuales, coloque algunas galletas sobre ella, y guárdela en el frigorífico durante dos horas. Sirva los platos adornados con algunas hojas de menta.

BENSONE
Pastel de desayuno

500 G DE HARINA DE TRIGO
150 ML DE LECHE
200 G DE AZÚCAR
100 G DE MANTECA O MANTEQUILLA
2 HUEVOS
LA RALLADURA DE 1 LIMÓN
SAL
1 SOBRE DE LEVADURA QUÍMICA
AZÚCAR DE VAINILLA

Amase la harina con la leche templada, el azúcar, la grasa derretida (manteca o mantequilla), los huevos, la ralladura de limón y una pizca de sal. Mezcle revolviendo la levadura química y deje en reposo. Introduzca la masa en un molde para pasteles y hornee 50 minutos en el horno precalentado a 175°C . Antes de servir, espolvoree con azúcar de vainilla.

TORTA BAROZZI O TORTA NERA
Tarta Barozzi o Tarta negra

Para el relleno:
200 G DE ALMENDRAS PELADAS
4 HUEVOS
120 G DE AZÚCAR
100 G DE CACAO EN POLVO
3 CUCHARADAS DE CAFÉ EXPRÉS MOLIDO
LA RALLADURA DE 1 LIMÓN
150 ML DE SASSOLINO

Para la masa:
150 G DE HARINA DE TRIGO
150 G DE MANTEQUILLA
70 G DE AZÚCAR
1 HUEVO
SAL

Para el relleno, tueste y pique bien las almendras. Separe los huevos y bata las claras a punto de nieve. Bata las yemas con el azúcar hasta conseguir una crema espumosa. Agregue sucesivamente el cacao y el café exprés en polvo, la ralladura de limón y el *sassolino* y mézclelo todo a fondo. Incorpore las claras batidas a la masa y deje reposar.

Para elaborar la masa, amase todos los ingredientes y deje reposar 15 minutos. Recubra el fondo y las paredes de un molde desmontable engrasado con la masa estirada. La masa deberá sobresalir ligeramente del borde del molde. Introduzca la mezcla de almendras y cubra en los bordes con la masa. Hornee 40 minutos en el horno precalentado a 180°C.

EXQUISITAS MACEDONIAS DE FRUTA

Emilia-Romaña es un paraíso de la fruta. En esta región se cultivan manzanas, peras, cerezas, ciruelas, albaricoques, melocotones, fresas, nueces y otras variedades. Tradicionalmente en Italia la fruta se presenta en la mesa como un postre refrescante después de una comida copiosa. La fruta puede servirse en piezas enteras o en macedonia. La *macedonia di frutta* admite constantemente nuevas combinaciones, según cuáles sean las frutas maduras y las variadas ofertas del mercado.

La preparación de una ensalada de frutas resulta absolutamente sencilla. Se cortan las frutas en trozos pequeños y se vierte sobre ellas un combinado de zumo de naranja y limón, azúcar y licor, preferiblemente un chorro de maraschino. En invierno, cuando la fruta fresca escasea, se puede preparar la macedonia con frutas en almíbar, por ejemplo con melocotón, arándanos y peras en conserva. Lo importante es, en cualquier caso, que, antes de presentarla en la mesa, la macedonia repose algún tiempo –protegida por un film transparente para que las frutas no pierdan color– a fin de que puedan ligar entre sí los aromas de las diferentes frutas. No obstante, debe evitarse una conservación excesivamente prolongada, pues la fruta empieza a fermentar. Una macedonia debe servirse fría, pero no congelada. Su acompañamiento ideal son los barquillos, las galletas y los helados. También armonizan con ella una copita de licor o un vino dulce.

MACEDONIA DI NATALE
Macedonia de Navidad
(fotografía superior)

500 G DE FRUTAS DESECADAS VARIADAS (MELOCOTÓN, CIRUELAS, ALBARICOQUE, PIÑA, HIGOS, ETC)
2 DL DE VINO BLANCO DULCE
1/2 L DE AGUA
300 G DE AZÚCAR
LA CORTEZA DE 1 LIMÓN
LA CORTEZA DE 1 NARANJA
4 CLAVOS DE ESPECIA

Coloque la fruta desecada en una fuente y deje macerar en vino blanco y agua durante medio día. Retire las frutas del líquido y resérvelas separadamente. Pase a un cazo el líquido con el azúcar, las cortezas de naranja y limón y los clavos. Lleve a ebullición removiendo lentamente. Agregue después las frutas y cueza a fuego lento hasta que se ablanden. Deje enfriar la macedonia y retire las cortezas de naranja y limón. Sirva en copas y extienda por encima nueces picadas.

CERÁMICA DE FAENZA

La revolución de los modales introducida en las mesas de las cortes italianas durante la época del Renacimiento dio lugar necesariamente a un demanda creciente de vajilla, formada por platos, vasos, copas, tazas, bandejas y fuentes. Afortunadamente la ciudad de Faenza, situada al sureste de Bolonia, se había especializado desde el siglo XV en la fabricación de cerámicas esmaltadas, de forma que en Ferrara y en Mantua siempre se contaba con la vajilla imprescindible sin tener que efectuar trayectos más largos, en los que las diligencias u otro tipo de transportes eran los enemigos naturales de las exquisitas piezas.

La fama de los artículos fabricados en Faenza no tardó en desbordar los límites regionales. En consonancia con su lugar de origen se los bautizó con el nombre de fayenza. La fayenza consta de un fondo de tierra que se esmalta en blanco y se pinta. La técnica procede de Oriente Próximo, donde ya se utilizaban artículos de barro esmaltados en época precristiana. La fayenza llegó a España con los árabes en el siglo XIV. Aquí se llamó mayólica, pues Mallorca fue el principal centro comercial de la abigarrada cerámica de origen ibérico. Italia descubrió la fayenza turca a través del comercio con Oriente; entonces los artesanos analizaron también la cerámica española y finalmente en Faenza primero y en Florencia después lograron perfeccionar la producción.

El Museo Internacional de Cerámica, que junto a la fayenza de Faenza presenta muestras de otras mayólicas del Renacimiento italiano, recuerda el prestigio mundial de Faenza en cuanto ciudad de la vajilla esmaltada. Además todos los veranos se celebra un certamen de cerámica artística.

Este moderno servicio de mesa de Faenza recurre a la decoración tradicional.

ZUPPA INGLESE
(postre hecho a base de bizcocho mojado en licor, crema y chocolate)

Para el bizcocho:
3 HUEVOS
100 G DE AZÚCAR
100 G DE HARINA
1 SOBRE DE AZÚCAR DE VAINILLA

Para la crema:
4 YEMAS
1/4 L DE LECHE
100 G DE AZÚCAR
LA CÁSCARA DE 1 LIMÓN

Para completar:
1 VASITO DE ALQUERMES
1 COPITA DE RON
120 G DE FRUTA CONFITADA EN DADOS PEQUEÑOS
250 G DE NATA

Precaliente el horno a 180°C. Prepare una masa homogénea y esponjosa con los ingredientes del bizcocho y hornéela hasta que se haya dorado. Sáquela y córtela en tres capas iguales. Para preparar la crema, hierba en una cazuela la leche con la mitad del azúcar y la corteza de limón. A parte prepare las yemas con la otra mitad de azúcar. Deseche la corteza de limón y después añada lentamente la leche caliente. Mezcle bien y cueza a fuego moderado hasta que la mezcla se espese.

Disponga un primer trozo de bizcocho, impregnado con una copita de Alquermes; unte una parte con crema, agregue un poco de frutas confitadas y cubra con un segundo trozo de bizcocho, impregnado de Ron. Repita el mismo procedimiento con el resto del compuesto y termine con una capa de bizcocho mojada en Alquermes. Decore la tarta con la nata montada usando una manga pastelera con una boquilla ondulada. Adórnela a su gusto con las frutas confitadas cortadas en cubitos y manténgala en el frigorífico hasta el momento de servir.

ACETO BALSAMICO

El *sciroppo acetoso* o jarabe hervido en vinagre era ya conocido en la Edad Media, aunque entonces no se adquiría en la tienda como condimento culinario, sino en la botica como producto farmacéutico. Familias nobles como los Este estaban orgullosos de poseer su propia *acetaia* o desván en que se alineaban recipientes de vinagre con sus valiosos contenidos. A principios del siglo XVII los círculos distinguidos de Módena hablaban de una tintura calificada de *balsámica* que supuestamente resucitaba a los muertos. Aunque evidentemente excesiva, la descripción apuntaba en la dirección correcta. Quien haya tenido la fortuna de probar un *aceto balsamico tradizionale* auténtico, con su armonía plena de dulzor, acidez, aterciopelamiento y aroma, sabe que bastan unas pocas gotas del mismo para convertir el pescado, la ensalada, la carne y el queso en una plenitud de sabor insospechada, y al mismo tiempo para darles "vida".

Si en el caso de cualquier vinagre el vino blanco o el vino tinto constituyen el punto de partida, la elaboración del *aceto balsamico* comienza con el mosto de la uva Trebbiano blanca de Módena o de Reggio Emilia. El mosto se calienta moderadamente y se concentra hasta convertirse en un jarabe pardo oscuro. Este zumo de uva se mezcla con vinagre de vino viejo para que tenga lugar la fermentación. El *aceto balsamico* no se elabora en bodegas frías de temperatura controlada, sino en desvanes chirriantes, en los que en invierno hace un frío glacial, en verano hace un calor insoportable y

Representación histórica de una botica medieval, en la que se vende jarabe de vinagre. Miniatura del manuscrito *Tacuinum Sanitatis,* Italia, finales del siglo XIV. Nationalbibliothek, Viena.

El *aceto balsamico* inicia su carrera en una cuba de gran tamaño. En el curso de los años irá reduciéndose su volumen a causa de la evaporación. El *aceto* de alta concentración se guarda en cubas pequeñas de entre 10 y 15 litros.

hay humedad con las lluvias de primavera o con las nieblas de otoño. El *aceto* necesita estas aparentes adversidades climáticas para reducir progresivamente su volumen (de 100 litros de mosto sólo saldrá un par de litros de este valioso vinagre), para envejecer y para desarrollar todo su aroma. Deben pasar tres años antes de que el *aceto* concluya sus dos fermentaciones. Primero tiene lugar la fermentación alcohólica, durante la cual el azúcar se convierte en alcohol. Sólo entonces pueden las acetobacterias convertir el alcohol en vinagre. Ahora bien, al término de estos tres años al *aceto* le falta todavía mucho tiempo para envejecer. Un buen *aceto balsamico* necesita un mínimo de 12 años; con 30 o 50 años todavía está mejor. En el desván del vinagre llamado *acetaia* hay siempre toda una batería de cubas de distinto tamaño y de maderas diferentes. En efecto, el *aceto balsamico* no envejece en una sola cuba, sino que logra su sabor y su carácter a través de la familia acética. Al final de la batería está la cuba más pequeña, cuyo volumen oscila en muchos casos entre los 10 y los 15 litros de capacidad. De ella se saca el *aceto balsamico* envejecido en pequeñas porciones. La cantidad extraída se mezcla con el vinagre que le sigue en edad de la segunda cuba más pequeña. Ésta se mezcla con el vinagre de la tercera cuba más pequeña, y así sucesivamente. Los viejísimos posos y soleros que se encuentran en las

cubas constituyen el mayor tesoro de los productores de *aceto balsamico*. No obstante, también la madera de las cubas desempeña un papel muy importante. Se utilizan el fresno y la encina para las cubas más pequeñas y el castaño y el cerezo para las de tamaño medio, en tanto que el *aceto* joven madura mejor en cubas de morera. No obstante, en este caso cada productor tiene sus propios puntos de vista que, como los ingredientes que se incorporan al vinagre en las distintas fases —se habla de canela, clavos, macís, cilantro y regaliz—, se mantienen en absoluto secreto.

En la actualidad el *aceto balsamico* se elabora industrialmente. Según los procedimientos aplicados, pueden incluso conseguirse resultados aceptables, que en cualquier caso siempre son más baratos que los vinagres de larga maduración de la producción artesanal. No obstante, deben evitarse las ofertas demasiado tentadoras, pues puede tratarse de un simple vinagre de vino que, con algunas especias y con cierto tono caramelizado, remeda al *balsamico*. El auténtico *aceto balsamico* se reconoce, primero, por su precio, en segundo lugar por el abombamiento de las botellas en que se presenta y finalmente por su denominación oficial de *Aceto balsamico tradizionale di Modena* o *Aceto balsamico tradizionale di Reggio Emilia*. El consorcio de Módena se creó en el año 1987 y de él forman parte

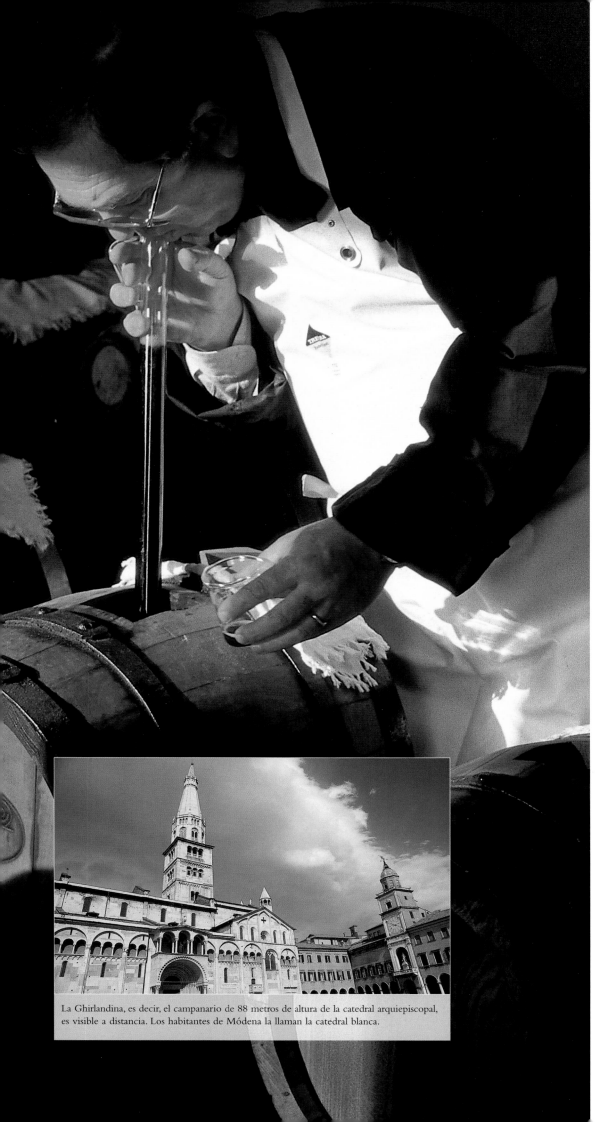

La Ghirlandina, es decir, el campanario de 88 metros de altura de la catedral arquiepiscopal, es visible a distancia. Los habitantes de Módena la llaman la catedral blanca.

270 industrias familiares y productores artesanales de vinagre, que están autorizados a imprimir en sus etiquetas el decisivo adjetivo *tradizionale*. También está legalmente protegida la denominación *tradizionale di Reggio Emilia*.

CARPACCIO ALL'ACETO BALSAMICO
Carpaccio al aceto balsamico

ACETO BALSAMICO
600 G DE FILETE DE VACA CORTADO MUY FINO
SAL Y PIMIENTA RECIÉN MOLIDA
80 G DE RÚCOLA PICADA
3–4 CUCHARADAS DE ACEITE DE OLIVA VIRGEN EXTRA

Pase un pincel impregnado de vinagre balsámico por una fuente grande y extienda la carne de vaca finísimamente cortada de forma que las lonchas no se solapen. Salpimiente ligeramente, recubra con la cebolleta y la rúcola y rocíe con vinagre balsámico. Deje en reposo un mínimo de 15 minutos en un lugar frío. Rocíe después con aceite de oliva y antes de servir deje reposar otros 15 minutos.

SALSA DI POMODORO
Salsa de tomate

6 TOMATES MADUROS
4 CUCHARADAS DE ACEITE DE OLIVA VIRGEN EXTRA
2 HOJAS DE SALVIA
1 CUCHARADA DE ACETO BALSAMICO
SAL

Escalde y pele los tomates. Aplaste la pulpa con un tenedor y deje que se escurra a fondo. A continuación, pásela a una cazuela con el aceite de oliva y las hojas de salvia. Deje que hierva entre 10 y 15 minutos. Aparte la cazuela del fuego, retire la salvia, incorpore el vinagre balsámico y sazone con sal.
Esta salsa tan sencilla acompaña los platos de pasta con un trozo de mantequilla fresca y con parmesano rallado.

SALSA PER PESCE
Salsa para platos de pescado

2 BOQUERONES
3 YEMAS DE HUEVOS DUROS
1 CUCHARADITA DE MOSTAZA PICANTE
1 CUCHARADA DE ACETO BALSAMICO
2 YEMAS DE HUEVOS CRUDOS
ACEITE DE OLIVA
SAL Y PIMIENTA RECIÉN MOLIDA

Quite las espinas a los boquerones y aplástelos en una fuente con las yemas de los huevos duros. Añada la mostaza, el vinagre balsámico y las yemas de los huevos crudos y mézclelo todo a fondo. Incorpore la cantidad de aceite necesaria para que la masa adquiera la consistencia de una mayonesa. Sazone con sal al gusto.
Espolvoree con pimienta recién molida y sirva la salsa con platos de pescado.

El grado de envejecimiento del vinagre en las distintas cubas se controla de manera regular. Obviamente el experto sólo extrae muestras mínimas para no perder ni una gota del preciado condimento.

VINO

Emilia-Romaña, sobre todo la zona emiliana situada entre Piacenza y Bolonia con Parma como centro, destaca por su cocina sobre cualquier otra región italiana. En cambio, de los vinos no puede decirse lo mismo, ya que solamente el 10% de la producción global tiene D.O.C. o D.O.C.G.. En realidad no faltan condiciones para producir un vino de calidad; concretamente en Romaña, cuya viticultura es muy similar a la de Las Marcas contiguas, se podrían producir vinos claramente mejores. A diferencia de la fértil llanura del Po de Emilia, que produce muchísimo vino de gran consumo, como el *lambrusco,* en Romaña se cultivan las variedades típicamente italianas Sangiovese y Trebbiano y las laderas del borde septentrional de los Apeninos guardan alguna que otra joya inédita de vino.

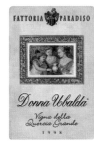

Por tanto, la causa del atraso de la región en relación con la viticultura moderna orientada en el sentido de la calidad no está en las condiciones naturales –¿cómo se explicaría, si no, que las variedades Sangiovese y Barbera solamente producen grandes caldos en otras partes?– y únicamente se comprende teniendo en cuenta la situación socioeconómica. Prácticamente todos los viticultores de la zona estaban y están organizados en grandes cooperativas que, desarrollando una política comercial dirigida al consumo masivo y centrándose en las calidades de vino más sencillas, han determinado la dirección de la viticultura en las últimas décadas. De esta manera, por ejemplo, una sola de estas gigantescas cooperativas trabaja con la uva de más de 27.000 hectáreas, lo cual representa algo más de la mitad de la superficie vitícola cultivada en la D.O.C. Rioja.

Aparte del *lambrusco,* en Emilia-Romaña solamente se elabora un número limitado de vinos que resultan realmente interesantes. Se dice que la variedad Albania di Romagna, que constituye el orgullo de los *romagnoli,* no se cuenta generalmente entre los vinos de interés. No obstante, en el año 1987 este vino obtuvo la D.O.C.G., algo que los críticos no acaban de comprender.

Merecen citarse, sin embargo, los tintos *sangiovese di Romagna* y *colli bolognesi* así como algunos tintos *colli piacentina,* elaborados a partir de las variedades puras Chardonnay, Cabernet o Pinot Nero y, como el *gutturnio,* de las variedades Barbera y Croatina.

En Italia, una copita de vino blanco es un refresco y un aperitivo muy frecuente. Suele tomarse, como sucede en este caso en Bolonia, en la taberna a la que se suele acudir.

EL LAMBRUSCO: A VECES, MEJOR QUE SU FAMA

De algún modo, en Parma, en Módena, en Reggio y en los alrededores se piensa que sólo los vinos espumosos y burbujeantes se ajustan a la cocina local, al ámbito ilimitado de las sustanciosas especialidades de carne de cerdo. No es solo el sospechosamente famoso *lambrusco,* favorito de los adictos a las pizzas en los años setenta y terror de los aficionados al vino de calidad, el que se vende con más o menos espuma, sino que también se embotellan *frizzante* como mínimo el *barbera* y otras variedades.

El *lambrusco,* al igual que el *prosecco,* no es en principio una marca ni constituye una denominación de origen, sino una variedad de uva, mejor dicho, toda una familia de variedades con más de 40 variantes distintas. El *lambrusco* tradicional tiene poco que ver con lo que en las últimas décadas ha inundado en millones de botellas las pizzerías de todo el mundo; generalmente es seco y afrutado. Gracias a la política comercial de las grandes cooperativas se ha convertido en un brebaje entre viscoso y dulce de consumo masivo.

El punto culminante de esta evolución se alcanzó a finales de los años ochenta, cuando algunas cooperativas llegaron incluso a presentar el *lambrusco* en envases de aluminio y trataron de colocarlo en el mercado norteamericano haciendo la competencia a la cocacola; fue, como es fácil imaginar, un fiasco comercial absoluto. Su dulzor, casi desagradable en ocasiones, no siempre correspondía a la uva Lambrusco, sino a la Ancellotta, muy extendida, que es un elemento inerte cuya utilización masiva en los vinos *lambrusco* fue autorizada por el legislador italiano.

No obstante, desde hace algún tiempo se cuidan más, también en Emilia, las calidades del *lambrusco* auténtico. Con los nombres D.O.C. Lambrusco di Sorbara, Lambrusco di Castelvetro y Lambrusco Salamino di Santa Croce, pequeñas industrias vinícolas vuelven a ofrecer vinos con sus típicas notas de afrutamiento y acidez que, por ser relativamente secos, armonizan eficazmente con la cocina autóctona.

Son muy pocos en Emilia-Romaña los viticultores que elaboran caldos tan excelentes como los que elabora Castelluccio en Modigliana.

TOSCANA

Equilibrada, sencilla, autóctona y, sin embargo, refinada: así es la cocina toscana. Sin grandes alardes, rectilínea y honrada, aunque llena de humor y de ironía, como las gentes que viven aquí. Las suaves colinas, los olivares y las tranquilas montañas huelen a hojas de árbol y a hierbas. El olor de la madera resinosa recién cortada se extiende por el aire antes de encenderse el fuego para las especialidades de carne y de caza asadas a la parrilla o en el espetón. La cultura culinaria de las grandes ciudades tiene un carácter más suntuoso que la cocina rural, lo cual no significa que en ellas se sirvan los opulentos platos de la contigua Emilia-Romaña. En Florencia, por ejemplo, el lujo se limita a una espléndida pieza de carne, la *bistecca alla fiorentina,* o a un *spiedino toscano,* pincho de carne sazonado con aceite de oliva y romero. Por lo demás, también se cultivan aquí los valores básicos de la sencillez, la claridad y la naturalidad, que son profundamente toscanos y se atienen estrictamente a las ideas del Renacimiento italiano, tan altamente valorado todavía hoy. Es difícil encontrar platos exageradamente refinados y aun en los mejores restaurantes la inevitable sopa se sirve en rústicas tazas de arcilla. En el campo se prepara una cocina sin florituras, con predominio de las legumbres, el pan, el queso, las verduras y la fruta fresca. La *ribollita,* la *panzanella* y la *pappa col pomodoro* son otros tantos platos típicos de la escondida Toscana rural. El pan, cocido conscientemente sin sal, que como acompañamiento neutro combina tanto con los exquisitos embutidos como con el fuerte *pecorino,* es realmente aquí un alimento básico que acompaña a los toscanos a lo largo de todo el día. Sin embargo, a pesar de la modestia de los ingredientes nadie podrá decir que la cocina toscana es pobre o aburrida: la paciencia y la habilidad de sus cocineros son proverbiales. Hasta las especialidades que más tiempo reclaman se preparan con cariño y con absoluta fidelidad a las tradiciones. No obstante, a pesar de su autoctonismo los gastrónomos toscanos se permiten una pequeña vanidad al afirmar sin ningún rubor que el mundialmente famoso helado italiano es una creación local. Se supone que fue el arquitecto renacentista Bernardo Buontalenti quien lo concibió, mientras trazaba los planos del sistema defensivo del Forte Belvedere, para enriquecer con él los banquetes. La tesis, extendida en el resto de Italia, de que fueron los árabes quienes introdujeron el helado en Sicilia, desde donde se difundió por toda la península, encuentra en Toscana oídos sordos.

Doble página precedente: el *panforte senese* es una vieja especialidad de Siena. Las primeras referencias a este pan dulce de especias datan del siglo XIII.

Izquierda: el paisaje toscano se caracteriza por sus suaves colinas, sus olivares y sus viñedos.

EL PAN

Tras hacerse con el poder los güelfos, fieles al Papa, expulsaron de Florencia el año 1302 al gibelino, y por tanto partidario del emperador, Dante Alighieri, el gran poeta del siglo XIII. El exiliado terminó estableciéndose en Ravenna, donde comprobó "lo salado que es el pan ajeno". Al margen de la metáfora que posiblemente se oculta tras esta expresión, el historiador de la cocina reconoce en ella la diferencia existente entre el pan toscano y los otros panes de Italia central. Evidentemente ya en la Edad Media los toscanos elaboraban su pan rural, *pane sciocco,* prescindiendo totalmente de la carísima sal. Ya entonces los toscanos insistían en que no había que echar sal al pan, pues éste servía únicamente de acompañamiento de especialidades saladas, como el embutido, el queso o la carne.

Todavía hoy el pan es un alimento básico en Toscana. Antiguamente la pasta y el arroz se reservaban para las grandes ocasiones y no se han registrado muchos cambios en este sentido. Hasta no hace mucho era habitual en el campo encender una vez por semana los grandes hornos aislados y cocer en ellos el pan de todo el pueblo, mientras que en la ciudad las familias llevaban al panadero la masa del pan. Las tasas que había que abonar por este servicio imprescindible se fijaban incluso mediante una ley.

El pan acompaña a los toscanos a lo largo de todo el día. En el desayuno se consume mojado en café con leche y antes de la comida estimula el apetito como *bruschetta* tostada o como *crostino* con una fina guarnición. Un pan crujiente con dos gotas del mejor aceite de oliva es un bocado soberbio. No obstante, el pan se utiliza también en la cocina. Es un ingrediente que forma parte del *cacciucco* o sopa tradicional de pescado, forma parte de los platos de verdura, se desmiga para los *pinci* o espaguetis caseros y constituye un complemento rústico de alubias y coles. Al final de la comida invita a tomar un poco de *pecorino* o se acompaña con higos secos, nueces y uvas frescas. Por la tarde el pan se toma empapado en vino, con mantequilla o con azúcar.

Es asimismo muy alto el número de variedades de pan. El pan de pueblo, el pan integral, el pan de trigo fino, el pan de maíz y otras muchas especialidades se elaboran con las más diversas mezclas de harina. Se presentan como *rondeggiante* (tortas redondas), como *bozza* o *pagnotta* (hogazas redondas y altas) o como *filone* (barras alargadas). La tierna *semella* es adecuada para el desayuno o para un bocado, la *fiorentina* es una rosquilla sabrosa y la *schiacciata all'olio* designa una torta plana rociada con aceite.

La *bozza* y el *figone,* las dos variedades más comunes, deben tener una corteza crujiente y una miga blanda y porosa; sólo se entonces se consideran aceptables. De hecho en Toscana se habla de *pan bucato e cacio serrato,* es decir, de que "el pan debe tener agujeros, el queso no".

En la cocina toscana tradicional, la *pasta fresca* y la *pasta secca,* tan presentes en el resto de Italia, desempeñan una función más bien secundaria. En el granero de Toscana, Crete, se cultiva fundamentalmente trigo *grano tenero* o blando para el omnipresente pan.

BRUSCHETTA
Pan tostado con tomate
(fotografía inferior)

4 REBANADAS DE PAN TOSCANO (PAN BLANCO)
2 TOMATES
1 MANOJO DE ALBAHACA POCO PICADA
SAL Y PIMIENTA
1 DIENTE DE AJO
3 CUCHARADAS DE ACEITE DE OLIVA VIRGEN EXTRA

Tueste las rebanadas de pan en la tostadora o en la plancha. Corte los tomates en daditos y mézclelos en una fuente con la albahaca poco picada; sazone con sal y pimienta. Frote con ajo las rebanadas tostadas, extienda por encima la mezcla de tomate y albahaca y riegue con abundante aceite de oliva.

CROSTINO
Pan tostado con higadillos

1 CEBOLLA PEQUEÑA
3 CUCHARADAS DE ACEITE DE OLIVA
250 G DE HIGADILLOS
1 VASO DE MARSALA SECO O DE VIN SANTO
SAL Y PIMIENTA
50 G DE FILETES DE ANCHOA
50 G DE ALCAPARRAS
50 G DE MANTEQUILLA
PAN TOSCANO (PAN BLANCO) EN REBANADAS

Pique finamente la cebolla y rehogue en aceite de oliva. Corte en trozos los higadillos, agréguelos a la cebolla y sofría durante unos minutos. Vierta el *marsala* o el *vin santo* y cueza hasta que el líquido se evapore casi totalmente. Sazone con sal y pimienta los higadillos y áselos 5 minutos más. Deje enfriar ligeramente, a continuación páselos a la batidora con los filetes de anchoa, las alcaparras y la mantequilla y redúzcalo todo a una crema muy fina. Tueste las rebanadas de pan en el horno y extienda sobre ellas una gruesa capa de pasta de higadillos.

PANZANELLA
Ensalada con pan

500 G DE PAN TOSCANO (PAN BLANCO) DEL DÍA ANTERIOR
SAL
5 TOMATES MADUROS
1 CEBOLLA ROJA
1 PEPINO
1 RAMITO DE ALBAHACA
3–4 CUCHARADAS DE ACEITE DE OLIVA
PIMIENTA
1–2 CUCHARADAS DE VINAGRE DE VINO

Corte el pan en trozos pequeños y póngalo en remojo en agua fría con una pizca de sal. Cuando el pan esté completamente empapado, exprímalo y colóquelo en una ensaladera.
Corte el tomate en dados, corte la cebolla y el pepino en trozos pequeños y agréguelos. Riegue con abundante aceite de oliva, sazone con sal y pimienta y reserve en el frigorífico. Antes de servir, incorpore el vinagre de vino y vuelva a mezclar a fondo.
Este sencillo plato de verano suele prepararse con frecuencia en el campo para aprovechar los restos de pan.

PAPPA AL POMODORO
Sopa de tomate con pan frito

4 CUCHARADAS DE ACEITE DE OLIVA
1 CEBOLLA
3 DIENTES DE AJO
750 G DE TOMATES
1 L DE CALDO DE POLLO
SAL Y PIMIENTA NEGRA RECIÉN MOLIDA
250 G DE PAN TOSCANO (PAN BLANCO) DEL DÍA ANTERIOR SIN CORTEZA
UNAS HOJAS DE ALBAHACA

Caliente la mitad del aceite de oliva en una olla grande. Pele la cebolla y los ajos, píquelos finos y rehóguelos en el aceite caliente hasta que estén tiernos y transparentes. Escalde los tomates, pélelos y córtelos en dados. En la olla, incorpore los tomates a la mezcla de cebolla y ajo y rehogue 5 minutos. A continuación, vierta poco a poco el caldo. Sazone con sal y pimienta y hierva 30 minutos. Caliente en una sartén el resto del aceite de oliva, corte el pan en daditos y fríalos en el aceite caliente. Por último, pique las hojas de albahaca.
Distribuya la sopa en platos y espolvoree con el pan frito y con la albahaca. Sirva inmediatamente.

Filone
El *filone* es el pan sin sal típico de Toscana.

Pan di granturco
Como la *ciaccia* de Maremma, el *pan di granturco* se elabora con harina de maíz.

Pane classico integrale
El *classico integrale* de harina integral sin sal tiene una corteza muy crujiente.

Schiacciatina
Como la *spolettina*, la *schiacciatina*, que es una torta plana y pequeña, se elabora a partir de masa con sal y, como la *treccina*, con harina fina de trigo, levadura y aceite de oliva.

Pan di ramerino
Antiguamente el *pan di ramerino* o pan de romero se elaboraba en Semana Santa. Los panes se decoraban con una cruz y los *semellai* o panaderos ambulantes los vendían en las puertas de las iglesias. La masa se enriquecía con azúcar, uvas pasas y unas hojas de romero picadas. Como era un pan muy nutritivo no se comía sólo en Pascua, sino que se presentaba en la mesa durante todo el año. Todavía hoy sigue siendo muy apreciado.

Pane con i grassetti
Es un pan típico de Garfagnana cuya masa se mezcla con chicharrones.

Pane con l'uva
En Lombardía el *pane con l'uva* es el panecillo que se toma fundamentalmente en Pascua. En Toscana, por el contrario, el pan con uva se elabora estirando la masa en una bandeja como la *schiacciata* clásica, cubriéndola con gran cantidad de uvas rojas y espolvoreándola con azúcar: es un pan típico de los meses de otoño. Durante la recolección suele enriquecerse con dulces. En algunas comarcas los toscanos lo toman con higos frescos.

VARIEDADES TOSCANAS DE PAN

El interés toscano por el pan y por sus especialidades es prácticamente inagotable. Además de las variedades ya citadas están el *pane pazzo* o pan "chiflado" con pimienta, el *pane di Radicofani* con uvas, miel y pimienta, el *pane co santi* o pan de los santos con nueces, uvas pasas, almendras, miel, pimienta y aceite, el *pane dicembrino* o pan de diciembre con uvas pasas, nueces, miel y calabaza y la *ciambella di quaresima* o *quaresimali,* que es la rosquilla de cuaresma, por no citar las diversas galletas y las numerosas variedades del pan con especias o *panforte*.

Carsenta lunigianese
Este pan de Lunigiana se elabora en la olla sobre una capa de hojas de castaño y se toma el Viernes Santo.

Ciaccia
Este pan de Maremma se elabora con harina de maíz y pasa por ser el pan de los pobres.

Donzelle
Para elaborar los *donzelle,* se estira la masa con el rodillo, a continuación se corta en rombos y finalmente se fríe en aceite de oliva. En la comarca de Prato estos panecillos se llaman *ficcatole* y en Lunigiana se venden como *sgabei*.

Fiandolone
El *fiandolone* era el pan de los leñadores y de los carboneros de Monte Amiata. La masa se preparaba con harina dulce de castaña y, tras espolvorear con hojas de romero muy picadas, se cocía en el horno.

Pan maroko
El *pan maroko* lleva harina de trigo y harina de maíz a partes iguales. La masa se prepara con aceite, agua y levadura y se enriquece con uvas pasas y piñones.

Panigaccio
El *panigaccio* es una especialidad de Lunigiana. La masa se elabora con harina de trigo, agua y sal y se cuece en cacerolas al rojo vivo. Se sirve con queso rallado y unas gotas de aceite.

Panina gialla aretina
Al igual que la *panina unta,* que contiene mucha grasa, el pan amarillo de la zona de Arezzo se consume en Pascua. Suele enriquecerse con uvas pasas, azafrán y especias y se sirve con los huevos que previamente se han bendecido en la iglesia.

Panini di San Antonio
Estos panecillos se tomaban en las zonas rurales el día de la fiesta de san Antonio, el 17 de enero, aunque siempre después de haber recibido la bendición de la Iglesia por la mañana junto con los animales y los campos.

Schiacciata
La *schiacciata* se elabora con la masa de pan que, previamente estirada en la bandeja de horno, se riega con aceite de oliva y se sala generosamente. Estas tortas planas se prestan a la fantasía y presentan variantes con chicharrones, hierbas aromáticas, patatas y tomates.

EL MÍTICO
ACEITE

Según la leyenda, Atenea y Poseidón no acababan de ponerse de acuerdo acerca de quién debía reinar en Ática. Recurrieron entonces al arbitraje de Zeus, el padre de los dioses, quien zanjó la discusión decidiendo que sería declarado vencedor quien le presentase el descubrimiento más útil para la humanidad. Atenea ordenó a la Madre Tierra que desarrollase un árbol nuevo y fuera de lo común, y apareció el olivo. Zeus quedó satisfecho y proclamó el triunfo de la diosa.

El olivo procede de la zona situada entre el Pamir y Turquestán, desde donde, hace ya más de 5.000 años, se propagó por la cuenca mediterránea y configuró algo más que los hábitos culinarios de la población autóctona, pues muchas regiones lo incluyeron en sus cultos religiosos. Sus ramas, sus frutos y también su aceite merecieron la consideración de símbolos de la vida, de la fertilidad y de la luz. En Grecia sobre todo el olivo tenía una gran relevancia. Según la leyenda, el lecho nupcial de Ulises y Penélope se encontraba en el tronco hueco de un olivo y las estatuas de los dioses, de Zeus a Atenea, recibían un baño del precioso aceite para retener a las divinidades en ellas. Los atletas griegos se ungían con aceite de oliva y los vencedores de los juegos olímpicos eran coronados con ramas de olivo. Los espartanos enterraban a sus muertos sobre hojas de este árbol.

En la Roma imperial la aceituna dio lugar a toda una industria. El aceite de oliva contó incluso con su propia lonja, la *arca olearia,* para controlar el próspero comercio. Plinio informa de que se comercializaban no menos de 15 variedades.

La importancia religiosa y económica del olivo era tan grande que el cristianismo no pudo desentenderse de él. La rama de olivo pasó a ser símbolo de paz y el mismo aceite se utilizó en los ritos, por ejemplo en la extremaunción.

El médico griego Hipócrates ya recomendaba la utilización de aceite de oliva fresco en el tratamiento de diversas enfermedades. Tras la caída del Imperio Romano, cuando decayó la producción olivarera, los monasterios continuaron realizando experimentos. El aceite pasó a utilizarse en la higiene de la piel, aliviaba el prurito provocado por las ortigas y era un remedio eficaz contra los dolores de cabeza y de vientre, la otitis e incluso contra el "mal de ojo". Mascando regularmente una hoja de olivo se fortalecían las encías y se conservaba la blancura de los dientes. Actualmente se ha demostrado científicamente la eficacia terapéutica del aceite de oliva; es digestivo, tiene efectos positivos sobre el estómago y los intestinos, previene los trastornos del sistema cardiocirculatorio y, a diferencia de lo que sucede con las grasas animales y con otras grasas vegetales, al calentarse no se desdobla en sustancias nocivas.

Derecha: el olivo *(Olea europaea)* puede alcanzar una altura de 10 a 16 metros y tener más de 1.000 años. Sus flores son blancas y aparecen en primavera.

ACEITE DE OLIVA TOSCANO

Ya durante el siglo IV los comerciantes florentinos adquirían en Apulia y Campania aceite de oliva, que vendían directamente en su ciudad o utilizaban en la fabricación de un jabón especial para la industria de la lana. Sin embargo, dado el elevado precio del aceite y a la vista de las dificultades existentes para obtener suficiente género en los mercados europeos, con el tiempo se pensó en que era mejor producir el aceite directamente en Toscana. Llegaron incluso a adoptarse medidas de carácter oficial para elevar el número de olivos cultivados, que era bajo hasta entonces. Los dueños de olivares fueron invitados a que cada año ampliasen sus plantaciones, según el tamaño, con dos o cuatro olivos. Los Médicis favorecieron la olivicultura de una manera especial. Gracias a sus iniciativas paisajísticas y económicas, la Toscana actual no es solo una región bellísima, sino también una importante productora de aceite. La medida de fomento más importante adoptada por los Médicis consistió en ceder a los municipios parcelas accidentadas y con árboles para que se las arrendasen a los campesinos a precios favorables, con la única condición de que las destinasen exclusivamente a cultivar viñedos y olivares. Como los resultados de esta política agraria fueron netamente positivos, a principios del siglo XVI Toscana exportaba aceite a otras regiones. Desde entonces la olivicultura no ha dejado de crecer. Así, por ejemplo, durante la segunda mitad del siglo XIX se plantaron los grandes olivares de Maremma y del Val di Chiana. No obstante, la mayor parte de las plantaciones se encuentra en las cadenas montañosas que rodean Florencia y que se extienden desde Siena y Arezzo hasta la llanura de Pistoia y los alrededores de Lucca y Carmignano. A raíz sobre todo de la helada que se produjo en el año 1985, los agricultores aprovecharon la oportunidad de sustituir los olivos helados por variedades más idóneas y más "modernas" desde el punto de vista agrario. Asimismo se ha abandonado progresivamente el cultivo mixto de vides y de olivos, acentuándose de esta manera la tendencia al monocultivo.

En la región de Toscana se cultivan fundamentalmente las variedades Frantoio, Leccino, Moraiolo y Pendolino. Cada comarca se atiene a sus propios métodos y tradiciones a la hora de plantar los olivos y de asegurarse una buena cosecha, pues la producción de aceite requiere ante todo esmero y experiencia. Las cualidades que presentará el aceite de oliva en su fase definitiva dependen fundamentalmente del clima y de la época de la recolección de la aceituna. El aceite procedente de zonas de clima suave, generalmente costeras, como por ejemplo las comarcas de Lucca o Grossetto, es más suave y redondo y en él no destaca tanto el sabor a tierra típico. Por el contrario, en las zonas montañosas de los Preapeninos, donde las temperaturas son más bajas, la aceituna no madura tanto y produce un aceite aromático y afrutado, con un sabor ligeramente amargo, pero en cualquier caso equilibrado y con cuerpo. Las variedades de aceite más verdes se obtienen a partir de aceitunas que "todavía no se han oscurecido", como se dice por estas tierras, y que por tanto se han cosechado relativamente poco maduras. La calidad de un aceite de oliva se define por su índice de ácidos oleicos libres. El grado de acidez de un *olio d'oliva extra vergine* no puede superar el 1%. De todos modos, los valores de los mejores aceites suelen ser sensiblemente inferiores y se sitúan entre el 0,2% y el 0,5%. Son aceites transparentes, de tonos verdes dorados, y tienen un sabor pleno y marcado. En ocasiones presentan un suave aroma de almendras o huelen ligeramente a manzanas, alcachofas o pimientos.

Moraiolo
La variedad de aceituna Moraiolo es una de las más importantes. Originaria de Toscana, se ha afianzado en toda Italia central, sobre todo en los alrededores de Spoleto, en Umbría. La variedad Moraiolo proporciona un aceite afrutado típico, de aroma intenso, y deja un gusto ligeramente amargo y picante.

Frantoio
La variedad de aceituna Frantoio da lugar a un aceite muy afrutado. Tiene un sabor muy "a oliva", aunque no resulta agresivo ni deja un gusto amargo o picante. La conservabilidad de este aceite, que posee un color verde esmeralda, mejora con la adición de aceites Moraiolo y Leccino.

Leccino
Con la variedad de aceituna Leccino se elabora un aceite suave, de tonos amarillos dorados y con leve aroma de almendras. No obstante, este aceite de oliva no presenta unas características muy marcadas, por lo que se borran rápidamente. De ahí que la variedad Leccino se mezcle con la Moraiolo, de mejor conservación. Inversamente los aceites de Moraiolo sacan partido de la adición de los de Leccino, pues se suavizan sin perder sus marcadísimas características.

Pendolino
La variedad Pendolino se cultiva sobre todo en la provincia de Florencia como complemento de los olivares y ejerce su influencia en la caída del polen. Produce un aceite muy parecido al de la variedad Leccino, aunque con menos cuerpo. Se agrega en pequeñas cantidades a las mezclas de otras variedades, para suavizar o acentuar las correspondientes características, pues tiene efectos armonizadores. No obstante, el verdadero arte de la elaboración del aceite consiste en lograr una mezcla adecuada.

LA COSECHA DE LA ACEITUNA

Los frutos del olivo se recolectan a lo largo de las semanas transcurridas entre principios de noviembre y mediados de diciembre. Debe elegirse con sumo cuidado el momento exacto de la recolección, pues la aceituna no debe estar demasiado verde, pero tampoco del todo madura. Todavía hoy se sigue recolectando a mano en muchos casos. Las aceitunas vareadas o "peinadas" cuidadosamente con un rastrillo especial caen en lonas de nilón previamente extendidas bajo los olivos. Sin embargo, algunos olivareros apuestan más por la técnica que por el trabajo manual y recurren a una máquina vibratoria. Un brazo articulado sujeta el olivo, lo sacude y recoge las aceitunas en una pantalla. Las aceitunas se succionan y a continuación se procede a quitarles los tallos y las hojas. En cualquier caso, este método de recolección sólo puede aplicarse en olivares específicamente preparados. Independientemente de que la recolección sea mecánica o manual, las aceitunas deben cosecharse y transportarse hasta la almazara con la máxima rapidez, pues, como sucede en la elaboración del vino, existe el peligro de la oxidación y de una fermentación no controlada. En la almazara las aceitunas se separan de los tallos y de las hojas y a continuación se lavan. Unas pesadas muelas de granito las estrujan en el interior del molino. Hay aparatos más modernos, pero en Toscana se continúan utilizando las colosales piedras, pues pueden fácilmente hasta con los huesos más duros y, por tanto, garantizan una pasta homogénea. Tras la molienda, la pasta se "amasa", es decir, se remueve lenta y cuidadosamente. Después el molinero la extiende en capas de unos dos centímetros de grosor sobre las esteras de prensado, ya preparadas, que se superponen en un armazón. Una prensa hidráulica realiza la función del prensado. La mezcla de agua y aceite rebosa por los bordes de las esteras y pasa a un recipiente; el agua se elimina mediante una centrifugadora. El aceite se recoge en tinajas de barro o, tratándose de almazaras modernas, en tanques de acero, donde, protegido de la luz y de las oscilaciones de las temperaturas, dispondrá de 30 a 40 días para clarificarse. Entonces se filtra de nuevo. Algunas almazaras ya no trabajan en todas sus fases según el sistema tradicional. Es cierto que en este tipo de producción modificada se comienza triturando las aceitunas, pero la pasta ya no pasa a la prensa tradicional, sino que se centrifuga a un número muy alto de revoluciones. La mezcla saliente de aceite y agua se vuelve a centrifugar hasta obtenerse el aceite puro.

Inferior: la recolección manual es muy pesada, pero ofrece la ventaja de que los frutos no sufren daños.

Las aceitunas se desarrollan en el árbol durante el verano y el otoño. La recolección no empieza hasta el invierno.

Unas gigantescas muelas de granito trituran incluso los duros huesos.

NIVELES DE CALIDAD

Olio d'oliva extra vergine
Aceite de oliva virgen extra, aceite del primer prensado, calidad máxima.

Olio d'oliva vergine
Aceite de oliva virgen, aceite del segundo y tercer prensados, calidad muy alta.

Olio d'oliva
Aceite de oliva, mezcla de aceite virgen y de aceite refinado.

Olio di sansa di oliva
Aceite de orujo, normalmente obtenido exclusivamente de los restos del orujo mediante disolventes.

La pasta de las aceitunas se extiende sobre esteras redondas. La pila de esteras se somete a un prensado. El aceite empieza a salir cuando la prensa presiona la pila de esteras.

En Las Marcas se culti-
van muchas variedades
de aceitunas. Su equili-
brado aceite es uno de
los mejores de Italia.

El aceite penetrante y
afrutado de Apulia se
elabora con aceitunas
maduras y, por tanto,
muy acidíferas.

Según su procedencia,
los aceites toscanos
saben a especias, a
nueces y a veces
a pimienta.

Como el de Apulia, el
aceite de oliva de Sicilia
tiene un sabor fuerte
y penetrante, pero
siempre afrutado.

El fino aceite de oliva
de Umbría huele suave-
mente a hierbas y tiene
un color verde muy
marcado.

El aceite de oliva de
Molise es verdoso con
reflejos amarillos. Tiene
un aroma delicado y
un sabor suave.

El aceite de oliva
verde esmeralda de
los Abruzzos huele a
fruta y tiene un sabor
muy fuerte.

LA COCINA DEL RENACIMIENTO

Florencia hacia 1480, copia de la *Carta della Catena* (fragmento), Museo di Firenze com'era, Florencia

LA COCINA DE CATALINA

Cuando en septiembre de 1533 subió a bordo de un barco en Portovenere para casarse con Enrique II de Francia, Catalina de Médicis evidentemente se llevaba consigo algo más que un maletín para pasar la noche. Por razones de seguridad, además de baúles de ropa y de joyeros, llevaba muchos recipientes con provisiones. En su séquito de princesa había, junto al siempre hipotético envenenador, mozos de cocina, coperos, panaderos, pasteleros y cocineros muy bien preparados.

El escepticismo de Catalina frente a la *cuisine* francesa estaba perfectamente justificado, pues a principios del siglo XVI la cultura culinaria a orillas del Sena no tenía muchas alegrías que ofrecer. La Corte francesa seguía ateniéndose a los opíparos dogmas de la Edad Media, en virtud de los cuales un banquete debía reflejar la riqueza de la casa, un ingrediente exótico y caro era mejor que un producto autóctono fresco y los alimentos eran sometidos a eternos procesos de preparación y a verdaderas orgías de especias, para terminar en un divertido juego de sociedad consistente en adivinar los ingredientes de un determinado plato. Aunque unos años antes Maestro Martino había traducido al francés la obra capital de la cultura italiana de la comida y de la mesa, el *Liber de Arte coquinaria,* de Bartolomeo Sacchi, y el humanista conocido con el nombre de Platina hizo sinceros esfuerzos en su libro *De honesta voluptate et valetudine* por divulgar las reglas de una alimentación cuidada, en Francia no sabían cómo aplicar estos conocimientos.

La situación cambió súbitamente cuando Catalina pisó el escenario político y culinario. A través de su matrimonio, magistralmente tramado por la habilidad diplomática del papa Clemente VII, terminó llegando la luz a las turbias salsas de los cocineros franceses. La italiana, que disfrutaba en la mesa y cuyas innovaciones nada tenían que ver con el ascetismo, desterró la mala costumbre de servir al mismo tiempo lo dulce y lo ácido, lo picante y lo salado, y en su lugar insistió en servir juntos alimentos que se complementasen entre sí. La glotonería desaforada pasó a ser cosa del pasado y los banquetes se convirtieron en otras tantas ceremonias de platos finos, de elegancia y de buen tono en la mesa. Las sólidas copas tuvieron que ceder paso a la elegante cristalería veneciana y se importó cerámica esmaltada, procedente de la ciudad italiana de Faenza. Asimismo Catalina introdujo el uso del tenedor,

con poco éxito en el caso de su esposo, pero con éxito total en el de su hijo, Enrique III.

Por otra parte mejoró la fama de los alimentos básicos "baratos", como el aceite o las judías, e impulsó preparaciones y especialidades tales como la pintada con castaña, el fricasé, el estofado, el paté, el sorbete y un licor elaborado según una receta del monasterio de Murate. Puso de moda las espinacas a la florentina, hacía preparar grandes cantidades de alcachofas para su esposo y, según ciertas informaciones, introdujo incluso la uva Trebbiano, aunque, según otras fuentes, como contrapartida llevó la uva Cabernet de Francia a Toscana.

En definitiva, para ser alguien en París había que seguir la pauta marcada por Catalina y comer *à la mode de la Reine Catharine.* Siglos después se le reconoció el impulso que dio a la técnica de la cocina. En opinión de todo un Antoine Carême (1784–1833), el cocinero favorito de Napoleón y de Talleyrand, los grandes cocineros franceses tuvieron que aprender el arte de la cocina y de la pastelería de los cocineros italianos de Catalina antes de estar en condiciones de desarrollar la gran *cuisine* francesa.

Santi di Tito (1536–1603), *Retrato de Catalina de Médicis, reina de Francia,* 1585–86, óleo sobre madera, 142 × 118 cm, Galleria degli Uffizi, Florencia

También el Renacimiento culinario italiano hunde sus raíces en el redescubrimiento de la Antigüedad. En las cocinas de los monasterios y de los palacios de la nobleza, que para entonces había alcanzado cierto nivel de bienestar, se consultaban los testimonios de la gastronomía griega y romana. Concretamente Apicio fue un autor muy estudiado. Los cocineros y los especialistas en banquetes trataron de aplicar en la cocina los ideales de orden, proporción, armonía y medida, tan altamente valorados en la época del Renacimiento. Se asimiló de buen grado y sin ningún tipo de prejuicios la influencia de Oriente, con el que se mantenía un floreciente comercio, y la procedente de los árabes establecidos en la isla de Sicilia. Mientras que durante la Edad Media existía una marcada preferencia por los platos de prestigio, que primero se cocían, después se asaban y finalmente se sepultaban bajo una salsa condimentada con el mayor número posible de especias caras, los cocineros renacentistas se propusieron desarrollar recetas sencillas y métodos de cocción suaves que trataban de subrayar el sabor propio de los ingredientes más que de modificarlo. Por tanto, poco a poco dejaron de estar de moda las mezclas opulentas de especias y las comidas artificiosamente extrañas; en su lugar, cualquier gastrónomo podía reconocer el contenido de su plato sin grandes quebraderos de cabeza.

Aun cuando en Italia se tendía cada vez más a las preparaciones nobles y sencillas, se tardó en recurrir a la cocina rural regional. Los cocineros preferían adaptar nuevos platos de países lejanos y desconocidos. Los platos de los campesinos toscanos, como la papilla de cereales, el puré de verduras, la fuerte cebolla o el penetrante ajo, merecían la consideración de comidas poco delicadas, situación que se mantuvo durante mucho tiempo, pues la revolución culinaria pasó casi sin dejar huella por las ollas de los menos favorecidos.

El Renacimiento fue también la época durante la cual se relacionó por vez primera la idea de lo patológico con la alimentación de cada día. De pronto los médicos y los fisiólogos deliberaron, comentaron, analizaron y en definitiva estudiaron desde una perspectiva absolutamente nueva lo que hasta entonces resultaba una obviedad: el comer puede favorecer la salud, pero también puede provocar enfermedades o agravar las enfermedades ya existentes. Si los hombres, que pasaron a ocupar el centro del interés, se clasificaban en cuatro grupos: coléricos, melancólicos, flemáticos o sanguíneos, según fueran sus humores —calientes o fríos, dulces o ácidos, espesos o fluidos, verdes, negros o amarillos—, los sabios aplicaron criterios similares a la hora de estudiar las características específicas de los alimentos y de los condimentos con la finalidad de aconsejar expresamente a cada grupo un plato o unos ingredientes determinados o bien para disuadirles de tomarlos en la medida de lo posible.

Torta di zucca
Tarta de calabaza
(fotografía fondo)

500 G DE CALABAZA
600 ML DE LECHE
100 G DE AZÚCAR
UNA PIZCA DE JENGIBRE
UNA PIZCA DE CANELA
3 HUEVOS
UNA PIZCA DE AZAFRÁN
50 G DE MANTEQUILLA
500 G DE HOJALDRE
1 CUCHARADA DE AGUA DE ROSAS

Pele la calabaza, corte en trozos
la pulpa, rállela finamente y cueza
durante 15 minutos en 500 ml de
leche. Cuele, estruje a fondo y
mezcle con el azúcar, el jengibre,
la canela, los huevos, el azafrán, la
mantequilla y 100 ml de leche. Estire
el hojaldre en dos círculos finos y
coloque uno de ellos en una bandeja
de horno untada de mantequilla.
Extienda el relleno sobre la pasta,
cubra con el segundo círculo y
hornee 50 minutos en el horno
precalentado a 180°C. Rocíe la
tarta con agua de rosas y sirva.

Pesce impanato
Pescado empanado
(fotografía inferior)

Para la masa:
200 G DE HARINA DE TRIGO
1 CUCHARADITA DE SAL
250 ML DE CERVEZA BLANCA
2 CUCHARADAS DE ACEITE DE OLIVA
3 CLARAS DE HUEVO

600 G DE FILETES DE PESCADO (POR EJEMPLO, CORÉGONO)
SAL Y PIMIENTA
2 CUCHARADAS DE ZUMO DE LIMÓN
ACEITE PARA FREÍR

Para elaborar la masa, mezcle harina y sal y agregue la
cerveza revolviendo. A continuación incorpore el aceite
de oliva y deje la masa en reposo 30 minutos. Bata las claras
a punto de nieve y añádalas con cuidado a la masa.
Lave los filetes de pescado y divídalos en dos mitades.
Sazone con sal y pimienta y rocíe con el zumo de limón.
Pase los filetes por la masa y fría 5 minutos en aceite
caliente hasta que estén crujientes.

Tortellini rinascimentali
Tortellini renacentistas

Para la masa:
600 G DE HARINA DE TRIGO
6 HUEVOS
1/2 CUCHARADITA DE SAL

Para el relleno:
50 G DE CARNE DE CERDO EN ADOBO
300 G DE CARNE DE CERDO PICADA
50 G DE PARMESANO RALLADO
50 G DE PROVENTURA
1/2 CUCHARADITA DE CANELA
UNA PIZCA DE PIMIENTA
UNA PIZCA DE CLAVO EN POLVO
UNA PIZCA DE NUEZ MOSCADA RALLADA
UNA PIZCA DE AZAFRÁN
1 CUCHARADA DE UVAS PASAS
1 CUCHARADA DE PEREJIL MUY PICADO
2 HUEVOS
2 L DE CALDO DE CARNE
PARMESANO
AZÚCAR Y CANELA

Para elaborar la masa, forme un montón con la harina en la
superficie de trabajo y realice un hoyo en el centro. Introduzca los huevos y amase lentamente la harina hasta lograr
una pasta. Disuelva la sal en 3 cucharadas de agua templada
y añádala gota a gota. Tape la masa y déjela reposar 1 hora.
Para confeccionar el relleno, corte en trozos pequeños la carne de cerdo, mézclela con la carne picada, el parmesano y la
proventura (una especie de mozzarella ahumada) y sofría brevemente. Agregue las especias, las uvas pasas, el perejil y los
huevos, mezcle bien y deje enfriar ligeramente.
Estire la masa sobre una superficie de trabajo enharinada y
corte círculos pequeños. Ponga un poco de relleno en cada

uno de los círculos, coloque encima otro trozo de masa
y apriete firmemente los bordes.
Mantenga los *tortellini* 10 minutos dentro del caldo, que
debe hervir sin llegar a hacerlo a borbotones. Retírelos
con la espumadera y sírvalos calientes.
Extienda por encima parmesano, azúcar y canela a voluntad.

Zuppa di funghi
Sopa de setas

200 G DE SETAS FRESCAS (POR EJEMPLO,
BOLETOS COMESTIBLES, COLMENILLAS)
500 ML DE VINO BLANCO DULCE
1/2 CUCHARADITA DE PIMIENTA
100 ML DE ACEITE DE OLIVA
80 ML DE MOSTO ÁCIDO O SIDRA
SAL
AZÚCAR
4 REBANADAS DE PAN BLANCO TOSTADAS
250 ML DE ZUMO DE NARANJA
1/2 CUCHARADA DE CANELA
5 CLAVOS DE ESPECIA

Quite los tallos a las setas, póngalas en agua fría y lávelas
varias veces. Cuézalas con 250 ml de vino y con la pimienta,
deje que se escurran y córtelas en trozos pequeños. Ponga
el aceite en una sartén y cueza en él las setas a fuego lento.
Agregue el mosto o la sidra y deje en ebullición un mínimo
de 15 minutos. Sazone con sal y, a voluntad, con un poco
de azúcar. Sirva las setas en un plato sopero con abundante
caldo.
Introduzca en una olla las rebanadas de pan tostadas con
250 ml de vino, el zumo de naranja, la canela, los clavos
y 5 cucharaditas de azúcar y haga hervir brevemente. Retire
las rebanadas impregnadas con cuidado y colóquelas sobre
las setas. Sirva la sopa caliente.

LAS PLANTAS AROMÁTICAS

Ya en la Antigüedad se conocían las hierbas que podían ingerirse y las que tenían eficacia curativa. El médico griego Hipócrates señaló con precisión las cualidades botánicas y curativas de las diversas plantas y, como es sabido, también el erudito romano Plinio sabía orientarse en un huerto de plantas aromáticas. En la Edad Media estas plantas sólo se cultivaban en algunos pequeños huertos monásticos, pero el Renacimiento, enamorado de la Antigüedad, descubrió toda la gama de hierbas y su importancia culinaria y medicinal. Cuando en el siglo XV Pisa y Padua empezaron a destacar por sus huertos de plantas aromáticas, Florencia no quiso quedarse al margen y Cosme de Médicis dispuso inmediatamente la creación de los *giardini dei semplici*. Lucca y Siena siguieron su ejemplo. El verde aromático adquirió pronto carácter de culto, pues en definitiva aquellas irrelevantes plantitas eran de gran utilidad para el cuerpo y para el espíritu.

El perejil pasaba por ser un estimulante, un remedio contra las afecciones renales y, según Plinio, esparcido picado en el estanque curaba incluso a los peces. La albahaca servía para los dolores de estómago y las náuseas. La salvia era antiséptica y el tomillo aliviaba el dolor de cabeza causado por la embriaguez. El romero fortalecía los nervios y la menta reanimaba. El estragón permitía supuestamente superar las picaduras de las serpientes. La borraja consolaba el espíritu, servía de estimulante y reducía las distorsiones musculares. El hinojo tranquilizaba a los niños... y así sucesivamente. Es natural que todo el mundo quisiera aprovecharse de los beneficios de las hierbas.

Hoy no se cree que las plantas aromáticas tengan una gran eficacia curativa, pero son imprescindibles en la cocina. Concretamente Toscana es un paraíso de éstas, pues en ella crecen numerosas especies en estado silvestre, y los residentes en las ciudades, aunque sólo dispongan de balcones pequeños, no se resisten a cultivar en jardineras o en minúsculas macetas al menos albahaca, salvia y romero, a fin de poder contar en cualquier momento con hojas y tallos aromáticos para sus elaboraciones culinarias.

Derecha: las plantas aromáticas tienen un papel muy importante en la cocina toscana. Los puestos de los mercados no dejan de ofrecer una gran variedad de productos frescos.

Hinojo
El hinojo *(finocchio)* crece en estado silvestre en el sur de Italia en las orillas de los caminos. En la cocina, además de los bulbos, se utilizan los tallos, las hojas y las semillas. Es muy apropiado para la carne de cerdo y sazona la *finocchiona* toscana.

Perejil

De quien está presente en todas las reuniones y en todos los acontecimientos se dice en Italia que es *come il prezzemolo* o perejil, que aparece en todas partes. Esta planta universal es muy apreciada no solo en Toscana. El perejil combina bien con el pescado, la ensalada, las verduras y las setas, pero también sazona las sopas y los despojos.

Menta

En Toscana se utiliza fundamentalmente la *menta nepetella*, de hojas pequeñas. Se incorporan hojas de esta labiada a las setas y a los sabrosos estofados. Esta planta aromática no puede faltar en determinadas ensaladas, en algunos platos de verdura y en distintos licores de hierbas.

Albahaca

La albahaca *(basilico)* no puede faltar en la cocina mediterránea. Desprende su característico aroma al rozarla o al cortar sus hojas. Se utiliza en ensaladas, en la salsa de tomate y en la *bruschetta* o rebanada de pan crujientemente tostada, típica de Toscana.

Estragón

El pollo y el pescado saben mejor con estragón *(estragone, serpentaria o dragoncello)*. Esta planta se utiliza para aromatizar el vinagre. Sus hojas, no obstante, pueden untarse en una masa fluida y freírse en aceite. Según la leyenda los franceses cultivaron por primera vez el estragón hacia el año 744 en St. Antimo, cerca de Montalcino.

Romero

El romero *(rosmarino o ramerino)* es una labiada y crece en Italia en estado silvestre. Sus estrechas hojas son tan apropiadas para los asados y el pescado como para algunos postres, por ejemplo el *castagnaccio,* la deliciosa tarta de castañas de Maremma.

Tomillo

El tomillo *(timo)* se utiliza en platos de carne y armoniza especialmente bien con el cerdo, el cordero y la caza. Crece prácticamente en todas partes y no es preciso buscar mucho para recogerlo. El tomillo condimenta también salsas y se utiliza en algunos licores de hierbas.

Salvia

Esta hierba *(salvia)* acompaña a todos los asados, tanto de pescado como de carne, y forma parte del adobo de muchos platos de caza. También son exquisitas las hojas de salvia fritas.

Borraja

Las hojas de la borraja *(borragine o borrana,* como dicen en Toscana) mejoran las ensaladas. Sus hojas se preparan como las espinacas, aunque también se fríen.

EL PINZIMONIO

La cocina toscana siente predilección por todo lo que desprende un aroma y se presenta en la mesa crujientemente fresco. No es extraño, por tanto, que en Toscana tengan mucha aceptación no solo las plantas aromáticas, sino también las verduras de todo tipo. Alcachofas, tomates, apio, cebolla, puerro, espárragos, zanahorias, pimientos: con todo ello se elaboran exquisitos platos o se prepara el *pinzimonio* (bandeja de ingredientes crudos), típico de Toscana. Simplemente untadas en una salsa del mejor aceite de oliva, sal y pimienta, las tiras de verduras frescas son sencillamente exquisitas. Es evidente que el placer únicamente está garantizado cuando la verdura está realmente tierna y es fresca. En restaurantes de ambiente familiar el *pinzimonio* suele servirse como primer plato. Más de un cliente toma tal cantidad del mismo que después tiene dificultades para terminar los platos siguientes.

La verdura cruda con una salsa para untar fría o con una salsa caliente también se sirve en otras regiones de Italia. En Piamonte las tiras de verdura cruda o escaldada se introducen en una preparación caliente de anchoas aplastadas y ajo; se trata de una *fondue* de verduras que se llama *bagna cao-da*. En el Lacio, en Roma y en Toscana, las preferencias se decantan por una salsa fría sencilla y el plato se conoce con el nombre *cazzimperio*.

PINZIMONIO
Verduras crudas con salsa para untar
(fotografía fondo)

APIO
ZANAHORIAS
HINOJO
CEBOLLETAS
RABANITOS
ENDIBIAS
PIMIENTOS
ACEITE DE OLIVA VIRGEN EXTRA
SAL Y PIMIENTA

Lave las verduras, córtelas en tiras y dispóngalas en una gran bandeja que se colocará en el centro de la mesa. Prepare para cada comensal una tacita con aceite de oliva, sal y pimienta. Las verduras se untan en el aceite de oliva y se toman crudas. Como acompañamiento, sirva pan toscano fresco (pan blanco).

ESPECIALIDADES DE VERDURA

La verdura desempeña un papel muy importante en la cocina toscana. La *ribollita,* es decir, lo hervido por segunda vez o recalentado, hace honor a su nombre porque, como sucede con la mayor parte de los potajes, sabe mejor al día siguiente. Antiguamente en las cocinas rurales toscanas existía la costumbre de mantener siempre en el fuego un puchero con esta sopa de verduras. La *ribollita* incluye tocino y hueso de jamón, en tanto que la *acquacotta maremmana* es una variante estrictamente vegetariana de la sopa de verduras. Es posible que el nombre de "agua cocida" se deba a su pobreza y a su falta de carne.

Los florentinos son también fanáticos de las verduras. Rellenan sus *crespelle* con acelgas o con espinacas, que acompañan con *ricotta* o parmesano, y asimismo preparan sus callos con verduras en la famosa *trippa alla fiorentina.* Los callos son partes del estómago de los rumiantes –panza, redecilla, libro–, concretamente de ternera o de vaca. Este artículo se puede adquirir, ya limpio, en una carnicería de confianza.

FAGIOLI ALL'UCCELLETTO
Judías estofadas

600 G DE JUDÍAS CANNELLINI SECAS
300 G DE TOMATES
5 CUCHARADAS DE ACEITE
3 DIENTES DE AJO
4 HOJAS DE SALVIA
I GUINDILLA
SAL Y PIMIENTA

Ponga en remojo las judías la víspera en agua fría. Al día siguiente retire el agua y cuézalas unas 2 horas en abundante agua. Escalde los tomates, pélelos y córtelos en trozos. Caliente el aceite de oliva y rehogue en él los ajos sin pelar, la salvia y la guindilla. Agregue los tomates y retire la guindilla. Hierva 10 minutos largos, incorpore las judías. Sazone con sal y pimienta y deje hervir entre 15 y 20 minutos.

CRESPELLE ALLA FIORENTINA
Crepes a la florentina

Para el relleno:
300 G DE ESPINACAS
200 G DE RICOTTA
50 G DE PARMESANO RALLADO
2 HUEVOS
SAL Y PIMIENTA
NUEZ MOSCADA RALLADA

Para la masa:
60 G DE HARINA DE TRIGO
2 HUEVOS
20 G DE MANTEQUILLA
125 ML DE LECHE

Para la salsa besamel:
50 G DE MANTEQUILLA
50 G DE HARINA DE TRIGO
500 ML DE LECHE
SAL Y PIMIENTA
NUEZ MOSCADA RALLADA

MANTEQUILLA
250 ML DE SALSA DE TOMATE

Para elaborar el relleno, lave las espinacas y rehóguelas sin agua. Retire el líquido estrujando y corte las espinacas con un cuchillo en trozos relativamente grandes. Páselas con la ricotta por la picadora o mezcle todo bien a mano. Agregue el parmesano, los huevos, la sal, la pimienta y un poco de nuez moscada y mezcle a fondo.
Para confeccionar la masa, mezcle revolviendo la harina con los huevos, una pizca de sal, la mantequilla derretida y la leche y deje en reposo en el frigorífico 30 minutos como mínimo.
Derrita un poco de mantequilla en una sartén antiadherente y fría en ella las crepes. Extienda homogéneamente el relleno de espinacas y queso sobre las crepes, enróllelas y córtelas en trozos de 4 cm de longitud. Unte con mantequilla un molde para suflés e introduzca en él los trozos de crepes.
Para preparar la salsa, derrita mantequilla, incorpore la harina y cuézala durante 1 minuto. A continuación vierta la leche y deje que hierva. Remueva constantemente hasta que se espese. Sazone con sal, pimienta y una pizca de nuez moscada. Extienda la salsa sobre las *crespelle* y hornee 15 minutos escasos en el horno precalentado a 150°C. Antes de servir, extienda salsa de tomate caliente sobre las *crespelle.*

RIBOLLITA
Sopa de verduras recalentada

Para 6 personas

250 G DE ALUBIAS BLANCAS SECAS
3 CUCHARADAS DE ACEITE DE OLIVA
100 G DE TOCINO ENTREVERADO CORTADO EN TROCITOS
I PUERRO PEQUEÑO CORTADO EN TROCITOS
2 ZANAHORIAS PICADAS EN TROCITOS
2 DIENTES DE AJO PICADOS FINOS EN TROCITOS
2 TALLOS DE APIO CORTADOS EN TROCITOS
I CEBOLLA CORTADA EN TROCITOS
2 L DE CALDO CONCENTRADO DE CARNE
I–2 RAMAS DE TOMILLO FRESCO
I HUESO DE JAMÓN
400 G DE COL RIZADA CORTADA EN TIRAS
SAL Y PIMIENTA RECIÉN MOLIDA
300 G DE PAN BLANCO DEL DÍA ANTERIOR

Ponga la víspera las alubias en remojo con abundante agua. Al día siguiente ponga a hervir las alubias en su agua y cueza a fuego lento durante 1^1/$_2$ horas.
Caliente el aceite de oliva y rehogue en él el tocino, el puerro, la zanahoria, el apio, la cebolla y el ajo. Vierta el caldo de carne y agregue el tomillo y el hueso de jamón. Tape y cueza a fuego lento durante 30 minutos. Incorpore las tiras de col rizada y cueza 30 minutos más.
Reduzca a crema la mitad de las alubias cocidas. Introduzca en la olla junto con las alubias enteras y cueza otros 15 minutos.

Retire el hueso y sazone la sopa con sal y pimienta. Corte el pan en rebanadas y póngalas con la sopa en una olla grande. Mantenga en frío toda la noche y recaliente antes de servir. Rocíe con aceite de oliva y sazone con tomillo, sal y pimienta.

AQUACOTTA MAREMMANA
"Agua cocida"

I CEBOLLA
I TALLO DE APIO
I ZANAHORIA
2 DIENTES DE AJO
ACEITE DE OLIVA
5–6 HOJAS DE ACELGA CORTADAS EN TROCITOS
4 TOMATES MADUROS CORTADOS EN DADOS
I GUINDILLA MUY PICADA
4 YEMAS
4 REBANADAS DE PAN BLANCO DEL DÍA ANTERIOR
100 G DE PECORINO RALLADO

Corte en trozos pequeños la cebolla, el apio, la zanahoria y el ajo y rehogue en un poco de aceite de oliva. Agregue las acelgas, los tomates y la guindilla. Vierta 1 l de agua y hierva aproximadamente 20 minutos. Poco antes de servir, bata las yemas de huevo y agréguelas a la sopa. Tueste las rebanadas de pan, frótelas con el ajo a voluntad, sírvalas en platos hondos y vierta encima la sopa. Extienda por encima el queso rallado.

TRIPPA ALLA FIORENTINA
Callos a la florentina
(fotografía inferior)

I CEBOLLA
2 ZANAHORIAS
2 TALLOS DE APIO
6–7 CUCHARADAS DE ACEITE DE OLIVA
800 G DE CALLOS PRECOCIDOS CORTADOS EN TIRAS
400 G DE TOMATES PELADOS Y TAMIZADOS
SAL Y PIMIENTA
100 G DE PARMESANO RALLADO

Corte en trozos pequeños la cebolla, las zanahorias y el apio. Caliente el aceite de oliva y rehogue en él las verduras durante 30 minutos a fuego lento. Agregue los callos y cueza 10 minutos removiendo con frecuencia. Incorpore el tomate, salpimiente y mézclelo todo a fondo. Tape y deje hervir a fuego lento durante 20 minutos más. Agregue el parmesano y deje reposar algunos minutos.
Sirva los callos calientes y extienda de nuevo parmesano sobre ellos.

QUESOS

El *pecorino* evoca en primer término las regiones más meridionales de Italia, aunque este queso de oveja, de pronunciado sabor, es también típico del centro de Italia y de Toscana. El *cacio*, como se denomina aquí, no falta en ninguna despensa. Antiguamente se consideraba una especialidad ordinaria y rural, que se tomaba entre horas con un trozo de pan y un vino toscano fuerte. Actualmente se encuentra también en las cocinas más refinadas. Las variedades más conocidas del *pecorino* se elaboran en Chianti, concretamente en Cortona, Casertino, Pietrasanta, Luccardo y Siena, y también en Maremma. El *pecorino* se presenta en diversos grados de curación. En su versión más fresca aparece en el mercado con una curación que oscila entre dos y cuatro semanas, mientras que el *pecorino* de tipo medio tiene una curación de dos meses. La versión curada, que se utiliza para rallar en lugar del parmesano, necesita seis meses de curación, aunque con frecuencia el periodo se alarga.

Según los toscanos, las hierbas aromáticas, que dan fama a la comarca, proporcionan al queso de oveja su incomparable aroma. De ahí que los fabricantes de quesos procuren que las ovejas pasten tranquilamente en prados extensos. El *pecorino* se elabora de diciembre a agosto. Se comienza incorporando cuajo de ternera a la leche grasa de oveja. Pasada media hora la coagulación habrá terminado y se podrá comprimir la leche cuajada. La masa, de aspecto parecido al del requesón, se guarda en un lugar caliente antes de introducirla en un molde. Cada día se sala cuidadosamente a mano el queso fresco y se le da la vuelta para que pueda desarrollarse su corteza. En algunas regiones la corteza se trata con un concentrado de tomate, de forma que adquiere un color naranja. Otros procedimientos pretenden darle un color gris mediante carbón o curan el queso sobre hojas de nogal, de forma que la corteza adquiere una tonalidad pardusca. El *marzolino* es una especialidad singular; se trata de un *pecorino* pequeño y con forma de huevo que se elabora con la primera leche en primavera (generalmente en marzo, de ahí su nombre). Tiene mejor sabor cuando es totalmente fresco.

Existen tantas variantes de *pecorino* que en la cocina toscana prácticamente no se necesita ningún otro queso. No obstante, en ocasiones se sirve el *raveggiolo,* que es un queso fino y suave; se toma muy fresco y preferiblemente con unas gotas de aceite de oliva. Para elaborar las tartas picantes, los rellenos de todo tipo y los dulces y postres los cocineros toscanos —como sus colegas del resto de Italia— utilizan la *ricotta,* que se elabora con suero de leche y se parece al queso fresco.

PECORINO CON I BACCELLI
Pecorino con vainas de judías
(fotografía superior)

VAINAS DE JUDÍAS COCIDAS
PECORINO FRESCO

Este plato puede tomarse entre horas por la tarde o servirse como segundo.

Cueza las vainas con su piel en agua ligeramente salada y elimine el agua. Colóquelas en un cestito de mimbre con el queso sobre una tabla y sitúe ésta en el centro de la mesa. Pele las vainas, retire las membranas, páselas por la sal y acompañe con un trocito de *pecorino*. Sirva con pan de cocción propia y con una copa de *chianti*.

Una variante moderna. Desgrane las judías cocidas y corte el *pecorino* en tacos. Póngalo todo en una fuente de porcelana. Prepare una salsa con vino espumoso blanco, sal, aceite de oliva y pimienta recién molida y macere con ella el queso y las judías. Exquisito como primer plato en un menú rural.

SETAS

Las setas son una verdadera pasión en Italia central. En Umbría, en Las Marcas, en el Lacio, en Toscana y en Maremma, apasionados recolectores no dejan de recorrer los bosques desde finales de verano hasta finales de otoño. El *porcino,* es decir, el apreciado boleto comestible, no es sino una de las muchas especies que cada año pasan a las cestas de los aficionados. Bajo los árboles y en las praderas hay cantarelas, morillas, níscalos, armillarias y otras muchas especies. En algunas comarcas la euforia otoñal llegó al extremo de que las autoridades se vieron obligadas a limitar oficialmente la cantidad de setas recogidas a tres kilogramos por persona y día.

FUNGHI MISTI
Ragú de setas

1 KG DE SETAS DE BOSQUE MIXTAS FRESCAS
1 MANOJO DE PEREJIL
2 DIENTES DE AJO
5 CUCHARADAS DE ACEITE DE OLIVA
3 CUCHARADAS DE VINO BLANCO

Limpie las setas, lave y pique el perejil, pele y corte en cuartos los dientes de ajo. Caliente el aceite de oliva en una sartén reforzada, agregue el ajo y rehogue brevemente. Incorpore las setas y sofría unos instantes. Reduzca el calor y vierta el vino blanco. Deje que se vayan cociendo las setas hasta que estén blandas. Sirva tras haber extendido perejil por encima.

Boleto comestible (fondo)

El boleto comestible *(porcino)* es sencillamente el hongo preferido en Italia. Sus sombreretes, grandes y redondos, se rellenan. Cortado en láminas delgadas acompaña a los platos de carne y, bien picado, enriquece las salsas. El boleto comestible puede conservarse en vinagre o por otros procedimientos sin que se resienta mucho su aroma.

LAS TRUFAS BLANCAS DE SAN MINIATO

Para Anthelme Brillat-Savarin, el gran gastrónomo francés, autor de *La fisiología del gusto,* libro publicado en el año 1825, la trufa era el "diamante de la cocina". Se trata de una apreciación con la que están de acuerdo en muchas regiones italianas. De esta manera, en Toscana, no solamente agrada el olor de los bosques, de los prados y de las hierbas, sino también el aroma de esta seta. En San Miniato se citan todos los años los aficionados a la trufa. En otros tiempos las trufas blancas de esta comarca se vendían en cualquier mercado toscano o desaparecían por oscuros canales para aparecer más tarde en la localidad piamontesa de Alba, donde eran muy solicitadas como trufas de Alba y alcanzaban altos precios. Para hacer frente a esta situación, los buscadores de trufas de San Miniato, Montopoli y Pontedera se unieron entre sí. En la actualidad organizan su propio mercado en los meses de octubre y noviembre. Sumergidas en la suave luz de otoño, las románticas calles de San Miniato constituyen un escenario ideal.

Comparadas con los ejemplares de otras regiones, las trufas blancas de San Miniato son relativamente grandes y tienen

San Miniato es el centro toscano de la trufa blanca. Aquí se organiza un mercado de trufas en los meses de noviembre y diciembre.

un sabor muy intenso. En la cocina se rallan crudas sobre los platos o se utilizan como relleno aromático en especialidades tales como el *fagiano tartufato* o faisán con trufas.

Armillaria

La armillaria *(chiodino* o *famigliola buona)* debe cocerse siempre, pues, como otros integrantes de la familia, cruda es tóxica. Sin embargo, bien preparada, es una seta muy aromática y de múltiples aplicaciones. La armillaria es maravillosamente dulce y da excelentes resultados en un *risotto* con setas.

Champiñón de los prados

El champiñón de los prados *(prataiolo)* es mucho más aromático que el champiñón blanco cultivado artificialmente en cuevas oscuras o en grutas. Los champiñones, sean cuales sean, no se pelan, sino que simplemente se cepillan con sumo cuidado. Únicamente así conservan todo su aroma.

Amanita cesárea

La amanita cesárea *(fungo imperiale* o *amanita cesarea)* es una de las setas de mayor aceptación en Italia. Crece sobre todo en climas cálidos. En el momento de recogerla debe procederse con mucha precaución, pues esta familia incluye ejemplares tóxicos, como la tristemente famosa amanita verde.

Colmenilla

La colmenilla *(spugnola* o *eleta)* es una seta de sumo interés, que con frecuencia se utiliza seca en la cocina. Su delicado y esponjoso sombrerillo es muy apreciado en la cocina refinada. No obstante, el aficionado deberá tener sumo cuidado al recolectarla personalmente, pues es muy grande el peligro de confundirla con su afín tóxica.

Cantarela

La cantarela *(cantarelo* o *finferlo)* es una de las setas más apreciadas y más extendidas en todo el mundo. Tiene un sabor suave, huele deliciosamente, su carne es firme, es muy bella y se adapta perfectamente al arroz o a los platos de carne ligeros. También resulta extraordinaria acompañada de perejil, cebolla suave y una salsa de mantequilla.

Níscalo

El níscalo o robellón *(agarico delizioso)* se recolecta por su aroma a nuez. Sin embargo, debe actuarse con cuidado para no confundirlo con el agárico de abedul, que es tóxico. Además suele ser atacado por parásitos, por lo que debe examinarse atentamente antes de comprarlo o ser objeto de una limpieza a fondo antes de prepararlo.

Pleuroto en forma de ostra

El preciado pleuroto en forma de ostra *(gelone, fungo ostrica* o *pleuroto)* se cultiva comercialmente a gran escala, pero su sabor no es tan fino como el de los que crecen en los troncos de los árboles caídos. Es fácil de freír o de asarlo a la parrilla y, finalmente rallado, puede prepararse como una ensalada fresca.

EL GANADO VACUNO DEL VALLE DE CHIANA

En opinión de algunos científicos, el ganado vacuno de Chiana desciende del *bos primigenius,* es decir, de las reses que ya aparecen en las pinturas murales de las cuevas prehistóricas. Los etruscos y los romanos lo apreciaban no solo por su carne, sino también por su piel, de tono blanco de porcelana, hasta el punto de que aquellos hermosos animales eran objeto de exhibición en los desfiles para terminar siendo sacrificados a los dioses.

Actualmente el vacuno de Chiana es una de las razas bovinas más codiciadas y valiosas de Italia. Dadas las condiciones ideales que encuentra en el Val di Chiana, se desarrolla rápidamente y alcanza un tamaño relativamente considerable. Se caracteriza por su tonalidad clara, por su cabeza, ligera y con cuernos cortos, y por su cuerpo alargado en el que destaca la anchura de sus zonas dorsal y lumbar.

La carne procedente del valle de Chiana es poco grasa, sin ser excesivamente seca, y, dada la alimentación natural de los animales, es muy sabrosa y aromática.

Según los toscanos sabe a sal. Los ejemplares jóvenes, que llegan a pesar hasta 700 kilogramos, proporcionan grandes trozos de carne, entre ellos los entrecotes para la *bistecca alla fiorentina*. La carne es tan tierna que se puede comer casi cruda tras pasarla brevemente por la parrilla de carbón vegetal. Para el escritor Aldo Santini, la *bistecca alla fiorentina* es el Giotto de la buena cocina. La palabra *bistecca* deriva del inglés *beefsteak,* que significa chuleta de vaca. Según una leyenda, con ocasión de una fiesta celebrada el año 1563 en la Piazza San Lorenzo de Florencia, se repartió entre el pueblo una vaca asada en el espetón. Entre la masa había algunos ingleses que, viendo la jugosa carne empezaron a gritar acompasadamente "*beefsteak, beefsteak*" para expresar su deseo de un trozo. Los florentinos convirtieron inmediatamente su expresión en *bistecca.* Antes de dicha fiesta las chuletas se llamaban *carbonate,* porque se asaban al carbón vegetal. Esta forma de preparación era ya conocida en la Antigüedad: concretamente los etruscos asaban entrecotes.

BISTECCA ALLA FIORENTINA
Entrecot a la florentina
(fotografía inferior)

Para 1–2 personas

1 ENTRECOT DE VACA CON HUESO, DE DOS DEDOS DE ESPESOR, DE AL MENOS 800 G

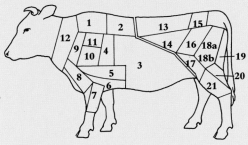

En Italia se utilizan muchas expresiones y palabras para designar las piezas de la vaca. Es cierto que existen unas normas oficiales para la designación correcta, pero la verdad es que casi nadie las tiene en cuenta. Tanto el carnicero como sus clientes prefieren utilizar las palabras tradicionales, casi siempre dialectales, por lo que las siguientes designaciones sólo tienen carácter orientativo.

Quarto anteriore (cuarto delantero)
1   *Costata:* aguja
2   *Sottospalla:* lomo alto
3   *Pancia:* falda
4   *fesone di spalla:* costilla transversal
5   *reale:* costilla flotante
6   *petto:* pecho
7   *muscolo anteriore:* codillo anterior
8   *polpa di spalla:* espaldilla
9   *girello di spalla:* espaldilla alta
10 *copertina:* paletilla baja
11 *copertina di sotto:* paletilla alta
12 *collo:* cuello

Quarto posteriore (cuarto trasero)
13 *lombata:* riñonada
14 *filetto:* solomillo
15 *scamone:* contra
16 *fianchetto:* babilla
17 *noce:* nuez
18a *fesa:* tapa
18b *sottofesa:* contratapa
19 *girello:* redondo
20 *campanello:* tapaplana
21 *muscolo posteriore:* codillo posterior

Nombres de las reses:
Vitello: ternera, carne muy blanca, también
vitello di latte: ternera de leche
vitellone: novillo de entre uno y dos años, las novillas no han parido todavía
manzo: res de tres años, toro castrado (buey), las hembras no han parido todavía
bue: toro castrado (buey) de cuatro o más años
toro: toro adulto
vacca: vaca adulta que ya ha parido

SAL
PIMIENTA RECIÉN MOLIDA

Antes de asarla, la carne debe estar a temperatura ambiente. Ponga la carne en una parrilla y ásela sobre las brasas sin llama hasta que se forme una hermosa costra. El proceso dura unos 5 minutos. Entonces dé la vuelta al entrecot sin pinchar la carne con el tenedor. Sazone con sal la parte ya asada y ase la otra parte hasta que se forme una costra. En el interior la carne debe estar sangrante. Retire de la parrilla, salpimiente y sirva inmediatamente. Acompañe con alubias blancas o ensalada.

OSSIBUCCHI ALLA TOSCANA
Ossobucco a la toscana

4 RODAJAS DE PATA DE TERNERA
HARINA DE TRIGO
20 G DE MANTEQUILLA
3–4 CUCHARADAS DE ACEITE DE OLIVA
I CEBOLLA
2 TALLOS DE APIO
I ZANAHORIA
I VASO DE VINO TINTO
200 G DE TOMATE TAMIZADO
SAL Y PIMIENTA
EVENTUALMENTE CALDO DE CARNE

Pase por harina las rodajas de ternera y sofría en mantequilla y aceite de oliva hasta que estén uniformemente doradas por todas partes; retírelas de la sartén y manténgalas calientes. Corte en trozos pequeños la cebolla, el apio y la zanahoria y rehogue en la misma sartén. Corte el hervor con el vino tinto y mezcle el tomate revolviendo. Coloque en la salsa las rodajas de carne y vierta el agua necesaria para cubrirlas. Tape la sartén y deje que se cueza todo durante 1 hora. Pasados 30 minutos dé la vuelta a las rodajas y sazone con sal y pimienta. Si la salsa se ha espesado demasiado, añada un poco de caldo.

Superior: la carne de Toscana goza de una prestigiosa reputación. Para mantenerla a tales niveles, los criadores de ganado de Chiana y Maremma crearon un consorcio de protección cuya función es asegurar que las reses conserven sus rasgos distintivos y pasten, como es tradicional, libremente en un entorno natural. El resultado de estos esfuerzos son animales sanos y bien formados, que proporcionan una carne magra, suculenta y jugosa. Este producto de alta calidad sólo se puede adquirir en carnicerías selectas. Fíjese en el sello de tinta o la marca de fuego que identifican al consorcio.

EL GANADO VACUNO DE MAREMMA

Como se desprende de los hallazgos arqueológicos de Cere y de la cabeza de toro del museo de Vetulonia, ya en tiempos de los etruscos se criaba ganado vacuno en Maremma. Descendía del llamado vacuno silvestre, al que se refirió Plinio en sus obras. Los ejemplares bovinos de Maremma son fuertes y robustos y en otros tiempos, cuando no había maquinaria agrícola, se utilizaban en las tareas del campo.

Actualmente esta raza bovina de magnífica cornamenta –los cuernos de los toros tienen forma de media luna y pueden medir hasta un metro; los de las vacas son curvos en forma de lira– se cría casi exclusivamente por su carne, que es tierna y muy sabrosa. Para mejorar la raza, se han cruzado las reses de Chiana con reses francesas de Charolais.

CARNE DE PORCINO

Desde la época de los lombardos, en el siglo VII, la cría de ganado porcino ha venido siendo un factor económico importante en Italia. La costumbre medieval de medir las dimensiones y el valor de un bosque no por hectáreas, sino por el número de cerdos que pueden vivir y pastar en él, indica la importancia de este suministrador de carne y de grasas. En cualquier caso una familia podía vivir de un cerdo todo el año, aparte de que este animal, fácil de contentar, no creaba problemas de sustentación y podía ser alimentado con los restos de comida y con otros desperdicios. Además podían aprovecharse todas sus partes: la carne se servía fresca o se destinaba a la elaboración de embutidos de marcado sabor o de jamones, la grasa y la manteca eran importantes fuentes de energía, la piel podía curtirse y las cerdas pasaban a manos de los fabricantes de cepillos.

En Toscana se consume tradicionalmente mucha carne de cerdo. Los fiambres con un *crostino* tienen la misma aceptación como *antipasto* que como tentempié entre horas. No hace todavía mucho que en las zonas rurales se servía una bandeja de embutidos entre el segundo plato y el postre como remate de una comida y en señal de aprecio.

Al elaborar la carne de cerdo se obtienen dos tipos distintos de productos. Están, en primer lugar, las especialidades consistentes en la carne "entera", como el jamón, la espaldilla, la panza, el tocino, la papada, el pescuezo o el lomo, y, en segundo lugar, los embutidos, que se preparan con carne picada, sal, conservantes y especias, como la *salsiccia* (salchicha), la *soppressata* (embutido prensado), el *buristo* (morcilla), el *salame* (salchichón), la *finocchiona* y la desmigajada *sbricciolona* (dos embutidos al hinojo típicos de Toscana). Actualmente entre Pisa y Arezzo y entre Prato y Grossetto existen muchas industrias familiares de pequeñas proporciones que sacrifican los cerdos a la manera tradicional y que elaboran carne de primera calidad. Muchas se han especializado en la curación esmerada de los embutidos, que de este modo pueden desarrollar

su propio aroma. Y como Toscana es una región muy extensa y presenta condiciones climáticas muy diversas, obviamente existen muchas especialidades locales. Además, aquí cada carnicero tiene y guarda celosamente sus propias recetas en secreto, heredadas en muchos casos de los antepasados, éstas están relacionadas con el modo de sazonar el embutido o de ahumar el jamón.

La carne de cerdo de Toscana es de muy alta calidad y no tiene nada que ver con la chuleta acuosa que se contrae a la mitad de su volumen en la sartén y que desgraciadamente tanto abunda en los mostradores de carne de los supermercados de toda Europa. Sin embargo, las variedades autóctonas, que en otros tiempos poblaban las suaves colinas toscanas y se alimentaban de bellotas, hayucos y de los frutos y bayas del monte bajo, corren peligro de extinción. Una de estas razas en peligro es la Cinta senese, originaria de la boscosa comarca de Siena. Son animales que no admiten la estabulación, pues acumularían rápidamente mucha grasa y retendrían agua en los tejidos. El hecho de dejar a los cerdos en libertad acarrea a los criadores grandes gastos. No obstante, en los últimos años se ha

Como sucede con el ganado vacuno, también las distintas piezas del cerdo tienen nombres distintos según las regiones. En consecuencia, las siguientes palabras sólo tienen carácter orientativo:

1 *capicollo, coppa:* morrillo, pescuezo
2 *guanciale:* carrillo
3 *spalla:* espaldilla
4 *geretto anteriore:* codillo anterior
5 *costine di petto, puntine di petto:* chuletas anteriores
6 *pancia, pancetta:* panceta, tocino entreverado
7 *geretto posteriore:* codillo posterior
8 *cosciotto, prosciutto:* jamón
9 *lonza, lombo:* lomo
10 *nodino:* chuleta de cerdo con solomillo
11 *filetto:* solomillo
12 *costoletta, costina, braciola:* chuleta
13 *zampetto, piedino:* pie
14 *puntine:* costillas de cerdo centrales
15 *lardo:* tocino (se encuentra sobre las chuletas)

incrementado la demanda de carne de animales criados en libertad.

Actualmente algunos ganaderos toscanos se agrupan en la *Compagnia della Cinta senese*. Todos ellos cumplen rigurosamente las normas en sus establecimientos de cría, en los que los lechones se desarrollan de un modo absolutamente natural, sin que se utilice ningún medio de engorde. Los ganaderos saben que ofrecen un producto minoritario, pero también son conscientes de que los clientes aprecian el sabor especial de los productos elaborados con carne de cerdo criado en libertad y de que para conseguirlos están dispuestos a rascarse un poco más el bolsillo. El mejor ejemplo del proverbial sentido toscano de la calidad es la familia Chini, que no solo mantiene una carnicería, sino que cría sus propios cerdos en un bosque cerca de Gaiole, en Chianti. Vincenzo Chini, padre, se ocupa fundamentalmente de la matanza y de la elaboración de los embutidos, en tanto que su hijo Lorenzo se encarga de la cría. Desde hace siglos, exactamente desde el año 1682, los Chini se atienen fielmente a los métodos tradicionales de elaboración, que les han reportado un elevado número de medallas y premios.

Tonno del Chianti

El *Tonno del Chianti* o atún de Chianti se elabora con carne de lechón. Los *lattonzoli* –así se denominan en toscano los lechones o cochinillos de leche– pesan entre 40 y 50 kilogramos. Tradicionalmente en los meses de junio y julio se sacrificaban en Toscana los excedentes de crías que los labradores no podían alimentar. Sin embargo, los enormes calores estivales hacían imposible salar la carne para su conservación, por lo que la misma se cocía en *vin brusco*. El *vin brusco* es en cierta medida un "producto de desecho" procedente del prensado del *chianti*; es un vino obtenido de los restos de uva blanca Trebbiano y Malvasia.

A continuación la carne se conservaba en aceite de oliva. Sorprendentemente, con este tratamiento la carne adquiría sabor a atún, y los toscanos, que antiguamente no pescaban atún, disponían de un sucedáneo muy sabroso.

Durante varios años dejó de elaborarse el *Tonno del Chianti*. Actualmente, Dario Cecchini mantiene en Panzano la única carnicería de Chianti y de todo el mundo que elabora el *tonno*.

ARISTA ALLA FIORENTINA
Asado de cerdo a la florentina
(fotografía inferior izquierda)

Para 6 personas

1, 5 KG DE ASADO DE CARNE CON HUESOS
2 DIENTES DE AJO
1 RAMITA DE ROMERO
SAL Y PIMIENTA
ACEITE DE OLIVA
1 KG DE PATATAS

Deshuese el asado. Pique finos el ajo y el romero y mézclelos con sal y pimienta. Extienda sobre el hueso la mitad de la mezcla, ponga de nuevo la carne sobre el hueso y extienda sobre la carne, masajeando con las manos la otra mitad de la mezcla de hierbas. Rocíe en aceite de oliva y ase aproximadamente 1 hora y 20 minutos en el horno precalentado a 180°C, regando varias veces la carne con el jugo que vaya saliendo. Pele las patatas y córtelas en trozos medianos. Pasados 30 minutos póngalas a asar.

Una vez retirado el asado del horno, manténgalo en reposo al menos 10 minutos. Aparte los huesos, trocee la carne y sirva.

CREMA PARADISO
Crema de tocino toscana

1 KG DE TOCINO COMPACTO DEL LOMO
20 G DE SAL MARINA
GRANOS TRITURADOS DE PIMIENTA NEGRA
VINAGRE DE VINO
5–6 DIENTES DE AJO APLASTADOS
UNAS RAMAS DE ROMERO FRESCO PICADAS

Pase el tocino por la picadora. Agregue sal, los granos de pimienta, unas gotas de vinagre de vino, el ajo y el romero. Trabaje el tocino en una fuente de mármol (!) hasta que se forme una crema ligera y suave. Extienda la crema sobre pan tostado caliente y acompañe con chianti.

LUMACHE AFFUMICIATE CON CAPICOLLO LARDELLATO
Caracoles ahumados con tocino y morrillo

24 CARACOLES
UN TALLO DE APIO NO MUY PICADO
1 CHALOTA NO MUY PICADA
1 ZANAHORIA PEQUEÑA NO MUY PICADA
200 ML DE VINO BLANCO
SAL Y PIMIENTA

Para el relleno:
100 G DE MANTEQUILLA
1 RODAJA DE MORRILLO A LA PARRILLA DE 100 G
50 G DE TOCINO
50 G DE SCAMORZA AHUMADA
1 DIENTE DE AJO
SAL Y PIMIENTA

Lave y limpie los caracoles, introdúzcalos en una olla con el apio, la chalota, la zanahoria, el vino y abundante agua fría. Deje hervir durante 4–5 horas, añadiendo agua si fuera necesario; salpimiente sólo al final del tiempo de cocción.

Para el relleno, bata en el robot de cocina la mantequilla, el morrillo, el tocino, el queso y el ajo hasta que se forme una masa homogénea. Sazone con sal y pimienta. Deje que los caracoles se enfríen en el líquido de la cocción, vierta el líquido y proceda del modo siguiente: ponga primero en una fuente un poco del relleno, coloque los caracoles encima y cúbralos con el relleno, aunque sin llegar a los bordes. Gratine 20–25 minutos en el horno a 200°C y sirva el plato muy caliente.

FEGATELLI DI MAIALE
Hígado de cerdo

500 G DE HÍGADO DE CERDO
200 G DE MAGRO DE CERDO
1 DIENTE DE AJO
SAL Y PIMIENTA
200 G DE CREPINETA DE CERDO
5–6 HOJAS DE LAUREL
2–3 CUCHARADAS DE ACEITE DE OLIVA VIRGEN EXTRA
VINO TINTO O CALDO DE CARNE

Para el relleno, corte en trozos pequeños el hígado, la carne de cerdo y el diente de ajo, salpimiente. Mantenga unos minutos en agua hirviendo la crepineta de cerdo, vierta el agua y seque con un paño. Corte la crepineta en trozos lo suficientemente grandes como para que admitan un relleno del tamaño de un puño. Ponga el relleno en la crepineta, incorpore en cada caso una rama de laurel y cierre con un palillo de dientes.

Ase en el horno en aceite de oliva durante 20 minutos. Eventualmente vierta encima vino tinto o caldo de carne.

FILETTO DI MAIALE GRATINATO
Solomillo de cerdo gratinado con hierbas aromáticas

100 G DE TOMILLO, ROMERO, MEJORANA Y SALVIA
300 G DE PAN RALLADO
100 G DE MONTASIO STRAVECCHIO RALLADO
50 ML DE ACEITE DE OLIVA VIRGEN EXTRA
1 SOLOMILLO DE CERDO DE 700–800 G
SAL Y PIMIENTA
2 HUEVOS
100 ML DE ACEITE DE GIRASOL

Pique finas todas las hierbas. Agregue el pan rallado, el queso y un poco de aceite de oliva y mezcle bien; salpimiente el solomillo. Casque y bata los huevos, pase el solomillo por ellos, y empane con la masa de las hierbas. Fría 3 minutos en una sartén precalentada con aceite de girasol. Ase en el horno 10 minutos a 160°C. Corte el solomillo en rodajas finas y sirva con col rizada y tocino ahumado.

FEGATELLI DI MAIALE AGLI AROMI
Hígado de cerdo a las hierbas

Para 6 personas

500 G DE HÍGADO DE CERDO
8 HOJAS DE SALVIA
200 G DE CREPINETA DE CERDO
200 G DE TOCINO EN DADITOS
1 CEBOLLA CORTADA EN AROS
8 HOJAS DE ROMERO
100 G DE PEREJIL FRESCO
SAL Y PIMIENTA
200 ML DE VINO BLANCO SECO

Corte el hígado en 8 trozos iguales y envuelva cada uno con 1 hoja de salvia en la crepineta. Rehogue unos minutos en una cazuela el tocino con la cebolla, el romero y el perejil, que previamente se habrá cortado en trozos no muy pequeños. Agregue el hígado y deje cocerse a fuego lento durante 20 minutos como mínimo incorporando sal, pimienta y vino tinto.

Coloque sobre una rebanada tostada de polenta y sirva con alubias estofadas.

EMBUTIDOS

Soppressata

La *soppressata,* también llamada *capocchia* o *coppa di testa,* es un embutido prensado. Se elabora con lengua, panceta, sesos, manteca de cerdo y trozos de carne de inferior calidad. Todo ello se deshuesa, se pica fino, se cuece con especias y finalmente se introduce en una bolsa de yute. En Italia existen diversas clases de *soppressata,* aunque la bolsa prensada más conocida es la de Siena. Se prepara con las mismas especias que el *panforte,* es decir, con clavo de especia, cilantro, pimienta negra, nuez moscada y canela. También tiene mucha aceptación la *soppressata in cuffia,* para la cual se deshuesa una cabeza de cerdo que después se rellena con masa de embutido cruda.

Migliacci

Con la sangre fresca de cerdo puede prepararse el día de la matanza una sabrosa torta. Se mezcla 1 litro de sangre con 50 g de harina y se sazona con lo que se llaman las "hierbas de la sangre", una rama de romero y un poco de hinojo. Se calienta en una sartén antiadherente un par de cucharadas de aceite de oliva, se introduce la masa por cucharones y se fríe como una crepe. Las tortas ya hechas se sazonan con sal, se recubren con queso de oveja rallado y se sirven calientes. En algunas zonas los *migliacci* se sirven con azúcar.

Finocchiona

Procedente del entorno rural de Florencia, este grueso salchichón se elabora con carne magra de buena calidad y con tocino o carrillo de cerdo y debe su incomparable sabor a la adición de semillas de hinojo silvestre. Se rellena en intestinos gruesos y consistentes y se mantiene colgado todo un año. En un *antipasto* toscano no pueden faltar unas rodajas finísimas de *finocchiona.*

Sbricciolona

Como la *finocchiona,* la *sbricciolona* se elabora con carne magra, aunque la proporción de grasa incorporada es mayor y el tiempo de curación mucho más corto. De ahí que la *sbricciolona* tenga escasa consistencia y que se deshaga al cortarla, lo cual le reporta el nombre de "embutido desmigajado". Se consume fresco.

Buristo

El *buristo* es una morcilla con los trocitos de grasa que sobran al elaborar otros embutidos. Esta especialidad se sazona con hierbas, tiene un sabor fuerte y persistente y se conserva entre ocho y diez días cuando está cruda y más tiempo cuando está cocida. Se corta en rodajas, se asa brevemente y a continuación se cuece un par de minutos en vino. Para el *buristo in cuffia* se rellena con morcilla cruda un estómago de cerdo.

Salame

El *salame* es un salchichón y se elabora con la mejor carne magra de cerdo y con un aditamento aromático (entre el 25 y el 40%) de tocino picado, sal, granos de pimienta y vino tinto. Introducido en intestino natural de cerdo y atado cuidadosamente a mano, su proceso de curación dura entre tres y seis meses.

Salsiccia fresca y salsiccia secca

La *salsiccia secca* es un embutido secado al aire que se elabora con carne de cerdo y de jabalí. Por el contrario, la *salsiccia fresca* es un embutido fresco de marcado sabor y es probablemente la forma primera del embutido en general. Elaboradas con carne fresca a las que se incorporan trocitos de tocino, de pescuezo y de espaldilla, las salchichas se balancean en tentadoras hileras en los mostradores de las carnicerías. Se toman crudas con pan, pero también se pueden freír o asar en la sartén. Antiguamente las campesinas servían durante la recolección un plato único de alubias, uvas y *salsiccia.* Para asar las salchichas, se recomienda pinchar previamente su piel con una aguja o con un mondadientes para evitar que revienten en la sartén caliente. En la zona de Siena la salchicha cruda se sazona con jengibre o con guindilla.

JAMÓN Y CÍA.

Prosciutto (jamón)

El jamón se prepara con la pierna posterior del cerdo. En Toscana el trozo de carne cortado se adoba con ajo, clavo y pimienta antes de salarlo para que repose durante cuatro semanas. Comienza entonces su proceso de curación. Aproximadamente medio año después la carne empieza a secarse, de modo que a partir de este momento debe protegerse con una capa de manteca. Pasados otros seis meses de aireación constante y de tratamientos esmerados el jamón está a punto y, finísimamente cortado, puede servirse con un pan de sabor marcado. Tiene gran aceptación el jamón de Casentino, que se frota de nuevo con ajo al término del proceso de adobo.

Spalla (paletilla)

La paletilla se elabora con las mismas especias que el jamón, pero su curación sólo dura entre tres y cuatro meses. Tiene un sabor poderoso, pero no alcanza la calidad del jamón.

Pancetta (panceta)

La panceta se mantiene en sal una semana y tras una curación de 14 días puede extenderse en lonchas finas sobre un pan recio. En Toscana se aprecia especialmente el *rigatino,* que es una corteza fina de tocino entreverado.

Capicollo (morrillo, pescuezo)

El pescuezo de cerdo se adoba con distintas hierbas, sal y pimienta y, como la *coppa* de Piacenza, ha de curarse entre tres y seis meses. Exquisito como *antipasto.*

Lonza (lomo)

El lomo de cerdo se mantiene 48 horas en un adobo de vino tinto, sal, ajo, clavos, pimienta, romero u otras hierbas aromáticas. Después se introduce en un intestino natural de cerdo y debe permanecer colgado entre uno y dos meses.

Lardo (tocino)

Antiguamente el tocino pasaba por ser el aceite de los pobres. Formaban parte de la población más pobre los trabajadores de las canteras de mármol de los Alpes Apuanos, que vienen elaborando su propia y sabrosa variante de tocino desde tiempo inmemorial. El mismo día en el cual se realizaba la matanza se depositaba el tocino frío en una fuente de mármol, se frotaba con sal, pimienta, ajo, romero, clavos, cilantro, enebro y nuez moscada y se tapaba con una losa de piedra. Se guardaba el recipiente en la bodega y seis meses después el tocino podía cortarse en lonchas finas. Era blando, suave, blanco y tenía mucho sabor. En la actualidad esta forma de elaboración del tocino prácticamente ha desaparecido, pero hay algunas industrias artesanales que elaboran un tocino muy aceptable. La *bruschetta* o pan blanco tostado y crujiente con tocino resulta una excelente combinación.

Grassetti, ciccioli (chicharrones, torreznos)

Los chicharrones son los restos fritos de la grasa de cerdo, es decir, trocitos irregulares de carne oscura. Tienen un sabor tan fuerte que a cualquiera se le hace la boca agua con ellos, por lo que justamente éste es el motivo de que se sirvan como aperitivo en una comida rústica. Con un poco de recio pan de pueblo y con un vaso de vino del país constituyen un excelente tentempié.

Jabalí y caza menor

La Maremma es una comarca escabrosa, inaccesible, no descubierta por el turismo, en la que nada impide que broten setas y vivan jabalíes. Como en muchas otras zonas montañosas, también aquí se aprecia mucho el fuerte sabor de la caza, de forma que los animales deben ponerse en guardia ante los cazadores autóctonos.

Con la carne de jabalí se elaboran no solo jamones, que son extraordinariamente aromáticos, sino también pequeños embutidos de caza y sabrosos salchichones. Los embutidos de jabalí tienen en general un sabor más intenso que el de los productos del cerdo doméstico. Los embutidos pueden tomarse en fresco, pero también pueden secarse al aire y después ponerse en aceite o manteca.

En Maremma se cazan además liebres y otras piezas de caza menor, que después se preparan de múltiples maneras.

Pappardelle alla lepre
Pappardelle (tallarines anchos con salsa de carne) con liebre

1 LIEBRE
1 CEBOLLA
1 ZANAHORIA
1 TALLO DE APIO
1 RAÍZ DE PEREJIL
3 CUCHARADAS DE ACEITE DE OLIVA VIRGEN EXTRA
50 G DE MANTEQUILLA
SAL Y PIMIENTA RECIÉN MOLIDA
1 HOJA DE LAUREL
UNAS BAYAS DE ENEBRO APLASTADAS
1 VASO DE VINO TINTO
CALDO DE CARNE
400 G DE PAPPARDELLE
50 G DE PARMESANO RALLADO

Lave la carne, prepárela y córtela en trozos grandes. A continuación, pique la cebolla, la zanahoria, el apio y la raíz de perejil, rehogue en aceite y mantequilla. Agregue la carne, sofríala por todos los lados, y salpimiente.

Incorpore la hoja de laurel, las bayas de enebro aplastadas y el vino, tape y deje que se cueza lentamente. Cuando la carne se encuentre blanda, desprenda los huesos y trocee la carne. Pase la salsa por un colador y haga que hierva con un poco de caldo; agregue de nuevo la carne.

Cueza al punto las *pappardelle,* vierta el agua y pase la pasta a una fuente caliente. Extienda por encima el ragú de liebre, esparza abundante queso rallado y sirva.

En Toscana la caza se consume fresca, pero también se elabora con ella un salchichón de fuerte sabor.

Primero se pica la carne con el robot de cocina. Según sea el tipo de embutido, la carne se pica en trozos más o menos gruesos.

Tras sazonarla con su receta particular, el carnicero introduce la masa del embutido en un intestino de varios metros de longitud.

El embutido se ata con máquinas especiales. El salchichón de jabalí suele ser corto y pequeño.

Cinghale alla cacciatora
Jabalí a la cazadora
(fotografía fondo)

Para 6–8 personas

2 CEBOLLAS
2 ZANAHORIAS
2 TALLOS DE APIO
ACEITE DE OLIVA
1 PIERNA DE JABALÍ JOVEN, APROXIMADAMENTE 1,8 KG
1 RAMA DE ROMERO
625 ML DE VINO TINTO
1 CEBOLLA PEQUEÑA PICADA
1 DIENTE DE AJO APLASTADO
1 GUINDILLA PICADA
200 G DE TOMATES PELADOS Y TAMIZADOS
CALDO DE CARNE, SEGÚN SEA NECESARIO
SAL Y PIMIENTA

Pique finamente la cebolla, la zanahoria y el apio y rehogue todo en aceite de oliva. Ponga la carne en una sopera con tapadera, agregue las verduras rehogadas y el romero y vierta encima 500 ml de vino tinto. Mantenga la carne en maceración en un lugar frío al menos durante 12 horas. Elimine el líquido de la maceración.

Rehogue en una sartén la cebolla, el ajo y la guindilla en un poco de aceite de oliva. Incorpore la pierna, la maceración y los tomates pasados. Hornee la pierna 1 hora en el horno precalentado a unos 200°C y a continuación hornéela entre 1 y 1¼ horas más a 175°C. Si fuera preciso, agregue un poco de caldo de carne. Retire la pierna de la fuente y resérvela caliente. Desprenda con un pincel los restos asados de las paredes de la fuente, vierta 1/8 l de agua caliente y deje que hierva. Sazone la salsa con sal y pimienta y sírvala caliente con la pierna de jabalí.

NATURALEZA MUERTA

El pintor Jacopo Chimenti (1551–1640) tenía fama de poseer un paladar fino e incluso de glotón, hasta el punto de que en ocasiones sus amigos, haciendo un juego de palabras con su apellido Empoli, lo llamaban Empilo ("llénalo"). No obstante, no fue necesariamente su afición a comer y a beber lo que le indujo a pintar sus naturalezas muertas. Es cierto que en el siglo XVII la *natura morta* tenía mucha aceptación por su valor decorativo, pero en la escala de los temas pictóricos quedaba muy por detrás de los retablos, la pintura histórica, los paisajes y los retratos y estaba muy mal remunerado. Fueron muy pocos los artistas dedicados exclusivamente a este género. Las diez naturalezas muertas atribuidas a Chimenti fueron trabajos ocasionales e indican que el artista se proponía ante todo metas específicamente artísticas. Al disponer los productos del campo y de la cocina de un modo plano y sin profundidad espacial, copiaba modelos más antiguos del norte de Italia, pero probablemente se inspiraba también en la pintura española. Fundamentalmente pretendía reproducir los numerosos productos que podían encontrarse en los florecientes mercados urbanos de la época. La reproducción de las diferencias materiales existentes entre los diversos productos constituía tal desafío a las dotes artísticas del pintor que la construcción de una composición agradable y decorativa pasaba a segundo término. El pintor logró

Jacopo Chimenti, "d'Empoli"(1551–1640), *Despensa,* hacia 1620–1630, óleo sobre lienzo, 119 × 152 cm, Palazzo Pitti, Galleria Palatina, Florencia
Chimenti distingue entre los alimentos servidos en la mesa y los alimentos crudos que cuelgan de una viga. Como lo indican las vasijas rústicas y ligeramente desordenadas, se trata de la bien provista despensa de una casa rural.

Michelangelo Merisi, "Caravaggio" (1571–1609), *Cesta de frutas,* 1595–1596, óleo sobre lienzo, 31 × 47 cm, Pinacoteca Ambrosiana, Milán.
Caravaggio completó en muchas ocasiones sus composiciones de figuras con artísticas naturalezas muertas de flores. No se conocen los motivos por los cuales pintó su única naturaleza muerta autónoma. El detallismo del cuadro se refleja en los orificios hechos por los gusanos en la fruta, que tal vez pueden interpretarse en referencia a la caducidad de la naturaleza.

sus objetivos artísticos recurriendo únicamente a la luz que, incidiendo en diagonal, abarcaba las aves colgadas, los embutidos, la carne, la vajilla y la comida servida en la mesa. La pared oscura del fondo acentuaba los efectos luminosos, de modo que aparentemente se perciben la textura de lo crudo y de lo cocido y hasta la dureza de la porcelana y el frío del metal.
El principio de la pintura de las naturalezas muertas consiste en reproducir las apariencias naturales superando lo visible y aspira a engañar al ojo humano. Los

Giovanni Battista Recco (1615–hacia 1660), *Naturaleza muerta con peces y moluscos,* 1653, óleo sobre lienzo, 100 × 126 cm, Nationalmuseum, Estocolmo
El napolitano Recco pintó con frecuencia las variadas capturas de los pescadores autóctonos. Supo dotar de volumen y de vida a los brillantes cuerpos de los peces utilizando pocos colores, pero con matices que se encuentran muy diferenciados.

recursos artísticos son el dominio de la perspectiva y la iluminación adecuada, de los que hizo gala en 1595 Michelangelo Merisi, conocido con el nombre de Caravaggio, en su *Cesta de frutas,* la única naturaleza muerta autónoma de su obra. El cuadro está pintado desde una posición ligeramente inferior y en él se acentúan la plasticidad y el volumen de cada fruta, de cada racimo y de cada hoja mediante intersecciones de perspectivas, en tanto que los reflejos delicadamente matizados de la luz contribuyen a diferenciar las distintas superficies. Esta obra maestra inspiró en las siguientes décadas a numerosos imitadores. Sin embargo, frente a la delicada pintura de Caravaggio, los artistas lombardos ofrecieron una pintura inspirada en la cotidianeidad rural. Influidos por las naturalezas muertas flamencas de cocina y de mercado, artistas como Vincenzo Campi (hacia 1535–1591) pintaron naturalezas muertas con figuras, en las que la pletórica y ruda vida cotidiana y la variopinta oferta de los mercados rurales se complementaban recíprocamente. Sólo en Italia, donde la pintura religiosa contaba con una tradición ininterrumpida, el sentido oculto religioso y moralizante, tan característico de las naturalezas muertas holandesas, cedió paso a un realismo de acción y de representación marcadamente detallista. La insistencia en la vida terrenal fue una característica de la naturaleza muerta italiana.

En este contexto surgieron en el siglo XVII numerosas escuelas locales en cuyos cuadros ocupaban amplio espacio las especialidades regionales. Son característicos los cuadros de los pintores napolitanos Giovanni Battista (1615–hacia 1660) y Giuseppe Recco (1634–1695), que se especializaron en naturalezas muertas con pescado y desplegaron un gran virtuosismo representando los brillantes cuerpos de los peces. La percepción y la reproducción, ópticamente engañosa, de la superficie y de la materialidad diferenciadas de plantas y animales adquirió carácter de objetivo pictórico central. Los desbordantes arreglos frutales de un Giovanni Paolo Castelli, "Spadino" (1659 hacia 1730), por ejemplo, ejercieron una atracción especial en muchos artistas sobre todo de las escuelas de Roma, de Milán y de Bolonia. Es la habilidad del pintor la que dota al melocotón de una piel casi sobrenaturalmente aterciopelada y a las uvas de una piel brillante, mientras que los cítricos de piel áspera y arrugada quedan a un lado y los higos reventados, las granadas y los melones aparecen junto a hermosas vasijas de cuerpo liso y brillante, de modo que el ojo se pierde en los detalles. Para otros pintores las escamas de los peces, las plumas de las aves y la piel del venado sirven de ocasión a las más altas realizaciones pictóricas. Los platos ya cocinados de las naturalezas muertas holandesas constituyen aquí una excepción y generalmente aparecen en forma de postres dulces, como en el caso de Cristoforo Munari (1667–1720). Poco a poco, a través de un desorden calculado y de una iluminación progresiva del espacio pictórico hasta llegar a la apertura paisajística, la representación de la naturaleza muerta se adapta al gusto del siglo XVIII, caracterizado por los ideales aristocráticos. Sólo a finales del siglo encontrará este género pictórico contenidos y formas nuevos y con perspectivas de futuro.

LOS UFFIZI

Las cortes de los príncipes renacentistas no se limitaban a ejercer el poder, sino que actuaban también en función de la autorrepresentación. Adoptando una de las medidas de política cultural más antiguas de la historia, los Médicis de Florencia encomendaron al arquitecto Vasari la construcción de un suntuoso edificio concebido desde el primer momento para dar muestras de la riqueza de la familia, para impresionar a los visitantes extranjeros y para exponer los tesoros artísticos propios en un marco adecuado. Francisco I fundó la Galería en 1581 y diez años después un tal Bocchi, autor de la primera guía de Florencia, calificaba los Uffizi de "tan soberbios como regios". Los viajeros aficionados al arte siguieron las indicaciones de Bocchi desde el primer momento, pues el año 1591 empezaron a admitirse visitas. Los Médicis destacaron como extraordinarios mecenas, administraron con esmero los fondos de su museo, iniciaron nuevas colecciones, incorporaron legados y Lorenzo el Magnífico comprometió seriamente su presupuesto en los mercados de antigüedades de Roma, pues en el Renacimiento los objetos de los antiguos romanos y griegos eran muy solicitados.

Cristoforo Munari (1667–1720), *Recipiente para hielo, jarra de mayólica y melindros,* hacia 1710, óleo sobre lienzo, 70,5 × 58,5 cm, colección Molinari Pradelli, Castenaso. La pastelería es un elemento que aparece con frecuencia en los cuadros de Munari y forma un conjunto decorativo con las tazas, con los vasos y, ocasionalmente, con algunos utensilios. El leve ensombrecimiento del espacio y la fragilidad de los objetos hacen pensar en un simbolismo de la caducidad.

EL PALIO
DE SIENA

Los días 2 de julio *(Palio della Madonna di Provenzano)* y 16 de agosto *(Palio dell'Asunta)* se registra una frenética actividad en Siena, pues en ellos se celebran las famosas carreras de caballos. En estas fiestas hípicas toman parte cada año, designadas por sorteo, 10 de las 17 circunscripciones autónomas en que está dividida Siena desde la Edad Media. El hipódromo se instala en la Piazza del Campo y cada *contrada* participante se entusiasma hasta el delirio con su jinete. Los sieneses se sienten tan vinculados a su barrio natal que antiguamente podían surgir entre las *contrade* rivalidades realmente shakespirianas.

Todavía hoy tienen las *contrade* sus propios colores, armas y animales heráldicos simbólicos: el águila, el caracol, olas con delfines, la pantera, un bosque con rinocerontes, la tortuga, el búho, el unicornio, el molusco, la torre y el elefante, el carnero, la oruga, el dragón, la jirafa, el puerco espín, el lobo y finalmente la oca. En

La pista circular de la Piazza del Campo es muy estrecha y las caídas y las lesiones de jinetes y caballos no son infrecuentes. El Palio resulta peligroso para los mismos espectadores.

otros tiempos cada *contrada* preparaba sus propios platos con ocasión del espectáculo. Como antiguamente los mataderos estaban en la *Oca,* en la *contrada* de la oca, se preparaban allí los platos de carne. En la *Torre,* es decir, en la *contrada* de la torre, había industrias que trabajaban la carne de porcino, por lo que se concentraban allí las especialidades de cerdo. En la *Aquila* o *contrada* del águila se servía *risotto* con trufas negras.

Durante los dos días en los cuales se realizan las carreras, en Siena no se apagan los fogones. Las familias que tienen la fortuna de vivir en la Piazza del Campo y disponen de una ventana o de un balcón para presenciar el acontecimiento invitan a sus amigos. Entonces se toman los típicos platos tradicionales de Siena, como la *panzanella* (ensalada de pan), las *crocchette di formaggio* (croquetas de queso), el *timballo di riso con piccioni in salmi* (timbal de arroz con pichones en escabeche), los *crostini rossi alla milza* (costrones rojos con setas), el *brasatto al Brunello* (asado de ternera al vino tinto de Brunello) y como postre *babà allo zabaglione* (babá al sabayón). Se acompaña con un buen vino local.

En cuanto se acaba el Palio, las *contrade* vencedoras empiezan a preparar la *cena della vittoria.* En la mesa de honor se sientan no únicamente los capitanes y jinetes de las *contrade* vencedoras, sino también los notables que pertenecen a los barrios confederados. Hasta los caballos que han resultado ganadores cuentan con su propia comida. A lo largo de estas fiestas, que duran toda la semana, se celebran innumerables banquetes y festejos en los que pueden participar todos los ciudadanos.

También los caballos ganadores participan de la fiesta, pues reciben un pienso especial.

Fondo: el Palio di Siena no es solo una carrera de caballos de carácter estrictamente deportivo, sino también una fiesta culinaria, que dura toda una semana. En los banquetes pueden tomar parte todos los ciudadanos de Siena y sus invitados.

EL PANFORTE

El dulce más famoso que se elabora en Siena es, indiscutiblemente, el *panforte* (pan fuerte) o *panpepato* (pan con pimienta). Los sieneses lo aprecian tanto que lo han puesto incluso bajo la protección de un santo. Desde hace tiempo san Lorenzo, cuya fiesta se celebra el día 10 de agosto, es el patrono de esta especialidad de pan.

En una colección latina de recetas que data del siglo I d.C. se habla ya de un pan dulce de harina y miel. No obstante, el origen del *panforte* sienés no parece encontrarse en el pan con miel, sino en el *melatello* autóctono. Este dulce sencillo se elaboraba con harina, frutas secas y agua en la que previamente se habían lavado manzanas, pero tenía el inconveniente de que se enmohecía y se agriaba rápidamente volviéndose *fortis*.

La primera referencia escrita que se conoce con respecto a la elaboración tradicional del *panforte* o *panpepato* en la comarca de Siena aparece en un documento del año 1205 procedente del monasterio de Montecelso. En él se indica que los campesinos estaban obligados a pagar unos impuestos a las monjas en forma de un número establecido de panes de especias o de panes con miel. De dar crédito a la tradición, este monasterio habría representado de hecho un gran papel en la historia del famoso pan de especias. La historia fue la siguiente:

Nicoló de Salimbeni, hijo de una de las familias más importantes de Siena, sucumbió a la prodigalidad y no vivía en consonancia con los principios cristianos. Sin embargo, un buen día descubrió la vacuidad de su vida, y entonces se convirtió a la vida religiosa y se desprendió de cuanto todavía le quedaba: una bolsa de especias, tan valiosas por aquella época que se utilizaban como género de canje, y la receta de un opulento postre que las incluía con profusión. La destinataria de esta bolsa fue la hermana Berta, honesta monja residente en el monasterio de Montecelso, que probó la receta, pero llegó a la conclusión de que aquella sensual golosina no era lo más adecuado para un monasterio de monjas y la entregó a la curia episcopal. La receta del pan de especias fue transmitiéndose de obispo a obispo hasta que llegó a manos del hermano del cardenal Ottaviano della Pila. Se llamaba Ubaldino y era tan excelente cocinero que Dante lo inmortalizó en el "Purgatorio" de su *Divina Commedia*. Ubaldino mejoró la receta incorporando almendras, avellanas, frutas escarchadas y sólo las especias aromáticas.

El *panforte* no tardó en convertirse en un artículo de marca y en un éxito de exportación. Ya durante el año 1370 se tomaba en Venecia con el motivo de celebrar una fiesta. Debido a su alto índice de especias, se pensaba que aquel apreciado pan tenía efectos afrodisíacos. Siglos más tarde, con ocasión de una visita efectuada por la reina Margarita de Saboya, Enrico Righi, propietario de la tienda de pan de especias Panforti Parenti, creó el *panforte Margherita*. Este "panforte blanco" se distinguía de las variantes tradicionales por el nuevo método de escarchar las frutas y por la incorporación de mazapán, que lo hacía más blando,

El *panforte senese* es un dulce muy nutritivo de almendras, avellanas, cidra y naranja confitadas, harina, azúcar y miel.

más jugoso y más claro. Otra especialidad dulce, que es muy apreciada y solicitada en toda Toscana, no procede de Siena, sino de Prato. Los *biscotti di Prato,* que en otras partes también se llaman *cantucci, cantuccini* o *giottini,* se elaboran con harina, huevos, azúcar, almendra y aroma de limón. Se cuecen dos veces y deben tener la dureza de una galleta. Cuando se consumen como postres, los crujientes bizcochos se empapan en *vin santo*.

PANFORTE SENESE
Pan de especias sienés
(fotografía superior)

75 G DE AVELLANAS
75 G DE ALMENDRAS
175 G DE CIDRA Y NARANJA CONFITADAS
50 G DE HARINA DE TRIGO
25 G DE CACAO
1/2 CUCHARADITA DE CANELA
1/2 CUCHARADITA DE ESPECIAS DE PAN DE ESPECIAS
100 G DE AZÚCAR
100 G DE MIEL
2 CUCHARADAS DE AZÚCAR EN POLVO
1 CUCHARADITA DE CANELA

Extienda las avellanas en una bandeja de horno y tuéstelas entre 5 y 10 minutos en el horno precalentado a 190°C. A continuación retire la piel con un paño limpio y píquelas en trozos gruesos.
Escalde las almendras, tómelas entre el pulgar y el índice y retíreles la piel a presión, después píquelas en trozos gruesos.
Pique finamente la cidra y la naranja confitadas, póngalas en una fuente con la harina, el cacao, las avellanas, las almendras y las especias y mezcle todo a fondo. Ponga

azúcar y miel en un cazo y caliente a fuego lento hasta que ambos se fundan. Entonces deje hervir hasta que la masa alcance una temperatura de 115°C. Si no dispone de termómetro para azúcar, efectúe la prueba dejando caer unas gotas de masa en una taza con agua fría; la temperatura será la adecuada si la masa se carameliza. Retire inmediatamente del fuego e incorpore revolviendo a la mezcla de las avellanas y almendras. Pase la masa a un molde desmontable de 20 cm de diámetro cubierto con papel parafinado y alise la superficie. La masa no deberá tener más de 1 cm de espesor. Hornee la torta 30 minutos en el horno precalentado a 150°C, a continuación desmóldela sobre una rejilla de pastelería, retire el papel y deje enfriar. Espolvoree canela y azúcar en polvo.

BISCOTTI DI PRATO O CANTUCCINI
Galletas de Prato o *cantuccini*

300 G DE ALMENDRAS DULCES PELADAS Y TOSTADAS
500 G DE HARINA DE TRIGO
200 G DE AZÚCAR
4 HUEVOS
SAL
UN POCO DE AZÚCAR DE VAINILLA
RALLADURA DE 1 LIMÓN
1 CUCHARADA DE GRANOS DE ANÍS
MANTEQUILLA
1 HUEVO

Triture las almendras y mezcle en una batidora con la harina, el azúcar, los huevos y una pizca de sal. Perfume al gusto con el azúcar de vainilla, ralladura de limón y anís. Forme con la pasta rollos de unos 2 cm de diámetro y colóquelos en una bandeja de horno engrasada. Bata el huevo con un poco de azúcar y unte con él los rollos. Más que cocer, seque durante 30 minutos escasos en el horno precalentado a 120°C. Corte los rollos en rodajas de una pulgada y hornéelos otros 15 minutos.

LA VITICULTURA EN ITALIA

La historia de la viticultura italiana comienza hacia el año 800 a.C., cuando los griegos plantaron cepas en su colonia de Sicilia. Durante mucho tiempo el sur de Italia fue el centro vinícola más importante. Pero el año 79 d.C. una catástrofe sacudió el mundo del vino: las masas de lava del Vesubio no solo sepultaron Pompeya, sino que, a la vez que el puerto más importante del Imperio, destruyeron las bases del comercio de vinos con los países mediterráneos. A partir de entonces la viticultura fue desplazándose progresivamente hacia el norte, primero a las colinas de Roma y después, con el emperador Probo (276–282), hasta las provincias trasalpinas más alejadas. Acababan de sentarse las bases de las actuales regiones vinícolas de Burdeos, Mosela y Wachau.

El hundimiento definitivo del Imperio Romano en el siglo IV d.C. supuso también la decadencia de la viticultura italiana. El cultivo de la vid no volvió a ser un factor económico importante hasta el Renacimiento, cuando los hombres de negocios de Toscana empezaron a interesarse por el comercio del vino. El zumo de la vid era un alimento absolutamente normal y estaba conceptuado como una importante fuente de calorías, pero no como el estimulante que era en la antigua Roma.

El país vivió una auténtica revolución vinícola en la segunda mitad del siglo XIX. Bajo la influencia de los modernistas, de los garibaldinos y de los fundadores de la República se introdujeron mejoras decisivas en las técnicas de cultivo y elaboración del vino y aparecieron vinos cuya popularidad se mantiene intacta hasta hoy, como el *chianti,* el *barolo,* el *valpolicella* y el *brunello.* Sin embargo, en la primera mitad del siglo XX se registró un retroceso. Hasta mucho después de la II Guerra Mundial, muchos productores se dedicaron más a producir un artículo de consumo a gran escala que a elaborar caldos de alta calidad. La situación cambió en los años setenta y ochenta del siglo XX y desde entonces la calidad de los vinos italianos ha alcanzado tales niveles que sus mejores productos resisten perfectamente la comparación con los grandes nombres de la industria vinícola mundial.

LA NOBLEZA TOSCANA ABASTECE AL MUNDO

Mientras las regiones vinícolas centroeuropeas de Rheingau, Mosela, Borgoña y Burdeos alcanzaban su primer florecimiento en la Edad Media, la viticultura italiana se hundió en una crisis profunda. Sólo en los siglos XII y XIV se registraron pequeños avances. En Toscana las familias de la nobleza, como las de los Marchesi Antinori y los Marchesi Frescobaldi –todavía siguen siendo protagonistas de la viticultura toscana– empezaron a dedicarse a la viticultura, sin abandonar en cualquier caso sus múltiples actividades en la banca y en el comercio. El hecho de que la familia Frescobaldi financiara durante algún tiempo a la Corte inglesa y recaudara los impuestos del Vaticano indica la enorme influencia que ejercía.

En invierno, cuando las cepas descansan, se sientan las bases de la temporada siguiente. Es el momento de podar los retoños y de cavar el suelo.

La vendimia se lleva a cabo en septiembre y octubre. Debe efectuarse con la máxima rapidez y con buen tiempo.

DE DIONISO A LAS BACANALES

Como los griegos, también los romanos tenían su dios del vino. En la antigua Atenas, Dioniso era el dios de la fertilidad, del vino y de la embriaguez. Debido a que durante la Antigüedad este tipo de cosas eran conceptuadas específicamente como "temas femeninos", eran sobre todo mujeres las que cada invierno honraban a "su" dios en largas y desinhibidas fiestas y las que en el transcurso de las mismas ingerían grandes cantidades de vino y de estupefacientes.

En el Imperio Romano aquellos ritos tuvieron su continuación en las bacanales, en honor de Baco, dios del vino. Durante algún tiempo las bacanales adquirieron tales proporciones que llegaron a prohibirse por respeto al orden público. Las bacanales dejaron de celebrarse definitivamente en el siglo VII de nuestra era, cuando el cristianismo adquirió el carácter de religión oficial del Estado.

Fondo: a finales de mayo la inflorescencia se presenta en todo su esplendor. Los retoños crecen con extraordinaria rapidez. Para que las uvas dispongan posteriormente de condiciones óptimas, se rodrigan de nuevo los retoños jóvenes.

En marzo y abril brotan los retoños. Crecen rápidamente y el viticultor los sujeta en estructuras de alambre previamente montadas.

En este momento es difícil reconocer si una determinada variedad producirá uva blanca o roja, pues hasta julio todas las bayas son casi idénticas.

En la viña el control de calidad se efectúa mediante el refractómetro, que es un aparato óptico que permite calcular el peso del mosto.

No se puede perder tiempo: la fermentación no controlada o los procesos de descomposición comprometen la calidad.

La fermentación comienza cuando el mosto está decantado y carece de turbiedades.

El trasiego o trasvasación es necesario para separar el vino joven de los sedimentos.

Para criar en madera vinos tintos de calidad se utilizan cubas grandes y barricas pequeñas.

El viticultor comprueba cada cierto tiempo que el vino de las cubas se desarrolla adecuadamente.

Las botellas no etiquetadas se guardan en la bodega.

Las botellas se comercializan después del etiquetado.

CHIANTI SUPERSTAR

Toscana es, con Piamonte, la región vinícola más famosa de Italia. Sin embargo, frente a Piamonte, que por una parte se caracteriza por unas estructuras de producción agraria cuyos vinos selectos tienen, por otra parte, una imagen elitista, Toscana disfruta de gran popularidad. En todo el mundo se conocen los nombres de los vinos *chianti, brunello, nobile* de Montepulciano, *vernaccia* de San Gimignano, *galestro* o *sassicaia* y todos los aficionados al vino tienen formada una idea de los mismos. Pero Toscana pasa por ser la encarnación perfecta de la unidad entre vino y cultura, y son muy pocos los grandes artistas de la historia que no hayan cantado de un modo u otro o transmitido a la posteridad la fama de sus vinos. La historia de la viticultura toscana ha estado siempre marcada por las relaciones recíprocas entre los grandes terratenientes –el clero y la nobleza fundamentalmente– y los *mezzadri* o aparceros, que trabajaban las tierras y vivían de ellas entregando la mitad de la cosecha.

Los vinos de la región de Chianti Rufina poseen una asombrosa capacidad de envejecimiento.

El espectacular paisaje de Crete Senesi se sitúa en el centro de Toscana, entre los *chianti,* los *brunello* y los *nobile.*

Cuando al término de la última guerra mundial desaparecieron las grandes propiedades y muchos *mezzadri* emigraron a la ciudad, la viticultura de la región corrió el peligro de pasar al olvido. Pero entonces comerciantes y automarginados de las ricas ciudades del norte y del extranjero adquirieron las tierras abandonadas e invirtieron grandes cantidades en su nueva puesta a punto. Para la elaboración de la uva cosechada recurrieron a enólogos de formación científica. Para poder vender los vinos, tuvieron que adaptarse a las elevadas exigencias de los aficionados al vino de todo el mundo. Se efectuaron experiencias con nuevos métodos de prensado, con la crianza o conservación del vino en cubas pequeñas de madera nueva, con cepas francesas y con inusuales combinaciones de variedades. El vino italiano moderno acababa de nacer y llevaba nombre toscano.

Desgraciadamente aquellos vinos revolucionarios no encajaban en las normas, excesivamente rígidas hasta cierto punto, del sistema de las denominaciones de origen, por lo que la región, que fue una de las primeras de la historia en recurrir a las denominaciones de origen protegidas –el *carmignano* es uno de los más antiguos en este sentido–, tuvo que vender sus vinos selectos como simples vinos de mesa. Sin embargo, ni siquiera este déficit pudo frenar la tendencia a conseguir productos de primera calidad. Concretamente la variedad Sangiovese, que responde casi en su totalidad al accidentado perfil de la región (es una variedad que necesita a la vez la intensa radiación solar de los viñedos en pendiente y las acusadas variaciones de las temperaturas diurna y nocturna de las zonas altas) se convirtió aquí en la superestrella absoluta.

No solo dio lugar al famoso *brunello* di Montalcino, sino que también intervino con un porcentaje cada vez mayor en las mezclas del *chianti,* que, tras una modificación legal de los años noventa, puede elaborarse exclusivamente con uva Sangiovese. A esta variedad se debe la calidad del *nobile di Montepulciano* y del *morellino di Scansano* y con ella se elaboran el *carmignano* y algunos de los grandes vinos de mesa, concretamente de los *Super-Tuscans,* acertada expresión que el mundo anglosajón reserva para estos vinos. Entre las restantes variedades rojas que han dado y siguen dando excelentes resultados en esta región deben citarse la Cabernet Sauvignon y la Merlot y en menor medida la Syrah y la Pinot Noir, todas ellas de procedencia francesa.

Por el contrario, tratándose del vino blanco Toscana resulta menos convincente. Es cierto que en los años ochenta el *galestro* de Trebbiano representó un vino de marca de éxito, fresco y no complejo y es cierto también que la *vernaccia* di San Gimignano y el *montecarlo* blanco tuvieron buena fama y hasta es posible encontrar algún Chardonnay interesante en el corazón de la región de Chianti, pero los toscanos blancos no tienen en absoluto ni el prestigio ni la calidad de los tintos.

Derecha: el Castello di Brolio, cerca de Gaiole, en la región de Chianti, se remonta al año 1141. Fue allí donde el barón Ricasoli "creó" en el siglo XIX el *chianti* moderno.

VIN SANTO

El *vin santo* o vino santo es un vino de postre suave, entre semiseco y dulce, con una gradación alcohólica comprendida entre los 15 y los 16°. En otoño se cuelgan las uvas recién vendimiadas, que se prensan sólo cuando se han vuelto completamente pasas. Consecuentemente su mosto es muy concentrado y azucarado. Tras la fermentación se introduce el vino joven a media altura en pequeñas cubas de roble o castaño que se cierran herméticamente. En las cubas se inicia una nueva fermentación inducida por los restos de levadura de las añadas precedentes. Las cubas se mantienen bajo cubierta a fin de que el vino pueda madurar con el calor del verano y con el frío de invierno, y así desarrollar sus ricos aromas de nuez, albaricoque, miel, especias y flores. Pasados entre dos y seis años concluye el periodo de crianza. En Toscana al término de la comida existe la costumbre de introducir en las copas bizcochos de almendra, los *biscotti di Prato* o *cantuccini.* No obstante, un buen *vin santo* añejo es un excelente "vino de meditación", como dicen los italianos, es decir, un vino para las horas de contemplación fuera de las comidas.

Chianti
Chianti Classico (D.O.C.G) Vin Santo del Chianti Classico
Montecarlo
Carmignano (DOCG) Barco Reale di Carmignano
Pomino
Montescudaio
Bolgheri
Vernaccia di San Gimignano (D.O.C.G) San Gimignano
Val d'Arbia
Bianco Vergine Valdichiana
Vino Nobile de Montepulciano (D.O.C.G) Rosso di Montepulciano
Brunello di Montalcino (D.O.C.G) Rosso di Montalcino
Morellino di Scansano
Bianco di Pitigliano
Parrina
Elba
Zonas vinícolas en regiones limítrofes
Carrara
Massa
Pania d.Croce 1858 m
Seravezza
Forte dei Marmi
Pietrasanta
Camaiore
Viareggio
Lago di Massaciuccoli
Lucca
Pescia
Montecatini Terme
Montecarlo
Pistoia
Montemurlo
San Marcello Pist.
Mugello
Borgo San Lorenzo
Alpe d. San Benedetto
Prato
Monsummano Terme
Carmignano
Signa
Florencia
Fiesole
Lastra a Signa
Pisa
M. Pisano
Arno
S.Croce sull'Arno
Fucecchio
Montelupo Fior.
Empoli
Cascina
Pontedera
S.Miniato
San Casciano in Val di Pesa
Impruneta
Pontassieve
1654 m Monte Falterona
Bagno di Romagna
Las Marcas
Bibbiena
Pratomagno 1548 m
Monte dei Frati 1454 m
Livorno
Ponsacco
Castelfiorentino
Barberino V.d'Elsa
Certaldo
Greve in Chianti
San Giovanni Valdarno
Valdarno
Sansepolcro
Panzano
Montevarchi
Poggibonsi
San Gimignano
Castellina in Chianti
Radda in Chianti
Gaiole in Chianti
Bucine
Arezzo
Città di Castello
Rosignano Marittimo
Castiglioncello
Castellina Marittima
Volterra
Colle di Val d'Elsa
Siena
Castelnuovo Berardenga
Castiglion Fiorentino
Mar de Liguria
Cecina
Montescudaio
Bolgheri
Colline Metallifere
Asciano
Cortona
Umbertide
Castagneto Carducci
Sinalunga
Castiglione del Lago
Magione
Perugia
Lago Trasimeno
Capraia
1060 m
Toscana
Suvereto
Montepulciano
Pienza
Campiglia Marittima
Massa Marittima
Montalcino
Chianciano Terme
Umbría
Canal de Piombino
Piombino
Ombrone
Follonica
Monte Amiata 1738 m
Città d.Pieve
Capo Vita
Golf von Follonica
Abbadia San Salvatore
Marsciano
Portoferraio
Punta Ala
Monte Rufeno 734 m
837 m
Elba
Punta dei Ripalti
Grosseto
Scansano
Acquapendente
Orvieto
Monti Volsini
Lago di Corbara
Pianosa
Albegna
Bolsena
Lago di Bolsena
Montefiascone
Orbetello
Latium
Montecristo
Giglio
635 m Monte Argentario
Viterbo
25 km

Chianti: el vino más popular de Italia

El *chianti* no solo es uno de los vinos italianos de calidad más antiguos, sino también uno de los de mayor producción, a mucha distancia de los *asti,* los *soave,* los *prosecco* o los *valpolicella.* En un año normal se embotella y exporta a todo el mundo con este nombre aproximadamente un millón de hectolitros. Ahora bien, el *chianti* sin más no existe. Bajo esta denominación se incluyen vinos muy distintos elaborados en las distintas comarcas de Toscana. El principal y más famoso, protegido desde hace poco por una ley especial de origen de la zona de Chianti, es el *chianti classico,* del centro histórico de Toscana situado entre Florencia al norte y Siena al sur. Fue aquí donde hace 150 años el barón Ricasoli de Castello di Brolio desarrolló su receta de los *chianti.* Señaló que el vino debía elaborarse con un 70% de Sangiovese, un 15% de Canaiolo nero, un 10% de las variedades blancas Trebbiano Toscano y Malvasia del Chianti y un 5% de otras uvas. La mezcla tenía por objeto que la incorporación de otras variedades hiciese que el vino de la variedad Sangiovese tuviera un color más intenso y mayor riqueza de aromas y que al mismo tiempo fuese más accesible desde el primer momento. La receta de Ricasoli persistió hasta la revolución vinícola de los últimos treinta años. Vinicultores con talento lograron explotar todas las características positivas de la variedad Sangiovese sin tener que alterar su inconfundible carácter con la incorporación de otras variedades de valor inferior. Actualmente cada vez son más los vinicultores que elaboran sus *chianti* exclusivamente con Sangiovese; otros, en cambio, renuncian a buena parte de las mezclas tradicionales, sobre todo en lo que a blancos se refiere, pero como contrapartida mezclan pequeños porcentajes de variedades nobles importadas, como la Cabernet, la Syrah o la Merlot.

1995
CHIANTI CLASSICO RISERVA

Poggerino
BUGIALLA
CHIANTI CLASSICO

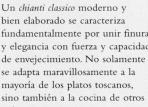

Un *chianti classico* moderno y bien elaborado se caracteriza fundamentalmente por unir finura y elegancia con fuerza y capacidad de envejecimiento. No solamente se adapta maravillosamente a la mayoría de los platos toscanos, sino también a la cocina de otros países.
Incluso cuando el nombre y las variedades de uva empleadas sean los mismos, las cosechas de las zonas fijadas por ley de la gran región de Chianti son en cierta medida muy diferentes. El más famoso de todos es el *chianti rufina,* que se elabora en una pequeña zona vinícola situada al este de Florencia. En su juventud, estos vinos son más ácidos que el *classico,* pero envejecen bien. Los productos de las zonas de Chianti Colli Fiorentini (cerca de Florencia), Colli Aretini (cerca de Arezzo), Colli Senesi (extensos viñedos situados al sur de Siena), Colline Pisane (cerca de Pisa), Montalbano (comarca situada al oeste de Florencia, donde también se produce el *carmignano*) y Montespertoli (un sector nuevo próximo a la ciudad homónima) resultan más ligeros y simples que los de las zonas del *classico* y del *rufina.*

EL BRUNELLO
Y OTROS VINOS

Si el *chianti* es el vino más popular de Italia, el *brunello* es indiscutiblemente uno de los de mayor fama. A diferencia del *chianti* se elabora exclusivamente con uva Sangiovese. El origen de este vino se debe a Feruccio Biondi-Santi, quien en 1888 no se limitó a rellenar las primeras botellas, que se llamaron oficialmente *brunello* di Montalcino, sino que previamente había efectuado una esmerada selección de vides especialmente adecuadas para su producción. Durante mucho tiempo se creyó que lo que los viticultores de Montalcino llamaban Sangiovese Grosso era una variante especial de la variedad Sangiovese, pero probablemente la selección de Biondi-Santi se limitaban a las mejores cepas de los viñedos absolutamente normales de la región de Chianti.

Un buen *brunello* es recio, en su juventud destaca por su resistente tanino y tras un crianza larga desarrolla un maravilloso buqué de aromas que evocan especias, caza, cuero y tabaco dulce. Desafortunadamente las normas de D.O.C. obligaron a los vinicultores durante mucho tiempo a envejecer el vino en grandes cubas de madera durante cuatro y hasta cinco años, lo cual resultaba excesivo para las añadas más flojas, que después de su estancia en barrica eran más delgadas y débiles

que antes y perdían en la crianza rápidamente su gracia y su encanto. En la actualidad la reducción del periodo de crianza y la utilización de pequeñas barricas han dotado al *brunello* de un toque moderno. El segundo vino de la región ha de beberse joven y se comercializa con la denominación de *rosso* di Montalcino. *Last but not least* ("el último pero no el menos importante") en esta zona se elabora con la uva moscatel el *moscadello di Montalcino,* que es dulce.

UN VINO NOBLE

El vino Sangiovese de los alrededores de Montepulciano se llama *prugnolo gentile* y su principal producto es el *vino nobile* di Montepulciano. Esta pequeña ciudad medieval domina el valle de Chiana, famoso por su ganado vacuno y el lago Trasimeno. Es más fuerte que el segundo vino de la región, el *rosso di Montepulciano,* pero tiene características florales y deja en la boca una sensación consistente y densa que en cierta medida se sitúa a medio camino entre el *chianti* y el *brunello.* Obviamente se aconseja tomarlo con una buena chuleta de ternera de Chiana.

LA DENOMINACIÓN DE ORIGEN MÁS ANTIGUA DEL MUNDO

En las colinas que se encuentran al oeste de Florencia se elabora el *carmignano,* protegido ya desde 1716 por Cosme III mediante una denominación de origen establecida por ley. Se trata en cierto sentido del primer vino de Italia con D.O.C. y probablemente de la primera denominación del mundo. Fue también el primer vino toscano en cuya composición se admitió oficialmente la variedad

francesa Cabernet Sauvignon. En cuanto a fuerza y cuerpo, puede compararse con el *nobile* di Montepulciano. Los vinos selectos de las buenas añadas pueden envejecer durante varias décadas. En la región de Carmignano hay un segundo vino con D.O.C., el *barco reale* di Carmignano, que no contiene Cabernet, sino únicamente Sangiovese y Canaiolo.

LA SEGUNDA REVOLUCIÓN TOSCANA

La costa toscana comprendida entre Livorno y Grosseto fue durante mucho tiempo una tierra de nadie desde el punto de vista de la vinicultura. En realidad sólo había un vino con D.O.C., el rosado de Bolgheri. Pero desde los años setenta del siglo XX se ha impuesto un vino de mesa de la zona que rápidamente

San Gimignano, con sus famosas torres de la nobleza, es el lugar de origen del primer vino blanco italiano con D.O.C.

Cipreses, viñedos y casas rurales típicas: he aquí la imagen de la Toscana más conocida y admirada en todo el mundo.

se ha consolidado como una de las variedades más conocidas de Italia: el *sassicaia*. Se elabora exclusivamente con uva Cabernet, cuyas cepas fueron importadas directamente de la región de Burdeos por el conde Incisa della Rocchetta.

Con el paso del tiempo el *sassicaia* ha tenido muchos imitadores, entre ellos su propio vecino *ornellaia,* para cuya elaboración se mezclan Cabernet Sauvignon, Cabernet Franc y Merlot, y el *grattamacco,* que contiene un alto porcentaje de Sangiovese. No obstante, las denominaciones de origen de la región han sufrido importantes cambios debido a los cuales estos famosos vinos de mesa pueden etiquetarse también con una D.O.C. y por tanto llevan un sello de calidad reconocida.

EL VINO BLANCO Y LAS TORRES DE LA NOBLEZA

El vino blanco más conocido de Toscana procede de la ciudad de las numerosas y altas torres pertenecientes a la nobleza: San Gimignano. En esta región la uva Vernaccia viene cultivándose ya desde el siglo XIII y el *vernaccia* fue el primer vino blanco italiano con D.O.C.. Es un vino seco y ligeramente aromático que combina maravillosamente con la pasta y con el pescado. Desde hace algún tiempo también los tintos de San Gimignano tienen D.O.C.

REGIONES DE ORIGEN MÁS PEQUEÑAS

Actualmente la región vinícola más dinámica de Toscana es la provincia meridional de Grosseto, es decir, la costa de Maremma. En esta región se elabora con

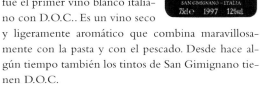

uva Sangiovese entre otros el *morellino di Scansano,* un vino más afrutado que el *chianti,* el *nobile* o el *brunello.* Muy cerca de aquí se elabora el *bianco pitigliano* que, en cuanto

al tipo, es más neutro y ligero. Tiene mayor interés el *montecarlo* blanco de la provincia de Lucca, al norte de la región.

Finalmente debe citarse la zona con D.O.C. de Pomino, en las montañas situadas más arriba del *chianti rufina.* Aquí se elaboran excelentes tintos con Sangiovese, Cabernet y Merlot y con las variedades Pinot Bianco Chardonnay y Trebbiano se obtiene un vino blanco moderno que se adapta extraordinariamente a las frescas y aromáticas especialidades de la región. Sobre todo es un acompañamiento perfecto de los platos de pescado.

UMBRIA

L. Trasimeno
Tiber
Perusa
Torgiano
Asis
Foligno
Castelluccio
Umbría
Orvieto
Norcia
Terni

El nombre de Umbría evoca bosques sombríos y lagos tranquilos. Es sobre todo en otoño, cuando el paisaje parece impregnado de oro. En bosques encantados resuena desde hace tiempo el eco de cuentos olvidados, y en las ermitas y los monasterios, el visitante comprende en qué debió de inspirarse san Francisco de Asís para escribir su alabanza al Sol. Los habitantes de la región han tenido, desde tiempos inmemoriales, una relación mística y llena de respeto con la naturaleza.

Naturales o inalterados se presentan, igualmente, los sencillos platos o patés "franciscanos" de la cocina de Umbría. Es inútil buscar en ella rellenos complicados o nata y salsas cremosas pesadas. Aquí se cuece, asa, aromatiza y refina con un aceite de oliva ligero perfumado delicadamente con finas hierbas, considerado como uno de los mejores de Italia y que a veces es tan verde como la misma Umbría.

Sobre la mesa aparecen los productos de cada estación del año. En primavera y verano predominan las verduras, mientras que en otoño e invierno sobresalen el botín de la temporada de caza y las famosas trufas negras de Norcia. Esta pintoresca villa medieval está considerada con razón como uno de los principales centros de la región. A pesar de todo, una visita a Umbría no solo merece la pena hacia finales de otoño, durante la temporada del "oro negro", puesto que aquí, el arte de la industria cárnica y de la producción de salchichas se ha perfeccionado hasta tal punto que los carniceros llevan el nombre de su ciudad. Con la palabra *norcino*, por consiguiente, se denomina tanto al habitante de Norcia como al matarife y embutidor de carne porcina (incluso en toda Italia). En Umbría se trabaja con exquisitos ingredientes, especialidades y manjares y una refrescante naturalidad. Se sobrentiende que en la sencilla cocina autóctona se trabaja exclusivamente con los mejores ingredientes naturales. Sopas consistentes, asados de carne, pasta fresca y casera, todo ello preparado con mucho amor y esmero. La indolencia no se detiene ni ante las famosas trufas. Los cocineros de la región las cortan en cuadrados, las trituran con anchoas y ajo en el mortero, condimentan con ello un excelente ragú para la pasta, las mezclan con huevos para elaborar una tortilla e incluso utilizan las nobles setas para su *Torta di pasqua*. Y todo siguiendo este lema: siempre lo hemos hecho así y siempre ha sabido bien.

Doble página precedente: la *norcineria* Ansuini de Norcia es famosa por la fabricación artesana de embutidos y jamones.

Izquierda: la tranquila población de Asís, en las laderas del monte Subasio. Fue aquí donde san Francisco fundó su orden religiosa a principios del siglo XIII.

NORCINERIA

La excelente fama de la que goza la carne de cerdo
y de jabalí de Umbría puede atribuirse, por un lado,
a la sana y natural alimentación de los animales con
bellotas, maíz y cereales y, por el otro, a la maestría
de los matarifes de Norcia, considerados en toda
Italia los mejores de su gremio. La palabra *norcino* es
tanto un sinónimo de habitante de Norcia como de
matarife. En ningún otro lugar entienden tanto del
arte de matar a un cerdo, descuartizarlo y producir
exquisitos embutidos frescos o secados al aire o
jamones delicadamente salados. Es por ello por lo
que Norcia es para muchos sibaritas de los alrededores el destino de su excursión culinaria del fin de
semana. Aquí, no solo es posible comprar las sabrosas
especialidades en la *norcineria,* la tienda del *norcino,*
sino que también se tiene la oportunidad de degustarlas en algunos restaurantes como componentes de
diferentes platos.
La *norcineria* Ansuini es una de estas empresas familiares tradicionales. Detrás de la mesa de la matanza
y del mostrador se encuentra la cuarta generación, y
la quinta ya empieza a trabajar. En la tienda de los
Ansuini pueden adquirirse, como no, embutidos y
jamones (también de jabalí), aunque también un
aceite de oliva de gran calidad, algunas clases de
queso y otras exquisiteces. Especialmente al comprar
carne, embutidos y jamones los clientes foráneos
aprecian la posibilidad de conocer las demás especialidades de la región y llevárselas consigo.

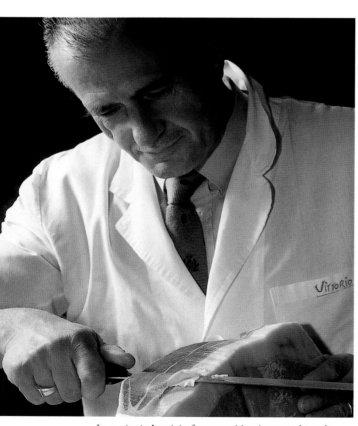

La *norcineria* Ansuini ofrece exquisitos jamones de cerdo
y jabalí. Es muy importante que las lonchas sean finas y
recién cortadas.

Barbozzo
El *barbozzo* es la mandíbula de
cerdo adobada y curada.

Mazzafegati
Es un embutido de hígado de cerdo
picante. También existe una variante
dulce con pasas, mondaduras de naranja
y azúcar, cuya receta se cree que se
remonta al Renacimiento.

Budellacci
Los *budellacci* son tripas ahumadas y adobadas que se consumen tanto crudas como
en pinchos o se asan a la parrilla.

Capocollo
El *capocollo,* el cuello del cerdo también
se conoce con el nombre de *lonza* en
algunas regiones. Se condimenta con
abundante ajo y pimienta.

Coppa
Coppa, en Umbría, indica un
embutido de carne de cabeza y
no guarda ninguna relación con la
coppa de Piacenza.

Prosciutto di Norcia
El jamón de Norcia o de Spoleto es especialmente sabroso, puesto que los *norcini* utilizan
exclusivamente piernas de cerdos cebados con
bellotas sanas. Sólo se condimenta con algo de
sal, pimienta y ajo. Después de un año de curación, el *prosciutto* de Norcia pesa entre ocho y
diez kilos.

En la empresa familiar Ansuini trabajan los hermanos y sus hijos. Matar a los animales, fabricar el embutido y los jamones: todo ello se lleva a cabo siguiendo las más antiguas tradiciones. Aquí no solo sorprende el delicado olor a especias que circula por la tienda y que atrae a numerosos clientes, sino también la decoración con las cabezas de animales.

EL ORO NEGRO DE NORCIA

Los piamonteses tienen Alba, los toscanos San Miniato y los umbros se dirigen a Norcia cuando desean comprar trufas. Mientras que en Piamonte y Toscana predominan las trufas blancas, Umbría es conocida por sus trufas negras, aunque en la región también existen variedades claras. La disputa entre los cocineros y los amantes de las trufas sobre cuál es la clase más sabrosa sigue sin resolverse. Lo único que parece claro es que la trufa negra es más versátil que su hermana blanca, puesto que puede comerse cruda y también es apropiada como condimento o relleno para salsas, patés y pastas sin perder su aroma al calentarse. El territorio de trufas de Umbría se extiende a lo largo de los ríos Nera, Corno y Sordo hasta los montes Martani y las colinas cercanas a Trevi y Subasio. La trufa negra se recolecta en la región situada alrededor de Norcia y Spoleto, en Gubbio se encuentran clases blancas y en toda Umbría es posible hallar tanto trufas negras de invierno como clases blancas y negras de verano.

Superior y fondo: la trufa negra de Norcia (*tuber melanosporum,* denominada también trufa del Périgord) puede consumirse cruda, aunque condimenta también un gran número de platos.

CLASES DE TRUFAS NEGRAS

Trufas negras de Norcia

La trufa negra de Norcia (*Tuber melanosporum*) se recolecta principalmente en la zona situada alrededor de Norcia y Spoleto, crece en las cimas de colinas y montañas y gusta de la compañía de encinas, robles y nogales en los que forma superficies redondas, lisas y sin hierba denominadas *pianelli*. La trufa de Norcia presenta una piel negra cubierta con una especie de verrugas ligeramente abolladas. Su mesocarpio es de un color negrovioláceo atravesado por una estría clara y blanca. Su olor es delicado y agradable. La recolección de este manjar sólo está permitida desde el 1 de diciembre hasta el 15 de marzo.

Trufas negras de invierno

La trufa negra de invierno (*Tuber brumale Vitt.*) crece en diferentes regiones y, en este sentido, no es muy pretenciosa (fotografía inferior). Su piel es oscura y tiene una especie de verrugas que, no obstante, no pinchan cuando se tocan. Su mesocarpio gris muestra profundas estrías blancas. Tiene un aroma fuerte y penetrante. La temporada de la trufa de invierno se prolonga desde el 1 de diciembre hasta el 15 de marzo.

Trufa negra moscada

La trufa negra moscada *(tuber brumale Vitt. Var. Moscatum, De Ferry)* es una pariente cercana de la trufa negra de invierno y también tiene una piel oscura y verrugosa, aunque un mesocarpio con amplias estrías blancas. La trufa moscada casi no tiene olor. Su temporada de recolección va desde el 1 de diciembre hasta el 15 de marzo.

Trufa negra Bagnoli

La trufa negra Bagnoli *(tuber masentericum Vitt.)* es una subclase de la trufa de Norcia y crece sobre todo en Campania, aunque también brota en las montañas y en los hayedos de otras regiones. Tiene una piel exterior negra y verrugosa, su carne es gris y está atravesada por estrías blancas. Esta trufa no gusta a todo el mundo a causa de su olor algo desagradable a brea o a ácido fénico. Su temporada de recolección se extiende desde el 1 de noviembre hasta el 15 de marzo.

CORRECTA CONSERVACIÓN DE LAS TRUFAS

• No retire los restos de tierra inmediatamente, puesto que éstos actúan como escudo protector contra la pérdida de sabor y los microorganismos.
• Envuelva cada una de las trufas en papel parafinado y consérvelas en un recipiente cerrado, en el cajón de las verduras del frigorífico o en otro lugar fresco.
• Cambie el papel todos los días.
• Las trufas pueden freírse en aceite y emplearse acto seguido para una salsa que se conserva en el frigorífico durante más de un mes, aunque también se pueden triturar o cortar y, con mantequilla reblandecida y algo de sal, mezclarse revolviéndolas hasta conseguir una pasta suave, la cual puede guardarse igualmente en el frigorífico.

Derecha: el aceite de oliva se calienta en una pesada sartén de hierro donde se vierte la masa de trufa, nata y huevo.

Los huevos se baten con la nata y se salpimientan. A continuación, se les añade la trufa cortada en trozos pequeños.

Cuando la *frittata* empieza a cuajarse, se retira de la sartén con un tenedor.

FRITTATA AI TARTUFI
Tortilla de trufas
(fotografía superior)

1 TRUFA NEGRA DE NORCIA MEDIANA
6 HUEVOS
4 CUCHARADAS DE NATA
SAL Y PIMIENTA
1–2 CUCHARADAS DE ACEITE DE OLIVA
EL ZUMO DE 1 LIMÓN

Cepille las trufas, límpielas con un papel de cocina y córtelas en láminas finas. Aparte las dos láminas más bonitas y corte en dados el resto. Bata los huevos y añada la nata, la sal, la pimienta y las trufas. Caliente el aceite de oliva en una sartén de hierro, vierta la masa de huevo y déjela cuajar. Gírela con cuidado y deje que también se dore por el otro lado. Ponga la *frittata* en un plato, añádale unas gotas de zumo de limón, decórela con las dos láminas de trufa anteriormente separadas y sírvala de inmediato.

SPAGHETTI ALLA NORCINA
Espaguetis a la norcina

400 G DE ESPAGUETIS
4–5 CUCHARADAS DE ACEITE DE OLIVA VIRGEN EXTRA
2 DIENTES DE AJO

3 FILETES DE ANCHOAS CORTADOS PEQUEÑOS
150 G DE TRUFAS NEGRAS DESMENUZADAS EN TROZOS PEQUEÑOS
SAL Y PIMIENTA

Cueza los espaguetis *al dente* en abundante agua salada. Caliente el aceite de oliva en un puchero pequeño y fría los dientes de ajo en él. Saque los ajos, vierta los filetes de anchoa en el aceite y deje que se deshagan a fuego lento. Saque el puchero del fuego y mezcle la mayor parte de las trufas finamente pulidas con la pasta de anchoas. Añada sal, pimienta y viértala encima de los espaguetis. Guarnezca el plato con el resto de las láminas de trufa.

CROSTINI UMBRI
Pan tostado con pasta de trufas

100 G DE TRUFAS NEGRAS DE NORCIA
2 FILETES DE ANCHOA
4–5 CUCHARADAS DE ACEITE DE OLIVA VIRGEN EXTRA
SAL
4 REBANADAS DE PAN BLANCO O MORENO

Cepille bien las trufas bajo el chorro de agua corriente y ralle las trufas en trozos finos. Triture los filetes de anchoas y mézclelos con el aceite de oliva hasta obtener una pasta homogénea. Añada las trufas y un poco de sal, y unte la pasta sobre las rebanadas de pan recién tostado.

LENTEJAS DE CASTELLUCCIO

Las lentejas son una planta de cultivo muy antigua que llegó al Mediterráneo desde Oriente Próximo. En Umbría, el cultivo de las lentejas está poco difundido, aunque las pocas plantas existentes son de una calidad extraordinaria. A pesar de los 1.400 metros de altitud del altiplano de Castelluccio, allí crecen las famosas *lenticchie di Castelluccio,* las lentejas más codiciadas de Italia. Son pequeñas, verdes y, a causa de su importante contenido en proteínas y sales minerales, muy sanas. Además, son tan finas, que no es necesario dejarlas en remojo, por lo que, tras un tiempo de cocción de 20 a 30 minutos ya están listas para servir. Por desgracia, sólo se ponen a la venta cantidades muy limitadas. En el altiplano sólo pueden producirse algunos centenares de quintales métricos, mientras que otras zonas de cultivo como las de Annifio y Colfiorito aportan cerca de un centenar de quintales métricos. Si se tiene la oportunidad de probar estas legumbres con denominación de origen, debería aprovecharse.

JUDÍAS, CEBOLLAS Y APIO

Las finas lentejas no son la única especialidad del campo que ofrece Umbría. Al cultivo de verduras en general se le dedica, desde tiempos inmemoriales, mucho tiempo, esmero y paciencia.

Cave pertenece al municipio de Foligno y se encuentra en medio del "jardín frutícola" del Topino. En la extremadamente fértil llanura aluvial de este río, muy rica en minerales, crecen judías, las cuales, a causa de las ideales condiciones del terreno, pueden cultivarse de forma ecológica. Dos empresas agrícolas grandes y quince pequeñas producen las dos clases dominantes, aunque tanto las judías verdes como las blancas tienen una vaina muy blanda y un sabor fino. Resultan muy apropiadas para sopas y entremeses, pero también son muy ricas al vapor y aliñadas únicamente con unas gotas del fino aceite de oliva umbro.

Cerca de Cannara se encuentra la "tierra de los cultivadores de cebollas", como aquí se los llama. La cocina de Umbría resulta inimaginable sin la cebolla. Como demuestran documentos históricos en el siglo XVII las cebollas se servían con nabos, puerros, col y judías. Las cebollas de verano y de otoño que se cultivan hoy en día en la región pueden comerse crudas, aunque también al vapor, cocidas al horno, frescas en ensaladas, fritas o en sopas y salsas. Para disminuir el efecto picante de la cebolla, es aconsejable cortar el bulbo y dejarla reposar en agua fría durante algunas horas antes de proceder a su ulterior elaboración. De este modo, la sopa de cebolla típica de Umbría, la denominada *cipollata,* se convierte en una pura delicia.

Desde mediados del siglo XVIII se cultiva apio negro en Trevi. La verdura podía conseguirse en cualquier mercado hasta que, después de la Segunda Guerra Mundial, el apio americano fue desplazando paulatinamente al autóctono. Sin embargo, en Trevi aún existen un par de agricultores valientes que continúan siendo fieles a "su apio". De fuerte aroma, no tiene unas fibras demasiado duras, es muy largo, de color verde oscuro de perfil y consta de un único bulbo, del que crecen tallos en forma de hoja. El intento de hacer una *parmigiana alla Trevi* con la clase americana, un suflé de apio con queso gratinado, puede incluso salir bien, pero nunca tendrá el mismo sabor que el original.

El apio, por otro lado, es excepcionalmente sano: además de los valiosos minerales, proporciona una gran cantidad de vitamina B y la provitamina A.

LENTICCHIE DI CASTELLUCCIO
CON SALSICCE
Puchero de lentejas con salchichas
(fotografía izquierda)

300 G DE LENTEJAS DE CASTELLUCCIO
SAL
80 G DE PANCETA ENTREVERADA
2 CUCHARADAS DE ACEITE DE OLIVA VIRGEN EXTRA
1 CUCHARADA DE MANTEQUILLA
1 TALLO DE APIO
150 G DE TOMATES TAMIZADOS
1 L DE CALDO DE CARNE
4–8 SALCHICHAS FRESCAS
PIMIENTA

Tenga las lentejas en remojo en agua tibia con un poco de sal toda la noche. Corte en tiras la panceta y deje que se derrita en una cacerola con 1 cucharada de aceite de oliva y 1 cucharada de mantequilla.

Pique las cebollas y el apio hasta obtener trozos pequeños y rehóguelos ligeramente. Añada las lentejas bien escurridas y los tomates tamizados y vierta el caldo de carne caliente. Tape la cacerola y deje cocer las lentejas a fuego lento durante 1 hora. Fría las salchichas en una sartén con 1 cucharada de aceite de oliva. Poco antes de que acaben de cocerse las lentejas, añada sal y pimienta y las salchichas.

ESCANDA

Los antiguos romanos ya utilizaban la escanda para su *puls latina,* un plato mixto de cereales y legumbres cocidas en agua. Todas las familias tenían un molino especial para separar el grano de escanda de sus glumas duras y granadas.

La escanda de Umbría pertenece a la clase *Triticum durum dicoccum* y se cultiva preferentemente en la zona situada alrededor de Monteleone y Spoleto. Con la introducción del trigo, más fácil de procesar, la escanda, que después del desgrane debe despellejarse en una operación especial de peladura, perdió importancia rápidamente. Esta modesta planta sólo se siguió cultivando en regiones en las que no podía crecer nada más. Durante los últimos años, no obstante, la escanda se ha vuelto a recuperar (a ello ha contribuido, posiblemente, su alto valor nutritivo) y su consumo aumenta día a día.

El contenido en aminoácidos esenciales o albumina es mayor en la escanda que en muchas clases de trigo y proporciona, además, más vitaminas y oligoelementos. Dado que la escanda también posee un considerable contenido de ácido silícico, no solo deja una piel bonita y un cabello brillante, sino que también tiene fama de propiciar una mayor capacidad intelectual. Por regla general, la escanda debe estar en remojo de 12 a 48 horas y dejarla cocer durante varias horas. En la actualidad, gracias a la olla a presión el tiempo de cocción se reduce a la mitad. Si se tritura el grano antes de la preparación, es posible ahorrarse el tiempo de remojo. El tiempo de cocción es, en dicho caso, de 20 a 30 minutos, para lo cual basta con dejar que la

escanda se hinche a fuego lento. La *minestra di farro,* la sopa de escanda, es uno de los platos de escanda más tradicionales, y también es popular en el Lacio. La apreciada y sana *imbrecciata* es un puchero con diferentes clases de cereales y legumbres.

IMBRECCIATA
Puchero de cereales y legumbres
(fotografía derecha)

CEBADA, MAÍZ, GARBANZOS, JUDÍAS, TRIGO, ESCANDA,
JUDÍAS Y LENTEJAS 50 G DE CADA.
5 CUCHARADAS DE ACEITE DE OLIVA VIRGEN EXTRA
100 G DE TOCINO CORTADO EN TIRAS
2 CEBOLLAS PICADAS
1 MANOJO DE MEJORANA TROCEADA
150 G DE SALSA DE TOMATE
SAL Y PIMIENTA
1 L DE AGUA O DE CALDO

Tenga en remojo los cereales y las legumbres por separado durante una noche. Al día siguiente, cuélelos y cueza todos los ingredientes por separado. Recuerde que el tiempo de cocción de cada uno de ellos es diferente.
En una cazuela grande, caliente el aceite de oliva y sofría el tocino cortado en tiras y la cebolla picada. Añada la mejorana y la salsa de tomate y deje cocerlo todo a fuego lento durante unos 15 minutos. Añada los cereales y las legumbres y mezcle bien.
Vierta el agua o el caldo y deje que se cueza durante algunos minutos más.

MINESTRA DI FARRO
Sopa de escanda

1 HUESO DE JAMÓN CON ALGO DE CARNE TROCEADO
HIERBAS PARA EL CALDO
100 G DE JAMÓN AHUMADO EN DADOS
150 G DE ESCANDA MOLIDA
SAL Y PIMIENTA
100 G DE PECORINO RALLADO

Cueza el hueso de jamón en agua abundante durante 15 minutos. Retírelo y deseche el agua. Lave las hierbas para el caldo y córtelas en trozos pequeños. Cueza con el hueso y el jamón troceado en 3 litros de agua durante aproximadamente 2 horas. Añada la escanda, sal y pimienta y deje que ésta se hinche a fuego lento entre 15 y 20 minutos. Los granos de escanda no deben ablandarse demasiado, sino conservarse algo firmes. Pruebe si está bien de sal y pimienta y sírvala con *pecorino* rallado.

PESCADO DE AGUA DULCE

Umbría no tiene salida al mar, aunque esto no significa que en la mesa no aparece ningún pescado, pues el territorio está drenado por numerosos ríos y lagos. El más importante de éstos últimos es el Trasimeno, a media hora en coche al oeste de Perusa, el cual, con sus 128 km², es uno de los mayores de Italia.

El escaso poblamiento de Umbría y la excelente conservación de la naturaleza garantizan aguas limpias en las que los amantes de la pesca tienen donde elegir. En ellas habitan rubios, anguilas, percas, truchas, timos, barbos, farras, tencas y, supuestamente, las mayores carpas al sur de los Alpes. El botín se asa a la parrilla, en el horno o se emplea para las excelentes sopas de pescado de agua dulce, que no tienen nada que envidiar a las de la costa.

REGINA IN PORCHETTA
Carpa con salsa de hinojo
(fotografía inferior)

1 CARPA DE UNOS 1,2 KG DE PESO
100 G DE JAMÓN AHUMADO O BEICON
2 RAMAS DE ROMERO FRESCO
1 CUCHARADA DE SEMILLAS DE HINOJO
4 DIENTES DE AJO
EL ZUMO DE 1/2 LIMÓN
1/2 VASO DE ACEITE DE OLIVA
SAL Y PIMIENTA
1 LIMÓN

Destripe, escame y lave la carpa. Saque las hojas de romero de las ramas. Triture el jamón con las semillas de hinojo, los dientes de ajo y el romero en la picadora. Rellene la carpa con la masa e introduzca en un molde refractario. Si sobra aún un poco de relleno, puede repartirse por encima del pescado. Cuézalo todo durante unos 30 minutos a 200°C en un horno precalentado. Bata el zumo de limón con el aceite de oliva y pase un pincel impregnado con esta mezcla por la superficie de la carpa de vez en cuando. Por último, añada sal y pimienta, decore el plato con rodajas de limón y sírvalo.

Derecha: el lago Trasimeno, rico en pesca, atrae a muchos pescadores durante los fines de semana.

Carpa (carpa)
Los pescadores dicen que en las aguas de Umbría se encuentran las carpas más grandes de Italia. Saben bien al horno.

Lasca (rubio)
Este pescado tiene un sabor parecido al lucio, aunque su carne no es tan fuerte y es menos aromático.

Trota (trucha)
Este pequeño pero apreciado pescado gusta servirse en Umbría como *Trota al tartufo,* es decir, trucha con trufas.

Pesce persico (perca)
La carne fuerte y sabrosa de la perca puede freírse, aunque también es apta para poner en salmuera.

Temolo (timo)
La carne tierna y aromática del timo sabe ligeramente a tomillo, por lo que debe condimentarse poco.

Anguilla (anguila)
Las anguilas de agua dulce se vuelven más grasas que las de mar; los habitantes de Umbría suelen pasarla por la parrilla.

Barbo (barbo)
Los barbos nunca pueden comerse crudos puesto que su carne es venenosa; hervidos o asados tienen un buen sabor.

Alborella (farra)
Este excelente pescado de mesa tiene un sabor ligeramente dulce y puede prepararse al gusto.

Tinca (tenca)
La carne tierna y un poco dulce de este pescado tiene sabe muy bien asada o al horno.

LA PESCA DE RÍO

Quien crea que la pesca de río sólo es un modo de ocupar el tiempo libre, típico de los países de Europa septentrional, debería pasear alguna vez por una ciudad italiana o por la orilla de un lago de Italia. En la ciudad, el observador atento descubrirá numerosas tiendas especializadas en el deporte de las botas de goma y de la cesta de pescar, mientras que, durante los fines de semana, miles de aficionados se desplazarán hacia las aguas interiores, prepararán sus cebos y esperarán pacientemente a que un pez (la medida no suele importar) muerda el anzuelo.

En algunas zonas, incluso se han llegado a crear estanques artificiales y a poner peces de agua dulce en el agua en intervalos regulares para que la excursión del fin de semana merezca la pena. En Umbría, tales medidas no son necesarias, dado que los lagos de la región se consideran sumamente ricos en ejemplares. Hasta el lago Trasimeno, en especial, se desplaza un gran número de pescadores puesto que aquí, tal como se informa con orgullo en las orillas del lago, se pescan las truchas más gordas de toda Italia, aunque las demás especies que habitan el lago merecen sin duda la espera.

Giotto y sus discípulos. Fresco de la basílica superior de San Francisco, Asís, hacia 1290–1299.
El detalle de este fresco muestra la invitación de la que fue objeto San Francisco en casa del conde de Celano, que murió antes de comer. El trágico suceso, trasladado a la fe cristiana, puede interpretarse como la invitación al festín de bodas de la vida eterna. Justo cuando se entra en la basílica superior, con esta representación se recuerda al visitante la necesidad de prepararse para el festín de bodas de la vida eterna.

BIENESTAR DEL CUERPO Y DEL ESPÍRITU

Umbría es, sin duda alguna, una región de santos. Hacia el año 480 nació en la ciudad de Norcia san Benito, el fundador del monacato occidental. Casi setecientos años más tarde, en Asís vio la luz del mundo San Francisco y allí fundó la Orden de los minoritas, confirmada en 1223 por el papa Honorio III.

También Santa Clara, quien con sus clarisas se unió a los franciscanos, nació en esta región. De san Francisco se cuenta en la *Leyenda áurea,* una recopilación medieval de leyendas de santos, que "para que los transeúntes no pisaran a los gusanos, los dejaba fuera de los caminos, daba buen vino y miel a las abejas para que el frío del invierno no las matara y consideraba a todos los animales como sus hermanos". El respeto por la naturaleza siempre ha sido una característica de los umbros.

Sin embargo, Umbría no presenta solamente esta supuesta aureola espiritual, sino que la región también disfruta con las fiestas animadas en las que la comida es abundante y donde el vino fuerte de la tierra corre a raudales.

Todos los años, la tranquila Asís se transforma, durante los primeros días de mayo, en un alegre lugar de fiesta en el cual los vestidos de época, los ruidosos timbales y fanfarrias y una iluminación con antorchas vuelven a dar un aire medieval a la población. En los tenderetes y en los puntos de asados se vende lechón y otras clases de carne fresca asada. Un manjar muy apreciado son los pinchos de paloma salvaje. Quien desea comer de una forma más cómoda, se busca una mesa libre en una de las pintorescas callejuelas, donde pueden degustarse sabrosas especialidades preparadas según recetas de antiguos manuscritos: sopa de judías con escanda, asado de jabalí, pastel de pimienta y mucho más.

PALOMBACCE ALLA GHIOTTA
Palomas asadas
(fotografía inferior izquierda)

4 PALOMAS CON MENUDILLOS Y LISTAS PARA COCINAR
I RAMA DE ROMERO
4–5 HOJAS DE SALVIA
I CEBOLLA
2 DIENTES DE AJO
3–4 CUCHARADAS DE ACEITE DE OLIVA VIRGEN EXTRA
100 G DE PAN BLANCO SECO
1/2 BOTELLA DE VINO BLANCO SECO
1/2 BOTELLA DE VINO TINTO SECO
SAL Y PIMIENTA
EL ZUMO Y LA MONDADURA RALLADA DE I LIMÓN
2–3 OLIVAS NEGRAS SIN HUESO

Para elaborar la salsa, separe las puntas de las alas, los cuellos y las cabezas de las palomas, desprenda la carne tanto como le sea posible y tritúrela; corte los menudillos en trozos pequeños. Separe las hojas de romero de su ramo y tritúrelas con las de salvia. Corte la cebolla y los dientes de ajo en trozos pequeños. Caliente un poco de aceite de oliva en una cacerola y deje que los ingredientes preparados se rehoguen en ella mientras los remueve continuamente. Trocee el pan blanco y tuéstelo. Reserve un vaso de vino blanco, vierta el resto con el vino tinto y déjelo cocer todo a fuego lento hasta que se haya evaporado un tercio.

Unte una parrilla con aceite; añada sal y pimienta a las palomas y áselas. Vierta el resto del vino blanco, tape el recipiente y ase las palomas a fuego lento hasta que estén casi listas. Después de aproximadamente 45 minutos, retire las palomas del asador y resérvelas. A continuación

Izquierda: también en la "espiritual" Umbría se entregan sus habitantes a placeres profanos. En verano, por ejemplo, no hay como tomarse un café al aire libre como aquí, en Asís.

pase la salsa con los menudillos por un colador y viértala en una olla grande.
Añada la salsa del asado, el zumo y la mondadura rallada del limón. Parta las palomas en tantos trozos como desee y añádalos a la salsa. Corte las olivas por la mitad y agréguelas a la salsa. Vuelva a condimentar las palomas y déjelas cocer durante unos 20 minutos. Distribuya las porciones y acompañe el plato con pan.

SALSA GHIOTTA
Salsa de hígado de pollo

100 G DE HÍGADO DE POLLO
7–10 HOJAS DE SALVIA
1 CUCHARADA DE ALCAPARRAS
3 DIENTES DE AJO TRITURADOS
3 FILETES DE ANCHOA
1 RAMA DE ROMERO
2–3 BAYAS DE ENEBRO
SAL Y PIMIENTA EN GRANO
4–5 CUCHARADAS DE ACEITE DE OLIVA
2 VASOS DE VINO TINTO SECO

Limpie el hígado de pollo y córtelo en trozos pequeños. Triture en un mortero o un plato hondo las hojas separadas de la rama de romero, las bayas de enebro, la sal y la pimienta en grano. Caliente la mitad del aceite de oliva en una sartén y ase ligeramente los trozos de

hígado. Añada los ingredientes del mortero y dore los trozos de hígado. Vierta el vino tinto. Deje evaporar la salsa hasta la mitad y mézclela con el aceite de oliva restante.

PICCIONI ALLO SPIEDO
Pincho de paloma

2 PALOMAS GRANDES CON MENUDILLOS Y LISTAS PARA COCINAR
3 CUCHARADAS DE ACEITE DE OLIVA
SAL Y PIMIENTA
1 CUCHARADA DE VINAGRE DE VINO
1 VASO DE VINO TINTO SECO
5 OLIVAS NEGRAS
1 LIMÓN
4–5 HOJAS DE SALVIA
4 REBANADAS DE PAN BLANCO

Destripe las palomas y lávelas bien por dentro y por fuera. Limpie el corazón, el hígado y el buche y vuelva a meterlos en la paloma. Atraviese la paloma con un pincho, impregne la paloma de aceite con un pincel, salpimiente y ásela a una temperatura muy baja en el horno. Añada vinagre y vino en el recipiente de recogida de líquidos de la parrilla. Desmenuce las olivas, monde el limón, córtelo en rodajas finas y vierta todo con la salvia en él. Mientras se asa, unte continuamente las palomas con esta mezcla. Cuando estén listas, retire los menudillos y conserve calientes las palomas.
Corte en trozos muy pequeños los menudillos e incorpórelos con una cuchara de madera en el zumo del recipiente de recogida; remueva. Parta las palomas por la mitad y sírvalas en una fuente con la salsa. Acompañe el plato con rebanadas de pan blanco tostado.

PARRILLADAS

El método de cocer la carne sobre el fuego abierto es, seguramente, uno de los primeros logros culinarios de la humanidad. En los primeros tiempos de las barbacoas, es probable que se emplearan espadas o lanzas con las que sostener el asado en las llamas, aunque el resultado no siempre era satisfactorio. Muy útil fue la invención del asador giratorio accionado manualmente. Esta simple, aunque genial construcción, estaba formada por un palo metálico afilado con una manivela al final. Este palo era sostenido en posición horizontal por dos bastones. Mientras tanto, con ayuda de la manivela, se hacía girar la carne y podía asarse uniformemente sin ningún riesgo para el cocinero o para la carne. No obstante, puesto que a los maestros parrilleros siempre se les acababa quemando una u otra parte, Leonardo da Vinci, en el siglo XV, decidió enfrentarse a este problema. Para ello construyó un asador accionado por el calor del fuego y que giraba por sí mismo. Es curioso que nadie prestara atención a este invento y que la gente siguiera quemándose los dedos con manivelas ardientes. Hoy en día existe una amplia gama de parrillas que facilitan aún más el entretenido asado de la carne, aunque la mayor parte de los problemas no se originan por falta de herramientas adecuadas, sino porque en la era del microondas y del horno eléctrico pocos saben cómo se enciende un fuego, se emplea correctamente la brasa viva y se prepara la carne.

FARAONA RIPIENA
Pintada rellena
(fotografía fondo)

1 PINTADA LISTA PARA COCINAR
2–3 SALCHICHAS
5 HOJAS DE SALVIA
UN POCO DE ROMERO
3 DIENTES DE AJO
1 CUCHARADITA DE BAYAS DE ENEBRO
SAL Y PIMIENTA
4 CUCHARADITA DE ACEITE DE OLIVA
1–2 VASOS DE VINO BLANCO SECO
1 LIMÓN CORTADO EN RODAJAS

Limpie, lave y seque bien la pintada. Retire la piel de las salchichas y tritúrelas en la picadora con las hierbas, el ajo y las bayas de enebro. Añada sal y pimienta a la mitad de la masa y rellene la pintada con ella. Úntela con aceite de oliva, añada sal y pimienta por la parte exterior y pásela a una cacerola con el resto de la masa. En un horno precalentado, deje asar la pintada a 200°C. Transcurridos 15 minutos, añada el vino y ase la pintada hasta que esté bien crujiente.
Guarnezca con las rodajas de limón y sirva con la salsa del asado.

Serpentone delle monache

Rollo relleno
(fotografía derecha)

3 CIRUELAS SECAS
3 HIGOS SECOS
50 G DE PASAS
100 G DE ALMENDRAS PICADAS
50 G DE NUECES PICADAS
50 G DE PIÑONES PICADOS
150 G DE AZÚCAR
2 TAZAS DE ACEITE DE OLIVA VIRGEN EXTRA
5 CUCHARADAS DE VIN SANTO
400 G DE HARINA DE TRIGO
1 TAZA DE AGUA
2 MANZANAS
1–2 YEMAS DE HUEVO
UN POCO DE AZÚCAR GLAS

Corte las ciruelas y los higos en trozos pequeños. Mézclelos con las pasas, las almendras, las nueces, los piñones, la mitad del azúcar, la mitad del aceite de oliva y el *vin santo* y deje reposar un poco. Con el azúcar y el aceite restantes y con la harina, prepare una masa y resérvela. Pele las manzanas y córtelas en finas rodajas. Extienda la masa de manera que tenga poco grosor y presente una forma rectangular. Distribuya las rodajas de manzana y la mezcla de frutos secos sobre la masa y enróllela. Unte la masa con yema de huevo y esparza un poco de azúcar. Cueza la masa a 180°C durante 45 minutos en un horno precalentado.

Ciaramicola

Rosquilla

500 G DE HARINA DE TRIGO
100 G DE GRASA DE CERDO O MANTEQUILLA
150 G DE AZÚCAR
3 HUEVOS
LA PIEL DE 1/2 LIMÓN RALLADA
25 G DE LEVADURA DE PANADERÍA
2 CLARAS DE HUEVO
100 G DE AZÚCAR EN POLVO

Forme una masa con la harina, la grasa, el azúcar, los huevos, la piel de limón y la levadura. Déjela tapada aproximadamente 30 minutos. Unte con grasa una bandeja y forme con 3/4 partes de la masa un círculo grande. Con el resto de la masa, forme dos tiras y póngalas cruzadas sobre el círculo. En un horno precalentado, cueza la masa a 200°C durante aproximadamente 30 minutos a fuego medio. Bata a punto de nieve la clara del huevo y espolvoree el azúcar. Recubra la torta con esta masa y espolvoree por encima con el azúcar en polvo.

Pinoccate

Galletas de piñones

500 G DE AZÚCAR
2–3 TAZAS DE AGUA
400 G DE PIÑONES
LA PIEL DE 1 LIMÓN RALLADA
100 G DE CHOCOLATE RALLADO
20 OBLEAS

Caliente lentamente el azúcar en el agua. Cuando se haya disuelto, añada los piñones, la piel de limón y el chocolate rallados, y mézclelo todo bien. Con una cuchara añada una pizca de masa sobre cada oblea y déjelas enfriar.
También puede colocar la masa sobre una superficie de mármol húmeda, allanarla con un cuchillo, cortarla en pequeños trozos cuando aún está caliente y envolverla en un papel de colores como si fuese un bombón.

Zuccotto

Torta en forma de cúpula rellena de helado
(fotografía inferior izquierda)

1 BASE DE BIZCOCHO DE 25 X 39 CM APROXIMADAMENTE
80 ML DE LICOR DE CEREZAS
3 CUCHARADAS DE COINTREAU
80 ML DE RON, BRANDY, GRAND MARNIER O MARASCHINO
500 ML DE NATA
90 G DE CHOCOLATE NEGRO CON ALMENDRAS TRITURADO
165 G DE FRUTAS ESCARCHADAS TRITURADAS
100 G DE CHOCOLATE NEGRO FUNDIDO
70 G DE AVELLANAS TOSTADAS TRITURADAS
CACAO EN POLVO Y AZÚCAR EN POLVO PARA DECORAR

Coloque sobre un paño húmedo un molde de 1,5 l de capacidad. Corte el bizcocho en 12 partes con un cuchillo afilado. Mezcle los licores y utilice la mitad de la mezcla para impregnar cada uno de los trozos. Colóquelos en el molde de forma que los finales en punta se encuentren en el centro de la base. Añada al bizcocho el resto del cóctel de licores y póngalo todo en un lugar frío.
Monte la nata hasta que se formen puntas espesas. Divídala en dos mitades y añada a una de las mitades el chocolate de almendras y las frutas escarchadas con cuidado. Esparza la mezcla sobre todo el bizcocho de manera uniforme.
Mezcle el resto de la nata con el chocolate fundido enfriado y las avellanas, viértalo todo en el centro del molde y distribúyalo. Alise la superficie y conserve el molde en el frigorífico durante la noche.
Vierta el *zuccotto* sobre una fuente y añada abundante cacao en polvo y azúcar en polvo. Con una plantilla de cartón, el azúcar y el cacao pueden separarse limpiamente y es posible obtener formas bonitas. En este caso, sin embargo, la plantilla debería ser sostenida por otra persona.
Sirva el *zuccotto* inmediatamente, puesto que la mezcla de nata pierde rápidamente la solidez.

PERUSA: LA CIUDAD DEL CHOCOLATE

Desde tiempos inmemoriales, Perusa tiene fama de ser una ciudad que dispone de una excelente repostería, pero a mediados de octubre, la capital de Umbría se ve afectada por una auténtica fiebre del chocolate. Durante nueve días, la ciudad pone a disposición de los amantes del chocolate venidos de todas las partes del mundo todos los espacios públicos, hoteles y restaurantes y los agasaja con su dulce preferido: el "manjar de los dioses". Eurochocolate: así se denomina el espectáculo que en 1998 celebró su quinta edición y que, seguramente, tendrá continuidad en el futuro, puesto que la ola de visitantes llegados de Italia, el resto de Europa e incluso Japón y EE.UU. siempre ha sido impresionante.

Durante estos días inolvidables, los adictos al chocolate pueden encontrar en todas partes chocolate de todos los tipos: blanco, negro, amargo, en forma de batido, cientos de bombones y obras de arte elaboradas con este manjar: todo puede degustarse o admirarse. Eurochocolate es el mayor acontecimiento de esta clase en Europa. Testigo de ello son los más de 60.000 programas oficiales distribuidos, que no se imprimen sobre un cartón cualquiera, sino sobre un papel especial perfumado con aroma de cacao. Durante la feria, el auténtico maníaco del chocolate no duerme en un hotel normal, sino que reserva, con mucha anticipación, una habitación en el Etruscan Chocohotel de Perusa (tres estrellas) en Vía Campo di Marte, donde todo el establecimiento es una suerte de parque temático sobre el cultivo del cacao, la producción de chocolate y, como no, la dulce tentación. De este modo, por ejemplo, es posible encontrar, en algunas habitaciones, *cioccoscrivanie,* pequeñas escribanías debajo de cuyas láminas de vidrio el huésped puede admirar antiguas tazas para beber chocolate.

La Eurochocolate, sin embargo, no es la única iniciativa que Perusa dedica al chocolate. La Compagnia del Cioccolato, cuya sede está ubicada en la misma ciudad, es una asociación sin ánimo de lucro que, entre otras cosas, ha pedido a la Comisión Europea que su muy amado dulce se fabrique según unas normas determinadas y que no sufra ninguna pérdida de calidad mediante la adición de aceite de palma u otros ingredientes. En 1998, la Compagnia del Cioccolato ya tenía 900 miembros: el socio más joven, en el momento de su ingreso, sólo tenía un par de meses. La asociación ofrece diferentes clases de pertenencia para diferentes contribuciones, de forma que cualquier adicto al chocolate puede permitirse participar en función de sus posibilidades económicas. Tanto en Italia como en el extranjero se organizan seminarios y conferencias sobre el chocolate, cursos de cocina, fines de semana gastronómicos y encuentros regulares de sus entusiastas. El *Inno al cioccolato,* el himno al chocolate, transmite el credo común a los miembros de una manera excepcionalmente impresionante:

HUEVOS SORPRESA

En Italia, los huevos sorpresa gozan de una gran popularidad. Los producen tanto pequeñas empresas artesanales como las grandes fábricas de la industria de las golosinas. La mayoría de ellos se presentan envueltos en papel de colores y pueden tener varios tamaños. En el interior se esconden golosinas, pequeños regalos o juguetes.

Los huevos de chocolate típicos de Pascua son de origen francés, para ser más precisos, son un invento de los mejores pasteleros de la corte de Luis XIV, el Rey Sol, en Versalles.

La idea de esconder dentro de un huevo, tanto de chocolate como de cualquier otro material, una sorpresa más o menos valiosa, también se debe a los franceses, aunque ello no ha impedido que los italianos lo sigan regalando con entusiasmo durante los días de Pascua.

"El chocolate es una de las mejores alegrías de la vida. Esto ya es suficiente para los auténticos amigos del chocolate, quienes adoran de tal forma este "manjar de los dioses" que rechazan todas las acusaciones de tipo dietético de las que es objeto. Calorías, problemas de la piel, aumento del tamaño del hígado, liberación de histaminas: sólo son rumores absurdos. En realidad, el chocolate tiene numerosas propiedades y una gran variedad de aplicaciones. El chocolate consuela. Adversidades, traiciones, las injusticias sufridas durante toda la vida, la tristeza experimentada a causa de un amor perdido o nunca conseguido: el chocolate ayuda a superarlo todo. Devuelve la serenidad a los corazones y alivia las penas por un instante. El chocolate, además, puede ser un estimulante; pocos saben que posee las mismas propiedades que el café. Renueva el espíritu, el alma e incluso la musculatura, facilita la ocurrencia de ideas geniales y propicia la inteligencia. Es la cocaína de los listos y la anfetamina de quienes aman la vida. El chocolate, a diferencia del café, también puede actuar como tranquilizante. Relaja los nervios y ayuda a dormir a quienes de día algo les ha ido mal. Sólo los comodones beben manzanilla. Por todo ello, el chocolate es padre, madre y amante de una manera perfecta: siempre a nuestro lado cuando lo necesitamos y lejos cuando no lo necesitamos. Es un auténtico compinche, algo que muchas veces les cuesta ser a los padres."

En la pastelería Sandri, activa desde 1860 (fondo), en el Corso Vannucci de Perusa, pueden adquirirse piezas de bollería y bombones artesanales.

EL MUSEO ENOLÓGICO DE TORGIANO

El museo enológico de Torgiano, inaugurado en 1974 y que pertenece a la familia Lungarotti, se encuentra en el corazón de Umbría, para ser más precisos, en la población de Torgiano. Esta tranquila localidad medieval cercana a Perusa y circundada por murallas y torreones, ofrece la atmósfera ideal para catar algunos excelentes vinos e informarse, mientras se pasea por el museo, sobre la historia de la viticultura. La fundación del museo se debe al decano de los viticultores de la zona, Giorgio Lungarotti, y a su mujer Maria Grazia, quienes se encargaron de decorar las salas de su Palazzo Graziani Baglioni, una residencia noble del siglo XVII.

Las salas del museo, igualmente interesantes desde el punto de vista arquitectónico, y que originariamente pertenecían a la *pars agricola,* es decir, a la parte cultivada de la propiedad, invitan a viajar en el tiempo a través del mundo del vino. Se atraviesa Oriente Medio, donde hace 2.500 años se cultivaron las primeras cepas, se siguen las rutas comerciales marítimas y terrestres con las cuales la vid se extendió por todo el Mediterráneo y se descubre qué métodos se han empleado a lo largo de la historia.

Se dedica una atención especial al cultivo de la vid en Umbría; el museo alberga, además de antiguos testimonios de la viticultura de la región, una magnífica colección de contenedores de vino antiguos y modernos, que recuerdan a la hasta el siglo XVIII floreciente industria de la cerámica de muchas poblaciones medievales italianas. En una de las salas anexas existe un antiguo horno de leña que de vez en cuando se enciende para que los visitantes puedan destilar sus copas de vino. Al salir del pequeño y hermoso museo, se cree haber entendido por qué el vino es algo más que un simple vaso de mosto. Es una forma que cambia y marca de un modo duradero tanto a los hombres como el paisaje en el que ha crecido.

Superior: la familia Lungarotti ha hecho famoso el vino de Torgiano.

Inferior: en el museo enológico de Torgiano, gestionado por la Fundación Lungarotti, se puede aprender bastante sobre las diferentes maneras de preparar el vino a lo largo de la historia.

DE ORVIETO A MONTEFALCO

A Umbría se la ha denominado comúnmente el corazón verde de Italia, aunque la fama de sus vinos se ha mantenido durante mucho tiempo a la sombra de los de la vecina Toscana. Se conocían vinos como el *orvieto,* aunque no se caracterizaban especialmente por su calidad.

La región empezó a atraer la atención de los amantes del vino de todo el mundo cuando Giorgio Lungarotti, vecino de la localidad de Torgiano, organizó el durante cierto tiempo importante concurso nacional anual de vinos Banco d'Assaggio. El vino de Torgiano, no obstante, calificado como vino D.O.C. y el *torgiano riserva* incluso como D.O.G.C., no obtuvo grandes éxitos internacionales, lo que puede atribuirse a que Lungarotti era el único productor de estos vinos. Pero de repente la producción de vinos de calidad en la región se desarrolló de una manera imparable. El vino más conocido de la región, el *orvieto* blanco, que hoy en día aún constituye dos tercios de la cantidad de vino D.O.C. de la región, pasó a ser, de un vino sin sabor consumido abundantemente por los habitantes de la zona, a un excelente vino seco que también podía acompañar platos fuertes.

Aunque la mayor parte de la producción procede de no más de tres grandes cooperativas, un puñado de pequeñas y medianas empresas vinícolas ha realizado interesantes experimentos con resultados apreciables. En el curso de dichos experimentos, que han afectado sobre todo al corazón geográfico de la zona vinícola, el Orvieto Classico, se han producido excelentes vinos de mesa en los que los respectivos creadores han echado mano de todos los registros de la moderna industria vinícola italiana (clases de vid internacionales, almacenamiento de los vinos en nuevos y pequeños contenedores de madera, fermentación controlada mediante la temperatura y las técnicas más

Ante la imponente silueta de la catedral de Orvieto crecen las uvas que se emplearán para el apreciado vino blanco homónimo.

modernas empleadas en las bodegas). La mayoría de las comarcas de la región tienen sus propias denominaciones de origen, en las cuales pueden encontrarse óptimos vinos. Los más famosos provienen de la zona situada alrededor de Perusa, la capital de Umbría, y de la que limita con Toscana. Con las denominaciones *colli del trasimeno* y *colli perugini* se encuentran tanto vinos blancos como tintos prensados de las mismas clases de uva que muchos famosos vinos toscanos: Sangiovese, Merlot y Cabernet entre los tintos y Trebbiano, Grechetto y Chardonnay entre los blancos. También los vinos de Montefalco, en la parte septentrional de la región poseen una convincente calidad. Aquí predominan los vinos tintos producidos con las clases de uva Sagrantino y Sangiovese. El *sagrantino di Montefalco,* que incluso ha llegado a obtener el D.O.G.C., posee una gran fuerza y cuerpo. Gracias a su intenso aroma a frutos y esencias, puede compararse con los más excelentes vinos de Italia. La variante dulce de este *sagrantino di Montefalco,* el *passito,* es, con su exuberante cuerpo, una auténtica especialidad umbra.

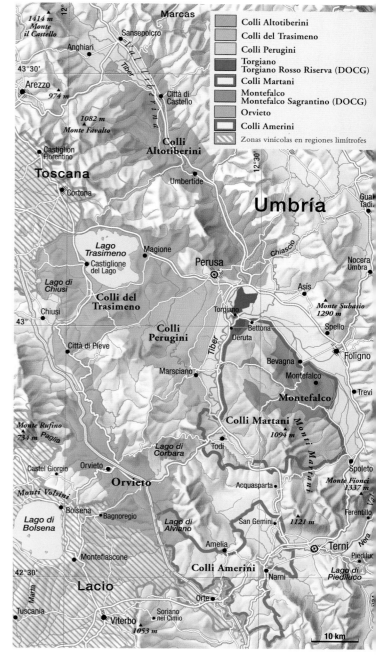

Torgiano riserva
El vino más famoso de Umbría es el *torgiano riserva,* fabricado a partir de Sangiovese y otras clases de uva. El elegante vino, no exageradamente fuerte, que combina muy bien con la carne y mejora con los años, es producido por un único fabricante.

Colli martani
Colli altotiberini, colli amerini, colli del trasimeno, colli martani y *colli perugini* son denominaciones de origen de la parte septentrional de la región. La mayoría de los blancos se producen a partir de Trebbiano toscana, los tintos de Sangiovese,

mezclada con otras clases como Montepulciano o Merlot. Los vinos no son de una calidad muy alta y no gozan de un gran prestigio.

Sagrantino di Montefalco
El *sagrantino* es una clase del *montefalco* tinto que se produce exclusivamente con las uvas homónimas, de las que resulta un vino tinto muy fuerte como consecuencia de la pasificación de las uvas al elaborar el vino.

Orvieto
Junto al *soave* y el *frascati,* este vino blanco, procedente en su mayor parte de Umbría (también se produce en un pequeño sector del Lacio), es uno de los más renombrados de Italia. Las mejores cepas proceden de la zona del Classico y poseen un fruto agradable y suave ligeramente ácido.

En ocasiones, los vinos blancos también se fermentan y estabilizan en las afueras de la ciudad con la famosa catedral, en pequeños toneles de madera. Este método de estabilización sólo se prueba cuando se dispone de uvas considerablemente más fuertes y concentradas que las habituales.

MARCH

Montefeltro

Pesaro
Fano
Urbino
Ancona
Jesi
Las Marcas
Fabriano
Macerata
San Benedetto del Tronto
Ascoli Piceno

El mar, bosques tupidos con robles seculares, encantadoras cadenas de colinas en cuyas cimas se alzan ciudades medievales con sus iglesias, sus monasterios o sus fortalezas y gentes acogedoras que aman su tierra por encima de todo: he aquí otras tantas características de Las Marcas, región que todavía no ha descubierto el turismo. Esta región tiene también sus peculiaridades culinarias. Mientras en la vecina Umbría predomina una cocina sencilla y estricta, en Las Marcas prefieren la complicación y el refinamiento, aunque sin excesos. Hasta el más suntuoso relleno de un cochinillo se mantiene siempre en el ámbito de una cocina sustanciosa y rural.

En Las Marcas se cocinaba y se comía bien ya en la época de Gioacchino Rossini. No es extraño que el compositor se dedicase por lo menos con la misma intensidad a los asuntos de la *buona tavola* como a su virtuosista música. No en balde todavía hoy son muchos los platos más o menos auténticos a los que se incorpora la expresión *alla Rossini*. Es sobre todo muy variada la cocina que se despliega entre los Apeninos y el Adriático. En la costa, el pescado y el marisco alumbran platos desbordantes de fantasía. Suelen asarse en el espetón o bien se prepara con ellos el tradicional *brodetto,* que es una sopa espesa de pescado elaborada con no menos de 13 especies distintas de pescado. En las colinas y montañas del interior, los sibaritas apuestan por el jabalí y el cerdo, con cuyas jugosas piernas los diligentes carniceros y charcuteros elaboran, entre otras cosas, un sabroso jamón que, a diferencia de lo que sucede en el resto de Italia, no se sirve en lonchas finas, sino en tacos. Según los *marchigiani,* fueron ellos los descubridores del cochinillo y, viendo a los hombres junto al fuego dando vueltas concienzudamente al espetón y manejando con profesionalidad el tiempo de cocción, casi llega uno a creerse la leyenda. Por su parte las mujeres preparan en la cocina las *tagliatelle,* maleables y lisas, del acompañamiento. Esta exquisita pasta de huevo, harina y un poco de sémola se sirve con una salsa espesa o se rellena con un ragú consistente, pues los *marchigiani* sienten verdadera pasión por el relleno. El cochinillo, el pollo y el pescado casi siempre se preparan rellenos, y hasta en las aceitunas más pequeñas hay un hueco para hacer lo mismo, siempre que alguien se tome la molestia de eliminar hábilmente el hueso antes de proceder a una elaboración ulterior.

Doble página precedente: *olive ascolane* se llaman las maravillosas aceitunas rellenas de Ascoli Piceno. Cuesta prepararlas, es cierto, pero el esfuerzo merece la pena.

Izquierda: en la Piazza del Popolo de Pesaro —en la fotografía, con el Ayuntamiento al fondo— se celebran numerosas fiestas.

SOPAS DE PESCADO Y OTRAS EXQUISITECES

Las pesca frente a las costas de Las Marcas cubre el 10% de la demanda italiana de pescado y marisco. Todos los días entran barcos en los puertos de San Benedetto del Tronto, Fano, Porto San Giorgio y Civitanova Marche. Traen a bordo sardinas, pulpos grandes y pequeños, rodaballos, calamares y cabrachos. En las ricas aguas pesqueras del Adriático se pescan también crustáceos tales como el bogavante, la langosta, la galera y la araña de mar. Asimismo en las aguas costeras, donde abundan las rocas, hay almejas, mejillones, dátiles de mar y navajas. Originariamente el *brodetto* fue una solución impuesta por la necesidad. Como en cada barco de pesca siempre había peces o mariscos demasiado pequeños o de calidad inferior para la venta, los pescadores de Las Marcas descubrieron una sopa de pescado espesa en la que los artículos de calidad inferior se utilizaban de un modo apetecible. Aquel sencillo plato podía prepararse directamente a bordo con un poco de agua de mar, vinagre y aceite de oliva. Con el tiempo el *brodetto* pasó a interesar a los hombres de tierra adentro que, recurriendo a las oportunas especias y escogiendo el mejor pescado, transformaron aquella sencilla comida de pescadores en una exquisitez. El *brodetto* varía según las estaciones y según las capturas y plantea un reto a cada cocinero, pues los ingredientes han de combinarse con imaginación y de acuerdo con la época del año. Prácticamente cada población de la costa dispone de su propia receta básica del *brodetto,* de la que los diferentes ciudadanos piensan que es la mejor de la región. Rescindiendo obviamente de las múltiples variantes,

pueden señalarse dos tendencias. Por un lado está el *brodetto all'anconitana,* cuyo origen se sitúa en Pesaro, Monte Conero y Ancona, en tanto que la segunda escuela está representada por el *brodetto portorecanatese,* que se prepara entre Porto Recanati y San Benedetto del Tronto, es decir, al sur de Las Marcas. El *brodetto all'anconitana* es el más original y tradicional. Los cocineros utilizan entre nueve y trece variedades de pescado y marisco para elaborarlo y lo sazonan con tomate, cebolla, perejil, ajo, vinagre y aceite.

Pero hay recetas que evitan expresamente el vinagre y en el mismo Ancona se sirve un brodetto puro y exquisito de lenguado. El *brodetto portorecanatese* es *giallo dorato* (amarillo dorado), pues lleva azafrán. A su vez el *brodetto* de Porto San Giorgio incluye guindillas, que lo convierten en una auténtica sopa de fuego para el paladar no habituado. Éstos no son más que unos pocos ejemplos. El intento de explicitar todas las recetas desbordaría inevitablemente los límites impuestos. Por lo demás, los *marchigiani* están tan orgullosos de su clásica sopa de pescado que para conservarla han fundado toda una asociación, la Accademia del Brodetto.

Las cañadillas son otra especialidad exclusiva de esta región. Se trata de crustáceos existentes fundamentalmente en la zona de Ancona. En Marotta se llaman *garagoj* y dialectalmente reciben el nombre de *murici.* Estos gasterópodos eran conocidos en la Antigüedad y no solo por sus valores gastronómicos. Segregan una sustancia que los antiguos utilizaban para teñir y que constituía la base de la industria de la púrpura. Actualmente las cañadillas son únicamente un excelente marisco que la mayoría de los restaurantes prepara con tocino. En Marotta se celebra cada año una fiesta de la cañadilla.

BRODETTO ALL'ANCONITANA
Brodetto a la manera de Ancona
(fotografía derecha)

Para 6 personas

1,5 KG DE DIVERSOS PESCADOS Y MARISCOS LISTOS PARA COCINAR
3–5 CUCHARADAS DE ACEITE DE OLIVA VIRGEN EXTRA
HARINA DE TRIGO
3 DIENTES DE AJO
1 CEBOLLA PICADA
2 HOJAS DE LAUREL
1 TROZO DE GUINDILLA EN VINAGRE
500 G DE TOMATE
1 CUCHARADA DE PEREJIL PICADO
SAL Y PIMIENTA NEGRA RECIÉN MOLIDA
2 CUCHARADAS DE VINAGRE DE VINO
6 REBANADAS DE PAN BLANCO

Ponga en la sartén los crustáceos con 2 cucharadas de aceite de oliva y rehóguelos hasta que se abran. Desprenda la carne de los caparazones y resérvela. Limpie el pescado, córtelo en trozos pequeños y enharínelo. Caliente en una cazuela el resto del aceite de oliva y agregue los dientes de ajo pelados, la cebolla picada, las hojas de laurel y la guindilla. Rehogue 10 minutos, y retire los ajos. Pele los tomates, córtelos en dados e incorpórelos a la cazuela con el perejil. Sazone con sal y pimienta y deje hervir 20 minutos. Pase la salsa por un colador, viértala en la cazuela y agregue los trozos de pescado. Tape la cazuela y hierva 15 minutos hasta que el pescado esté cocido. Incorpore los crustáceos y el vinagre y deje hervir otros 5 minutos. Ponga en cada taza sopera una rebanada de pan y llénela con la sopa de pescado.

CROCETTE ALLE ERBE
Cañadillas a las hierbas

2 KG DE CAÑADILLAS (CRUSTÁCEOS)
1 PUÑADO DE ENELDO
2 DIENTES DE AJO
1 RAMA DE ROMERO
1/2 VASO DE ACEITE DE OLIVA
SAL Y PIMIENTA
1/2 VASO DE VINO BLANCO SECO
1 CUCHARADA DE CONCENTRADO DE TOMATE

Lave las cañadillas y despréndalas de sus caparazones por los dos extremos. Pique finamente el eneldo, el ajo y el romero. Ponga el aceite de oliva en una olla y rehogue en él las plantas aromáticas picadas. Agregue las cañadillas, salpimiente e interrumpa el hervor con el vino. Cuando se haya evaporado, agregue el concentrado de tomate disuelto en un poco de agua y continúe la cocción a fuego lento. Sirva el plato caliente.

El puerto pesquero de San Benedetto del Tronto abastece los mercados del interior, como por ejemplo el de Ascoli Piceno.

CALAMARI RIPIENI IN TEGLIA
Calamares rellenos
(fotografía izquierda)

Para 6 personas

4 DIENTES DE AJO
1 RAMITO DE PEREJIL
UNAS HOJAS DE MENTA
300 G DE CARNE MAGRA DE TERNERA
2 CUCHARADAS DE PAN RALLADO
ACEITE DE OLIVA VIRGEN EXTRA
SAL Y PIMIENTA
800 G DE CALAMARES LISTOS PARA COCINAR
2 CUCHARADAS DE CONCETRADO DE TOMATE
ZUMO DE 1/2 LIMÓN

Caliente una olla de agua con sal, 3 dientes de ajo, la mitad
del perejil y las hojas de menta y cueza en ella la carne de
ternera durante 40 minutos más o menos. Pase la carne con
el pan rallado por la picadora, agregue un poco de aceite,
sazone con sal y pimienta. Lave los calamares, salpiméntelos,
rellénelos con la masa de la carne y ciérrelos con mondadientes o con bramante. Rehogue brevemente en una olla
grande un diente de ajo picado y el resto del perejil.
Agregue el concentrado de tomate, sazone con sal, pimienta
y zumo de limón. Introduzca en la olla los calamares rellenos, cubra con la salsa de tomate, tape y deje hervir a fuego
lento 15 minutos. Sirva el plato caliente.

BRODETTO DI SAN BENEDETTO DEL TRONTO
Brodetto a la manera de San Benedetto del Tronto

Para 8 personas

1,5 KG DE DIVERSOS PESCADOS Y MARISCOS LISTOS PARA
COCINAR (A SER POSIBLE CHIPIRONES, CALAMARES, CABRACHO,
RAPE, SALMONETE, LISA, PEZ DE SAN PEDRO, ALMEJAS,
MEJILLONES)
ACEITE DE OLIVA
1 CEBOLLA PICADA
1 TROCITO DE GUINDILLA
700 G DE TOMATES
UNA PIZCA DE SAL
CALDO DE PESCADO (PREPARADO CON CABEZAS Y ESPINAS
DE PESCADO Y CON VERDURAS)
1 VASO DE VINO BLANCO
8 REBANADAS TOSTADAS DE PAN RÚSTICO

Limpie el pescado y el marisco. Caliente en una olla aceite
de oliva y rehogue ligeramente la cebolla. Agregue la guindilla, los tomates, la sal, el caldo de pescado, los chipirones
y los calamares y hierva 15 minutos.
En otra olla coloque en capas primero el cabracho, después el rape y sucesivamente los salmonetes, la lisa y el pez
de san Pedro. Vierta sobre cada capa caldo de marisco con
guarnición. Incorpore las almejas y los mejillones, tape
la olla y deje hervir unos 25 minutos. Sirva sobre las rebanadas tostadas.

Izquierda: *brodetto all'anconitana*, *brodetto* a la manera
de Ancona (primer plano) y *calamari ripieni*, calamares
rellenos (fondo).

LOS PLATOS FAVORITOS DE BEATRIZ

Beatriz Sforza (1475–1497), hija de la familia de Este, duquesa de Urbino y esposa del duque Ludovico Sforza el Moro, además de apoyar a artistas como Bramante o Leonardo da Vinci y de interesarse por la construcción del castillo de Milán y de la cartuja de Pavía, fue muy aficionada a los placeres culinarios. Tenía incluso fama de ser una buena cocinera. Ahora bien, los platos que hoy llevan su nombre no tienen su origen necesariamente en la imaginación ni en las habilidades culinarias de la duquesa, sino que fueron creados por diversos cocineros teniendo en cuenta sus gustos. Así, por ejemplo, el "plato de guarnición *alla Beatrice*" a ella dedicado fue concebido por un cocinero francés que acompañaba el asado con una composición de morillas, zanahorias glaseadas, corazones de alcachofa y patatas nuevas.

La *lumachelle all'urbinate,* o sopa de pastas enriquecida con higadillos de pollo, se conoce también con el

Giovanni Ambrogio di Predis (1455–1508), *Retrato de Beatriz de Este,* segunda mitad del siglo XV, Pinacoteca Ambrosiana, Milán.

nombre de *piatto alla Beatrice Sforza Duchessa d'Urbino* y se remonta probablemente al periodo de esplendor del ducado de Urbino. De todos modos también se cree que no debe su nombre precisamente a Beatriz, sino al hecho de que sólo los ricos y poderosos podían permitirse aquella especialidad.

LUMACHELLE ALL'URBINATE
Sopa de verduras con pasta
(fotografía inferior)

2 ZANAHORIAS DE TAMAÑO MEDIANO
1/4 DE COL BLANCA
2 SALCHICHAS
2 HIGADILLOS DE POLLO
60 G DE MANTEQUILLA
300 G DE TOMATES PELADOS Y CORTADOS EN DADOS
1 L DE CALDO DE CARNE
SAL Y PIMIENTA
300 G DE LUMACHELLE
100 G DE PARMESANO RALLADO

Corte las zanahorias en dados pequeños y la col blanca en tiras. Quite la piel a las salchichas y redúzcalas a trocitos no muy pequeños, pique los higadillos de pollo. Rehogue todo junto en mantequilla, agregue los dados de tomate y hierva a fuego lento hasta que la salsa se espese. Incorpore el caldo de carne y sazone con sal y pimienta.
Introduzca en la salsa las *lumachelle* y cuézalas *al dente.* Antes de servir, esparza por encima parmesano rallado.

URBINO

Tras alcanzar la condición de ducado a mediados del siglo XV, Urbino se convirtió rápidamente en el centro de un estado dinámico y floreciente. Pero a diferencia de lo que sucedía en las cortes principescas de Toscana o de Emilia-Romaña, es probable que en el Palazzo Ducale, una de las obras arquitectónicas mas hermosas del Renacimiento italiano, sólo esporádicamente se celebrasen suntuosos banquetes. Consecuentemente fue muy limitada la influencia ducal en las tradiciones culinarias de la región, y fueron muy pocos los platos dedicados a la corte. En siglos posteriores los *marchigiani* dieron muestras constantes de ser poco influenciables; la opulencia del siglo XVIII pasó por ellos sin dejar huellas visibles.

No obstante, existe una especialidad que cuenta con una historia "señorial". Antiguamente el *vincisgrassi*, un suntuoso suflé de pasta relleno de carne adobada, similar a la lasaña, estaba reservado a los nobles ricos. Entonces el plato se llamaba *princisgrassi,* en alusión a la obesidad de quienes podían permitirse aquel suflé tan caro. Cuando las tropas austríacas ocuparon Las Marcas en 1849, su general en jefe, el conde Windischgraetz, quedó tan entusiasmado con el *princisgrassi* que los *marchegiani,* que, como es natural, se sintieron muy honrados, lo rebautizaron con el nombre de "Windischgraetz". Ahora bien, como en realidad nadie era capaz de pronunciarlo correctamente, el nombre del príncipe terminó convirtiéndose por distorsión en *vincisgrassi.*

VINCISGRASSI
Lasaña con salsa de carne

Para 6 personas

Para la salsa:
3–4 CUCHARADAS DE ACEITE DE OLIVA
50 G DE MANTEQUILLA
I CEBOLLA PICADA
350 G DE CARNE PICADA DE VACA
100 G DE JAMÓN CRUDO O TOCINO PICADOS FINOS
4 CUCHARADAS DE VINO BLANCO
4 TOMATES PELADOS Y TROCEADOS
NUEZ MOSCADA RALLADA
SAL Y PIMIENTA NEGRA RECIÉN MOLIDA
350 G DE LECHECILLAS DE TERNERA PUESTAS EN REMOJO 2 HORAS

Para la pasta:
400 G DE HARINA DE TRIGO
UNA PIZCA DE SAL
150 G DE SÉMOLA
4 HUEVOS
50 G DE MANTECA DE CERDO
3–4 CUCHARADAS DE VINO BLANCO

MANTEQUILLA
100 G DE PARMESANO RALLADO
75 G DE MOZZARELLA

Para la salsa, caliente aceite y mantequilla en una sartén y rehogue la cebolla picada hasta que esté tierna y transparente. Agregue la carne picada y el jamón muy picado y sofría 10 minutos a fuego lento. Vierta el vino, agregue los tomates, sazone con nuez moscada, sal y pimienta y hierva a fuego lento durante 1 hora. Cueza 10 minutos en agua las lechecillas de ternera, desprenda la piel exterior y corte las lechecillas en dados pequeños. Incorpórelas a la salsa de la carne y deje hervir 5 minutos.

Las nupcias de Federigo da Montefeltro y Battista Sforza, que tuvieron lugar en 1460, fueron probablemente la ocasión determinante de la construcción del Palazzo Ducale de Urbino.

Para la pasta, tamice la harina sobre una superficie de trabajo, esparza por encima sal y la sémola y haga un hueco en el centro. Introduzca en él los huevos, la manteca de cerdo y el vino y amase hasta lograr una masa moldeable. Forme una bola, envuélvala en un paño húmedo y déjela en reposo 30 minutos. Estire finamente la masa y córtela en tiras anchas de unos 10 cm de longitud. Cueza la lasaña *al dente* en abundante agua con sal y deje que se escurra bien.

Unte con mantequilla un molde refractario, extienda en el fondo una capa de lasaña. Vierta encima un poco de salsa de carne, espolvoree con parmesano rallado y cubra con unas lonchas de mozzarella. A continuación extienda encima una nueva capa de lasaña. Repita el proceso hasta agotar todos los ingredientes. La última capa será de queso. Derrita 50 g de mantequilla y viértala encima. Termine de cocer la lasaña durante 40 minutos en el horno precalentado a 200°C.

POLLO IN POTACCHIO
Pollo asado con cebolla y guindilla

3–4 CUCHARADAS DE ACEITE DE OLIVA
I CEBOLLA PEQUEÑA CORTADA EN AROS
2 DIENTES DE AJO APLASTADOS
I POLLO LISTO PARA ASAR
I GUINDILLA PEQUEÑA
SAL Y PIMIENTA NEGRA RECIÉN MOLIDA
I CUCHARADA DE CONCENTRADO DE TOMATE
I VASO DE VINO BLANCO SECO
UNAS RAMAS DE ROMERO
6–8 CUCHARADAS DE CALDO DE POLLO

Caliente el aceite en una cazuela, rehogue durante 15 minutos la cebolla cortada en aros y los dientes de ajo aplastados. Trocee el pollo y agréguelo. Añada la guindilla muy picada, sazone con sal y pimienta y dore el pollo por todas partes a fuego medio.

Proyectado por Luciano da Laurana, es, con su soberbia fachada y su espléndida decoración interior, uno de los palacios más importantes de Italia desde el punto de vista del arte.

Mezcle el concetrado de tomate con agua caliente e incorpore la mezcla al pollo junto con el vino. Reduzca la temperatura, tape y deje cocerse el pollo durante 30 minutos. Pique una rama de romero en trozos muy pequeños y espárzalos sobre los trozos de pollo. Cueza el pollo otros 30 minutos hasta que esté completamente hecho. Vierta de vez en cuando un poco de caldo. Decore con las restantes ramas de romero y sirva.

PASSATELLI ALL'URBINATE
Pasta con espinacas y carne

200 G DE ESPINACAS
300 G DE SOLOMILLO DE TERNERA
30 G DE TUÉTANO DE VACA
30 G DE MANTEQUILLA
80 G DE PAN RALLADO
4 HUEVOS
NUEZ MOSCADA RALLADA
SAL
100 G DE PARMESANO RALLADO
1,5 L DE CALDO

Lave las espinacas, córtelas en trozos pequeños y, sin añadir agua, cuézalas hasta que estén tiernas. Corte en trozos pequeños el solomillo de ternera, pase varias veces por la picadora y reduzca a una crema en el mortero junto a las espinacas, el tuétano de vaca y la mantequilla. Ponga esta masa en una fuente. A continuación agregue el pan rallado, los huevos, una pizca de nuez moscada, sal y la mitad del parmesano rallado y mezcle todo a fondo. La masa de la carne deberá ser suficientemente consistente. Forme con ella tiras de pasta gruesas y cortas *(passatelli)* y cuézalas en el caldo hasta que afloren a la superficie.

Sirva en una sopera con el caldo y esparza por encima el resto del parmesano rallado.

GIOACCHINO ROSSINI

Gioacchino Rossini escribió su última gran ópera, *Guillermo Tell,* en 1829. Entonces, a sus 37 años, el compositor y maestro de la *opera buffa* italiana, que se encontraba en la cumbre de su fama, decidió retirarse para poder disponer, a lo largo de los 39 años siguientes, del tiempo y de la tranquilidad que necesitaba para su afición favorita: la *buona tavola.* Cuando murió en París en 1868, dejó algunas recetas de creación propia. Por otra parte, fueron muchos los cocineros que le dedicaron sus creaciones, por lo que actualmente hay más de 100 platos *alla Rossini.*
Rossini nació el 29 de febrero de 1792 en Pesaro, ciudad con puerto situada al norte de Las Marcas, pero su profesión lo llevó a vivir en París la mayor

parte de su vida. Allí confeccionaba sus menús no solo con exquisiteces francesas, sino incluyendo en ellos especialidades italianas que se hacía traer regularmente desde su patria. Tenía una especial debilidad por el *marsala,* aunque también recibía envíos de arroz adecuado para el *risotto,* de trufas y de tomates secados al sol, que el maestro combinaba personalmente con las especialidades locales disponibles.
Los *maccheroni siringati* (macarrones inyectados) son una receta original del compositor. Deben su nombre a la laboriosa manera de prepararlos, que prevé introducir con una jeringa de plata en las pastas huecas cocidas un relleno de *foie gras,* crema de jamón de York y trufas. Los actuales *maccheroni alla pesarese* constituyen una variante ligeramente modernizada de esta receta.
Existen innumerables anécdotas centradas en el sibarita Rossini. Así, por ejemplo, en una carta dirigida a la soprano Maria Colbran tras el brillante estreno de *El barbero de Sevilla,* no se extiende sobre el éxito de

Superior: notas manuscritas de *El barbero de Sevilla,* de Gioacchino Rossini. Esta *opera buffa* se estrenó en Roma el año 1816.

su *opera buffa,* sino que habla de una nueva receta de trufas: "Se toma aceite de Provenza, mostaza inglesa, vinagre francés, una pequeña cantidad de zumo de limón, pimienta y sal, se mezcla todo bien y se añaden unas trufas cortadas en trocitos cuyo aroma provoca el éxtasis del *gourmet".* Parece que la receta fue del agrado de la Colbran, que terminó casándose con Rossini. A su vez el secretario apostólico, un cardenal a quien acababa de conocer el compositor, no se privó de bendecir la voluptuosa receta.

Cannelloni alla pesarese

Canelones a la manera de Pesaro

150 G DE JAMÓN COCIDO NO EXCESIVAMENTE MAGRO

1 CEBOLLA PEQUEÑA

100 G DE CARNE MAGRA DE TERNERA

100 G DE MANTEQUILLA

1 TAZA DE CALDO DE CARNE

SAL Y PIMIENTA RECIÉN MOLIDA

100 G DE HIGADILLOS DE POLLO

1 TRUFA NEGRA

1 TAZA DE NATA FRESCA

300 G DE CANELONES

100 G DE PARMESANO RALLADO

Pique finamente el jamón, la cebolla y la carne de ternera
y rehogue a fuego lento unos minutos en 40 g de mantequilla. Interrumpa el hervor con el caldo de carne, salpimiente
y deje hervir unos 30 minutos a fuego lento.
Pase por un colador los higadillos de pollo y la trufa picada
fina, remueva con una cuchara de madera y sazone con sal
y pimienta. Incorpore poco a poco dos terceras partes de la
nata. El relleno deberá ser moldeable, pero no estará excesivamente blando.
Cueza a medias los canelones en agua con sal. Interrumpa
la cocción con agua fría, deje que se escurran y extiéndalos
sobre un paño para que se sequen.

La ciudad portuaria de Pesaro, lugar natal del compositor
Gioacchino Rossini, se encuentra al norte de Las Marcas.

Unte con mantequilla el fondo de un molde refractario y
amplio. Introduzca el relleno en una manga pastelera y
rellene con ella los canelones.
Ponga en el molde la mitad de los canelones. Cubra con
una pequeña cantidad de la salsa de ternera y de cebolla
y esparza parmesano por encima. Superponga una segunda
capa, recubra con lo que quede de la salsa y extienda el
resto del parmesano. Vierta la nata no utilizada y distribuya
la mantequilla restante en copos.
Gratine entre 15 y 20 minutos en el horno precalentado
a 200°C hasta que se dore y resulte crujiente.

Filetto alla Rossini

Filete Rossini
(fotografía inferior)

2 CUCHARADAS DE ACEITE DE OLIVA VIRGEN EXTRA

40 G DE MANTEQUILLA

4 FILETES DE SOLOMILLO DE VACA

1 CUCHARADA DE HARINA DE TRIGO

1/2 VASO DE MARSALA

SAL Y PIMIENTA

4 LONCHAS DE QUESO GRUYÈRE

4 LONCHAS DE JAMÓN CRUDO

1/2 TAZA DE SALSA BESAMEL

4 REBANADAS DE PAN BLANCO

TRUFA BLANCA

Caliente aceite de oliva y mantequilla en una sartén de
fondo pesado y sofría los filetes de vaca. Cuando la carne
se dore, espolvoree con harina, después vierta el *marsala* y
deje que vaya reduciéndose. Salpimiente por los dos lados.
Ase la carne a fuego lento hasta que absorba el líquido.
Retírela y póngala en un molde refractario. Coloque
encima las lonchas de queso y de jamón, riegue con la salsa
besamel y gratine unos minutos en el horno precalentado a
200°C. Disponga los filetes sobre rebanadas de pan blanco
tostadas untadas con mantequilla y ralle encima láminas
finísimas de trufa.

Vincenzo Camuccini (1773–1844), *El compositor
Gioacchino Rossini,* primera mitad del siglo XIX, Museo
Teatrale alla Scala, Milán.

QUESOS

Como en todo el centro y sur de Italia, también en Las Marcas se elabora el *pecorino* o queso de oveja, que aquí sirve no solo para comer, sino también para jugar. Actualmente el *gioco della ruzzola* se practica en unos pocos municipios y en lugar de un pecorino se utiliza un queso de madera. Inicialmente se trataba de hacer rodar por las calles un pecorino grande bien curado. Generalmente se enfrentaban entre sí equipos de pueblos vecinos. Cada lanzador de quesos disponía de tres intentos. Vencía el equipo cuyo *pecorino* recorría mayor distancia. Este concurso deportivo evoca la leyenda del "puente del diablo de Tolentino".

Tras haberse quedado los vecinos de Tolentino una vez más sin su puente, que sencillamente no podía sustentarse en el inconsistente suelo del cauce del río, el arquitecto, un tal Mastro Bentivegna, hizo desesperado un pacto con el diablo a quien, como contrapartida por la construcción de un puente estable, prometió

Inferior: el quesero Antonio Budano tiene su tienda en el puerto de Ancona. Es famosa por sus especialidades y representa una verdadera mina para los aficionados al queso. Antonio Budano es uno de los pocos comerciantes que se preocupan de conservar y de comercializar quesos regionales que apenas se elaboran en la actualidad.

el alma de quien primero lo cruzase. El diablo aceptó y construyó el puente en una sola noche. Cuando, acompañado de un perrito, San Nicolás se disponía a bendecir el puente nuevo, sacó de pronto un *pecorino* pequeño de su hábito y lo hizo rodar por el puente. El perro se lanzó alegremente tras el queso, por lo que fue el primero que cruzó el puente. El diablo se quedó con las ganas.

QUESOS

1 Casciotta d'Urbino
La primera referencia al *casciotta* aparece en 1545 en un comentario a los estatutos de los ducados de Urbino y de Solone di Campiello. Parece que al artista renacentista Miguel Ángel Buonarroti le agradaba tanto este queso suave y mantecoso que llegó incluso a adquirir fincas en la comarca. La *casciotta* se elabora con un 70% o un 80% de leche de oveja y tiene una pasta porosa, de color entre blanquecino y amarillo pálido. En la comarca de Castel Durante y de Urbino, donde tradicionalmente se fabrica mucha cerámica, el queso fresco se prensa en recipientes especiales de cerámica; en otras partes se utilizan moldes de madera de arce y de haya.

2 Ricotta
El ricotta no es un requesón, como tantas veces se dice, sino un queso de suero. Se elabora con leche de oveja o de vaca y, según su grado de curación, tiene un sabor suave o picante.

3 Cagiolo
Actualmente el *cagiolo* sólo se elabora en unas pocas queserías de la zona de Osimo. Ocupa una posición intermedia entre el queso duro y el consistente ricotta. En otros tiempos los niños lo comían directamente con la mano.

4 Slattato
El *slattato* se parece a la *crescenza* lombarda y al *squacquarone* de Romaña. Es un queso blando de leche sin desnatar y se conserva en salas oscuras y cálidas.

5 Pecorino in Fossa
Pecorino in fossa puede traducirse aproximadamente por *pecorino* en fosa. Primero se elabora en primavera un queso de oveja lo más graso posible, que se deja secar al aire hasta el verano. Las fosas se preparan a mediados de agosto. Sólo las poblaciones de Talamello y Sogiano disponen de la piedra toba idónea para la conservación del queso. Se cava un pozo profundo en el suelo, se queman las paredes del pozo con una antorcha y se cubre

ESPECIALIDADES DE EMBUTIDO Y DE JAMÓN

Ciauscolo

El *ciauscolo* se elabora con panceta y espaldilla de cerdo. La carne se completa con un 50% de grasa y se sazona con sal, pimienta, ajo, hinojo y cáscaras de naranja. Se pasa la masa por la picadora cuantas veces sean necesarias para lograr una pasta muy fina. Este embutido para freír se introduce en intestinos, se seca en cámaras con humo y finalmente se mantiene colgado unas tres semanas para que se seque.

Coppa

En la comarca de Ascoli Piceno la palabra *coppa* designa un embutido para cocer elaborado con carne de la cabeza, tocino, pimienta, nuez moscada y piel de naranja. A veces se añaden piñones o almendras. El embutido se introduce en intestinos gruesos y puede consumirse desde el día siguiente. La *coppa* no debe guardarse más de 30 días, pues pierde su aroma.

Salame lardellato

El *salame lardellato* es un embutido para freír elaborado con carne magra de espaldilla o de pierna de cerdo, tocino, sal, pimienta y granos de pimienta. Una vez introducido en los intestinos, el *salame lardellato* se seca durante día y medio, después se mantiene colgado tres o cuatro días en una habitación cálida con el fuego de la chimenea encendido, pasa después a una habitación fría y finalmente se cura durante dos meses en una habitación bien ventilada.

Prosciutto di Montefeltro

El *prosciutto di Montefeltro,* sabroso y con forma de pera, se elabora con la carne de cerdos negros criados en pleno campo. Antes de colgarlo en la cámara de ahumado, se lava con vinagre y se frota con pimienta molida.

EL JAMÓN

En Las Marcas cada vez se mima más la producción artesanal del jamón. Antes de que los técnicos en cuestiones alimentarias y de ahumado pudiesen facilitar sus sabios consejos, la gente echaba mano de los datos empíricos, por los que se sigue apostando parcialmente todavía hoy. Los campesinos de los alrededores de Porto Recanati, que ahúman en la chimenea los jamones destinados al consumo doméstico, están convencidos de que una luciérnaga en la casa significa un infortunio para el jamón y puede estropearlo.

El jamón y el *pecorino* se comercializaban ya en la Edad Media. El mercado anual de Pistia, en la zona fronteriza situada entre Las Marcas y Umbría, no solo era entonces una plaza comercial dinámica, sino que atraía a numerosos cantantes callejeros que deleitaban a los amantes con sus serenatas, supuestamente portadoras de buena suerte.

Salame de Montefeltro

El s*alame de Montefeltro* es un embutido picante de carne de pierna o de lomo de cerdos negros criados en pleno campo. Se elabora agregando una buena cantidad de pimienta molida y de granos de pimienta enteros.

Salame da Fabriano

El *salame da Fabriano* recorre las mismas etapas que el *salame lardellato,* con la única diferencia de que se elabora únicamente con pierna de cerdo sazonada con sal y pimienta.

Fegatino

El *fegatino* es un embutido de hígado. Como el *ciauscolo,* lleva panceta y espaldilla de cerdo, pero en lugar de grasa se le añade hígado.

Soppressata da Fabriano

La *soppressata da Fabriano* se elabora con carne magra mixta pasada varias veces por la picadora y sazonada con dados de tocino, sal y pimienta. Este embutido prensado se introduce en un intestino natural y se ahúma antes de curarla.

Mazzafegato da Fabriano

El *mazzafegato da Fabriano* es una mortadela de carne de cerdo grasa y magra a la que se añaden despojos (hígado y asadura). La masa, de grano fino, se sazona con sal y pimienta, se introduce en un intestino y se ahúma. El *mazzafegato* es un embutido típico de carnaval.

---

el suelo con paja. A continuación se introducen en la fosa los quesos envueltos en hojas de nogal y en sacos de algodón. Para que pueda iniciarse el proceso de curación, la fosa ha de estar herméticamente cerrada. Pasados tres meses el *pecorino in fossa* se "exhuma" como un tesoro.

6 Biagiotto o Pecorino nostrano

Queso blando, muy vendido en Las Marcas, parecido al *casciotta d'Urbino*. Según cuál sea la zona en que se produce, se conoce también con el nombre de *pecorino di Senigallia*. Se elabora con una mezcla de leche de vaca y de oveja o sólo con leche de oveja, como el de la fotografía de la página anterior. Alcanza su mejor sabor tras dos meses de curación.

7 Barzotto di Grotta

El *barzotto di grotta* es un queso blando de leche de oveja o de una mezcla de leche de vaca y de oveja. El complemento *di grotta* se debe a que este queso se cura en una gruta con ventilación mecánica.

8 Pecorino tartufato

La pasta de este queso blando, de dos o tres meses de curación, incorpora trufas negras y blancas molidas.

9 Ricotta secca

Para que pueda curarse, este queso de suero de oveja o de vaca se sala intensamente. Después se deja escurrir y secar. Se endurece a los cuatro o cinco meses. O bien se desmenuza sobre las ensaladas frescas de verano o bien se ralla, acentuando su dureza y por tanto su carácter picante, sobre un plato caliente de pasta.

10 Pecorino alle Vinacce

Tras haber pasado en una gruta entre siete y ocho meses curándose, este queso de oveja permanecerá otros tres meses en un lecho de orujo seco dentro de cubas de vino tinto fuera de servicio. La temperatura sube y el queso inicia una nueva fermentación. Al final presentará una corteza morada y un aroma penetrante con ligero sabor a mosto.

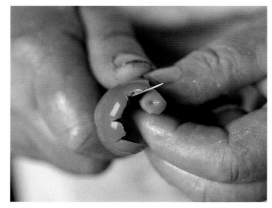

Se extrae el hueso de la aceituna utilizando un cuchillo puntiagudo y afilado. Para rellenar, las mejores son las variedades de
grano grande y de hueso pequeño, como la *tenera ascolana*.

Es muy importante que al extraer el hueso no sufra daño
alguno la carne de la aceituna, que habrá de formar siempre
un todo intacto.

El relleno se elabora con carne de vaca y de cerdo, concentrado de tomate, higadillos de pollo, huevos, parmesano y
pan rallado.

La fina masa, pasada por la picadora, se introduce con
cuidado en el espacio vacío. Finalmente la aceituna se
comprime para que recupere su forma.

LAS ACEITUNAS RELLENAS DE ASCOLI PICENO

Las aceitunas son la característica culinaria de Ascoli Piceno. El escritor romano Marcial ya señalaba que las aceitunas de Ascoli se servían al principio de un banquete para estimular el apetito y al final del mismo para "limpiar la boca". Estas aceitunas eran, según Plinio, las mejores de Italia y en su *Satiricón* Petronio hace hablar a Trimalción de un banquete en el que supuestamente se sirvieron como aperitivo a Nerón y a su séquito. En el siglo XVIII los imaginativos cocineros de la pequeña ciudad del sur de Las Marcas concibieron la idea de rellenar primero y freír después las aceitunas grandes. Acababa de nacer una exquisitez.

En realidad esta laboriosa especialidad sólo puede prepararse con aceitunas de la variedad Tenera ascolana, cultivada en los alrededores de Ascoli en una pequeña zona de 100 hectáreas de suelo calcáreo. La cosecha es relativamente modesta, pero como tiene una carne muy blanda y suave y un hueso realmente pequeño, la Tenera ascolana es la más indicada para rellenar. No obstante, con un poco de paciencia se puede intentar el relleno con variedades de hueso de mayor tamaño.

Tanto si están rellenas como si no lo están, antes de consumirlas, las aceitunas deben someterse a un proceso de fermentación controlada durante diez días; a continuación se maceran en salmuera (70 gramos de sal por litro de agua) enriquecida con hinojo. Sólo así mantienen su sabor tierno y delicado y al mismo tiempo pueden conservarse durante mucho tiempo.

Izquierda: en la Villa Cicchi de la Azienda Agraria Conca d'Oro, en Ascoli Piceno, las aceitunas rellenas se sirven absolutamente frescas y calientes, pues así despliegan todo su sabor.

Inferior: las aceitunas deben freírse en abundante aceite de oliva caliente. A continuación se dejan escurrir sobre papel de cocina.

OLIVE ALL'ASCOLANA
Aceitunas rellenas
(fotografías superior e inferior)

Para 6 personas

PAN RALLADO
1 TAZA DE CALDO
100 G DE TOCINO PICADO FINO
2 CUCHARADAS DE ACEITE DE OLIVA
100 G DE CARNE DE CERDO
150 G DE CARNE DE VACA
1 CUCHARADA DE CONCENTRADO DE TOMATE
50 G DE HIGADILLOS DE POLLO
1 HUEVO
50 G DE PARMESANO RALLADO
CANELA
NUEZ MOSCADA RALLADA
SAL Y PIMIENTA
UNAS 50 ACEITUNAS VERDES GRANDES EN SALMUERA
2 CUCHARADAS DE HARINA DE TRIGO
2 HUEVOS
ACEITE PARA FREÍR

Ponga en remojo en el caldo 3 cucharadas de pan rallado. Sofría el tocino en aceite de oliva, agregue la carne de cerdo y de vaca y sofríala conjuntamente. Diluya el concentrado de tomate en agua templada y añádalo a la carne. Cuando la carne esté cocida, agregue los higadillos de pollo y ase cinco minutos más. A continuación pase todo por la picadora. Incorpore a la carne el huevo, el parmesano y el pan rallado remojado y mezcle todo a fondo. Sazone con canela, nuez moscada, sal y pimienta. Quite el hueso a las aceitunas y rellénelas con la mezcla. Páselas por la harina, el huevo batido y el pan rallado y fríalas bien. Escúrralas sobre papel de cocina y sírvalas calientes.

DULCES

Al igual que hacen sus vecinos de Umbría, los *marchigiani* elaboran unos pasteles dulces muy sustanciosos, como por ejemplo el *bostrengo,* que es un consistente pastel de arroz que incluye, además, uvas pasas, higos secos, cacao en polvo, harina de maíz, ron, café, azúcar o miel y fruta fresca.

El *ciambellone,* por el contrario, es un roscón que forma parte del repertorio de postres en muchas partes de Italia, siempre con variantes regionales.

CIAMBELLONE
Roscón

5 HUEVOS BATIDOS
400 G DE AZÚCAR
200 G DE MANTEQUILLA DERRETIDA AL BAÑO MARÍA
I VASO DE LECHE
I KG DE HARINA DE TRIGO
UN SOBRE DE LEVADURA QUÍMICA
I VASITO DE MISTRÀ
UN PIZCA DE NATRÓN
50 G DE UVAS PASAS
ZUMO Y RALLADURA DE 2 LIMONES
MANTEQUILLA Y HARINA PARA UNTAR EL MOLDE
2 CLARAS DE HUEVO
AZÚCAR
ZUMO DE I/2 LIMÓN
CONFITES DE DIVERSOS COLORES Y PERLAS PLATEADAS

Mezcle revolviendo los huevos, el azúcar, la mantequilla y la leche. Mezcle la harina con la levadura química e incorpore la mezcla poco a poco sin dejar de remover. Entremezcle sucesivamente el *mistrà,* el natrón, las uvas pasas, la ralladura de limón y el zumo de limón. Actúe rápidamente, pues la masa no debe agitarse demasiado tiempo.

Unte con mantequilla un molde de corona y espolvoree con harina. Introduzca la masa y hornee 1 hora en el horno precalentado a 170°C.

Una vez frío el roscón, aplíquele un baño de claras batidas, azúcar y zumo de limón y decórelo con confites y perlas.

BOSTRENGO
Pastel dulce de arroz
(fotografía derecha)

500 G DE ARROZ
I L DE LECHE
300 G DE AZÚCAR O MIEL
3 HUEVOS
RALLADURA DE I NARANJA Y RALLADURA DE I LIMÓN
300 G DE PAN RALLADO
200 G DE UVAS PASAS
3 VASITOS DE RON
6 TAZAS DE CAFÉ EXPRÉS
150 G DE HIGOS SECOS PICADOS FINOS
150 G DE HARINA DE MAÍZ
80 G DE CACAO EN POLVO
2 CUCHARADAS DE ACEITE DE OLIVA VIRGEN EXTRA
I KG DE MANZANAS Y PERAS CORTADAS EN DADOS O
EN LÁMINAS
AZÚCAR GLAS

Cueza *al dente* el arroz en agua con sal o en leche. Ponga todos los ingredientes, exceptuado el azúcar glas, en una olla grande y cueza unos minutos sin dejar de remover. Incorpore a continuación el arroz cocido. Si está demasiado seco, agregue un poco de leche templada. Pase la masa a un molde desmontable grande untado con grasa y hornee durante 1 hora en el horno precalentado a baja temperatura. Antes de servir, espolvoree el pastel con el azúcar glas.

ANISADOS Y ANISETES

Los antiguos egipcios y babilonios conocían el anís. Médicos como Hipócrates, Celso y Galeno atribuían eficacia terapéutica a esta aromática umbelífera. Plinio decía que el anís favorece la digestión y en el mundo árabe se utilizaba el zumo de anís para combatir las dolencias reumáticas. El mismo Carlomagno era un adicto confeso al anís y lo cultivaba en sus huertos. El anís se propagó por la península italiana a partir del momento en que los árabes lo introdujeron en Sicilia. Como sucedió con tantas otras bebidas espiritosas, los primeros anisetes o licores de anís se elaboraron en los monasterios. El *anice* se puso realmente de moda en el siglo XIX.

Actualmente existe en Italia un gran número de licores de anís, que tienen una enorme aceptación sobre todo en el centro y en el sur de Italia. El *anicione,* el *sassolino,* la *sambuca,* el anís italiano más conocido, la *anisetta* y el *mistrà* disfrutan aquí de la misma consideración que la *grappa* en el norte de Italia.

El licor de anís se obtiene por destilación de los frutos de la planta de anís verde y de otros ingredientes aromáticos. Es claro, de color blanco lechoso o amarillo pálido y tiene una gradación alcohólica, nada desdeñable, comprendida entre el 40% y el 60%, exceptuados los casos en que se llega al 80% vol. Se toma diluido en agua o puro, con hielo o a la temperatura ambiente. Por otra parte el licor de anís es tradicionalmente un *ammazza-caffè,* es decir, un "matacafé", que o bien se vierte en el café exprés o se toma tras un café corto para eliminar el regusto amargo. Un helado con licor de anís es sencillamente irresistible.

1 El *sassolino* procede en realidad de Emilia-Romaña, concretamente de Sassuolo, cerca de Módena, pero también es muy apreciado en Las Marcas.
2 La *anisetta* es un licor aromatizado de anís estrellado, anís verde, hinojo, sasafrás y corteza de limón y de naranja. Según los productores, su gradación alcohólica oscila entre el 40% vol y el 80% vol.
3 La *sambuca* debe su inconfundible sabor al aceite etéreo del eneldo, al anetol, al anís estrellado y a una infusión de hojas de saúco. Existen dos variantes: la *sambuca bianca,* aromatizada con café, y la *sambuca nera,* que incluye chocolate.
4 El *mistrà,* de la destilería Vernelli, viene elaborándose desde mediados del siglo XIX y es uno de los anisetes preferidos en Italia central. Su sabor, seco, deriva del tratamiento previo específico al que es sometido el anís verde. El *mistrà* es muy agradable en el café *(caffè corretto),* como licor *(liscio)* o, diluido en agua, como refresco lechoso.

PAN O SALCHICHÓN
DE HIGOS SECOS

Los higos son uno de los frutos más antiguos de la humanidad. Todavía hoy nos agrada verlos en nuestros platos de postre, los tomamos entre horas en nuestras excursiones campestres o, en nuestras vacaciones veraniegas, los cogemos maduros directamente del árbol –más o menos a escondidas– para deleitarnos con ellos cuando son totalmente frescos. Hay distintas variedades de higos.

En Las Marcas predominan las variedades de piel negra, verde y amarilla. La comarca de Recanati es especialmente famosa por sus *fichi cori* o higos acorazonados, verdes por fuera y rabiosamente rojos por dentro, de los que se dice que a principios del siglo XVIII merecieron el elogio personal del papa Inocencio XIII.

Teniendo en cuenta la gran aceptación de los higos, las laboriosas amas de casa se preocuparon desde muy pronto de poder disponer de ellos durante los meses de invierno. En Las Marcas todavía persiste la vieja costumbre de rociar los higos con harina antes de ponerlos en cuerdas o en varas y de secarlos al sol para asegurar su conservabilidad.

Con los higos secos se prepara una especialidad singular, concretamente los *panetti di fichi secchi,* también llamados *salame di fichi.* Los nombres se explican por la forma de pan o de salchichón de esta preparación. El poeta Giacomo Leopardi, que sufrió de inapetencia durante una parte de su vida, era un adicto a esta especialidad, originaria de la población de Monsampolo.

Para preparar *panetti di fichi secchi* se necesitan higos secos, a los que previamente se les ha retirado la piel para que tengan un sabor más dulce. A continuación se recubre con higos el fondo y los laterales de un molde rectangular u ovalado. Después, alternando con las capas de higos, se superponen capas de almendras tostadas, pistachos, confites de chocolate, cítricos confitados, vainilla y extracto de menta. La última capa será de higos. Tras apretar la masa con fuerza, se cierra el molde con una tapa perfectamente ajustada. El pan o salchichón de higos debe secarse durante algunos días. Después este postre, que evidentemente no es pobre en calorías, se desmolda y se conserva en papel de estaño. De este modo los *panetti di fichi secchi* se mantienen tiernos y blandos.

Emilia-Romaña

Rimini
Riccione
Cattolica

SAN MARINO
San Marino

Pesaro

Fano

Mar Adriático

25 km

Montefeltro

Foglia

Colli Pesaresi

Toscana

Urbino
Fossombrone

Urbania

1454 m
Monte dei Frati
Sansepolcro

Mondolfo
Senigallia

Falconara
Marittima

Chiaravalle

Ancona

Pergola

Barbara

Jesi

Esino

Osimo

Las
Marcas

Monte Catria
1701 m

Sassoferrato

Cupramontana

Castelfidardo

Citta
di Castello

Fabriano

Cingoli

Recanati
Loreto

Civitanova
Marche

Macerata

San Severino
Marche

Matelica
Gualdo
Tadino
Tolentino

Porto
San Giorgio

Nocera
Umbra
1571 m
Monte
Pennino

Camerino

Colli Maceratesi

Colli Pesaresi

Bianchello del Metauro

Verdicchio dei
Castelli di Jesi

Lacrima di Morro d'Alba

Rosso Piceno

Esino

Rosso Conero

Colli Maceratesi

Verdicchio di Matelica
Vernaccia di Matelica

Vernaccia di Serrapetrona

Falerio dei Colli Ascolani

Zonas vinícolas en
regiones limítrofes

Amandola
Monte
Sibilla
2176 m

Monti Sibillini

Falerio dei
Colli Ascolani

San Benedetto
del Trento

Ascoli
Piceno

Grottamare

Martinsicuro

Umbría.

Spoleto

Norcia

Monte Piselli
1676 m

Abruzos

Teramo

VINOS DEL ADRIÁTICO ENTRE EL NORTE Y EL SUR

Las Marcas constituyen algo así como la prolongación natural y meridional de Romaña o también, desde otra perspectiva, la continuación de los Abruzos por el norte. Con las regiones limítrofes, incluidas Umbría y Toscana, comparten toda una serie de características vinícolas, desde las mejores variedades de uva hasta los distintos tipos de suelo y el clima. A pocos kilómetros de distancia de las turísticas playas de Rímini, la región ha disfrutado durante mucho tiempo del privilegio de una salida del vino no compleja y lucrativa, circunstancia que, sin embargo, no favoreció necesariamente los intentos de una viticultura de calidad con mayores inversiones de trabajo y de capital.

El cultivo de la vid cubre buena parte de las colinas del interior de la larga costa adriática y, como es el caso del macizo de Ancona, llega directamente hasta el mar. La suave influencia que éste ejerce y que aquí se hace notar, contrasta de manera rotunda con los valles de los Apeni-

nos o de los Abruzos, que penetran profundamente en el interior y tienen un clima más frío lo cual deter-

mina la aparición de características vinícolas propias. Durante mucho tiempo el vino más conocido de Las Marcas fue el *verdicchio* blanco, comercializado desde los años cincuenta en las típicas botellas de ánfora. El hecho de que este tipo de botellas no constituyese una forma tradicional, sino un hallazgo de los especialistas milaneses en marketing, no perjudicó el éxito comercial. No obstante, en las últimas décadas el espectro de calidad de la región se ha desplazado claramente del vino blanco al vino tinto, elaborado sobre todo a partir de las variedades Montepulciano y Sangiovese, variedad esta última que da lugar en Toscana a algunos de los mejores y más famosos vinos tintos de Italia.

VINO TINTO DE ANCONA

El vino tinto más conocido de Las Marcas, y tal vez el mejor, es el *rosso conero.* Se elabora exclusivamente con uva Montepulciano, pero en algunos

Izquierda: en Las Marcas se producen, en 27.000 hectáreas de viñedos, alrededor de 360.000 hectolitros de vino anuales con D.O.C., como el *verdicchio,* blanco, o el *rosso* Conero, tinto.

vinos se incluye algo de Sangiovese. Procede de las costas de los alrededores de Ancona y en las últimas dos décadas se ha consolidado como un producto realmente interesante que además no resulta caro, característica que desgraciadamente ha perdido la mayoría

de sus afamados hermanos de las otras regiones de Italia.

Por el contrario su pareja, el *rosso piceno,* del sur de la región, es oficialmente una mezcla de uva Sangiovese y Montepulcia-

no, aunque según algunos viticultores y enólogos, la variedad Montepulciano no es más que una variante de la Sangiovese. Suele decirse que en los vinos en que se mezclan ambas variedades, la Sangiovese aporta finura y complejidad y la Montepulciano cuerpo y plenitud.

NUEVO ESTILO EN VERDICCHIO

Por lo que respecta a los vinos blancos de Las Marcas, únicamente tiene interés el *verdicchio* de las dos zonas con D.O.C. de Castelli di Jesi y Matelica. Hasta no hace todavía mucho tiempo, el *verdicchio* era un vino blanco marcadamente rústico y fuerte, que carecía en muchos casos de la elegancia, afrutamiento y frescor con los que poder convencer a los aficionados de Italia y de todo el mundo. Pero desde que los viticultores de Las Marcas evitaron que el mosto reposara sobre los hollejos pisados de la uva prensándolo directamente y desde que abandonaron el viejo procedimiento del *governo,* consistente en añadir uva seca al vino en su fase final para iniciar una nueva fermentación,

el *verdicchio* se ha convertido en un vino blanco agradable y afrutado, entre ligero y de fuerza media, excelente para acompañar un buen plato a base de pescado.

Por último, cabe señalar que hace ya varias décadas

que los viticultores más famosos de la región de Las Marcas dieron la espalda a su país de origen. Se trata de la familia Mondavi, que desde los años sesenta viene produciendo vino en el valle de Napa, California, y es una de las firmas más conocidas de la vinicultura mundial.

LAZIO
ROMA

oma y Lacio. Es difícil resumir en uno o dos
tecnicismos culinarios esta extensa región. Son demasiado
acusadas las diferencias de las tradiciones culinarias de
la Ciudad Eterna y de su entorno. Aquí la hospitalidad
clásica se cuida tanto como la cocina de los carniceros con
sus sabrosos despojos. Las refinadas especialidades judías
ocupan la misma posición que los sencillos platos de los
montes Sabinos.

Roma, capital de la cristiandad, siempre tuvo que atender
a muchos huéspedes. Las hosterías y tabernas servían a los
peregrinos y a los viajeros sustanciosos platos de pasta,
brécol, judías, roqueta y queso de oveja, invariablemente
acompañados por el recio vino de la tierra. La *bavette alla
carrettiera,* los *spaghetti alla puttanesca* y *alla carbonara* aparecen
todavía en las cartas de las viejas tabernas. De los grandes
mataderos existentes en el centro de la ciudad llegan
especialidades elaboradas con el llamado "quinto cuarto".
Oliendo el embriagador aroma de la *coda alla vaccinara* o
de los *rigatoni alla paiata* que se expande desde las cocinas,
nadie diría que se trata de las partes menos apreciadas
y generalmente más baratas del ganado vacuno o porcino.
Por su parte los platos refinados de la Roma actual derivan
de una tradición totalmente distinta. En el barrio judío hace
ya tiempo que no se cocina exclusivamente para la propia
comunidad y la *pizza ebraica d'erbe* o las endibias con sardinas
se preparan para los visitantes procedentes de otros barrios.
Roma es asimismo una ciudad de bares, cafés y restaurantes.
Se empieza tomando el *capuccino* de la mañana en el bar
de siempre. Los romanos salen a comer con su familia o
sus amigos siempre que pueden. El hecho de que en las
cocinas privadas romanas no se cocine tanto puede deberse
a causas históricas. Como consecuencia de la gran densidad
de población urbana y del riesgo de devastadores incendios,
no se permitía encender fuego para cocinar en las viviendas
de alquiler de la antigua Roma. Por tanto, hace más de
2.000 años el ciudadano romano medio siempre tomaba
en su casa comida fría, y, cada vez que tenía ganas de algo
caliente, acudía a una de las numerosas cocinas existentes.
En las mismas casas de las personas acomodadas, que disponían de sus propios hogares, la preparación de la comida
diaria y la organización de los suntuosos banquetes quedaban
en manos de especialistas específicamente contratados. Evidentemente los actuales proveedores de comidas y organiza-
dores de fiestas tienen sus antecedentes en la antigua Roma.

Doble página precedente: la cafetera es un elemento imprescindible en cualquier bar italiano.

Izquierda: viajando a Roma desde Terni por la autopista, en la zona fronteriza entre Umbría
y Lacio se contempla un espléndido paisaje, como el de Magliano Sabina de la fotografía.

LA COCINA DE LOS ANTIGUOS ROMANOS

Antes de que Roma fuese una potencia mundial, la cultura gastronómica de las gentes del Tíber era más bien modesta. El *puls,* que era una preparación de cereales similar a la actual polenta, se servía en forma de sémola espesa o de torta frita en aceite. Las verduras se presentaban muy cocidas, en papilla, condimentadas con cebolla y ajo. Los huevos, el queso, la carne de cerdo y el pollo constituían las cimas culinarias de las familias acomodadas. Aunque el *Imperium Romanum* no logró modificar las tendencias de la sociedad romana –durante el Imperio una tercera parte de los ciudadanos era tan pobre que los poderes públicos tenían que salvarla de la muerte por inanición–, en las mesas de los poderosos y de los advenedizos empezó a registrarse un cambio sorprendente. Las legiones romanas no se limitaban a conquistar nuevas provincias, sino que volvían de sus campañas con las especialidades locales y con cocineros capaces de prepararlas. En Sicilia, entonces colonia griega, los romanos, que eran más bien toscos, conocieron, por un lado, la refinada cocina mediterránea y, por otro, empezaron a imitar la moderna cultura griega de los banquetes, según la cual éstos estaban fundamentalmente en función del deleite espiritual, al que se llegaba a través de la conversación y de las representaciones artísticas. En Roma se puso de moda contar con un cocinero griego e invitar a los huéspedes a una comida bien preparada. El hecho de

que las reuniones terminasen casi siempre en una orgía era una consecuencia de la negativa romana a mezclar el vino con agua, como lo hacían los griegos para favorecer la digestión.

Grecia, Cartago y Egipto aportaron nuevos productos alimenticios y aseguraban, a costa siempre de la población local, el suministro de las ingentes cantidades de víveres que se consumían diariamente en Roma. El buen tono no tardó en exigir que los alimentos e ingredientes servidos en la mesa tuviesen una procedencia lo más lejana posible y que fuesen caros; así quedaba reflejada la riqueza del anfitrión. De Arabia se importaba la tortuga, el jamón procedía de Galia y el salmón tenía que ser del Rin. Los comerciantes y los transportistas se veían obligados a idear constantemente nuevos métodos para hacer llegar a la capital los productos tan frescos como fuera posible.

Cabe pensar en que la cocina "internacional" de Roma, que sacó un enorme partido de las artes culinarias incluso de las provincias más lejanas, era realmente sabrosa. Existía una conciencia muy marcada de los productos de alto valor cualitativo y sobre todo frescos. Los agrónomos romanos pudieron apuntarse en el contorno latino éxitos notables tanto en el cultivo de árboles frutales como en el de hortalizas y en los mercados había incluso ostras vivas perfectamente conservadas en frío. Un banquete empezaba casi obligadamente con un plato de huevos. Después se pasaba a la carne roja, a la caza o a la carne de ave con abundante guarnición de verdura, para terminar con un postre dulce o con fruta. La jornada culinaria de un romano medio era similar a los actuales hábitos mediterráneos. Desayunaba con pan blanco, que empapaba en vino, y al mediodía tomaba queso, cebollas, huevos y, tal vez, un poco de carne fría. Existía la posibilidad de acudir

El mosaico del suelo, en el que aparecen los restos de un banquete, reproduce el motivo del asaroto (del griego *asarotos oikos,* casa sin barrer). El mosaico procede del siglo I d.C. y se encuentra en el Museo Gregoriano Profano del Vaticano. En él consta como autor un tal Heráclito.

a una de las numerosas cocinas existentes, en las que podía adquirir platos calientes preparados. Por motivos de seguridad en las casas de alquiler no se podía encender fuego para cocinar, de modo que en el hogar se preparaban fundamentalmente platos fríos. La comida más importante del día tenía lugar por la noche; entonces la gente cenaba en casa de sus amigos o invitaba en su propia casa.

El único punto débil de la antigua cocina romana se encontraba en la mentalidad del prestigio. En muchos casos era el precio de los ingredientes lo que determinaba el menú, y no el problema de si las prohibitivas hortalizas en vinagre de Hispania combinaban realmente con el jengibre indio y con el ásaro ilírico. Los métodos complicados de elaboración tenían una gran aceptación, pues con ellos se podía impresionar a los invitados. La élite romana cedió cada vez más a la tentación de convertir la mesa en un escenario y la comida en un espectáculo. Los "platos ficticios" eran habituales. Disfrutaban del máximo prestigio los cocineros capaces de preparar una ternera que tuviese el sabor de una carpa y de servir un bacalao sin bacalao. Esta tendencia a los platos caros y suntuosos y a la gastronomía refinada –en total consonancia con el lema romano "que nadie descubra los ingredientes de esta comida"– se mantendría viva todavía algunos siglos en las mesas principescas y reales de Europa. Hubo que llegar al Renacimiento para que los cocineros innovadores acreditados propagasen la idea de que también podían ser extraordinarias las comidas menos caras y preparadas de un modo natural.

No obstante, la cocina romana tiene también sus protagonistas. En el siglo I de la era cristiana Marco Gavio Apicio dominaba los escenarios culinarios romanos. Apicio, un vividor, contemporáneo de los emperadores Augusto y Tiberio, era invariablemente el blanco de las burlas y de la sorna de los filósofos, que aconsejaban la moderación. Clemente de Alejandría, Plinio y Séneca criticaban el hecho de que la juventud de la época no se ejercitase en la retórica ni en el saber, sino que prefiriese haraganear en las cocinas de Apicio. Pero, por su parte, Apicio no se dejó impresionar por los ataques de carácter marcadamente ascético. Encontró un método para preparar un hígado de cerdo más sabroso ("cébense los animales con higos y zumo de fruta sin fermentar"), desarrolló diversas recetas de caracoles ("aliméntese los animales con leche") y recopiló sus conocimientos culinarios en un libro. Desgraciadamente no nos ha llegado ningún original del clásico latino de la cocina, pues en el transcurso de los siglos la obra de Apicio ha sido copiada, editada, completada y reelaborada repetidamente, con el inconveniente de que los editores monásticos no siempre brillaban por sus conocimientos técnicos. No obstante, "el Apicio" facilita una visión de lo que había en las mesas principal y auxiliar cuando los romanos se sentaban a comer. El ligero menú aquí propuesto responde plenamente a la línea de Apicio. Se atiene a la norma establecida para la sucesión de platos *ex ovo usque ad malum*, "del huevo a la manzana", entendiendo por manzana cualquier postre de fruta. El plato principal, la ensalada de pollo a la manera de Apicio, podría ser incluso una creación del maestro.

SALA CATTABIA APICIANA
Ensalada de pollo a la manera de Apicio

100 G DE LECHECILLAS DE TERNERA
VINAGRE
SAL
1 CUCHARADITA DE ZUMO DE LIMÓN
1 CUCHARADA DE MANTEQUILLA
PIMIENTA
200 G DE PECHUGA DE POLLO
1 CUCHARADA DE MANTEQUILLA PARA FREÍR
100 ML DE LECHE
¼ CUCHARADITA DE MIEL
4 REBANADAS DE PAN DE GRAHAM O DE PAN TOSTADO
DE HARINA INTEGRAL
100 G DE PECORINO EN TACOS
2 CUCHARADAS DE PIÑONES
1 PEPINO CORTADO EN RODAJAS FINAS
1 CEBOLLA PICADA

Para la salsa:

1 CUCHARADITA DE APIO PICADO FINO
1 CUCHARADITA DE TORONJIL PICADO FINO
1 CUCHARADITA DE MENTA PICADA FINA
1 CUCHARADITA DE CILANTRO PICADO FINO
½ CUCHARADITA DE RAÍZ DE JENGIBRE PICADA FINA
2 CUCHARADAS DE PASAS GORRONAS
2 CUCHARADAS DE MIEL LÍQUIDA
4 CUCHARADAS DE VINAGRE DE VINO
4 CUCHARADAS DE ACEITE DE CARDO

Mantenga en remojo las lechecillas en agua fría durante 2 horas y a continuación en 500 ml de agua con ½ cucharada de vinagre durante 1 hora. Retírelas, cuézalas 15 minutos sin llegar al punto de ebullición en 1 l de agua con 1 cucharada de sal y 1 cucharadita de zumo de limón. Deje que se enfríe en el líquido de la cocción, a continuación retire con cuidado la piel exterior. Corte las lechecillas

en trozos pequeños y páselas por mantequilla caliente. Sazone con pimienta.
Corte las pechugas de pollo en trozos pequeños y áselas bien en la mantequilla. Sazone con sal y pimienta. Mezcle todos los ingredientes para la salsa.
Sumerja el pan en una mezcla de leche y miel y ponga una rebanada en cada plato. Extienda por encima las lechecillas frías y la carne de pollo con los dados de *pecorino,* los piñones, las rodajas de pepino y la cebolla picada. Vierta encima la salsa y sirva.

PATINA DE PIRIS
Pátina de peras

1 KG DE PERAS
SAL Y PIMIENTA RECIÉN MOLIDA
COMINO RECIÉN MOLIDO
2 CUCHARADAS DE MIEL
2 CUCHARADAS DE ACEITE DE CARDO
3 HUEVOS BATIDOS
1 CUCHARADITA DE HARINA DE MAÍZ
3 CUCHARADAS DE MARSALA
1 CUCHARADA DE MANTECA

Pele las peras, quíteles las pepitas y cuézalas en un poco de agua 15 minutos como mínimo. Deje que se escurran y redúzcalas a puré con la batidora. Sazone con una pizca de sal, de pimienta y de comino y con miel. Incorpore el aceite y los huevos batidos.
Disuelva en *marsala* la harina de maíz y viértala. Agregue la crema de peras, mezcle de nuevo a fondo y pase todo a un molde para suflés untado con mantequilla.
Hornee 25 minutos en el horno precalentado a 180°C.

IN OVIS HAPALIS
Salsa para los huevos cocidos
(fotografía fondo)

50 G DE PIÑONES (EN REMOJO)
SAL Y PIMIENTA
1 CUCHARADITA DE LEVÍSTICA PICADA
FINA
¼ CUCHARADITA DE MIEL
4 HUEVOS
VINAGRE

Aplaste los piñones y mézclelos con una pizca de sal y de pimienta, con la levística y la miel. Caliente 1 l de agua con 1 cucharadita de sal y 2 cucharadas de vinagre. Casque los huevos y cuézalos 4 min. en agua hirviendo. Utilice en substitución huevos cocidos. Riegue con la salsa.

HOSPITALIDAD ROMANA

Roma es una ciudad hospitalaria. Peregrinos cristianos, hombres de negocios profanos, funcionarios de la Iglesia, representantes comerciales, turistas interesados por el arte, artistas, escritores, gentes que buscan la fortuna en todas sus formas: la Ciudad Eterna siempre ha estado desbordada por sus visitantes. Ya en la Antigüedad la vida desplegada en las siete colinas atraía a los curiosos de todas las provincias romanas. Cuando la cristiandad se convirtió en potencia mundial, Roma, el ombligo del mundo, fue la meta anhelada. El año 1300, cuando el papa Bonifacio VIII organizó una gigantesca fiesta jubilar, invadieron la ciudad alrededor de dos millones de peregrinos. Aquellas enormes masas de visitantes representaban un importante desafío tanto para la infraestructura romana como para la industria hotelera. ¿Dónde acomodar a tanta gente? ¿En qué paradas y patios se podría cambiar de caballos? ¿Por qué vías se accedería a la ciudad? ¿Qué comidas y bebidas podían ofrecerse a los huéspedes y dónde adquirir las cantidades de alimentos que se necesitaban? En los momentos iniciales del turismo los monasterios y los conventos se hicieron cargo del bienestar espiritual y corporal de los viajeros y prácticamente en todo el mundo cristiano el peregrino cansado o sorprendido por una tormenta podía contar con la ayuda de frailes y monjas. En Roma, sin embargo, el número de visitantes superaba con mucho la capacidad de los albergues religiosos. Las fondas y los hoteles privados proliferaron como

Representación histórica de peregrinos en una taberna. Miniatura del manuscrito *Tacuinum sanitatis,* Italia, finales del siglo XIV, Nationalbibliothek, Viena.

setas, pues el negocio era muy rentable. Florecieron las hosterías y las tabernas y entre 1500 y 1800 Roma fue la ciudad que contó con la gastronomía más exquisita y más económica.

A mediados del siglo XIX había más de 200 restaurantes, 200 cafés y alrededor de 100 fondas y pensiones. Evidentemente por aquellas fechas no podía hablarse de "hoteles" en el sentido actual. En las fondas las habitaciones individuales eran la excepción y los viajeros más pudientes pernoctaban en dormitorios abarrotados, en tanto que la servidumbre tenía que acostarse en los establos junto a los caballos. La cocina era asimismo muy sencilla. Con frecuencia cocinaba la esposa del propietario, que servía un sustancioso menú tradicional romano o latino con un cántaro de vino de mesa. Para asegurarse el suministro de bebidas con destino a los sedientos huéspedes, los cocheros se acercaban de noche a los *castelli* y a primeras horas de la mañana suministraban nuevas barricas de vino a los taberneros.

Para evitar las rivalidades entre los fondistas, diversas corporaciones de propietarios de locales y de hoteleros controlaban que se cumpliese la prohibición de enviar a los empleados a las puertas de la ciudad para captar a los peregrinos o viajantes que llegaban y dirigirlos a los respectivos establecimientos de su propiedad. Como los potenciales clientes eran mayoritariamente analfabetos, los empresarios tenían que hacer publicidad fijando paneles llamativos o cuadros atractivos en las puertas y paredes de sus alojamientos. Así había pensiones "del oso", "de las dos espadas", "de las dos torres" y estaba también la "Osteria del gallinaccio" o del gallo gigante (cerca de la actual Via del Tritone), famosa por sus pavos asados. Para indicar que en ellas se podía beber, se adornaban las hosterías y tabernas con hojas de parra o con ramas. Las hojas en cuestión se llamaban *frasche* y dieron nombre a la *frasca* o *fraschetta,* que es la genuina fonda romana. Sin embargo, actualmente estas encantadoras instituciones han tenido que adaptarse para no verse desplazadas por las cadenas de comida rápida. En efecto, a comienzos del tercer milenio de la era cristiana la lucha por el cliente de pago es tan cruda como en los viejos tiempos.

Abbacchio al forno con patate
Cordero lechal al horno con patatas

Para 6 personas

2 KG DE ESPALDILLA O DE PIERNA DE CORDERO
3 DIENTES DE AJO
2 RAMAS DE ROMERO
20 G DE MANTEQUILLA
700 G DE PATATAS CORTADAS EN DADOS
SAL Y PIMIENTA NEGRA RECIÉN MOLIDA
3-4 CUCHARADAS DE ACEITE DE OLIVA VIRGEN EXTRA

Lave la carne del cordero bajo el grifo, séquela con un paño y clave en ella los dientes de ajo divididos longitudinalmente por la mitad y las ramas de romero. Unte la carne con la mantequilla y póngala en una cazuela con las patatas troceadas. Salpimiente, rocíe con el aceite de oliva y ase durante 45 minutos a temperatura media en el horno precalentado.
Riegue el cordero varias veces con el jugo del asado.

Saltimbocca alla romana
Escalope de ternera a la romana
(fotografía inferior página anterior)

8 ESCALOPES PEQUEÑOS DE TERNERA
8 LONCHAS DE JAMÓN CRUDO
8-12 HOJAS DE SALVIA
50 G DE MANTEQUILLA
7 CUCHARADAS DE VINO BLANCO SECO O DE MARSALA
SAL Y PIMIENTA NEGRA RECIÉN MOLIDA

Ponga una loncha de jamón sobre cada escalope, coloque encima las hojas de salvia y sujete con mondadientes. Caliente mantequilla en una sartén grande y sofría ligeramente los escalopes por ambos lados. Vierta el vino, sazone con sal y pimienta y deje hervir 6-8 minutos hasta que la carne esté blanda.
Coloque los escalopes en una bandeja caliente, retire los mondadientes. Diluya el jugo del asado con 1 cucharada de agua y viértalo sobre la carne.

Coda alla vaccinara
Ragú de rabo de buey

Para 8 personas

2 KG DE RABO DE BUEY
SAL
1 TALLO DE PUERRO
2 TALLOS DE APIO
1 ZANAHORIA
1 HOJA DE LAUREL
1 RAMA DE TOMILLO
150 G DE JAMÓN CRUDO
1 CEBOLLA
1 RAMA DE MEJORANA
3 CUCHARADAS DE ACEITE DE OLIVA VIRGEN EXTRA
1 VASO DE VINO BLANCO SECO
1 KG DE TOMATE TAMIZADO
PIMIENTA
30 G DE CHOCOLATE AMARGO
CANELA EN POLVO
NUEZ MOSCADA
1 CUCHARADA DE UVAS PASAS
1 CUCHARADA DE PIÑONES

Corte el rabo de buey en trozos de unos 3 cm de longitud y escalde 10 minutos en agua con sal. Ponga los trozos de carne en una cazuela, cubra con agua fría, sazone con sal y lleve a ebullición. Agregue el puerro, un tallo de apio, la zanahoria, 1 hoja de laurel y la rama de tomillo y deje hervir unas 2½ horas.

La auténtica *osteria* está actualmente en vías de extinción; sólo subsisten unas pocas "tabernas", como ésta de Frascati.

La *osteria* actual suele ser un restaurante con bodega. En las antiguas tabernas tradicionales sólo se servían bebidas. Los clientes se llevaban consigo su propia comida, como por ejemplo pan, pizza o queso. Como contrapartida la *osteria* era un lugar ideal para pasar el rato entre amigos.

Pique el jamón, la cebolla y la mejorana y rehogue en aceite de oliva. Retire del caldo los trozos de rabo de buey, deje que se escurran bien y agréguelos al jamón. Vierta el vino blanco y ponga todo a hervir. Incorpore el tomate tamizado, salpimiente, mezcle todo a fondo y deje hervir 1 hora.
A continuación, retire de la cazuela un poco de salsa, mézclela, revolviendo, con el chocolate amargo rallado y ligue con la mezcla resultante la salsa que tiene en la cazuela.
Escalde en agua con sal el resto del apio, trocéelo y añádalo al rabo de buey. Sazone con una pizca de canela y de nuez moscada rallada. Agregue las uvas pasas y los piñones y retire la cazuela del fuego. Sirva el ragú de rabo de buey caliente con el apio.

Capitone marinato
Anguila marinada

1 KG DE ANGUILA
ACEITE PARA FREÍR
500 ML DE VINAGRE DE VINO TINTO
1 DIENTE DE AJO
1 HOJA DE LAUREL
UNOS GRANOS DE PIMIENTA NEGRA
SAL

Trocee la anguila y fríala con la piel en aceite caliente. Caliente en una cazuela el vinagre de vino tinto con el diente de ajo pelado y muy picado, la hoja de laurel y los granos de pimienta.
Pase los trozos fritos de anguila a una fuente de porcelana y vierta encima el jugo de la marinada caliente.
Deje en maceración la anguila durante algún tiempo, preferiblemente 2 semanas.

ANTIPASTI

Los italianos distinguen entre entrantes fríos y calientes. Antes de servir unos entrantes calientes –generalmente serán una especialidad de pasta–, se sirve algún que otro entrante frío. El intento de componer una lista completa de los *antipasti* fríos resulta tan problemático como la enumeración de todas las tapas españolas. La oferta es sencillamente demasiado extensa, tanto como la fantasía de los cocineros, de las amas de casa y de los propietarios de restaurantes, que tratan invariablemente de preparar con una tapa al cliente para la comida que se va a servir a continuación. Mientras en su casa la gente se contenta, tal vez, con un par de lonchas de jamón de Parma con un poco de pan blanco, en casi todos los restaurantes hay enormes vitrinas de cristal en las que el cliente puede prepararse su propio plato de entrantes según su gusto personal. En algunos locales es incluso el camarero el que se acerca a la mesa con un carrito en el que se presentan las pequeñas exquisiteces de un modo atractivo, de forma que el cliente sólo tiene que señalar las diversas especialidades.

Los *antipasti* fríos pueden clasificarse en siete grupos: *sott'aceto, sott'olio, sotto sale, a base di carne, a base di pesce, a base di formaggio* y *a base di pane.* En el grupo de los entrantes *sott'aceto* están las hortalizas puestas en vinagre, como las cebollas, los pepinillos, las aceitunas y los corazones de alcachofa. Un *antipasto sott'olio* consta generalmente de hortalizas puestas en aceite.

Sotto sale son los entrantes salados, como las aceitunas, los tomates secos u otro tipo de hortalizas crudas o cocidas puestas en sal. Los *antipasti a base di carne* constan de diversos productos de jamón, embutido o carne. En este caso se trata de unas rodajas de salchichón secado al aire, de mortadela fresca o de un exquisito jamón. Los *antipasti a base di pesce* son entrantes fríos preparados con una base de pescado. El más destacado representante de este grupo es, sin duda, la ensalada de marisco. Los *antipasti a base di formaggio* son poco frecuentes, pues en general el queso se sirve al final de la comida. No obstante, la mozzarella con aceite de oliva y el parmesano son unos entrantes exquisitos. Los *antipasti a base di pane* incluyen los entrantes elaborados con el pan como base.

Prosciutto di Parma (jamón de Parma)
El jamón de Parma se corta en lonchas finísimas, pues así despliega su sabor dulce y prácticamente se deshace en el paladar.

Cipollini sott'aceto (cebolletas)
Las cebollas pequeñas blancas se cuecen en agua y vinagre o se preparan agridulces con azúcar, harina, agua y vinagre y se sirven calientes o frías.

Olive sott'aceto (aceitunas en vinagre)
Puestas en vinagre, las aceitunas adquieren un sabor especial.

Olive ripiene (aceitunas rellenas)
Este *antipasto* consiste en aceitunas rellenas con almendras o pimientos y se sirve como *antipasti* en toda Italia.

Melanzane sott'olio (berenjenas)
Las berenjenas se ponen en sal durante algunas horas, se secan, se asan en la parrilla y finalmente se sazonan con guindilla, orégano, vinagre y mucho aceite de oliva.

Zucchini sott'olio (calabacines)
Los calabacines se fríen en aceite, después se sazonan con menta, con unas gotas de *aceto balsamico,* con sal y con pimienta y se sirven fríos.

Funghi misti sott'olio (setas mezcladas)
Se cuecen en vinagre blanco boletos comestibles, cantarelas y champiñones, después se introducen en tarros, se sazonan con plantas aromáticas como el ajo, el laurel y el clavo y se cubren con mucho aceite.

Prataioli ripieni (champiñones rellenos)
El relleno de los champiñones consiste en una mezcla de carne picada, queso de oveja o boquerones con pan rallado, ajo y perejil.

Peperoni sott'olio (pimientos)
Los pimientos primero se asan, después se pelan, se cortan en tiras y se sazonan con aceite, ajo y perejil.

Crostini di tartufi (*crostini* con trufas)
Las trufas se fríen brevemente en aceite con filetes de boquerones, ajo y zumo de limón.

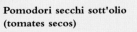

Pomodori secchi sott'olio (tomates secos)
Los tomates secos se sazonan con albahaca y se ponen en aceite. Existe la posibilidad de triturarlos y servirlos como paté sobre *crostini.*

Salame (salchichón)
Para este *antipasto* se recurre a las especialidades regionales de salchichón, como por ejemplo el *salame di Milano* o *el salame de Montefeltro.*

Mortadella (mortadela)
La mortadela procede de Bolonia y es el embutido fresco italiano más conocido. Tiene mucha aceptación en una *pizza bianca* caliente como "desayuno de albañiles".

Insalata frutti di mare (ensalada de marisco)
Esta ensalada incluye gambas cocidas, camarones, mejillones, calamares, sepia y trozos de aceituna.

Bottarga (huevas secas de atún)
Como entrante, en Cerdeña la *bottarga* se corta en rodajas finas y se sazona con aceite de oliva, zumo de limón, sal y pimienta.

Ostriche (ostras)
Las ostras se sirven en una bandeja con hielo pilé. Son el *antipasto* perfecto para una comida de pescado.

Cozze in marinata (mejillones marinados)
Se cuecen los mejillones en una salsa de vino, tomate, sal, pimienta, cebolla picada fina, ajo, laurel, tomillo y perejil y se sirven con sus valvas.

Mozzarella con olio d'oliva (mozzarella con aceite de oliva)
La auténtica mozzarella de búfala, sin más aditamentos, sólo con un par de gotas de aceite de oliva, es toda una experiencia gastronómica.

Parmigiano reggiano (parmesano)
El parmesano en tacos es un complemento de ensaladas tales como la *rughetta,* pero también armoniza perfectamente con un *carpaccio* o una *bresaola.* Solo, es muy apreciado también como postre.

Ricotta salata *(ricotta* **salado)**
En Cerdeña el *ricotta* se toma como entrante. Tiene un sabor extraordinario con la poco frecuente *miele di corbezzolo* (miel de madroño).

Fagioli bianchi (judías blancas en vinagre y aceite)
Las judías frescas se doran con ajo y se sazonan con una salsa de migas de pan, vinagre, queso de oveja y menta.

Frisella con pomodori e basilico *(frisella* **con tomate y albahaca)**
Esta especialidad procede de Apulia y actualmente está extendida en todo el sur de Italia.

Focaccia (torta con ajo, aceite y hierbas aromáticas)
Para desplegar el aroma de las hierbas, como la salvia o el romero, esta torta ligur debe estar caliente y crujiente.

Carciofini in marinata (corazones de alcachofa marinados)
Los corazones de alcachofa ya cocidos se sazonan con menta poleo, ajo y unas gotas de vinagre y se maceran en vinagre y aceite.

Taralli
Los *taralli* de Apulia se sumerjen en una vinagreta de aceite, vinagre, sal y pimienta.

Crostini di capperi *(crostini* **de alcaparras)**
Alcaparras, uvas pasas y piñones son la guarnición de estos deliciosos *crostini.*

EL CAFÉ

Para un buen *espresso* se requiere una cafetera de profesionales, pues sólo en ella se pueden alcanzar la alta presión y las temperaturas constantes que exige una taza de café.

Es posible que debamos el café a las cabras abisinias o árabes, que, para admiración de sus pastores, adquirían una vitalidad extraordinaria cada vez que mordiscaban las hojas y las bayas de un arbusto conocido con el nombre de *kif* o de *koffe*. Era evidente que la energía de los animales procedía de aquel arbusto de frutos rabiosamente rojos. El arbusto se propagó desde las mesetas etíopes hasta el Sudán y el Yemen. Allí empezaron los experimentos con las cápsulas rojas. Los árabes terminaron desarrollando un procedimiento para aprovechar sus efectos tónicos de un modo gastronómicamente satisfactorio. Separaron las semillas de las cáscaras, las tostaron –siguiendo el mismo método aplicado a las nueces–, las molieron y finalmente vertieron agua caliente sobre el polvo resultante. Acababan de preparar el primer café. El Corán prohibía tomar alcohol, pero no decía nada del café. En adelante, nada podría impedir la marcha triunfal en el mundo árabe de aquella bebida nueva, amarga pero muy excitante. En La Meca permitía incluso la recuperación de los peregrinos más exhaustos. No tardaron en florecer los cafetales en los distintos territorios árabes; los primeros cafés se abrieron en Damasco y en Constantinopla y tanto en El Cairo como en Siria los artesanos fabricaron bellísimos vasos y tazas en los que se servía aquella bebida que requería habituación. En Turquía los cafés no tardaron en convertirse

en importantes centros de comunicación, en los que frente a una o varias copas de moca turco los varones discutían sobre los grandes y pequeños problemas de la vida, mientras en las pausas tenían ocasión de contemplar a las bailarinas ejecutando la danza del vientre.

La palabra "moca" alude al puerto yemení de Moca, donde los granos verdedorados se exportaban en grandes cantidades no solo en dirección al mundo musulmán, sino, desde principios del siglo XV, también a los países cristianos. Los comerciantes del norte de Italia descubrieron muy pronto las posibilidades comerciales de los granos de café y descargaron enormes partidas en la veneciana Riva degli Schiavoni y en el puerto de Trieste. Acertaron plenamente, pues la oscura infusión conquistó Europa con pasmosa rapidez. En Venecia había comercios que venían trabajando desde mucho antes con otros artículos de importación, como por ejemplo los preciados vinos de Creta y de Candía, y que entonces incorporaron a su lista de mercancías el nuevo producto, que en adelante se llamaría *caffè*. A finales del siglo XVII las autoridades de la Serenissima se vieron en la precisión de tener que limitar a 206 el número total de cafés, pues se habían abierto en la Piazza San Marco en poco tiempo diez locales de aquel tipo bajo la Procuratie Vecchie y 15 más bajo la Procuratie Nuove. Con todo,

El *espresso* es el café preferido de los italianos. Está presente a lo largo de todo el día, desde el desayuno hasta el último digestivo.

Venecia y Trieste no fueron los únicos puertos en los que el café desempeñaba una función importante. De 1632 en adelante también en Génova y en Livorno se hacían buenas transacciones a través de las vías comerciales napolitanas. Los papas se preocuparon de justificar la ingestión occidental del café desde el punto de vista moral y religioso. A finales del siglo XVI Clemente VIII declaró que aquella infusión oriental, que en un principio no mereció la consideración absoluta de "políticamente correcta", era un alivio cristiano, y Prospero Lambertini, que ocupó la sede pontificia de 1740 a 1758 con el nombre de Benedicto XIV, ordenó la construcción de un café de estilo inglés en los jardines de su residencia del Quirinal para reponerse de las fatigas de su alto ministerio.

1 Caffè con panna

El *caffè con panna* es un café exprés largo, con un casquete de nata batida no azucarada y espolvoreado con cacao en polvo.

2 Caffè e latte (café con leche)

El *caffè e latte* consta, a partes iguales, de café exprés largo, y por lo tanto diluido, y de leche sin desnatar caliente.

3 Caffè corretto

En el *caffè corretto* los efectos excitantes de la cafeína se "corrigen" con un producto alcohólico que se incorpora directamente al café o se toma por separado. En el norte las preferencias se decantan por la *grappa,* en tanto que en el centro y sur de Italia el café se acompaña con un anisado.

4 Caffè shakerato

El *caffe shakerato* se agita con azúcar y cubitos de hielo y suele tomarse mucho en verano en toda Italia, sobre todo en las regiones meridionales.

5 Caffè macchiato

Un *caffe macchiato* es un café "manchado", ya que el chorrito de leche, que, como en el *capuccino* aparece en forma de espuma en el café exprés, en realidad no constituye más que una manchita blanca.

6 Caffè lungo

Para el *caffè lungo* (largo) se prolonga el paso del agua caliente por el filtro unos segundos más que en el café normal. No deja de ser un autoengaño, pues el café resulta más aguado y diluido, pero, contra lo que se supone, no es más suave. Todo lo contrario, el paso prolongado del agua arrastra más principios amargos del café molido. En cualquier caso, el *caffe lungo* es muy solicitado.

7 Capuccino

El *capuccino* lleva este nombre por el color nogal resultante de la mezcla de leche espumosa y café exprés, ingredientes que lo componen, y que recuerda al hábito de los capuchinos. Es habitual tomarlo en el desayuno con un cruasán o con cualquier otro producto de repostería de la barra del bar.

Caffè ristretto (sin fotografía)

Un *caffe ristretto* es un café corto; está doblemente concentrado y, por tanto, es más fuerte y más amargo. La tacita se toma decididamente de un solo trago.

Caffè doppio (sin fotografía)

Es un café doble.

Espresso

En Italia el *espresso* es sencillamente el *caffè*. Se toma, a partir del desayuno, a cualquier hora del día, incluso por la noche, como digestivo tras una cena opípara. Un buen *espresso* se bebe en una taza caliente y generalmente con mucho azúcar. La suave *crema* o capa espumosa, de color marrón claro, extendida sobre la infusión negra indica que la cafetera exprés trabaja a la presión adecuada y a la temperatura correcta.

GELATO AL CAFFÈ
Helado de café
(fotografía fondo)

Para 6 personas

12 YEMAS DE HUEVO
200 G DE AZÚCAR
125 ML DE CAFÉ EXPRÉS

Bata bien todos los ingredientes con una batidora, y a continuación enfríelos durante 30 minutos.
Pase después a una heladora y deje que se convierta en helado. O bien, tras 30 minutos en el frigorífico, mantenga la masa 2 horas en el congelador batiéndola a fondo con la batidora cada 10 ó 15 minutos.

LA CAFETERA EXPRÉS

Tras los primeros intentos que realizó hacia 1937, Achille Gaggia logró fabricar una máquina con técnica de émbolo que trabaja según un método combinado de bomba-presión. En virtud de este método el café exprés presenta su clásica crema. La producción en serie de esta máquina comenzó al término de la Segunda Guerra Mundial.

En el fondo, las grandes cafeteras exprés existentes en todos los bares y restaurantes italianos, desde la cordillera alpina hasta la punta de la bota, operan según el mismo principio que la *moka per il caffè*, pues también en ellas se hace pasar agua a mucha presión por el café molido. La descripción puramente técnica de este proceso es la siguiente: para obtener 25 mililitros de café se hace pasar a una presión de 9 atmósferas por unos gramos de café molido agua a una temperatura comprendida entre los 90 y 95°C durante 25-30 segundos. Pero esta descripción no refleja en absoluto las características del café exprés, que tiene que ser profundamente negro, mientras que la crema de su superficie ha de presentar un color ligeramente tostado. Éste es el café que reconforta el espíritu, estimula el alma e invita a soñar y a pensar. Las distintas variedades italianas de café, con el *espresso* al frente, tienen fama de ser muy fuertes. Sin embargo, sucede exactamente lo contrario. En realidad, únicamente el grano destinado al mercado italiano se tuesta más que las variedades que se venden, por ejemplo, en los países centroeuropeos y nórdicos. Como en otros países, también en Italia se mezclan las diferentes clases de café. En los bares se utilizan hasta siete clases de café, entre las cuales la Arabica es la más fina. El método de tostado específico de los cafés italianos destaca las sustancias aromáticas, pero al mismo tiempo elimina en gran parte la cafeína del grano. En consecuencia, el *caffè* italiano, tomado con moderación, no está contraindicado para las personas con problemas circulatorios.

Derecha: esta histórica cafetera de palanca de Gaggia es de 1948. Achille Gaggia intentó fabricar una cafetera moderna hacia 1937. Su máquina, que, basada en la técnica del émbolo, operaba según un método combinado de bomba-presión, empezó a producirse en serie al final de la Segunda Guerra Mundial.

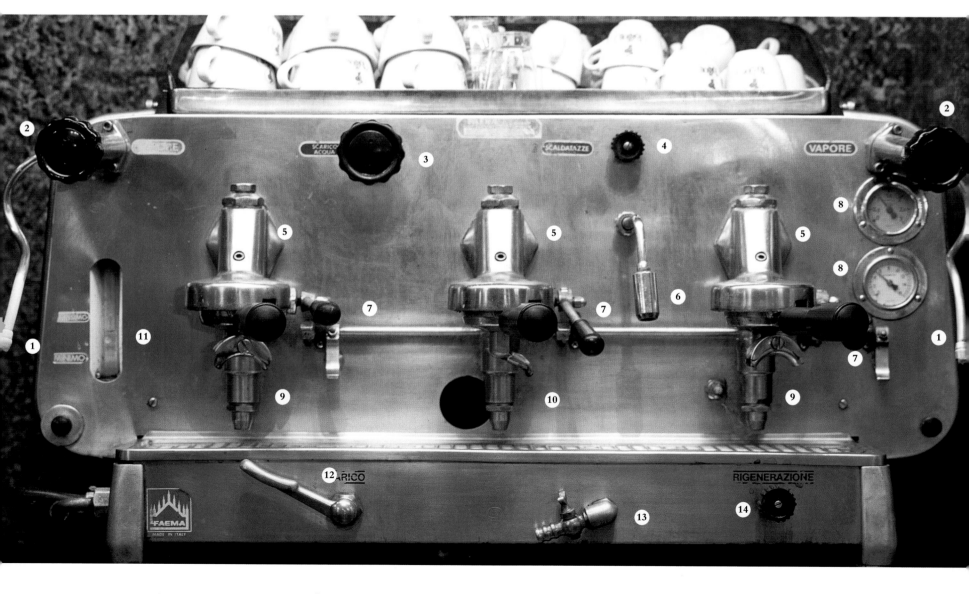

CAFETERAS EXPRÉS DE USO DOMÉSTICO

Las cafeteras exprés de uso doméstico funcionan según el mismo principio que los grandes aparatos de los restaurantes y de los bares. También en ella el café se obtiene a presión y generalmente disponen de una boquilla con la que se consigue que la leche del *capuccino* sea espumosa. Tratándose de cafeteras destinadas al uso doméstico es importante, si no se utilizan constantemente, limpiar siempre la boquilla de la leche, pues los restos de leche que quedan pueden agriarse o pueden obturar la misma boquilla. Además debe evitarse la calcificación del aparato. Si el agua corriente es muy dura, es mejor utilizar para el café un agua mineral sin gas. Para descalcificar la cafetera exprés cuando haga falta, atiéndanse las indicaciones del fabricante.

Las máquinas de marca desconocida son atractivas por su reducido precio y funcionan bien durante algún tiempo, pero en general un producto de marca ofrece mayores garantías al comprador. Curiosa o significativamente, la cafetera exprés de uso doméstico no se ha impuesto con tanta fuerza al sur de los Alpes como al norte de los mismos, debido, posiblemente, al gran número de bares y cafés que ofrecen una infusión negra de extraordinaria calidad.

PREPARACIÓN DEL EXPRESSO

En los hogares italianos se prepara el café según tres métodos distintos. En los fogones domésticos se utiliza generalmente la *napoletana* o la *moka per il caffè* y en las cocinas modernas se recurre a una cafetera exprés adaptada a las necesidades de la casa.

Por el contrario, en los innumerables bares y cafés existentes siempre hay una máquina grande y funcional de una marca conocida, como por ejemplo Gaggia, pues sólo de esta manera puede darse abasto a la gran demanda del pequeño y apreciado sorbo negro.

Se introduce en el filtro el café recién molido, que se comprime suavemente aunque sin apelmazarlo.

Para convertir un *espresso* en un *capucino,* la leche se espuma a través de la boquilla del vapor.

El filtro metálico se ajusta en la cafetera y se sujeta firmemente con la rosca.

La cafetera exprés (izquierda) y sus funciones
1 Boquilla de vapor para calentar y espumar la leche (izquierda) y para calentar agua para el té (derecha)
2 Regulador de presión
3 Pulsador de regulación de la válvula de derramamiento (6)
4 Salida de vapor para mantener caliente la taza en la cafetera
5 Portafiltros
6 Válvula de derramamiento
7 Palanca de regulación del paso del agua
8 Manómetro superior (indicador de la temperatura del agua), manómetro inferior (indicador de la presión de la bomba de agua)
9 Distribuidor de doble pico para dos tazas
10 Distribuidor de pico único para una taza
11 Indicador del nivel del agua
12 Entrada de agua
13 Llave adicional para el cambio de agua (para descalcificar)
14 Circuito de regeneración del agua (por ejemplo para descalcificar)

BREVES APUNTES SOBRE EL CAFÉ

En el mercado mundial destacan dos variedades de café: Arabica y Robusta. La Arabica (café de montaña, *coffea arabica)* es de calidad superior y actualmente se cultiva sobre todo en Brasil. Mientras la variedad Arabiga necesita altitudes situadas entre los 400 y los 1.300 m y exige suelos de unas características determinadas, la segunda variedad más importante, la Robusta (café del Congo, *coffea canephora)* es menos sensible, pero produce un café menos fino. Se cultiva en África occidental, en Indonesia y en India. Un cafeto puede alcanzar entre cuatro y seis metros de altura, aunque los arbustos de los cafetales suelen ser más bajos para poder recoger más cómodamente sus frutos. Para obtener el café en grano, primero se secan los frutos y después se descascara la pulpa con procedimientos mecánicos. A continuación los granos se fermentan, se lavan y se secan. Los mayoristas se encargan de tostar el café. El café poco tostado es claro, apenas amargo, muy ácido y de sabor aceptable, aunque su índice de cafeína es elevado. El grano más tostado es más oscuro, pero tiene menos acidez y menos cafeína.

La napoletana
La *caffettiera napoletana* consta de cuatro partes: la caldera, el filtro, el dispositivo de filtración, en el que se deposita el café en polvo, y la vasija enroscada con una pequeña boquilla. El dispositivo de filtración se rellena con café molido no apelmazado y la caldera se llena de agua. Cuando el agua empieza a hervir, la *napoletana* se aparta del fuego y se pone al revés. El agua hirviendo atraviesa desde arriba el café molido y, en virtud de la fuerza de gravedad, cae gota a gota en la jarra.

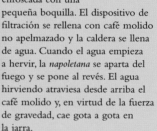

Moka per il caffè
La *moka* trabaja según un principio distinto. También en ella el café molido se deposita en el filtro de un modo esponjado y sin ningún tipo de presión, pero la *caffettiera* no se invierte. Es más bien la presión que se forma en la caldera al subir la temperatura la que hace que el agua ascienda a la jarra atravesando el filtro donde está el café molido. En cuanto aparecen en la jarra las primeras gotas de café, se retira del fuego la *moka per il caffè,* pues, de no hacerlo, el *espresso* sabría "a quemado".

Izquierda: la cocina romana sería impensable sin alcachofas. Las variedades de gran tamaño se pueden rellenar, pero también pueden cocerse y tomarse hoja por hoja.

ANGELO VALIANI Y SU HIJO CARCIOFINO

En Roma hay quien recuerda melancólicamente a un personaje que a finales del siglo XIX destacó como maestro del bufé frío primero en la estación de su Orbetello natal, después en Grosseto y finalmente en Roma: Angelo Valiani. Su especialidad eran los *carciofini sott'olio,* pequeños, jugosos y tiernísimos corazones de alcachofa en aceite, de sabor suave, con un toque ligeramente amargo, que se deshacían literalmente en la boca. Valiani tenía sus propios alcachofales y se dedicaba personalmente a cultivar, a recolectar y a preparar las alcachofas. Vendía los ejemplares grandes; a los pequeños les arrancaba las hojas y les retiraba la pelusa interior para cocerlos después en un caldo concentrado de agua, vinagre, bicarbonato y sal, secarlos e introducirlos cuidadosamente, con granos de pimienta y hojas de laurel, en frascos de cristal, donde finalmente quedaban cubiertos con el mejor aceite de oliva virgen. Cada día se volcaban los romanos en el bufé de la estación, pues todo el mundo quería probar sus deliciosas alcachofas. Su especialidad reportó a Valiani fama y gloria y lo convirtió en un hombre muy rico. Cuando nació su hijo, Valiani decidió llamarlo Carciofino, como era natural. Pero en el momento de bautizarlo en la iglesia de Orbetello, el sacerdote se negaba a hacerlo, convencido de que un niño no debía andar por la vida con el nombre de una planta. Angelo, sin embargo, tenía preparada la respuesta y se limitó a decir: "Padre, si nuestro papa lleva el nombre de una bestia salvaje, concretamente León XIII, mi hijo bien puede llevar el de una planta". El sacerdote no pudo objetar absolutamente nada y accedió finalmente al deseo expresado.

ALCACHOFAS

La alcachofa tiene mucha aceptación en toda Italia, pero los romanos en concreto la adoran. En los mercados de hortalizas pueden encontrarse prácticamente todas las variedades de la región y de otras partes del país: la Romanesco, grande, cónica y sin espinas, la Catanese, también sin espinas, la Violetto, cultivada en Toscana y en la comarca de Palermo, la Spinosa sarda, muy extendida y la menos frecuente Masedu de Cerdeña, la Veneto de Chioggia y finalmente la alcachofa pequeña de Liguria.

Los antiguos romanos designaban la alcachofa con el nombre de *cynara,* pues según una leyenda, en los viejos tiempos una muchacha así llamada se convirtió en esta planta tan apreciada. Más tarde, cuando se extendió el cultivo de esta sabrosa compuesta, de la familia de los cardos, en Italia pasó a llamarse *carciofo,* sobre la base del árabe *kharshuf.* En el Renacimiento se atribuyeron a la alcachofa virtudes terapéuticas; entre otras cosas purificaba la sangre. Consecuentemente se vendía a alto precio en las herboristerías y en las tiendas de plantas y sólo podían permitírsela los muy pudientes. Actualmente no consta con seguridad su eficacia terapéutica (aunque muchos creen en sus efectos beneficiosos para el hígado), pero en cualquier caso la alcachofa se cultiva en toda Italia y está al alcance de todos los bolsillos.

Todos los cocineros famosos se han interesado por la alcachofa y han creado valiosas especialidades con ella como ingrediente. Bartolomeo Scappi, cocinero personal del papa Pío V, propuso en el siglo XVI rellenar la alcachofa con una mezcla de carne magra de ternera, jamón, queso, huevos, especias, ajo y hierbas aromáticas.

Quien se encuentre por primera vez frente a una alcachofa cocida y servida entera, sentirá un leve desconcierto, sobre todo entre comensales distinguidos, ante la manera de llevarse correctamente a la boca la más o menos espinosa verdura. Sin embargo, la alcachofa no es en absoluto un plato complicado. Olvídese del cuchillo y del tenedor y arranque las hojas con los dedos.

Sumerja el extremo tierno en la salsa correspondiente y separe la pulpa con los dientes. Deposite las hojas masticadas en su plato o en alguno de los platos previstos para la ocasión. Una vez arrancadas todas las hojas, aparecerá la "pelusa". No se puede comer (excepto cuando se trata de variedades pequeñas y tiernas) y se retira cuidadosamente con el tenedor. Es el momento en que se encuentra usted ante la verdadera exquisitez: el corazón de la alcachofa. Rocíelo con una vinagreta y tómelo con cuchillo y tenedor. Un plato sencillo pero infinitamente delicado.

La **Violetto di Toscana** tiene color púrpura y es de tamaño mediano y muy tierna.

La **Romanesco** tiene una cabeza esférica de gran tamaño y carece de espinas.

La **Catanese** presenta una forma alargada y terminada en punta y carece de espinas.

Las puntarelle y otras hortalizas

Aunque no sea más que porque sólo se preparan en Roma, el plato de verduras por excelencia de los romanos son las *puntarelle,* que son los brotes de una variedad concreta de achicorias, la *catalogna.* La preparación de las *puntarelle* es muy laboriosa y únicamente en Roma existe la posibilidad de adquirirlas en la verdulería listas para el consumo. Los brotes se cortan en trocitos estrechos y alargados y se introducen en agua con hielo para enrollarlos después en forma de anillo. Las *puntarelle* se aliñan en ensalada según una receta que procede de la antigua Roma. Se prepara en un mortero un *pesto* con uno o varios dientes de ajo, filetes de boquerones, un poco de vinagre, abundante aceite de oliva, sal y pimienta. Si hay prisa, se modifica ligeramente la preparación tradicional. En efecto, la salsa puede prepararse en un abrir y cerrar de ojos con pasta de boquerones, ajo machacado, vinagre y un buen aceite de oliva de Sabina. El resultado es asimismo exquisito. Además de las *puntarelle,* la achicoria se toma en Roma en muchas otras variantes. Existe, en primer lugar, la *cicorietta di campo selvatica* o achicoria de campo silvestre, que se encuentra en los mercados de Roma y tiene un sabor ligeramente amargo. Se cuece unos minutos, se escurre y se pasa por la sartén removiendo constantemente con aceite de oliva, ajo y guindilla. La achicoria común puede adquirirse durante todo el año y se prepara igual que la achicoria silvestre. Por el contrario, el *cicorione* o diente de león otoñal, de grandes hojas de color verde intenso, se toma crudo como ensalada en primavera, mientras que en invierno se toma rehogado y aliñado con aceite y limón.

La *misticanza,* la famosa ensalada romana, incluye también un par de hojas de achicoria. Tiene su origen en los capuchinos, que antiguamente obsequiaban a sus benefactores con un variado ramo de plantas aromáticas de su huerto en señal de agradecimiento. Todavía puede adquirirse en los mercados de Roma la *misticanza* mixta ya preparada, compuesta por once plantas y hortalizas distintas, desde la pimpinela hasta la borraja y la acedera pasando por el rapónchigo, la roqueta y el perifollo. Esta ensalada se aliña de acuerdo con un viejo proverbio romano: *pe' condì bene l'insalata ce vonno quattro persone: un sapiente pe mettece er sale, un avaro l'aceto, uno sprecone l'ojo e un matto che la mischi e la smucini* ("para aliñar una ensalada se necesitan cuatro personas: un sabio para echar la sal, un avaro para verter el vinagre, un derrochón para añadir el aceite y un loco para mezclarla bien").
Pero las peculiaridades romanas relacionadas con las hortalizas no terminan aquí. La Ciudad Eterna dispone de una variedad especial de brécol, el *broccolo romanesco,* que se parece a una coliflor, aunque, como el abeto, termina en punta en su extremo superior. El *broccolo romanesco* se prepara en la sartén, sin haberlo cocido previamente, con mucho ajo y guindilla y es el principal ingrediente de la *minestra,* muy extendida en Roma, que se cuece con brécol, pasta, magro y jamón graso. Con su sabor fuerte, que puede derivar fácilmente hacia lo amargo, los calabacines romanos son una de las variedades más exquisitas. Se distinguen fácilmente por su color claro y por sus "aristas"; su corte transversal no es circular, sino hexagonal. Las mejores recetas de calabacín

y, en general, las mejores recetas romanas de verduras proceden de la cocina judía, pues en Roma vive una minoría judía desde la época de Nerón. Tienen su origen en la tradición judía, por ejemplo, las flores de calabacín fritas y rellenas con mozzarella y boquerones y los calabacines partidos longitudinalmente por la mitad y rellenos con carne picada.

Puntarelle in salsa di alici
Achicorias con boquerones

800 G DE ACHICORIAS
1 DIENTE DE AJO
8 FILETES DE BOQUERONES EN ACEITE
1-2 CUCHARADAS DE VINAGRE DE VINO
4-5 CUCHARADAS DE ACEITE DE OLIVA VIRGEN EXTRA
SAL Y PIMIENTA

Limpie las achicorias. Parta las hojas, según su tamaño, en dos, tres o cuatro tiras. Lave las tiras y manténgalas unos 30 minutos en agua fría para que se ricen. Deje que se escurran bien. Triture en un mortero el ajo y los boquerones con un poco de vinagre y aceite de oliva, o bien pase la mezcla por la picadora hasta que se forme una salsa espesa. Sazone con sal y pimienta.
Ponga las achicorias en una fuente, vierta encima la salsa, tape y mantenga en maceración durante 1 hora en un lugar frío. Antes de servir espolvoree con pimienta recién molida.

Carciofi alla romana
Alcachofas a la romana
(fotografía fondo)

8 ALCACHOFAS
1 LIMÓN
MENTA FRESCA PICADA
1 DIENTE DE AJO PICADO
50 G DE PAN RALLADO
SAL Y PIMIENTA RECIÉN MOLIDA
4-5 CUCHARADAS DE ACEITE DE OLIVA VIRGEN EXTRA

Arranque las hojas exteriores y leñosas de las alcachofas. Corte las puntas superiores con las hojas sin pulpa, corte las hojas interiores con un cuchillo afilado, y alise el fondo.

Corte el tallo dejando una longitud de 4-5 cm y frote inmediatamente las superficies de los cortes con el limón para que no se oscurezcan.
Mezcle la menta, el ajo, el pan rallado, la sal, la pimienta y algo de aceite. Separe con los dedos las hojas de las alcachofas y rellene el hueco con la mezcla. Junte de nuevo las hojas para que el relleno no se salga. Coloque las alcachofas juntas y cabeza arriba en un molde para suflés. Vierta un cucharón de agua, cubra el molde con papel encerado y cubra con la tapadera. Cueza durante 1 hora en el horno precalentado a 250°C. Sirva las alcachofas calientes como guarnición o frías como entrantes.

LA PASTA: UNA PASIÓN

En Roma la pasión por la pasta parece batir todas las marcas. Hasta iconos de la cinematografía italiana como Gina Lollobrigida y Sofía Loren han reconocido abiertamente su pasión por la pasta y han demostrado de manera fehaciente que las pastas ni engordan ni afean. El productor Carlo Ponti, marido de Sofía Loren, llegó incluso a proponer expresamente a su mujer que comiese toda la pasta que quisiera, pues la eventual abstinencia de pasta de la *grande dame* del cine italiano provocaba en ella mal humor y daba lugar a discordias domésticas.

Creaciones de fama universal como los *spaghetti alla carbonara* (espaguetis a la carbonara o a la manera de los carboneros), los *bavette alla carrettiera (bavette* a la manera de los carreteros), los *spaghetti all'amatriciana* (espaguetis a la manera de Amatrice) y los *spaghetti alla puttanesca* (espaguetis con anchoas y aceitunas) son de origen romano, o al menos así lo creen los romanos. Roma es una ciudad de contrastes; en ella los pobres y los ricos viven en ocasiones a menos de un tiro de piedra de distancia. Es cierto que el amor a la pasta une a todos los romanos, pero para los menos pudientes la pasta constituye un plato económico, sano y exquisito que además les sacia.

PLATOS DE AYUNO

Por mucho que disfruten los romanos comiendo y por más que no acaben de saciarse con sus especialidades, en cuaresma son muchos los ciudadanos que secundan las normas culinarias de la Iglesia. La cocina romana ha creado numerosos platos sin carne para la cuaresma, pues tampoco es cuestión de pasarse estos días sin permitirse ningún tipo de placer. Por tanto, los *piatti di magro* o platos "magros" vegetarianos (la Iglesia católica prohíbe en estas fechas el consumo de carne y de productos cárnicos) se presentan, en su gran mayoría, como platos de ayuno o como platos tradicionales de Viernes Santo.

El día de Viernes Santo, en el que, como es sabido, la obligación de ayunar es más estricta, los romanos visitan la tumba de sus familiares y toman parte en los servicios religiosos. En cuanto empieza a oscurecer, las amas de casa se meten en la cocina y preparan las especialidades clásicas para la cena de este día: pueden decidirse por la famosa *zuppa del Venerdì santo* (sopa de Viernes Santo), el opulento *luccio brodettato* (lucio cocido en caldo), la sustanciosa *zuppa di aragosta* (sopa de langosta) o la *pasta e broccoli in brodo di arzilla* (pasta y brécol en caldo de raya).

PASTA E BROCCOLI IN BRODO DI ARZILLA
Pasta y brécol en caldo de raya

2 DIENTES DE AJO
1 CEBOLLA PEQUEÑA
1 MANOJO DE PEREJIL NO MUY PICADO
SAL
1 RAYA FRESCA LISTA PARA COCINAR
1 BOQUERÓN SALADO
30 ML DE ACEITE DE OLIVA
75 ML DE VINO BLANCO SECO
1 TROCITO DE GUINDILLA PICANTE
200 G DE PULPA DE TOMATE
300 G DE CABEZUELAS DE BRÉCOL
200 G DE ESPAGUETIS

Hierva durante 10 minutos en una olla adecuada para el tamaño de la raya 1,5 l de agua con 1 diente de ajo, la cebolla, la mitad del perejil picado y un poco de sal.

Limpie la raya, introdúzcala en la olla y hierva 20 minutos más. Retire el pescado del agua, córtelo en filetes y resérvelos. Introduzca de nuevo los restos en el caldo y deje hervir otros 20 minutos. Cuele el líquido de la cocción y recoja el caldo en una olla. Desale el boquerón y quítele las espinas. Sofríalo en una cazuela en aceite de oliva con 1 diente de ajo y el perejil restante. Agregue el vino y deje que se evapore. A continuación incorpore la guindilla, la pulpa de tomate y un poco de sal y hierva a fuego lento durante 20 minutos.

Lave las cabezuelas de brécol, póngalas en la cazuela y vierta encima el caldo. Deje en reposo 5 minutos.

Corte los espaguetis en trozos y cuézalos en el caldo *al dente*.

Finalmente trocee los filetes de raya, incorpórelos al caldo y sirva el puchero caliente.

SPAGHETTI ALLA CARBONARA
Espaguetis a la carbonara
(fotografía fondo)

30 G DE MANTEQUILLA
100 G DE PANCETA O DE PAPADA DE CERDO
1 DIENTE DE AJO
400 G DE ESPAGUETIS
SAL Y PIMIENTA
2 HUEVOS BATIDOS
40 G DE PECORINO RALLADO
40 G DE PARMESANO RALLADO

Caliente la mantequilla en una sartén de fondo pesado, agregue la panceta cortada en dados pequeños y el diente de ajo y deje que ambos se doren. Retire el ajo.

Cueza *al dente* los espaguetis en abundante agua con sal, elimine el agua y deje que escurran bien. Incorpore los espaguetis a la panceta frita en la sartén y mezcle a fondo.

Retire del fuego y añada, revolviendo, un poco de pimienta, los huevos batidos y la mitad del queso rallado hasta que los huevos empiecen a cuajar. Agregue el resto del queso y sirva inmediatamente.

Spaghetti all'amatriciana
Espaguetis a la manera de Amatrice
(fotografía fondo)

1 CUCHARADA DE ACEITE DE OLIVA
100 G DE TOCINO MAGRO
350 G DE TOMATE
1 GUINDILLA
400 G DE ESPAGUETIS
SAL
50 G DE PECORINO O DE PARMESANO RALLADOS

Caliente en una sartén el aceite de oliva y sofría 5 minutos el tocino cortado en dados pequeños. Agregue los tomates pelados y troceados y la guindilla, rehogue otros 10 minutos y remueva de vez en cuando con una cuchara de madera.
Cueza los espaguetis *al dente* en abundante agua con sal, elimine el agua y deje que se escurran.
Retire la guindilla de la salsa. Pase los espaguetis a una fuente caliente, riéguelos con la salsa y espolvoréelos con el queso rallado.

Gnocchi di semolino alla romana
Ñoquis de sémola a la romana

1 L DE LECHE
200 G DE SÉMOLA DE TRIGO DURO
2 YEMAS DE HUEVO
100 G DE MANTEQUILLA
80 G DE PARMESANO RALLADO

Hierva la leche en una olla y agregue poco a poco la sémola removiendo constantemente con una cuchara de madera. Hierva la sémola entre 15 y 20 minutos; después retire del fuego. Bata en una taza las 2 yemas con unas cucharadas de leche. Antes de que la sémola se enfríe, agréguele la mitad de la mantequilla y las yemas batidas, removiendo constantemente para evitar que las yemas se cuajen en la sémola caliente. Extienda la sémola sobre un plato humedecido y alísela formando una capa de 1 cm de espesor. Deje que se enfríe durante algunas horas.
Vuelque la sémola sobre una superficie y extraiga círculos utilizando un vaso de paredes finas. Coloque los ñoquis en un molde para suflés untado con mantequilla. Extienda por encima la mantequilla derretida y hornee de 20 a 25 minutos hasta que se dore en el horno precalentado a 180°C. Espolvoree con parmesano rallado y sirva inmediatamente.

Bavette alla carrettiera
Bavette a la manera de los carreteros

50 G DE PAPADA DE CERDO
50 G DE ATÚN EN ACEITE
200 G DE BOLETOS COMESTIBLES FRESCOS
4 CUCHARADAS DE ACEITE DE OLIVA
1 DIENTE DE AJO PICADO
SAL Y PIMIENTA RECIÉN MOLIDA
CALDO DE CARNE
400 G DE BAVETTE
50 G DE PARMESANO RALLADO

Corte en tiras finas la papada de cerdo, desmenuce el atún. Limpie bien las setas y córtelas en láminas finas. Sofría en una sartén con aceite de oliva el ajo y las tiras de papada de cerdo hasta que los trozos de carne estén blandos y transparentes. Incorpore las setas, sazone con sal y pimienta y rehogue a fuego lento durante 10 minutos. Agregue unas cucharadas de caldo de carne y mezcle los trozos de atún.
Cueza la pasta *al dente* en abundante agua con sal, elimine el agua, deje que la pasta se escurra y mézclela en una fuente con la salsa. Espolvoree con el parmesano rallado.

Spaghetti alla puttanesca
Espaguetis con anchoas y aceitunas
(fotografía derecha)

4 FILETES DE ANCHOAS
2 DIENTES DE AJO
3-4 CUCHARADAS DE ACEITE DE OLIVA VIRGEN EXTRA
30 G DE MANTEQUILLA
150 G DE ACEITUNAS NEGRAS SIN HUESO
1 CUCHARADA DE ALCAPARRAS SALADAS
5 TOMATES MADUROS
SAL
400 G DE ESPAGUETIS
1 CUCHARADA DE PEREJIL PICADO

Elimine con agua la sal de las anchoas, pique los filetes y sofríalos a fuego lento con el ajo en aceite y mantequilla. Pele y trocee los tomates y agréguelos a los boquerones junto con las aceitunas y las alcaparras. Sazone con sal y deje hervir a fuego lento unos 20 minutos.
Cueza los espaguetis *al dente* en abundante agua con sal, elimine el agua, deje que se escurran y páselos a una fuente caliente. Extienda por encima la salsa caliente y espolvoree con el perejil. Mezcle y sirva caliente.

LA COCINA
DE LOS PAPAS

Las autoridades supremas de la Iglesia católica no se caracterizaron en general por la moderación y el ascetismo de sus hábitos gastronómicos. Si a principios del siglo XIII Inocencio III abogaba por una alimentación espartana e insistía en que en su mesa sólo se sirviese un plato principal, a finales del mismo siglo Martín IV no ocultaba en absoluto su afición a la anguila, sobre todo a la procedente de Bolsena. Se dice que el pontífice adquiría anguilas vivas y las conservaba en recipientes especiales para tomarlas después ahogadas en *vernaccia* y asadas a la parrilla. Unos 100 años después era elegido papa Pietro Tomacelli. Aunque oficialmente se llamó Bonifacio IX, se decía que las *tomaselle* o albóndigas de hígado, a las que Su Santidad fue tan aficionado durante toda la vida, recibieron tal nombre por su apellido. Eugenio IV proclamó una era culinaria más sobria y, para demostrar su moderación, llegó incluso a reunir observadores independientes en torno a su espartana mesa. A finales del siglo XV Alejandro VI hacía que su hija Lucrecia Borgia cocinase para él, pues nadie conocía mejor que ella los dulces que más agradaban a su padre. Entre 1513 y 1521, en el pontificado de León X, la cocina vaticana se atuvo estrictamente a la línea de la cocina florentina. La ciudad entera no tardó en hablar de las celebraciones y banquetes selectos del papa Médicis. Para ser alguien en Roma había que comenzar interesándose por la alta gastronomía. Por aquellas fechas, en los banquetes pontificios no solo se comía y se bebía mucho, sino que también se paladeaban manjares exquisitos y refinados y se disfrutaba con los funámbulos, los músicos y otros artistas que actuaban dentro del programa. De vez en cuando León X se permitía incluso alguna pequeña broma. En una ocasión hizo que se sirviese un cordel de cáñamo como si fuera una anguila, que algunos infelices invitados se tomaron realmente entre las risas del resto de los comensales.

A mediados del siglo XVI ocupó la silla pontificia Julio III. Su debilidad eran el pavo relleno y asado y las cebollas de Gaeta. Su sucesor, Marcelo II, ocupó por poco tiempo la sede apostólica. Le sucedió en el pontificado Pablo IV, quien, como es sabido, podía pasarse sin interrupción tres horas en la mesa y habitualmente se hacía servir hasta 20 platos. Pío V, posteriormente

EL CÓNCLAVE

Los cónclaves, obligadamente convocados para elegir un nuevo papa, interrumpían los excesos gastronómicos vaticanos. El desarrollo de un cónclave estaba regulado de manera estricta. Los miembros del gremio no podían mantener ningún contacto con el mundo exterior y, para evitar que se les facilitasen informaciones secretas, una comisión expresamente nombrada con este fin tenía que examinar todas las comidas antes de que el servicio las sirviese a los augustos eclesiásticos. El suflé gratinado, en cuyo interior podía ocultarse una nota perfectamente, estaba rigurosamente prohibido, lo mismo que la vajilla de plata, en la que hubiesen podido grabarse mensajes.

Tal como lo ordenaba el código canónico, si la elección del nuevo papa se prolongaba más de ocho días, a los

Frontispicio de *Opera dell arte del cucinare,* de Bartolomeo Scappi, impresa en Venecia el año 1610. En pleno cónclave una procesión de sirvientes lleva cestas con tapas frías desde la despensa, con platos calientes desde la cocina y con bebidas desde la bodega. En cada cesta aparecen las insignias de un cardenal.

altos dignatarios únicamente se les servía agua y pan, probablemente con la intención secreta de acelerar el proceso. Sin embargo, hacia el año 1700 los titulares cristianos llegaron a la conclusión de que aquellas normas eran indignas y, como consecuencia de ello, instalaron en los aposentos pontificios una cocina espléndidamente dotada, con cocineros, maestros de ceremonias, escanciadores y cilleros prestos a intervenir.

canonizado, se hizo con los servicios del cocinero más famoso de su tiempo. Aquel genio de la cocina fue nada menos que Bartolomeo Scappi, autor de la *Opera dell'arte del cucinare* y renovador de la cocina occidental. En su obra capital de 1570 Scappi consignó algunos de los platos preferidos del Papa, entre ellos el pescado del lago de Garda o de Liguria y el caviar de la Alejandría egipcia. En el siglo XIX se seguía comiendo mucho y bien en Roma. Gregorio XVI fue sin duda un sibarita muy cualificado y de Pío IX se conserva incluso su menú favorito: *risotto,* fritos variados, asado con verduras y fruta, todo ello acom-

pañado con vinos de Burdeos. La comida se completaba invariablemente con una tartaleta o pastas con café. Aquí acaba, sin embargo, la gran época de la cocina en los aposentos pontificios. Las sencillas comidas de los papas modernos suelen prepararse fuera de los venerables muros del Vaticano. Se dice que únicamente se tienen en cuenta, hasta cierto punto, determinadas preferencias regionales, relacionadas con el lugar de procedencia de la suprema autoridad de la Iglesia.

Martín IV (pontificado: 1281–1285)

Bonifacio IX (pontificado: 1389–1404)

Alejandro VI (pontificado: 1492–1503)

León X (pontificado: 1513–1521)

Julio III (pontificado: 1550–1555)

Pío V (pontificado: 1566–1572)

BARTOLOMEO SCAPPI

Con Maestro Martino y con el humanista Platina, Bartolomeo Scappi es uno de los renovadores más importantes de la cocina italiana. Nacido en Véneto hacia 1500, entró a mediados de la tercera década de su vida al servicio del cardenal Campeggio, quien le encomendó la organización del banquete en honor del emperador Carlos V. En el año 1549 –por entonces Scappi trabajaba para el cardenal Carpi– se reunió el cónclave que había de elegir un nuevo papa tras la muerte de Pablo III. Scappi cocinó para el cónclave electoral de una forma tan extraordinaria que hubo que esperar dos meses largos hasta el *habemus papam*. El nuevo papa, Julio III, nombró a Scappi su *cuoco secreto*, su cocinero personal, posición que el artista de la cocina conservaría durante los seis pontificados siguientes.

De acuerdo con el espíritu del Renacimiento, en sus combinaciones Scappi buscaba sobre todo la armonía y el equilibrio. Pasaron a segundo término las especias caras, que más que potenciar las características de los alimentos las enmascaraban. La atención se desplazó a las técnicas de cocción no agresivas y "en su punto exacto", que obviamente planteaban mayores exigencias al cocinero. En 1570 se publicó en Venecia *Opera di Bartolomeo Scappi, maestro dell'arte del cucinare, cuoco secreto di Papa Pio Quinto divisa in sei libri*. La obra, que constaba de seis tomos y que se imprimió bajo los auspicios del Papa, se convirtió en el manual de la cocina cortesana y de la alta burguesía. En ella Scappi no se limita a ofrecer consejos y sugerencias de técnica culinaria, sino que presenta toda una lista de recetas: guisos, asados, escalfados, fritos, escabeches, condimentos, picantes y dulces. Muchos de estos conceptos aparecen todavía hoy en los manuales de cocina modernos.

ANATRA ALLA SCAPPI
Pato Scappi
(fotografía inferior)

2 PATOS SILVESTRES CON SUS VÍSCERAS (EXCEPTO EL HÍGADO), LISTOS PARA COCINAR
250 G DE JAMÓN COCIDO PICADO
1 BOTELLA DE VINO TINTO
100 ML DE VINAGRE DE VINO TINTO
30 G DE AZÚCAR
150 G DE CIRUELAS PASAS SIN HUESO
½ CUCHARADITA DE PIMIENTA BLANCA RECIÉN MOLIDA
4 CLAVOS DE ESPECIA MOLIDOS
CANELA EN POLVO
NUEZ MOSCADA RALLADA
JENGIBRE EN POLVO
120 G DE UVAS PASAS ABLANDADAS EN AGUA TEMPLADA
SAL

Limpie los patos e introdúzcalos en una cazuela con todos los ingredientes, excepto la sal. Tape y ponga a hervir en el fuego. A continuación meta la cazuela en el horno precalentado y cueza durante 1 hora a 150°C. El tiempo de cocción puede alargarse según sean el tamaño y la edad de los patos. A continuación páselos a una fuente con las ciruelas pasas y mantenga la fuente caliente. Deje que se espese la salsa en el fuego y sazone con sal. Sirva la salsa en una salsera separada de la carne.

COCINA JUDÍA EN ROMA

A comienzos de la era cristiana había ya en Roma una comunidad judía que incluso contaba con una sinagoga en Ostia. A partir del siglo X los comerciantes y artesanos judíos se establecieron fundamentalmente cerca del Ponte Fabricio, que más tarde se llamó Pons Judeorum. En la Edad Media el barrio experimentó un rápido crecimiento y se extendió hasta los barrios de Regola y Sant'Angelo. Pero a mediados del siglo XVI el papa Pablo IV frenó el desarrollo de la vida judía con la creación de un gueto cerca del teatro di Marcello. Un decreto prohibía a los judíos romanos moverse libremente fuera del gueto. Además, por la noche se cerraban las puertas. El gueto persistió hasta el año 1870. Actualmente en el barrio, de aspecto ligeramente decadente, viven unas 100 familias judías. Siguen cocinando como siempre de acuerdo con las severas prescripciones de su credo. Está prohibido comer carne de animales no rumiantes y pescado sin aletas y escamas. En consecuencia son impuros el cerdo, el conejo, la liebre y los moluscos marinos. Los animales permitidos deben ser sacrificados a ser posible sin dolor y no pueden consumirse antes de que se hayan desangrado por completo.

La cocina judía es muy sencilla, pero, dadas sus reminiscencias orientales, siempre resulta nueva e interesante. Los ingredientes, nunca complejos, suelen prepararse con uvas pasas, piñones, canela y clavo. Cada vez son más los no judíos que se acercan al antiguo gueto para adquirir productos cárnicos de gran calidad, para abastecerse en las pastelerías de exquisitos dulces o para cenar en alguno de los restaurantes que sirven platos preparados según el rito judío.

PIZZA EBRAICA D'ERBE
Pizza judía de verduras

Para 8 personas

400 G DE ESPINACAS
3 ALCACHOFAS
ZUMO DE 1 LIMÓN
1,2 KG DE GUISANTES FRESCOS
1 CEBOLLA
1 MANOJO DE PEREJIL
3-4 CUCHARADAS DE ACEITE DE OLIVA VIRGEN EXTRA
2 HUEVOS
SAL Y PIMIENTA
450 G DE PASTAFLORA SALADA

Lave las espinacas, deje que se escurran bien y córtelas en tiras. Retire las hojas exteriores duras de las alcachofas y elimine los tallos. Corte las alcachofas en rodajas finas y póngalas en agua acidulada con zumo de limón; así se evita que se ennegrezcan. Desgrane los guisantes, pique la cebolla y el perejil.
Caliente aceite de oliva en una cazuela y cueza en él todas las verduras. Deje enfriar, pase a una fuente y mezcle con los huevos. Sazone con sal y pimienta. Estire la pastaflora en dos círculos, uno ligeramente mayor que otro. Recubra con el círculo mayor el fondo y las paredes de un molde desmontable, llene el molde con la mezcla de las verduras y cubra con el círculo menor. Apriete los bordes y pinche varias veces la superficie con un tenedor.
Hornee unos 45 minutos en el horno precalentado a 180°C.

EL CAMPO DE' FIORI

El turista llegado a Roma que pretenda ver más cosas que la plaza de San Pedro o la Capilla Sixtina, indudablemente interesantes ambas, pero siempre abarrotadas, hará bien en pasear detenidamente por el mercado más hermoso de la ciudad, el Campo de' fiori. Pero, aunque domine el italiano, el visitante no entenderá mucho, pues en muchos puestos se recurre invariablemente al dialecto romano para regatear y negociar, para charlar con las vecinas y para discutir en general de la situación política de la ciudad y del país. Es ésta una parte de la Roma espontánea y auténtica, su vivo retrato. Por lo demás la oferta de frutas y hortalizas frescas es francamente buena. Muchos de los productos proceden de la región, es decir, se han cosechado totalmente maduros. Las mejores adquisiciones coinciden con el cierre del mercado, pues entonces los comerciantes se desprenden de parte de sus últimos artículos a precios de saldo, pues al día siguiente llegará del campo otra furgoneta con artículos en su punto exacto de sazón. Además de las más variadas clases de frutas y verduras, pueden encontrarse, según las estaciones del año, las más diversas plantas aromáticas y especias. Es más que probable que el visitante tarde en olvidar el intenso olor de las especias.

La **batavia** es una variante de la lechuga iceberg. Sus hojas son onduladas y rizadas.

La **lollo bianco, lollo biondo** o **lollo verde** tiene hojas muy onduladas y rizadas con puntas de color entre verde claro y amarillento.

La **lollo rosso** presenta el mismo tipo de hoja que su congénere más claro, pero sabe a nueces y admite un aliño fuerte.

El **radicchio (achicoria roja, endibia roja)** tiene un agradable sabor amargo. En Italia existen diversos tipos.

La **lattuga (lechuga repolluda o francesa)** se cultiva en la totalidad de Italia durante todo el año en muchas variedades.

La **romana (lechuga romana o larga)** tiene exteriormente hojas fibrosas y más bien duras, pero su corazón es tierno.

La **indivia belga (endibia)** se cultiva en la oscuridad para que sus hojas no pierdan su blancura.

La **foglia di quercia (lechuga de hoja de roble)** tiene rojizas las puntas de las hojas, que se asemejan a hojas de roble, y sabe a nueces.

El **dente di leone (diente de león)** es, como la *catalogna* o las *puntarelle,* una variante de la achicoria y aparece en primavera.

La **indivia (escarola rizada)** tiene hojas rizadas muy dentadas. Es muy aromática y de fino sabor.

La **scarola (lechuga rizada)** es apropiada tanto para ensaladas como para cocerlas.

La **rucola, rughetta (roqueta)** tiene hojas alargadas, ligeramente picantes y con sabor a nueces, que pueden utilizarse en ensaladas.

TUTTO DAL CONTADINO
RAFFAELE
CONSEGNE
A T. 071-505519
DOMICILIO

£ 2500

SENZOSEMI

LOLLIFRUITS ROMA

F.lli BACCALARDLO

MACALIA

A pesar de la influencia de la comida rápida, hortalizas tales como la berenjena, el tomate, el calabacín, la patata, el puerro, la cebolla, el ajo, la zanahoria, la espinaca, la cardencha o el brécol continúan desempeñando un papel fundamental en la cocina italiana, a la que en definitiva convierten en una cocina muy saludable y agradable.

ESPECIAS Y PLANTAS AROMÁTICAS ITALIANAS

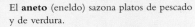

El **aneto** (eneldo) sazona platos de pescado y de verdura.

El **anice (anís)** es un ingrediente de pasteles, dulces y licores.

El **alloro (laurel)** se utiliza en determinados platos de carne y de pescado y en sopas.

El **anice stellato (anís estrellado)** se utiliza en los dulces y en la elaboración del *sambuca*.

Además del Campo de' fiori, muy apreciado por los turistas como objetivo fotográfico, los romanos acuden al gran Mercato Trionfale y al Mercato Testaccio.

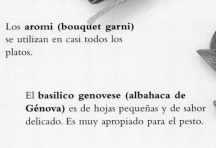

Los **aromi (bouquet garni)** se utilizan en casi todos los platos.

El **basilico genovese (albahaca de Génova)** es de hojas pequeñas y de sabor delicado. Es muy apropiado para el pesto.

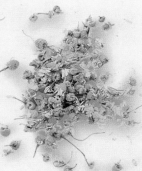

El **basilico napoletano (albahaca de Nápoles)** tiene hojas grandes y un sabor intenso. Apropiado para las pizzas y las ensaladas.

La **camomilla (manzanilla)** se utiliza en tisanas y en infusiones terapéuticas.

La **borragine (borraja)** forma parte del *preboggion* o mezcla ligur de plantas aromáticas

El **cacao** (en polvo) se utiliza en postres, pasteles y dulces.

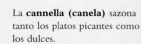

La **cannella (canela)** sazona tanto los platos picantes como los dulces.

El **cappero (alcaparra)** da sabor a las ensaladas, las pastas, las salsas y el atún.

El **cardamomo** se utiliza para condimentar licores, dulces y el *panforte*.

El **cerfoglio (perifollo)** se utiliza en platos de verduras, sopas y platos de huevos.

Los **chiodi di garofano (clavos especia)** son idóneos para las carnes rojas y los encurtidos.

El **coriandolo (cilantro)** sazona tanto los embutidos (mortadela) como los dulces y los licores.

El **cren, rafano (rábano picante)** se utiliza en los platos del norte de Italia que acusan la influencia de la cocina austríaca.

El **crescione (berro)** sabe especialmente bien en sopas fuertes y en ensaladas.

El **cumino (comino)** se utiliza en la preparación de platos del norte de Italia como el pan, platos de patatas y *choucroute*.

La **erba cipollina (cebollino)** combina con los platos de huevos y con los quesos suaves.

La **maggiorana (mejorana)** es de uso universal.

El **estragone (estragón)** puede utilizarse en casi todos los platos.

El **ginebro (enebro)** se utiliza en las marinadas de pescado y de caza.

La **noce moscata (nuez moscada)** se utiliza en asados y estofados.

El **pepe (pimienta)** se utiliza en el *panpepato*, con la carne de cerdo y en las salsas.

La **menta** condimenta los dulces, pero también los asados y la carne de ave.

El **origano (orégano)** se encuentra en toda la cocina italiana.

El **prezzemolo (perejil)** se utiliza para elaborar la salsa verde y otras preparaciones.

El **rosmarino (romero)** condimenta marinadas y asados.

La **salvia** es apropiada con las carnes blancas y con el hígado de ternera.

El **peperoncino (guindilla)** sazona todo lo que tiene que estar picante.

La **vaniglia (vainilla)** es uno de los ingredientes de la *panna cotta* y se utiliza en postres y en todos los dulces.

El **zenzero (jengibre)** no puede faltar ni en el *panpepato* ni en el *panforte*.

El **timo (tomillo)** se utiliza en los platos de carne y en algunos licores.

El **zafferano (azafrán)** se utiliza en el *risotto alla milanese* y para dar color a otros platos.

LA DOLCE VITA

Antiguamente los postres, la repostería y las golosinas eran un lujo, por lo que estaban relacionados con las ocasiones especiales. Pero afortunadamente en la capital de la cristiandad y en las provincias limítrofes siempre había fiestas religiosas que justificaban un dulce. En los primeros tiempos del arte de la repostería la gente se daba por satisfecha con unas galletas desmigajadas de harina, miel y frutos secos. Hacia 1300 aparecieron la pastaflora, los mantecados y las rosquillas dulces. Por otra parte la creciente difusión del azúcar dio lugar al descubrimiento de los frutos secos gelatinizados y escarchados y de la fruta en almíbar. Además de los nuevos dulces se popularizaron las especias exóticas de países lejanos. Los obradores se familiarizaron con la pimienta, la canela y el jengibre y el *panpepato* o torta de pimienta y especias se convirtió en una especialidad muy apreciada. Hacia 1500 el mazapán y el hojaldre, crujiente, quebradizo, de laboriosa elaboración y con un relleno dulce o picante, conquistaron las mesas romanas en las fiestas. Sin embargo, en la elaboración de dulces y de postres el protagonismo indiscutible correspondía a la fruta, que llegaba cada día fresca a la capital desde el interior del Lacio. Un siglo después se impondría la masa de levadura, con la cual los romanos elaboraban, entre otras cosas, los *maritozzi,* que eran panecillos dulces de uvas pasas con piñones.

Inicialmente los dulces se preparaban en casa o se adquirían en la taberna. Cuando se puso de moda tomar café o cacao, las cafeterías, que empezaban a aparecer, ofrecieron pasteles dulces. El ama de casa podía dirigirse tranquilamente a un convento de monjas, pues tradicionalmente en ellos se preparaban las especialidades dulces más refinadas con ocasión de las festividades religiosas.

En Italia el bar funciona en muchos casos también como pastelería, y a la inversa. El Caffè Faggiani, en la Via G.B. Ferrari de Roma, es conocido por sus tartas de elaboración propia.

BUDINO DI RICOTTA
Budín de ricotta
(fotografía inferior izquierda)

3 CUCHARADAS DE SÉMOLA
400 G DE RICOTTA
4 CUCHARADAS DE AZÚCAR EXTRAFINO
4 HUEVOS
40 G DE CIDRA Y DE NARANJA CONFITADAS PICADAS
1 CUCHARADA DE UVAS PASAS PUESTAS EN REMOJO CON RON
UNA PIZCA DE CANELA EN POLVO
LA RALLADURA DE ½ LIMÓN
MANTEQUILLA Y HARINA PARA EL MOLDE
AZÚCAR GLAS

Ponga a hervir en una cazuela 1 vaso de agua. Añada la sémola, mezcle bien removiendo y pasados unos minutos retire del fuego. Pase la sémola a un plato húmedo, alise con un cuchillo y deje que se enfríe. Mezcle el ricotta con el azúcar extrafino, un huevo entero, 3 yemas, la cidra y la naranja confitadas, las uvas pasas, la canela y la ralladura de limón. Bata a punto de nieve una clara e incorpórela con la sémola a la masa del ricotta. Pase la masa a un molde engrasado y enharinado de 1,5 l de capacidad. Hornee durante 1 hora en el horno precalentado a 180°C. Desmolde y espolvoree con azúcar glas.

MARITOZZI
Panecillos de uvas pasas

500 G DE HARINA DE TRIGO
1 DADO DE LEVADURA DE PANADERÍA
250 ML DE LECHE
3 CUCHARADAS DE AZÚCAR
50 G DE UVAS PASAS
30 G DE PIÑONES
50 G DE NARANJA Y/O CIDRA CONFITADAS PICADAS
2 CUCHARADAS DE ACEITE DE OLIVA VIRGEN EXTRA
UNA PIZCA DE SAL
MANTEQUILLA PARA UNTAR EL MOLDE

Ponga la harina en una fuente y haga un hueco en el centro. Disuelva la levadura en leche templada y viértala en el hueco con una pizca de azúcar. Eche por encima un poco de la harina de los bordes y deje en reposo esta masa previa durante 30 minutos en un lugar cálido y protegido de las corrientes de aire.
Agregue el resto de la leche, amase con las manos o con la batidora y forme con ella una bola. Pásela a una fuente, tápela, manténgala caliente y espere a que doble su volumen.
Amase a fondo la masa de la levadura e incorpore poco a poco los ingredientes restantes. Forme panecillos alargados y colóquelos en una bandeja de horno engrasada con mantequilla. Deje la bandeja de horno en un lugar caliente y protegido de las corrientes de aire durante una hora. Después, hornee hasta que se dore en el horno precalentado a 200°C. Sirva los *maritozzi* calientes o fríos con una copa de vino generoso.

MASCARPONE Y RICOTTA

El *mascarpone* es un queso fresco blando muy cremoso y de sabor suave. Se elabora con nata de leche de vaca y, en algunas regiones aisladas del sur, también con nata de leche de búfala. Se calienta la nata a una temperatura comprendida entre los 75 y 90°C y se le agrega zumo de limón o vinagre de vino blanco para iniciar el proceso de coagulación. El *mascarpone* tiene que consumirse pronto, pues se descompone rápidamente. Con un índice de grasa superior al 50% suele utilizarse sobre todo en los platos de postre. Fuera de Italia el *mascarpone* también se emplea como un ingrediente cremoso del agridulce *tiramisù*. Por el contrario, la *torta di gorgonzola* es una preparación picante con *mascarpone*. En este caso se corta el gorgonzola horizontalmente en lonchas finas y se extiende entre ellas una capa del queso fresco.
El ricotta suele confundirse muchas veces con el requesón. Ahora bien, el requesón aparece en una fase totalmente distinta de la elaboración de la leche. Primero se calienta la leche y se pasa a un recipiente con cuajo para que cuaje y la caseína se precipite. El resultado de este proceso es una masa de queso muy fresco: el requesón. Para elaborar el ricotta se vuelve a calentar el suero desprendido *(ri-cotta:* doble cocción) y a veces se mezcla con un coagulante, de modo que se forma en la superficie una masa espumosa, el llamado queso de suero. El ricotta se elabora con leche de vaca o de oveja. Existen variantes suaves y picantes. El fresco y suave debe consumirse muy pronto y se utiliza para rellenar *ravioli* y otros tipos de pasta y como ingrediente de postres. La variedad picante puede conservarse más tiempo, pues con la masa se forman piezas de queso que se salan y se curan a lo largo de dos meses. En el centro y sur de Italia, sobre las pastas y otros platos fuertes se extiende ricotta curado en vez de parmesano.

Súbeme

El *tiramisù,* que podría traducirse literalmente por "súbeme", es un postre de culto en toda Italia y son muchas las regiones que se adjudican su creación. En Piamonte remiten a sus melindros, los *savoiardi,* y señalan que estas galletas son una demostración del origen saboyano del *tiramisù.* Los lombardos insisten en que en definitiva el *mascarpone* procede de sus tierras, por lo que el honor corresponde a Lombardía. También los venecianos y los toscanos reclaman para sí la condición de creadores del *tiramisù.* A su vez los romanos, en calidad de auténticos ciudadanos de la capital, lo consideran típicamente italiano, y, en consecuencia, romano. Paralelamente son muchas las recetas que circulan de esta crema fría de queso fresco. Las mayores diferencias de concepción existentes están en relación con los licores utilizados; pueden darse todas las posibilidades, desde el coñac, el *marsala,* el *amaretto,* el whisky y el ron hasta el licor de café.

Tiramisù
(fotografía inferior derecha)

200 ML DE NATA
5 CUCHARADAS DE AZÚCAR
4 YEMAS DE HUEVO
500 G DE MASCARPONE
200 G DE MELINDROS
4 CUCHARADAS DE CAFÉ EXPRÉS FUERTE
4 CUCHARADAS DE AMARETTO
CACAO EN POLVO

Bata a punto de nieve la nata con 1 cucharada de azúcar y luego bata las yemas con el resto del azúcar a la máxima velocidad de la batidora manual hasta lograr una crema. Incorpore el *mascarpone* a cucharadas y a continuación, reduciendo la velocidad, la nata. Recubra un molde llano con los melindros. Mezcle el café exprés y el *amaretto* y rocíe (sin excederse) los melindros con la mezcla. Extienda una capa de crema y cúbrala con otra de melindros, rocíela con la mezcla de café y *amaretto* y extienda por encima el resto de la crema. Espolvoree con cacao en polvo y mantenga al menos una hora en el frigorífico.

Gelato di ricotta alla romana
Helado de ricotta

500 G DE RICOTTA MUY FRESCO
125 ML DE CAFÉ EXPRÉS MUY FUERTE FRÍO
100 G DE AZÚCAR
4 YEMAS DE HUEVO
3 CUCHARADAS DE NATA
1 CUCHARADITA DE AZÚCAR DE VAINILLA
4 CUCHARADAS DE RON BLANCO
3 CUCHARADAS DE PISTACHOS SIN SAL PICADOS

Pase el ricotta por un colador de malla fina y mézclelo con el café exprés. Mezcle revolviendo el azúcar con las yemas hasta que se forme una masa clara y cremosa. Bata a punto de nieve la nata con el azúcar de vainilla y a continuación agregue el ron. Mezcle la masa de ricotta y café exprés con la crema de huevo e incorpore la nata con cuidado. Recubra con un film transparente un molde rectangular de 1 l de capacidad. Llene el molde con la crema, cubra con un film transparente y mantenga 3 horas en el congelador para que se hiele. Corte en trozos el helado de ricotta y decore con pistachos picados.

Tiramisù: éste es el proceso

El éxito de un buen *tiramisù* depende de la calidad de los ingredientes. Se bate a punto de nieve la nata con 1 cucharada de azúcar.

Se mezclan las yemas con el azúcar hasta lograr una crema; a continuación se incorporan a cucharadas el *mascarpone* y la nata.

Se cubre un molde rectangular con melindros que se rocían con la mezcla de café exprés y *amaretto.*

Se superponen alternativamente las capas de melindro y de crema de *mascarpone.* Se remata con una capa de *mascarpone.*

LOS DESCENDIENTES DEL FALERNO

En la Antigüedad, Lacio no fue solo la despensa de Roma, sino también la bodega del ombligo del mundo. Allí se cultivaba una variedad de uva, la Aminea, de la que se obtenía el vino romano por excelencia, el *falerno*. Se supone que los volscos, es decir, los primeros habitantes de la zona de la época prerromana, ya elaboraban este vino, que recibió el nombre de la ciudad de Falerno, centro de la zona de cultivo. Según las referencias de Horacio, Virgilio, Propercio y Marcial, había un *falerno* tinto y otro blanco. Plinio el Viejo lo eligió como el mejor caldo de su tiempo y dijo de él que podía ser dulce y ligero, pero también fuerte. El actual vino con D.O.C. *falerno* del Massico no tiene mucho que ver con su antecesor histórico. No se trata únicamente de que la variedad hace ya mucho tiempo que desapareció del espectro de uvas de Italia, sino que este vino ni siquiera se elabora en Lacio, sino en la vecina Campania. Concretamente el falerno tinto, que es un vino con cuerpo elaborado con uvas Aglianico y Piedirosso, puede resultar vivo y fuerte, pero apenas es conocido fuera de los límites de la región y los romanos no lo toman en absoluto.

Con sus 60.000 hectáreas de viñedos, en los que se elaboran hasta un 30% de vino con D.O.C., el Lacio actual es una de las regiones vinícolas más importantes de Italia y destaca sobre todo por sus vinos blancos, elaborados fundamentalmente a partir de diversas especies de las variedades Malvasía y Trebbiano. Tan popular al menos como el *orvieto,* cuya zona de cultivo se adentra ligeramente en Lacio, y el *soave* del norte es el *frascati,* un blanco joven, que ha de tomarse frío, procedente de las colinas que ascienden al sur de Roma hasta los Montes Albános. Tuvo mucha aceptación a lo largo de los siglos entre el clero romano, aunque entonces, contra lo que hoy sucede, se tomaba generalmente como *cannellino* –así se llamaba la variante cargada de fructosa– agradable y hasta dulce. Características similares a las del *frascati* tienen los vinos con D.O.C. *colli albani, colli lanuvini, marino y zagarolo,* al igual que los vinos blancos de Castelli Romani, Cerveteri, Cori o Velletri, de los que existen versiones en tinto. En las distintas zonas de cultivo de Lacio aparecen de vez en cuando viticultores que experimentan con variedades importadas –entre ellas Chardonnay, Sauvignon Blanc, Cabernet, Merlot y últimamente incluso Syrah– y llegan a elaborar vinos complejos y con capacidad de envejecimiento. Fueron colonos de Véneto quienes, tras establecerse en los terrenos pantanosos desecados de Lacio, introdujeron a principios del siglo XX estas variedades de origen francés.

Desgraciadamente, la variedad roja estándar y autóctona, la Cesanese, sólo en contadísimas ocasiones resulta convincente desde el punto de vista de la calidad y es más que probable que su situación futura sea peor que la actual. Hoy en día, acreditados viticultores reducen, siempre que lo autoricen las normas de las distintas D.O.C., el porcentaje de Cesanese en sus vinos, generalmente a favor de la Sangiovese, que forma parte de muchos vinos tintos, y también a favor de las variedades importadas antes citadas.

Las propiedades vinícolas de Lacio ocupan una superficie aproximada de 60.000 hectáreas con una producción D.O.C. de 515.000 hectolitros de vino.

Montefiascone está en la provincia de Viterbo y cerca del Lago di Bolsena. Es la cuna del Est! Est!! Est!!! di Montefiascone.

Ambiente otoñal en los viñedos de Montefiascone. Las zonas de cultivo de Lacio son de las más tradicionales de Italia; en ellas se cultivaba el vino ya en la Antigüedad.

¡Alto!
¡Aquí hay buen vino!

El denominado Est! Est!! Est!!! di Montefiascone es uno de los innumerables vinos de la región de Lacio, está elaborado básicamente con uvas Malvasía y Trebbiano, procede de la provincia de Viterbo y debe su extraña denominación a un obispo de origen alemán de nombre desconocido. Según la leyenda, el prelado del obispo, que estaba de viaje hacia la ciudad de Roma, había recibido la orden de descubrir los buenos vinos que hubiese por el camino. Cuando encontraba alguno, marcaba con la palabra Est! la puerta de las bodegas o tabernas. De este modo señalaba los mejores caldos a los dignatarios que venían más atrás.

En Montefiascone el vino local provocó en él tal arrebato que el catador alemán no se limitó a escribir en las puertas de madera el santo y seña convenido, sino que, para destacar la extraordinaria calidad del vino, se decidió por la triple repetición.

Según cuenta esta misma leyenda, el Est! Est!! Est!!! di Montefiascone agradó de tal manera al prelado que algunos años más tarde éste falleció saboreándolo.

El actual Est! Est!! Est!!! di Montefiascone es un vino claro, de sabor seco y equilibrado. Desgraciadamente no le ha hecho ningún favor, al menos desde el punto de vista de la calidad, el apabullante éxito que tiene entre quienes llegan a la ciudad de Roma procedentes de todas las naciones, religiones y razas. Es por ello por lo que inevitablemente su vecino *orvieto*, cuyas zonas de cultivo en el Lago di Bolsena se adentran en el Lacio, constituye en muchas ocasiones una opción mejor.

Frascati

El vino más popular de la Ciudad Eterna se cultiva en las pendientes de los Colli Albani, al sur de Roma. Durante mucho tiempo fueron estos blancos el vino común más apreciado por los romanos y por los turistas del Vaticano; solía ser un vino agradable, no muy seco. Los actuales métodos de elaboración han convertido el *frascati* en un vino más afrutado, más suave y más armónico, muy propio para los platos de pescado.

Marino

Marino es una de las pocas zonas de cultivo que se encuentra parcialmente en el ámbito de la Ciudad Eterna. La mayor parte del vino blanco aquí elaborado procede de la variedad Malvasia bianca di Candia. Pueden contarse con los dedos de la mano los buenos productores que elaboran parte de sus vinos en grandes cubas de madera.

Leyenda del mapa

- Orvieto
- Aleatico di Gradoli
- Est! Est!! Est!!! di Montesfiascone
- Colli Etruschi Viterbesi
- Cerveteri
- Frascati
- Marino
- Colli albani
- Velletri
- Castelli Romani
- Aprilia
- Cesanese di Affile
- Cesanese di Olevano Romano
- Cesanese del Piglio
- Zonas vinícolas en regiones limítrofes

25 km

ABRUZZO MOLISE

Teramo
Pescara
L'Aquila
Ortona
Chieti
Abruzos
Avezzano Sulmona
Liri
Molise
Isernia
Campobasso

V isión excitante, una incitación para los sentidos e inconfundible fuego en el paladar: así es el *peperoncino* rojo o guindilla que en los Abruzos y en Molise llaman familiarmente *diavolino,* diablillo. Es preciso proceder con cuidado en el momento de probar las especialidades regionales, pues aquí hay una cocina más alegre, más viva y diabólicamente picante en muchos casos, que recurre a la guindilla molida para sazonarlo todo, excepto los postres. En opinión de los curtidos pobladores de esta áspera región montañosa, los gélidos días invernales sólo pueden soportarse con fuego, y señalan tres tipos de fuentes de calor: los platos condimentados con guindilla, las chimeneas de sus entrañables cocinas y el *centerbe,* un licor fuerte y de sabor intenso teóricamente preparado con cien hierbas.

El paisaje y la vida cotidiana de las gentes están marcados por la ganadería y la agricultura. Paralelamente las tradiciones culinarias se configuran autóctonamente. La pasta, las hortalizas y la carne constituyen las piedras angulares. Desde hace algunos siglos la fuerza indomable de los cocineros de la región radica en su capacidad para crear los platos más sabrosos con estos pocos ingredientes. El Val di Sangro, el valle montañoso de la provincia de Chieti, ha alumbrado dinastías enteras de jefes de cocina y son muchos los restaurantes, hoteles y compañías organizadoras de cruceros que se aprovechan de su facilidad para unir en sus convincentes creaciones lo sencillo y lo refinado, lo sustancioso y lo ligero, lo exótico y lo cotidiano. Estos magos de la cocina han aprendido su oficio tanto de los pastores como de las campesinas. El aprovechamiento de los pastos y la vida errante de los cuidadores de rebaños han alumbrado exquisitos platos de cordero y aromáticos quesos, en tanto que en las cocinas de los labradores de Campania se elaboran pastas caseras utilizando la *chitarra,* que es un cortapastas dotado de finas cuerdas. Una humeante ración de *maccheroni alla chitarra con ragù d'agnello* (macarrones a la *chitarra* con ragú de cordero) une las dos tradiciones de un modo sencillo y a la vez genial.

Sin embargo, a pesar de sus raíces autóctonas y frugales, la cocina de las regiones de los Abruzos y de Molise es perfectamente capaz de excesos. Tradicionalmente las bodas se celebran por todo lo alto. Siguiendo las viejas costumbres, los invitados se presentan con vistosas cestas en las que se llevarán consigo a su casa todo lo que no han podido comer en el banquete. Cuanto más se lleven los invitados tras la fiesta, mayor será el reconocimiento del cocinero.

Doble página precedente: los golosos encontrarán su paraíso en la tienda de los Fratelli Nurzia de L'Aquila. En esta tienda se encuentra, entre otros productos, el famoso *torrone.*

Izquierda: L'Aquila se sitúa al pie del Gran Sasso. La actual capital de los Abruzos fue fundada a mediados del siglo XIII por el emperador Federico II.

OVEJAS Y CABRAS

Los Abruzos y Molise no solo se caracterizan por la agricultura, sino también por la ganadería. Aun cuando su número decrece constantemente, muchos pastores crían el ganado según la forma económica tradicional e incómoda de la trashumancia; en la estación calurosa pastorean sus rebaños en las praderas cubiertas de hierba de las montañas y a principios de otoño los bajan al llano para pasar el invierno. Como esta forma de cría es más natural que la estabulación, el ganado produce una leche más aromática y mejor carne. Ahora bien, a los pastores se les exige estar dispuestos a vivir meses enteros separados de sus familias.

El ganado ovino desempeña un papel importante en la historia de la cultura mediterránea. No en vano el cordero ha sido uno de los animales sacrificados más importantes tanto en las antiguas mitologías como en los ritos del cristianismo primitivo. En el cristianismo el cordero de Dios es el símbolo neotestamentario de Jesucristo.

La cría de ganado lanar fue rentable desde época temprana aunque no fuera más que porque la oveja proporcionaba lana, tan importante para que el hombre superara la

estación fría, con la que podían fabricarse mantas de abrigo, ropa y otros tejidos. Con su leche se elaboraban sabrosos quesos y además estaba la gran importancia de la oveja y del cordero como animales destinados a ser sacrificados, pues de ellos se aprovechaba prácticamente todo, incluidas las vísceras.

Casi todos los países meridionales cuentan con platos que incluyen la carne de cordero o de oveja. En otros tiempos la carne de cordero y, sobre todo, la de oveja y la de carnero —debido al fuerte olor que a veces despide— era considerada en determinadas regiones como comida de gente humilde, que no podía permitirse otra cosa; pero esta idea hace tiempo que ha cambiado, independientemente de que en la actualidad el precio de un cordero lechal reclama una abultada cartera. De todos modos, hoy en día ningún sibarita italiano, español, turco o griego renunciaría a sus apetitosos platos favoritos de cordero, oveja o carnero, llámense *arrosto di agnello di latte* (asado de cordero lechal), pierna de cordero con alcachofas, *koyun pirzolasi* (costillas asadas de carnero) o *arní kléftiko* (cordero con verduras a la papillote).

Inferior: la carne de oveja, de carnero y de cordero desempeña una función importante en las cocinas del centro y sur de Italia.

1. *Collo:* pescuezo
2. *Spalla:* paletilla, espaldilla
3. *Pancia, petto:* falda
4. *Costine, puntine:* costillas
5. *Cosciotto accorciato:* pierna
6. *Sella:* silla
7. *Costolette lombari con filetto:* chuletas de lomo
8. *Costolette primarie:* chuletas de aguja
9. *Costolette secondarie:* chuletas de espaldilla
10. *Piedino:* pata
Costolette scoperte: chuletas al descubierto de 4, 8 y 9

Agnello all'uovo e limone
Cordero al huevo y limón

1 CEBOLLA
100 G DE JAMÓN CRUDO
20 G DE MANTECA O MANTEQUILLA
SAL Y PIMIENTA
NUEZ MOSCADA
1 KG DE CARNE DE CORDERO
HARINA DE TRIGO
250 ML DE CALDO DE CARNE
250 ML DE VINO BLANCO SECO
2 YEMAS DE HUEVO
EL ZUMO DE 1 LIMÓN

Pique la cebolla y corte el jamón en tiras. Sofría conjuntamente en manteca o mantequilla, salpimiente y ralle encima
un poco de nuez moscada.
Trocee la carne de cordero, pásela por harina, agréguela
a la cebolla y sofríala a fuego fuerte. Vierta el caldo de
carne y deje hervir lentamente. Vierta el vino blanco, salpimiente de nuevo y guise a fuego lento durante 2 horas.
Cuando la carne de cordero esté cocida, retírela del fuego
y manténgala caliente.
Bata las yemas con el zumo de limón e incorpore el
conjunto al caldo concentrado del asado. Coloque de nuevo
la cazuela en el fuego y continúe removiendo al fuego más
bajo posible hasta lograr una salsa espumosa. Viértala sobre la
carne de cordero y sirva inmediatamente.

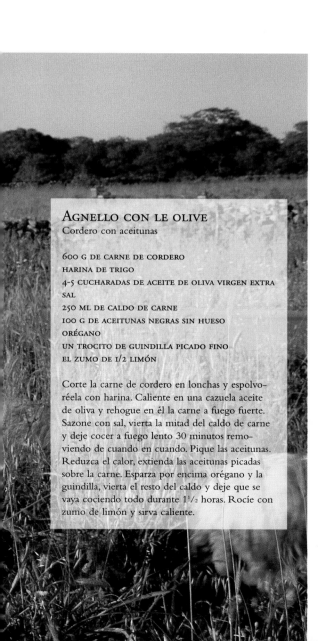

Agnello con le olive
Cordero con aceitunas

600 G DE CARNE DE CORDERO
HARINA DE TRIGO
4-5 CUCHARADAS DE ACEITE DE OLIVA VIRGEN EXTRA
SAL
250 ML DE CALDO DE CARNE
100 G DE ACEITUNAS NEGRAS SIN HUESO
ORÉGANO
UN TROCITO DE GUINDILLA PICADO FINO
EL ZUMO DE 1/2 LIMÓN

Corte la carne de cordero en lonchas y espolvoréela con harina. Caliente en una cazuela aceite
de oliva y rehogue en él la carne a fuego fuerte.
Sazone con sal, vierta la mitad del caldo de carne
y deje cocer a fuego lento 30 minutos removiendo de cuando en cuando. Pique las aceitunas.
Reduzca el calor, extienda las aceitunas picadas
sobre la carne. Esparza por encima orégano y la
guindilla, vierta el resto del caldo y deje que se
vaya cociendo todo durante 1 1/2 horas. Rocíe con
zumo de limón y sirva caliente.

Cabras

En el centro y sur de Italia las cabras se crían sobre todo
por su leche. Los habitantes de las comarcas más pobres
suelen criar su propia cabra además de un cerdo, pues
representa una pequeña reserva financiera, más aún que
éste. En los malos tiempos, existe la posibilidad de vender
la cabra o intercambiarla por productos agrarios, o
bien de sacrificarla para vivir de su carne durante algún
tiempo. Pero si las circunstancias no son tan desfavorables,
se cría la cabra para elaborar aromáticos quesos que se
destinan al consumo familiar o se venden en el mercado
local, con lo que se aseguran unos ingresos adicionales
que, aunque modestos, son constantes.
La carne de cabra es muy poco frecuente en las mesas
del centro y del norte de Europa, donde, si bien la gente
ha terminado acostumbrándose a la carne del cordero, un
sabroso asado de cabra constituye más bien una rareza.
Se trata de un escepticismo absolutamente infundado, que
priva al *gourmet* de una experiencia culinaria realmente

interesante. Contra lo que muchos tal vez suponen, la
carne de cabra no tiene un sabor áspero ni es dura, sino
que, sobre todo si el animal es joven, tiene un sabor a
caza absolutamente peculiar y suave. En las regiones
centrales y meridionales de Italia la carne de cabra se
prepara con mucha frecuencia y en muchas comarcas
el cabrito joven es el plato de Pascua por antonomasia.
Sobre todo en primavera, cuando todavía es joven, el
cabrito proporciona una carne muy aromática y tierna.
Así lo indica un proverbio muy extendido en los
Abruzos, según el cual *marz' e aprile, agnell' e caprette
ggendile*, es decir, en marzo y en abril es cuando los
corderos y los cabritos son más tiernos.

Capra alla molisana
Cabra a la manera de Molise
(fotografía superior)

Para 6 personas

1 KG DE CARNE DE CABRA
1 L DE VINO TINTO
2 HOJAS DE LAUREL
2 HOJAS DE SALVIA
2 RAMITAS DE ROMERO
1 GUINDILLA
5–6 CUCHARADAS DE ACEITE DE OLIVA VIRGEN EXTRA
1 CEBOLLA PICADA FINA
SAL
500 G DE TOMATES MADUROS

Lave la carne de cabra, séquela con un paño y córtela
en trozos pequeños. Póngala en una fuente, vierta encima
el vino tinto y agregue el laurel, la salvia, el romero y la
guindilla. Deje la carne en maceración una noche en un
lugar frío.
Caliente el aceite de oliva en una cazuela de media
altura y rehogue en él la cebolla picada. Agregue la carne
y sofríala a fuego vivo. Vierta paulatinamente un poco del
vino de la maceración.
Cuando el vino se haya evaporado, sazone la carne con
sal e incorpore los tomates pelados, sin semillas y cortados
en trozos grandes. Continúe la cocción con la cazuela
tapada, añadiendo de cuando en cuando agua caliente
con sal. Hierva a fuego lento hasta que la carne esté
blanda y la salsa relativamente espesa.

Las cabras se crían generalmente por su leche, con la que
se elaboran aromáticos quesos.

LA CHITARRA, LA CEPPA Y EL RINTRONCILO

Se desconoce el nombre del creador de la *chitarra*. De saberse, el descubridor o descubridora de esta tan sencilla como genial máquina de macarrones sería a estas alturas una celebridad en los Abruzos y en Molise. La *chitarra* consiste en un marco rectangular de madera de haya en el que se tensan unas finísimas cuerdas metálicas a unos milímetros de distancia entre ellas. Hay además una llave especial que permite tensar las cuerdas cuando se destensan con el paso del tiempo y una bandeja que recoge la pasta cortada. Para elaborar unos *maccheroni alla chitarra,* se estira finísimamente la pasta sobre las cuerdas y se pasa por encima el rodillo. De este modo la masa termina convirtiéndose en una pasta homogéneamente fina y larga. Obviamente, como sucede con todas las pastas de elaboración casera, para obtener unos buenos *maccheroni alla chitarra* lo importante es la calidad de la masa. Para seis personas se necesitan 500 gramos de sémola de trigo duro, 5 huevos y una pizca de sal. Se empieza amontonando la harina en el centro de la superficie de trabajo. A continuación se efectúa un hoyo en la harina en el que se introducen los huevos con la sal. Se amasa el conjunto a mano durante un mínimo de 20 minutos, pues sólo una masa compacta y bien trabajada garantiza que la pasta pueda cocerse *al dente* y que se desplieguen plenamente los sabores de los huevos y del trigo duro. Una vez adquirida la consistencia necesaria, la masa deberá reposar un cuarto de hora antes de estirarla finamente –el grosor de la pasta no debe ser superior a la distancia existente entre dos cuerdas de la *chitarra*– con el rodillo o con la máquina para pastas que hoy se utiliza.

Los *maccheroni alla chitarra* resultan especialmente sabrosos con ragú de cordero, con salsas de tomate y guindilla, con una salsa *all'amatriciana* o sencillamente con dados de tocino fritos en mantequilla. La pasta se sirve con abundante *pecorino* recién rallado.

Además de los *maccheroni alla chitarra,* en los Abruzos y Molise se preparan también *maccheroni al rintroncilo* y *maccheroni alla ceppa*. Los *maccheroni al rintroncilo* son una especialidad de Chieti, sobre todo de la comarca de Lanciano. Se llaman así por el aparato especial utilizado en su elaboración. El *rintroncilo* es un rodillo para pastas estriado con el que se obtienen cintas rectangulares cuando se pasa con fuerza sobre la masa. Los *maccheroni al rintroncilo* no son tan finos como los *macheroni alla chitarra,* pues la masa no se estira tan finamente antes del corte. Para los *macheroni alla ceppa* se enrollan pequeños trozos de masa alrededor de una varilla de madera del grosor de una aguja de hacer punto, que es justamente la *ceppa*. En Molise estas pastas alargadas, que recuerdan vagamente una "ondulación permanente", se llaman también *fusilli*. Se sirven con una salsa picante de cordero y guindilla y con abundante *pecorino* recién rallado.

Los *maccheroni al rintrocilo* y los *maccheroni alla ceppa* combinan también perfectamente con salsas de tomate y con ragús de pollo y ternera.

En el restaurante Italia de Sulmona, Luisa Pavia sirve todos los días pasta fresca. En la fotografía aparece preparando la masa para los *maccheroni alla chitarra*.

Para construir una *chitarra* hacen faltas tijeras, tenazas, alambre y sargentos.

Gabriele Colasante, de San Buceto, cerca de Pescara, uno de los dos únicos fabricantes de *chitarra,* tensa las cuerdas.

Las cuerdas se tensan como si se tratase de una guitarra. Puede adquirirse una *chitarra* en el mercado de Sulmona.

En general las cintas de pasta, los espaguetis y otras pastas largas se obtienen haciendo pasar la masa a presión por boquillas pequeñas. Pero el procedimiento es distinto cuando se extiende la masa sobre la *chitarra* y se pasa por encima el rodillo, de forma que, como sucede en un cortahuevos, los alambres actúan a modo de cuchillos y parten la masa en finas tiras de pasta. De ahí que la *pasta alla chitarra* tenga una sección rectangular, en tanto que la de las pastas largas convencionales es circular.

ELABORACIÓN TRADICIONAL DE PASTAS EN LOS ABRUZOS

Las mejores pastas de la región proceden de la comarca de Fara San Martino, población situada al pie del macizo montañoso de Maiella. La excelente calidad de la *pasta secca* aquí elaborada se debe, entre otras cosas, al agua fresca de manantial, que brota de la roca a una temperatura aproximada de 8°C. En combinación con la alta calidad de las variedades de trigo duro, que el fabricante examina meticulosamente en sus propios laboratorios, el agua pura y fría da lugar a una masa extraordinaria. No obstante, también en otros pueblos de la región se elabora una pasta sobresaliente. En la producción industrial destinada al gran consumo las pastas se secan generalmente a altas temperaturas. El proceso es rápido, pero la pasta puede resultar dura.

En los Abruzos la masa se trabaja como siempre con hileras de bronce y las pastas se secan lenta y cuidadosamente a bajas temperaturas durante 50 ó 60 horas. De este modo las pastas presentan una superficie más áspera, que absorbe mejor las salsas y los ragús, y una *tenuta di cottura* más aceptable para cocerlas *al dente* sin problemas. Aunque las formas de las pastas se cuentan por centenares, los genios de los Abruzos no dejan de crear nuevas pastas, que se combinan todavía mejor con cualquier *sugo* o ragú.

Entre los mejores fabricantes de pastas de los Abruzos están La Rustichella d'abruzzo en Pianella, Questa Pasta en Atessa, Spinosi en Ascoli Piceno y Delverde en Fara San Martino. Todas estas industrias se atienen a la *lavorazione artigianale,* es decir, a la elaboración artesanal tradicional, que elabora sus artículos utilizando aparatos antiguos y mucha mano de obra y recurriendo incluso al trabajo manual. Es evidente que estas pastas no tienen nada que ver con las pastas de producción industrial.

La enumeración completa de los productos de La Rustichella desbordaría los límites de este libro, por lo que nos limitaremos a señalar las especialidades más notables. En uno de los múltiples grupos de productos se incluye la *pasta di semola di grano duro trafilata al bronzo.* Se trata de pastas de trigo duro estiradas según el método tradicional sobre alambres de bronce y cocidas muy lentamente —durante 56 horas como mínimo— a temperaturas muy bajas. Con este procedimiento la pasta adquiere una superficie incomparablemente áspera y un aroma muy marcado, hasta el punto de que puede tomarse perfectamente sin salsa o ragú. Otra especialidad de La Rustichella es la pasta de elaboración artesanal. La masa de las *orecchiette,* de los *strozzapreti* y de los *cencioni* ha sido trabajada realmente a mano por maestros expertos; también se realiza manualmente la operación de darle forma. Con el fin de conservar las viejas ideas sobre la pasta, la firma se ha comprometido a recuperar pastas que,

como la *pasta al ceppo,* antiguamente elaboraban las mujeres en los hogares de los Abruzos y que hoy prácticamente han desaparecido. Sin embargo, en los centros de producción de La Rustichella no solo se elabora pasta de sémola de trigo duro, sino también *pasta all'uovo* (pastas al huevo). En este caso para conseguir una calidad superior se emplean 6 huevos por kilogramo en lugar de los cuatro establecidos por la ley, lográndose así unas pastas exquisitas con buena *tenuta di cottura* (las pastas no se parten durante la cocción). Las estrechas y aromatizadas cintas de pasta al huevo —las hay con sabor a azafrán, a salmón, a cebollino, a trufa y a otros muchos productos— tienen mucha aceptación, pues su tiempo de cocción sólo dura entre tres y cinco minutos. Evidentemente no se cierra aquí la enumeración de todos los artículos ofrecidos por los forjadores de pastas. En los últimos años, cuando también en Italia sube imparablemente la demanda de artículos alimenticios de calidad, la empresa ha creado pastas elaboradas con harina integral de trigo duro y hasta con *emmer* (grano doble). Se trata de una pasta con muchas vitaminas y mucha fibra y como mejor sabe es con una salsa sencilla. La firma Questa Pasta, ubicada en Atessa, que elabora fundamentalmente pastas de sémola de trigo duro, ni el fabricante de la marca La Pasta di Vicenzo Spinosi, residente en Ascoli Piceno, cuyos productos, según sus propias palabras, están elaborados con sémola de trigo duro, huevos, experiencia y pasión por las tradiciones, tampoco se quedan a la zaga de La Rustichella en sus exigencias de calidad.

Ni Delverde, en Fara San Martino. Esta fábrica de pastas, que es una de las mayores de la región, combina la habilidad artesanal con los modernos métodos de producción, pero sin someter la pasta a un secado rápido o a otro tipo de procedimientos que puedan hacer que se resienta la calidad del producto final. La fábrica, de 27.000 m² de superficie, produce diariamente 3.000 quintales métricos de pasta. Los 260 empleados con que cuenta la firma aseguran cada día la salida de las 170 variedades de pasta que comercializa Delverde. Ahora bien, este templo de la pasta, que está profundamente comprometido con la protección del medio ambiente y cumple estrictamente las normas ecológicas que se ha impuesto a sí mismo, no solo vende pastas. Hay también una almazara que produce del aceite de oliva más puro, elaborado exclusivamente con aceitunas de los Abruzos. Delverde opera, además, con arroz, artículos de pasta fresca, harina, sémola, salsas envasadas para pastas, diversos productos de tomate, *pesto* y *sott'aceti* (encurtidos). La firma se encuentra en una situación inmejorable para establecerse en el extranjero. En cualquier caso exporta aproximadamente el 30% de la producción total de pastas. En la próxima compra que efectúe en la tienda de productos selectos italianos de su ciudad no deje de examinar los extraordinarios productos de los Abruzos.

Maccheroni alla chitarra

Cintas de pasta con salsa
(fotografía anterior derecha)

300 G DE SÉMOLA FINA DE TRIGO DURO
4 HUEVOS
SAL

Para la salsa:
50 G DE MANTEQUILLA
60 G DE PANCETA CORTADA EN TIRAS FINAS
4 TOMATES MADUROS PELADOS Y SIN SEMILLAS
50 G DE PECORINO RALLADO
PIMIENTA RECIÉN MOLIDA

Amase la sémola con los huevos y una pizca de sal hasta
lograr una masa elástica y moldeable, que habrá de ser
más blanda que la habitual masa de pasta. Trabaje a fondo
la masa y no la estire después en hojas demasiado finas.
El grosor deberá ser igual a la distancia existente entre
las cuerdas de la *chitarra*. Divida la masa en rectángulos
del tamaño de este instrumento, coloque sobre él los rectángulos de uno en uno y pase por encima el rodillo para
pastas. De este modo la masa, apretada contra los alambres,
quedará cortada en "espaguetis cuadrangulares". En lugar
de este marco especial de madera tensado por finos alambres puede utilizar también una máquina para pastas. En
este caso estire la masa formando una capa relativamente
gruesa y pásela por la máquina utilizando el dispositivo
previsto para las *tagliatelle*. Cueza la pasta *al dente* en una
olla grande con agua con sal, retire el agua y deje que la
pasta se escurra.
Para la salsa, sofría en una cazuela la mantequilla junto con
la panceta. Aplaste los tomates y agréguelos. Espese la salsa
ligeramente, extiéndala sobre la pasta y espolvoree con *pecorino* rallado y con pimienta recién molida.

Fusilli alla molisana

Espirales de pasta a la manera de Molise

400 G DE ESPIRALES DE PASTA
300 G DE JAMÓN MAGRO CRUDO
200 G DE RICOTTA
SAL Y PIMIENTA
2–3 CUCHARADAS DE ACEITE DE OLIVA VIRGEN EXTRA
70 G DE PECORINO RALLADO

Cueza la pasta *al dente,* retire el agua y deje que se escurra.
Corte el jamón en dados y mézclelo bien con el *ricotta,*
sazone con sal y pimienta.
Caliente el aceite de oliva en una sartén, agregue la mezcla
de *ricotta* y jamón y caliente suavemente. Incorpore la pasta
y mezcle todo a fondo. Espolvoree con *pecorino* rallado.

Sugo di castrato

Salsa de carnero

1 CEBOLLA
1 RAMA DE ROMERO
50 G DE TOCINO
250 G DE CARNE DE CARNERO
1 VASO DE VINO BLANCO SECO
SAL Y PIMIENTA
350 G DE TOMATES MADUROS PELADOS

Pique la cebolla, el romero y el tocino. Corte la carne
de carnero en trozos pequeños. Sofría todo junto en una
cazuela. Cuando la carne se dore, vierta el vino y sazone
con sal y pimienta. Guise todo a fuego medio durante
15 minutos.
A continuación aplaste los tomates e incorpórelos. Tape
la cazuela y deje que se vaya cociendo todo a fuego lento
durante 1 hora como mínimo. La salsa va bien con los
platos de pasta.

Olio santo

El *olio santo* o aceite santo es condenadamente picante, pues se aromatiza con *peperoncini,* que es como se
llaman en Italia las guindillas rojas, de tanta aceptación
en los Abruzos y Molise. No obstante, estas rabiosas
representantes de la familia *capsicum* no solo destacan
como condimento, sino que se han venido utilizando
desde tiempo inmemorial como remedio terapéutico.
La guindilla, rica en vitamina C y en alcaloides, cura
aparente o efectivamente el reúma, la alopecia, las heridas de difícil cicatrización y los niveles altos de colesterol. Además, por sus efectos sobre la circulación sanguí-
nea, el *peperoncino* tiene fama de estimular la capacidad
amorosa, lo cual no deja de ser una propiedad singular
tratándose de un aceite "santo".

Anterior: *maccheroni alla chitarra*, cintas de pasta con
salsa
Posterior: *spaghetti aglio, olio e peperoncino*, espaguetis con
ajo, aceite y guindilla

CAVETELLI 'NCATENATI
Albondiguillas con tocino y huevos

Para las albondiguillas:
400 G DE SÉMOLA DE TRIGO DURO
AGUA TEMPLADA
SAL

Para la salsa:
5 HUEVOS
100 G DE TOCINO
ACEITE DE OLIVA
SAL Y PIMIENTA RECIÉN MOLIDA

Tamice la sémola sobre la mesa y esparza sobre ella
una pizca de sal. Agregue un poco de agua templada en
pequeñas porciones y trabaje lentamente con la sémola
hasta lograr una masa blanda y elástica, que estará en
su punto cuando no se quede pegada en las manos. Deje
en reposo.
A continuación enrolle sobre la mesa con los pulpejos en
un sentido y en otro pequeñas porciones de masa formando cordones del diámetro de un lápiz. Corte los cordones
en trozos de 2 cm de longitud. Efectúe con el pulgar una
pequeña muesca en el centro de cada albondiguilla, cuézalas
al dente en agua hirviendo y retire el agua.
Bata bien los huevos. Corte el tocino en dados y sofríalo
en una sartén en aceite de oliva. A continuación incorpore
las albondiguillas. Después agregue la masa de los huevos y
sazone con sal y pimienta. Finalmente mezcle de nuevo
todo a fondo y sirva inmediatamente.

RAGÙ D'AGNELLO
Ragú de cordero

200 G DE CARNE MAGRA DE CORDERO
SAL Y PIMIENTA
2 DIENTES DE AJO
2 HOJAS DE LAUREL
3–4 CUCHARADAS DE ACEITE DE OLIVA VIRGEN EXTRA
I VASO DE VINO BLANCO SECO
2 TOMATES MADUROS PICADOS
2 PIMIENTOS ROJOS CORTADOS EN TIRAS

Corte la carne en trozos pequeños, sazone bien con sal y
pimienta y deje en reposo 1 hora. Rehogue en el aceite los
dientes de ajo con las hojas de laurel. Retire el ajo en
cuanto se dore. Ponga la carne en la cazuela y sofríala
uniformemente por todos los lados. Vierta el vino y deje
que se evapore.
Agregue a la carne el tomate y las tiras de pimiento. Sazone
con sal, tape y deje estofar a fuego lento durante 1¹/₂ horas.
Remueva de cuando en cuando y, si fuera preciso, añada
caldo caliente.

SPAGHETTI AGLIO, OLIO
E PEPERONCINO
Espaguetis con ajo, aceite y guindilla
(fotografía posterior izquierda)

400 G DE ESPAGUETIS
3–4 CUCHARADAS DE ACEITE DE OLIVA
2 DIENTES DE AJO
I GUINDILLA
I CUCHARADA DE PEREJIL PICADO

Caliente aceite en una sartén, agregue los dientes de
ajo pelados y la guindilla cortada en trozos. Deje que se
dore el ajo. Cueza *al dente* los espaguetis en abundante
agua con sal. Deseche el agua, deje que escurran los
espaguetis y páselos a una fuente caliente. Retire del aceite
el ajo y la guindilla. Vierta el aceite sobre los espaguetis,
extienda por encima el perejil y mézclelo con cuidado.
Sirva inmediatamente.

EL AZAFRÁN

Teniendo en cuenta las pequeñas porciones en que se vende el azafrán y las pocas recetas actuales que incluyen su empleo, cuesta imaginar que los estigmas del *Crocus sativus* hayan sido alguna vez uno de los artículos más valiosos de Occidente.

Los griegos y romanos de la Antigüedad eran muy aficionados al azafrán y lo esparcían incluso en los teatros con el fin de crear una atmósfera agradable para la representación. Además utilizaban los hilillos de color rojo naranja para teñir valiosos tejidos de seda o los cosían en sus almohadas, pues creían que favorecían el sueño. En la Edad Media el azafrán adquirió definitivamente la condición de símbolo de posición social. En toda Europa se daba la máxima importancia al aspecto óptico de un plato, pues una mesa bien surtida debía ser un reflejo del poder y de la riqueza. En consecuencia, cualquier plato de carne cocida o asada en el espetón debía aparecer "dorado", es decir, coloreado por una preparación intensamente amarilla con el azafrán como base.

Dados los elevados impuestos que gravaban aquella aromática especia de lujo, los sibaritas de la época tenían que rascarse el bolsillo para hacerse con la cantidad que necesitaban. Según un documento inglés de hacia 1400, el precio de 500 g de azafrán era similar al de un caballo.

A la vista de los enormes beneficios que reportaba el azafrán, la ciudad abruza de L'Aquila, que venía manteniendo un activo comercio con Venecia, Milán y Marsella desde finales del siglo XIII, empezó a cultivarlo. Las esperanzas de los economistas no quedaron defraudadas, pues L'Aquila terminó siendo un importante centro de exportación. Concretamente en Alemania era tal la demanda de este carísimo artículo que llegó a castigarse con pena de muerte la mezcla o falsificación del azafrán de los Abruzos. La era del polvo amarillo iniciaría su declive 300 años después, cuando la incipiente industria química desarrolló colorantes y especias sintéticos.

De todos modos todavía existen platos tradicionales que no pueden renunciar al azafrán genuino ni por su sabor ni por su color. El *risotto alla milanese* sería impensable sin su amarillo intenso y, sin él, la paella española resultaría descolorida.

Antes de utilizarse, las hebras de azafrán se majan en un mortero y se diluyen en un poco de agua caliente para que puedan desplegar todo su aroma. El azafrán en polvo, tan frecuente en el mercado, encierra el peligro de mezclas no deseadas.

Página anterior, superior:
El azafrán *(Crocus sativus)* crece incluso en los terrenos más pobres. Desde hace milenios sus estigmas tienen mucha aceptación como colorantes y como remedios terapéuticos.

Página anterior, inferior:
Se necesitan alrededor de 200.000 flores para obtener 1 kilogramo de hebras de azafrán. El azafrán ya preparado es un producto caro.

Octubre, en plena recolección del azafrán. Como la floración de las plantas sólo dura dos semanas, hay que darse mucha prisa para recoger las flores.

El azafrán se vende generalmente en pequeños recipientes o bien en hebras, pues su elaboración presupone un laborioso trabajo manual.

MOZZARELLINE ALLO ZAFFERANO
Porciones de mozzarella al azafrán
(fotografía superior)

UNAS HEBRAS DE AZAFRÁN
SAL
150 G DE HARINA DE TRIGO
12 MOZZARELLINE
PAN RALLADO
ACEITE VEGETAL PARA FREÍR

Diluya el azafrán en 4 cucharadas de agua con sal. Agregue poco a poco la harina y el agua necesaria para que se forme una masa ligeramente fluida.
Pase las *mozzarelline* por la masa y a continuación por la harina. Caliente aceite en una sartén honda, dore en ellas las *mozzarelline* y sírvalas calientes.

FRITTATINE DI PATATE E ZAFFERANO
Tortilla de patatas con azafrán

Para 6 personas

600 G DE PATATAS
1 G DE AZAFRÁN
ACEITE DE OLIVA VIRGEN EXTRA
3 HUEVOS
2 CUCHARADAS DE PEREJIL PICADO
HARINA DE TRIGO, SI FUERA NECESARIO
SAL Y PIMIENTA

Cueza las patatas, pélelas y páselas por el pasapurés.
Diluya el azafrán en 3 cucharadas de aceite de oliva.
Ponga en una fuente la masa de la patata, los huevos, el perejil y el aceite con el azafrán y mezcle formando una masa, pero sin amasar demasiado. Añada un poco de aceite de oliva o de harina en caso de necesidad. Sazone con sal y pimienta. La masa de la patata deberá estar blanda y esponjosa. Pase la masa a cucharadas a una sartén con poca grasa, alísela y fría a fuego lento.

1 Ventricina di Montenero di Bisaccia
Este picante embutido para untar de la comarca de
Campobasso, en Molise, se elabora con carne magra
de pierna de cerdo. En frío se conserva hasta un año
y medio.

2 Guanciale
La carrillera de cerdo se lava en vino, se salpimienta y a
continuación se mantiene entre 30 y 40 días en una pileta
de piedra. Se toma sobre una *bruschetta* (pan tostado)
cortada en finas lonchas.

**3/7 Mortadella amatriciana (mortadella di
Campotosto)**
Este embutido (fotografía derecha) de la comarca de
Amatrice y Campotosto, junto al Gran Sasso, se llama
también *coglione del mulo,* lo cual no significa que esté
elaborada con testículos de mulo, sino con la pierna
posterior del cerdo, con tocino graso introducido en la
masa del embutido. Tras 10 días de curación en un
espacio aireado y de temperatura constante, la *mortadella
di Campotosto,* que se elabora con espaldilla, lomo, tocino
y panceta, se conserva unos cuatro meses si se guarda
en frío.

4 Ventricina di Crognaleto
El auténtico embutido de pimentón se elabora con carne
magra y grasa de cerdo sazonada con mucho pimentón y
con un poco de guindilla, y se introduce en un estómago
de cerdo. Como su conservabilidad es larga, es idóneo para
guardar en la despensa.

5 Fegatazzo di Ortona
Este embutido, otra especialidad de Ortona, se elabora con
hígado, pulmones, bazo, panceta y carrileras, y se sazona
generosamente con sal, guindilla, corteza de naranja y ajo.

6 Salsicciotto di Guilmi
Este embutido de Guilmi (provincia de Chieti) se
elabora básicamente con lomo de cerdo, que, salpimentado, se introduce en un intestino natural. Tras 20 días
de curación, podrá conservarse en manteca o aceite.

8 Ventricina di Guilmi
Elaborada con solomillo, lomo y restos magros de la
producción del jamón, esta especialidad se ahúma entre
10 y 15 días y puede conservarse en frío por un espacio
de tiempo de hasta seis meses.

Sin fotografías:

Annoia di Ortona
Este embutido de despojos de cerdo, sal, guindilla y semillas de hinojo se elabora en todos los Abruzos. El mejor es
el de Ortona, en Chieti.

Fegato dolce
El embutido "dulce" de la comarca de L'Aquila se
elabora con hígado y despojos, y se sazona con sal,
pimienta, mucha miel, frutas escarchadas, piñones
y pistachos.

Saggicciotto
Elaborado con carne magra y tocino entreverado, este
embutido se ahúma una semana y se mantiene en frío
hasta cuatro meses.

Soppressata di Rionero Sannitico
Elaborada con lomo, cabeza, pescuezo y 2% de tocino, esta
especialidad de Molise se mantiene 10 días en una habitación bien aireada y a continuación puede conservarse en
un ambiente frío hasta cinco meses.

Salsicce di fegato di Rionero Sannitico
Estas salchichas, elaboradas con carne magra, hígado,
corazón, pulmones y otras partes blandas del cerdo, se
mantienen cinco días en espacios cálidos y aireados.
Tras 20 ó 30 días de curación, pueden conservarse en
manteca de cerdo.

Sanguinaccio
Este embutido de sangre de cerdo, nueces, piñones,
uvas pasas, piel de naranja, cacao, espelta cocida y tocino
entreverado se cuece durante una hora y se destina al
consumo inmediato.

PRODUCTOS CÁRNICOS Y LÁCTEOS

Los Abruzos y Molise no se encuentran precisamente entre las regiones más ricas de la bota italiana. Unas sierras pobres y los inviernos relativamente fríos de las montañas han creado desde tiempo inmemorial serios problemas de supervivencia a los campesinos y a los pastores. Las familias solían ser numerosas, en tanto que las tierras y las cabañas eran de reducidas proporciones. Había que mantener las pocas propiedades con que se contaba, por un lado, para disponer de una fuente de ingresos y, por otro, para alimentar las numerosas bocas hambrientas. Es natural, por tanto, que las amas de casa no regalasen nada. Cuando se sacrificaba un cerdo o una oveja, observaban atentamente para que los carniceros y los charcuteros tratasen con sumo cuidado todas las piezas y las aprovechasen en su totalidad. En ningún caso se podía desperdiciar o tirar nada.

La sobriedad típica de las zonas pobres se refleja también en los embutidos específicos de la región. Así la *ventricina di Guilmi* es una clara demostración de que con los restos de la producción del jamón puede elaborarse un sabroso embutido. También la *salsiccia di fegato* es un "embutido de restos". Se elabora, entre otras cosas, con hígado, corazón y pulmones de cerdo. Tampoco se desperdicia la sangre de la matanza, sino que con ella se elabora el llamado *sanguinaccio*. Como indica su nombre, esta morcilla se elabora con sangre de cerdo. Para algunos países, esta especialidad tiene un marcado "sabor navideño", pues su volumen se completa con nueces, piñones, espelta, cacao y piel de naranja.

Actualmente, junto con las restantes regiones del sur de Italia —es decir, Campania, Apulia, Basilicata, Calabria y las dos islas de Cerdeña y Sicilia— los Abruzos y Molise cubren algo más de la cuarta parte de la demanda global de especialidades de embutidos y de jamón. Además los productos de los Abruzos y Molise gozan de un gran prestigio, pues en esta región son muchos los pequeños ganaderos decididos a criar sus cerdos al aire libre y no en régimen de estabulación. Esta forma de explotación del ganado mejora de un modo decisivo el sabor de la carne, pues los animales se alimentan al aire libre de bellotas y de castañas y no dependen de los restos de la cocina familiar. Además cada vez se recurre más a los métodos tradicionales de matanza y de elaboración de embutidos. Por otra parte son muchos los habitantes de las ciudades, que, sin posibilidad de criar sus propios cerdos, han descubierto en el campo su carnicero particular, que les suministra artículos naturales y de primera calidad, inexistentes en los supermercados.

En el centro y sur de Italia se elaboran fundamentalmente quesos de oveja y variedades de *pasta filata* de leche de vaca. A veces se utiliza también leche de cabra, que el quesero suele mezclar con leche de

oveja o de vaca. Únicamente la famosa *mozzarella di bufala,* que es una especialidad del sur, se elabora con leche de búfala. En los Abruzos y Molise se produce fundamentalmente *pecorino,* el famoso queso duro de leche entera de oveja. No obstante, en la región se elaboran también tres quesos *pasta filata: scamorza, caciocavallo di Agnone* y *fior di latte.* La expresión *pasta filata* indica el tratamiento especial al que se someten los trozos de queso. La masa de requesón cuajada en el suero caliente se recalienta con agua también caliente y se amasa intensamente hasta que se forma una masa homogénea y elástica que da lugar a hilos largos.

Otra especialidad es el *burrino* o *butirro,* que es como se llama en todo el sur. Se trata de un núcleo esférico de mantequilla que se envuelve con una capa de queso. El método de producción es muy sencillo. Se forma un queso *pasta filata* hueco por dentro y en él se introduce la bola de mantequilla. A continuación se tapona cuidadosamente el queso, que se tomará fresco, curado o ahumado. Así se puede conservar la mantequilla. En otros tiempos, cuando sólo las economías familiares muy sólidas podían contar con la moderna técnica del frigorífico, no dejaba de ser una ventaja muy valorada sobre todo en el centro y sur de Italia.

1 Fior di latte
Exteriormente la *fior di latte* se parece a la mozzarella, sólo que no se elabora con leche de búfala, sino de vaca. Estas bolas de queso son entre blancas y grisáceas y tienen una masa compacta, con suero todavía en sus hoyos. Este queso *pasta filata* se elabora durante todo el año, aunque los mejores son los de primavera y verano.

2 Pecorino di Castel del Monte
Elaborado con leche de oveja, la curación de este queso cilíndrico dura entre 40 días y 2 años. Tiene una corteza

marrón nuez y la masa es amarilla clara, de aroma intenso y de sabor picante. Entre Pascua y agosto se producen alrededor de 1.000 quintales métricos.

3 Fior di monte
La leche de este *pecorino* tierno, que se cura durante 70 días como máximo, procede de las ovejas que pastan en la altiplanicie de Campo Imperatore, junto al Gran Sasso.

4 Caciocavallo di Agnone
Tras un periodo de curación comprendido entre los tres meses y los tres años a temperatura ambiente constante y con aireación permanente, este queso *pasta filata* de leche de vaca y con forma de pera presenta una corteza dura, de color pardo, y una masa compacta. Tiene un aroma intenso y su sabor, dulce y cremoso inicialmente, es más picante cuando la curación se prolonga.

5 Scamorza
La *scamorza* es un queso fresco de leche de vaca, tiene forma de pera y debe consumirse en una semana. Se elabora según el método *pasta filata.* La masa del queso es blanquecina y tiene un sabor agridulce. Este queso se elabora durante todo el año, aunque la producción principal corresponde a los meses de julio y agosto. También se puede ahumar, como la mozzarella.

Caciofiore (sin fotografía)
El *caciofiore* es un queso fresco típico del centro de Italia. El truco especial al que se recurre en su elaboración consiste en que no se utiliza el cuajo normal, sino un coagulante vegetal obtenido de la alcachofa. En los Abruzos este queso blando se colorea en ocasiones con azafrán.

Burrino (sin fotografía)
El *burrino* es todo un descubrimiento. En efecto, en su interior guarda un corazón de mantequilla, la cual, por otra parte, tendría pocas posibilidades de conservarse más de dos días en los cálidos veranos del centro y sur de Italia. La capa de queso, sin embargo, evita la descomposición de la mantequilla. El *burrino* se puede tomar fresco, pero también curado o ahumado.

CARAMELOS, CONFITES Y GOLOSINAS

La gente ha venido tomando golosinas desde los tiempos antiguos. Los chinos, los egipcios y posteriormente los romanos recubrían con miel, frutas, flores, frutos secos y semillas. Al popularizarse el azúcar, que procedía de Persia, se empezó incorporándolo al recubrimiento de miel, pero más tarde se prescindió de ésta para trabajar exclusivamente con baños de azúcar.

Inferior: en Sulmona se vienen presentando los caramelos en forma de flores o de otras cosas desde el Renacimiento. La tradición se inició en el convento de Santa Chiara.

En Italia se distingue entre caramelos duros y blandos, según estos dulces en forma de grajeas tengan un núcleo duro o bien un núcleo fluido o cremoso. Los caramelos blandos se rellenan con licor, pasta de almendras o cremas aromáticas. A veces se les añaden también frutas gelatinizadas o escarchadas. Por el contrario, el núcleo del caramelo duro consiste en una almendra, un pistacho o una avellana pelados o tostados. Para recubrir el núcleo se utiliza una *bassina*. Antiguamente este recipiente de cobre, de forma semiesférica y siempre caliente, se colgaba de una cadena y se movía con las manos. En el año 1850 un ingenioso inventor construyó la primera *bassina* con agitador eléctrico. Los frutos secos se trataban inicialmente con sirope o con goma arábiga para retener las capas de azúcar. A continuación se grageaban en la *bassina*. El primer sirope es elástico, mientras que el de las capas superiores es más viscoso. Cuando los recubrimientos están secos, se procede al blanqueo y pulimentado de los caramelos.

Tratándose de caramelos blandos, se introduce el relleno líquido en el interior de la golosina. Sólo entonces se abrillantan con una mezcla de manteca de cacao y de aglutinante (goma arábiga).

El centro de la producción de dulces en los Abruzos se encuentra, ya desde el Renacimiento, en Sulmona. En esta población se fabrican los caramelos y golosinas más diversos, que, con la utilización de seda, plástico, papel de color, alambre y otros recursos, se convierten en flores, en espigas, en frutas exóticas y en otras muchas cosas. También es importante el color del caramelo, ya que éste tiene carácter simbólico. Por ejemplo, hay peladillas blancas, plateadas o doradas para las bodas de plata o de oro, de color azul pálido o rosa –dependiendo del sexo– para el bautizo de un niño, rojas para el final superado de un ciclo académico (presentadas en una bolsita de tela con el escudo de la facultad correspondiente) y finalmente peladillas amarillas para las segundas nupcias, si bien este último uso no está muy extendido.

Sulmona es la capital de la confitería. Son seis las fábricas y numerosos los empleados dedicados a la producción de especialidades dulces, que se venden en tiendas exquisitamente decoradas.

ARTE VARIOPINTO

Los confiteros de los Abruzos no solo son de los mejores del mundo, sino también de los más creativos. Para celebrar el V centenario del descubrimiento de América, la firma Confetti D'Alessandro creó una carabela de dulces que actualmente se encuentra en el museo neoyorquino de la Fundación Colón. Esta misma empresa creó un bate de béisbol con ocasión de un viaje a Italia de Joe di Maggio y la decoración de la mesa de la cumbre del G7 en Nápoles. Entre las especialidades más destacadas de Alessandro están las *panelle,* en las que, como en un mosaico, se combinan dulces de diversos colores para formar cuadros. Para una mejor información sobre el arte de la confitería en Sulmona, se recomienda visitar el museo del confite instalado en la firma Confetti Pelino.

U DULCIT

El *Parco nazionale d'Abruzzo,* de 300 km², es uno de los cuatro parques naturales protegidos con que cuentan los Abruzos y elabora su propia especialidad dulce. En el parque nacional más antiguo de Italia no solo hay gamuzas, lobos, águilas reales, víboras y linces, sino que también vive el casi desaparecido oso pardo de los Apeninos, que inspiró su tarta de oso al repostero Antonio de Civitella Alfedena, quien la comercializa recubierta de chocolate entre sus numerosos clientes con el nombre registrado de *U Dulcît, Il dolce del Parco.*

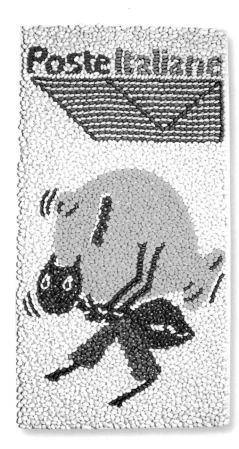

Esta *panella* (mosaico de dulces) de Confetti D'Alessandro hace publicidad de los Correos italianos.

Confetti D'Alessandro creó esta *panella* a favor de la campaña mundial contra el hambre.

Este ramo se adorna con estrellas brillantes sobre un fondo festivo en rojo y verde y sirve de regalo navideño.

Las peladillas de boda, como las de este bellísimo "ramo de flores", deben ser obviamente blancas.

TORRONE DE NURZIA

En algún momento entre finales del siglo XVIII y principios del XIX, Gennaro Nurzia, el experto de su propia empresa de licores destilados, se trasladó desde la pequeña población montañosa de Arischia hasta la capital, L'Aquila, donde abrió una tienda y amplió su campo de actividades a la producción de dulces, especialmente de *torrone* o turrón. Uno de sus descendientes, Ulisse, creó el *torrone Nurzia tenero al cioccolato,* una creación asombrosa en su tiempo, que ni se funde con el calor ni se endurece demasiado con el frío. El secreto está en una vieja receta celosamente guardada y en la dosificación exacta de los ingredientes. También procede de la provincia de Chieti otra especialidad de *torrone* que se prepara con higos secos. Este dulce, de sabor muy intenso y muy rico en calorías, suele tomarse en los Abruzos en los fríos días de invierno. Entretanto han aparecido importadores fuera de Italia.

ENTRE
EL NORTE
Y EL SUR

Mientras Las Marcas forman geográficamente parte de la Italia central y enológicamente representan la transición entre el norte y el sur de Italia, los Abruzos pueden encuadrarse en el sur, aunque algunos de sus habitantes no lo entienden así. El paisaje de la costa adriática se parece mucho al de Las Marcas y en viticultura existen grandes afinidades entre las dos regiones basadas en la uva Montepulciano.

Los conceptos que mejor caracterizan la viticultura de los Abruzos son los de montañosa y limitada en cuanto a variedades. Las colinas que se extienden a los pies del Gran Sasso d'Italia, la cima más alta de la cordillera central italiana, que empieza en el norte como Apeninos y se prolonga aquí como Abruzos, están plantadas de vides hasta una altura de casi 600 metros. Esta circunstancia da lugar a un buen equilibrio entre el calor del sol y la finura del frío, con el resultado de grandes vinos siempre que se cuente con terrenos idóneos y sobre todo con variedades de uva apropiadas. En lo que a variedades de uva se refiere, en los Abruzos existe una especie de monopolio para los tintos y los blancos. Una variedad de la familia Trebbiano constituye el punto de partida de la denominación de origen Trebbiano d'Abruzzo, cuyos vinos son generalmente ligeros y neutros. Algunos representantes con carácter ofrecen aromas sorprendentes, pero no son para todos los gustos.

La variedad roja Montepulciano d'Abruzzo, que no

debe confundirse con las denominaciones de origen toscanas *rosso* di Montepulciano y *vino nobile* di Montepulciano, elaboradas básicamente con Sangiovese, cubre la mayor parte de la superficie destinada a la viticultura en los Abruzos y puede producir vinos de cuerpo de poca acidez y tanino consistente. Por lo demás, el peligro de confundir el *montepulciano* de los Abruzos con el *vino nobile* de la ciudad de Montepulciano se acentúa cuando se sabe que para algunos investigadores la variedad Montepulciano no es más que una variante de la Sangiovese.

Los representantes robustos y de cuerpo de la variedad Montepulciano sorprenden frecuentemente con matices de aromas animales que combinan muy bien con los platos de caza. No obstante, los vinos actuales son en general afrutados; se buscan unos vinos abocados y redondos, en vez de acentuar exageradamente su estructura de taninos. Este agradable afrutamiento resulta especialmente marcado en el rosado

de la variedad Montepulciano, comercializado con el nombre de Cerasuolo. La nueva denominación de origen autóctona de Controguerra –zona antiguamente integrada en la D.O.C. Montepulciano di Abruzzo– incluye algunos varietales de vides que en épocas pasadas no se cultivaban en la región.

Aun cuando la producción vinícola de la vecina Molise es 600 veces superior a la del valle de Aosta, la producción de vinos de calidad supera apenas en unos hectolitros a la de la región alpina. En Molise los vinos con D.O.C. son muy pocos. En los Abruzos el espectro de las variedades está dominado por las variedades Montepulciano y Trebbiano, que, en las dos únicas denominaciones de origen de Biferno y Pentro di Isernia, se acompañan

con algo de Aglianico y Sangiovese. No obstante, es probable que en los próximos años la evolución positiva registrada en los Abruzos se extienda a Molise, pues algunos productores empiezan a apostar por el redescubrimiento y el cultivo de uvas antiguas y por la aplicación de las nuevas técnicas de elaboración del vino.

Derecha: las vides ascienden perfectamente alineadas las colinas tendidas a la sombra del Gran Sasso.

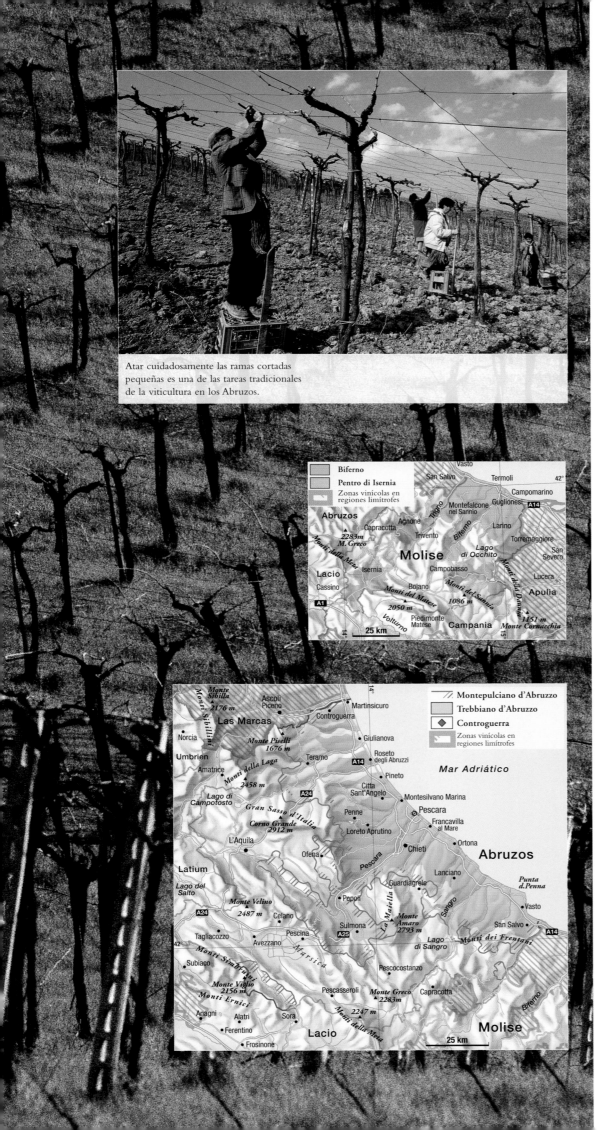

Atar cuidadosamente las ramas cortadas pequeñas es una de las tareas tradicionales de la viticultura en los Abruzos.

Ofena es una de las típicas poblaciones vinícolas de la región de los Abruzos.

En los Abruzos se cultivan vides incluso en altitudes considerables.

CENTERBE

El *centerbe* es un producto de destilación elaborado con distintas plantas y hierbas que crecen en las montañas de los Abruzos. No se sabe si son realmente cien las plantas utilizadas en su elaboración, como su nombre indica. Asimismo la mezcla de los ingredientes es un misterio que los fabricantes guardan celosamente. Según el lema abruzo de que "cuanto más picante, mejor", también el *centerbe* quema la garganta y casi se llega a pensar que está sazonado con *peperoncino*.

CAMPANIA

Benevento
Caserta
Campania
Nápoles
Vesubio
1277 m
Ischia
Pompeya
Salerno
Capri
Éboli
Cilento

Nápoles suena a Italia variopinta: caótica, ruidosa, estivalmente centelleante y pletórica de irrefrenable alegría de vivir, impávida a pesar de la amenaza del volcán. De los napolitanos se dice que tienen un temperamento desbordante y unas inagotables reservas de buen humor y que superan estoicamente las vicisitudes de su vida, que es cualquier cosa menos fácil. Prescindiendo de lo acertado o no de esta apreciación general, lo cierto es que la cocina napolitana no respira tranquilidad. Aquí los resultados sabrosos deben producirse con la mayor rapidez posible; en Nápoles se vive frenéticamente, por lo que a nadie agrada esperar a comer. Nada tiene de extraño que en Campania la cocina se haya hecho con un nombre recurriendo a especialidades absolutamente sencillas. Además, los productos del campo —tomates, pimientos, cebolletas, patatas, alcachofas, hinojo, limones o naranjas—, que maduran generosamente bañados por el sol meridional en los fértiles suelos volcánicos situados al pie del Vesubio, son tan buenos que no necesitan ulteriores refinamientos. El pescado y el marisco llegan frescos cada día del golfo de Nápoles o de otras aguas costeras. El trigo duro, utilizado para preparar la universalmente famosa pasta napolitana, o se cultiva directamente o se importa de la cercana Apulia. La ganadería proporciona carne para el obligado ragú con pasta y hasta leche de búfala, con la que se elabora la incomparablemente aromática *mozzarella* de Campania.

Los magos de la cocina napolitana no necesitan más ingredientes, pero tampoco menos, para presentar en la mesa las muestras más brillantes de su tradición culinaria: platos de verduras, tortillas, sustanciosas sopas de pescado, asados y, naturalmente, los dos pilares de la cocina campaniense, que son la pasta y la pizza. Por Nápoles pasaron normandos, los Hohenstaufen, aragoneses, la dinastía de Anjou, los Borbones y la casa de Saboya, pero ninguna potencia extranjera dejó huellas permanentes en la cocina regional, independientemente tal vez de la francofonización registrada hacia 1786, que coincidió con la adopción de la etiqueta francesa en la Corte y que amplió el vocabulario con tecnicismos culinarios tales como *ragù* (ragú, estofado de carne), *gattò* (pastel) y *crocchè* (croqueta). Las creaciones campanienses autóctonas, como los *maccheroni alla napoletana,* la *pizza margherita,* la *insalata caprese,* la *mozzarella in carrozza* o la *costoletta alla pizzaiola* hablan por sí mismas.

Doble página precedente: la auténtica *mozzarella,* como ésta de la quesería Vannulo, no se elabora con leche de vaca, sino de búfala.

Izquierda: vista del golfo de Nápoles. Aparece al fondo la isla de Capri, que cada año atrae a un grupo reducido, pero distinguido, de visitantes.

MACCHERONI Y SPAGHETTI

Contra lo que tantas veces se dice y aun cuando muchos napolitanos se resisten a aceptar la verdad, la deliciosa pasta no se descubrió a los pies del Vesubio. Nápoles no adoptó la pasta hasta finales del siglo XVIII y contribuyó a su difusión de un modo tan variado como exitoso. De todos modos hasta la fecha no ha podido resolverse satisfactoriamente el problema de quién fue el verdadero creador de las pastas. Para unos los auténticos descubridores fueron los chinos, para otros los romanos. Según algunas fuentes antiguas, era muy común en Roma una masa de agua y harina designada con el nombre de *langanum*. Su sucesora, la *langanella,* es una pasta seca sin huevo que todavía se prepara en Campania. No obstante, también Cerdeña y Sicilia pueden presentar tipos de pastas de épocas muy antiguas. En el siglo XIV el escritor y erudito Giovanni Boccaccio habla de pasta en su *Decamerón,* pero sin ofrecer mayores precisiones sobre el producto.

En un texto de principios del siglo XVII aparecen referencias a los *maccheroni* y *spaghetti* actuales. En él se habla de un aparato primitivo, pero muy eficaz, con el que la masa podía estirarse en pastas largas y finas. Fue a principios del siglo XIX y no antes cuando se estableció en Nápoles y en sus alrededores algo así como una industria de la pasta. En aquella época vendedores ambulantes de pastas recorrían las calles ofreciendo su producto a los transeúntes. En 1833 Fernando II, gran aficionado a la pizza y a la pasta, asistió a la inauguración de la primera fábrica de producción industrial de pastas alimenticias. Quedaban así sentadas las bases no solo del considerable despliegue económico de la región, sino también de las diversas concepciones ideológicas, que todavía persisten, entre los partidarios

de la pasta casera por un lado y los defensores de la pasta industrial por otro. El siglo XIX fue también la época en que una Nápoles floreciente atraía a pintores, escritores y viajeros de toda Europa. Uno de ellos, Alejandro Dumas padre, trazó un cuadro de las costumbres de la vida napolitana de su tiempo que, si no resulta muy lisonjero, sí interesa desde el punto de vista de la historia de la cocina; en él las pastas representan el papel principal y los ávidos ciudadanos no dejan de engullirlas.

La fábrica de pastas de Cesare Spadaccini que acababa de inaugurarse no iba a ser la única de aquel tipo. Pronto se perfeccionaron los métodos de elaboración y las nuevas fábricas aumentaron progresivamente la producción en los alrededores del Vesubio. Graghano, Torre Annunziata y Torre del Greco fueron localidades pioneras en el capítulo de la *pasta secca*. Desde ellas las pastas alimenticias de Campania conquistaron el mundo. Las pastas terminaron convirtiéndose en una forma moderna de alimentación que otras partes de Europa afortunadamente copiaron, pues sinceramente todavía no ha sido superada.

PASTA CACIO E PEPE
Pasta con queso y pimienta
(fotografía página siguiente superior izquierda)

400 G DE ESPAGUETIS (U OTRO TIPO DE PASTA)
100 G DE CACIOCAVALLO RALLADO
PIMIENTA NEGRA RECIÉN MOLIDA

Cueza los espaguetis *al dente,* retire el agua reservando unas cucharadas del agua de la cocción. Espolvoree generosamente con queso y pimienta la pasta en una fuente. Agregue el agua de la cocción que se necesite para que el queso se funda y se vuelva ligeramente cremoso. Mezcle a fondo y sirva inmediatamente.

SPAGHETTI CON LE VONGOLE
Espaguetis con almejas
(fotografía página siguiente, superior derecha)

1 KG DE ALMEJAS FRESCAS
4–5 CUCHARADAS DE ACEITE DE OLIVA VIRGEN EXTRA
3 DIENTES DE AJO PICADOS
200 G DE TOMATES MADUROS PELADOS Y TRITURADOS
400 G DE ESPAGUETIS
SAL Y PIMIENTA NEGRA RECIÉN MOLIDA
2 CUCHARADAS DE PEREJIL PICADO

Limpie las almejas y cuézalas en poca agua el tiempo suficiente para que las conchas se abran. Deseche las almejas no abiertas. Desprenda la carne de las almejas, pase el caldo por un colador fino y resérvelo. Caliente aceite de oliva en una

sartén, rehogue brevemente el ajo y retírelo. Ponga en la sartén el tomate y el caldo, remueva y deje que hierva durante 20 minutos. Cueza *al dente* los espaguetis en abundante agua con sal y elimine el agua. Incorpore a la salsa de tomate las almejas con la pimienta y el perejil. Extienda la salsa sobre los espaguetis y sirva.

MACCHERONI ALLA NAPOLETANA
Cintas de pasta a la napolitana
(fotografía página siguiente, inferior derecha)

Para 6–8 personas

1 KG DE CARNE DE VACUNO PARA ESTOFAR
60 G DE MANTECA DE CERDO
1 ZANAHORIA CORTADA EN RODAJAS
2 TALLOS DE APIO CORTADOS EN RODAJAS
2 CEBOLLAS CORTADAS EN AROS
2 DIENTES DE AJO PICADOS FINOS
SAL Y PIMIENTA
500 ML DE VINO BLANCO SECO
4 CUCHARADAS DE CONCENTRADO DE TOMATE
500 G DE MACARRONES
3 CUCHARADAS DE ACEITE DE OLIVA
300 G DE CACIOCAVALLO (O DE MOZZARELLA)
1 RAMITO DE ALBAHACA FRESCA
2 CUCHARADAS DE MANTEQUILLA

Ate la carne de vacuno con bramante. Caliente manteca de cerdo en una sartén y sofría la carne por todos los lados. Agregue la zanahoria, el apio, la cebolla y el ajo y rehogue removiendo constantemente. Sazone intensamente con sal y pimienta las verduras y la carne. Vierta poco a poco parte del vino, deje que se reduzca a la mitad, vierta de nuevo más vino. Mezcle el conectrado de tomate y añada unos 500 ml de agua de forma que la carne quede justamente cubierta. Tape a medias y deje que la carne se vaya cociendo a fuego lento durante un mínimo de 3 horas; el caldo deberá hervir sólo de cuando en cuando. Retire el asado; puede servirse como plato principal. Hierva la salsa y sazónela con sal y pimienta; deberá ser oscura, espesa y fuerte. Aplaste con un tenedor las verduras en la salsa. Parta los macarrones en trozos de unos 5 cm de longitud y cuézalos *al dente* en abundante agua. Escúrralos y mézclelos con 2 cucharadas de aceite. Unte con 1 cucharada de aceite una fuente grande y refractaria y disponga en ella una capa de pasta. Cubra holgadamente con la salsa de carne y con el queso cortado en lonchas y las hojas de albahaca. Cubra con una capa de macarrones y continúe así hasta que se agoten todos los ingredientes. Reserve algunas hojas de albahaca. Termine con la salsa, extienda por encima copos de mantequilla. Hornee unos 10 minutos en el horno precalentado a 200°C. Esparza por encima hojas de albahaca y sirva inmediatamente.

PASTA AL POMODORO CRUDO
Pasta con tomate crudo
(fotografía página siguiente, inferior izquierda)

400 G DE TOMATES
1 DIENTE DE AJO PICADO
1 CUCHARADA DE ALBAHACA PICADA
ACEITE DE OLIVA VIRGEN EXTRA
SAL Y PIMIENTA
400 G DE ESPAGUETIS O DE RIGATONI
ORÉGANO
1 CUCHARADA DE PEREJIL PICADO

Mezcle bien en una fuente el tomate, el ajo y la albahaca. Agregue aceite de oliva en abundancia y sazone con sal y pimienta. Cueza la pasta *al dente,* escúrrala y agréguela al tomate. Espolvoree con orégano y perejil, mezcle bien y sirva inmediatamente.

Las calles napolitanas del siglo XIX estaban llenas de vendedores ambulantes que ofrecían diversos artículos. De este modo se vendían incluso espaguetis.

El sur de Italia no se limita a abastecer a los compatriotas de las regiones más septentrionales, sino que exporta sus tomates a todo el mundo. El tomate es un factor económico impor-

tante y las inversiones de los grandes consorcios de productos alimenticios contribuyen a aliviar en parte la difícil situación económica que se registra en el sur con carácter crónico.

TOMATES

El tomate es seguramente la hortaliza que más aprecian y consumen los italianos. Aparece en la mesa prácticamente todos los días, en cualquier estación del año y en las preparaciones más variadas: como ingrediente de una salsa de pasta, como ensalada, como guarnición, relleno, rehogado; a los cocineros y cocineras italianos siempre se les ocurre algo nuevo. En el mundo existen unas 5.000 variedades de este fruto típicamente mediterráneo y, sobre todo en EE.UU., los cultivadores y los biólogos tratan de conseguir nuevos híbridos que supuestamente tendrán mayor capacidad de resistencia, se desarrollarán más rápidamente y serán más sanos.

Aunque el tomate llegó a Europa desde el Nuevo Mundo a mediados del siglo XVI, durante los primeros 200 años se le cerraron todas las puertas de la cocina. En el reino de Nápoles durante algún tiempo se pensó que aquellos frutos rojos eran venenosos, por lo que se cultivaba la planta en los jardines de recreo en calidad de rareza exótica. Hacia 1750 las plantas se trasladaron a los huertos, justamente al comprobarse que el aromático *pomo d'oro* (manzana de oro) se adaptaba maravillosamente a las tradiciones culinarias existentes al pie del Vesubio. De esta época procede incluso una canción de carnaval en la que se habla de la nueva exquisitez.

Si bien el tomate se cultivaba en Campania ya a mediados del siglo XVIII, hubo de pasar algún tiempo antes de hacerse con la inexpugnable posición de preeminencia que lo convierte en un ingrediente que no puede faltar en la cocina de la Italia meridional.

Poco a poco los hortelanos fueron obteniendo mejores productos y los cocineros y las cocineras empezaron a descubrir las múltiples maneras en que podía utilizarse aquel producto hortícola. En adelante el interés por el tomate ya no se detendría. Hasta llegó a cambiarse el apodo de los napolitanos para reflejar los nuevos hábitos alimenticios; los *mangiafoglie* (comehojas) de antes pasaron a ser *mangiamaccheroni,* pues en lugar de ensaladas y de verduras se servía en la mesa fundamentalmente pasta con salsa de tomate.

El tomate sólo se recolecta en verano y hasta finales de otoño. Ahora bien, los napolitanos se resistían a renunciar a él en el resto del año y empezaron a desarrollar métodos de conservación. Ya en el siglo XIX aparecieron concienzudos tratados de científicos italianos que abordaron con seriedad el problema de la manera de poder disponer de tomates a lo largo de todo el año.

Finalmente en el siglo XX se creó en torno a la ciudad del Vesubio todo un sector industrial especializado en el cultivo y posterior manipulación de la solicitadísima solanácea. Se optimizaron, por selección y cultivo, las mejores variedades regionales, con el resultado de grandes cosechas de la mejor calidad. El tomate más conocido de Campania es, sin duda, el San Marzano. De color rojo brillante, esta variedad produce frutos pequeños, en forma de pera, carnosos, jugosos, de piel fina y con pocas semillas, idóneos tanto para la elaboración industrial como para las preparaciones caseras.

El *concentrato di pomodoro* (concentrado de tomate) asegura un sabor extra de tomate.

La *polpa di pomodoro* (trozos de tomate en conserva) es un ingrediente fundamental de las salsas de tomate de elaboración rápida.

Los *pomodori pelati* (tomates pelados) se despepitan y se trocean antes de proceder a su ulterior elaboración.

La *passata di pomodori* (tomate pasado) es un zumo de tomate espeso y listo para cocinar.

VARIEDADES ITALIANAS DE TOMATE

San Marzano
Los frutos alargados y ovalados de la variedad San Marzano se destinan a conservas, se secan o se utilizan para preparar salsas de pasta frescas. El tomate San Marzano tiene una carne consistente y dulce.

Sorrento
Esta variante del conocido tomate San Marzano es más blanda, por lo que se destina exclusivamente a la producción de conservas de tomate destinadas a la exportación.

Casalino
El Casalino es un tomate pequeño de sabor dulce y se desarrolla en racimo. Antiguamente se guardaba en bodegas, se colgaba del techo y de este modo se conservaba durante todo el invierno.

Pomodoro di Cerignola
El Pomodoro di Cerignola forma parte del gran grupo de tomates "cherry" o de cóctel. Es aromático y dulce y puede utilizarse crudo en ensaladas o ligeramente rehogado en salsas.

Marena
Como los restantes tomates meridionales, la variedad Marena madura es roja y dulce. No obstante, es muy exigente y, además de mucho sol, requiere un suelo rico en potasa.

Roma
La variedad Roma necesita también suelos ricos en potasa, por lo que es un típico tomate del sur. Es muy apropiada para las conservas, tanto en tarros como en seco.

Pachino
Los tomates italianos de cóctel, llamados también *ciliegini,* se llaman así por la población siciliana de Pachino, que es donde crecen los mejores de su especie. El sabor del Pachino es intenso y ligeramente ácido.

Perino
El Perino, alargado, de piel compacta y carne consistente, se destina a la industria de productos alimenticios y generalmente se presenta en latas como *pomodoro pelato* (tomate pelado).

Sardo
Variante utilizable en todas las ollas, en todas las sartenes y en todas las fuentes. Madura en invierno y su carne, muy aromática, lo hace muy recomendable para su consumo en crudo. Actualmente se intenta cultivarlo en su versión amarilla.

Ramato
Este tomate se llama así por desarrollarse en *rami,* es decir, en poderosas ramas en las que puede haber varios frutos, de color rojo encendido y de hasta 130 g de peso. Se pela fácilmente y admite múltiples usos culinarios.

Palla di Fuoco
El Palla di Fuoco, que significa bola de fuego, es una variedad que tiene mucha aceptación en el norte. Resulta excelente en una ensalada de tomate o en una *insalata mista*.

Napoli
Esta variedad necesita suelos ricos en potasa, como por ejemplo los suelos volcánicos que rodean el Vesubio. Es más pequeño y más redondo que el San Marzano.

Cuore di Bue
Un Cuore di Bue (corazón de buey) puede llegar a pesar 250 g. Esta variedad tiene mucha carne, pero pocas semillas. El Cuore di Bue es un tomate extraordinario para ensaladas y se consume únicamente en crudo. En el norte de Italia se toma incluso verde; entonces tiene una acidez superior a la que tiene de maduro. Con sal, aceite y pimienta, el "corazón de buey" es una auténtica exquisitez.

Conservas de tomate caseras

Dada la situación actual del abastecimiento, en realidad ya no es necesario preparar conservas de tomate *alla casalinga,* pues en toda Italia existen productos industriales de gran calidad. No obstante, es ésta una actividad que todavía se practica en muchas comarcas del sur de Italia. Como el tomate se utiliza en la cocina todos los días, se necesitan unas reservas considerables para superar el invierno y la primavera sin agobios estacionales. Los métodos de conservación que requieren un trabajo más intenso son la pasteurización de los aromáticos frutos rojos y la elaboración del concentrado de tomate. Para reducir las montañas de tomates que se van formando, amigas y vecinas se prestan recíprocamente ayuda a finales de verano hasta que todos los hogares disponen de conservas para el invierno. Como contrapartida al final de la jornada se organiza una cena distendida en la que se comparten los últimos chismes y habladurías del pueblo o del barrio.

Pasteurización

Tratándose de conservas caseras, no puede hablarse realmente de una esterilización similar a la que alcanzan las fábricas de productos alimenticios en condiciones de alta presión y de temperaturas elevadas, sino más bien de una ligera pasteurización del producto por la acción del calor. Para ello se introducen en agua "hasta el cuello" los tarros de cristal llenos, es decir, el nivel del agua debe estar por encima del nivel que alcanza el tomate en el interior del recipiente, pues únicamente así se garantiza una distribución homogénea del calor. Existe la posibilidad de salar el agua para elevar el punto de ebullición y lograr una pasteurización más eficaz. Los tarros deben protegerse con paños o con papel de periódico, para que no choquen entre sí y se rompan. Se calcula un tiempo medio de cocción de 40 minutos a fuego medio, tiempo que, sin embargo, se prolongará cuando los recipientes sean muy grandes. Tras la pasteurización los tarros de cristal no pueden sacarse inmediatamente del agua, sino que deben enfriarse un poco. Una vez que el ama de casa haya comprobado que todas las tapas están inmovilizadas y cierran herméticamente, las conservas se guardan en un lugar frío y seco.

Pomodori pelati, tomates pelados

Lavar, pelar y pasteurizar los tomates recién recogidos puede suponer todo un día de trabajo. Además de una ayuda efectiva, se necesita mucha agua para lavar los tomates antes de iniciar su elaboración posterior, un gran número de tarros de cristal secos con tapas de cierre hermético, algunas espumaderas de gran tamaño y finalmente grandes ollas y sartenes para esterilizar en ellas las conservas. Primero se escaldan los tomates diez segundos en agua hirviendo y a continuación se enfrían bruscamente para que la piel se desprenda de la carne. Los tomates pelados se introducen en los tarros de cristal ya preparados y se aprietan al máximo para que no se formen burbujas de aire. Las hojas de albahaca incorporadas dotan a las conservas de un aroma incomparable. Una vez llenos, los tarros se ponen al baño María.

Passata di pomodoro, concentrado de tomate casero

Para preparar un concentrado de tomate casero, se eligen los ejemplares mejores y más jugosos. Se cortan en trozos grandes y se cuecen a fuego lento con albahaca y sal en una olla grande hasta que forme una salsa espesa. Afortunadamente hoy en día no es necesario pasar por un colador la humeante masa, sino que se pueden utilizar aparatos accionados por manivela que retienen las pieles, las semillas y los tallos con tanta rapidez como eficacia. Los tarros se rellenan hasta los bordes y se cierran herméticamente. A continuación se pasteurizan como los *pomodori pelati.*

Pasta al pomodoro cotto
Pasta con salsa de tomate

7 CUCHARADAS DE ACEITE DE OLIVA
I CEBOLLA PICADA
750 G DE TOMATES PELADOS
I CUCHARADA DE ALBAHACA PICADA
SAL Y PIMIENTA NEGRA RECIÉN MOLIDA
400 G DE ESPAGUETIS
PARMESANO O PECORINO RALLADOS

Caliente el aceite de oliva en una sartén de fondo pesado y rehogue en él la cebolla picada hasta que se vuelva blanda y transparente. Agregue los tomates troceados y la albahaca. Sazone con sal y pimienta. Cueza a fuego lento durante 30 minutos.
Cueza los espaguetis *al dente* en abundante agua con sal y retire el agua. Sirva la pasta en platos, vierta encima la salsa de tomate y espolvoree con queso.

Zuppa di pomodoro
Sopa de tomate

I KG DE TOMATES MADUROS
2 CEBOLLAS
3 DIENTES DE AJO
I BOUQUET GARNI (UNOS TALLOS DE PEREJIL, ROMERO,
MEJORANA, ALBAHACA, TOMILLO Y SALVIA, FIRMEMENTE
ATADOS CON BRAMANTE)
I/4 L DE CALDO CONCENTRADO DE CARNE O DE VERDURAS
SAL
PIMIENTA MOLIDA
4 CUCHARADAS DE NATA A DISCRECIÓN

Escalde los tomates, pélelos, quíteles las semillas y trocéelos. Corte en dados pequeños las cebollas y pique los ajos. Caliente aceite de oliva en una sartén de fondo pesado y rehogue en él la cebolla hasta que se vuelva blanda y transparente. Agregue el ajo y deje que se rehogue. Incorpore el tomate y el *bouquet garni* y deje que todos los ingredientes hiervan a fuego lento entre 30 y 45 minutos.
Retire el *bouquet garni* y pase por un colador el puré de tomate. Vierta el caldo concentrado de carne y haga hervir la sopa. Sazone con sal y pimienta recién molida.
Opcionalmente bata la nata a punto de nieve y decore cada plato de sopa con una cucharada de nata.

En la época de los preparados industriales, las conservas caseras son un lujo exquisito al alcance de cualquiera.

La limpieza es el imperativo supremo. El tarro y la arandela de cierre deben esterilizarse en agua hirviendo.

En la parte superior de los tomates se efectúa una incisión en forma de cruz. Se recomienda utilizar un cuchillo de cocina corto y afilado.

Los tomates se dejan caer con cuidado, utilizando una espumadera, en agua muy caliente, la cual, sin embargo, no debe hervir a borbotones.

Los tomates se retiran del agua cuando, pasados unos segundos, la piel se enrolla y se desprende en el lugar de la incisión.

Es el momento de pelarlos con cuidado. El resultado será tanto más atractivo cuanto menos se estropee la pulpa.

Los tomates pelados se introducen en el tarro de cristal. Opcionalmente pueden agregarse hojas de albahaca o laurel.

A continuación se vierte agua o agua con vinagre sobre los tomates hasta cubrirlos completamente.

Superior: la durabilidad de las conservas de tomate se logra mediante el baño María en agua hirviendo.

Inferior: los *pomodori pelati* caseros se conservan varios meses, pero, como sucede con otras conservas, deben guardarse en un lugar seco y frío, controlándose periódicamente su perfecto estado.

TOMATES PARA EL INVIERNO

Para poder disponer de tomates hasta muy avanzado el invierno, los pequeños tomates redondos de mata, que se recogen verdes, se cuelgan en un lugar aireado y protegido de la lluvia para que maduren primero y se sequen después. Casi todos los balcones y ventanas de Campania están adornados durante los meses fríos con ristras de tomates. Una vez secos, estos frutos de sabor intenso permiten preparar salsas de tomate y enriquecer las sopas.

Pomodori secchi, tomates secados al sol
A diferencia de los *pomodori pelati* y de la *passata di pomodori,* los *pomodori secchi* se preparan con relativa rapidez. Se cortan en dos mitades los tomates maduros, que no serán demasiado grandes, se salan ligeramente, se colocan en una parrilla y se dejan en un lugar soleado.
Pasados unos pocos días los jugosos frutos están secos y, para conservar su concentrado sabor, se ponen en un buen aceite de oliva o en una mezcla aromatizante totalmente al gusto personal.
Si por falta de espacio o por cualquier otro motivo no se puede efectuar el secado directo, existe la posibilidad de adquirir en el mercado el arrugado producto, pues los tomates secos en conserva según la receta de *mamma* o de *nonna* no pueden faltar en el invierno de Campania.

Inferior: los tomates secados al sol pueden conservarse en aceite con ajo y hierbas aromáticas. Tomados como aperitivo en los meses de invierno, restablecen en la lengua los aromas del verano. Antes de servirlos, se debe dejar que escurran. Se acompañan con pan del día.

PIZZA

Pueden rastrearse indicios de la pizza en la época romana, cuando se elaboraba una especie de *focaccia* designada con el nombre de *picea*. El nombre de *piza* se impuso en el paso del primero al segundo milenio, aunque el producto plano y circular de los primeros hornos medievales se parecía mucho a una torta común y todavía quedaba muy lejos la auténtica pizza napolitana con salsa de tomate, boquerones, alcaparras y mozzarella. Los apuntes que Emanuele Rocco recoge en su libro *Usi e costumi di Napoli e contorni* (Usos y costumbres de Nápoles y de sus alrededores), publicado en 1858, suenan más bien a *bestseller* culinario en la acepción actual. La receta de la pizza de Rocco establece lapidariamente que una masa redonda estirada con el rodillo o extendida con las manos se puede cubrir con todo "lo que a uno se le ocurra", añadiendo aceite o manteca para poder hornear el conjunto. A continuación se enumeran los diversos ingredientes –ajo picado, queso rallado, unas hojas de albahaca, pescado cortado en trozos pequeños y unas lonchas de mozzarella– y se indica la posibilidad de doblar por la mitad la masa con su guarnición, elaborando así lo que actualmente encargaríamos en el establecimiento italiano de la esquina con el nombre de *pizza calzone*.

El texto del siglo XIX cita también los hornos de los pizzeros, de los que tradicionalmente salía un olor tan embriagador que ni las mismas cabezas coronadas de Nápoles podían resistirse. Para descubrir todos los detalles de la nueva especialidad, desentendiéndose de todas las reglas del protocolo Fernando I de Borbón visitó el horno de un tal Antonio Testa y no tardó en aficionarse a la pizza. Como la reina no compartía en absoluto la pasión por la pizza de su esposo, el monarca no tuvo más remedio que acudir a las pizzerías de la ciudad disfrazado de simple ciudadano. Hubo que

La emigración forzosa

Como es notorio, el sur forma parte todavía hoy de las regiones más pobres de Italia, pero a finales del siglo XIX se podía hablar de epidemias periódicas de hambre. Los campos producían muy poco y, dada la debilidad de la infraestructura industrial, los puestos de trabajo escaseaban. No es extraño que entre 1899 y 1910 alrededor de dos millones de italianos meridionales no encontrasen mejor salida que dejar su patria y buscar fortuna al otro lado del océano, en los Estados Unidos.

Fueron unos 500.000 los recién llegados que se quedaron en Nueva York, donde poco a poco crearon un barrio que pronto fue conocido con el nombre de Little Italy. Heridas por la nostalgia, las familias italianas se mantenían unidas y se esforzaban por mantener sus tradiciones también en el extranjero. Una de aquellas tradiciones fue el arte culinario, que la gente se trajo consigo desde Nápoles, Bari y Sicilia. Los emigrantes realizaron, con

El año 1923 llegaron por vía marítima a Nueva York 2.447 emigrantes italianos.

éxito, sus primeras pruebas como pequeños importadores de embutido, quesos y jamones italianos. Otros recorrían las calles de Nueva York con sus carritos de mano vendiendo excelentes frutas y verduras. En 1930 el alcalde Fiorello La Guardia prohibió la venta ambulante de comestibles, lo cual, sin embargo, no impidió que los comerciantes italianos continuasen con sus actividades. Para entonces muchos habían ahorrado algún dinero y se hicieron con una pequeña tienda. De todos modos, el comercio con artículos de importación no fue el único tipo de negocios en el que destacaron los italianos. En 1905 Gennaro Lombardi abrió la primera pizzería de Nueva York. De la noche a la mañana las exquisitas tortas de masa con guarnición tuvieron un éxito enorme y muchos otros *pizzaioli* siguieron el ejemplo de Lombardi.

La masa de la pizza lleva harina, levadura, agua y sal. Es muy importante que disponga de tiempo suficiente para el leudado.

La masa, que habrá de ser elástica y no excesivamente compacta, se divide en porciones iguales.

Las porciones de masa se estiran con las palmas de las manos. Puede utilizarse también un rodillo para pastas.

La guarnición puede ser al gusto. En este caso se extienden primero sobre la pasta dados de tomate y de pimiento...

... y después trozos de mozzarella. En cuestión de quesos existen las opciones del ricotta o del parmesano.

Al final la pizza con su guarnición puede rociarse con un poco de aceite de oliva. Es el momento de hornearla.

esperar al siguiente rey Borbón para que esta exquisitez redonda fuera aceptada en la buena sociedad. Cuando Fernando II pidió a Don Domenico Testa, otro *pizzaiolo* destacado, que en honor de las damas de la Corte efectuase una demostración de su arte en los jardines de la soberbia propiedad de Capodimonte, estaba seguro del apoyo total de la reina. La pizza de Don Domenico entusiasmó al monarca hasta el punto de que concedió al pizzero el título de *monzù*. En el siglo XVIII, en Nápoles este honroso título, deformación del francés *monsieur,* se reservaba en exclusiva a los *chefs de cuisine* franceses que trabajaban en las casas de las clases altas. Pero Fernando II era tan aficionado a los platos de la cocina campaniense, con la pizza en primer término, que se hizo construir en los alrededores del palacio hornos especiales de pizzas para poder disfrutar en cualquier momento, tanto él como sus huéspedes, de aquella exquisitez.

Tras los Borbones, la casa de Saboya ocupó el trono en 1861. Italia caminaba en dirección a la unidad nacional, y tanto Humberto I como su esposa Margarita fueron recibidos con todos los honores en su visita a la ciudad del Vesubio el año 1889. Cuando la reina pidió una pizza, el *pizzaiolo* Raffaele Esposito concibió una creación de albahaca verde, mozzarella blanca y

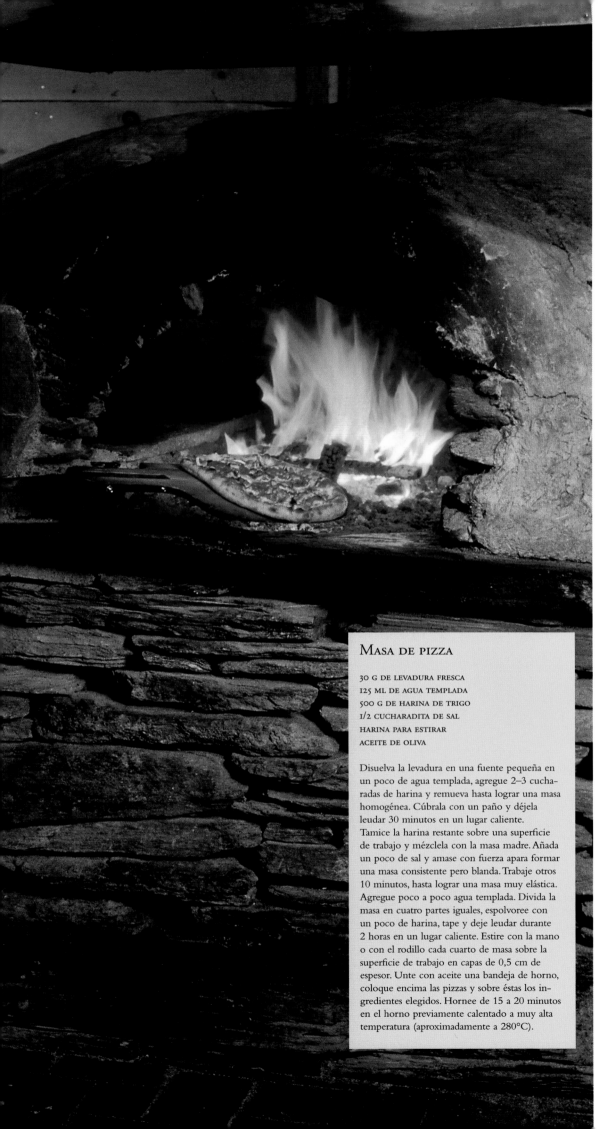

tomates rojos y dio a su obra, que incluía los colores nacionales del incipiente Estado, el nombre de pizza Margarita.

Sorprendentemente durante mucho tiempo la pizza fue una pasión regional. Mientras otros productos de Campania, como la pasta de trigo duro o el tomate, se difundieron por el norte de un modo lento pero seguro, las exquisitas tortas de masa con guarnición, que en Nápoles se adquirían al pasar junto a los pizzeros callejeros y se tomaban como un tentempié entre horas, tuvieron que dar un rodeo por Nueva York. Allí, en efecto, se inauguró en 1905 la primera pizzería de los EE.UU. Aquella pequeña tienda tuvo un éxito enorme. En los años sesenta la pizza no solo se impuso en Estados Unidos, sino que entusiasmó en el norte de Europa. Únicamente era desconocida en Italia, con la excepción de Nápoles. El nutritivo bocado no se introdujo en Roma y en las regiones septentrionales de Italia hasta los años setenta y ochenta. Entretanto la pizza ha quedado registrada en el libro Guinnes de los récords, pues el gremio de los pizzeros organiza periódicamente concursos de exhibición en los que los *pizzaioli* más hábiles no solo son premiados por sus logradas creaciones, sino también por su habilidad, lindante en ocasiones con la acrobacia, para lanzar a lo alto primero y recoger después las delgadas tortas de masa.

Actualmente la pizza está en boca de todos y probablemente ha desplazado incluso a los espaguetis, considerados en el extranjero como "lo más italiano". Hasta en las poblaciones más apartadas de Europa hay una pizzería como mínimo y en las grandes urbes un ejército de activos repartidores de pizzas se pelea por la clientela con sus coloristas hojas de distribución. En EE.UU. hay cadenas enteras especializadas en el manjar redondo del viejo mundo, con preparaciones italianas en cierto sentido imaginativas, aunque no siempre ortodoxas. Los supermercados ofrecen pizzas congeladas de todos los tipos y de todos los precios y quien quiera hacer sus pinitos como *pizzaiolo* encontrará fácilmente en el mercado de la esquina los ingredientes necesarios, tales como la harina, la levadura, el agua, la sal, los tomates, la mozzarella, las alcaparras, las anchoas y eventualmente el orégano y la albahaca.

MASA DE PIZZA

30 G DE LEVADURA FRESCA
125 ML DE AGUA TEMPLADA
500 G DE HARINA DE TRIGO
1/2 CUCHARADITA DE SAL
HARINA PARA ESTIRAR
ACEITE DE OLIVA

Disuelva la levadura en una fuente pequeña en un poco de agua templada, agregue 2–3 cucharadas de harina y remueva hasta lograr una masa homogénea. Cúbrala con un paño y déjela leudar 30 minutos en un lugar caliente. Tamice la harina restante sobre una superficie de trabajo y mézclela con la masa madre. Añada un poco de sal y amase con fuerza apara formar una masa consistente pero blanda. Trabaje otros 10 minutos, hasta lograr una masa muy elástica. Agregue poco a poco agua templada. Divida la masa en cuatro partes iguales, espolvoree con un poco de harina, tape y deje leudar durante 2 horas en un lugar caliente. Estire con la mano o con el rodillo cada cuarto de masa sobre la superficie de trabajo en capas de 0,5 cm de espesor. Unte con aceite una bandeja de horno, coloque encima las pizzas y sobre éstas los ingredientes elegidos. Hornee de 15 a 20 minutos en el horno previamente calentado a muy alta temperatura (aproximadamente a 280°C).

Izquierda: la mejor pizza es la cocida en un horno de piedra con fuego de leña, pues sólo así se alcanza la temperatura ideal de aproximadamente 400° C. La pizza estará en su punto cuando la pasta esté bien cocida y crujiente y el queso se haya extendido adecuadamente.

Las pizzas clásicas

Pizza alla napoletana
Pizza napolitana

160 G DE TOMATES MADUROS
6 ANCHOAS
120 G DE MOZZARELLA
1 CUCHARADA DE ORÉGANO
4 CUCHARADAS DE ACEITE DE OLIVA
VIRGEN EXTRA

Pele los tomates, quíteles las pepitas y córtelos en daditos. Lave las anchoas y quíteles las espinas. Corte la mozzarella en dados. Cubra la masa de la pizza (véase página 345) con los ingredientes, espolvoree con orégano y rocíe con aceite de oliva.

Pizza alle cipolle
Pizza con cebolla

100 G DE TOMATES MADUROS
2 CEBOLLAS
12 FILETES DE ANCHOAS
16 OLIVAS NEGRAS SIN HUESO
16 ALCAPARRAS
8 HOJAS DE ALBAHACA
4 CUCHARADAS DE ACEITE DE OLIVA
VIRGEN EXTRA

Pele los tomates, quíteles las pepitas y córtelos en dados pequeños. Corte las cebollas en aros finos y rehóguelas en una sartén con un poco de aceite de oliva. Agregue el resto de los ingredientes exceptuadas las hojas de albahaca. Cubra la masa de la pizza (véase página 345) con la mezcla y extienda encima las hojas de albahaca.

Pizza Margherita
Pizza Margarita

150 G DE MOZZARELLA
100 G DE TOMATES MADUROS
12 HOJAS DE ALBAHACA
3 CUCHARADAS DE ACEITE DE OLIVA VIRGEN EXTRA
SAL Y PIMIENTA

Corte la mozzarella en dados, pele los tomates, quíteles las pepitas y córtelos en daditos. Extienda la mozzarella y el tomate sobre la masa de la pizza (véase página 345), recubra con las hojas de albahaca, rocíe con aceite de oliva y salpimiente.

Pizza aglio, olio e peperoncino
Pizza con ajo, aceite y guindilla

4 CUCHARADAS DE AJOS CORTADOS EN RODAJAS
1 CUCHARADA DE ORÉGANO
2 GUINDILLAS MUY PICADAS
3 CUCHARADAS DE ACEITE DE OLIVA VIRGEN EXTRA

Extienda el ajo, la guindilla y el orégano sobre la masa de la pizza (véase página 345) y rocíe con aceite de oliva.

Pizza al prosciutto
Pizza con jamón cocido

100 G DE TOMATES MADUROS
150 G DE RICOTTA
150 G DE JAMÓN COCIDO
2 CUCHARADAS DE ACEITE DE OLIVA
VIRGEN EXTRA

Pele los tomates, quíteles las pepitas y córtelos en dados pequeños. Desmenuce el ricotta y corte el jamón en trozos pequeños. Extienda todos los ingredientes sobre la masa de la pizza (véase página 345) y rocíe con aceite de oliva.

Pizza alla parmigiana
Pizza con parmesano

100 G DE TOMATES MADUROS
80 G DE PARMESANO
150 G DE RICOTTA
3 CUCHARADAS DE ACEITE DE OLIVA VIRGEN EXTRA
SAL

Pele los tomates, quíteles las pepitas y córtelos en daditos. Ralle el parmesano y desmenuce el ricotta. Extienda los ingredientes sobre la masa de la pizza (véase página 345). Rocíe con aceite de oliva y ponga un poco de sal.

Pizza ai formaggi
Pizza con quesos variados

60 G DE PROVOLONE
60 G DE PARMESANO
60 G DE GRUYÈRE
60 G DE PECORINO
100 G DE TOMATES MADUROS
4 CUCHARADAS DE ACEITE DE OLIVA
VIRGEN EXTRA
SAL

Corte en lonchas o ralle los diversos quesos. Pele los tomates, quíteles las pepitas y córtelos en dados pequeños. Extienda los ingredientes sobre la masa de la pizza (véase página 345). Rocíe con aceite de oliva y ponga sal.

Pizza alla rucola
Pizza con roqueta

100 G DE TOMATES MADUROS
80 G DE ROQUETA
100 G DE SCAMORZA AHUMADA
80 G DE BEICON
3 CUCHARADAS DE ACEITE DE OLIVA
VIRGEN EXTRA

Pele los tomates, quíteles las pepitas y córtelos en daditos. Lave la *rucola*, corte la *scamorza* y el beicon en lonchas finas. Extienda todos los ingredientes sobre la masa de la pizza (véase página 345) y rocíe con aceite de oliva.

Pizza alla salsiccia
Pizza con salchichas

100 G DE TOMATES MADUROS
200 G DE MOZZARELLA
100 G DE SALCHICHAS
40 G DE PECORINO
3 CUCHARADAS DE ACEITE DE OLIVA
VIRGEN EXTRA

Pele los tomates, quíteles las pepitas y córtelos en dados pequeños. Trocee la mozzarella, corte las salchichas en rodajas finas y pique el *pecorino*. Extienda los ingredientes sobre la masa de la pizza (véase página 345) y rocíe con aceite de oliva.

Calzone ripieno al forno
Pizza rellena

100 G DE TOMATES MADUROS
200 G DE RICOTTA
150 G DE MOZZARELLA
100 G DE SALAMI EN TROZOS
3–4 CUCHARADAS DE ALBAHACA PICADA
50 G DE MANTECA DE CERDO O ACEITE
DE OLIVA
SAL Y PIMIENTA
50 G DE PARMESANO RALLADO

Pele los tomates, quíteles las pepitas, córtelos en dados pequeños y extiéndalos sobre la masa de la pizza (véase página 345). Desmenuce el ricotta. Corte en dados pequeños la mozzarella y el salami y mézclelos con el ricotta junto con la albahaca. Mezcle revolviendo con la manteca de cerdo o con el aceite de oliva hasta formar una masa moldeable, salpimiente. Extienda la mezcla sobre la masa de la pizza y espolvoree el parmesano rallado. Doble la pizza en forma de media luna y apriete bien los bordes.

Pizza alle vongole
Pizza con almejas

100 G DE TOMATES MADUROS
500 G DE ALMEJAS
4 CUCHARADAS DE ACEITE DE OLIVA
VIRGEN EXTRA
1 DIENTE DE AJO PICADO
1 RAMITO DE PEREJIL PICADO
1 CUCHARADITA DE ORÉGANO
PIMIENTA RECIÉN MOLIDA

Pele los tomates, quíteles las pepitas, córtelos en daditos y extiéndalos sobre la masa de la pizza (véase página 345). Hornee la pizza. Tras haberlas limpiado con cuidado, cueza 5 minutos las almejas en una cazuela con 3 cucharadas de aceite de oliva, ajo y perejil, pero sin agua, hasta que las conchas se abran. Deseche las almejas cerradas. Desprenda la carne de las almejas y resérvelas calientes en el caldo de la cocción. Cubra con las almejas la pizza horneada y espolvoree con orégano y pimienta.

Aroma de tomate para las pizzas

Las recetas tradicionales de pizzas incluyen con frecuencia el empleo de tomates frescos y totalmente maduros. Ahora bien, en el centro y norte de Europa es difícil hacerse durante los meses con el artículo apropiado. Los *pomodori pelati* o tomates pelados en lata, escurridos antes de utilizarlos, constituyen una alternativa excelente que además permite ganar tiempo. Otra alternativa es el *sugo* preparado con cebolla rehogada, trocitos y concentrado de tomate y orégano.

Pizza alle cozze
Pizza con mejillones
(fotografía inferior)

500 G DE MEJILLONES
80 G DE PATATAS
100 G DE TOMATES MADUROS
200 G DE RICOTTA
3 CUCHARADAS DE ACEITE DE OLIVA
VIRGEN EXTRA
SAL Y PIMIENTA NEGRA RECIÉN MOLIDA

Limpie cuidadosamente los mejillones y cuézalos sin añadir agua unos 5 minutos hasta que las conchas se abran del todo. Deseche los mejillones cerrados. Desprenda la carne de los mejillones y resérvela caliente en el caldo de la cocción. Pele las patatas, trocéelas y cuézalas en agua con sal. Pele los tomates, quíteles las pepitas y córtelos en daditos. Extienda el tomate, el ricotta, la patata y los mejillones sobre la masa de la pizza (véase página 345), rocíe con aceite de oliva, salpimiente.

Todavía existen en toda Italia puestos de venta ambulante, que se montan y desmontan rápidamente. Sin embargo, su número decrece en la misma proporción en que se abren nuevos supermercados.

MEJILLONES Y OTROS ANIMALES MARINOS

Antiguamente los típicos ostreros napolitanos estaban cerca de las *trattorie* y de los restaurantes, o bien en otros puntos estratégicamente importantes de la ciudad. Generalmente las pintorescas construcciones de madera se decoraban con entrañables reproducciones del golfo de Nápoles o del Vesubio y llevaban bien visible el título de *ostricaro fisico,* que viene a significar "ostrero vigoroso". Para comprender el verdadero significado del título hay que recurrir a Fernando II. En la visita que efectuó al pueblo de pescadores de Santa Lucía, al encontrarse frente a un napolitano bien proporcionado el rey Borbón exclamó: *tu si nu fisico,* "tienes un cuerpo de deportista". Sumamente halagado, el ostrero se apresuró a dejar constancia en el rótulo de su tienda del título que le había concedido el monarca. Sus colegas obviamente no quisieron ser menos y desde entonces todos fueron ostreros "vigorosos" o "deportistas". Exactamente *ostricari fisici.*

Los pescaderos actuales no solo disponen de ostras —muchos restaurantes se han especializado en ellas—, sino también de otros crustáceos, como mejillones, criadillas de mar, almejas y erizos de mar. Toda la fauna marina es muy saludable para el hombre, pues, además de valiosas proteínas, aporta yodo, otros minerales, oligoelementos y ácidos grasos no saturados. Para que su ingestión no resulte problemática, el pescado debe ser de la mejor calidad y absolutamente fresco. Los crustáceos y los moluscos deben proceder incuestionablemente de aguas limpias, sobre todo los destinados al consumo en crudo. En caso de duda existe la posibilidad de elegir recetas que prevén la cocción del producto.

La cocina napolitana sería inimaginable sin *cozze,* sin mejillones adquiridos en un proveedor de confianza y esmeradamente limpiados antes de proceder a su preparación ulterior. Se compran por quilos y empaquetados en redes de plástico, en las que deben constar en un lugar visible el obligatorio certificado de sanidad y el comprobante de que se ha efectuado ya la depuración previa. No obstante, los mejillones vuelven a limpiarse a fondo bajo un chorro de agua en la cocina doméstica. Entonces se elimina el *bisso* o biso, es decir, los filamentos con los que el animal se fija bajo el agua al banco de conchas. Para ello se utiliza un cuchillo corto y afilado, procurando que el mejillón quede intacto. Con el mismo cuchillo se raspan las adherencias eventualmente existentes en las conchas. A continuación se efectúa un nuevo lavado, y no se introducirán los mejillones en la olla hasta que el agua no salga completamente clara. Aparentemente la limpieza de los mejillones exige mucho

tiempo, pero se trata de un proceso muy rápido, pues los criaderos y los intermediarios cuentan con modernas instalaciones de cepillado que efectúan una primera limpieza a fondo.

Aparte de los mejillones y de otros mariscos, el golfo de Nápoles y las demás bahías de Campania suministran un pescado exquisito. De los ágiles y pequeños, aunque muy carnosos, boquerones que se mueven por estas aguas se ha llegado a decir que son los únicos que pueden gratinarse en un molde para suflés o freírse simplemente con pimiento verde en aceite de oliva. Por otra parte el pescado de las aguas napolitanas tiene su propio y natural "sello de fresco". Antes de presentarse la rigidez de la muerte, los pescadores imponen a las doradas y lubinas que acaban de capturar la forma arqueada que presentan en las cajas de los pescaderos. Así indican a los clientes que se trata de una captura absolutamente fresca, pues si el pescado no fuera tan fresco la rigidez propia de la muerte habría desaparecido y su cuerpo recuperaría su posición natural.

Ya los romanos mostraron sus preferencias por el pescado del golfo y Lúculo, destacado pionero en el ámbito culinario, llegó a tener en Nápoles su propia piscifactoría. Durante su estancia en Capri, el emperador Tiberio se hacía con las mejores capturas de los pescadores. Se hablaba de barbos enormes pagados a precio de oro. Los napolitanos todavía recuerdan la terrible costumbre romana, no documentada históricamente, de criar en piscinas con agua de mar morenas que serían alimentadas con carne de los pobres esclavos.

Fritto misto di mare

Fritada de mariscos variados
(fotografía inferior izquierda)

500 G DE CALAMARES PEQUEÑOS FRESCOS
4 SALMONETES DE 100 G CADA UNO
SAL
500 G DE BOQUERONES FRESCOS O DE SARDINAS
MUY PEQUEÑAS
250 G DE GAMBAS GRANDES
ACEITE DE OLIVA PARA FREÍR
2 DIENTES DE AJO
HARINA PARA ESPOLVOREAR
2–3 LIMONES

Retire la bolsa de tinta, las vísceras, la cabeza y el caparazón interno de los calamares: retire la piel, arranque del
cuerpo los tentáculos y las vísceras y corte justamente a
la altura de la cabeza. Los tentáculos se aprovechan pero
las vísceras y las cabezas se rechazan. Lave y seque con un
paño. Si los calamares son grandes, córtelos en tiras.
Desescame los salmonetes, evíscérelos, quíteles la cabeza
y las aletas. Lávelos bajo un chorro de agua fría y séquelos
con papel de cocina, añádales sal.
Desescame y evíscere los boquerones (o sardinas), elimine
todas las aletas excepto la caudal. Tratándose de ejemplares
muy pequeños, puede comerse también la cabeza. Lávelos,
séquelos con papel de cocina y añádales sal.
Separe las cabezas de las gambas, evíscere las gambas.
Conserve el caparazón y la cola. Otra opción sería desprender las gambas de su caparazón, pasarlas por harina
y freírlas.
Caliente abundante aceite de oliva en una sartén honda o
en una freidora. Agregue los dientes de ajo. El aceite habrá
alcanzado la temperatura adecuada cuando se formen
burbujas al introducir en él un palito de madera. Retire
los ajos antes de empezar a freír.
Pase ligeramente por harina los calamares y fríalos bien
por tandas. Deje que se escurran sobre un papel de cocina
y manténgalos calientes en el horno precalentado a 150°C.
Pase también ligeramente el pescado por la harina.
Póngalo sucesivamente en el aceite caliente y fríalo bien.
Los salmonetes necesitan 3–4 minutos, los boquerones
2 minutos. Retire con una espumadera el pescado frito y
deje que se escurra bien sobre papel de cocina. Después
manténgalo caliente en el horno.
Fría sin harina las gambas no peladas. Pase primero por
harina las gambas peladas y después fríalas. Deje que
escurran sobre blonda de cocina.
Cubra una fuente grande con servilletas de papel. Ponga
en ella el pescado y el marisco, espolvoree con sal. Corte
el limón en gajos, póngalo a un lado y sirva enseguida.

Impepata di cozze

Mejillones en su salsa
(fotografía superior derecha)

1 KG DE MEJILLONES
1 GUINDILLA
2 CUCHARADAS DE PEREJIL PICADO
1 LIMÓN
8 REBANADAS DE PAN BLANCO TOSTADAS

Raspe los mejillones, lávelos y cuézalos en una cazuela
con un poco de agua y con la guindilla picada hasta que
los caparazones se abran. Deseche los mejillones cerrados.
Desprenda la carne de las conchas y pase el caldo de los
mejillones por un colador fino. Ponga de nuevo los
mejillones en el caldo y hierva otros 3 minutos. Espolvoree con perejil y rocíe a voluntad con zumo de limón.
Sirva con pan tostado.

Acciughe all'origano

Sardinas con orégano
(fotografía inferior anterior derecha)

800 G DE SARDINAS
5–6 CUCHARADAS DE ACEITE DE OLIVA VIRGEN EXTRA
1 CUCHARADA DE VINAGRE DE VINO BLANCO
2 CUCHARADAS DE PEREJIL PICADO
1 CUCHARADA DE ORÉGANO
2 DIENTES DE AJO PICADOS
SAL Y PIMIENTA

Retire las espinas a las sardinas, límpielas bien y descabé-
celas. Unte con aceite de oliva una fuente refractaria de
cerámica y ponga en ella las sardinas en capas. Mezcle
revolviendo el aceite de oliva, el vinagre de vino blanco,
el perejil picado, el orégano y el ajo picado, sazone con sal
y pimienta y extienda la mezcla sobre las sardinas. Hornee
unos 15 minutos en el horno precalentado a 170°C.
Sirva las sardinas calientes o frías.

Anterior derecha: *acciughe all'origano,* sardinas con orégano
Anterior izquierda: *fritto misto di mare,* fritada de mariscos
variados
Posterior: *impepata di cozze,* mejillones en su salsa

Polpi di scoglio alla luciana

Calamares a la manera de Santa Lucia

2 CALAMARES DE 400 G LISTOS PARA COCINAR
1 DIENTE DE AJO PICADO
3–4 CUCHARADAS DE ACEITE DE OLIVA VIRGEN EXTRA
1–2 TOMATES MADUROS
1/2 GUINDILLA
1 CUCHARADA DE PEREJIL PICADO
SAL Y PIMIENTA
ZUMO DE 1 LIMÓN
PEREJIL PICADO PARA ADORNAR

Lave bien los calamares y golpéelos suavemente. Rehogue
en una cazuela el ajo en aceite de oliva y agregue los
calamares.
Escalde los tomates, pélelos y trocéelos. Incorpórelos a
los calamares con la guindilla y el perejil, sazone con sal
y pimienta. Cierre bien la cazuela con una tapa para que
no salga el vapor. Deje hervir a fuego lento unas 2 horas
moviendo la cazuela de cuando en cuando para evitar que
los calamares se peguen en el fondo.
Rocíe los calamares calientes, templados o fríos con un
poco de zumo de limón y sírvalos tras haberlos espolvoreado con perejil.

349

Mozzarella affumiciata

Ricotta

Ricotta fresca

Mozzarella en salmuera

Existen variantes de las especialidades de queso fresco que son la mozzarella y el ricotta. Así la mozzarella se presenta en el mercado en forma de bola de nívea blancura, pero también ligeramente ahumada. El ricotta debe tratarse como un producto suave fresco, pero también puede salarse y prensarse, con la consiguiente diversidad de grados de curación.

La mozzarella auténtica se elabora con leche de búfala arni negra. Antes de trocearse, el requesón fresco permanece en reposo unos 20 minutos.

Para conseguir la consistencia característica de la mozzarella, se escalda la cuajada con agua casi hirviendo y se amasa con las manos.

La pasta debe ser lo suficientemente elástica como para que haga hebras sin quebrarse. Por la consistencia de su pasta, la mozzarella se califica también de queso de *pasta filata*.

La pasta se reduce a porciones, para lo cual el quesero la divide en partes iguales. Este proceso, que se llama *mozzatura,* ha dado su nombre a este apetitoso queso fresco.

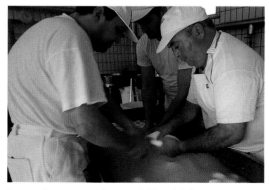

Las porciones se transforman rápida y hábilmente en bolas grandes o pequeñas o bien se entrelazan en forma de trenzas. En las tiendas de productos lácteos pueden encontrarse otras "formas de mozzarella".

La mozzarella puede consumirse inmediatamente recién elaborada, sin ningún tipo de curación. Para su conservación, se ponen las bolas en salmuera de suero, pero ni aun así se conservan muchos días.

MOZZARELLA

La mozzarella fresca es un producto que se echa a perder con una rapidez extrema. La mejor es la que se toma *di giornata,* es decir, la del mismo día. En suero y a baja temperatura se conserva durante algunos días. Para una conservación más larga o para exportarla, prácticamente no existe otra posibilidad que la de introducir las pequeñas y blancas bolas en bolsas de plástico llenas de salmuera. Ahora bien, antes de que la técnica alimentaria pudiera disponer de este procedimiento, la *mozzarella* era de hecho un lujo regional al alcance de los paladares de Campania y de Apulia. No es extraño que este queso lechoso haya contribuido al inconfundible carácter de algunos platos autóctonos de estas regiones. Sin la mozzarella soberbiamente fundida, la pizza napolitana sería sencillamente impensable, al igual que la pizza de Capri, ópticamente tan italiana por combinar el verde de la albahaca con el blanco del queso y el rojo del tomate.

Como sucede con cualquier otro queso, también la elaboración de la mozzarella empieza con la coagulación de la leche mediante un cuajo. La cuajada así obtenida se divide en trozos no muy pequeños, que a continuación se calientan a 80–90° C. Entonces el quesero remueve y trabaja la masa humeante hasta que se forma una pasta elástica y filamentosa, que divide en trozos del mismo tamaño. Este proceso se llama *mozzatura* (corte, sección) y da nombre al queso. A las diversas porciones de queso se les da forma de bola, de trenza o de otro tipo de cosas.

Dada la gran demanda existente, este queso fresco y suave se elabora también con leche de vaca; en este caso no debería hablarse, en realidad, de mozzarella, sino de *fior di latte* o *fiordellatte* (flor de leche). Por el contrario, la auténtica y tradicional variante campaniense se elabora con la leche de la búfala arni negra, que se cría en grandes rebaños fundamentalmente en las fértiles llanuras del río Volturno, al noroeste de Nápoles, y en el triángulo que forman Salerno, Eboli y Paestum. En 1993 fue reconocido oficialmente el nombre *mozzarella di bufala campana,* que obtuvo el certificado de D.O.C. La zona de producción no se limita a Campania e incluye provincias del Lacio y la comarca de Foggia, en Apulia. La versión auténtica de la mozzarella se reconoce por el sello de calidad del consorcio regulador.

Por su pasta filamentosa la mozzarella se llama también queso de *pasta filata.* En esta categoría se incluyen especialidades como la *provola* y el *caciocavallo,* que se elaboran mediante procedimientos similares al de la mozzarella. La *provola* tiene su origen en la pasta de la mozzarella, que se ahúma y se cura durante algún tiempo; su corteza, dura y pardusca, tiene un maravilloso aroma de humo. El *caciocavallo* es un queso de leche de vaca, que puede consumirse relativamente fresco, aunque también puede conservarse un año. Su versión más curada sustituye en el sur de Italia como queso rallado al *pecorino* romano o al parmesano.

MOZZARELLA EN CARROZA

La *mozzarella in carrozza,* que puede traducirse por mozzarella en carroza, constituye una de las preparaciones más tradicionales de Campania, a pesar de que actualmente esta especialidad aparece en las cartas de todas las pizzerías de Italia. Por regla general la *mozzarella in carrozza* se prepara con pan inglés y con *fior di latte,* que es una *mozzarella* que se elabora con leche de vaca. Pero en realidad no es ésta la versión auténtica. La receta original de Campania prevé el empelo de pan sobrante del día anterior de las panaderías artesanales locales junto con auténtica *mozzarella* de leche de búfala. La diferencia entre estas dos formas de preparación no puede ser mayor, ya que la *mozzarella* de leche de búfala es más grasa y menos acuosa, de manera que, al freír, ésta se adhiere a las rebanadas y no se desborda prematuramente —como tantas veces acostumbra a suceder con la *fior di latte*–, dotando así al plato un aspecto escasamente atractivo.

MOZZARELLA IN CARROZZA

Mozzarella en carroza
(fotografía superior)

3 HUEVOS
SAL
LECHE
500 G DE PAN SECO
700 G DE MOZZARELLA
HARINA DE TRIGO
ACEITE PARA FREÍR

Bata en una fuente los huevos con sal y un chorro de leche. Corte el pan en 24 rebanadas de 1 cm de espesor. Divida la mozzarella en 12 trozos iguales. Ponga un trozo de mozzarella entre dos rebanadas de pan. Espolvoree con harina cada emparedado y páselo por la masa del huevo todas las veces que haga falta para que se impregne totalmente del líquido. Fría los emparedados en aceite muy caliente hasta que se doren y sírvalos calientes.

La quesería Vannulo de Capaccio, cerca de Salerno, cuenta con su propio rebaño de búfalos. De un total de unos 250 ejemplares, 7 son sementales. En Vannulo la *mozzarella di bufala* se elabora artesanalmente. En cambio la de los supermercados se elabora con leche de vaca y en realidad debería denominarse *fior di latte* (flor de leche).

CAPRI

No es de ahora la identificación de Capri como encarnación de la añoranza turística. Homero cantó ya a la isla bajo el nombre de Antheomoessa (país floreciente), los colonizadores griegos la llamaron Capros (jabalí, por su forma), los romanos la denominaron Capraea (isla escabrosa, rocosa) y también Insula Sirenussae (islas de las sirenas) y finalmente para el emperador Tiberio era sencillamente Apragopolis, un palacio de recreo para la dulce ociosidad. Todos estos atributos reflejan las contradicciones que constituyen el insuperable encanto de la Isola di Capri, escarpada unas veces, suave otras. Todavía hoy este icono del turismo italiano de élite conserva todos sus atractivos. En la *alta stagione* (temporada alta), en agosto, se dan cita aquí cada año los enamorados de Capri, todos ellos de gran capacidad adquisitiva, para una estancia vacacional de alto nivel y los encuentros informales de personajes importantes y de bellezas están planificados casi con la misma precisión que los pecados cargados de calorías que cometerán.

El comienzo de un día en Capri es cualquier cosa menos espartano. Se pueden elegir unos fragantes brioches, tan grandes que hubieran podido servir de accesorios en cualquier película de Fellini, unos suntuosos cruasanes de hojaldre o el *babà*, el consistente bizcocho de levadura con ron, nata o cerezas. En Capri la noche transcurre con champaña, *carpano* con zumo de naranja, infusiones de menta y licores de laurel, mirto o limón. Las horas intermedias se llenan con un trayecto culinario realmente tentador. Al mediodía se eligen las *trattorie* que, con una cocina

vigorosa, prometen una bocanada de aire fresco y una recuperación plena. El jefe de cocina habrá preparado *bombolotti,* es decir, ventrudos barriletes de pasta con queso, tomate, mejillones cocidos y dátiles de mar, o pescado cocido en agua de mar, in *acqua pazza* (agua loca) como aquí se dice. En la piscina los huéspedes toman croquetas, alcachofas y calamares de Totano con patatas o prueban los platos de pasta típicos de la isla, como los *spaghetti aumm aumm* (con albahaca, mozzarella y berenjena) y los *spaghetti sciuè sciuè* (con los deliciosos tomates de cóctel cultivados en Capri, fritos en la sartén con un poco de ajo y con guindilla roja). Tras un día de sol radiante en la playa, el visitante se tomará una infusión bajo las enormes sombrillas blancas, apagará su sed con zumo de naranja recién exprimido, o se regalará con una deliciosa *granita* en uno de los múltiples puestos de refrescos existentes. Por la noche la alta sociedad acudirá a un restaurante muy animado, no precisamente sólo para cenar, sino para ver y ser vista. La gente rica y guapa tomará sobre todo *ravioli capresi,* indiscutiblemente uno de los platos nacionales de la romántica isla. Actualmente son tantos los sibaritas y los cocineros que se han enamorado de este plato que circulan diversas recetas, todas ellas enfáticamente declaradas originales. Obviamente cada uno es libre de elegir a su gusto, pero para preparar unos *ravioli capresi* auténticos deben observarse dos reglas fundamentales: la masa de la pasta no incluye el huevo, que va con el queso, y el relleno se basa invariablemente en la *caciotta* fresca. Los puristas insisten en que la *caciotta* tiene que ser de Capri. Otros cocineros se deciden por una mezcla de *caciotta caprese, caciotta romana* y parmesano.

Superior: la *Grotta azzurra* (gruta azul) debe su nombre a los reflejos azules de la luz que aparecen en las paredes rocosas. Los alemanes August Kopisch y Ernst Fries exploraron la gruta el año 1826 y a su regreso dieron a conocer su belleza. Capri acababa de convertirse en una meta soñada.

Ravioli capresi
Raviolis de Capri
(fotografía inferior derecha)

1 KG DE HARINA DE TRIGO
150 ML DE ACEITE DE OLIVA

Para el relleno:
4 CACIOTTE CAPRESE (QUESO BLANDO DE CAPRI)
1/2 CACIOTTA ROMANA (QUESO BLANDO DE ROMA)
50 G DE PARMESANO
1 HUEVO
PIMIENTA
MEJORANA

Amase la harina con el agua hirviendo necesaria para que se forme una masa moldeable. Incorpore poco a poco el aceite de oliva. Envuelva la masa en un paño húmedo y resérvela. Para el relleno, corte el queso blando en trozos pequeños y ralle el parmesano. Mezcle el queso con el huevo, la pimienta y la mejorana.
Estire la masa formando un rectángulo fino que partirá en dos mitades. En una de ellas coloque montoncitos de relleno a una distancia de unos 5 cm. Ponga encima la otra mitad y presione ligeramente alrededor de los rellenos. Corte cuadraditos con el cortapastas. Cueza 5 minutos en abundante agua con sal. Sirva con salsa de tomate.

Insalata caprese
Tomates, mozzarella y albahaca
(fotografía fondo)

4 TOMATES GRANDES
250 G DE MOZZARELLA DE BÚFALA
ALBAHACA U ORÉGANO
PIMIENTA NEGRA RECIÉN MOLIDA
ACEITE DE OLIVA VIRGEN EXTRA

Corte en rodajas los tomates y la mozzarella y dispóngalas alternadamente en platos o en una fuente de forma que las rodajas se solapen ligeramente. Extienda por encima hojas de albahaca fresca u orégano y espolvoree con pimienta. Rocíe con abundante aceite de oliva y sirva. Acompañe con pan blanco.

Torta caprese
Tarta de Capri

300 G DE ALMENDRAS SIN PELAR
200 G DE CHOCOLATE EN TABLETA
200 G DE MANTEQUILLA
200 G DE AZÚCAR
6 HUEVOS
1/2 SOBRE DE LEVADURA QUÍMICA
2 CUCHARADAS DE LICOR AROMATIZADO
(POR EJEMPLO, CACAO, STREGA; VÉASE PÁG. 355)
AZÚCAR GLAS

Pique muy finas las almendras y desmenuce el chocolate.
Mezcle batiendo en una fuente la mantequilla con el azúcar
hasta formar una crema. Bata bien los huevos en otra fuente
e incorpórelos a la crema de la mantequilla. Agregue la
almendra y el chocolate, mezcle revolviendo la levadura
y el licor.
Unte con mantequilla un molde desmontable de 28 cm de
diámetro o recúbralo con papel parafinado y rellénelo con la
masa. Hornee 50 minutos en el horno precalentado a 180°C.
A continuación desmolde la tarta sobre una rejilla y, cuando
esté fría, espolvoréela con azúcar glas.

Ischia

La isla de Ischia, de apenas 50 kilómetros cuadrados de
superficie, destaca por sus fuentes termales curativas y
por su buen vino. De ambas cosas sacaban partido los
romanos pudientes, que recurrían a los médicos locales
de la época para recuperarse físicamente y poder hacer
frente a las agotadoras actividades que llevaban a cabo
en sus propiedades de Campania o en la administración
del Imperium Romanum. Las termas de Ischia tienen
una temperatura comprendida entre los 54° y los 62°C
y todavía hoy son eficaces contra los estragos de la
civilización. Ofrecen curas de aguas, de fango y de
sudor, que cada año acercan hasta la isla del golfo de
Nápoles a pacientes de todo el mundo.
Al igual que las aplicaciones curativas de las termas,
también son de origen volcánico los fértiles suelos en
que se cultiva, entre otras cosas, el *ischia bianco*. Tras
utilizar los servicios de las termas, existe la posibilidad
de acercarse a una *trattoria* para tomar un vaso de buen
vino y probar el excelente *coniglio all'ischitana*, que es
un sabroso asado de conejo, o bien unos platos de
pescado fresco.

Coniglio all'ischitana
Conejo con tomate y hierbas aromáticas
(fotografía inferior)

1 CONEJO DE TAMAÑO MEDIANO LISTO PARA
COCINAR
VINAGRE
50 ML DE ACEITE DE OLIVA
2 DIENTES DE AJO
150 ML DE VINO BLANCO SECO
500 G DE TOMATES PEQUEÑOS CORTADOS EN TROZOS
SAL Y PIMIENTA
HIERBAS AROMÁTICAS VARIADAS: ALBAHACA, TOMILLO,
MEJORANA, ROMERO, GUINDILLA

Parta el conejo en trozos pequeños, vierta sobre ellos
agua y vinagre y séquelos. Caliente aceite en una sartén,
dore ligeramente los ajos sin pelar. Retire los ajos y a
continuación sofría a fuego fuerte los trozos de conejo
hasta que se dore por todos los lados. Vierta el vino
blanco y deje que se reduzca. Agregue los tomates, salpimiente. Finalmente pique las hierbas e incorpórelas.
Deje hervir unos 30 minutos. Sirva el plato templado.

AVELLANAS DE IRPINIA

Comúnmente Campania se asocia a palabras tales como Nápoles, pizza, Vesubio, pasta, Capri o mozzarella. Son los menos los turistas que saben que en el interior existe un país completamente distinto. Lejos de las costas hay comarcas tranquilas con nombres sonoros, como Irpinia o Benevento. Irpinia y la capital de su provincia, Avellino, estuvieron en 1980 tristemente presentes en los medios de comunicación cuando el terrible terremoto que asoló buena parte de Campania produjo aquí los peores efectos. El trágico balance se cifró en 5.000 muertos y en medio millón de personas sin techo. Aunque todavía no se ha superado totalmente el impacto de la catástrofe, en Irpinia se ha intentado valientemente mejorar poco a poco la situación. La restauración se ha llevado a cabo bajo el signo del credo de Irpinia: "trabajar aquí, no emigrar". Un pequeño fruto marrón de cáscara dura ha supuesto una contribución importante a la supervivencia económica de la región. La avellana, el sabroso fruto de Avella, población cercana a la capital de la provincia, era ya conocida en la época precristiana. Actualmente las apartadas comarcas montañosas de Campania representan aproximadamente la mitad de la producción total italiana de avellanas.

Aunque estos pequeños proveedores de energía y de sustancias nutritivas están protegidos por una cáscara delgada pero muy dura, las avellanas, como todos los frutos secos, deben conservarse en lugares frescos y secos, pues en caso contrario se enrancian fácilmente.

El avellano *(Corylus avellana)* necesita calor, puede alcanzar hasta cinco metros de altura y es originario de Turquía, aunque ha encontrado en Irpinia su segunda casa.

BABÀ Y PASTIERA

Hay en Campania una especialidad dulce que se designa habitualmente con el nombre de *babà napoletano,* aunque es de origen polaco y se remonta, al menos según la leyenda, al siglo XVIII y al rey Estanislao. Según parece, el monarca solía sumergir en ron los trozos del bizcocho de Saboya antes de tomarlos. Para abreviar el prolijo ritual, los reposteros de la Corte concibieron una receta que empapaba el bizcocho con el licor en el mismo obrador. Se cree que la receta entusiasmó tanto al monarca que bautizó su postre favorito con el nombre de Alí Babá, de *Las mil y una noches.* Cuando, tras perder el trono de Polonia, Estanislao residió temporalmente en Francia, el bizcocho con licor entró a formar parte de la cocina francesa, de donde pasó al reino de Nápoles a la vez que la etiqueta cortesana. Posiblemente esté en lo cierto quien no acabe de creerse la anécdota de Alí Babá, pues probablemente en Polonia había un bizcocho con ron llamado *baba* antes de que ocupase el trono el rey aficionado a las tartas.

Además del opulento *babà* los napolitanos gustan de otra preparación dulce que se llama *pastiera napoletana.* Se trata, permítase la expresión, de una bomba ritual de calorías y se prepara preferentemente en Pascua. Se elabora con trigo duro, harina de trigo, ricotta y una buena dosis de uvas pasas y frutas escarchadas. Naturalmente cada familia campaniense tiene su propia receta secreta y los invitados se entregan al deporte de valorar el resultado concreto de los esfuerzos del ama de casa recordando con absoluta precisión las características de la *pastiera* del año anterior.

BABÀ ALLA NAPOLETANA
Babá a la napolitana
(fotografía superior página siguiente)

Para 6 personas

Para la masa:
40 G DE LEVADURA
150 ML DE LECHE
350 G DE HARINA DE TRIGO
6 YEMAS DE HUEVO
200 G DE MANTEQUILLA REBLANDECIDA
20 G DE AZÚCAR
6 CLARAS
UNA PIZCA DE SAL

Para el baño de ron:
500 G DE AZÚCAR
1 L DE AGUA
RALLADURA DE 1 LIMÓN
40 ML DE RON

Diluya la levadura en un poco de leche templada y amase la harina lentamente en pequeñas porciones. Deje leudar la masa en un lugar caliente unos 30 minutos hasta que se doble su volumen.
Ponga las yemas, la mantequilla reblandecida y el azúcar en una fuente y bata con la batidora manual a velocidad media hasta que la masa esté ligeramente espumosa. Bata a punto de nieve las claras con la sal. Agregue la levadura a la

crema e incorpórela lentamente. Si la masa está demasiado compacta, suavícela con unas cucharadas de clara batida. Rellene con la masa un molde de 26 cm de diámetro y vuelva a dejar leudar hasta que se doble el volumen. Hornee 40 minutos en el horno precalentado a 180°C. Para el baño, disuelva el azúcar en el agua a fuego lento, deje hervir unos 10 minutos. Enfríe un poco e incorpore la ralladura de limón y el ron.
Enfríe el pastel, desmolde y dispóngalo en una bandeja. Extienda el baño de azúcar a cucharadas por el pastel, recogiendo el líquido que caiga en la bandeja para verterlo de nuevo sobre el pastel.
Sirva el pastel con una mermelada de guindas. También puede acompañarse con nata batida, fresas o zabaione.

PASTIERA NAPOLETANA
Tarta de ricotta napolitana

Para 12 personas

Para el relleno:
200 G DE GRANOS DE TRIGO DURO, PUESTOS EN REMOJO DURANTE TRES DÍAS
500 ML DE LECHE DE LECHE DESNATADA
RALLADURA DE 1 LIMÓN
10 G DE CANELA
200 G DE AZÚCAR
500 G DE RICOTTA
4 HUEVOS
40 ML DE AGUA DE AZAHAR
150 G DE FRUTAS MERIDIONALES ESCARCHADAS Y UVAS PASAS
30 G DE AZÚCAR GLAS

Para la masa:
300 G DE HARINA
150 G DE AZÚCAR
150 G DE MANTEQUILLA
3 YEMAS DE HUEVO
MANTEQUILLA PARA ENGRASAR
AZÚCAR GLAS

Para el relleno, mantenga en remojo en agua 3 días los granos de trigo duro cambiando de agua cada día.
A continuación retire el agua y cueza los granos 15 minutos en agua fresca. Retírela y ponga en una cazuela los granos con la leche caliente, la mitad de la ralladura de limón, una pizca de canela y 1 cucharada de azúcar y hierva a fuego medio hasta la absorción total de la leche. Bata el ricotta en una fuente hasta conseguir una crema. Separe los huevos. Incorpore al ricotta revolviendo las yemas, el resto de la canela y del azúcar, el resto de la ralladura de limón, el agua de azahar, las frutas escarchadas, las uvas pasas y finalmente la masa de los granos. Reserve en el frigorífico hasta su utilización posterior. Antes de la cocción, bata las claras a punto de nieve e incorpórelas al relleno.
Para la masa, acumule la harina sobre la superficie de trabajo, mezcle el azúcar, la mantequilla y las yemas y amásela. Deje en reposo 1 hora en el frigorífico.
Unte con mantequilla un molde desmontable de 30 cm de diámetro. Estire tres cuartas partes de la masa formando una capa de unos 3 cm de espesor y recubra con ella el fondo y las paredes del molde. Estire el resto de la masa y córtela en tiras. Pase el relleno al molde desmontable y cúbralo con las tiras de masa en forma de enrejado. Hornee 1 hora en el horno precalentado a180°C. La tarta estará en su punto cuando adquiera un bello tono dorado. Deje que se enfríe en una rejilla y espolvoréela con azúcar extrafino.

Babà alla napoletana, babá a la napolitana

CROCANTE

En el sur de Italia el crocante de fabricación casera se prepara fundamentalmente en Navidad y tradicionalmente se toma en Nochebuena. Hábiles manos transforman la masa del crocante, en cuanto se ha enfriado un poco, en graciosas fuentes o cestitas que se rellenan con frutas escarchadas. Adornado con vistosos lazos o tules, el *crocante* es un regalo de invierno muy apreciado para la familia, los vecinos y los amigos íntimos.

CROCCANTE
Crocante

250 G DE ALMENDRAS
250 G DE AZÚCAR
FRUTAS ESCARCHADAS Y GALLETITAS A DISCRECIÓN

Escalde las almendras, después tómelas entre el pulgar y el índice, extráigalas a presión de su piel marrón y a continuación píquelas. Séquelas en el horno durante 10 minutos, dándoles la vuelta de cuando en cuando. Ponga el azúcar en una cazuela de cobre no estañada y dórelo ligeramente a fuego lento, sin dejar de remover con una cuchara de madera. Agregue las almendras y tuéstelas unos minutos a fuego muy bajo y revolviendo constantemente. A continuación pase la masa a una bandeja de horno engrasada con mantequilla y estírela con un rodillo engrasado (preferiblemente de mármol). Cuando la masa se haya enfriado lo suficiente como para que pueda trabajarse con las manos, se forma con ella una cesta con asa. Una vez que se haya enfriado del todo, se rellena con frutas escarchadas y con galletitas.

BENEVENTO

También Benevento forma parte de la "otra Campania". Sus gentes, silenciosas y serias, tienen poco que ver con el mestizaje mediterráneo del golfo de Nápoles. Se consideran más bien descendientes de los samnitas, orgullosa tribu que antiguamente disputó a Roma la supremacía en el viejo mundo. Los samnitas perdieron la batalla, pero en el siglo VI se establecieron en la región los longobardos, circunstancia de la que todavía se enorgullece la población actual.

Con el fin de conservar su herencia cultural, los samnitas —así es como se llaman los habitantes de Benevento— fundarían gustosamente su propio estado, Sannio, algo que prácticamente ya han logrado desde el punto de vista culinario, ya que los productos agrarios de la provincia de Benevento se comercializan con el nombre histórico de la zona.

En los alrededores de la capital, Benevento, se cultivan verduras y aceitunas, se elaboran turrones y dulces en fábricas pequeñas pero muy cuidadas, y en sus bodegas se producen vinos con D.O.C., como el *solopaca* tinto.

No obstante, el cartel más conocido de Benevento corresponde al licor de hierbas *strega*, que la familia Alberti viene elaborando desde hace unos 140 años según una fórmula secreta celosamente guardada.

Esta bebida de "brujas" da nombre a un famoso premio que la firma creó en 1947 para fomentar la literatura italiana actual. Entre los titulares más destacados del Premio Strega está Umberto Eco, que lo consiguió con su éxito de ventas *El nombre de la rosa*.

A LA SOMBRA
DEL VESUBIO

Campania fue una de las regiones vinícolas preferidas de los antiguos romanos. Para los habitantes de la Ciudad Eterna, *sorrentino, calenio* y *massico* eran nombres al menos tan habituales como *valpolicella, barolo* o *chianti* para los aficionados al vino de la Italia actual. Su producción de vino era estratégicamente importante con el puerto de Pompeya; la región contaba con el centro más destacado del comercio de vinos en la Antigüedad.

Ahora bien, la erupción del Vesubio del año 79 de la era cristiana representó un corte profundo en su evolución. La destrucción del puerto cortó el flujo del vino procedente de Grecia y de Asia Menor y la pérdida de los grandes viñedos de la zona privó a los romanos de algunos de sus vinos favoritos. A raíz de aquella catástrofe, empezaron a desarrollar la viticultura como forma sistemática de economía; fue una política desarrollista que no se detuvo hasta que, en el Lacio por ejemplo, se dedicaron a viñedos prácticamente todas las superficies agrarias cultivables, hasta tal punto que la capital corría peligro de desabastecimiento.

A lo largo de la historia, Campania no logró enlazar nunca con sus años más gloriosos. Es cierto que con sus masas de lava el destructor Vesubio dotó a la región de un suelo ideal para la viticultura, que ninguna otra parte de Italia goza de un clima tan apropiado como ésta para el cultivo de la vid y que la Aglianico, la Greco y otras variedades autóctonas de vides producían excelentes materias primas para vinos buenos y hasta muy buenos, pero en la práctica el ambiente social y político no permitió, de la Edad Media en adelante, que la zona gozara de una economía floreciente, ni, por lo tanto, de una viticultura próspera. Existen, con todo, productores que, plenamente conscientes de la significación histórica, están empeñados en volver a hacer de Campania una tierra del vino.

Murales como éste de Herculano, en el que aparece representada una pareja en un festín (50–20 a.C.) y que actualmente se encuentra en el museo nacional de Nápoles, adornaban las casas de las clases altas de Roma.

PERLAS JUNTO AL VOLCÁN

A pesar de disponer de unas condiciones ideales para la viticultura, ya conocidas por los antiguos romanos, Campania cuenta muy poco en la viticultura italiana moderna. El empobrecimiento de la región, que llama la atención del visitante en cuanto abandona los centros turísticos de Amalfi, Nápoles, Ischia o Capri, tampoco ha respetado sus vinos. Aunque puede reclamar orgullosamente la propiedad de 23 vinos con D.O.C. o D.O.C.G., lo cierto es que la producción total de los mismos sólo representa el 5% de la producción regional de vino, por lo que es fácil determinar su importancia real.

De hecho algunas denominaciones de origen sólo arrojan un saldo de 500 o 600 hectolitros y Capri sólo alcanza los 240, que en otras partes apenas llenarían un solo tanque de acero de gran tamaño. No resulta extraño, por tanto, que nombres tales como *campi flegrei, cilento, falerno, galluccio, guardiolo, sannio* o incluso *solopaca* sean perfectamente desconocidos fuera de la región. Existen algunas excepciones, por ejemplo en la figura del *taurasi*. El único vino con D.O.C.G. de Campania se elabora con Aglianico, es decir, con la misma variedad que garantiza la calidad de los vinos de la cercana Basilicata; procede de las colinas de la provincia de Avellino y, tratado por buenos vinicultores, puede dar lugar a caldos fascinantes, de aroma y sabor intensos.

La uva Aglianico se cultiva también en las zonas vinícolas de Campi Flegrei, Cilento, Costa d'Amalfi, Falerno, Sannio, Sant'Agata de' Goti y Solopaca, pero pocas veces con resultados tan extraordinarios como en la comarca de Taurasi. La misma provincia de Avellino, lugar de origen del último vino citado, produce también los dos blancos más interesantes de Campania: el *greco di Tufo* y el *fiano d'Avellino*. El primero, de la comarca de Tufo, se elabora con la variedad de uva del mismo nombre –normalmente mezclada con las variedades Falanghina y Biancolella–, que se considera descendiente directa de una familia de variedades griegas con elementos blancos y rojos. Mientras el calabrés *greco di bianco* destaca como vino dulce, el *greco di Tufo* es seco y resulta convincente por sus típicos aromas de fruta y almendra.

Al igual que el *greco*, el *fiano* de la provincia de Avellino tiene más carácter que la mayoría de los restantes blancos italianos. También

esta variedad es de origen griego; los romanos la conocían con el nombre de *vitis apianae* (vid de abejas). Los mejores representantes de esta Denominación de Origen se caracterizan por su frescura, su fuerza, su aroma de melocotón y nuez, su equilibrio y su complejidad. Decir lo mismo de los vinos costeros e insulares de Campania implicaría exponerse probablemente al reproche de fanfarronería burda. No obstante, las islas de Capri y de Ischia, por ejemplo, cuentan, aunque en cantidades mínimas, con unos agradables y afrutados vinos de verano, que pueden paladearse al visitar las islas del sol.

Obviamente, también existen algunos vinos aislados de interés en algunas otras zonas con D.O.C., como el *aglianico* del Taburno (de la misma variedad que el Taurasi), el *falerno* (en el tinto hay mezcla de Aglianico y de Piedirosso, el blanco procede de uva Falanghina), los distintos blancos y tintos de la zona de Sannio (aquí aparecen sorprendentemente varietales de las variedades Barbera, Sangiovese y Trebbiano toscano, del norte y centro de Italia) y de Sant'Agata de'Goti (vinos blancos de Greco y Falanghina, tintos de Aglianico y Piedirosso). Menos convincentes resultan, sin embargo, nombres con D.O.C. actualmente tan difundidos como el *costa d'Amalfi*, el *penisola sorrentina* y el *vesuvio*.

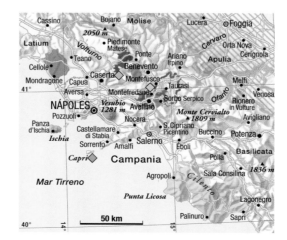

Mapa:
- Falerno del Massico
- Solopaca
- Sant'Agata de' Goti
- Aglianico del Taburno
- Greco di Tufo
- Taurasi (D.O.C.G)
- Fiano di Avellino
- Vesuvio
- Cilento
- Ischia
- Capri
- Zonas vinícolas en regiones limítrofes

LIMONCELLO

El *limoncello* o *limunciel,* como aquí se llama, es un licor que se aromatiza con los famosos limones de la costa de Amalfi. Es el inevitable colofón de una comida campaniense, como en otras partes puedan serlo la *grappa* o el anís. Al igual que a los representantes del norte o del centro de Italia, también se atribuyen efectos digestivos a este licor de limón. En cualquier caso el *limoncello* es el remate, con aroma intenso de limón, de una comida íntima entre amigos o familiar.

Los fruticultores de Minori, pequeña población cercana a Amalfi, cultivaban espléndidos limonares ya en el siglo VII. Los árboles se desarrollaban especialmente bien debido a la proximidad del mar y a las condiciones favorables del suelo y del clima. Además, el desarrollo de nuevas técnicas de cultivo y de riego mejoró sensiblemente su producción. Por otra parte se efectuaron experimentos con nuevas especies, hasta que se logró una variedad de limonero absolutamente específica que daría fama a la zona.

Según los campanienses, el árbol de las manzanas de oro que, por decisión de los dioses, debían guardar las bellas Hespérides, no era realmente un manzano, sino un limonero. A esta tesis se apuntó hace algunos siglos el escritor renacentista Giambattista della Porta cuando, profundamente convencido de haber descubierto el mítico jardín de las Hespérides, cantó encendidamente el exquisito sabor del *limon amalfitanus.*

Aun cuando en la actualidad el 90% de los limones italianos procede de Sicilia y Campania sólo aporta una mínima parte de la producción total, la variedad autóctona Nostrano pasa por producir el mejor limón de Italia. A ella se debe, naturalmente, el aroma del auténtico *limoncello.*

PUGLIA

San Severo
Gargano
Lucera
Foggia
Manfredonia
Cerignola
Ofanto
Bari
Apulia
Altamura
Martina
Franca
Brindisi
Taranto
Lecce
Otranto
Cabo Sta. Maria
di Leuca

Multicolor, alegre y ruidosa: así es la vida en la costa tirrena de Campania, pero también en el Adriático apuliano. La región alargada –Puglia la llaman los italianos– se extiende desde la espuela de la bota, que se adentra 70 km en el mar, hasta el extremo del tacón. Si bien es cierto que, económicamente hablando, Apulia ha vivido épocas amargas, sus gentes aman esa tierra y están orgullosas del arraigo de su tradición rural. La cocina apuliana también se presenta sencilla, rústica y sin complicaciones, aunque en ella se percibe y se paladea una desigualdad evidente entre el norte y el sur. En el norte se prefiere cocinar con mucho ajo, en la zona central les gusta tanto el ajo como la cebolla y, en todo el sur, se inclinan claramente por la cebolla.

Si se exceptúan estas sutilezas en la técnica de la condimentación, algunos elementos básicos permiten determinar globalmente la cocina apuliana. Puesto que Apulia es el granero de Italia, la región suministra gran parte del trigo duro que se necesita en todo el país para elaborar la *pasta secca*. No es de extrañar que aquí la pasta –casera o comprada– y el pan desempeñen un papel importante. En las llanuras de Apulia, regadas con esmero, se cultivan tomates, calabacines, brécoles, pimientos, patatas, espinacas, berenjenas, coles de bruselas, hinojo, achicorias y legumbres como garbanzos, lentejas y alubias. Por tanto, se puede fijar la verdura como el segundo puntal de la cocina de la región. La tercera es el aceite de oliva.

Apulia, el mayor productor de aceite en Italia, llena las estanterías del norte con su aceite de aceitunas maduras, que conserva un aroma afrutado y un alto grado de acidez; pero también exporta su "oro verde" a Europa. El cuarto puntal de la cocina apuliana lo configura el mar. Con sus curiosos y complicados aparejos de pesca, los *trabucchi,* los pescadores extraen sus presas del Adriático, y en el mar Piccolo, el "mar pequeño" en el golfo de Taranto, se han especializado en los viveros de mejillones y ostras.

La sencilla cocina de Apulia trabaja, por tanto, con ingredientes muy variados y de primera calidad, y la filosofía del placer la aprendieron de los griegos hace más de 2.500 años, cuando Apulia pertenecía a la Magna Graecia. Actualmente, las festividades apulianas siguen siendo una efeméride para los sentidos: hay mucha alegría, cordero o cabrito asado y crujiente, una hospitalidad cordial, queso bien condimentado, buen vino y *dolci* increíblemente dulces. Un auténtico simposio.

Doble página anterior: en el casco antiguo de Martina Franca, los hermanos Ricci dirigen una carnicería y una brasería muy tradicionales. En la imagen, Nino prepara un asado de carne mixto.

Izquierda: los extensos olivares determinan el paisaje de Apulia.

Tipos de pan

1 Pane di Altamura
Este pan de trigo duro y levadura, que se conserva bien y tiene una miga compacta y porosa, se compra ya en toda Italia. En Apulia, las hogazas planas, redondas y sabrosas pueden llegar a pesar hasta 20 kilos.

2 Pane casareccio
Este pan clásico de Apulia, elaborado con harina de trigo duro, sal, agua y levadura, y que hasta no hace mucho se hacía en cada familia, se consigue actualmente en las panaderías igual de sabroso y consistente.

3 Puccia di pane
Este pan redondo, pequeño, ligero, nutritivo y enriquecido con aceitunas se pasa por harina blanca después de hornearlo, para evocar la pureza de María. Este pan se encuentra sobre todo en la provincia de Lecce, pero también se lo conoce en Brindisi y Ostuni.

4 Puddica
Los ingredientes básicos, masa de pan corriente y puré de patatas, se amasan formando una pasta homogénea. La torta extendida se recubre con rodajas de tomate, se adereza con aceite de oliva, sal y orégano, y se cuece en el horno.

5 Focaccia ripiena
Este pan, horneado en forma de bolsa y relleno de mozzarella, tomate, jamón o cebolla y puerro, se come cortado en rebanadas.

6 Taralli
Harina de trigo, manteca de cerdo, aceite de oliva, levadura de cerveza, semillas de hinojo, guindilla molida o pimienta recién molida y un poco de sal son los ingredientes básicos de este rosco de pan que se cuece hasta que queda crujiente y que se come como aperitivo en todo el sur de Italia.

7 Crostini
Por encima de las rebanadas de pan blanco tostadas en el horno se echa aceite de oliva y se espolvorea orégano. También se pueden recubrir con pasta de olivas, de anchoas o de atún.

8 Friselle
Estos panecillos redondos y dorados, elaborados con harina de trigo duro y de cebada, se cuecen en dos fases, una a fuego fuerte y otra a fuego medio. Cuando se sirven en la mesa para probarlas, tiene que oírse cómo crujen, pues sólo entonces tienen la dureza correcta y son buenas. Conservadas herméticamente, las *friselle* duran mucho tiempo.

Quienes deseen conocer la variedad de tipos de pan de Apulia, deben visitar la panadería Angelini, situada en Martina Fanca. Allí se preparan y se cuecen *taralli, friselle, focaccie* y todas las demás especialidades en un ambiente auténtico y con la característica alegría apuliana.

Taralli
Rosco de pan
(fotografía inferior, n.º 6)

500 G DE HARINA
SAL Y PIMIENTA
125 G DE MANTECA DE CERDO
55 G DE LEVADURA DE CERVEZA
SEMILLAS DE HINOJO, AL GUSTO
AGUA
ACEITE DE OLIVA

Mezcle la harina con un poco de sal y pimienta. Amásela junto con la manteca, la levadura y las semillas de hinojo. Añada el agua que sea necesaria para obtener una masa que resulte homogénea.
A continuación, corte la masa en trozos pequeños y forme con ella roscos. Úntelos con un poco de aceite y déjelos reposar en una bandeja de horno previamente engrasada, durante una hora. Finalmente, póngalos en el horno precalentado a 150°, durante una hora.
Déjelos enfriar y consérvelos envasados herméticamente.

TRIGO

En la gran familia de los diferentes tipos de trigo se cuentan, a escala mundial, unas 360 clases. A grandes rasgos, se divide en tres grupos: el trigo duro proporciona un grano pesado que da mucha sémola con relativamente poco almidón. El trigo blando forma en su interior granos blancos de los que se puede moler harina blanca. Las clases de trigo semiduro se encuentran, con sus propiedades, entre los dos grupos mencionados. Puesto que proporcionan harina blanca y el salvado se puede separar con facilidad, se plantan con frecuencia. En Apulia se cultiva sobre todo trigo duro *(triticum durum),*

aunque, ocasionalmente, también otras clases. El trigo duro tiene la ventaja de que crece sin problemas en el clima seco y caluroso de la región, en tanto que el trigo de siembra es muy exigente con el contenido mineral del suelo y con las condiciones de humedad. Así, se ha dado preferencia al cultivo de trigo duro.

Puesto que la vida en Apulia se ha concentrado durante años en la agricultura y se ha regido por el calendario que marcan las cosechas, no es de extrañar que el tratamiento de los frutos del campo se haya perfeccionado y realizado con tanto esmero. La pasta fresca casera desempeña, todavía en la actualidad, un papel importante en la carta de platos apuliana, pero las distintas clases de pan también tienen su lugar preciso. El pan que se elabora en Apulia está considerado como un producto especialmente bueno, incluso en el resto de Italia. De la misma manera que en las cocinas se amasa, enrolla, estira, lía o corta un número casi inabarcable de variedades de pasta, en las panaderías se elabora una gran variedad de tipos de panes. Más o menos cocidos, para disfrutarlos recién hechos o adecuados para el acopio de existencias, sabrosos o suaves y dulces: la imaginación no tiene límites.

La calidad del pan depende de diversos factores. ¿Qué tipo de harina o qué mezcla de harinas utiliza el panadero? El pan de trigo duro no es de un blanco tan radiante, pero se conserva muy bien y no se pone duro tan rápidamente. ¿Cómo se ha recolectado el trigo y cómo se ha molido? ¿Añade el panadero levadura u otro tipo de gasificante? ¿Qué forma da a los panes? Y, finalmente, ¿de qué manera los cuece, a qué temperatura y en qué horno? En todas estas cuestiones, los panaderos apulianos son auténticos especialistas y sus distintos tipos de pan tienen algo en común: todos saben de fábula.

Inferior: el *grano duro,* como trigo duro *(triticum durum),* se cosecha sobre todo en el sur de Italia, pues esta variedad soporta el clima seco y caluroso. La cocina de la península itálica es inconcebible sin el trigo duro molido, puesto que es la materia prima para la pasta.

En la brasería de los hermanos Ricci, los clientes hacen cola para comprar los genuinos manjares tradicionales.

La elaboración de los *gnumerelli* se realiza a mano. En la imagen, están rellenando tripas con carne.

Al asar las *bombette,* los rollitos de carne de cerdo rellenos de queso, es importante que no se abran.

Evidentemente, el tiempo de cocción de cada especialidad es diferente, pero eso no le quita el sueño al maestro del asado.

La carnicería y charcutería Fratelli Ricci, en Martina Franca, es conocida, entre otras cosas, por sus *gnumerelli*. Se hacen con trocitos de vísceras de cordero enrolladas en tripa, que, por desgracia, en la actualidad sólo se pueden encontrar raramente en Italia.

HORNOS
PÚBLICOS
Y PRIVADOS

La cocina rural de Apulia apenas es imaginable sin el horno, donde también se cocinan platos de carne. Sin embargo, antes no era tan sencillo "poder cocer" el pan y la masa fermentada, como actualmente se diría en lenguaje común. La instalación de hornos en las casas particulares estaba prohibida en los antiguos reglamentos municipales. Con estas medidas, la administración trataba de evitar el terrible peligro de incendio, a la vez que se aseguraba una fuente de ingresos sólida, obligando a los habitantes a utilizar los hornos públicos que estaban controlados por las autoridades. La supervisión de los hornos correspondía con frecuencia a las universidades como, por ejemplo, la de Bisceglie o la de Terlizzi.

Para rehuir los impuestos que gravaban el uso de los hornos, los apulianos construyeron en el campo pequeños y discretos hornos de piedra, en los que cocían a escondidas, pero gratis. Si hubiera aparecido algún funcionario, habrían derribado la primitiva construcción en un abrir y cerrar de ojos y habrían podido afirmar tranquilamente que aquel montón de escombros no era un horno. Estos hornos evasores de impuestos evolucionaron hasta convertirse en el foco central de la cocina apuliana y, en la actualidad, aún son imprescindibles. Así, en la *tiella,* una cazuela de barro con tapa metálica, se cocinan platos parecidos al suflé, se hornean diferentes tipos de pan y se elaboran *foccaccia* y *calzuni* (pastaflora cubierta de cebolla, tomate, aceitunas sin hueso y filetes de anchoa en salmuera) y *panzerotti* (pastaflora en forma de bolsa, rellena de tomate, mozzarella, anchoas y cebolla). Sin embargo, para la preparación de las especialidades de carne de Apulia, también es indispensable el antiguo buen horno de leña.

Izquierda: en Apulia, casi todo se cocina al horno: pan, suflés, embutidos o piezas enteras de carne.

TIELLA ALLA BARESE
Suflé al estilo de Bari
(fotografía superior)

200 G DE ARROZ
700 G DE MEJILLONES
1 DIENTE DE AJO
400 G DE PATATAS
ACEITE DE OLIVA VIRGEN EXTRA
1 CEBOLLA GRANDE CORTADA EN AROS FINOS
70 G DE QUESO DE OVEJA TIPO PECORINO RALLADO
PEREJIL PICADO
PIMIENTA RECIÉN MOLIDA

En primer lugar ponga a hervir el arroz en agua hasta que se encuentre al punto.

Raspe los mejillones y lávelos con agua corriente. Póngalos en una olla con el ajo y déjelos cocer al vapor durante unos minutos. Cuando se hayan abierto, filtre el jugo con un tamiz o con un trapo y resérvelo. Deseche los mejillones que no se hayan abierto; separe el resto de los mejillones de las cáscaras y resérvelos. Pele las patatas, lávelas y córtelas en rodajas finas.

A continuación, unte un molde para suflé con aceite de oliva y recúbralo con una base de patatas. Distribuya el arroz, los aros de cebolla, el queso de oveja, el perejil y los mejillones formando capas. Repita la operación hasta que haya utilizado todos los ingredientes. Ponga la última capa, que debe ser de patatas. Condimente con pimienta y aceite de oliva y rocíe con el jugo de los mejillones que estaba en reserva. Póngalo en el horno precalentado a una temperatura de 180°C, durante unos 45 minutos.

PIZZA DI PATATE
Pizza de patata

Para 6 personas

750 G DE PATATAS
2 CUCHARADAS ACEITE DE OLIVA
SAL
50 G DE HARINA DE TRIGO

Hierva las patatas y macháquelas hasta obtener una masa homogénea. Añada aceite de oliva y sal y reserve la masa. Cuando esté fría, trabájela con la harina. Si la masa es demasiado pegajosa, añada más harina. Extiéndala sobre una bandeja de horno redonda de unos 28 cm de diámetro. Como en cualquier otra pizza, recubra con los ingredientes que sean de su gusto y póngala unos 40 minutos en el horno precalentado a 200°C.

PASTA

En Apulia, un campo de trigo sigue a otro. Se trata de trigo duro, la materia prima para la pasta seca. En el granero de Italia, situado entre la espuela y la punta de la bota, esa riqueza no solo se transforma en las propias fábricas, sino que se suministra a productores de pasta de todo el país.

A pesar de la excelente oferta de pasta elaborada industrialmente, es evidente que en Apulia nunca han dejado de preferir los productos tradicionales y caseros. Así, cada zona se consagra a su propio culto de la pasta fresca: en Bari se elaboran las pequeñas *chianciarelle* y las *paciocche,* algo más grandes, que se conocen en el resto del mundo como *orecchiette.* De Foggia son oriundos los *troccoli,* que se asemejan a los *maccheroni alla chitarra* de los Abruzos. Brindisi es conocida por su *staggiotta,* una variedad de lasaña, y los *turcinelli* provienen de Lecce. Un surtido casi inagotable de salsas y ragús de verdura, carne de cerdo o de cordero, que muchas veces se condimentan con guindilla roja, procuran variedad a la mesa.

A causa de la pasta incluso se produjo una revuelta en Bari, en el año 1647. Los habitantes de la ciudad se alzaron contra los señores españoles, que les exigían un impuesto recién introducido sobre la harina y, por añadidura, les enviaban a casa controladores económicos para examinar el consumo de la materia prima para la pasta. El resentimiento de los ciudadanos de Bari, que estaban orgullosos de la floreciente producción de pasta y pan, se hizo sentir con tanta vehemencia que, ocho días después, los españoles cedieron y retiraron el impuesto.

Strascinati con la mollica,
pasta con pan rallado

Cavolfiore e pasta
Coliflor con pasta
(fotografía inferior derecha)

8 ANCHOAS EN SAL
1 KG DE COLIFLOR
SAL
2 DIENTES DE AJO
2 CUCHARADAS DE ACEITE DE OLIVA VIRGEN
300 G DE PASTA FRESCA CASERA
30 G DE QUESO DE OVEJA TIPO PECORINO RALLADO
PIMIENTA

Retire las espinas a las anchoas, lávelas y trocéelas. Limpie la coliflor, córtela en ramilletes y póngala a cocer en agua hirviendo con sal. Fría los dientes de ajo sin pelar en una sartén con aceite de oliva, hasta que estén dorados. Retire la coliflor del agua poco antes de que esté bien hervida y resérvela.

Eche la pasta en el agua de la cocción y hiérvala al punto. Poco antes de que esté lista, añada la coliflor. Retire del fuego la sartén con el aceite caliente y añada el queso de oveja y las anchoas. Pele los ajos y tritúrelos con una cuchara de madera, igual que las anchoas. Mezcle bien con el aceite de oliva y el queso de oveja. Deje escurrir la coliflor y la pasta en el colador, añádalas a los demás ingredientes de la sartén y mézclelo todo. Salpimiente, añada un poco de aceite si es necesario y sirva caliente.

Tiella de verdura
Suflé de verdura
(fotografía inferior centro)

300 G DE TOMATES
2 PIMIENTOS AMARILLOS
2 BERENJENAS
500 G DE PATATAS
ACEITE DE OLIVA VIRGEN EXTRA
250 G DE MOZZARELLA
SAL Y PIMIENTA
1 RAMILLETE DE ALBAHACA PICADO
PAN RALLADO
ORÉGANO FRESCO PICADO

Lave la verdura y córtela en rodajas finas. Engrase una cazuela de barro para suflé con aceite de oliva y llénela, superponiendo capas de verdura y mozzarella, hasta que se acaben todos los ingredientes. Salpimiente ligeramente cada capa y espolvoree con albahaca. Mezcle el pan rallado con orégano, sal y pimienta y esparza por encima del suflé. Rocíe con aceite de oliva y déjelo una hora en el horno precalentado a 200°C.

Tiella di verdure

Se afirma que la *tiella di verdure* es de origen español, puesto que el nombre, extraño en dialecto apuliano, recuerda a la paella española. La receta original –con arroz y mejillones– también presenta grandes similitudes con la especialidad ibérica. Posteriormente, la *tiella* pasó a designar todos los platos que se cocinaban en una cazuela determinada. La *tiella di verdure,* preparada con verduras variadas, es un primer plato muy extendido en Apulia, que se sirve como alternativa a la pasta.

PASTA

En Apulia, un campo de trigo sigue a otro. Se trata de trigo duro, la materia prima para la pasta seca. En el granero de Italia, situado entre la espuela y la punta de la bota, esa riqueza no solo se transforma en las propias fábricas, sino que se suministra a productores de pasta de todo el país.

A pesar de la excelente oferta de pasta elaborada industrialmente, es evidente que en Apulia nunca han dejado de preferir los productos tradicionales y caseros. Así, cada zona se consagra a su propio culto de la pasta fresca: en Bari se elaboran las pequeñas *chianciarelle* y las *paciocche,* algo más grandes, que se conocen en el resto del mundo como *orecchiette.* De Foggia son oriundos

Tiella de verdura,
suflé de verduras

Chianciarelle

Las *chianciarelle* se asemejan a las *orecchiette* clásicas, pero son algo más pequeñas.

Fenescecchie

Las *fenescecchie* se obtienen formando con la masa de pasta cintas largas que luego se enrollan alrededor de una aguja de hacer punto y conseguir así su aspecto típico de espiral.

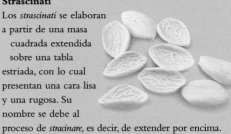

Mignuicchie

Las *mignuicchie* son pequeñas bolas de sémola de trigo duro.

Orecchiette

Esta pasta en forma de pequeñas orejas es una de las más famosas del sur de Italia, que también se come en el norte y se produce en fábricas. Para hacerla a mano se necesita cierta destreza.

Paciocche

Las *paciocche* son *orecchiette* algo más grandes.

Strascinati

Los *strascinati* se elaboran a partir de una masa cuadrada extendida sobre una tabla estriada, con lo cual presentan una cara lisa y una rugosa. Su nombre se debe al proceso de *stracinare,* es decir, de extender por encima.

Troccoli

Los *troccoli,* semejantes a los *maccheroni alla chitarra* de los Abruzos, son una especialidad de la provincia de Foggia. Su nombre se debe al aparato con que se les da forma, una tabla para hacer pasta, dotada de cuchillas redondas que cortan la masa en el momento de extenderla. La tabla está emparentada con el *ferro da maccheroni* (hierro de los macarrones), que se utilizaba en el siglo XVI.

Cavolfiore e pasta,
coliflor con pasta

VERDURAS Y LEGUMBRES

Las apetitosas verduras y las legumbres frescas y tiernas son elementos básicos que se utilizan en la elaboración de los platos de la cocina apuliana. En un documento notarial datado en el año 1171, ya se menciona su intenso cultivo en las huertas llamadas *ortaggi,* que se encontraban situadas alrededor de las ciudades. Por muy pequeño que fuera el huerto, cada familia tenía sus olivos y sus almendros, y extraía legumbres para el consumo propio anual. Hasta finales del siglo XIX se plantaban principalmente habas, seguidas de garbanzos y lentejas. Los guisantes y las alubias no llegaron hasta más tarde.

Las habas combinan de manera excelente con las numerosas clases de achicoria que, como está probado, ya se recolectaban durante el siglo XVII y que se asentaron en el menú diario. Junto a algunas variedades habituales de achicoria, actualmente también se cultiva diente de león y *catalogna*. La *catalogna* (diente de león de otoño) es una variedad, mejorada mediante el cultivo de la achicoria silvestre *(Cichorium selvatica,* achicoria de café o común), que presenta básicamente el mismo aspecto que el diente de león, pero que puede llegar a medir hasta medio metro de altura. La variedad *catalogna puntarelle* crece muy frondosamente. Las plantas de achicoria se caracterizan por tener un sabor muy refrescante y en Apulia se utilizan mucho en la elaboración de los platos clásicos del sur de Italia como, por ejemplo, el *Catalogne racanate.*

Pero Apulia tiene aún más clases de verdura que ofrecer. Los tomates, los calabacines, los pimientos, las patatas, las espinacas, las berenjenas y el hinojo no se plantan solo para consumo propio, sino que también se exportan al norte de Italia y al resto de Europa, de manera que los productos de la huerta son un importante factor económico para Apulia. El cultivo de la col se realiza con gran éxito, pues el brécol, las coles de bruselas y la coliflor encuentran unas condiciones ideales en el suelo de la zona. Desde que los científicos confirmaron que estas plantas actuaban incluso en prevención del cáncer, en Apulia ha aumentado la venta de las excelentes clases de brécol, de las sabrosas *cime di rapa* y de coliflor. Otro éxito de ventas de la esbelta región situada en el tacón de la bota son, sobre todo, las alcachofas, suaves y dulzonas como las *locale di Mola,* y las cebollas del jacinto silvestre, llamadas *lampascioni,* que tienen un sabor un poco más amargo que los chalotes y que se han ido haciendo cada vez más populares en los últimos tiempos.

Las variedades de achicoria como la *catalogna* o la *puntarelle* encuentran una frecuente aplicación en la cocina italiana. Hay achicorias silvestres *(cicoria selvatica)* y las que se cultivan como verdura o para ensaladas.

PUREA DI FAVE
Puré de habas

2 PATATAS GRANDES
300 G DE HABAS
SAL
7–8 CUCHARADAS DE ACEITE DE OLIVA VIRGEN EXTRA

Pele las patatas, lávelas y córtelas en dados. Desvaine las habas y póngalas con las patatas en una cazuela. Cubra con agua y deje cocer tapado durante unos 20 minutos. Escurra el agua y cubra con agua fría, eche un poco de sal y deje cocer durante otros 30 minutos. Pase la mezcla de patatas y habas por el tamiz y pásela nuevamente a la olla. Remueva con una cuchara de madera y vaya agregando poco a poco el aceite de oliva virgen extra hasta que el puré adquiera la consistencia deseada. Sirva acompañado con verdura fresca.

MUERSI
Pan rústico con brécol y guisantes

1 KG DE BRÉCOL
SAL
200 G DE GUISANTES
200 G DE PAN BLANCO
4–5 CUCHARADAS DE ACEITE DE OLIVA VIRGEN EXTRA
1 GUINDILLA

Blanquee el brécol en agua ligeramente salada, cuele y reserve. Hierva los guisantes durante unos 10 minutos en agua con sal.
Trocee el pan. En una cazuela (mejor de barro) caliente el aceite con la guindilla y fría los trozos de pan. Cuando el pan esté dorado, añada el brécol cortado en trozos pequeños y los guisantes. Mezcle bien y rehogue 10 minutos. Sirva el plato caliente.

CATALOGNE RACANATE
Dientes de león de otoño gratinados
(fotografía izquierda)

2 DIENTES DE AJO
1 TOMATE
SAL
1,3 KG DE PUNTAS DE LEÓN DE OTOÑO
ALCAPARRAS
PAN RALLADO
ACEITE DE OLIVA

Corte en pedacitos el ajo y el tomate y cueza en un poco de agua con sal.
Ponga los dientes de león en un molde de suflé y distribuya por encima el ajo, el tomate y las alcaparras. Espolvoree pan rallado con abundancia y rocíe con el aceite de oliva. Gratine en el horno precalentado a 200°C hasta que el pan rallado esté bien tostado.

ACEITE DE OLIVA

El aceite de oliva de Apulia, con un sabor intenso, afrutado y con un alto grado de acidez, es imprescindible tanto para la cocina como para la economía de la región. Ningún otro producto agrícola ha marcado tanto la naturaleza y la vida de la gente del extremo sur de Italia como el aceite de oliva. La tierra, rica en cal, y el clima seco ofrecen las condiciones ideales para que el cultivo de los olivos se realice con éxito. Tradicionalmente, las aceitunas se presentaban como complemento sumamente energético del pan y el aceite de oliva suministraba una materia prima que no solo se podía utilizar para cocinar, sino también como combustible para las lámparas del hogar.

En la actualidad, la producción de aceite de oliva sigue siendo el factor económico más importante de la región de Apulia. Las aceitunas y el aceite que se producen en esta área suponen casi el 40% de la producción italiana y el 15% de la producción mundial. Las zonas de cultivo se extienden por tres regiones: la provincia de Foggia, la provincia de Bari y la península de Salento, a la cual pertenecen las provincias de Lecce, Brindisi y Taranto. Pero esta división no dice nada sobre las clases de aceitunas que dominan en cada provincia, porque los recursos del suelo y las condiciones microclimáticas son muy diferentes en cada una de las tres zonas.

En Apulia se pueden comtemplar actualmente maravillosas obras de arte y edificios históricos, pero también *trappeti,* los antiguos antecesores de los molinos de aceite actuales. En las prensas subterráneas reinaba siempre una temperatura regular y las cuevas, arrancadas a la roca calcárea, disponían además de una única entrada, que se orientaba al sur para detener el terrible viento del norte. Otra de las ventajas del *trapetto* radicaba en el bajo coste de su construcción. Las gruesas paredes, naturales, de la bóveda excavada en la roca eran suficientemente fuertes como para resistir las sacudidas que producía la pesada muela, sin que tuvieran que incluirse elementos de refuerzo o realizarse complicados trabajos de construcción. El equipamiento de las prensas era más sencillo que en otros tipos de molino, puesto que las aceitunas simplemente se vertían en los pozos previstos para esta tarea. Los residuos se evacuaban a través de las fisuras naturales del subsuelo cárstico. En la zona de Gallipoli había unos 35 molinos de este tipo.

El cultivo del olivo tiene una larga tradición en el sur de Italia. Los extensos olivares suministran casi la mitad de la producción de todo el país.

La variedad de clases es grande, pero las plantadas en el sur suelen producir un aceite amarillo dorado fuerte y con un ligero aroma a nueces.

Izquierda: la Masseria Serra dell'Isola, en Mola di Bari, dispone todavía de un molino de aceite histórico.

VIVEROS DE MEJILLONES

Entre el tacón y la suela de la bota italiana se encuentra el golfo de Taranto. Los habitantes de la ciudad portuaria llaman a las aguas de su costa "mar Piccolo". El "mar pequeño", con unas aguas relativamente cálidas desde primavera hasta otoño, es adecuado no solamente para el cultivo de ostras, sino también para el cultivo de mejillones. Estos moluscos, que en italiano se llaman *cozze,* se cultivan casi durante todo el año. Los mejillones se crían en botes anclados en el fondo del mar o en plataformas. De esos criaderos flotantes cuelgan redes o largas cuerdas de nilón, en las que pueden crecer desde 100 hasta 200 kilos de moluscos. Durante su crecimiento, los animales se aferran a las cuerdas con los filamentos del biso, llamado "barbas" por los cocineros y que se deben separar cuidadosamente antes de su preparación. El mar arrastra minerales y algas, con los que se alimentan los mejillones. Cuando, transcurridos de 12 a 14 meses, han alcanzado su tamaño definitivo, las cuerdas se retiran del agua y se arrancan los mejillones.

Los moluscos, cubiertos de residuos calcáreos y algas durante su cultivo, tienen que ser llevados primero a unas instalaciones para sanearlos. Simultáneamente, las autoridades sanitarias italianas llevan a cabo un examen para asegurarse de que la mercancía obtenida es inmejorable desde el punto de vista higiénico (una medida de control que resulta muy conveniente, sobre todo a causa de las cargas medioambientales de las zonas costeras). Una vez que los moluscos de color negro azulado se han limpiado en la fábrica, se envasan en diferentes unidades de peso en redes de plástico y se llevan al mercado. Allí esperan ya los clientes, pues las *cozze* son extraordinariamente populares en el sur de Italia y en las islas.

ZUPPA DI COZZE ALLA TARANTINA
Cazuela de mejillones a la tarantina

Primer plato

1,2 KG DE MEJILLONES
1/4 GUINDILLA
1 DIENTE DE AJO PICADO
2 CUCHARADAS DE ACEITE DE OLIVA VIRGEN EXTRA
300 G DE TOMATES MADUROS, PELADOS Y SIN PEPITAS
1 VASO DE VINO BLANCO SECO
SAL Y PIMIENTA
REBANADAS DE PAN BLANCO TOSTADO

Raspe los mejillones y lávelos bajo un chorro de agua. Rehogue el ajo y la guindilla en aceite de oliva. Cuando el ajo esté dorado, retire de la cazuela y añada el tomate previamente cortado a trocitos. Deje cocer durante unos 10 minutos y añada los mejillones. Póngalos a cocer con fuego fuerte, hasta que los mejillones se abran, agitando la sartén de vez en cuando. (Deseche los mejillones cerrados). Vierta el vino y deje cocer. Al final, añada el diente de ajo picado. Salpimiente. Sirva caliente acompañado con las rebanadas de pan tostado.

COZZE RIPIENE
Mejillones rellenos

Primer plato

1,2 KG DE MEJILLONES
100 ML DE ACEITE DE OLIVA
1 DIENTE DE AJO
400 G DE TOMATE TRITURADO
4 HUEVOS
200 G DE PAN RALLADO
100 G DE QUESO DE OVEJA TIPO PECORINO RALLADO
PEREJIL PICADO
SAL Y PIMIENTA

Raspe los mejillones y lávelos con agua corriente. Abra las conchas, sin acabar de separar las valvas. Caliente el aceite de oliva en una cazuela y fría el ajo hasta que esté dorado. Añada el tomate triturado y déjelo cocer unos 10 minutos a fuego lento.
Bata los huevos en una fuente, mezcle con el pan rallado, el queso y el perejil. La masa ha de ser cremosa, pero no líquida. Rellene los mejillones con la masa y cierre las valvas. Añádalos con cuidado a la cazuela con el tomate y hornee durante unos 15 minutos a 200°C.

COZZE GRATINATE
Mejillones gratinados
(fotografía izquierda)

Primer plato

1,2 KG DE MEJILLONES
AJO PICADO
PEREJIL PICADO
PAN RALLADO
ACEITE DE OLIVA

Raspe los mejillones y lávelos con agua corriente. Hiérvalos unos 5 minutos, hasta que se abran; tire los cerrados. Separe las valvas superiores y disponga las inferiores con la carne del mejillón en una fuente refractaria. Espolvoree el ajo, el perejil y el pan rallado y rocíe con un poco de aceite de oliva.
Póngalos unos minutos al horno, precalentado a 200°C.

En estas instalaciones típicas para cultivar mejillones, los moluscos se prenden a unas redes tubulares.

Los moluscos hallan condiciones inmejorables para crecer en aguas cálidas y poco profundas. Éstas deben estar muy limpias; si no los moluscos absorben sustancias nocivas.

Los mejillones se recolectan y se escogen. Los ejemplares mayores se venden, en tanto que los pequeños se vuelven a prender de la red.

El mar Piccolo de Taranto (superior y fondo) ofrece condiciones ideales para cultivar mejillones de una calidad inmejorable.

Los caracoles púrpura pertenecen a la familia de los caracoles marinos. Tienen una concha fuerte, vistosa y a veces puntiaguda.

Púrpuras de Taranto

La púrpura era el tinte más valioso en la Antigüedad. Producida por las glándulas hipobranquiales que poseen los caracoles púrpura *(Murex brandaris)*, al principio se teñían con ella única y exclusivamente las vestiduras que llevaban los emperadores romanos. Más adelante, los patricios ricos y los altos empleados del Estado también pudieron cubrirse con vestiduras púrpura. En el año 314, la Iglesia descubrió la púrpura: Silvestre I fue el primer papa que incluyó el noble color en su traje de ceremonia.

El elevado precio, en realidad absurdo, que llegó a alcanzar este tinte en el mercado clásico se explica por el hecho de que su producción resultaba muy costosa: para conseguir solamente 1,2 gramos se necesitaban unos 10.000 caracoles púrpura. La ciudad fenicia de Tiro y la ciudad apuliana de Taranto rivalizaron durante mucho tiempo para hacerse con la hegemonía de la industria de la púrpura, aunque al final los productos de procedencia italiana pudieron imponerse. Estos seducían por su increíble brillo y variaban entre el violeta vivo y el ardiente color rojo vino. Horacio describió la púrpura de Taranto como la imitación más perfecta del color de las violetas.

OSTRAS

En Taranto, el mar Piccolo es un baluarte de la cría de moluscos en el sur de Italia. Además de mejillones, se crían principalmente ostras, puesto que los moluscos encuentran unas condiciones ideales: el mar es tranquilo y, durante el verano, la temperatura del agua está constantemente por encima de los 22°C. Plinio ya se mostraba muy entusiasmado con los enormes bancos de moluscos y elogiaba las ostras de Taranto, que con frecuencia iban a parar a las opulentas mesas de la alta sociedad romana.

Durante la época del emperador Trajano, la ciudad a orillas del Golfo fue nombrada centro de cultivo y suministradora oficial de la capital. Pero, con el ocaso del Imperio Romano, se agotó el interés por los lujosos mariscos. No fue hasta el año 1784, cuando Fernando IV de Borbón, que después sería rey de las Dos Sicilias, ordenó volver a poner en funcionamiento las instalaciones de cría que se encontraban abandonadas, para que la cocina de su Corte pudiera disponer siempre de ostras y mejillones.

En la actualidad, en esta zona todavía se crían moluscos que poseen una gran calidad. Las ostras de Taranto reciben el nombre científico de *lamellosa tarentina*. Sus conchas, dentadas, curvas y de color verdoso, se caracterizan por las suaves y frágiles arandelas que presentan en el borde, en tanto que en el interior de las valvas brilla un color blanco perla. Cuando los ejemplares alcanzan los dos años se denominan *stragrossa,* extra grandes. Tienen un sabor muy intenso y hay que degustarlas crudas y muy frías. A pesar de que las ostras de Taranto no son tan conocidas ni tienen tanto renombre como las célebres clases de ostras francesas de Marenne o de Arcachon, se pueden comparar tranquilamente con ellas.

Para abrirlas, se coloca la ostra en la palma de la mano protegida y con la valva más cóncava hacia abajo, puesto que la concha no solamente contiene el apreciado molusco, sino también un sabroso jugo natural, que no se debe verter. Después se pasa un cuchillo

Para que el delicioso jugo no se pierda, se coloca la ostra en la palma de la mano, de manera que la valva más cóncava quede en la parte inferior.

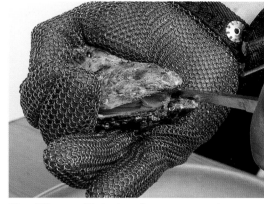

El cuchillo, sostenido horizontalmente, se pasa primero entre las dos valvas. Después se hace palanca para abrir la ostra.

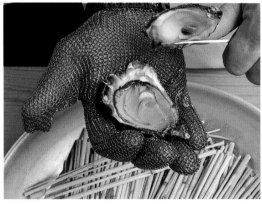

Se tira hacia arriba de la valva superior: la carne de la ostra queda en la valva inferior, pero aún no se desprende.

Con un corte se separa el molusco, para que se pueda sorber cómodamente la ostra junto con el jugo.

especial entre las valvas y se hace palanca para separarlas. Una vez separado el músculo constrictor, la ostra se abre. Si la ostra no se consume enseguida, se debe colocar sobre un lecho de hielo. Con un tenedor para ostras, que en un lado dispone de una punta afilada, se puede desprender fácilmente al animal de la valva. Ahora, la ostra se toma de un sorbo con el jugo. Si se desea, se le pueden añadir unas gotas de zumo de limón o una pizca de pimienta antes de consumirla y lo ideal

para acompañarlas son unas rebanadas de pan blanco o integral, untadas con mantequilla bien fría. No es aconsejable añadir más ingredientes, porque anulan el suave sabor del delicado marisco, aunque existen recetas que prevén una preparación más compleja de las ostras.

OSTRICHE ARROSTO
Ostras a la parrilla
(fotografía derecha)

6 OSTRAS POR PERSONA
PEREJIL PICADO
2 DIENTES DE AJO POR PERSONA, PICADOS
PAN RALLADO
ORÉGANO
ZUMO DE LIMÓN
ACEITE DE OLIVA
SAL Y PIMIENTA

Abra las ostras, separe la valva superior y coloque la valva inferior con la carne de la ostra en la parrilla. Distribuya por encima el perejil y el ajo, espolvoree con el pan rallado, aliñe con el orégano y rocíe con 2 ó 3 gotas de zumo de limón y con un poco de aceite de oliva. Salpimiente y déjelas en la parrilla unos 15 minutos.

Izquierda: las ostras son menos delicadas de lo que se cree: un transporte de tres o cuatro días no las estropea.

Superior: *Ombrine al sale,* lubina a la sal
Inferior derecha: *Triglie in cartoccio,* salmonetes en papillote

En primer lugar lave bien la sepia y déjela escurrir. A continuación, macere el pan rallado en un poco de leche y mezcle bien con el queso de oveja, el huevo, el ajo y el perejil. Salpimiente.

Rellene las sepias con la masa, cósalas con hilo de cocina y póngalas en una cazuela con el aceite de oliva y la cebolla; deje cocer a fuego lento. Añada los guisantes y vierta un poco de agua. Salpimiente y deje cocer a fuego lento durante unos 45 minutos.

Zuppa di pesce di Gallipoli
Sopa de pescado de Gallipoli

2 KG DE PESCADO Y MARISCO VARIADOS (P.E. MERO, PAGEL,
ESCORPINA, SEPIA, CIGALAS, MEJILLONES, SALMONETES)
120 ML DE ACEITE DE OLIVA
1 CEBOLLA CORTADA EN AROS FINOS
600 G DE TOMATES SIN PEPITAS Y CORTADOS EN RODAJAS
2 CUCHARADAS DE VINAGRE DE VINO BLANCO
SAL Y PIMIENTA
REBANADAS DE PAN FRITO

Limpie el pescado y lávelo. Vacíe el interior de las sepias y córtelas en aros. Raspe los mejillones y lávelos; deseche los que no se hayan abierto.

TRABUCCHI

En Apulia se practican dos formas de pesca: o se adentran en el mar y pescan con sedales y redes o permanecen cerca de la orilla y hacen más fácil su trabajo con el *trabucco.* En la costa de Gargano, situada en la espuela de la bota, se prefiere la segunda posibilidad para llevar a cabo la pesca.

El vocablo *trabucco* deriva con toda probabilidad de la palabra de origen provenzal–mallorquina *trabajar.* Posteriormente, el concepto se aplicó como sinónimo de un barco utilizado para la pesca que estaba provisto de palos altos y grandes velas. Cuando el casco ya no se podía continuar utilizando por ser demasiado viejo o estar averiado, los pescadores desmontaban los robustos mástiles y construían *trabucchi,* unas instalaciones con las cuales se podía pescar cerca de la orilla. En la actualidad, los viajeros todavía pueden contemplar numerosos *trabucchi,* sobre todo en la costa que recorre la espuela de la bota. Según los historiadores, su origen se remite a los sarracenos.

La captura de peces realizada con el *trabucco* requiere una atenta vigilancia del mar, tan paciente como cautelosa. Quien lleva a cabo esta función es un *raìs* que –generalmente con la destreza acrobática pertinente– busca con la vista bancos de peces, desde las vigas que flotan en el mar. En el momento en que las presas se encuentran justo por encima de las redes colocadas en el fondo del mar, el *raìs* da la orden de subirlas rápidamente. Esto se realiza con la ayuda de un cabestrante, cuyas cuerdas corren sobre un potente cilindro. Los aparejos de pesca, que producen una impresión algo grotesca con sus numerosos mástiles y palos horizontales y verticales, incluso han sido inmortalizados por algunos artistas italianos.

La captura conseguida gracias al *trabucco* se prepara de una manera muy sabrosa. Las mujeres de los pescadores cocinan el pescado a la sal, que lo hace jugoso y

aromático, lo asan a la parrilla o lo fríen. O cocinan la famosa *zuppa di pesce di Gallipoli,* una sopa de pescado que se prepara en la zona de Gallipoli.

Por lo demás, las sopas de pescado son apreciadas en toda Italia y, por consiguiente, casi un elemento de unión general en ese gran paisaje culinario que posee el país, tan diferente por regiones. Después de todo, Italia es el país de las largas costas, sin tener en cuenta las dos grandes islas y las numerosas islas pequeñas, también bañadas por el mar. Solamente cinco de las 19 regiones de Italia no tienen acceso directo al agua: Piamonte, el Valle de Aosta, Trentino y el Tirol, Lombardía y, finalmente, Umbría. Las demás partes del país hacen gala de la elaboración de deliciosos platos de pescado o de marisco y cada región cocina sus propias sopas de pescado. En Liguria y en la costa toscana se puede degustar el *cacciucco* o la *burrida;* en la Emilia–Romaña, el *brodetto* de Rimini. En la costa de Las Marcas, las ciudades portuarias rivalizan por la mejor preparación de esa sopa de pescado e incluso se ha fundado una Accademia del Brodetto. Los napolitanos adoran esta especialidad caliente de pescado, Cerdeña tiene su propia receta, Apulia se basa en la *zuppa di pesce di Gallipoli* y en Umbría se prepara un plato de pescado de agua dulce.

Seppie ripiene con piselli
Sepia rellena de guisantes

800 G DE SEPIA LIMPIA
40 G DE PAN RALLADO
LECHE
50 G DE QUESO DE OVEJA TIPO PECORINO RALLADO
1 HUEVO
2 DIENTES DE AJO PICADOS
2 CUCHARADAS DE PEREJIL PICADO
SAL Y PIMIENTA
3–4 CUCHARADAS DE ACEITE DE OLIVA VIRGEN EXTRA
1 CEBOLLA PICADA
400 G DE GUISANTES SIN CÁSCARA

Caliente el aceite en una cazuela grande y rehogue la cebolla hasta que esté blanda. Añada los tomates, una pizca de sal y pimienta y deje cocer durante unos 10 minutos. Agregue el pescado y el marisco más grande. Cuando hierva, añada los pequeños. Cueza a fuego lento de 20 a 30 minutos sin remover. Aliñe con vinagre, sal y pimienta, y sirva con pan.

TRIGLIE AL CARTOCCIO
Salmonetes asados en papel de aluminio

Para 2 personas

4 SALMONETES MEDIANOS LIMPIOS
2 DIENTES DE AJO MACHACADOS
EL ZUMO DE MEDIO LIMÓN
ACEITE DE OLIVA
3 HOJAS DE LAUREL
1/2 CUCHARADITA DE PIMIENTA EN GRANO
SAL Y PIMIENTA
50 G DE ACEITUNAS NEGRAS SIN HUESO
PAPEL DE ALUMINIO (O 4 HOJAS DE PAPEL APERGAMINADO
O BOLSAS PARA ASAR)

Limpie el pescado, lávelo y colóquelo en una fuente. Mezcle el ajo con el zumo de limón y 4 cucharadas de aceite de oliva. Desmenuce las hojas de laurel y pique los granos de pimienta; añada a la mezcla de aceite y limón. Rocíe el pescado con la marinada y deje reposar al menos 2 horas en el frigorífico. Dele la vuelta al pescado una vez. Caliente el horno previamente a una temperatura de 200°C. Rocíe el papel de aluminio con una cucharada de aceite. Retire el pescado de la marinada y colóquelo sobre el papel de aluminio. Salpiméntelo y rocíe con la marinada; pique las aceitunas y espárzalas por encima del pescado. Envuelva el pescado y doble los bordes del papel, de manera que el "paquete" quede bien cerrado.
Hornee durante unos 8 minutos. Sirva caliente sobre el papel de plata.

OMBRINE AL SALE
Lubina a la sal
(fotografía superior de la página anterior)

2 LUBINAS (O RÓBALOS) DE UNOS 500 G CADA UNA
1 KG DE SAL GRUESA
PIMIENTA RECIÉN MOLIDA

Lave bien el pescado, pero sin llegar a quitarle la piel. Coloque la mitad de la sal en una fuente de horno, ponga encima las lubinas y cúbralas con el resto de la sal. Tape la fuente con una tapa y hornee durante unos 30 minutos en el horno precalentado a 200°C. Rompa la costra de sal, retire la piel y espolvoree sobre el pescado la pimienta recién molida.

SOGLIOLA GRATINATA
Lenguado gratinado

4 LENGUADOS LIMPIOS, SIN PIEL Y SIN ALETAS
SAL Y PIMIENTA
8 CUCHARADAS DE PAN RALLADO
1 DIENTE DE AJO PICADO MUY FINO
4 CUCHARADAS DE PEREJIL PICADO MUY FINO
6 CUCHARADAS DE QUESO DE OVEJA TIPO PECORINO RALLADO
6 CUCHARADAS DE ACEITE DE OLIVA

Caliente el horno previamente a una temperatura de 220°C. Lleve a cabo un corte justo en el centro del pescado, hasta alcanzar la espina central. Salpiméntelo y póngalo sobre una bandeja de horno. Mezcle el pan rallado, el ajo y el perejil y distribuya esta mezcla a ambos lados del corte realizado. Espolvoree con el queso de oveja por encima del corte, rocíe el pescado con aceite de oliva y deje cocer durante unos 15 minutos.

En las bodas apulianas, suele haber un bufé de dulces.

La torta hecha de bizcocho, frutas, merengue y nata es muy popular.

Un camarero ayuda a servir los trozos de tarta.

Vito Colucci es el actual dueño del Caffè Tripoli fundado en 1911 en Martina Franca. Merece la pena probar sus *crostate* caseros. Aún hoy en día en este establecimiento se elaboran los helados según las normas tradicionales de la repostería: Vito Colucci no utiliza ni colorantes ni cualquier otro tipo de aditivos.

DULCES

Aunque en la espuela y en la suela de la bota italiana reina por doquier una gran actividad confitera, los dulces apulianos son tan buenos como desconocidos fuera de la región. En la Edad Media, a las monjas y a los pasteleros ya les faltaban manos para elaborar la cantidad necesaria de exquisiteces dulces para los días festivos. Estos maestros pasteleros, primero llamados *pistores* y después *speziali manuale,* contribuyeron de manera decisiva a la evolución de las golosinas apulianas. El amor por los dulces, con frecuencia caros, ha permanecido constantemente ligado a acontecimientos especiales, a las Navidades y a Pascua, a la fiesta de los patronos, a una boda o también a un funeral, donde los amigos y parientes llevan un *consolo,* un consuelo dulce, a la familia del finado.

Al contrario de lo que sucede en otras tradiciones confiteras del sur de Italia, en Apulia no se contaba necesariamente, al principio, con ingredientes como las uvas pasas, los higos, el limón y la canela, sino que se utilizaban sobre todo dos productos propios de la región: el requesón y las almendras. En la actualidad ya se utiliza toda la gama de ingredientes existentes y las comidas en Apulia concluyen con un postre dulce como mínimo una vez por semana. Afortunadamente, existen suficientes santos y eventos especiales que justifican el lujo.

Las *zeppole,* fritas en aceite caliente y enriquecidas con azúcar y canela, estaban reservadas originariamente a la festividad de san José. En la actualidad, también se elaboran suculentas rosquillas otros días y se cuecen en el horno para que no sean tan pesadas de digerir.

Durante la Navidad se prepara la *cartellate,* que consiste en una especialidad de galletas la cual tiene forma de estrella, cuya masa se mezcla con vino blanco y se endulza con grandes cantidades de miel o de jarabe de mosto. El *mostocotto,* espeso y pegajoso, también se utiliza en la preparación de los pequeños y sabrosos *panzerotti,* rellenos de pasta de almendra o mermelada.

CARTELLATE
Galletas de Navidad

500 G HARINA DE TRIGO
4–5 CUCHARADAS DE ACEITE DE OLIVA VIRGEN EXTRA
I VASO DE VINO BLANCO SECO
ACEITE PARA FREÍR
300 G DE JARABE DE MOSTO O MIEL
CANELA

Elabore una masa esponjosa y suave con la harina, el aceite de oliva y el vino blanco, y déjela reposar durante 1 hora. Extienda la pasta formando un rectángulo de 1 mm de espesor y corte tiras de 15 cm de largo y 3 cm de ancho. Enrolle las tiras en forma de espiral y déjelas secar durante la noche.
Caliente abundante aceite de oliva, fría las espirales de pasta y déjelas secar sobre un papel de cocina.
Caliente el mosto o la miel y sumerja con cuidado las espirales enteras. Retírelas con una espumadera, colóquelas en una bandeja y espolvoree con la canela.

El mosto del vino, hervido para convertirlo en jarabe, es conocido por distintos nombres en el sur y en el centro de Italia: *mostocotto, sapa, saba* o *vincotto* se llama el producto dulce y pegajoso que se obtiene cuando se reduce el mosto fresco a la mitad o menos de su volumen. La designación de *vincotto* puede inducir a error, pues no se produce reduciendo vino con alcohol, sino a partir del mosto sin fermentar.

Los antiguos romanos ya conocían este tipo de jarabe y lo saboreaban mezclado con nieve, como un sorbete de la Antigüedad. En la Edad Media, los maestros cocineros lo dejaban reposar herméticamente durante un mes, antes de utilizarlo para elaborar dulces.

Como es usual con la elaboración de los platos populares, cada pueblo apuliano tiene su receta para el *mostocotto,* pero la base es siempre la misma: se cuelga una malla fina en un recipiente de cobre sin galvanizar y se pasan por ella las uvas maduras. La masa colada se pone a hervir lentamente sobre el fuego y, con una espumadera, se retira la espuma que se forma. Cuando el zumo de las uvas se ha reducido a la mitad de su volumen inicial, el jarabe está listo. A continuación, se envasa en botellas o en recipientes de barro esmaltados, los cuales se tienen que cerrar con mucho cuidado para que no se eche a perder el *mostocotto.* Según la tradición oral, durante la preparación del jarabe no pueden estar presentes ni las mujeres que tengan la menstruación ni las que no pertenezcan a la familia, porque entonces el mosto quedaría irremisiblemente dividido en dos capas: el azúcar en el fondo y una solución acuosa por encima.

En tiempos pretéritos, los apulianos no solamente preparaban jarabe dulce con mosto de vino, sino que también utilizaban los higos. Evidentemente, también cada pueblo tenía su propia receta secreta, sin embargo, el proceso básico se puede divulgar: en la segunda mitad del mes de agosto, los campesinos recolectaban los higos maduros y los cocían, preferentemente sobre un fuego de leña, varias horas, hasta que la pasta se había reducido a la mitad. El contenido de la cazuela, espesado, se vertía en un saco de tela que se colgaba al aire libre o en un lugar adecuado de la casa, al menos durante 24 horas, para que goteara todo el jugo de los higos. El jugo se pasaba a un cazo y se volvía a cocer durante unas 3 horas a fuego lento, hasta que se había transformado en un jarabe espeso. Igual que el *mostocotto,* el *cotto di fichi* se tiene que guardar en recipientes cerrados herméticamente.

La variedad **Chasselas Dorata** tiene racimos medianos, con uvas ovales y medianas, que presentan un sabor ligeramente parecido al moscatel.

La **Italia** es la estrella de la península itálica. Produce uvas en forma de gota y se recolecta a mediados de septiembre.

UVAS DE MESA

Italia es un país de uvas. En él no solamente se cultiva uva para ser transformada en vino, sino que también una uva de mesa de excelente calidad. Apulia cubre la mitad de la demanda italiana de *uva da tavola*. Las clases de uva que allí se cultivan son especialmente dulces y jugosas, gracias a una tierra fructífera y a su clima cálido. Las variedades Chasselas dorata, Italia, Regina y Baresana también son exportadas al resto de Europa actualmente. Junto a otras frutas, las uvas de mesa se sirven de postre en Italia. Los granos de uva verdes o dorados también se encuentran en la *macedonia di frutta* y como decoración de pasteles.

Mostocotto
Jarabe de mosto de uva

MOSTO DE UVA BLANCA O NEGRA
AZÚCAR AL GUSTO
o bien
500 ML DE VINO DE MESA NEGRO O BLANCO
200 G DE AZÚCAR

Cueza el mosto con azúcar al gusto, hasta convertirlo en un jarabe, o elabore la variante siguiente:
ponga el vino y el azúcar en una cazuela resistente. Caliente hasta que el azúcar se haya desleído. Reduzca la mezcla como mínimo a la mitad, mejor a una tercera parte y deje enfriar. Viértalo en una botella y consérvelo en el frigorífico.

GRANO AL MOSTOCOTTO
Trigo perlado con jarabe de mosto
(fotografía inferior)

300 G DE GRANOS DE TRIGO
SAL
50 G DE ALMENDRAS PARTIDAS
50 G DE AVELLANAS PICADAS
100 G DE RALLADURA DE CHOCOLATE
100 G DE FRUTA CONFITADA, EN DADOS FINOS
1 CUCHARADITA DE CLAVO EN POLVO
1 CUCHARADITA DE CANELA EN POLVO
200 G DE GRANOS DE GRANADA MADURA
JARABE DE MOSTO

Ponga los granos de trigo en remojo con agua durante 3 días y cambie el agua a diario. Después, hierva ligeramente los granos en abundante agua con sal. Retire, deje enfriar y viértalos en una cazuela; añada los demás ingredientes y mezcle bien. Haga porciones y sirva con el jarabe de mosto.

La **Regina** también está madura a mediados de septiembre. Los espléndidos racimos, con uvas dulces, grandes y doradas, tienen un sabor muy dulce.

Grano al mostocotto,
trigo perlado con
jarabe de mosto

Castel del Monte

Situado al sur de Andria, en el corazón de Apulia, Castel del Monte tiene la forma de un octógono perfecto. El castillo, que fue construido entre los años 1240 y 1250 por orden de Federico II, produce una impresión extraña. La construcción presenta una planta octogonal, está armada con ocho torres octogonales y dispone de ocho estancias por piso. Ni tan solo los historiadores saben exactamente qué se proponía el emperador de la dinastía Hohenstaufen con una obra arquitectónica tan curiosa. Las generaciones posteriores utilizaron el castillo como prisión, alojamiento para los afectados de peste o refugio en caso de peligro. Desde el siglo XIX, Castel del Monte se restaura regularmente y se puede visitar. En la actualidad, con el nombre del castillo se designa a un grupo de vinos con denominación de origen calificada de diferentes clases de cepas (Aglianico, Uva di Troia, Pinot Nero, Chardonnay, Pinot Bianco y Sauvignon), que configuran la punta de lanza de la calidad en el norte de Apulia.

Fondo: el Castel del Monte (1240–1250) se alza de forma monumental sobre una colina que domina el paisaje.

Aleatico di Puglia
San Severo
Cacc'e Mmitte di Lucera
Rosso Barletta
Moscato di Trani
Rosso Canosa
Castel del Monte
Gioia del Colle
Martina Franca
Locorotondo
Ostuni
Brindisi
Primitivo di Manduria
Lizzano
Salice Salentino
Squinzano
Copertino
Leverano
Alezio
Zonas vinícolas en regiones limítrofes

EL JARDÍN DEL EDÉN DE LOS ROMANOS

Los romanos consideraban que Apulia era un auténtico jardín del Edén; hablando prosaicamente, era el suministrador principal de excelentes productos agrícolas y vinos. La influencia de la cultura griega sigue siendo enorme en la actualidad, sobre todo en la parte sur de la región, y los lugareños todavía utilizan palabras del griego antiguo en su lenguaje coloquial. Además de uva para producir vino, también se cultiva una gran cantidad de uva de mesa.

Apulia es la fábrica de uva de Italia. El rendimiento es más alto que en ninguna otra región italiana y en algunos viñedos se consigue recolectar hasta 40 toneladas de uva por hectárea (cuatro veces más de lo que normalmente se considera el máximo absoluto para poder producir buenos vinos). Además del alto rendimiento, que se consigue sobre todo en los enormes campos de cepas, los cuales son trabajados con maquinaria, de la extensa llanura apuliana, la producción de vino comete otro pecado. A pesar de que menos de un 2% de toda la producción de vino de la región tiene la categoría de denominación de origen calificada (es decir, se considera de calidad según la ley), Apulia posee un número casi infinito de denominaciones de

Los resplandecientes *trulli,* pequeñas construcciones cónicas, marcan el paisaje del centro de Apulia, en Locorotondo.

origen diferentes. Casi todos los pueblos de Apulia parecen prensar su propio vino con denominación, sobre todo en las provincias de Brindisi y Lecce, y con mucha frecuencia solamente hay uno o dos viticultores que embotellen los vinos bajo esta denominación de origen. La mayor parte de la uva y de los vinos sirven únicamente de materia prima para las grandes fábricas de vermut del norte o para producir concentrado de mosto, que en Italia se utiliza para elevar el contenido de alcohol de los vinos flojos, en lugar del azúcar de remolacha.

Apulia hubiera podido conseguir sacar más partido de su talento. Sin embargo, desgraciadamente, ese potencial solamente lo aprovechan y lo exprimen algunos viticultores y productores de la zona. Y es que en esa región sureña no únicamente el clima resulta ideal para

Salento

Es una designación aún reciente para un vino de mesa con denominación de origen. Ésta se consiguió, entre otras cosas, porque algunos de los mejores vinos de Apulia, que no cumplían las disposiciones de denominación de origen calificada, ni formalmente ni por la combinación de tipos de uva, debían volver a integrarse en el sistema del origen. En la actualidad, se venden con el nombre de Salento una míriada de uvas y tipos de vino. Muchas de las apelaciones se utilizan tanto para el vino blanco como para el tinto, e incluso para el rosado, el vino dulce, el espumoso y el licor, lo cual puede llegar a desorientar al consumidor.

Castel del Monte

Los vinos de calidad elaborados más al norte de Apulia se producen en la zona situada alrededor del castillo de los Hohenstaufen, que lleva el mismo nombre y está en el centro de Apulia. Los tintos se prensan a partir de las variedades Montepulciano d'Abruzzo y Uva di Troia y pueden ser muy elegantes y variados. Pueden acompañar perfectamente una comida de la rica cocina apuliana.

Salice Salentino

El Salice Salentino es uno de los vinos con denominación de origen calificada más antigua de Apulia, que no se debe confundir con la de Salento. La denominación, que proviene del nombre del lugar y de sus alrededores, se encuentra en una serie de diferentes variedades, como el vino tinto, blanco y rosado, pero también el dulce Aleatico.

la producción de vino: también posee una serie de cepas autónomas y características, que proporcionan un perfil inconfundible a sus vinos. La cepa más extendida es la negra Negroamaro, que aparece en muchos vinos con denominación, como en el Brindisi, el Alezio, el Leverano o el Salice Salentino, pero también en el dulce Aleatico. Sus vinos suelen tener un color oscuro y un sabor fuerte, en ocasiones también algo áspero y ordinario.

La variedad Primitivo, la cual también es negra, se conoce más en otras riberas que en la propia Apulia. No es otra cosa que la variedad Zinfandel, originaria de California. Durante mucho tiempo se pensó que esta última provenía de su hermana apuliana, menos conocida. Sin embargo, en la actualidad se sabe que la uva Zinfandel se importó a los Estados Unidos desde

Primitivo di Manduria

La única denominación de origen procedente de la región de Apulia, que designa un vino genuino de uva Primitivo, ha dado a luz una serie de productos muy interesantes durante los últimos años. Se aplica a los vinos producidos en numerosas comunidades de la provincia de Taranto y Bari. Los vinos son secos y con un sabor ligeramente afrutado.

Copertino

Este vino tinto elaborado en la provincia de Lecce, en el extremo sur, proviene de una de las numerosas denominaciones de origen. Se produce sobre todo con uva Negroamaro y, ocasionalmente, es incluso un vino hecho únicamente de Negroamaro. De todas maneras, también se puede utilizar Malvasia, Montepulciano y Sangiovese.

Locorotondo

El único vino blanco conocido que se produce en Apulia que tiene denominación de origen calificada proviene del centro de la región. Se elabora principalmente con las variedades de uva Verdeca y Bianco d'Alessano y resulta muy ligero. En ocasiones, puede tener un sabor agradablemente afrutado. Sin embargo, hay pocos productores que realmente comercialicen buenos productos.

Brindisi

Es otro vino tinto de la cepa Negroamaro, que recibe el nombre de la provincia en la cual se elabora, a pesar de que su sabor también se puede enriquecer utilizando otras variedades diferentes. También existe un reserva del tinto de Brindisi, que requiere largos años en barril y un grado de alcohol más elevado.

San Severo, Alezio & Co.

De entre la gran cantidad de vinos con denominación de origen controlada, merecen una mención especial los vinos San Severo (blanco, tinto y rosado) elaborado en el extremo norte de la región, los vinos Alezio (tinto y rosado realizado con uva Negroamaro), el vino dulce Aleatico di Puglia, el Gioia del Colle, que incluye también la variedad Primitivo, el Leverano (vecino y pariente del Salice Salentino) y, por último, un vino que tiene el impronunciable nombre de Cacc'e mmite di Lucera (vino tinto producido con distintas variedades de uvas).

Europa, pero no desde Apulia o Italia, sino desde los Balcanes. Esta clase de uva no emergió en Italia hasta que ya se encontraba bien implantada en el estado de California en Estados Unidos (es decir, con toda probabilidad se trata de algo así como la primera reimportación europea de especies).

En cuanto a la Montepulciano d'Abruzzo, que es muy apreciada sobre todo en los Abruzos y en Las Marcas, se utiliza en muchos vinos apulianos, junto a la Negroamaro, y confiere a los vinos un sabor agradable y armónico. Quedaría por nombrar la negra Uva di Troia, un componente esencial del Castel del Monte, y la verde Bombino. Los vinos blancos más interesantes de Apulia se hacen, de momento, a partir de las variedades francesas de Chardonnay o Sauvignon, populares en todo el mundo.

BASILICATA

BASILICATA

Guindillas
La Lucania
Cerdos felices
Pan
Dulces
Pasta casera
Cordero
Miel
Vino helénico

383

asilicata es una región tranquila y solitaria. Los viajeros no suelen perderse en esta región inaccesible y abrasadora, pero también fascinante, situada entre el tacón y la parte delantera de la bota italiana. Aún son más raros los viajeros que acuden a estas tierras sólo por su cocina, aunque Basilicata también tiene algunas especialidades que ofrecer. Ya en la Antigüedad, cuando la región todavía se llamaba Lucania, algunos escritores romanos como Cicerón, Marcial y Horacio elogiaron los embutidos locales y el gastrónomo Apicio incluso proporcionó la primera descripción de la *lucanica,* un embutido de cerdo fresco y apetitoso, que los esclavos lucanos servían en las mesas de sus señores romanos. Hoy en día, la carne de cerdo aún desempeña un papel muy importante en la cocina de Basilicata. Casi cada familia cría su propio cerdo y la matanza se realiza con una gran fiesta. Si la carne no se emplea para elaborar los excelentes y tradicionales embutidos, como la *lucanica,* la *pezzenta* y la *cotechinata,* la asan en una parrilla (un método de preparación que también se prefiere para la carne de cordero). Otro puntal de la cocina de la región es la pasta. La pasta casera se compone aquí —al igual que en las vecinas regiones del sur— de trigo duro y agua. A pesar de ser sencillo, éste es un plato nutritivo, que se convierte en un acontecimiento culinario inconfundible cuando se presenta acompañado por deliciosas salsas y guisos. Los días festivos, la cocina desprende un aroma a *ragú de la mamma,* un modo secreto de preparación, del que sólo se sabe que se compone de abundantes trozos de carne.

Sin embargo, la característica más marcada de Basilicata son las guindillas. Estos pimientos, de un color rojo vivo y terriblemente picantes, se emplean en casi todos los platos. En los mercados, las guindillas se ofrecen trenzadas en hermosas ristras y las versiones menos picantes, los pimientos, se han considerado siempre como un alimento básico sano en la región. La carne de cerdo, los embutidos, la pasta y las guindillas: suena a cocina sabrosa, pero no a terreno abonado para los postres. Sin embargo, la realidad es que, en Basilicata, una comida acaba con un sabroso queso, lo mejor sería un *provolone,* que se puede dejar madurar en la propia chimenea, o con un exquisito dulce, que se puede preparar o cocinar con mucha miel.

Después de un copioso festín lucano, lo que apetece es tomarse un digestivo como el amargo Amaro Lucano, actualmente apreciado en toda Italia.

Doble página anterior: en las viñas de Armando Martino, en Rionero Vulture (provincia de Potenza), se prepara el vino para su transporte.

Izquierda: Rivello, situada bajo el Monte Sirino, se encuentra entre las localidades más bellas de Basilicata.

GUINDILLAS

En Basilicata se cocina con temperamento. Al igual que en la región de los Abruzos, las guindillas se pueden comprar en los mercados locales, en todas sus formas y tamaños. Da lo mismo si son redondos y pequeños o un poco más grandes y alargados, los pimientos tienen algo en común: su color rojo brillante y su endiablado sabor picante obliga al degustador desprevenido a aspirar un poco de aire y a buscar rápidamente un poco de agua.

Las guindillas, que cortan la respiración, provienen de la misma familia a la que pertenecen los pimientos y, junto a la carne de cerdo, son el emblema culinario de la región de Basilicata. En la estricta terminología botánica, las clases de guindillas que aparecen aquí pertenecen al *Capsicum annuum* y las variedades se denominan *Capsicum abbreviatum, Capsicum acuminatum* y el *Capsicum fasciculatum.* Sin embargo, éstos son únicamente tres representantes de los cientos de variedades de guindillas que existen en todo el mundo y que, en buena parte, presentan diversas formas, tamaños, aromas y grados de picante. Por ejemplo, la guindilla normal pertenece a un tipo poco picante, mientras que el Tabasco debe sus efectos abrasadores a una variedad muy picante.

Sin embargo, en Basilicata no se preocupan por las sutilezas ni por las denominaciones botánicas. Allí, las llaman cariñosamente *frangisella, cersella, pupon* o *diavulicciu,* y los pimientos secados al sol sazonan sobre todo las especialidades que se preparan con carne y embutidos de la región, así como también el delicioso guiso que se realiza para la pasta, cuya receta conocen únicamente la *mamma* y la *nonna.* Las cocinas lucanas son viejas, sin embargo, resultan lugares acogedores, donde las guindillas cuelgan de las vigas del techo, para tenerlas bien a mano incluso en los días de más ajetreo culinario, como un día de boda o una fiesta religiosa. No es casual que Basilicata presente el consumo más alto por persona de los pequeños diablos rojos.

Continúa siendo un enigma descubrir cómo fue que llegó la guindilla a Europa. Unos suponen que, desde Oriente –primero por piezas como una mercancía y, más adelante, también como una planta completa–, se abrió camino en las ciudades marítimas del Mediterráneo, pues antiguamente a la especia que se extraía del pimiento rojo se la acabó llamando "pimienta india". Otros, sin embargo, creen que esta designación no se puede interpretar geográficamente, puesto que "indio" fue, con frecuencia, sinónimo de "indio de las Américas" y, por tanto, la guindilla podría perfectamente proceder de América. Supuestamente, fue Cristóbal Colón quien trajo la planta al regresar de su segundo viaje del Nuevo Mundo. Las carabelas del descubridor no solamente transportaron maíz, patatas y tomates a los puertos españoles, sino también la planta del chile. En favor de esa teoría, sigue hablando el hecho de que la nueva especie se extendió primero por España y, desde allí, conquistó el resto del continente europeo. Las modestas plantas encontraron condiciones favorables en la zona mediterránea y se introdujeron sin problemas en las huertas.

Las cocinas también abrieron sus puertas a los pimientos picantes, pues las guindillas no solamente proporcionaban un sabor excitantemente picante a los platos que condimentaban, sino que también eran apropiadas como conservante para los platos de carne, pescado y para las salsas. Además, las pequeñas portadoras de aroma demostraron ser extraordinariamente sanas. Su alto contenido en vitamina C, que compartían con sus parientes más suaves, ayudaron a los campesinos pobres

Las guindillas desempeñan un papel esencial en la cocina de Basilicata. En la enoteca La Farmacia dei Sani en Maratea se vende vino y también aceite aderezado con guindillas.

a protegerse de las terribles enfermedades carenciales, como el escorbuto y la caída de los dientes. También demostraron ser desinfectantes, digestivas y vigorizantes. Aplicándolas de forma externa, se podían utilizar para aliviar la tensión muscular y las molestias producidas por la ciática.

Las guindillas encontraron cabida incluso en la literatura. En un libro de cocina publicado por Alejandro Dumas padre, éste cita las guindillas como un ingrediente indispensable en su ensalada preferida, y su colega italiano, Gabriele D'Annunzio, describe los pimientos como "dientes de diablo rojos y enajenados". Para los futuristas del círculo de Filippo Tommaso Marinetti, la especia era incluso un "entrante intuitivo, un cuernecillo abrasador, que se tiene que mordisquear en la mano".

No obstante, hay que tener cuidado al manipular los pequeños diablillos. Si se quiere que las guindillas sean un poco menos picantes, se pueden separar las semillas y las vainas blancas. Después de prepararlas, es necesario lavarse las manos, ya que el agente activo responsable del sabor picante, la capsicina, podría afectar a los ojos si se frotan por descuido. Si, cuando se cocina con guindillas, se tiene plena conciencia de que esos pimientos tienen conexión directa con el infierno, no puede salir nada mal.

Penne all'arrabbiata
Penne con salsa picante
(fotografía inferior izquierda)

500 G DE TOMATES MADUROS, PELADOS Y SIN PEPITAS
2 CUCHARADAS DE MANTEQUILLA
100 G DE TOCINO MAGRO, CORTADO EN DADOS
1 CEBOLLA PICADA
2 DIENTES DE AJO, CORTADOS EN LÁMINAS
2 GUINDILLAS SECAS MACHACADAS
SAL Y PIMIENTA
500 G DE PENNE
1 RAMILLETE DE PEREJIL FRESCO PICADO
50 G DE PECORINO RECIÉN RALLADO

Corte las pulpas de los tomates en trocitos y páselos por el chino. Derrita la mantequilla en una sartén, añada el tocino y la cebolla y sofría a fuego lento. Mezcle con los ajos, el tomate triturado y las guindillas. Sazone con sal y pimienta y deje cocer. Mientras tanto, hierva las *penne* al punto y mézclelas con la salsa. Agregue el perejil y sirva con el queso de oveja rallado por encima.

Patate e sedano
Patatas y apio

ACEITE DE OLIVA
2 DIENTES DE AJO PICADOS
2–3 CUCHARADAS DE PEREJIL PICADO
500 G DE TOMATES PELADOS
SAL
1 GUINDILLA SECA MACHACADA
1 KG DE APIO BLANCO CORTADO EN TROZOS
1 KG DE PATATAS PELADAS Y CORTADAS EN TROZOS
REBANADAS DE PAN TOSTADO

Caliente el aceite de oliva, añada los ajos, el perejil y los tomates; si es necesario rebaje con un poco de agua, y sazone con sal y las guindillas. Cuando la salsa empiece a hervir, añada el apio y hiérvalo durante unos 15 minutos. A continuación, añada las patatas y déjelo cocer todo hasta

Las guindillas, también conocidas como chile, presentan diversos tamaños. Las variedades delgadas y puntiagudas alcanzan un tamaño de entre 3 y 15 cm. También existen clases redondas y cuadradas. En Basilicata, se considera que los pimientos pequeños son los más picantes y, por ello, se les denomina *diavolícci,* diablillos. No obstante, los largos y delgados, a los que llaman *sigarette,* son endiabladamente picantes, y hay que estar muy acostumbrado a las especias fuertes para poder valorar la verdadera cocina de Basilicata.
Para experimentar con los pimientos picantes en casa, se debe proceder con mucho cuidado y es preferible quedarse corto que excederse, porque su sabor se acentúa todavía más al cocinarlos.
El almacenamiento de los pimientos picantes no presenta ningún problema: se ensartan y las ristras se cuelgan unos días o unas semanas bajo el sol de otoño. A pesar de secarse, conservan el aroma y el picante. Antes de utilizarlas en la cocina, las potentes guindillas –ahora son ligeras como una pluma por la pérdida de agua– se machacan en el almirez o se pican con un cuchillo afilado.

que esté a punto. Distribuya rodajas de pan tostado en un plato hondo, distribuya el guiso por encima y sirva.

Pollo alla potentina
Pollo al estilo de Potenza
(fotografía izquierda)

1 POLLO DE 1,2 KG
300 G DE TOMATES MADUROS
30 G DE MANTEQUILLA O MANTECA DE CERDO
30 ML DE ACEITE DE OLIVA
1 CEBOLLA CORTADA EN AROS
150 ML DE VINO BLANCO SECO
1 GUINDILLA MACHACADA
1 CUCHARADA DE ALBAHACA PICADA
1 CUCHARADA DE PEREJIL PICADO
50 G DE PECORINO RALLADO
SAL

Lave el pollo y córtelo en trozos. Pele los tomates, quíteles las pepitas y corte la pulpa en trocitos. Caliente la mantequilla y el aceite en una sartén, añada la cebolla y fría los trozos de pollo, hasta que estén dorados. Agregue el vino blanco y espolvoree con las guindillas por encima. Cuando el vino se haya reducido, añada los trozos de tomate, la albahaca, el perejil y el queso de oveja y sazone con sal. Deje cocer a fuego lento durante 1 hora, en la sartén tapada. Si es necesario, añada de vez en cuando un poco de agua. Acompañe con patatas fritas.

LA LUCANIA

Superior: los criadores responsables se preocupan por la conservación de los cerdos de razas salvajes, como la cinta senese.

La *salsicce lucane,* la salchicha de cerdo de Lucania, presenta diversas variedades. La más apreciada se prepara con carne de primera calidad, del solomillo y de la carne del muslo, de donde se elimina toda la grasa y todos los nervios, por pequeños que sean. La mezcla de carne se sazona bien con sal, pimienta y semillas de hinojo, o bien con manteca de cerdo, pimienta, sal, guindilla y semillas de hinojo. Después de la preparación, las salchichas se dejan secar entre 20 y 30 días.

Dado que la larga y delgada *salsiccia* es un plato tan apreciado en toda Italia, las regiones luchan por la autoría. El hecho de que la deliciosa salchicha de cerdo también se conozca con el nombre de *lucanica,* permite suponer que su origen está en el sur de Italia. Sin embargo, los lombardos no quieren saber nada de esta teoría y hacen referencia a su propia tradición, según la cual Theodolinde, la reina de los lombardos, inventó esta salchicha tan especial en el siglo VII. Supuestamente, después regaló al pueblo no solo la famosa Corona de Hierro, que actualmente se guarda en la catedral de Monza, sino también la receta de su creación culinaria. A los habitantes de la región de Véneto, esta historia sólo les provoca una sonrisa cansada, puesto que están muy convencidos de que la salchicha

de cerdo nació en su región. Y lo mismo piensan todos los habitantes del centro de Italia.

En la época de la Roma clásica, las salchichas ya disfrutaban de una gran popularidad. Varro, contemporáneo de Cicerón, se manifestaba de forma decidida sobre el origen de las salchichas: *Lucanica a Lucanis populis a quibus romani milites primum didicerunt* (los soldados romanos conocieron un embutido denominado Lucanica de manos de los lucanos). Con esto, la disputa sobre el origen de la *lucanica* se decidió a favor de Basilicata (aunque quién sabe si Varro decía la verdad…).

Lucanica:
embutido de cerdo

LAS RAZAS DE CERDO ITALIANAS

Cinta senese
La raza cinta senese proviene de los alrededores de Siena. Es una de las razas en peligro de extinción. Solamente quedan algunas granjas de cría en Siena, Florencia y Grosseto. Estos animales, relativamente pequeños, no son adecuados para crecer en granjas y, por lo tanto, han de criarse en un espacio abierto, lo cual conlleva elevados costos.

Calabrese
La raza calabrese, conocida sobre todo en Calabria (fotografía inferior), forma tres subgrupos: reggitana, cosentina y catanzarese. Los cerdos deambulan en libertad por los bosques y prefieren buscar ellos mismos su comida. Se los reconoce por su piel negra.

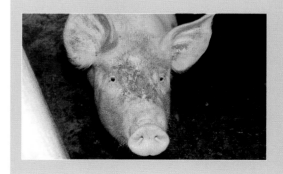

CERDOS FELICES

En Basilicata, la carne de cerdo forma parte de la alimentación básica y la leyenda *Crisc' lu purch'cat' ung' lu muss* (un cerdo te proporciona una tripa llena) es un dogma culinario. La cría de los animales, sin embargo, no suele llevarse a cabo a gran escala. Antes, cada familia criaba su propio cerdo, lo cuidaba, lo atendía y, al final, celebraba la matanza con una gran fiesta.

Una gran parte de la carne obtenida se destina a la preparación de deliciosos embutidos, que sirve a la familia de reserva. En tiempos difíciles, la solicitada carne también se puede vender en las ciudades prósperas. Así, en esta región, el cerdo no solamente es el inquilino porcino de la casa, sino que también representa un verdadero valor económico para la familia. En la región más pobre de Italia, con una agricultura comparativamente escasa, esta aportación del cerdo significa una gran tranquilidad para los granjeros.

En la actualidad, los cerdos criados en Basilicata todavía se alimentan casi exclusivamente de alimentos naturales como, por ejemplo, habas, maíz y bellotas, que acentúan el sabor de la carne. En la conservación, también se utilizan métodos naturales: los embutidos se conservan bajo una capa de manteca de cerdo. Este método presenta dos ventajas: se puede prescindir de los aditivos alimentarios y la manteca no penetra en el embutido, con lo que su composición y su sabor permanecen inalterados.

BRUSCHETTA ALLA PANCETTA
Pan rústico con tocino

1 PUERRO
50 G DE TOCINO AHUMADO, CORTADO EN DADOS
150 G DE TOMATES TRITURADOS
6 ACEITUNAS NEGRAS SIN HUESO
SAL
1 GUINDILLA SECA MACHACADA
REBANADAS DE PAN BLANCO
LONCHAS DE QUESO SICILIANO TIPO CACIOCAVALLO

En primer lugar corte el puerro en trocitos y rehogue en una sartén junto a los dados de tocino. A continuación, añada los tomates triturados y las aceitunas bien picadas, sazone con sal y guindilla.

Tueste las rebanadas de pan, cúbralas con las lonchas de queso y la salsa de tomate, y sirva.

SPEZZATINO DI MAIALE
Estofado de cerdo
(fotografía inferior)

600 G DE CARNE MAGRA DE CERDO
1 RAMITO DE ROMERO
5 DIENTES DE AJO
2–3 CUCHARADAS DE ACEITE DE OLIVA VIRGEN EXTRA
SAL Y PIMIENTA
1 GUINDILLA
300 G DE TOMATES MADUROS

Corte la carne magra de cerdo en trozos y, a continuación, sofríala en aceite de oliva con el romero y los ajos; salpimiente. Cuando la carne esté dorada, añada la guindilla y los tomates previamente despepitados y cortados en trocitos. Deje cocer durante una hora y añada agua templada si lo considera necesario.

Casertana
Hacia finales del siglo XIX, la raza casertana se extendió por casi todas las provincias de Campania, desde el Lacio hasta Molise, así como en otras regiones del sur de Italia. En la actualidad, estos animales prácticamente han desaparecido y sólo se mantienen en granjas aisladas de Benevento.

Mora romagnola
De la raza mora romagnola solamente quedan algunos pocos animales. Desde hace algunos años, el criador Mario Lazzari, de la región de Faenza, se dedica a la conservación de la especie. Originalmente, estos cerdos deambulaban en libertad en las provincias de Forli y Rávena.

Siciliana
La raza siciliana proviene, con bastante probabilidad, de la casertana. Hasta finales del siglo XIX, estos cerdos se podían encontrar en toda Sicilia. Hoy en día, sólo viven algunos animales en regiones tranquilas e inaccesibles, como la Madonia y Nebrodi.

Large white italiano
La raza large white, que proviene de Gran Bretaña, es la más extendida mundialmente. Su característica piel rosada se adapta a todos los entornos y es apropiada para vivir en un establo y para el engorde rápido. A causa del cruce con las razas italianas, en la actualidad se puede hablar de un large white italiano.

En la panadería Arena (Trecchina, provincia de Potenza), la masa se prepara según la tradición (superior) y se cuece en hornos de leña (fondo).

PAN

Un antiguo dicho lucano dice *Nn nghè mangiat r' re cchiù sapurit' r rippan,* lo cual viene a significar que "no existe ninguna comida más propia de reyes que el pan". Esta afirmación cumple como ninguna otra con la idea básica del arte culinario de Basilicata: con pocos ingredientes decisivos y con mucho amor, se prepara un delicioso plato como por arte de magia. De la misma manera, las pastas, económicas y sencillas, ocupan una posición importante. En muchas partes de la región, las amas de casa todavía hacen *panella,* el pan tradicional, en hornos caseros. La masa se compone de harina de trigo, levadura y patatas hervidas, y uno de esos panes, grandes como neumáticos que sin duda satisface el apetito, cubre la necesidad semanal de pan de una familia.

PANCOTTO
Sopa de pan
(fotografía superior derecha)

200 G DE TOMATES
5–6 CUCHARADAS DE ACEITE DE OLIVA VIRGEN EXTRA
I MANOJO DE PEREJIL
2 HOJAS DE LAUREL
I DIENTE DE AJO
I RAMA DE APIO
SAL Y PIMIENTA RECIÉN MOLIDA
500 G DE REBANADAS DE PAN DEL DÍA ANTERIOR
4 HUEVOS
PECORINO RALLADO

Corte los tomates en dados grandes y póngalos en una cazuela con el aceite de oliva, el perejil, las hojas de laurel, los ajos y el apio. Vierta un litro de agua, salpimiente y deje cocer durante unos 30 minutos.
Cuele bien el caldo y páselo a otra cazuela. A continuación, ponga a remojar el pan tostado en el caldo durante algunos minutos, retírelo y distribúyalo en platos hondos. Eche un huevo en el caldo caliente. Cuando esté cocido, retírelo y dispóngalo sobre el pan, y proceda de la misma forma con los tres huevos restantes. Por último, vierta el caldo caliente por encima del pan y del huevo y cubra con el *pecorino* rallado.

ACQUASALE
"Agua salada"
(fotografía inferior derecha)

I CEBOLLA
3–4 CUCHARADAS DE ACEITE DE OLIVA VIRGEN EXTRA
I DIENTE DE AJO
2 CUCHARADAS DE PEREJIL PICADO
I GUINDILLA SECA PICADA
SAL
3 TOMATES
4 REBANADAS DE PAN DEL DÍA ANTERIOR
PIMIENTA RECIÉN MOLIDA

Corte la cebolla en aros finos y fríalos en aceite de oliva. Añada el ajo, el perejil, un poco de guindilla y una pizca de sal. Escalde los tomates, pélelos, quíteles las pepitas y córtelos en dados. Cuando la cebolla esté un poco dorada, añada los tomates y un poco de agua hirviendo. Deje cocer unos instantes. Distribuya en un plato unas rebanadas de pan, añada la mezcla de tomates y cebolla y sazone con pimienta recién molida.

DULCES

Por lo menos, los dulces más tradicionales que se elaboran en Basilicata se diferencian de las tentaciones azucaradas de las regiones vecinas de Campania, Apulia, Calabria y, por último, también de Sicilia, por algunos toques autóctonos. Naturalmente, en Basilicata también se recurre a todo lo que sea dulce y meloso en los días de fiesta, sin embargo, los postres que se disfrutan en un domingo "normal" tal vez no resulten tan dulces, como se podría suponer en el sur de Italia. Además, debido a los largos periodos de extrema pobreza vividos en la región, los pasteleros de la Lucana se han visto obligados desde tiempos remotos a hacer magia con los ingredientes más sencillos para poder conseguir pequeñas delicias. Y, a pesar de que no pueden competir con una opulenta torta de Sicilia, también tienen su encanto y saben de maravilla.

COPETE
Copos de almendra
(fotografía superior derecha)

120 G DE ALMENDRAS
2 CLARAS DE HUEVO
CANELA
380 G DE AZÚCAR EN POLVO

Escalde las almendras con agua hirviendo, pélelas, tuéstelas en el horno y córtelas en trocitos. Bata las claras de huevo a punto de nieve en un plato hondo. Añada 100 g de almendras, un poco de canela y 360 g de azúcar en polvo, y mezcle bien. Prepare unos 30 copos con una cuchara y distribúyalos en una fuente cubierta con papel parafinado. Espolvoree el resto de las almendras y el azúcar, precaliente el horno a 200°C y hornee durante unos 15 minutos. Deje enfriar y sirva.

UOVA RIPIENE AL CIOCCOLATO
Huevos con chocolate

4 HUEVOS
50 G DE AZÚCAR EN POLVO
30 G DE CACAO EN POLVO
1 PAQUETE DE AZÚCAR DE VAINILLA
40 G DE CHOCOLATE AMARGO, RALLADO
1 VASO PEQUEÑO DE LICOR DE HIERBAS (STREGA)
1 CLARA DE HUEVO
30 G DE HARINA DE TRIGO
ACEITE DE OLIVA

Hierva los huevos hasta que se pongan duros, pélelos, córtelos a lo largo en dos mitades, separe las yemas y páselas a una fuente. Desmenuce las yemas y mézclelas removiendo con los 30 g de azúcar en polvo, el cacao, un poco de azúcar de vainilla, el chocolate amargo y el licor de hierbas, hasta que consiga una masa fina. Bata la clara de huevo a punto de nieve, rellene las mitades de huevo con la masa, espolvoréelas con la harina, báñelas en la clara a punto de nieve y fríalas en abundante aceite de oliva. Retire los huevos con una espumadera y déjelos escurrir en un papel de cocina, espolvoree con el resto del azúcar y azúcar de vainilla y sírvalos calientes.

NO SOMOS CRISTIANOS...

Carlo Levi (1902–1975), médico, escritor y pintor, fue desterrado a Lucana, es decir, a Basilicata, por las actividades antifascistas que llevaba a cabo desde el año 1935 hasta el 1936. Este turinés culto plasmó las experiencias vividas en esta región en su obra autobiográfica *Cristo sólo llegó hasta Éboli*. Fue sobre todo en la mitad sur de la Italia destartalada de los años treinta, donde a este observador se le presentó la imagen del terror. Durante aquella época, en las montañas situadas detrás de Salerno empezaba –no solo para Carlo Levi– un mundo de pobreza extrema, enfermedades incurables, miseria ilimitada y antigua superstición. Pero no únicamente el hombre culto del norte "civilizado" reconoció el horror, sino también las sufridas gentes que tenían su casa en la región más atrasada.
La cocina lucana de la era fascista también era pobre. Carlo Levi relató que los pobres sólo comían pan durante todo el año, y su pan no era, en modo alguno, el delicioso pan del sur de Italia, que los viajeros consumen actualmente con tanto placer. Más bien se trataba de un burdo pan rústico.

En 1979, Francesco Rosi llevó al cine la novela de Carlo Levi *Cristo si è fermato a Eboli*. El contenido de la película, como el libro, trata de las condiciones de vida en Lucana, durante la época fascista. Una de las actrices principales es Irene Papas.

PASTA CASERA

La cocina que se elabora en Basilicata es sencilla, pero no por este motivo resulta poco imaginativa. Al contrario: allí, incluso los ingredientes más simples se preparan con paciencia y mucho amor. La masa con la cual se prepara la pasta, que todavía hoy se realiza en casa, se compone casi siempre de trigo duro y agua, simplemente. Añadir huevos es algo que prácticamente resulta desconocido. El hecho de que este plato rústico, pero muy nutritivo, se haya convertido en un punto fuerte de la cocina, se debe agradecer a la imaginación de los cocineros y cocineras lucanos. Éstos no solamente han inventado deliciosas salsas y guisos, sino que también han ideado innumerables formas diferentes de elaborar la pasta, a veces con la ayuda de sencillos utensilios.

Así, por ejemplo, existe un instrumento, la *cavarola,* que consiste en una pequeña madera, la cual normalmente ha sido trabajada por un pastor, ésta está provista con unas ranuras sobre las cuales se coloca la masa de la pasta para obtener los llamados *strascinati,* los extendidos. La *maccarunara* también consiste en una madera especial para elaborar pastas, con ayuda de la cual se les

Los *strascinati,* los estirados, surgieron enrollando pequeñas porciones de pasta sobre la *cavarola.* De esta forma, la pasta adquirió su aspecto característico.

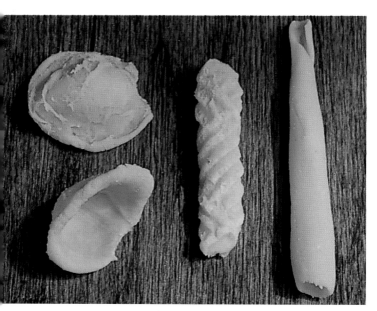

De izquierda a derecha se pueden observar: *orecchiette, strascinati* y *ferrettini.*

Superior: en el restaurante Antica Osteria Marconi, en Potenza, la pasta tradicional de Lucana se elabora a mano.

proporciona la forma a los *tagliolini,* los cuales son similares a los *maccheroni alla chitarra.* La preparación de los *triid,* en cambio, solamente depende de la habilidad de los dedos. Esta pasta, muy tradicional, proviene probablemente de los sicilianos *trie* y llegó, a principios del siglo XII, con el príncipe normando Roger II a la tierra firme del sur de Italia. Para elaborar estas cintas de pasta de unos 50 cm de largo, conocidas en otros lugares también como *vermicelli* o *spaghettini,* primero se hace un agujero en el centro de una bola de pasta de unos 300 gramos. El rosco de pasta resultante se estira continuamente con movimientos entrecortados, de tal forma que se vaya formando una cinta cada vez más larga. Ésta se enrolla con cuidado, como si fuera hilo de lana. Las delicadas cintas no pueden ni cortarse ni pegarse entre sí.

Para elaborar los *triid* se necesita mucha experiencia en materia de pasta casera. A partir de una bola de pasta se produce una "cinta de pasta" continua.

La "cinta de pasta" se va estirando hasta que se consigue una sola cinta. El gran arte consiste en no dejar que se rompa.

La *rasola* es una espátula de madera o de metal con un canto afilado. Sirve para cortar porciones iguales a partir de una cinta de pasta.

Las *orecchiette* se mantienen en la mano, situando las porciones anteriormente cortadas entre el pulgar y el índice, para darles formas de orejuela.

Con un utensilio especial, la *ferretta,* una vara metálica enrollada sobre sí misma, se elaboran los *ferretti* o *ferrettini.*

Primero se envuelve la *ferretta* con la fina pasta enrollada. Luego se corta la pasta y se gira la pasta cruda con sumo cuidado.

Strascinati alla menta
Strascinati con menta

400 G DE STRASCINATI (U OTRA PASTA CASERA)
30 G DE TOCINO
1 DIENTE DE AJO PICADO
1 GUINDILLA PICADA
3–4 CUCHARADAS DE ACEITE DE OLIVA VIRGEN EXTRA
HOJAS DE MENTA

Ponga a hervir la pasta con abundante agua salada hasta que quede al punto. Mientras tanto, corte el tocino en dados pequeños y fríalo en aceite de oliva, junto con el ajo y la guindilla previamente picados. Un poco antes de que la pasta esté lista, agregue las hojas de menta al tocino.
Cuele la pasta, deje escurrir, viértala en el plato y distribuya por encima la salsa.

Queso

Caciocavallo

Basilicata presenta un gran surtido de quesos, que son típicos del sur de Italia. El ricotta se utiliza como producto fresco o como queso seco, salado y curado. El mozzarella, el *scamorza* y el *provolone* gozan de gran popularidad, al igual que el *butirro*. Este último es un mozzarella, con un núcleo compuesto de mantequilla. Este queso se conserva unos dos meses y la capa de grasa que lo recubre evita que se eche a perder. De esta manera, ya se podía disfrutar de la mantequilla durante los meses calurosos de verano, antes de que se inventaran las neveras. Junto a los tipos de *pasta-filata*, las variedades de queso de oveja gozan de una fuerte representación: el *caciocavallo* y el *pecorino* se presentan en diversos grados de curación, con lo cual las variedades suaves se sirven como quesos de mesa y los tipos más secos se utilizan en la cocina como queso rallado. Una especialidad es el queso de oveja pecorino de Moliterno. En algunos lugares, los maestros queseros locales tienen la costumbre de embellecer el *caciocavallo,* con la ayuda de moldes en forma de hombre o mujer.

AGNELLO SOTT'ACETO
Cordero en vinagre

500 ML DE AGUA
500 ML DE VINAGRE DE VINO BLANCO
1 KG DE CARNE DE CORDERO CORTADA EN DADOS
SAL
1 GUINDILLA SECA PICADA

Vierta el agua y el vinagre en una cazuela y cueza la carne de cordero. Después ponga la carne en una fuente de vidrio con tapa y vaya añadiendo vinagre caliente, hasta que los dados de carne queden totalmente cubiertos. Sazone con sal y guindilla y tape. Preparada de esta manera, la carne de cordero se conserva durante casi una semana.

CORDERO

Hasta hace algunas décadas, un cordero todavía era un verdadero tesoro en Basilicata, el regalo más preciado que se podía hacer a un amigo. Los pastores eran tan pobres que ni tan solo podían permitirse consumir los corderos que ellos mismos habían criado. En tiempos de pobreza y hambre, la deliciosa carne, poco grasienta, se consideraba un remedio infalible: cuando alguien enfermaba gravemente, la familia intercambiaba sus bienes por un corderito.

Esta carne continúa siendo muy apreciada en la actualidad. En los días de fiesta importantes, como Semana Santa o Navidad, se intenta conseguir un cordero alimentado con cereales. Sin embargo, no resulta nada fácil, puesto que, actualmente, muchas granjas de Basilicata se encuentran dirigidas por granjeros apulianos, que prefieren vender sus animales en Apulia.

En esta región, la carne de oveja adulta también es muy apreciada. A menudo, con ella se prepara una comida comunitaria, para entre 10 y 20 comensales. Después de la jornada de trabajo, durante la recolección de las aceitunas o la vendimia, se sientan todos juntos y comen la *pecora*. Los lucanos dejan que la carne se cueza durante horas en una cazuela, con tomates, patatas, cebolla y apio, consiguiendo de esta manera la textura suave necesaria. Después de días, aún se puede percibir el aroma de la *pecora* en el aire.

En Navidad, los lucanos pobres también procuraban disfrutar. Tradicionalmente, se preparaban 13 platos diferentes, desde la sopa de achicoria y el bacalao con pimientos, hasta el cordero asado, que constituía el *piatto forte* de esta comida festiva, comparativamente tan opulenta.

En el centro y el sur de Italia, las ovejas no solo son importantes como suministradoras de carne, sino que también las crían por su leche y para producir sus especialidades de queso, como el *pecorino* (queso de oveja) o *caciocavallo*.

AGNELLO ALLA PASTORA
Cordero con patatas
(fotografía izquierda)

800 G DE CARNE DE CORDERO
500 G DE PATATAS
300 G DE TOMATES MADUROS
3–4 CUCHARADAS DE ACEITE DE OLIVA VIRGEN EXTRA
2 CUCHARADAS DE PEREJIL PICADO
I RAMITO DE ROMERO
I CUCHARADITA DE ORÉGANO
I CEBOLLA, CORTADA EN AROS FINOS
I DIENTE DE AJO PICADO
SAL Y PIMIENTA
50 G DE PECORINO RALLADO

Corte la carne de cordero en trozos. Pele las patatas, lávelas, córtelas en trozos grandes y viértalas en un recipiente muy resistente al fuego, con el cordero. Pele los tomates, quite las pepitas, córtelos a trocitos, póngalos en un plato hondo, añada el aceite de oliva, las hierbas, la cebolla y el diente de ajo, y mezcle bien. Salpimiente y agregue a la carne.
Espolvoree con el queso de oveja rallado.
Tape el recipiente con papel de aluminio y ase la carne en el horno, precalentado a unos 170°C, algo menos de 2 horas.

PIGNATA DI PECORA
Estofado de cordero

Para 6 personas

I KG DE CARNE DE CORDERO
I DIENTE DE AJO MACHACADO
ACEITE DE OLIVA
300 G DE CEBOLLAS
I RAMA DE APIO
200 G DE TOMATES
300 G DE PATATAS
100 G DE MORTADELA
SAL Y PIMIENTA RECIÉN MOLIDA
50 G DE PECORINO RALLADO

Corte la carne en dados grandes, pique el ajo y fríalo todo junto en una sartén con aceite de oliva.
Pique la cebolla y el apio, pele los tomates, quíteles las pepitas y córtelos en dados grandes. Pele las patatas y córtelas en trocitos. Corte en trocitos la mortadela, agregue a la carne de cordero con las verduras, salpimiente y añada un vaso de agua. Tape y guise la carne durante una hora y media a fuego medio.
Espolvoree con el queso de oveja rallado y sirva caliente.

MIEL

La miel era el clásico ingrediente dulce de la zona mediterránea. Durante la Edad Media, el apreciado producto de las laboriosas abejas no solamente se utilizaba en los obradores de los confiteros o en las licorerías, sino que también ocupaba un lugar importante en los medicamentos, puesto que a la pegajosa sustancia se le atribuían también poderes curativos. Finalmente, la miel brilló como el ámbar y resplandeció como el oro, del que también se pensaba que potenciaba la salud y alejaba la desdicha. Sin embargo, cuando el prestigioso azúcar de caña llegó al continente europeo durante el siglo XVII, la miel empezó a caer en el olvido. Con la introducción del azúcar industrial blanco, en el siglo XX, la miel fue declarada definitivamente anticuada. A principios de la década de los ochenta del siglo XX, cuando se volvió a preferir una cocina sana y natural, se comenzó a apreciar nuevamente la miel. Entre tanto, disfruta de una estimación creciente.

La miel está compuesta de néctar de flores, que las abejas enriquecen con las secreciones de encimas que producen sus glándulas y dejan madurar en la colmena, por medio de drenaje y fermentación. La dulce sustancia final, cuya recolección ha sido una actividad estimulante para el hombre desde tiempos inmemorables, tiene unos efectos tanto vigorizantes como antinflamatorios.

En la actualidad, en Italia existen unos 85.000 apicultores, cuyas abejas producen anualmente 11.000 toneladas de miel. La miel de mil flores se compone de néctar transformado de diferentes flores, en tanto que los tipos monoflorales se obtienen, sobre todo, del néctar de un solo tipo de flor. Estos últimos son más caros, sin embargo, normalmente saben mucho mejor y permiten reconocer las características de la flor con la cual ha sido elaborada. Los mejores productos de la península de los Apeninos se reconocen por el sello de "Miele italiana". Algunos apicultores han decidido de forma conjunta cumplir voluntariamente con la demanda de calidad que exige el consorcio agrupado bajo esta marca. Su miel, la cual es normalmente de clase pura, procede de zonas que se encuentran muy controladas, resulta especialmente fresca, tiene una textura espesa, forma finos cristales uniformes y, por último, se vende en frascos de cristal.

En Italia existe miel para todos los gustos. Desde las variedades suaves y transparentes, como la miel de cítricos o de acacia, hasta las especialidades fuertes, oscuras y muy intensas como la miel de abeto, cerezo o tomillo. La deliciosa golosina se obtiene en todas las regiones y, a causa de su flora, en el norte montañoso –las regiones de Piamonte y Lombardía son con mucho los mayores productores– se obtienen unos tipos de miel diferentes a los de las colinas de la Toscana o a los de Macchia, en el caluroso sur. Sin embargo, son las regiones de la zona sur de la bota las que destacan por sus mieles exóticas, que apenas se conocen fuera del país: en cualquier caso, vale la pena probar la miel de cítricos, la miel de abeto, la miel de eucalipto y la miel de rinanto.

PUNCH AL MIELE
Ponche de miel

6 HUEVOS
125 G DE MIEL
1 L DE LECHE
NUEZ MOSCADA RECIÉN MOLIDA

Bata bien los huevos con un batidor, luego añada lentamente la miel y siga batiendo hasta conseguir una masa espumosa. Después, agregue poco a poco la leche, de manera que el huevo no cuaje.
Agregue la nuez moscada y sirva muy caliente. ¡Una bebida ideal para una tarde fría de invierno!

MIEL Y RICOTTA

La mezcla de miel y queso fresco ricotta, dos aromas que combinan perfectamente, es un dulce de mucha tradición o un ingrediente para platos dulces, que ya se degustaba durante la época de la antigua Roma.
El postre *suavillum,* del que ya informaba Catón, estaba compuesto por estas dos sustancias. De esa tentación romana clásica proceden algunos preparados que existen en la actualidad, como la *cassata,* el relleno de los *cannoli* sicilianos, las *sebadas* sardas y, por último, también el *cheese cake* anglosajón.

MIELE E RICOTTA
Miel y ricotta
(fotografía fondo)

500 G DE RICOTTA FRESCO
2 HUEVOS
3 YEMAS DE HUEVO
100 ML DE MIEL LÍQUIDA
UNA PIZCA DE CANELA
50 G DE FRUTAS CONFITADAS, CORTADAS EN TROZOS
1 CUCHARADA DE CORTEZA DE LIMÓN RALLADA
3 CLARAS DE HUEVO
10 ML DE MARSALA

Ralle el queso ricotta y póngalo en un cuenco. Añada los huevos, las yemas, la miel, las frutas confitadas y la corteza de limón y mezcle bien. Bata las claras de los huevos a punto de nieve y mezcle cuidadosamente con el marsala.
Vierta la masa en un recipiente caliente, previamente untado con mantequilla, y deje cocer en el horno precalentado a 150°C durante unos 30 minutos.

El néctar de las flores recolectado por las abejas se deposita en la colmena para su transformación, fermentación y drenaje, y finalmente se obtiene la miel.

En Italia, cada año se producen unas 11.000 toneladas de miel, entre ellas, la *miele di nettare di Arancio* (izquierda) y la *miele millefiori* (centro y derecha).

Miele d'abete (miel de abeto)

La miel de abeto muy oscura, casi negra, procede de la región de los Alpes o de los Apeninos toscanos y de Romaña. Desprende un suave aroma a resina, con un punto de madera quemada y azúcar caramelizado. La miel de abeto tiene un sabor menos dulce que la miel de néctar y presenta un regusto que recuerda a la cebada.

Miele di agrumi (miel de cítricos)

En el sur de Italia y en las islas de Sicilia y Cerdeña se produce la miel de cítricos, muy clara y de un blanco cristalino. Presenta una intensa fragancia a naranja, y su aromático sabor abarca desde las flores hasta las frutas.

Miele di castagno (miel de castaño)

La miel de castaño que, según la región, va desde un color ámbar hasta casi el negro, se obtiene en todas las zonas montañosas de Italia. Al principio, esta especialidad de intenso aroma deja un sabor fuerte en la lengua, que luego se transforma en más o menos amargo.

Miele di corbezzolo (miel de fresa)

La miel de fresa, de color ambarino, con ligeros reflejos de un gris verdoso, se produce sobre todo en la Macchia mediterránea de Cerdeña y en las regiones centrales de Italia. Su aroma recuerda a los granos de café y su sabor es amargo.

Miele di lavanda (miel de lavanda)

La miel de lavanda, clara o ambarina, proviene de Liguria. Tiene un intenso aroma a lavanda y su sabor recuerda a la fruta de la pasión.

Miele di robinia (miel de acacia)

La miel de acacia, muy clara, procede sobre todo de los Prealpes lombardos, pero también se produce en muchas otras zonas montañosas de Italia. Desprende una ligera fragancia a frutos del árbol y tiene un suave aroma a vainilla.

Miele di rododendro (miel de rododendro)

La miel de rododendro, que cristaliza clara y blanca, se produce exclusivamente en las montañas. Desprende un aroma suave y sabe a frutos silvestres.

Miele di erica (miel de brezo)

Desde Luguria hasta Calabria, la miel de brezo, de color ámbar, se obtiene en la primaveral Macchia. Huele y sabe a caramelo.

Miele di eucalipto (miel de eucalipto)

Esta miel, brillante, cristalina y grisácea, proviene del centro y del sur de Italia. Por extraño que parezca, apenas huele a eucalipto y su intenso sabor recuerda más a los caramelos elaborados con regaliz.

Miele di girasole (miel de girasol)

Sobre todo donde crecen los girasoles, es donde se produce esta miel de color amarillo claro. Tiene un fuerte olor a paja y a cera, y sabe a hierbas.

Miele di tiglio (miel de tilo)

La miel de tilos silvestres, que según su lugar de procedencia presenta un color claro o muy oscuro, se obtiene en las pendientes de los Alpes. A menudo se consigue mezclada con miel de castaño. Sabe a menta y deja un sabor suavemente "medicinal".

Miele di timo (miel de tomillo)

La flora italiana posee un gran surtido de plantas de tomillo y la miel que se obtiene está contenida en muchas mezclas de miel. En cambio, en las tierras montañosas del centro de Sicila se produce una miel pura de tomillo. Muestra un intenso color ámbar, tiene un olor penetrante y un sabor intenso.

VINO HELÉNICO

Basilicata posee más tierras dedicadas al cultivo del vino que la renombrada región doble del norte de Italia, Trentino y Tirol del sur, pero su producción de vinos de calidad no supone mucho más del diez por ciento de la cantidad de denominaciones de origen controladas (D.O.C) de la región del norte. La región montañosa, bañada por el mar solamente en la zona sureste, es una de las más pobres de Italia y únicamente posee una denominación de origen propia que, desde un criterio de calidad, no tiene por qué esconderse: el vino tinto Aglianico del Vulture. Pero la mayor parte de la producción se vende como mercancía anónima y suele enriquecer el tan renombrado vino de mesa de las regiones del norte de Italia.

En las pendientes del monte Vulture, un volcán extinguido en el norte de Basilicata, las conocidas viñas Aglianico crecen en latitudes entre los 450 y los 600 metros.

Los viticultores excavaron sus bodegas en las altas paredes de loess del pequeño valle fluvial del Monte Vulture.

Se dice que el origen de la cepa Aglianico se remonta a los antiguos griegos —Aglianico no es otra cosa que una derivación de *ellenico,* el término italiano para griego— y que forma la base del vino con denominación de origen controlada probablemente más importante y conocida del sur de Italia. Con su color oscuro, su intenso aroma y su cuerpo, los mejores vinos de Aglianico, que requieren un cuidado adecuado de las viñas y una diligente labor en las bodegas, no deben temer la competencia de los vinos de Sangiovese y Nebbiolo. También son apropiados para almacenarlos en barricas, que en algunas empresas ya tienen una tradición de más de diez años coronada por el éxito.

Una peculiaridad, única en Italia, del desolado paisaje que rodea las localidades de Barile (barriles, en el idioma italiano) y  de Rionero son las bodegas subterráneas que fueron excavadas en las altas paredes de loess del pequeño valle fluvial. Otra característica del cultivo de la viña en la región es la antigua forma, casi piramidal, de colocar las estacas para emparrar la vid, que todavía hoy se muestra en las etiquetas de las botellas de vino y que, según muchos viticultores, es mucho más apropiada para la apreciada uva de Aglianico que los modernos, productivos y racionales cercos de alambres.

Dejando a un lado Basilicata, la uva Aglianico sólo desempeña un papel importante en Campania y en Apulia. Con sus uvas, en estas dos regiones se elaboran los famosos vinos Taurasi y Castel del Monte, genuinos o con mezcla de otros tipos de uva. Los demás vinos italianos con denominación de origen calificada en los cuales se incluye la uva de Aglianico son, por ejemplo, el Taburno, el Cilento, el Sant'Agata de' Goti o el Lacryma Christi, que solamente desempeñan un papel secundario en el mercado de vinos a nivel internacional.

Superior: la producción anual de Basilicata ronda la importante cifra de 470.000 hectolitros, pero casi el 90% se vende en otras regiones como vino cortado.

Página derecha inferior: Amaro Lucano es el nombre del *bitter* preferido en Basilicata. Sus amantes le atribuyen una fuerza milagrosa.

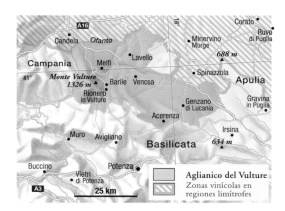

Aglianico del Vulture
Zonas vinícolas en regiones limítrofes

Licor

Actualmente, en Basilicata muchas familias fabrican todavía sus propios licores (fondo). El Nocino, el Amarello y el Rosolio son muy populares. El Nocino corresponde en realidad a una especialidad de Emilia-Romaña, pero también es muy apreciado en el sur. Está hecho de nueces amargas, que se dejan reposar en alcohol de alta graduación. Transcurridos unos 40 días, el producto se ha tranformado en un digestivo muy eficaz de color marrón.

El Rosolio debe su nombre a los pétalos de rosa, que se dejan reposar con arándanos o con otros productos aromáticos, en alcohol endulzado. En Basilicata, prefieren añadir cítricos. En la pequeña localidad lucana de Pisticci se produce el Amaro Lucano. En la actualidad, esta popular bebida de Basilicata se puede encontrar en cualquier local bien surtido de Milán, Venecia, Roma o Nápoles.

CALABRIA

CALABRIA

La situación de Calabria, estratégicamente favorable por su libre acceso tanto al mar Tirreno como al mar Jónico, siempre ha formado parte de los planes de conquista de soberanos extranjeros. En el siglo VIII a.C., los griegos gobernaron en la región, después de haber anexionado a su gran colonia occidental la suela, el empeine y la punta de la bota italiana. Los calabreses sacaron provecho del saber culinario de las tropas de ocupación y también adoptaron sus usos y costumbres. Cuando matan un cerdo –lo cual por sí solo ya es un motivo de celebración– no pueden evitar leer en las vísceras del animal el futuro de la casa o el sexo de la criatura que esperan.

Los romanos llegaron a Calabria unos 500 años después que los griegos y disfrutaron sobre todo de la cultura del vino, que sus predecesores en la región habían convertido en tradición local. Tras el desmoronamiento del Imperio Romano, los germanos, los godos, los lombardos, los francos, los sicilianos, los sarracenos, los franceses y los españoles se relevaron unos a otros. Como es natural, todos dejaron su huella en la carta de platos calabresa. Los árabes trajeron consigo naranjas, limones, uvas pasas, alcachofas y berenjenas (actualmente elementos importantes en el arte culinario de la región). Los monjes cistercienses, que disponían de grandes latifundios en la zona de Sibari, introdujeron nuevas técnicas agrícolas y el sublime arte de elaborar productos lácteos. En la época de los Anjou y, posteriormente, en la de Napoleón, se asimilaron influencias francesas; y los españoles también dejaron su firma. La palabra que designa un pastel, *gatò,* proviene del francés *gateau;* y el sabroso pastel de carne *murseddu* o *mursiellu* se remite al vocablo español "almuerzo".

A pesar de todas estas influencias externas, la cocina calabresa posee una identidad propia. Los habitantes de la punta de la bota se han refugiado en muchas ocasiones en las montañas huyendo del invasor y allí han cultivado su cocina tradicional, basada en los productos sencillos de una agricultura escasa y en la cría ocasional de ganado. Las delicias foráneas se adoptaron sólo después de muchos titubeos, pero cuando los calabreses se deciden a abrir su corazón a algo, lo hacen a conciencia. La berenjena goza de un enorme agasajo y todos los visitantes que primero la miran con una curiosidad crítica, después la tratan con cariño.

Doble página precedente: las mujeres de los pescadores de Bagnara Calabra, las *bagnarote,* pregonan su mercancía por las mañanas.

Izquierda: un barco para pescar el pez espada –*luntru* en dialecto calabrés– llega al puerto de Bagnara.

BERENJENAS

Melanzane alla parmigiana suena a especialidad de Parma. Sin embargo, el popular plato de verduras, hecho con rodajas de berenjena gratinadas al horno con abundante parmesano, no proviene en modo alguno de la Emilia-Romaña, sino que se inventó en Calabria. Aún así, y antes de que protesten los habitantes de Campania, los sicilianos, los sardos y los apulianos, habría que especificar rápidamente que se trata de una comida típica del *mezzogiorno,* el sur de Italia.

El delicioso suflé no debe su nombre a su origen geográfico, sino a la utilización del queso fuerte del norte de Italia. Buscando nuevas especialidades, los gastrónomos del sur descubrieron en algún momento su preferencia por el *parmigiano reggiano,* en tanto que los habitantes del norte de Italia prefieren, para rallar, el queso de oveja seco denominado *pecorino,* típico de la punta de la bota. Por otra parte, los calabreses son lo suficientemente imaginativos como para idear otras recetas sabrosas con berenjena, como por ejemplo el puré de berenjenas. Evidentemente, los cocineros de Calabria afirman haber inventado el plato, pero éste también se puede encontrar en los restaurantes griegos, turcos y egipcios, como componente de los entrantes llamados *mezzès,* una delicia típica de la cocina mediterránea. También hay que probar las *melanzane al pomodoro,* un plato irresistible de berenjenas y tomates, que se adereza con queso rallado.

La transferencia de especialidades dentro de la propia Italia no siempre se consigue sin problemas, como en el caso del hábito de "intercambiar el queso", ya mencionado. Hasta finales del siglo XIX, en el norte y en el centro de Italia se miraba a las berenjenas con mucha desconfianza, pues tenían fama de provocar la locura y otras enfermedades mentales. En cambio, las solanáceas eran cada vez más populares en el sur y se preparaban de una forma tan deliciosa, que nadie entendía por qué en Turín o en Milán las tildaban de insípidas. Es muy probable que esa opinión radicara simplemente en que las berenjenas que se cultivaban en el norte, poco soleado y frío, no resultaran especialmente sabrosas. Los calabreses, en cambio, están fascinados con sus berenjenas. El fruto, que probablemente proviene de China o de India y que fue introducido en Italia hacia finales del siglo XVI por los árabes, que lo llamaban *badigian,* encontró y aún encuentra allí condiciones ideales. El clima seco, la tierra rica en silicio y apenas calcárea y las altas temperaturas permiten sólo un crecimiento limitado, pero simultáneamente impiden la acumulación de materias amargas en el fruto y potencian la concentración del aroma. Para suprimir el sabor amargo que aún pueda existir, las rodajas de berenjena se sumergen en agua con sal antes de prepararse.

Las berenjenas se recolectan entre junio y octubre. El color y la forma del fruto varían según la clase. La carne, blanda y repleta de pequeñas pepitas blancas, es blancuzca, de color ceniciento o verdosa. Las variedades más grandes y alargadas tienen un sabor intenso y, por el contrario, las pequeñas y redondas son más suaves. Entre las variedades más conocidas y extendidas se encuentran la Violetta di Firenze, la Bellezza Nera, la Violetta Lunga di Napoli y la Larga Morada.

Derecha: *melanzane alla menta,* las berenjenas a la menta saben mucho mejor si se comen tres horas después de prepararlas. Así, el aroma de las hierbas tiene tiempo de unirse a la mezcla de aceite y vinagre.

La berenjena florece en mayo. Esta solanácea, que puede alcanzar una altura de un metro, es originaria de India y actualmente crece en toda la zona mediterránea.

El periodo de recolección de las berenjenas se extiende desde junio hasta octubre. Al recolectarlas, la pulpa debe ser aún compacta.

La **Asmara** es una de las numerosas variedades de berenjena, a cuyo alrededor gira toda una industria en Italia.

La **Nubia** pertenece a la familia de las llamadas *violette* y su carne es suave.

La **Larga Morada** (sin fotografía), una variedad española, muestra un colorido surcado por franjas rosadas y lilas.

La variedad **Slim Jim** (sin fotografía), que produce frutos pequeños, de pocos centímetros, es apropiada para macerar en aceite.

La **Monstruosa di New York** desarrolla, como su propio nombre indica, unos frutos muy grandes y de un color violeta brillante.

El fruto, de color violeta oscuro y forma de mano de almirez, de la **Violetta Lunga di Napoli** puede superar los 20 centímetros de longitud.

Melanzane alla menta

Berenjenas con menta
(fotografía fondo)

5 berenjenas alargadas
aceite para freír
sal
3–4 cucharadas de aceite de oliva virgen extra
2 dientes de ajo picados
10 hojas de menta picadas
vinagre
4 cucharadas de pan rallado

Lave las berenjenas, córtelas en cuatro trozos longitudinales, retire un poco de la pulpa y luego corte tiras de 1 cm de ancho. Fría las berenjenas en aceite abundante, déjelas escurrir y sálelas ligeramente.
En un recipiente llano, mezcle el aceite de oliva con los ajos y las hojas de menta. Pasados unos minutos, añada las berenjenas, rocíe con un poco de vinagre y mezcle bien. Agregue el pan rallado y deje reposar durante 1 hora. Sirva frío.

Melanzane al pomodoro

Berenjenas con tomate

1 kg de berenjenas alargadas
aceite para freír
400 g de tomates maduros
1 diente de ajo
30 ml de aceite de oliva
1 manojo de albahaca
parmesano o pecorino rallado

Lave las berenjenas, córtelas en rodajas y fríalas en aceite. Para eliminar el aceite sobrante, escurra las berenjenas sobre un papel de cocina. Pele los tomates, exprímalos ligeramente y córtelos a trocitos. Rehóguelos en el aceite, con la berenjena y el ajo, a fuego fuerte durante unos 15 minutos.
Reserve algunas hojas de albahaca y añada el resto a las berenjenas. Aderece con un poco de sal y deje cocer otros 5 minutos. Retire la sartén del fuego, añada el queso y mezcle. Sirva adornando con las hojas de albahaca restantes.

Parmigiana di melanzane alla calabrese

Suflé de berenjenas

2 kg de berenjenas
2 cucharadas de harina
aceite para freír
500 g de tomates pelados
6–7 cucharadas de aceite virgen extra
10 hojas de albahaca
200 g de carne picada de vacuno
5 huevos
3 cucharadas de pan rallado
2 cucharadas de perejil picado
sal y pimienta
200 g de queso caciocavallo
100 g de salchichas
100 g de parmesano rallado

Lave las berenjenas, córtelas en rodajas finas y sale ligeramente para eliminar el sabor amargo. Colóquelas en un colador y deje escurrir. Rebócelas con un poco de harina y fría en abundante aceite caliente. Deje escurrir de nuevo sobre papel de cocina y reserve. Triture los tomates pelados, póngalos en una cacerola con el aceite de oliva y la albahaca, sale ligeramente y deje espesar a fuego lento.
En una fuente, disponga la carne picada con 3 huevos, el pan rallado y el perejil picado, y mezcle hasta conseguir una masa uniforme. Salpimiente. Forme pequeñas albóndigas con la masa y fríalas en aceite. Hierva los 2 huevos restantes hasta que estén duros y córtelos en rodajas muy finas. Corte también el *caciocavallo* y las salchichas en rodajas finas.
Distribuya un poco de salsa de tomate en el fondo de una fuente de horno, coloque encima la mitad de las rodajas de berenjena. Espolvoree con parmesano y distribuya por encima las albondiguillas de carne picada y las rodajas de huevo, salchicha y queso. Vierta encima un poco de salsa de tomate, cubra con las rodajas de berenjena restantes, espolvoree con parmesano y vierta por encima el resto de la salsa de tomate. Gratine el suflé durante unos 30 minutos en el horno precalentado a 200°C y sirva caliente.

Pitta arriganata con l'origano
Pitta con anchoas y orégano
(fotografía inferior)

Para 6 personas

500 G DE PASTA DE PITTA
8 FILETES DE ANCHOAS
PIMIENTA EN GRANO MACHACADA
30 G DE ALCAPARRAS EN VINAGRE
ACEITE DE OLIVA VIRGEN EXTRA
ORÉGANO

Extienda la masa formando una lámina redonda y colóquela sobre una bandeja de horno untada con aceite. Distribuya por encima las anchoas, la pimienta en grano y las alcaparras. Rocíe con unas gotas de aceite de oliva, espolvoree con el orégano y cueza en el horno, precalentado a 220°C, entre 20 y 30 minutos.

También la *pitta secca* puede derorarse con gran colorido.

Pitta
Receta básica para la masa de pitta

30 G DE LEVADURA DE PANADERÍA
600 G DE HARINA DE TRIGO DURO
3 CUCHARADAS DE ACEITE DE OLIVA VIRGEN EXTRA
SAL
AGUA

Disuelva la levadura en un poco de agua templada. Tamice la harina sobre la superficie de trabajo, añada la levadura, el aceite de oliva, una pizca de sal y el agua suficiente para poder conseguir una masa elástica. Forme una bola con la masa y deje reposar a temperatura ambiente durante 1 hora, hasta que la masa haya doblado su tamaño. Coloque la masa en una fuente untada con aceite y deje reposar otra vez.

Pitta coi pomodori
Pitta con tomates

Para 6 personas

300 G DE TOMATES MADUROS
2 PIMIENTOS AMARILLOS
6 HOJAS DE ALBAHACA
ACEITE DE OLIVA VIRGEN EXTRA
500 G DE PASTA DE PITTA
10 ACEITUNAS NEGRAS
2 CUCHARADAS DE ALCAPARRAS
PECORINO RALLADO

Retire las pepitas de los tomates y los pimientos, córtelos en trozos pequeños y rehóguelos con el aceite y las hojas de albahaca. Extienda la masa formando una lámina redonda y dispóngala sobre una fuente de horno untada con aceite. Distribuya por encima la mezcla de tomate y pimiento, las aceitunas y las alcaparras, y espolvoree con abundante queso rallado. Rocíe con unas gotas de aceite de oliva y cueza en el horno, precalentado a 220°C, entre 20 y 30 minutos.

Derecha: Rodolfo y su compañero del Fornaio Albino Mandera, en Rende, han cocido *pitta fresca* (izquierda) y *pitta seca* (derecha).

DEL RITO DE COCER EL PAN

La región de Calabria es pobre y no ofrece demasiada abundancia a sus habitantes. Puesto que se necesita mucha paciencia para sacar cierto provecho de la tierra, los frutos del campo son muy apreciados y se los trata con el gran respeto que merecen. Antes, no era extraño que el bienestar de toda una familia dependiera de la buena elaboración del pan, puesto que no podían permitirse que la masa se echara a perder o que el resultado fuera incomestible. Así, pues, el panadero, a quien se confiaba la cocción de la hogaza, cuando no se disponía de horno propio, también debía ser una persona de entera confianza.

En algunas zonas apartadas, la cocción del pan sigue siendo un acontecimiento social, pero serio. El día anterior, a primera hora de la tarde, ya se inician los preparativos, durante los cuales las mujeres vuelven a dar vida al pan que sobró en la última hornada, mezclándolo con harina fresca y agua templada. El día de la cocción, se empieza a atizar el fuego del horno muy de madrugada, para que la leña acumulada pueda ir quemándose lentamente y produzca unas buenas brasas. Cuando el horno está bien caliente, se limpia minuciosamente con palas de hierro, escobillas y trapos húmedos. Entre tanto, en la casa se van presentando otras mujeres, pues el trabajo de amasar sólo se confía a especialistas femeninas. Éstas se ocupan de mezclar adecuadamente la levadura, la harina y el agua, trabajan la masa y la depositan en recipientes de madera, donde debe reposar, cubierta de paños húmedos.

Mientras esperan, las mujeres murmuran fórmulas secretas y realizan gestos llenos de significado, en los que el culto pagano se compenetra con rituales cristianos y una parte nada despreciable de superstición. Estos ritos deben conjurar lo malo y conseguir que el pan salga bien. Los que penetran en el recinto, deben implorar el amparo de san Martín, y la acción de retirar los paños va acompañada también de palabras mágicas. Se trazan tres cruces sobre la masa recién preparada, se forman las hogazas y se introducen de inmediato en el horno. Finalmente, se cierra la puerta del horno glorificando de nuevo a san Martín y rogando fervientemente por un buen pan y por un horno siempre lleno.

Los antiguos romanos procuraban poner en el horno pequeñas tortas de trigo durante la cocción del pan. Estas *pictae,* similares a las *focaccia,* se entregaban como ofrenda a los dioses, una costumbre que se ha mantenido en Calabria, aunque estos pequeños productos ya no se ofrecen a los dioses, sino a las vecinas. Además de las hogazas normales de pan, de los hornos siguen saliendo aromáticos roscos, que se saborean calientes allí mismo, aliñados con sal y aceite o rellenos de ricotta. La *pitta,* la típica torta plana de Calabria, también se cuece junto al pan.

Antiguamente, la *pitta* se cocinaba en la matanza del cerdo. Los chicharrones se ponían sobre la *pitta* fresca y se derretían sobre la masa caliente.

Las *friselle* se conservan durante un mínimo de 15 días. Para reblandecerlas se sumergen brevemente en agua y después se cubren con tomates frescos.

EL DESAYUNO DA FUERZAS

Teniendo en cuenta la cultura del desayuno en Italia, parece bastante dudoso que la comida más importante de los calabreses sea el desayuno. Los habitantes de la península suelen tomar sólo un café con leche, en el que, a lo sumo, mojan un poco de pan o una pasta. Sin embargo, la gente de Calabria no observa para nada semejante minimalismo y, probablemente, esta región del extremo sur de Italia es la única en todo el mapa del país que sería capaz de alegrarse pensando en un desayuno a la inglesa. En Calabria se cree firmemente en la función fortalecedora de un comienzo matutino sólido y un antiguo refrán afirma que *chi mangia de bon'ura ccu nu pugno scascia nu muru,* que viene a significar que "quien no come bien a primera hora, no puede derribar un muro de un puñetazo". El plato preferido para el desayuno, que da a los calabreses la fuerza necesaria para golpear, se llama *murseddu, marsieddu* o *mursiellu.* El nombre es de origen claramente español y se remite a la palabra almuerzo. Se trata de unos vigorosos pasteles de carne, compuestos de carne de cerdo picada y/o tripas de cerdo. La carne picada se cuece a fuego lento en panceta derretida, que después se aderaza con tomate y especias. Para que se despierten hasta los más dormilones, se mezcla todo con abundante *pipazzu* o *pipazellu,* como ellos llaman a la guindilla roja y endiabladamente picante. Con el ragú resultante se rellena una *pitta.* A los calabreses les gusta comer su *murseddu* en la taberna más próxima, sobre todo en compañía de amigos y parientes.

La *nduja* es un embutido tierno y grueso de la zona de Tropea. Contiene carne de cerdo picada de las partes menos nobles del animal que han sobrado después de elaborar el jamón, el salchichón y las *salsicce.* Esta especialidad, condimentada con guindilla molida, se unta sobre el pan, se utiliza para mejorar las salsas que acompañan la pasta o se aplica como ingrediente del *murseddu.*

MURSEDDU
Pastel de carne
(fotografía fondo)

Para la masa:
10 G DE LEVADURA
250 G DE HARINA DE TRIGO
HARINA PARA EXTENDER LA MASA
SAL

Para el relleno:
150 G DE HÍGADO DE CERDO
150 G DE HÍGADO DE TERNERA
250 G DE CARNE DE CERDO DE LA PARTE DEL
CUELLO
1 CEBOLLA
2 DIENTES DE AJO
2 CUCHARADAS DE MANTECA DE CERDO
1 GUINDILLA
1 CUCHARADITA DE ORÉGANO
SAL Y PIMIENTA RECIÉN MOLIDA
4 CUCHARADAS DE TOMATE CONCENTRADO
O TAMIZADO

Otros:
ACEITE DE OLIVA
1 CUCHARADITA DE ORÉGANO

Para hacer la masa, mezcle primero la levadura con 2 cucharadas de agua templada y 2 de harina. Disponga el resto de la harina en una fuente, realice un hueco en el centro y añada una pizca de sal y la masa inicial. Cubra con un trapo y deje reposar 30 minutos en un lugar caliente. Después, amase con 125 cl de agua templada, hasta conseguir una masa homogénea y elástica. Vuelva a cubrir y deje reposar durante 1 hora, hasta que haya doblado su volumen.
Entre tanto, corte en dados de 1 cm el hígado de cerdo y de ternera y la carne de cerdo para elaborar el relleno. Pique la cebolla y los dientes de ajo, caliente la manteca de cerdo en una cazuela grande, sofría los trozos de hígado y reserve. Ponga el ajo y la guindilla en la manteca caliente y rehogue removiendo.
Suba el fuego y fría bien los trozos de carne. Espolvoree con orégano, sal y pimienta. Mezcle bien el tomate tamizado con 4 cucharadas de agua y vierta en la cazuela. Tape y deje cocer 10 minutos. Agregue los trozos de hígado y deje cocer otros 10 minutos a fuego lento. Después deje cocer en la cazuela destapada. Retire la guindilla y salpimiente.
Unte con aceite de oliva un molde de 26 cm de diámetro. Extienda dos terceras partes de la masa sobre una superficie ligeramente enharinada, formando una capa de 0,5 cm. Cubra el molde con la masa, dejando que el borde sobresalga por los lados. Vierta el guiso de carne en la fuente y doble hacia adentro el borde de la masa que sobresale.
Forme una lámina redonda con el resto de la masa y cubra con ella el pastel. Apriete bien el borde por el contorno. Pinche la masa superior varias veces con un tenedor, rocíe con aceite de oliva y espolvoree con orégano al gusto. Cueza en el horno precalentado a 175°C durante unos 50 minutos.

JUDÍAS

Las habas y las alubias blancas son elementos importantes de la cocina calabresa en los días fríos. En Calabria, las sabrosas legumbres no se combinan, como se hace en el norte, con embutido, dados de panceta, pies de cerdo, especias fuertes u otros ingredientes que modifican radicalmente su sabor, sino que se les permite desplegar su propio aroma junto a acompañantes suaves, como tomates, tallos de apio, *catalogna* y mucho aceite de oliva.

Mientras algunas variedades de judías, como la Cannellino y la Borlotto, que originariamente eran más apreciadas en zonas septentrionales, también han encontrado recientemente aficionados en las regiones meridionales, el haba se extendió hacia el norte hace mucho tiempo. No obstante, su zona de cultivo principal sigue siendo el cálido sur. En primavera, cuando las plantas de casi un metro de altura dan sus suaves frutos, se cocinan platos con habas tiernas. Durante el resto del año se recurre a las habas secas, que tienen que ponerse a remojar en agua como mínimo una noche, y que deben hervir al menos una hora para estar bien cocidas.

MACCO DI FAVE
Puchero de habas

500 G DE HABAS SECAS
SAL
HOJAS DE ALBAHACA
1 GUINDILLA ROJA PICANTE
1 CUCHARADA DE CONCENTRADO DE TOMATE
ACEITE DE OLIVA
PECORINO RALLADO
REBANADAS DE PAN TOSTADO

Durante la noche, ponga en remojo las habas en agua templada. Cuélelas y póngalas a hervir con agua abundante, sal, hojas de albahaca machacadas, guindilla y tomate. Deje hervir hasta que las habas formen una masa espesa. Aderece con aceite de oliva y el queso rallado.
Sirva sobre rebanadas de pan tostado. Este plato sabe mucho mejor si el pan se cuece en casa.

MINESTRONE DI FAGIOLI,
CAVOLO E PATATE
Menestra de alubias, col y patatas

200 G DE ALUBIAS SECAS
1/2 COL MEDIANA
400 G DE PATATAS
300 G DE PANCETA
1 CUCHARADA DE MANTECA O MANTEQUILLA
1 GUINDILLA
SAL

Ponga las alubias en remojo durante la noche. Cuélelas y hiérvalas en agua fresca. Limpie la col y córtela en tiras. Pele las patatas, lávelas y córtelas en dados. Hierva las patatas y la col en agua con sal y, al final, añada las alubias (debe quedar poca agua en la olla).
Corte en dados la panceta y fríala o en manteca de cerdo o bien en mantequilla. A continuación, pase la panceta al puchero. Justo antes de servir, añada sal junto con la guindilla picada.

El barco típico para pescar el pez espada se llama *luntru* en dialecto calabrés. Tiene un mástil de 20 metros de altura y una pasarela casi igual de larga en la proa.

Uno de los marineros debe divisar el pez desde su puesto en la gavia. A su grito de *U'pisci spada!,* da comienzo la persecución.

Uno de los pescadores se aposta en la pasarela de proa y ataca al pez con el arpón de varias puntas hasta que éste se da por vencido.

LA CAPTURA DEL PEZ ESPADA

Los pescadores calabreses tienen dónde elegir, pues en la costa oeste de la región se extiende el mar Tirreno y en la costa este, el mar Jónico. Desde que los medios de transporte modernos facilitan el suministro en los pueblos más apartados, ya no se come pescado solamente en la costa. En mayo y en junio, se pesca atún en el golfo de Sant'Eufemia, entre Pizzo y Tropea. Durante todo el verano, los pescadores capturan peces aguja en las noches oscuras sin luna. En el mar Jónico, tienden las redes para capturar sardinas y anchoas, con las que las mujeres de la comarca situada entre Ciro y Crotone preparan el plato llamado *mustica,* cuyo nombre indica su origen árabe.

Sin embargo, los pescadores calabreses sienten una debilidad especial por el pez espada. A lo largo de la costa situada entre Cannitello, Scilla, Bagnara y Palmi, capturan peces de hasta 4 metros de longitud, desde marzo hasta septiembre. En el mes de julio, en Bagnara incluso se celebra cada año una gran fiesta con una procesión de barcas en honor del *pesce spada.* La captura de este pez en el estrecho de Messina tiene una larga tradición. Los calabreses, y también los pescadores de la orilla siciliana, siempre han dado caza a la apreciada presa. En el siglo XVIII, el historiador siciliano Antonio Mongitore ya lo describía en su *Biblioteca Sicula* de la siguiente manera: "Los pescadores preparan meticulosamente su bote, llamado *luntre* (el singular nombre proviene seguramente del latín *linter,* bote). Este bote tan especial tiene veintidós palmos de largo, ocho palmos de ancho y cinco de alto, y espacio para mucha gente. En el centro de la proa, que sobresale más que la amplia popa, se coloca un mástil de veinte palmos de largo, con escalas para trepar: una atalaya para acechar a la presa. En dos poderosos arpones, armados con puntas de hierro, se ata una cuerda de ciento veinte pies de largo. Para divisar los bancos de peces desde lejos y poder avisar a tiempo a los hombres que están a bordo del bote de pesca, los barcos van acompañados de otros dos botes, donde dos hombres vigilan desde lo alto del mástil. Cuando los pescadores que están en el *luntre* reciben el aviso de la cercanía de los peces espada y saben también en qué dirección se acercan, avanzan hacia el banco de peces y los persiguen. Después, la tarea del audaz pescador que está sobre la plataforma de la proa consiste en acertar el momento adecuado para disparar el arpón, para lo que se necesita una gran rapidez y valor. El pez arponeado y herido intenta huir, y la cuerda, llamada coloquialmente *calom,* se desenrolla y se tensa, hasta que el pez abandona la lucha agotado y es subido a bordo. A veces, el animal herido no busca huir lejos, sino que (...), lleno de furia y desesperación, arremete contra el *luntre*".

La pasión por la pesca del pez espada era compartida por el este de Sicilia, el oeste de Calabria —ambos separados únicamente por el estrecho de Messina— y la Constantinopla bizantina. También en las cocinas de las tres regiones se pueden encontrar platos de pez espada preparados de forma casi idéntica. La captura en el Bósforo apenas se diferencia de los métodos del estrecho de Messina. Tanto es así, que cuando el *intinneri* italiano ve el primer pez desde lo alto del mástil, todavía avisa de la cercanía de la presa utilizando expresiones bizantinas. Los genoveses y las gentes del mar sicilianas, que en la Edad Media mantenían relaciones comerciales con Bizancio, fueron probablemente quienes introdujeron esas palabras en Italia.

Hasta ahora, los métodos de captura han cambiado poco, exceptuando que el mástil para el vigía es más alto y que se ha alargado la plataforma de la proa desde donde el pescador lanza el arpón. En la pesca con arpón sólo se capturan ejemplares adultos, en tanto que en la pesca de arrastre, como la que en gran parte practica la flota pesquera japonesa, también se capturan peces pequeños. Los peces espada aparecen en pareja y los pescadores intentan alcanzar primero a la hembra, puesto que el macho no se aleja de su lado y, así, se convierte en una segunda presa fácil. El cantante Domenico Modugno ha convertido en símbolo la fidelidad del pez espada hacia su compañera herida y los pescadores del estrecho de Messina conocen su conmovedora canción, titulada *Canzone del pesce spada.*

Cuando el sabroso pez ha abandonado la lucha y está muerto, los pescadores van a buscarlo en una barca de remos.

A continuación, se prepara al pez espada para venderlo. Finalmente, se transporta al puerto en el *luntru,* el barco pesquero grande.

El pescado se empieza a preparar y a trinchar ya en el mismo barco. Las aletas, que constituyen el mejor bocado, se comen enseguida.

BAGNARA CALABRA

A principios de julio, o sea, al final de la temporada de pesca del pez espada, se celebra la fiesta en honor de este pez en Bagnara Calabra. Ese día, ninguno de los ocho botes tradicionales que aún existen vuelve a puerto vacío. Esto es así, porque los cuantiosos invitados de los alrededores y de la otra orilla del estrecho de Messina, es decir, de Sicilia, viajan expresamente para degustar especialidades de pez espada preparadas de todas las formas imaginables. Los visitantes hacen cola pacientemente en los puestos y pagan a gusto unas liras de más por el manjar que les ofrecen. Es necesario probar la pasta con pez espada *(della scozzetta,* es decir, con la sabrosa carne del cuello), los *filetti di pesce spada alla griglia* y, claro está, los célebres *involtini di pesce spada,* los rollitos de pez espada. Una vez aplacada el hambre, los presentes tienen tiempo, tranquilidad y fuerzas para aguardar el fulminante punto álgido de la fiesta: hacia medianoche, empiezan los fuegos artificiales junto al mar. Actualmente, Agnara todavía cuenta con 2.000 pescadores, de una población de 11.000 habitantes, y la gran plaza donde se celebra la verbena, la Piazza Marconi, se convierte en un símbolo de la importancia del pez espada en la zona. Los hombres de la pequeña ciudad erigieron allí un monumento a sus mujeres, las *bagnarote,* que eran las que viajaban por toda Calabria para vender el pescado capturado por sus maridos o para intercambiarlo por aceite, carne o telas. En la actualidad, a las *bagnarote* aún les precede la fama de ser las mejores vendedoras ambulantes de pescado.

Fondo: el pez espada recién pescado se descarga y se lleva a pesar a tierra. Muchas veces, el comprador está asegurado de antemano. Si es necesario, también se espera unas horas en el puerto, hasta que al fin llega su mercancía.

FIESTAS CULINARIAS

El sur de Italia es un baluarte de las celebraciones culinarias. Estas fiestas, que muestran más o menos raíces paganas, son toleradas, aunque no bien vistas, por la Iglesia. Sin embargo, esto no impide a los sibaritas, que cada año se reúnen en ciertas fechas, entregarse a una determinada exquisitez. En la ciudad calabresa de Bagnara, por ejemplo, en julio se celebra la fiesta del pez espada, donde la presa capturada no solo se contempla con la merecida admiración, sino que también se degusta preparada de diversas maneras.

Aquellas fiestas, sobre las que incluso ya escribieron antiguos romanos como Ovidio y Macrobio, se remiten a una época –para nosotros casi inimaginable– en la que el ritmo de vida de la gente estaba determinado por el trabajo en el campo o por la cría de ganado. En primavera celebraban la siembra y disfrutaban de los corderos recién nacidos; en verano gozaban de la abundancia de frutos maduros; en otoño rogaban por una buena cosecha y, a finales del invierno, intentaban alejar el frío con diversas ceremonias mágicas.

En la actualidad, cada vez son más las comunidades que vuelven a las antiguas costumbres, consultan las crónicas e intentan resucitar los espectáculos tradicionales. Esto alegra a los turistas, que creen estar viviendo una parte muy auténtica de Italia, pero, sobre todo, ayuda a la gente de los pueblos y las ciudades a recuperar una parte de su cultura y a proteger su tierra, tan diversa, del afán globalizador de las cadenas de supermercados.

Quienes deseen visitar una *fiera* o una *sagra* típica en su próximo viaje a Italia, deberán tomar nota de algunas fechas, de las que aquí se han elegido algunos ejemplos. No es cierto que sólo se celebren "comilonas" en el sur de Italia. Pero allí son más divertidas, más animadas y mucho más ruidosas que en el norte, donde son más contenidas.

Casalfiumanese celebra la fiesta del albaricoque en julio y, en la ribera de Agrigento, la naranja se convierte en centro en abril. Los enamorados del *bollito misto* tienen que encaminarse a San Damiano d'Asti en septiembre. En otoño, las castañas son las estrellas de Marradi, en Florencia; en tanto que en junio se pueden degustar ñoquis en Castel del Rio, en Bolonia. En diciembre, los amigos de la buena figura participan en la fiesta de la ensalada, en Treviso. En agosto, en Norcia se festeja comiendo las lentejas de Castelluccio y, en Éboli, el queso mozzarella. Si alguien aún no está satisfecho, puede visitar, también en agosto, la fiesta de la pizza de Albanella, en la provincia de Salerno, Campania. Los *torrone* se pueden degustar en octubre y noviembre en Cremona y Faenza. En agosto, Cerdeña ofrece, entre otras, la fiesta del tomate (Zeddiani, provincia de Oristano) o de la *vernaccia* (Nurachi, también provincia de Oristano), donde se llevan trajes de ceremonia sardos.

Fondo: el pueblo de Bagnara se adorna con luces para la fiesta del pez espada. Numerosos visitantes de toda la región y también de la vecina Sicilia afluyen al lugar para presenciar el espectacular acontecimiento.

INVOLTINI DI PESCE SPADA
Rollitos de pez espada

Para 6 personas

600 G DE PEZ ESPADA FRESCO CORTADO EN TACOS
DE 6,5 X 10 CM
100 G DE CARNE DE PEZ ESPADA COCIDA AL VAPOR
50 G DE QUESO CACIOCAVALLO RECIÉN RALLADO
60 G DE PAN RALLADO
12 ACEITUNAS NEGRAS SIN HUESO, PICADAS
AROS DE CEBOLLA
HOJAS DE LAUREL

Salsa salmoriglio:

100 ML DE ACEITE DE OLIVA
1 MANOJO DE PEREJIL PICADO
2 DIENTES DE AJO PICADOS
ALCAPARRAS PICADAS, AL GUSTO
1 CUCHARADITA DE ORÉGANO
SAL Y PIMIENTA

Coloque los tacos de pez espada sobre el mármol de
la cocina y golpéelos con cuidado para no romperlos.
Trocee el pez espada cocido al vapor y mézclelo con
el *caciocavallo*, el pan rallado y las aceitunas. Distribuya
sobre las rodajas de pescado y enróllelas. Coloque los
rollitos en una parrilla, alternando sobre ellos cebolla
y hojas de laurel, y ponga a asar con carbón vegetal.
Úntelos con la salsa *salmoriglio*.
Para elaborar esta salsa mezcle 4 cucharadas de agua
caliente con aceite de oliva y aliñe con perejil, ajo,
alcaparras, orégano, sal y pimienta.

PESCE SPADA ALLA GHIOTTA
Rollos de pez espada con salsa de tomate
(fotografía inferior, anterior)

200 G DE TOMATE TAMIZADO
4 HOJAS DE ALBAHACA
SAL
250 G DE PAN RALLADO
100 G DE ACEITUNAS NEGRAS SIN HUESO, PICADAS
3 CUCHARADAS DE ALCAPARRAS
1 MANOJO DE PEREJIL PICADO
1 GUINDILLA PICADA
1 KG DE PEZ ESPADA CORTADO EN RODAJAS FINAS
3-4 CUCHARADAS DE ACEITE DE OLIVA

Coloque los tomates y la albahaca en una cacerola y cueza
hasta que se conviertan en una salsa, añada sal y reserve.
Mezcle en una fuente el pan rallado, las aceitunas, las alcaparras, el perejil y la guindilla, añada un poco de agua y sal.
Distribuya el relleno por encima de las rodajas de pez
espada, enrolle, cierre bien con palillos y fría en aceite de
oliva. Vierta por encima la salsa de tomate y deje cocer
durante unos minutos a fuego lento con los rollos de
pescado. Sirva caliente.

PESCE SPADA IN SALMORIGLIO
Pez espada marinado a la parrilla
(fotografía inferior, fondo)

Para el adobo:

ACEITE DE OLIVA VIRGEN EXTRA
EL ZUMO DE 1 LIMÓN
ORÉGANO
1 MANOJO PEQUEÑO DE PEREJIL
1 DIENTE DE AJO
SAL Y PIMIENTA
1 CUCHARADA DE ALCAPARRAS PICADAS
LA PIEL DE 1 LIMÓN RALLADA

800 G DE PEZ ESPADA, CORTADO EN 4 RODAJAS

Para elaborar el adobo, disponga en una fuente el aceite de
oliva, el zumo de limón, abundante orégano, el perejil y el
ajo picados. A continuación, mezcle todos estos ingredientes y salpimiente. Añada las alcaparras picadas y un poco de
piel de limón rallada.
Rocíe el pez espada con aceite de oliva y áselo en una
parrilla muy caliente. Por último, vierta encima el adobo
y sirva caliente.

PREPARACIÓN DEL MARISCO

Calamares

Primero se lavan los calamares y se les quita la piel, tirando desde la parte inferior hasta la cabeza.

A continuación, se sujetan el cuerpo y los tentáculos con las manos y se tira de ellos con cuidado.

Estirando lentamente, se puede separar la cabeza y las vísceras del resto del cuerpo del animal.

Llegado este punto, se debe proceder con suma cautela para no dañar la bolsa de tinta.

Después se separa la cabeza del calamar de los tentáculos con la ayuda de un cuchillo afilado.

Se debe conservar la bolsa de tinta, de un color gris plateado. En muchos platos, se necesita para elaborar la salsa.

Para finalizar el proceso de preparación, se extrae del cuerpo el caparazón interno transparente.

Si se quiere cocinar el calamar en aros, al final se cortan las partes aprovechables que han quedado.

Gambas

Se comienza sujetando la gamba entre el pulgar y el índice.

Se separa la cabeza con un ligero movimiento circular.

Se rompe la cáscara del cuerpo a lo largo de la parte inferior.

Se puede dejar la cola como elemento decorativo.

A continuación, se separa toda la cáscara del cuerpo.

La suave y delicada carne está lista para comer.

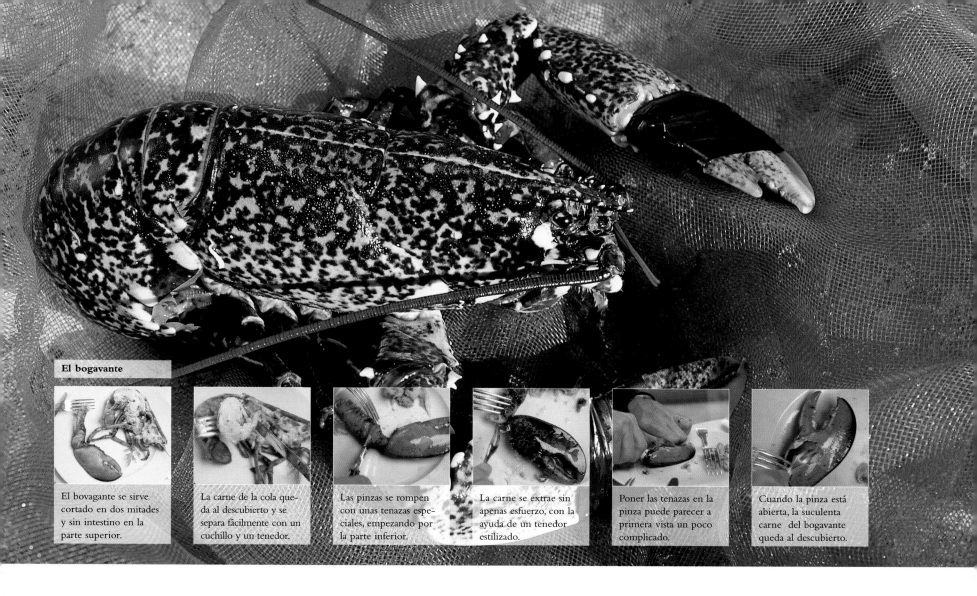

El bogavante

El bovagante se sirve cortado en dos mitades y sin intestino en la parte superior.

La carne de la cola queda al descubierto y se separa fácilmente con un cuchillo y un tenedor.

Las pinzas se rompen con unas tenazas especiales, empezando por la parte inferior.

La carne se extrae sin apenas esfuerzo, con la ayuda de un tenedor estilizado.

Poner las tenazas en la pinza puede parecer a primera vista un poco complicado.

Cuando la pinza está abierta, la suculenta carne del bogavante queda al descubierto.

La langosta

Se parte la langosta cocida por la mitad y se retiran las huevas.

Con mucho cuidado, la carne se puede separar entera del caparazón.

El erizo de mar

En la parte plana, se abre la boca del erizo de mar con mucho cuidado, utilizando unas tijeras. Bajo el caparazón se halla una especie de tejido conjuntivo, que debe cortarse.

Después de abrir un orificio grande con unas pinzas especiales, se extrae la parte comestible, de color naranja, utilizando una cucharilla.

El centollo

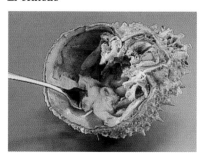

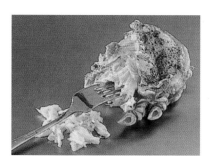

Como mejor se separa la carne, que está pegada al caparazón, es utilizando un tenedor.

Separada de esta manera, la carne ya se puede extraer en trozos pequeños.

Cedro di Calabria, el licor de cédride, se puede utilizar también para preparar algunos sabrosos dulces, como la *crema pasticcera*.

LIQUORE DI MANDARINI

Licor de mandarina

LA PIEL DE 5 MANDARINAS
500 ML DE AGUARDIENTE DE TRIGO DE CALIDAD
300 G DE AZÚCAR

Corte la piel de las mandarinas en tiras finas y déjelas durante 15 días en alcohol, en un lugar oscuro. Retire las cortezas, presiónelas con un trapo y recupere el líquido. Vuelva a verter el jugo en el alcohol.
Mezcle el azúcar con 200 ml de agua y deje cocer hasta que el azúcar se haya desleído. Deje enfriar y añada el alcohol aromatizado. Vierta en una botella utilizando un filtro de papel.

LIQUORE DI ZAGARE

Licor de flores de azahar

100 G DE FLORES DE AZAHAR
800 G DE AZÚCAR
1 L DE AGUARDIENTE DE TRIGO DE CALIDAD

Alterne capas de flores de azahar y azúcar en un recipiente de vidrio oscuro que se pueda cerrar. Guárdelo durante 12 horas en un lugar frío y apartado de la luz. Finalmente, vierta el alcohol, cierre el recipiente y agite hasta que el azúcar se haya desleído completamente. Vierta el líquido en una botella, utilizando un filtro de papel, y ciérrela. Pasados unos días, filtre el licor en otra botella. Si es necesario, filtre más veces, hasta que el líquido no contenga impurezas.

LIQUORE DI LIMETTE

Licor de lima

LA CORTEZA DE 4 LIMAS
1 L DE AGUARDIENTE DE TRIGO DE CALIDAD
700 G DE AZÚCAR

EL ZUMO DE 2 LIMAS

Corte la corteza de las limas en tiras pequeñas y deje reposar en alcohol durante 7 días, en un lugar oscuro. Vierta el azúcar en 1 l de agua hirviendo y deje cocer hasta que el azúcar se haya desleído. Añada el zumo de lima y deje enfriar. Vierta el alcohol, pasándolo por un tamiz, en el agua azucarada; deseche las cortezas de lima. Vierta el licor preparado en una botella, utilizando un filtro de papel.

LIQUORE DI LIMONI

Licor de limón

LA CORTEZA DE 5 LIMONES MUY FRESCOS
500 ML DE AGUARDIENTE DE TRIGO DE CALIDAD
450 G DE AZÚCAR

Retire la parte blanca de la corteza de los limones y córtela en tiras pequeñas. Mezcle con el alcohol y deje reposar durante 6 días en un lugar oscuro.
Mezcle el azúcar con 450 ml de agua hirviendo y deje cocer hasta que el azúcar se haya desleído. Deje enfriar. Retire la corteza de limón del alcohol y añádala al agua con azúcar. Deje reposar dos días y retire las cortezas del jarabe. Añada el alcohol y cuele el licor varias veces, utilizando un filtro de papel. Después, viértalo en botellas.

Inferior: el 75% de la producción italiana de mandarinas y clementinas, que se comen sobre todo por Navidad, se recolecta en Sicilia y en Calabria.

LICORES DE CÍTRICOS

Sicilia bate casi todas las marcas en cultivo y exportación de cítricos. Calabria ocupa el puesto número dos, justo por detrás de Sicilia, aunque a gran distancia. Las características típicas de las naranjas calabresas, que se recolectan entre abril y mayo, son su sabor suave, su piel lisa y una carne fuerte y jugosa, sin apenas pepitas. En la zona de Reggio Calabria se cultiva, sobre todo, la bergamota (lima). La fruta se utiliza principalmente en la elaboración de perfumes y en la industria de dulces, pero algunas amas de casa aún siguen preparando deliciosas mermeladas de bergamota.

Las cidras, que pueden llegar a pesar un kilo, también suministran aromas para perfumes y dulces. Con su gruesa piel, de entre dos y tres centímetros, se hace cidra confitada. A los calabreses les gusta elaborar sus propios licores de cítricos. Casi todas las variedades son adecuadas y hasta la suave flor de azahar produce un delicioso brebaje. El proceso es fácil de imaginar: la corteza de los limones, mandarinas, limas o cédrides tienen que reposar en alcohol entre una y dos semanas, hasta que hayan desprendido sus etéreos aceites aromáticos. Después, el alcohol aromatizado se mezcla con agua azucarada y se filtra la mezcla utilizando un paño fino. No hay que preocuparse por su caducidad, pues se puede hacer un licor con un alto porcentaje de alcohol.

DULCES

Los dulces de Calabria, al igual que sus parientes de otras regiones del sur de Italia, se denominan así con toda razón, puesto que en las pastelerías calabresas se trabaja con toneladas de azúcar, miel y frutas confitadas.

En las comilonas de la punta de la bota italiana se reflejan influencias sicilianas y orientales. Así, por ejemplo, la *cubbaita,* un turrón blando de azúcar y sésamo, es casi idéntica a los dulces de sésamo que se conocen en Grecia y en Turquía.

Además, a los calabreses les encantan los *cannoli* (canelones rellenos de dulce), que provienen de su vecina Sicilia, las pastas de almendra y diferentes variedades de turrón que tienen las almendras como base. El *torrone gelato* que, a diferencia de lo que su nombre parece indicar, no es turrón helado, se encuentra entre los dulces más populares y constituye una especialidad cilíndrica o alargada que no necesita frigorífico. Este producto azucarado, meloso y de aspecto llamativo se puede adquirir en todas las pastelerías de la región de Calabria. Para elaborarlo, se unen trocitos de cidra picada, naranjas y mandarinas confitadas a una masa de almendra y azúcar fundido y coloreado. Al final, la pasta resultante se recubre con chocolate.

FICHI SECCHI RIPIENI
Higos secos rellenos
(fotografía superior)

60 G DE AVELLANAS
60 G DE ALMENDRAS
LA CORTEZA DE 2 LIMONES RALLADA
8 HIGOS SECOS GRANDES
MIEL

Tueste las avellanas en el horno entre 10 y 15 minutos, a 190°C. Pélelas con un trapo y píquelas. Escalde las almendras, sujételas con el dedo pulgar y el índice, empuje la piel hacia fuera y píquelas. Mezcle las avellanas, las almendras y la corteza de limón. Corte los higos por la mitad y rellénelos con la masa. A continuación, dispóngalos en una bandeja de horno engrasada y rocíelos con miel. Cueza en el horno precalentado a 180°C durante unos 10 minutos.

MOSTACCIOLI CALABRESI
Pastas de miel calabresas
(fotografía derecha)

250 G DE HARINA DE TRIGO
250 G DE MIEL, PREFERIBLE DE HIGOS
50 G DE MANTEQUILLA
1 CUCHARADA DE ANÍS

Mezcle todos los ingredientes hasta conseguir una masa espesa y extiéndala hasta que tenga 1 cm de grosor. Corte con un cuchillo figuritas de animales o muñecas, colóquelas en una bandeja de horno engrasada y póngalas a cocer en el horno precalentado a 150°C hasta que estén doradas.

La Dottato di Cosenza es la variedad preferida de higos, entre más de 700 clases. Para conservarlos, los higos deben secarse al sol durante dos semanas.

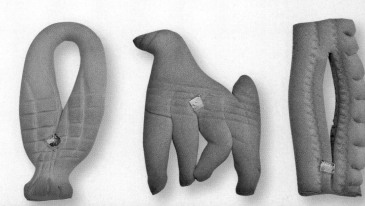

Las sandías saben mucho mejor cuando están bien maduras. El grado de madurez se puede reconocer por el color de la pulpa. Cuanto más intenso es su color rojo, más dulce es la fruta.

Las sandías grandes pesan tanto como una pelota de baloncesto. Quien permita que le lancen a las manos la mercancía recién adquirida debe saber a qué se expone.

El surtido que presenta el vendedor es muy variado. Además de sandías de diferente tamaño, también ofrece distintas clases de melones.

Fondo: el puesto de Franco Moriello se encuentra muy cerca de un cruce de carreteras que comunican Calabria y Basilicata con las regiones de Campania y Apulia. Además de melones, se pueden comprar otras frutas, verdura, distintas especias y conservas. Como un servicio especial para los viajeros que vienen de lejos, pero también para los lugareños y los veraneantes, Franco tiene abierto las 24 horas del día.

SANDÍAS Y MELONES

Al igual que los calabacines, las sandías y los melones también pertenecen a la familia de las cucurbitáceas. En el centro y en el sur de Italia, así como en las islas, se cultivan diferentes clases de esta fruta procedente del sur de Asia y del África ecuatorial. Muy a menudo los refrescantes víveres se compran camino de la playa a los vendedores ambulantes; a los niños les encanta comerse una rodaja de sandía, fresca y jugosa, después de estar unas horas en el agua o en la arena.

Los melones tienen una pulpa blanca, amarillenta, naranja o verdosa, y una piel verde o amarilla que, en ocasiones, está cubierta por un dibujo en forma de telaraña blanca o marrón. Las sandías, normalmente de tamaño más grande que los melones, se reconocen por su corteza verde o verde y blanca, y por su pulpa roja brillante, con muchas pepitas.

Como mejor saben ambos tipos de fruta, es comiéndolos con las manos, en una macedonia o combinados con jamón.

Con sus quince kilos de peso, el *Charleston Gray* no es aconsejable para los compradores que no están en forma.

La sandía *(Anguria)* contiene un 95% de agua y por eso es tan refrescante, sobre todo en los calurosos días de verano.

La variedad *Crimson Sweet* también es de origen americano. Puede llegar a pesar cinco kilos.

La pulpa de la variedad de melón cantalupo madura en verano y es de color naranja.

La pulpa del *Tendral Verde* es verdosa.

La variedad *Piel de Sapo* madura hasta el otoño y su carne clara se trocea en la macedonia.

La *Invernale Giallo* es una variedad que se recolecta en otoño y su pulpa es blanca.

VINOS DE CALABRIA

Calabria es la patria de la variedad de vid Gaglioppo, también llamada Montonico nero. Sus vinos, de un color intenso y tanino inalterable, suponen la base de la mayoría de los vinos con D.O.C., pero también son adecuados para mezclar con otras clases. Aunque cuenta con una superficie de viñedos considerable, unas 25.000 hectáreas, la región desempeña un papel secundario en los mercados de vino nacional e internacional. Las razones para ello son sobre todo históricas y sociales: en los años sesenta y setenta del siglo XX, Calabria suministró el mayor contingente de trabajadores emigranes italianos y, con ello, no solo quedó desconectada del desarrollo económico general del país, sino que también quedó relegada a la retaguardia en el cultivo de la vid.

Sin embargo, en la región se dan los requisitos necesarios para producir vinos de gran calidad y las cosechas de uva de Calabria gozaban de una fama extraordinaria ya en la época de la Antigüedad clásica (al principio, los griegos llamaron *Oinotria* precisamente a esa parte de Italia, antes de que el concepto se extendiera a toda la superficie de la bota). No obstante, las condiciones climatológicas son sumamente adversas en amplias zonas de la región. Puesto que Calabria está formada por macizos montañosos en un 90%, los viñedos se encuentran a menudo a una altitud tan elevada, que no es raro que se produzcan heladas en invierno y en primavera. Las únicas denominaciones de origen que disfrutan de cierta popularidad son *cirò*, *pollino*, *savuto* y *greco di Bianco;* y *el cirò* es casi el único de esos vinos que se exporta, en pequeñas cantidades. De todas formas, en el extranjero lo suelen beber los emigrantes de esas tierras. También hay un puñado de vinos con D.O.C., como el *lamezzia,* el *sant'Anna di Isola Capo Rizzuto* y el *melissa,* que ni tan solo dan muestras de una popularidad regional. En Calabria, los buenos vinos constituyen una rareza y se deben agradecer a esfuerzos individuales y aislados.

Fondo: las colinas de Cirò ya eran consideradas un lugar excelente para el cultivo de la vid en la Antigüedad clásica.

Pollino
Ciro
Melissa
Sant'Anna di Isola Capo Rizzuto
Donnici
Savuto
Lamezia
Greco di Bianco
Zonas vinícolas en regiones limítrofes

Cirò

El hecho de que el Cirò provenga realmente del Cremisa, el vino de prestigio de la Antigüedad, que se ofrecía a los vencedores de Olimpia, sigue siendo cuestionado. Lo cierto es que el vino tinto, producido con uvas Gaglioppo, recolectadas en las terrazas de la vertiente este del macizo de Sila, tiene actualmente el nombre más conocido de todo el espectro de vinos de Calabria. Un pequeño número de productores pudo convertir el vino anterior, pobre y algo ácido, en un producto moderno, vigoroso y armónico que, en ocasiones, incluso puede madurar en barrica. Los mejores vinos son de color rojo oscuro y aromáticos, contienen tanino y, hasta cierto punto, pueden envejecer en la bodega.

Pollino

En la vertiente sur de la cordillera de Pollino, la uva Gaglioppo crece para producir este vino tinto seco, que se prensa y comercializa casi exclusivamente en la gran bodega de la cooperativa de la zona. El cambio entre los días calurosos y las noches frías de verano proporciona a los vinos su marcado aroma.

Savuto

El máximo potencial de calidad de los vinos con D.O.C. de Calabria no pertenece probablemente al exitoso Cirò, sino al casi desconocido Savuto, de la vertiente opuesta del macizo de Sila.

El clima templado de las zonas más altas proporciona vinos suaves y vivos, sobre todo cuando la uva Gaglioppo se mezcla con otras clases, como la Sangiovese. Desgraciadamente, en esa zona de cultivo sólo hay uno o dos productores a los que se pueda tomar realmente en serio.

Greco di Bianco

El mejor vino dulce de Calabria proviene de la parte más extrema de la punta de la bota italiana, que es la zona que rodea la pequeña ciudad de Bianco. Allí se prensan uvas casi pasas de la variedad Greco y se produce un vino de color ámbar, con mucho cuerpo, un delicioso aroma afrutado y un marcado sabor.

OINOTRIA: LA TIERRA DEL VINO

Los antiguos griegos llamaron al sur de Italia *Oinotria,* tierra del vino, y los romanos extendieron el significado de la traducción latina, *Enotria,* a toda la península (como ya sabemos, esto no es casual, pues Italia ha sido una de las zonas más importantes en el cultivo de la vid, desde la Antigüedad hasta nuestros días). Se cultivan viñedos en casi todas las provincias de la bota italiana y en muchas de las 20 regiones que la componen, el cultivo de la vid sigue suponiendo un importante sector económico, a pesar de la industrialización y la revolución postindustrial.

Con casi un millón de hectáreas, Italia posee –por detrás de España y Francia– la tercera superficie de viñedos del mundo en cuanto a tamaño y comparte con Francia el puesto de primera nación productora de vino. Según el año, se producen entre 50 y 60 millones de hectolitros de vino que, en gran parte, también se consumen en el propio país, pues la población italiana está a la cabeza del consumo per cápita, junto a Francia. Los italianos consumen un promedio de 60 litros al año, casi el triple, por ejemplo, que los alemanes; el doble que los austríacos y casi ocho veces más que los estadounidenses. Comparado con el consumo

en los años sesenta, esto es incluso poco, puesto que hasta esa época la mayoría de los italianos bebía un promedio de 120 litros al año, no como estimulante, sino como aportación calórica diaria.

El clima y la tierra son adecuados para el cultivo de la vid en todas las regiones y provincias italianas. En el norte reina un clima continental, que está marcado por los fríos inviernos y los veranos cálidos y que da a luz vinos con mucho aroma. En cambio, en el sur, donde el sol ardiente calienta durante todo el día y la noche apenas hace descender las temperaturas, se producen vinos fuertes y de más graduación.

Dado que muchas zonas de Italia están formadas por montañas y colinas, la vid también crece muchas veces en las vertientes (una condición importante para obtener uvas de calidad excelente). La variedad del suelo, que marca las diversas zonas de cultivo del país, y las numerosas clases de vides proporcionan vinos de mucho carácter, con sabores de las más diversas características.

Si se toma como base la cantidad producida, las regiones más importantes en el cultivo de la vid son Sicilia y Apulia, pero en términos de calidad dominan el centro y el norte de Italia. Las regiones de Toscana y Piamonte producen, indiscutiblemente, los vinos más renombrados del país: *barolo, brunello, chianti y barbaresco,* por nombrar algunos. A cierta distancia, siguen las de Friuli, Trentino–Alto Adigio, Véneto, Umbría, Las Marcas y Lombardía, en tanto que la industria vitícola de las demás regiones se dirige más hacia la producción de grandes cantidades que hacia una gran calidad.

Si bien es cierto que sobre todo en las regiones del norte de Italia también se produce una serie de vinos blancos extraordinarios a partir de las variedades Chardonnay, Sauvignon Blanc o Pinot Grigio, el punto fuerte de la industria vitícola italiana reside en la producción de tintos. El país posee dos variedades de uva negra, que actualmente se cuentan entre las mejores del mundo: Nebbiolo y Sangiovese. La primera se cultiva sobre todo en Piamonte y la segunda es la variedad más importante en los vinos toscanos *chianti, brunello y vino nobile.* Los únicos que, por ejemplo, pueden saber si un *barolo* está hecho con uvas Nebbiolo, son los grandes aficionados al vino, puesto que el nombre de la uva no suele aparecer en Italia en la etiqueta. Las denominaciones de origen donde se indica la clase de uva, como la Barbera d'Asti o la Chardonnay Collio, son una excepción.

En los años ochenta y noventa del siglo XX, Italia ha dado grandes pasos en el desarrollo de la producción de vinos de calidad. Aun así, el país sigue teniendo reservas por descubrir tanto por lo que respecta a clases de vid poco utilizadas –como las friulanas Schioppettino o Refosco, las sicilianas Grillo o Nero d'Avola y las apulianas Primitivo y Negroamaro– como en cuanto a regiones con un gran potencial de calidad, pero una industria vitícola poco desarrollada, como Silicia, Las Marcas, Campania o Apulia. El futuro mostrará si los viticultores italianos son capaces de proporcionar una salida a esas valiosas variedades y a las regiones por desarrollar, y producir buenos vinos que puedan permanecer junto a los que contienen Nebbiolo o Sangiovese.

Emparrar correctamente la vid en invierno es decisivo para el desarrollo de las uvas.

Para emparrar a mano se utilizan ramitas de mimbre verdes y flexibles, aunque generalmente se usan grapadoras modernas.

Para evitar que el viento las rompa, las ramas se fijan a un alambre, tensado entre las vides.

En lugar de los hábiles nudos típicos del cultivo tradicional de la vid, actualmente se ven grapas industriales.

A finales de abril surgen los nuevos brotes de las ramas que han crecido ese mismo año.

Para que los brotes crezcan vigorosos, es imprescindible podar la vid cada año en invierno.

SICILIA

Islas Liparis
(Islas Eoli)

Cabo
San Vito
Trapani
Palermo
Messina
Estrecho de Messina
Favi-
gnana
Marsala
Sicilia
Etna
3350 m
Mazara
del Vallo
Etna
Agrigento
Caltanisetta
Catania
Francofonte
Siracusa
Ragusa

En el arte de vivir, además de los valores de la vida social, la familia y un día soleado en la playa, en Sicilia se incluye, en primer lugar, el arte de disfrutar de la buena cocina. La gran importancia de una buena comida y de un buen vino se puede comprobar, sobre todo, en la atención que se profesa al bienestar del cuerpo, incluso en el arte. En su novela *El Gatopardo,* que realmente trata un tema completamente distinto —las convulsiones políticas internas en la Italia aún no unificada—, Giuseppe Tomasi di Lampedusa retrata las costumbres de la nobleza siciliana en la mesa, con minuciosidad y afecto. Asimismo, el cantante Domenico Modugno (que, en contra de algunas suposiciones, no es siciliano) ha inmortalizado en una canción la pesca del pez espada a ambas orillas del estrecho de Messina. La afición por disfrutar de la cocina tiene una larga tradición en Sicilia. En épocas prehistóricas, cuando aún se veneraba a la Dea Madre en el Mediterráneo, se cocinaban tortitas rituales en honor de la gran diosa. Después llegaron los griegos, colonizaron el este del Mediterráneo, hicieron caer en el olvido a las divinidades femeninas y se dedicaron, ante todo, a la bebida de culto de Dioniso. Con los romanos, llegaron a la isla extravagantes recetas de ganso; los bizantinos aportaron su afición por lo agridulce y la conquista de los árabes, entre los siglos IX y XI, proporcionó incluso una pequeña revolución culinaria: actualmente, los albaricoques, el azúcar, los cítricos, los melones, el arroz, el azafrán, las pasas, la nuez moscada, el clavo de especia, la pimienta y la canela siguen siendo puntales básicos de la cocina siciliana. Los normandos y los Hohenstaufen volvieron a optar por los platos de carne, y los españoles permitieron a Sicilia ser partícipe de sus conquistas innovadoras en el Nuevo Mundo: el cacao, el maíz, el pavo y los tomates y otras solanáceas. Posteriormente, estuvieron allí los Borbones, los italianos "del continente", y muchos otros pueblos que colaboraron a la hora de escribir la carta de platos sicilianos.

Así, pues, comer y beber en el corazón del Mediterráneo también significa emprender un viaje por el tiempo a través de la cultura de épocas pasadas. La imaginación de los cocineros sicilianos garantiza una interpretación muy personal de la cocina de muchos pueblos: multicolor, dulce, vigorosa, aromática, exótica, arraigada y, a veces, muy misteriosa. O sea, como la propia isla.

Doble página precedente: los puestos ambulantes de helados y granizados ofrecen, no solo en Sicilia, la posibilidad de refrescarse de forma espontánea.

Izquierda: el paisaje siciliano (en la fotografía, San Vito lo Capo) se presenta tan escabroso como romántico.

Los atunes pueden llegar a alcanzar
cuatro metros de longitud y
algunos quintales de peso.

ATÚN

Una antigua canción de pescadores canta al mar de Scopello, Castellammare y Magazzinacci, ensalzándolo como las aguas más ricas de Sicilia, y se burla de las áreas de pesca pobres de Sicciara, donde esperan inútilmente al pescado de Levante. No obstante, últimamente también han irrumpido malos tiempos en los bastiones de la pesca del atún *(tonno)* y los pocos pescadores que quedan no tienen muchas ganas de cantar. La creciente contaminación medioambiental en las costas y las flotas pesqueras japonesas, de alta tecnología, que acechan continuamente en los límites de las aguas territoriales, apenas permiten que los atunes se adentren en la cálida zona de desove, junto al litoral siciliano. Favignana, la principal de las islas Egadi, es el único lugar donde todo gira todavía en torno al gran pescado, aunque hoy en día se pesca en menor cantidad. Así, de forma lenta pero implacable, se está extinguiendo la actividad más antigua de la isla, que antes garantizaba una existencia modesta, pero segura, a mucha gente: había que coser las redes, repararlas y, finalmente, extenderlas en las zonas de pesca; se tenía que matar a los animales capturados y trocear las presas enseguida, y un gran número de trabajadores producía, a partir de la nutritiva carne, las sabrosas especialidades que se exportaban a todo el mundo. A pesar de la crisis, la pesca del apreciado pez se sigue practicando, siguiendo los antiguos métodos. La carne de atún es muy apropiada para conservarla en escabeche o en aceite, pero también se puede cocinar fresca. Además, el *tonno* es el pescado en conserva más popular. Antes se salaba en enormes barriles y se guardaba para consumirlo en invierno.

La Mattanza

La *mattanza,* la pesca tradicional siciliana del atún, es un espectáculo realmente sangriento, nada adecuado para espectadores impresionables. El antiguo ritual de la isla se remite a la época de dominio español y es importante para la cultura y la identidad de Sicilia.

La franja costera del sur de la isla, donde dominan las corrientes fuertes, es la que ofrece más abundancia de pescado y marisco a sus habitantes: gambas, langostas, calamares, lubinas y rayas. Entre primavera y verano, la zona de Siracusa y las aguas de las islas Egadi, en la punta oeste de Sicilia, atraen grandes bancos de atunes que, procedentes de los mares del norte de Europa, van a desovar a aguas cálidas. Por eso, los pescadores siempre han extendido en esa zona un sofisticado sistema de redes, en las que los animales quedan atrapados. Es un método de pesca arcaico que no utiliza ninguna técnica moderna. Últimamente, la *mattanza* captura cada vez menos atunes.

La *mattanza* también es una fiesta folclórica en todo el pueblo. El gran espectáculo comienza con una misa matutina, en la que se bendice a los barcos, desde los cuales después los hombres extenderán la *rizza,* el sistema de redes de captura. Entre antiguas canciones, los pescadores comienzan a disponer diversos aparejos de pesca, que no ofrecen ninguna escapatoria a los peces. Estos aparejos se fijan en el fondo del mar con la ayuda de piedras pesadas. Después, hay que esperar. La noble tarea del *raìs*, el pescador con más experiencia, consiste en dar la señal de salida para que la *mattanza* comience de verdad. Cuando los primeros bancos de peces están a la vista, los pescadores se hacen muy temprano a la mar en sus barcos para ir cerrando las redes, a donde los peces han llegado nadando. Al final, todo el banco de peces se encuentra en la *camera della morte.* Vuelve a ser el *raìs* quien determina cuando se debe arponear a los animales. El mar se tiñe de rojo sangre y los peces se suben a bordo con la ayuda de las redes. Como en una procesión, los barcos regresan a la orilla, donde se pesa, se lava y se trocea el pescado. El atún debe prepararse enseguida, pues se echa a perder rápidamente. Además de Favignana, otros pueblos cercanos a Siracusa —Marzamemi, Porto Palo, Sampieri y Donnalucata— también se ocupan de conservar esta tradición.

La *mattanza* es la forma tradicional de la pesca del atún. Actualmente, en verano aún se celebran grandes banquetes en honor de ese pescado, si bien ha perdido importancia en la industria local.

El atún no solo se puede cocinar fresco o comerse crudo, como un *carpaccio,* cortado en lonchas finas. Otros manjares de atún son:

Bottarga di tonno
Esta especialidad, también llamada "caviar siciliano", está compuesta de huevas de atún, saladas y prensadas cuidadosamente. La *bottarga* se corta a rodajas y se puede consumir cruda, frita o al vapor. Para condimentar este manjar, ya salado, se recomienda aceite, perejil, ajo y guindilla.

Musciuma
La *musciuma,* filetes de atún en salmuera, debe reposar en sal durante 30 días, antes de poderse utilizar como ingrediente en determinadas ensaladas.

Occhi rassi
Con "ojeras grasas" se refieren a los huesos de los ojos, duros y azules, donde se prende una carne muy sabrosa. Los *occhi rassi* se salan en barriles y saben bien con pimienta e hinojo silvestre.

Curri, Surra, Vintrisca, Ventresca
La grasa del vientre del atún, que tiene diferentes nombres, se corta en tiras largas, se sala y se prensa.

Los peces grandes, como el atún y el pez espada, raramente se ofrecen en piezas enteras. El pescadero se ocupa de limpiarlo y cortarlo.

TONNO ALLA PALERMITANA
Atún al estilo de Palermo
(fotografía inferior)

1 VASO DE VINO BLANCO SECO
EL ZUMO DE 1 LIMÓN
1 RAMA DE ROMERO PICADO
1 DIENTE DE AJO MAJADO
SAL Y PIMIENTA RECIÉN MOLIDA
600 G DE ATÚN FRESCO
4 CUCHARADAS DE ACEITE DE OLIVA VIRGEN EXTRA
3 ANCHOAS SIN ESPINAS

Prepare una marinada con el vino y el zumo de limón, añadiendo el romero, el ajo, un poco de sal y pimienta. Corte el atún en rodajas, lávelo bien y déjelo macerar unas horas en la marinada.
Retire el pescado de la marinada, déjelo escurrir y áselo a la parrilla por ambas caras, mientras lo rocía con el líquido de maceración.
Entre tanto, caliente el aceite de oliva en una sartén, añada las anchoas y aplástelas con un tenedor, hasta formar una pasta. Distribuya por encima del atún y sirva.

TONNO ALLA MARINARA
Atún con aceitunas

4 RODAJAS DE ATÚN FRESCO
4–5 CUCHARADAS DE ACEITE DE OLIVA VIRGEN EXTRA
400 G DE TOMATES MADUROS
1 MANOJO DE ALBAHACA PICADO
80 G DE ACEITUNAS NEGRAS O VERDES, SIN HUESO
30 G DE ALCAPARRAS
SAL Y PIMIENTA RECIÉN MOLIDA
2 CUCHARADAS DE PAN RALLADO

Lave bien las rodajas de atún, quíteles la piel y déjelas escurrir. Ponga la mitad del aceite en una fuente refractaria y disponga las rodajas, una junto a la otra. Escalde los tomates, quíteles las pepitas y córtelos. Agregue al pescado, junto a la albahaca, las aceitunas picadas, las alcaparras, un poco de sal, mucha pimienta y el pan rallado. Rocíe con el resto del aceite de oliva y cueza en el horno precalentado a 160°C durante unos 30 minutos, hasta que el pescado esté cocido y la salsa un poco espesa.
Sirva caliente.

El atún se suele cortar en rodajas y se prepara a la parrilla, pero crudo y aliñado con un adobo de limón como un *carpaccio,* también es un delicado manjar.

Superior: *dentice al forno con cipolle e brodo di carne*, dentón con cebolla y caldo de carne.

PESCADO DE TRES MARES

Sicilia dispone de tres grandes tramos de costa. El litoral este, que conduce a los pescadores al mar Jónico, comienza en el estrecho de Messina, donde tradicionalmente se pesca el pez espada, y llega hasta cabo Passero. La *Riviera dei Ciclopi*, la ribera de los Cíclopes, entre Aci Trezza, Aci Realce y Catania, es rica en meros, serranos, pageles, moluscos y una especie de caballa, llamada *alalunga* (ala larga). La costa sur se extiende entre Pozallo y Marsala. Allí se aprecia mucho el dentón, que se sirve a la manera de Agrigento o con mayonesa de naranja. En el extremo oeste de Sicilia se encuentra un bastión de la pesca: desde atunes hasta anchoas, allí se extrae del agua todo lo que ofrece la confluencia del mar Tirreno y del mar Jónico. En el litoral norte, se encuentra el besugo, un popular pescado que se captura durante todo el año y que también vive en otras costas. La gran oferta del mercado se completa con cefalópodos, crustáceos y moluscos.

El pescado y el marisco ocupan un lugar fijo en la carta de platos siciliana. Se hierven, se cuecen o se hornean: todo está permitido. Sin embargo, el

La pequeña ciudad de Mazara del Vallo tiene el mayor puerto pesquero de Italia.

pescado no siempre llega a la mesa como plato fuerte, sino que a menudo constituye un delicioso entrante en una salsa para la pasta. *Pasta e pesce* es una combinación muy popular entre los habitantes de la isla: de todas formas, algunos platos inusuales pueden producir una desgracia, como demuestra la anécdota de la desdichada toscana. De hecho, el detonante de la trágica historia fue la salsa negra de la tinta de sepia. Giselda, una joven maestra de Florencia, se instaló

en Catania a finales del siglo XIX en compañía del escritor realista Giovanni Verga, natural de Sicilia, para dar clases en una escuela de señoritas. El poeta Mario Rapisardo se fijó en ella enseguida y comenzó a hacerle la corte. Finalmente, se casaron y la joven novia tuvo que ir a vivir a casa de su suegra. Ya en la luna de miel, cometió una falta imperdonable al negarse con repugnancia a probar un solo bocado de los espaguetis con salsa negra de sepia que había preparado su suegra. La casa se convirtió en un infierno. Al final, seguramente a causa de la desolada paz hogareña, el esposo poeta inició un romance con la condesa Lara. Pero Giselda supo arreglárselas y se acordó de su antiguo amigo Verga. Un día, Rapisardi descubrió una ardiente carta de amor, escrita a su esposa por el colega escritor, quien irreflexivamente la había enviado envuelta en un simple periódico. El consejo familiar que se convocó en casa de Rapisardi decidió, por unanimidad, expulsar a la infiel del norte. Giselda volvió a buscar consuelo en Verga y, al principio, lo encontró, pero poco después éste la abandonó a su suerte. El duelo, esperado con ansia por toda la gente de Catania, no llegó a producirse. Probablemente, los dos poetas se reconciliaron ante un gran plato humeante de *spaghetti al nero di seppia*.

DENTICE AL FORNO CON CIPOLLE E BRODO DI CARNE

Dentón con cebolla y caldo de carne
(fotografía izquierda)

1 DENTÓN DE UNOS 500 G
1 CEBOLLA
2 DIENTES DE AJO
1 RAMA DE ROMERO FRESCO
1 RAMA DE TOMILLO FRESCO
ACEITE DE OLIVA
SAL
1 GUINDILLA PICADA
1 CEBOLLA GRANDE CORTADA EN AROS
1 PATATA GRANDE CORTADA A DADOS
100 G DE TALLOS DE APIO TROCEADOS
1 L DE CALDO DE CARNE
PIMIENTA

Limpie el pescado. Para elaborar el relleno pique la cebolla,
el ajo, el romero y el tomillo y mézclelo todo. Sumerja en
aceite la mezcla de cebolla y hierbas, aderece con sal y
guindilla y rellene el pescado.
Rehogue los aros de cebolla en aceite de oliva y póngalos
en un molde con el resto del relleno y el aceite. Disponga
el pescado encima. Esparza sobre éste los trocitos de patata
y apio y deje cocer en el horno precalentado a 180°C entre
25 y 30 minutos. Vierta lentamente el caldo de carne bien
salpimentado.

SARAGO DI PORTO ALLA BRACE O SULLA PIASTRA

Pagel blanco a la parrilla o a la piedra

1 PAGEL BLANCO
SAL

Salsa salmoriglio:
50–100 ML DE ACEITE DE OLIVA
2 DIENTES DE AJO PICADOS
1 PUÑADO DE PEREJIL PICADO

1 LIMÓN CORTADO EN RODAJAS
1 MANOJO DE RABANITOS

Limpie el pagel, pero sin escamarlo; sale ligeramente.
Áselo sobre una piedra caliente o mejor en una parrilla para
pescado con carbón vegetal.
Para la *salsa salmoriglio*, diluya 2 ó 3 cucharadas de agua
caliente en 50 ó 100 ml de aceite de oliva y aderece
con el ajo y el perejil. Unte todo el pescado con la salsa
con la ayuda de un pincel. Sirva con rodajas de limón
y rabanitos.

SPAGHETTI AL NERO DI SEPPIA

Espaguetis a la tinta

4 SEPIAS ENTERAS
400 G DE ESPAGUETIS
2 DIENTES DE AJO PICADOS
1 CEBOLLA PICADA
2 CUCHARADAS DE ACEITE DE OLIVA
2–3 TOMATES PELADOS Y TROCEADOS
SAL Y PIMIENTA

Limpie las sepias con cuidado para que la bolsa
de tinta quede intacta. Ponga la tinta en un vaso y
resérvela. Trocee las sepias y hierva los espaguetis
al dente en abundante agua con sal. Entre tanto, rehogue
el ajo y la cebolla en aceite caliente, añada el tomate,
la sepia y la tinta. Salpimiente. Deje cocer a fuego lento
durante unos minutos y vierta la salsa sobre
los espaguetis.

Pagel blanco (sarago)
El pagel blanco es uno de los peces
comestibles más populares en la zona
mediterránea. En Catania lo llaman
sarago di porto, pagel del puerto, y se
pesca incluso utilizando cebos de poca
calidad como, por ejemplo, la piel de
los higos chumbos, en lugar del habitual
cebo de sepia. Como mejor sabe, es
asado con carbón vegetal.

Dentón (dentice)
El dentón, de cabeza alargada y cuerpo
esbelto, puede llegar a medir entre
30 y 90 centímetros de largo y a pesar entre
10 y 12 kilos. Su suculenta carne es muy
apropiada para los guisos, pero también se
puede asar al horno con cebollas y caldo
de carne.

Mero (cernia di fondale)
El mero pertenece a la familia de
las *serranidae*. Tiene una aleta dorsal
continua muy dentada y una mandíbula muy amplia. Los pescadores le
dieron el apodo de *a'ddottò*, el doctor, porque el dibujo que forman sus
escamas recuerda a un jeroglífico.
Los meros pueden llegar a medir
150 centímetros de largo y a pesar
70 kilos. Con la sabrosa carne, las
mujeres de los pescadores cocinan
una sopa deliciosa o preparan
segundos platos.

Besugo (mormora)
El besugo vive en las aguas salobres cenagosas
de las cercanías de la costa. Se pesca durante
todo el año, se reconoce por las doce rayas
perpendiculares que recorren su piel amarilla
o gris y puede alcanzar un tamaño de entre
25 y 35 centímetros. El besugo es apropiado
para cocinarlo casi de cualquier forma.

Sepia (seppia)
La sepia y el calamar *(calamaro)* son cefalópodos comestibles, con cuerpo en
forma de pera y diez tentáculos. Poseen
una bolsa con un colorante parecido a la
tinta, que vacían en situaciones de peligro para sorprender y cegar a sus atacan-
tes. En la cocina siciliana, se suele comer
troceada en ensaladas de marisco, pero

también se puede preparar a la parrilla,
frita o rellena. La tinta se utiliza como
colorante en platos de arroz y pasta.
Estos platos negros presentan un curioso
aspecto y no apetecen a todo el mundo,
pero aquellos a quienes no moleste el
inusual color deben probar los *spaghetti
al nero di seppia*.

Pez espada (pesce spada)
El pez espada se cuenta entre las variedades de pescado más populares de Sicilia.
Se pesca sobre todo en el estrecho de
Messina. La pesca tradicional, con arpones,
también se practica en la ciudad calabresa
de Bagnara, en la orilla opuesta, y puede
ser peligrosa, ya que los animales, que
pueden medir cuatro metros de largo y
pesar 200 kilos, atacan los barcos pequeños
muy a menudo. La carne de pez espada
se tiene que colgar varios días antes de
consumirla para que se reblandezca y gane
en aroma. Un plato típico son los *involtini
di pesce spada*, los rollitos de pez espada
rellenos.

SAL

No se puede vivir sin sal. El cloruro de sodio se ocupa de que los músculos y los nervios funcionen, de que se puedan asimilar los alimentos y de que el contenido de agua en el cuerpo sea el correcto. Sin este componente básico, los dientes se caerían y se sufrirían trastornos coronarios y debilidad. Los hombres prehistóricos cubrían su necesidad de sal ingiriendo mucha carne. Las cantidades requeridas les obligaban a vivir como cazadores y pastores trashumantes. Los suministradores animales de sal y proteínas determinaban el curso de la vida. No se pudo pensar en un cambio de alimentación hasta que se descubrió que los cristales de color blanco grisáceo, que se podían ganar al mar o extraer de yacimientos naturales, también eran capaces de garantizar un suministro suficiente de aquella materia, tan importante para sobrevivir. Con la sedentarización, el hombre comenzó a ingerir los frutos de la tierra que cultivaba y enriqueció sus comidas diarias con sal. Sin embargo, una nutrición centrada en los cereales y la verdura, casi sin carne y pobre en sal, trajo consigo automáticamente una fuerte dependencia del "oro blanco". Este mineral se convirtió en la mercancía más importante del antiguo mundo civilizado y la necesidad se acrecentó drásticamente cuando los ingeniosos cocineros descubrieron que la materia cristalina podía preservar a la carne, el pescado y la verdura de un rápido deterioro, conservando su sabor característico: había nacido el arte de las conservas, un nuevo adelanto cultural importante, puesto que las provisiones en salmuera facilitaron, ante todo, las expediciones militares largas y los viajes de los conquistadores. Las rutas de la sal florecieron a lo largo de las pequeñas ciudades, un boicot de la sal podía conducir a la ruina de toda una región, y los soberanos realizaban todos los esfuerzos para conseguir acceder a las fuentes de sal. También hacía las veces de moneda, tal y como nos recuerda el actual concepto de "salario".

Sicilia está bendecida por la sal de una manera muy especial. En las zonas de Trapani, Marsala y Augusta se extrae mucha del mar y en Cattolica Eraclea se encuentran extensas minas de sal gema. Antiguamente, los grandes mercantes atracaban en el extremo oeste de la isla, para cargar la sal siciliana destinada al mercado internacional.

Los métodos tradicionales de extracción del mar no han cambiado mucho en los últimos 140 años y por eso vale la pena traer a colación las palabras del erudito siciliano Giuseppe Pitré que, a finales del siglo XIX describía las salinas de Trapani en su obra *La famiglia, la casa, la vita del popolo siciliano* (La familia, la casa, la vida del pueblo siciliano):
"Una gran superficie del sudeste de Trapani está dividida en muchos cuadrados, unidos mediante pequeños canales, por los que el agua del mar penetra lentamente hasta el fondo, lejos de la playa, en las últimas piscinas del interior del terreno, donde cambia de color. Al principio, la sal es rojiza, después azulada y finalmente blancuzca, allí donde el agua se evapora bajo un sol africano ardiente, y se forma una capa de cristales que brillan como hielo eterno, de un blanco resplandeciente".

Fondo: las grandes salinas y los molinos de sal de Trapani están situados en la Via del sale, la ruta de la sal, que recorre la costa entre Trapani y Marsala.

EL ORO BLANCO

La sal es el conservante más antiguo de la humanidad. Ninguna otra materia ha influido tanto en la cocina y en la manera de vivir. Las provisiones transportables en salmuera significaban movilidad, independencia de las rutas de abastecimiento y protección ante las enfermedades carenciales. Esto último fue importante sobre todo para los marineros, los soldados y los colonizadores de zonas que aún estaban sin poblar. Pero los que se quedaron en casa también sacaron provecho de las nuevas conservas. Bacalao salado, arenques, verdura en salmuera en grandes barriles y especialidades de carne curadas en sal, como el jamón y algunos embutidos, transformaron el paisaje culinario. Trapani mantuvo una posición muy importante como suministrador de la valiosa materia cristalina.

Sin embargo, la situación ha cambiado, puesto que actualmente se produce sal industrial a bajo precio en todo el mundo. Ya han pasado los tiempos en los que los fenicios cargaban de sal sus barcos ligeros en el litoral siciliano. A estos, les siguieron los barcos de los griegos y los romanos. Después llegaron las falúas árabes, hasta que los barcos de altura de los normandos comenzaron a arribar a puerto. Posteriormente, la valiosa sal siciliana se conoció en la Bretaña, en Inglaterra y, más tarde, también en las pequeñas ciudades de la Confederación hanseática. Las grandes capturas de arenques no se habrían podido preparar sin la materia prima blanca y en las islas Lofoten, un archipiélago situado en Noruega, se utilizaba la sal para curar abadejo y bacalao.

La carne de bacalao, salada y secada en el aire frío del norte, rápidamente encontró partidarios en el Mediterráneo y, de este modo, la sal siciliana regresaba a su patria, después de su viaje al norte, en forma de bacalao salado. Los barcos normandos llevaban ese pescado, sabroso y duro, al sur de Italia y, a su vuelta, cargaban a bordo cítricos, *marsala*, vino y, naturalmente, "oro blanco".

La importancia de la sal del mar de Trapani se perdió con la llegada de los métodos modernos de congelación y de las técnicas industriales de conservación, como la esterilización y la pasteurización. Sin embargo, últimamente está experimentando un pequeño renacimiento, pues cada vez son más los cocineros que han redescubierto los grandes cristales de sal, con los que espolvorear la *focaccia* y otros tipos de tortas.

Aproximadamente un siglo antes, un viajero inglés
describió, aún con más exactitud, el proceso de extracción marina:"Las salinas están divididas en numerosas piscinas, donde el agua del mar, que aún no se
ha calentado con el sol, penetra por una esclusa hasta
la piscina más grande, llamada "fría" o también
"madre". Allí es donde empieza el proceso de evaporación, antes de que el agua, que ya se ha calentado
un poco, fluya en la siguiente piscina que recibe el
nombre de *frittedda,* o sea "la que ya no es tan fría":
el elemento líquido permanece allí durante 15 días
y después es conducido hacia una tercera piscina,
dividida a su vez en tres partes, a la que llaman *rícauda*
o *idicauda,* es decir, "templada". Luego, el agua se
traslada en cubos o cubetas hasta una cuba, desde la
cual se vierte en la *casa calda,* la "casa caliente", una
piscina subdividida también en tres partes. Desde
aquí, el agua se dirige a su penúltima estación, a la
caldissima, a saber, la "calentísima". Su recorrido fina-
liza en la última salina donde, a partir de unos doce
centímetros de agua, cristaliza una capa de
unos cinco centímetros de grosor. El agua
(...) se conduce hasta la piscina deseada
por una serie de canales, con la ayuda de
un sistema de esclusas. Los cristales de sal
extraídos se amontonan en forma de pirámide fuera de las salinas y quedan expuestos
al aire durante un año. En este periodo, se
forma una costra que protege su contenido.
La sal se tritura con la ayuda de una rueda
de molino fijada a un poste y que gira verticalmente
mente para que se criben los fragmentos demasiado
gruesos".

Excepto en verano, los elevados montículos de sal se
cubren con tejas de terracota.

PRIMI PIATTI DE NUEVE PROVINCIAS

En Sicilia, también se toman muy en serio el primer plato, es decir, aquello que debe mitigar el hambre que despierta un apetitoso *antipasto*, a la vez que hace aumentar la expectación por el plato fuerte. Los *primi piatti* son casi una pasión en toda Sicilia. Con todo o precisamente por eso, las preferencias culinarias de las nueve provincias en que se divide la isla se aprecian sobre todo en sus diferentes primeros platos. En la provincia de Enna, el granero situado en el corazón de la isla, se sirve polenta con verdura. En su vecina Caltanisseta, también estiman lo autóctono y llevan a la mesa *gnocchetti* con salsa de cerdo. En Messina, el bastión del pez espada, se cocina la correspondiente salsa para pasta. Palermo es conocida por la manera de preparar las anchoas y Trapani opta por la pasta sencilla, pero sumamente sabrosa, con queso de oveja. En Agrigento prefieren los *maccheroni* caseros con salsa de tomate y berenjena, y Catania tiene su famosa *pasta alla norma*. En Ragusa se utilizan las alubias y Siracusa está muy orgullosa de su *pasta fritta alla siracusana,* una antigua receta de pasta siciliana.

MACCARUNEDDI CON SALSA ROSSA E MELANZANE
Macarrones con salsa de tomate y berenjenas

Agrigento

2 BERENJENAS MEDIANAS CORTADAS A DADOS
SAL
HARINA
ACEITE DE OLIVA
500 G DE MACARRONES
500 ML DE SALSA DE TOMATE

Sale las berenjenas y déjelas en agua durante 1 hora. Escúrralas, rebócelas con un poco de harina y fríalas en abundante aceite de oliva hasta que estén doradas. Hierva los macarrones *al dente* en abundante agua con sal y sírvalos con la salsa de tomate caliente y los dados de berenjena.

CAVATIEDDI (GNOCCHETTI DI SEMOLA AL SUGO DI MAIALE)
Pasta con carne de cerdo guisada

Caltanissetta

1 MANOJO DE PEREJIL Y APIO PICADO
ACEITE DE OLIVA
300 G DE CARNE DE CERDO CORTADA A DADOS
1/2 VASO DE VINO TINTO
4 TOMATES RALLADOS
SAL Y PIMIENTA
500 G DE GNOCCHETTI
100 G DE RICOTTA COLADO

Sofría el perejil y el apio picados en aceite de oliva. Añada la carne y rehóguela removiendo. Vierta el vino tinto y agregue los tomates. Salpimiente y deje cocer el guiso de carne en la cazuela tapada. Hierva los *gnochetti* en abundante agua con sal hasta que estén *al dente.* Mezcle la pasta con el ricotta y sírvala con el guiso de carne.

SPAGHETTI ALLA TRAPANESE
Espaguetis al estilo de Trapani

Trapani

400 G DE ESPAGUETIS
SAL
1 KG DE TOMATES MADUROS PELADOS
2 DIENTES DE AJO CORTADOS EN TROCITOS
1 MANOJO DE ALBAHACA PEQUEÑO PICADO GRUESO
QUESO DE OVEJA SICILIANO DESMENUZADO
1 VASO DE ACEITE DE OLIVA VIRGEN EXTRA
PIMIENTA RECIÉN MOLIDA
UNA PIZCA DE PARMESANO RALLADO

Hierva los espaguetis *al dente* en abundante agua con sal y cuélelos. Corte en dados los tomates pelados y mézclelos con el ajo, la albahaca, el queso de oveja y el aceite de oliv Salpimiente y sirva con los espaguetis espolvoreados con e parmesano.

RIGATONCINI CON MACCU DI FAVE
Rigatoncini con puré de habas

Ragusa

300 DE HABAS SECAS
1/2 APIO CORTADO EN DADOS
1 TOMATE
350 G RIGATONCINI
ACEITE DE OLIVA
SAL Y PIMIENTA

Ponga en remojo las habas durante la noche. Al día siguiente, hiérvalas con el apio y el tomate. Hierva *al dente* los *rigatoncini* en abundante agua con sal. Cuando las habas espesen, tritúrelas y añádales los *rigatoncini*. El puré no debe ser demasiado líquido. Aderece con abundante aceite de oliva, sal y pimienta.

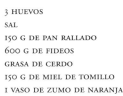

PASTA FRITTA ALLA SIRACUSANA
Fideos fritos

Siracusa

3 HUEVOS
SAL
150 G DE PAN RALLADO
600 G DE FIDEOS
GRASA DE CERDO
150 G DE MIEL DE TOMILLO
1 VASO DE ZUMO DE NARANJA

Bata los huevos con un poco de sal y viértalos en una fuente grande. Ponga el pan rallado en otra fuente del mismo tamaño. Hierva la pasta *al dente* en agua con sal y cuélela. Con unas pinzas para pasta, pase porciones de fideos primero por el huevo y, después, por el pan rallado. Fríalos en grasa de cerdo caliente, hasta que el rebozado esté dorado. Caliente al baño María la miel con el zumo de naranja y vierta sobre la pasta. ¡Delicias orientales!

PASTA ALLA NORMA
Pasta con berenjenas

3–4 BERENJENAS PEQUEÑAS
4–5 CUCHARADAS DE ACEITE DE OLIVA
2 DIENTES DE AJO
500 G DE TOMATE TAMIZADO
1 MANOJO DE ALBAHACA PEQUEÑO
SAL Y PIMIENTA RECIÉN MOLIDA
400 G DE RIGATONI, MACCHERONI O TAGLIATELLE
4 CUCHARADAS DE PECORINO RECIÉN RALLADO

Lave las berenjenas, corte rodajas longitudinales de un dedo de grosor, sale y deje que se escurra el líquido resultante, ligeramente amargo. Media hora después, lave con agua corriente y seque con un papel de cocina. Caliente el aceite en una sartén y fría las berenjenas. Corte el ajo en láminas muy finas y añádalas a las berenjenas junto con el tomate y algunas hojas de albahaca ligeramente picadas. Aderece con sal y pimienta y deje cocer a fuego lento entre 10 y 15 minutos.
Hierva la pasta *al dente* en abundante agua salada, cuélela, aderece con la salsa de tomate y espolvoree con el queso.

Catania

FRASCATULA DI POLENTA DI GRANO E VERDURE
Polenta de verdura

Para 6 Personas

500 G DE SÉMOLA DE MAÍZ
500 G DE BRÉCOL
200 G DE PATATAS CORTADAS EN DADOS
ACEITE DE OLIVA
2 CEBOLLAS CORTADAS EN AROS
800 G DE CALABACINES TROCEADOS
250 G DE TOMATES PELADOS
SAL Y PIMIENTA

Prepare una polenta con la sémola de maíz y 1,5 litros de agua (véase receta en la página 19). Deje enfriar la polenta y trocéela.
Hierva el brécol y las patatas en 2,5 litros de agua, ligeramente salada. Caliente el aceite en una sartén y rehogue la cebolla, el calabacín y el tomate, salpimiente y deje cocer a fuego lento. Distribuya los trozos de polenta en platos y esparza por encima el brécol, las patatas y la salsa de cebolla, calabacín y tomate.

Enna

PASTA AI QUADRUCCI DI PESCE SPADA
Pasta con pez espada

Para 6 Personas

2 TOMATES
ACEITE DE OLIVA
2 DIENTES DE AJO PICADOS
1 MANOJO DE PEREJIL PICADO
SAL Y PIMIENTA
400 G DE PEZ ESPADA
1/2 VASO DE VINO BLANCO
600 G DE SEDANINI (PASTA PEQUEÑA)
12 HOJAS DE MENTA PICADAS

Pele los tomates y córtelos en cuatro trozos. Caliente el aceite en una cacerola y rehogue los tomates con el ajo y el perejil. Salpimiente. Trocee las rodajas de pez espada, añádalas a la salsa y vierta el vino. Tape y deje cocer a fuego lento durante unos 20 minutos.
Hierva la pasta *al dente* en abundante agua con sal, cuélela y añádala a la salsa. Adorne con las hojas de menta picadas.

Messina

PASTA CON LE SARDE
Pasta con sardinas

4 SARDINAS FRESCAS
250 G DE HINOJO
SAL
2 CEBOLLAS
ACEITE DE OLIVA VIRGEN EXTRA
UNA PIZCA DE AZAFRÁN
SAL Y PIMIENTA
3 FILETES DE ANCHOA
400 G DE ESPAGUETIS
50 G DE PASAS
50 G DE PIÑONES

Lave las sardinas y córtelas en filetes. Corte en dados gruesos el hinojo y cueza en abundante agua con sal. Retire con una espumadera y reserve; conserve el agua de la cocción. Trocee la cebolla y rehóguela en aceite de oliva. Vierta una taza de "agua de hinojo" sobre la cebolla y deje cocer. Cuando el líquido se haya evaporado casi totalmente, añada el azafrán y remueva. A continuación, añada aceite hasta que la masa haya cuajado y después salpimiente. Disponga los filetes de anchoa en una sartén con aceite caliente y déjelos hasta que se deshagan. Añada las sardinas a los filetes de anchoa y deje cocer a fuego medio.
Hierva la pasta *al dente* en el "agua de hinojo" (añada un poco de agua con sal si es necesario). En una fuente, mezcle la salsa de azafrán con las sardinas. Añada las uvas pasas y los piñones, y mezcle bien. Deje reposar un momento y sirva.

Palermo

Luechino Visconti llevó al cine la novela *El Gatopardo*, de Giuseppe Tomasi di Lampedusa, con gran lujo escenográfico y actores geniales como Burt Lancaster y Claudia Cardinale.

Superior: en el siglo XIX, el monasterio de San Nicola de Catania era la segunda abadía más grande del mundo.

COCINA OPULENTA

Antes de que Italia se convirtiera en un estado unificado liberal, en los años setenta del siglo XIX, en Sicilia reinaba el derecho de primogenitura, que determinaba las herencias. Con esto, los hermanos menores se encontraban, en cierto modo, sin recursos desde la cuna, incluso si pertenecían a una familia rica y noble. La idea de conseguir dinero mediante el ejercicio de una profesión era desconocida y, por tanto, a los hermanos de sangre azul nacidos en segundo lugar solía quedarles únicamente una salida: dedicarse a la Iglesia. Para suavizar un poco la dureza de su destino, los hijos y las hijas de los príncipes, barones y condes sicilianos observaban, evidentemente, un estilo de vida propicio, dentro de los muros monacales. También hay

que aclarar que la cocina feudal en la Sicilia del siglo XIX presenta dos estilos que, no obstante, son sorprendentemente similares en muchos aspectos. Por un lado, se encuentra la ostentación técnica de la cocina de los grandes palacios y, por otro, la cocina opulenta de los monasterios, que solían permitirse un *monzu* francés, una especie de cocinero "Michelin" de aquella época.

Uno de los monasterios más ricos y poderosos era San Nicola, situado en la ciudad portuaria de Catania y que, según el portugués Cisneros, era la segunda abadía más grande del mundo. En el año 1894, Federico de Roberto dibujó un cuadro en su monumental novela *Los virreyes* que desenmascaraba su conducta piadosa: "Los monjes vivían según el lema de 'Beber, comer bien y no olvidarse de pasear'. Después de levantarse, todos los monjes celebraban su misa en la iglesia, generalmente a puerta cerrada para no ser molestados. De vuelta a la celda,

tomaban una pequeña colación en espera del almuerzo, del cual solían ocuparse no menos de ocho cocineros y sus ayudantes, en enormes cocinas. Para que los fogones de la cocina no se apagaran nunca, cada día se abastecían con cuatro cargas de carbón vegetal de encina. El mayordomo tenía a su disposición cuatro odres de manteca de cerdo, sólo para freír, cada uno de casi dos kilos, y también dos cahíces de aceite, una cantidad que hubiera durado seis meses en la casa de un príncipe.

En la parrilla y en el hogar tenía cabida media ternera o un pez espada, en toda su longitud. Dos pinches trabajaban durante una hora en el rallador, para rallar dos quesos enteros. El tajo de encina donde se cortaba la carne era tan enorme, que ni dos hombres podían rodearlo con los brazos. Además, un carpintero, remunerado con cuatro tarjas y medio barrilito de vino, le quitaba cada semana dos dedos de grosor al tajo con el cepillo, para alisar la superficie, de tanto que se usaba. En la ciudad, la cocina de los benedictinos, con sus opulentos manjares, iba de boca en boca. Allí había *timballo di maccheroni,* un suflé de pasta con una costra de pastaflora; unas bolitas de arroz grandes como melones, llamadas *arancini,* y también aceitunas rellenas, *crespelle* dulces como la miel... Y para los helados, como el *spumone* y *la cassata helada,* los monjes mandaban llamar –aunque cueste creerlo– a Don Tino, el joven del Caffè Benvenuto de Nápoles".

Según la historia de la literatura, sin *Los virreyes* no hubiera existido *El Gatopardo,* el libro del príncipe de Lampedusa sobre la vida del ficticio príncipe Salina. Es evidente que Giuseppe Tomasi di Lampedusa sabía sobre qué escribía. Criado con sus abuelos maternos en el Palazzo Cutò-Filangieri de Santa Maria Belice y en el castillo de Palma di Montechiaro, Lampedusa era un experto en la cocina de su época. En consecuencia, su novela se lee como un tratado de las costumbres gastronómicas de la nobleza siciliana que, después de largos años de soberanía borbónica, volvía a encontrarse en el umbral de una nueva Italia unificada. El príncipe de Salina, el Gatopardo, es requerido por el rey Fernando en Nápoles porque su sobrino Tancredi divulga las modernas ideas liberales. Después de manifestar sus legítimos reproches, el monarca concede su gracia y su perdón al huésped siciliano de forma campechana, invitándole a un pequeño refrigerio privado y fraternal –evidentemente con macarrones y una agradable compañía femenina– y dándole a entender, así, que deja correr el asunto.

Cuando Garibaldi llega a la zona de Marsala con sus mil hombres, los Salina se instalan simplemente en su residencia de verano, en Donnafugata, como si no hubiera pasado nada. La noche de su llegada, el Gatopardo ofrece una cena de gala en honor del alcalde y de la pequeña nobleza local. La descripción del banquete que hace Lampedusa se lee como un extracto de la historia de las costumbres culinarias de una Italia con una alta sociedad que está a favor de la refinada forma de vida de la nobleza –como hace en otros lugares de Europa–, pero que sobre todo desea comer hasta hartarse y, por tanto, no quiere saber nada de experimentos modernos. El príncipe de Salina tiene en cuenta esta circunstancia, deroga sin demora las normas válidas para la alta cocina y manda servir una nutritiva comida casera siciliana. Lampedusa describe con sarcasmo cómo los invitados cuchichean inquietos al principio del banquete: ¿se servirá de primer plato un caldo claro e insípido, siguiendo la moda de los últimos tiempos? La sociedad de Donnafugata y de sus alrededores considera intolerable la idea de que una sopa sea un primer plato, e incluso la tildan de "horrible costumbre extranjera". Sin embargo, todos los temores demuestran ser infundados cuando los sirvientes de librea entran con una enorme montaña de pasta que resulta ser un *timballo di maccheroni,* como un suflé de macarrones. Por desgracia, Lampedusa no da la receta de esa obra de arte, pero podemos imaginar, con el texto en la mano, que debía tratarse de algo sumamente formidable.

IL TIMBALLO DEL GATTOPARDO
Empanada siciliana
(fotografía inferior)

250 G DE PASTAFLORA CONGELADA
I KG DE JUDÍAS SECAS

1 l Salsa española:
500 GR DE HUESOS DE TERNERA
2 L DE CALDO DE CARNE

Para la salsa:
100 ML DE MARSALA VERGINE SOLERAS
ACEITE DE OLIVA
25 G DE CEBOLLA EN DADOS
25 G DE ZANAHORIA EN DADOS
50 G DE JAMÓN SIN CURAR CORTADO EN DADOS
50 G DE PECHUGA DE POLLO CORTADA EN TROZOS
25 G DE HÍGADO CORTADO EN TROZOS
80 G DE HUEVO DURO CORTADO EN DADOS
CANELA
CLAVO DE ESPECIA
30 G DE CONCENTRADO DE TOMATE
HARINA DE TRIGO
MANTEQUILLA
SAL Y PIMIENTA
TRUFAS O SETAS

250 G PASTA DE HOJALDRE CONGELADA
I KG DE PENNE RIGATE
PARMESANO O CACIOCAVALLO RALLADO
I CLARA DE HUEVO BATIDA A PUNTO DE NIEVE
I YEMA DE HUEVO
LECHE
FLORES FRESCAS PARA ADORNAR

Extienda la pastaflora descongelada, con 1 cm de grosor. Cubra con la masa el fondo y los bordes de un molde alto de 33 cm de diámetro. Cubra la masa con papel de aluminio y pinche varias veces con un tenedor. Para que la masa tenga más peso durante la cocción, ponga 1 kg de judías secas en el molde y hornee durante 15 minutos, en el horno precalentado a 180°C. Después, retire las judías y el papel de aluminio y deje hornear la masa durante otros 10 minutos. Deje enfriar y desmolde con cuidado. Guarde la masa en el frigorífico hasta que vuelva a utilizarla.

Para elaborar la salsa española, ase los huesos de ternera en el horno, añádalos al caldo de carne y deje cocer durante 1 hora.

Para confeccionar la salsa, reduzca lentamente 1 litro de salsa española a fuego lento. Deje enfriar y vierta el *marsala* Vergine Soleras u otro buen *marsala* seco. Entre tanto, caliente aceite en una sartén y fría la cebolla, la zanahoria, el jamón, el pollo, el hígado y el huevo. Aderece con clavo y canela, y rebaje con el tomate concentrado disuelto en un poco de agua. Rehogue un poco de harina en mantequilla al gusto, retire y añada a la mezcla de carne y verduras. Salpimiente y agregue la salsa española reducida. Deje reducir un poco más. Al final, añada copos de mantequilla y trufas o setas, cortadas en láminas.

Extienda la masa de hojaldre descongelada, formando capas de unos 3 milímetros. Hierva la pasta *al dente* en abundante agua con sal, cuélela, espolvoree enseguida con el queso y mezcle bien. Ponga las *penne* sobre la salsa. Retire la pastaflora cocida del frigorífico y rellene con la pasta caliente. Cuando esté templada, frote los bordes de la pastaflora con la clara de huevo batida a punto de nieve. Cubra las *penne* con la masa de hojaldre y presiónela contra los bordes de la masa de pastaflora untada con la clara a punto de nieve. Puede decorar la empanada con motivos hechos con pastaflora como, por ejemplo, emblemas sicilianos. Bata la yema de huevo con un poco de agua y sal, pinte la empanada y cueza en el horno precalentado a 170 ó 180°C entre 40 y 50 minutos. Sirva adornando con flores frescas de la temporada.

Il timballo del Gattopardo: empanada siciliana

Farsumagru

Rollo de ternera relleno
(fotografía inferior izquierda)

100 G DE JAMÓN O DE PANCETA
175 G DE SALCHICHAS
100 G DE CACIOCAVALLO
2 DIENTES DE AJO
1 CUCHARADA DE PEREJIL PICADO
1 HUEVO
SAL Y PIMIENTA RECIÉN MOLIDA
600 G DE TERNERA PARA
UN ROLLO GRANDE
2 HUEVOS DUROS
UNA PIZCA DE MEJORANA SECA
4 CUCHARADAS DE ACEITE
DE OLIVA VIRGEN EXTRA
1 CEBOLLA
1/2 ZANAHORIA
1 HOJA DE LAUREL
125 ML DE CALDO DE TERNERA
1 VASO DE VINO BLANCO

Para preparar el relleno, corte en dados el jamón, las salchichas y el queso y mezcle con un diente de ajo machacado, el perejil picado y el huevo batido. Salpimiente.

Golpee con cuidado la superficie de la carne de ternera y cubra con el relleno. Corte a rodajas los huevos duros y póngalos encima. Enrolle la carne, átela con bramante y espolvoree con la mejorana. Caliente el aceite en una cazuela refractaria y fría el rollo de carne por todos los lados. Añada la cebolla cortada en aros, la zanahoria en dados, la hoja de laurel y el resto del ajo. Vierta la mitad del caldo de ternera, tape la cazuela y ponga la carne a cocer a fuego lento en el horno precalentado durante 1 hora hasta que esté tierna. De vez en cuando, rocíe con el jugo del asado y, si es necesario, añada un poco de caldo.

Ponga la carne en una bandeja precalentada y manténgala caliente. Vuelva a colocar sobre el fuego la cacerola, vierta el vino y deje cocer a fuego lento hasta que el líquido se haya reducido a la mitad; retire la hoja de laurel. Corte el rollo en láminas, dispóngalas en una bandeja caliente, rocíe con el jugo del asado y sirva.

Arancini alla siciliana

Bolas de arroz rellenas de carne
(fotografía inferior centro)

2 TOMATES MADUROS
1/2 CEBOLLA PICADA
ACEITE DE OLIVA VIRGEN EXTRA
100 G DE CARNE DE VACUNO PICADA
250 G DE GUISANTES
SAL Y PIMIENTA
250 G DE ARROZ
50 G DE MANTEQUILLA
50 G DE PECORINO RALLADO
2 HUEVOS
50 G DE PAN RALLADO
ACEITE PARA FREÍR

Escalde los tomates, quíteles la piel y páselos por el tamiz. Rehogue la cebolla picada en aceite de oliva, añada la carne picada y los guisantes, y fría ligeramente. Añada los tomates, salpimiente y deje reducir poco a poco, a fuego lento. Hierva el arroz en agua con sal, cuélelo, mézclelo con la mantequilla, el *pecorino* rallado y un huevo, y remueva. Deje enfriar la masa, después forme pequeños nidos, rellénelos con la carne, ciérrelos bien y deles forma de albóndiga. Reboce las bolas de arroz con huevo batido y pan rallado y fría en aceite caliente. Déjelas escurrir sobre un papel de cocina y sírvalas frías o calientes.

Farsumagru: rollo de ternera relleno

Cannelloni ripieni

Canelones rellenos
(fotografía inferior derecha)

Para 4–6 Personas

Para la masa:
150 G DE HARINA
150 G DE SÉMOLA DE TRIGO DURO
2 HUEVOS
1/2 CUCHARADITA DE SAL
HARINA PARA REBOZAR

Para el relleno:
500 G DE ASADO DE VACUNO ESTOFADO CON SALSA FUERTE
SAL Y PIMIENTA RECIÉN MOLIDA
NUEZ MOSCADA
100 G DE CACIOCAVALLO O PECORINO

5 CUCHARADAS DE ACEITE DE OLIVA
2 HUEVOS

Para hacer la masa de la pasta, mezcle la harina y la sémola de trigo duro, amontónela en la superficie de trabajo y realice un hueco en el centro. Añada los huevos y la sal, y trabaje con 100 ml de agua templada, hasta conseguir una masa homogénea. Cubra con un paño y deje reposar 20 minutos. Espolvoree harina sobre la superficie de trabajo y extienda la masa encima hasta que adquiera un grosor de 2 mm. Con un cortapastas de 10 x 10 cm corte porciones cuadradas grandes. Ponga a hervir 3 litros de agua con sal y 2 ó 3 cucharadas de aceite en una olla grande; hierva las porciones de masa durante 5 minutos. Retírelas con una espumadera, páselas por agua fría y deje secar.

Corte en dados pequeños el asado de vacuno ya guisado o páselo por la picadora. Dispóngalo en una cazuela con la mitad de la salsa y deje reducir, hasta conseguir una masa espesa. Aderece con sal, pimienta y nuez moscada recién rallada.

Engrase una bandeja refractaria con 3 cucharadas de aceite de oliva. Ralle el queso, coloque dos cucharadas de estofado en el margen de una porción de pasta, espolvoree con queso y enrolle. Repita el proceso con el resto de la pasta. Disponga los canelones muy juntos en una bandeja engrasada. Si ha sobrado salsa de la carne, distribúyala sobre los canelones y espolvoree con el resto del queso. Para acabar, rocíe con 2 ó 3 cucharadas de aceite de oliva. Cueza en el horno precalentado a 200°C durante 15 minutos. Bata los huevos, viértalos sobre los canelones y deje cocer otros 5 minutos, hasta que se forme una costra dorada y crujiente.

Cannelloni ripieni: canelones rellenos

Arancini alla siciliana: bolas de arroz
rellenas de carne

CALABAZAS Y CALABACINES

La cocina italiana es inconcebible sin la familia de las cucurbitáceas, en la que se clasifican hortalizas tan diferentes como los pepinos, las sandías y melones y los calabacines. Guisadas, asadas, rebozadas en harina y fritas, a la parrilla, rellenas, en ensalada o como ingredientes de un dulce, las cucurbitáceas se utilizan sin límites. Sin embargo, esos frutos no tuvieron un buen comienzo en el Viejo Mundo. Importados por los conquistadores españoles, al principio se reservaron como forraje para los animales de granja. El destino de la calabaza común también lo compartieron los tomates y las berenjenas, a las que incluso se llamó *mela insana,* manzana insana, de donde probablemente proviene el nombre italiano de *melanzana* para el fruto violeta.

La palabra *zucca* (calabaza) tampoco se dotó de un significado agradable al principio. El pueblo designaba con ella a los cabezas huecas, a los pendencieros y a los idiotas. Pero desde que la calabaza y sus parientes se convirtieron en aptos para la cocina y puesto que el paladar suele acabar venciendo, ya nadie se acuerda de que al principio se les mostró rechazo.

Las flores de calabacín y otras flores de la familia de las cucurbitáceas se pueden comprar en casi toda Italia. Se rellenan y se hornean o, simplemente, se fríen sin rellenar.

Los calabacines, largos y verdes, tienen una carrera especialmente ejemplar tras de sí. Y no solo en la península de la bota, sino también fuera de Italia, donde actualmente se les considera, en muchos lugares, un símbolo de la cocina mediterránea.

ZUCCHINI AL POMODORO E BASILICO
Calabacín con tomate y albahaca

1 KG DE TOMATES MADUROS
1 KG DE CALABACINES
4 DIENTES DE AJO
1 MANOJO DE ALBAHACA
ACEITE DE OLIVA
SAL

Escalde los tomates, quíteles la piel y las pepitas, y córtelos en dados; lave los calabacines y córtelos en dados. Pele el ajo y píquelo, y pique también la albahaca. Rehogue el ajo ligeramente, en aceite de oliva caliente. Añada el tomate, la albahaca y el calabacín troceado. Deje cocer a fuego lento, hasta que el calabacín esté tierno, pero aún un poco firme. Aderece con sal.

FIORI DI ZUCCA RIPIENI
Flores de calabaza o calabacín rellenas
(fotografía izquierda)

2 HUEVOS
50 G DE HARINA
12 FLORES DE CALABACÍN
275 G DE RICCOTA
UNA PIZCA DE NUEZ MOSCADA RECIÉN RALLADA
1 MANOJO DE CEBOLLINO PICADO
1 HUEVO BATIDO
4 CUCHARADAS DE PARMESANO RECIÉN RALLADO
SAL Y PIMIENTA RECIÉN MOLIDA
ACEITE DE OLIVA

Para preparar la masa, bata los dos huevos en una fuente. Añada harina poco a poco y remueva. Agregue 4 cucharadas de agua fría, remueva hasta conseguir una masa homogénea y resérvela.
Limpie con cuidado las flores de calabacín, remojándolas ligeramente bajo un chorro de agua fría y eliminando los insectos que puedan contener en el interior. Séquelas con cuidado.
Para elaborar el relleno, mezcle el ricotta, la nuez moscada, el cebollino, el huevo, el parmesano, la sal y la pimienta recién molida. Rellene las flores y dóblelas con cuidado para que la masa no se derrame.
Caliente aceite abundante en una sartén. Sumerja las flores en la masa y fríalas una a una en el aceite caliente hasta que estén doradas, dándoles la vuelta cuando sea necesario. Deje escurrir bien sobre un papel de cocina y sirva.

Prepare los ingredientes para las flores de calabacín rellenas.

Bata queso, cebollino y huevo. Aderece con especias.

Moje las flores rellenas en la masa para freír y fríalas.

Escurra la grasa con papel de cocina y sirva las flores calientes.

COCINA SICILIANA CON VERDURAS

El *maccu di San Giuseppe* es una de las recetas más antiguas de Sicilia. A pesar de tener un nombre católico, el plato llegó a Sicilia en la Antigüedad, introducido por los romanos. El *maccu* se prepara con habas secas peladas que se trituran con una cuchara de madera, mientras se cuecen. Parece ser que de ese procedimiento deriva el nombre siciliano de *maccari* –triturar– y de ahí procede también el nombre de *maccaroni*. Así pues, el *maccu* sería un antepasado, al menos etimológico, de los actuales macarrones. La adición de *San Giuseppe* al nombre no se realizó hasta después, porque en la zona de Siracusa era habitual regalar un plato de *maccu* a las chicas pobres, para la festividad de San José.

La *caponata,* otro plato típico de Sicilia, tiene también una larga y ajetreada historia. Actualmente, se compone sólo de verdura, pero originalmente era un plato de pescado que se servía en los *caupone,* las tabernas de las ciudades con puerto sicilianas, se preparaba con sepia, apio y berenjenas, y se aderezaba con una salsa agridulce. La variante más curiosa es la *caponata San Bernardo:* las berenjenas se condimentan con una salsa de chocolate amargo, almendras, azúcar, vinagre y pan rallado, y se gratinan.

CAPONATA
Berenjenas con tomates y aceitunas
(fotografía superior derecha)

500 G DE BERENJENAS
SAL
500 G DE CEBOLLAS
100 G DE APIO EN RAMA
150 G DE ACEITUNAS VERDES
500 G DE TOMATES
4 CUCHARADAS DE ACEITE VEGETAL
6 CUCHARADAS DE ACEITE
DE OLIVA VIRGEN EXTRA
PIMIENTA NEGRA RECIÉN MOLIDA
25 G DE AZÚCAR
7 CUCHARADAS DE VINAGRE DE VINO
2 CUCHARADAS DE ALCAPARRAS

Lave las berenjenas, córtelas en rodajas, espolvoree un poco de sal y déjelas escurrir en un colador.
Pique la cebolla bien fina, escalde el apio y córtelo en dados. A continuación, parta las aceitunas por la mitad y quíteles el hueso. Escalde los tomates, pélelos y rállelos. Lave las berenjenas bajo un chorro de agua, deje escurrir y séquelas.
Caliente el aceite vegetal en una sartén, dore las rodajas de berenjena por ambos lados y déjelas escurrir sobre papel de cocina.
Caliente el aceite de oliva en una cazuela y rehogue la cebolla. Añada el apio, las aceitunas y el tomate triturado, salpimiente y deje cocer a fuego lento durante 5 minutos. Agregue el azúcar, el vinagre, las alcaparras y las rodajas de berenjena, y cueza otros 10 minutos, hasta que el vinagre se haya reducido. Deje enfriar la verdura y sirva.

MACCU DI SAN GIUSEPPE
Puré de habas con hinojo

400 G DE HABAS SECAS
100 G DE LENTEJAS SECAS
100 G DE GUISANTES SECOS
150 G DE CASTAÑAS SECAS
250 G DE HINOJO
1 TALLO DE APIO
3 TOMATES SECOS
1 CEBOLLA
SAL Y PIMIENTA
ACEITE DE OLIVA VIRGEN EXTRA

La noche anterior ponga en remojo las legumbres y las castañas. Escurra el agua y disponga las habas, las lentejas, los guisantes y las castañas en una cazuela suficientemente grande, con agua fría. Corte el hinojo y el apio en dados grandes, corte en trocitos los tomates secos y la cebolla y póngalo todo en la cazuela con las legumbres. Salpimiente y deje cocer a fuego lento durante unas 3 horas, hasta que obtenga un puré.
Distribuya en platos hondos, rocíe con unas gotas de aceite de oliva y sirva con pan blanco.

ALCAPARRAS

El robusto y sobrio alcaparro crece por todas partes a lo largo de la costa italiana y germina con preferencia en la tierra seca y pedregosa o en un viejo muro casi en ruinas.
Las alcaparras no son un fruto, sino los capullos de la flor, aún cerrados, del alcaparro. Después de recolectarlas en primavera –los capullos más pequeños son los mejores–, las alcaparras deben prepararse para poderlas comer. Con el fin de eliminar su sabor amargo, se ponen en remojo algunos días en agua con vinagre o en salmuera. Ambas soluciones son también muy apropiadas para conservar los capullos durante mucho tiempo. Antes de consumirlas, hay que lavar las alcaparras, de manera que no queden demasiado impregnadas de vinagre o sal, y su sabor domine después en el plato. Los pequeños capullos aromáticos combinan muy bien en ensaladas, salsas de tomate, platos de pasta y especialidades de verdura, y son imprescindibles como condimento de la salsa de atún para el célebre *vitello tonnato.* Sin embargo, nunca hay que cocerlas, sino que hay que añadirlas en el último momento a los platos, porque en caso contrario pierden su aroma. Las mejores alcaparras crecen en las islas Lipari y en la de Pantelleria, situada frente a la costa sur de Sicilia.

GOETHE EN ITALIA

Johann Wolfgang von Goethe recogió en su diario las impresiones que, a finales del siglo XVIII, le produjeron sus excursiones por el sur de Europa. El *Viaje a Italia,* en la anotación del 13 de abril de 1787, nos presenta algunas de las reflexiones que el escritor realizó durante su estancia en Palermo, sobre el clima, las especialidades culinarias y la importancia de Sicilia: "Sin Sicilia, Italia no deja ninguna imagen en el alma: allí está la clave de todo. Del clima, nunca se podrá hablar bastante bien: ahora es época de lluvias, pero siempre cesa a ratos; hoy truena y relampaguea, y todo se vuelve intensamente verde. El lino empieza a mostrar brotes en algunas partes, y ya florece en otras. En la profundidad, parece que se vean charcas, tan bello es el verde azulado de los campos de lino, allá abajo. ¡Los objetos atrayentes son innumerables! (...) Aún no he

podrían ser aún mejores si pusieran más cuidado al prepararlos. El pescado, el mejor, el más suave. Estos días, también hemos comido una carne de vacuno muy buena, aunque en general no se pueda elogiar demasiado".

El 24 de abril, once días después y durante su estancia en Girgenti, Goethe conoce el método local para elaborar pasta: "Aquí no hay ninguna posada, pero una familia nos ha alojado gentilmente, cediéndonos una alcoba alta, contigua a una gran sala. Una cortina verde nos separa, a nosotros y a nuestro equipaje, de los miembros de la casa que, en la gran sala, fabrican pasta, una pasta de la más fina, blanca y pequeña que pueda encontrarse. La más cara es la que, después de haber recibido la forma de bastoncillos largos como una falange, son retorcidos por los dedos finos de unas jovencitas y acaban en forma de tirabuzón. Nos sentamos junto a las graciosas criaturas y les pedimos que nos explicaran

Johann Heinrich Wilhelm Tischbein, *Goethe en Campania,* 1787, óleo sobre tela, 164 x 206 cm. Städelsches Kunstinstitut, Fráncfort del Meno.

hablado de la comida y la bebida, y no será porque no sean importantes. Las hortalizas son excelentes, especialmente la lechuga, suave y sabrosa como la leche; se comprende por qué los antiguos la llamaban *lactuca.* El aceite, el vino, todo es muy bueno, y

el procedimiento y escuchamos que se fabricaban con el trigo más pesado y mejor, llamado *grano forte.* Cuenta mucho más el trabajo manual que las máquinas y los moldes. Y, así, después nos han preparado el plato de pasta más exquisito, aunque lamentando que precisamente no tuvieran reservas ni para un plato de la clase más perfecta, que no se podía encontrar más que en Girgento, sí, en su casa. En su blancura y sabor suave, parece ser que no tiene igual".

CÍTRICOS

A la pregunta de Goethe "¿Conoces tú la tierra donde el limón florece, la naranja de oro luce en la fronda oscura (...)?", quienes viajan a Sicilia responden con un "evidentemente" que les sale del alma. Ninguna otra región italiana ha conseguido tanta fama en base a una sola clase de fruta. En la Edad Media, el apelativo comercial de "cítricos de Sicilia" ya aseguraba el máximo sabor y proporcionó a la isla una considerable fuente de ingresos.

Al poeta árabe Ibn Zaffir, que vivió en la corte del rey Federico II, de la dinastía de los Hohenstaufen, le encantaba ensalzar los árboles de cítricos de los jardines de Palermo: "En Italia, los árboles tienen la cabeza en el fuego y los pies en el agua". De hecho, los árabes estaban orgullosos de sus instalaciones de riego, que dejaron a los sicilianos al finalizar su soberanía en la isla. Cuidados con cariño por el saber hacer de los árabes, los naranjos y los limoneros causaron furor en

el Mediterráneo. La patria real de los cítricos parece que se halla en el Extremo Oriente, en China y Japón, aunque las naranjas amargas provienen seguramente de India y ya las conocían los griegos y los romanos, junto al cedro. Podría ser que los limones también fueran naturales del norte de India, donde parece que ya eran conocidos en el siglo VIII a.C.

Gracias a los árabes, los naranjos con naranjas amargas y los limoneros se establecieron definitivamente en Sicilia, entre el siglo XI y el siglo XII. Quinientos años más tarde, unos frailes plantaron por primera vez cítricos de sabor dulce. La llanura de Palermo demostró ser una región especialmente adecuada y, a partir de entonces, se la conoció únicamente bajo el nombre de Conca d'Oro, la cuenca de oro. En cambio, el cultivo de mandarinas, procedentes de la isla de Samoa, no se inició hasta principios del siglo XIX. También se cultivaron pomelos, por primera vez en ese siglo, en el este de India y actualmente éstos se encuentran, junto a las clementinas, entre las frutas aún recientes de la huerta siciliana.

Hoy en día, la isla suministra el 70% de las naranjas y el 90% de los limones de procedencia italiana. No obstante, a pesar de que estos cítricos disfrutan de una fama excelente, los campesinos que cultivan naranjas y limones deben luchar duramente por mantener su presencia, porque las importaciones del norte de África y de otros países con sueldos más bajos —así como la fruta de otros países de la Unión Europea— ejercen una gran presión sobre los precios.

Biondo comune

La "rubia malvada" es una de las variedades de naranja con más tradición en Sicilia. Pero cada vez se la sustituye más por las variedades Ovale y Washington Navel, porque tiene muchas pepitas.

Ovale

Esta variedad, con su carne compacta y jugosa, se puede almacenar muy bien. Madura tarde, desde abril hasta mayo.

Sanguigno comune

Esta clase, que se encuentra por toda la isla, se recolecta desde enero hasta abril.

Washington Navel

Esta variedad, sin apenas pepitas, con un aroma apetitoso y buena presencia, se importó en los años cuarenta y cincuenta desde Brasil. Se planta principalmente en la zona de Ribera y de Sciacca y se puede recolectar desde noviembre hasta enero.

Tarocco

Las naranjas sanguinas suponen tres cuartas partes de la producción total de naranjas de Sicilia. Es una variedad popular, crece muy deprisa y se recolecta en Catania, Siracusa y Francofonte, desde noviembre hasta enero.

Tarocco dal muso

La Tarocco dal muso se reconoce por su característica forma de campana. Esta variedad crece muy deprisa y se puede encontrar, sobre todo, en las huertas de Francofonte.

Sicilia produce casi el 90% de la cosecha total de cítricos de Italia, pero los expertos aseguran que los mejores cítricos provienen de Amalfi, en Campania.

INSALATA DI FINOCCHIO ED ARANCE
Ensalada de hinojo y naranjas

2 NARANJAS GRANDES MADURAS
3 TUBÉRCULOS DE HINOJO
2 CEBOLLAS ROJAS PEQUEÑAS
EL ZUMO DE 1/2 LIMÓN
6–8 CUCHARADAS DE ACEITE DE OLIVA
UNA PIZCA DE MOSTAZA INGLESA EN POLVO
SAL MARINA Y PIMIENTA BLANCA
3 CUCHARADAS DE NUECES TROCEADAS

Pele las naranjas con un cuchillo afilado, de manera que la piel blanca no quede adherida al fruto y recoja el zumo. Corte las naranjas en rodajas. Corte el hinojo y las cebollas en láminas finas. Reserve las hojas del hinojo. En una bandeja grande, disponga las láminas de hinojo y las rodajas de naranja en forma de abanico, distribuya los aros de cebolla por encima.
Mezcle el zumo de naranja con el zumo de limón, el aceite de oliva, la mostaza en polvo, la sal y la pimienta, y dispóngalo todo sobre la ensalada.
Deje reposar al menos 30 minutos, después pique las hojas de hinojo muy finas y espolvoréelas sobre la ensalada, junto con la nuez.

Sanguinello
Esta variedad produce
frutos alargados con un
sabor amargo agradable
y se recolecta, desde
enero hasta abril, en
Paternò Santa Maria
di Licodia, Palagonia,
Scordia y Francofonte.

Valencia
Esta variedad, que también se
utiliza en la industria de dulces,
se parece a la Ovale.

Moro
Esta variedad produce frutos de
carne color rojo púrpura y se cultiva
en Lentini, Scordia y Francofonte.
La época de recolección dura desde
mediados de enero hasta finales
de abril.

Femminello
Esta variedad de limón,
que se cultiva principal-
mente en las provincias
de Catania, Siracusa,
Messina y Palermo,
supone el 80% de la
cosecha de limones de
Sicilia.

Verdello
En los cultivos intensivos, esta
variedad madura desde mayo
hasta septiembre.

Monachello
El "pequeño monje" soporta los
periodos de sequía mejor que la
variedad Femminello. Se recolecta
desde octubre hasta marzo.

Comune
La Comune es una variedad de
mandarinas muy extendida.

Tardivo Ciaculli
La Tardivo Ciaculli es la segunda
clase de mandarinas de Sicilia.

HIGOS CHUMBOS

En italiano, al higo chumbo o tuna lo llaman *fico d'India* (higo de India), puesto que el cactus donde crece proviene de Centroamérica. Los antiguos botánicos no eran muy escrupulosos con lo que era "indio" o "americano". El robusto cactus, de larga vida, hojas carnosas y con pinchos, se extendió rápidamente por todo el sur de Italia y las islas. La planta no solo suministraba sabrosos frutos, sino que también era adecuada para marcar los límites de una finca o como valla de espinos para proteger la casa y los corrales de los intrusos. En Sicilia, donde algunos pueblos incluso dedican a los higos chumbos una fiesta de acción de gracias por la cosecha, hay diversas clases que producen diferentes frutos. La Surfarina es una variedad muy extendida y popular, la Sanguigna produce pequeños higos de color carmesí y muy sabrosos, y los frutos de la Muscaredda, que van del blanco puro al verde suave, se consumen preferentemente helados. No obstante, la mayor parte de la producción se la disputan los higos chumbos que tienen la carne de color amarillo. A los sicilianos, después de haber eliminado el manto espinoso del fruto, les gusta servir los higos cortados en rodajas y regados con un *marsala* seco. En Biancavilla, Belpasso y San Cono, las principales zonas de cultivo a los pies del Etna, también preparan una especie de puré consistente con estos frutos.

La chumbera, que recibe el nombre de *opuntia* en Botánica, también se conoce en otras regiones del Mediterráneo. Originalmente, la planta no se utilizaba porque produjera higos, sino porque de ella se obtenía un apreciado tinte. La chumbera es el habitáculo natural de las cochinillas, que producen un tinte rojo brillante, aplicado tiempo atrás en la industria textil.

MOSTO DI FICODINDIA
Mosto de higos chumbos

4 KG DE HIGOS CHUMBOS MADUROS PELADOS
1 L DE MOSTO DE UVA RECIÉN HECHO
400 G DE HARINA DE TRIGO
100 G DE ALMIDÓN
1 RAMA DE CANELA
SIMIENTES DE 1 VAINA DE VAINILLA
ZUMO DE LIMÓN
TROCITOS DE NARANJA CONFITADA, AL GUSTO
TROCITOS DE ALMENDRAS TOSTADAS, AL GUSTO

Tamice la pulpa de los higos chumbos para eliminar las pepitas. Hierva el puré de higos con el mosto de uva, disuelva dentro la harina y el almidón, y hierva de nuevo, removiendo constantemente con una cuchara de madera. Añada la canela y la vainilla. ¡No añada azúcar! Retire del fuego cuando la masa ya no sea demasiado líquida, pero tampoco muy espesa. Retire la rama de canela y distribuya la masa en pequeños moldes de cerámica, rociados previamente con zumo de limón. Espolvoree por encima, a su gusto, la fruta confitada y las almendras. Cuando el postre esté frío, puede desmoldarlo.

Derecha: las chumberas forman parte del paisaje siciliano; son el medio más eficaz para proteger las fincas de los intrusos.

Para pelarlo, se pincha el higo chumbo, lleno de espinas, con un tenedor.

Con un cuchillo puntiagudo y afilado se practica una incisión en el tercio superior del fruto y se corta...

... la piel en forma de espiral, descendiendo. Los profesionales pelan la espiral de una sola pieza.

El fruto ya pelado se puede comer solo, pero también queda bien en una macedonia.

HOY TENEMOS…

La noche de Todos los Santos, es decir, la noche entre el 31 de octubre y el 1 de noviembre, es muy difícil conseguir que los *bambini* sicilianos se vayan a la cama, porque los muertos regresan a las casas de sus familias en esas horas misteriosas. Quizás esto no debería ser un motivo para querer quedarse, pero las visitas nocturnas del más allá traen consigo dulces y regalos, y esto hace que el asunto también sea interesante para los más pequeños. Igual que en otros sitios los niños espían a Papá Noel, los niños y las niñas sicilianas quieren saber qué aspecto tienen realmente los generosos antepasados. Haciendo honor a la verdad, en la mayoría de los casos son los padres quienes esconden pequeñas sorpresas en casa para sus vástagos. Durante la búsqueda matutina, una de las golosinas más codiciadas es la *ossa dei morti,* dulce y consistente. Las *pupi di zuccaro* también son muy apreciadas. Estas figuras de muñequitas, caballeros o bailarinas están hechas sólo de azúcar. Se elaboran vertiendo azúcar líquido en moldes especiales, dejando que solidifique y, finalmente, pintándolas a mano con cariño.

Puesto que en Italia, y sobre todo en el sur de Italia, las costumbres navideñas no prevén necesariamente las grandes cantidades de regalos que se ofrecen en otras partes de Europa, esta noche de noviembre –que en los países sajones se llama Halloween– ofrece una buena oportunidad para hacer felices a los niños. La institución de Papá Noel sigue siendo bastante desconocida en el sur. Si tiene que haber regalos de Navidad, no será el 24 de diciembre, sino el 6 de enero, el día de los Reyes Magos. Quien trae los regalos no es un señor de barba blanca y manto rojo (aunque en el norte de Italia se conoce al Babbo Natale, Papá Noel), sino la bruja de Navidad, la Befana. En vez de cargar los regalos en un práctico trineo, como hace su colega del norte, la bruja se balancea en su escoba, que la transporta por los aires.

Otra figura encantadora, que ilumina los ojos de los niños, es el Topolino, a saber, el homólogo italiano del Ratoncito Pérez. A este ratoncito, nocturno como otros personajes mágicos –para fastidio de los pequeños–, nunca se le ha visto, opera en el silencio de la noche y se interesa por los dientes de leche que han caído. Antes de ir a dormir, los pequeños colocan el diente en la repisa de la ventana y se duermen como buenos niños. Por la mañana, encuentran un pequeño regalo, que el Topolino les ha intercambiado por el diente. Esta popular forma de "sustituir los dientes" se practica todavía en muchas zonas de Italia.

PASTA GAROFOLATA PER OSSA DEI MORTI O AGNELLINI PASQUALI
Masa condimentada con clavo "para huesos de los muertos" o corderos de Pascua
(fotografía inferior)

Las cantidades son para ambas figuras. Los corderos se preparan en Pascua y los huesos por Todos los Santos.

1 KG DE AZÚCAR
1 KG DE HARINA DE TRIGO
10 CLAVOS DE ESPECIA MOLIDOS
ACEITE DE ALMENDRA

Hierva el azúcar en una cacerola con agua. Cuando se haya desleído, reduzca el fuego y añada la harina, tamizándola y removiendo constantemente con una cuchara de madera. Tenga cuidado para que no se formen grumos. La harina no tiene que dorarse, sino que debe permanecer blanca como la nieve. Añada el clavo y remueva. Cuando la harina esté bien mezclada (la masa debe seguir blanca), retire del fuego.

Cuando esté lo suficientemente fría como para poder trabajarla con las manos, modele corderos y huesos o unte con aceite de almendra moldes de horno con la forma adecuada y rellénelos con la masa. Deje reposar algunos días en un lugar seco.

Entonces desmolde la masa y humedezca la parte inferior con agua. Disponga en una bandeja e introduzca en el horno precalentado a 180°C. Cuando suba el azúcar y adquiera el color típico del hábito de un fraile –el resto de la masa debe seguir siendo blanca–, el dulce está en su punto.

Las *ossa dei morti* (huesos de los muertos) son unas pastas muy dulces, con las que se sorprende a los niños la noche del 31 de octubre al 1 de noviembre. También son muy populares las muñequitas, los caballeros y las bailarinas de azúcar coloreado, igual de dulces, pero mucho más alegres.

Los *cannolli,* los rollitos de masa frita con un apetitoso relleno de ricotta dulce, chocolate y frutas confitadas, eran originalmente una golosina de carnaval, pero ¿quién querrá renunciar a ellos el resto del año?

EL DULCE DEL AÑO ECLESIÁSTICO

A los sicilianos les gustan las celebraciones. Además de las fiestas nacionales que depara el año eclesiástico, todos los municipios celebran fiestas de acción de gracias por la cosecha y el día de sus santos patrones. A todo esto hay que añadir las romerías y las fiestas populares, que se organizan por varios motivos. En todas estas fiestas, no puede faltar un dulce extraordinario. En los malos tiempos, el pan hacía las veces de ofrenda.

Esa forma de ofrecer sacrificios se recuerda aún con los pasteles, tortas, rosquillas, figuras de azúcar o de pasta de almendra y muchas otras especialidades, más o menos complicadas, que se reservan para ocasiones específicas. En el *circu di pani,* en Calatafini, un jinete lleva un trofeo hecho de pan y recorre todo el pueblo montado en su caballo. Para San Martín, el 11 de noviembre, en el valle del Belice se cuecen *muffulette,* unos bocaditos de masa fermentada, que también se ofrecen en la cata del vino joven. El 8 de diciembre, el día de la Inmaculada Concepción, se comen *sfinci,* dulces de manteca, y cinco días después, el 13 de diciembre, se celebra Santa Lucía y se sirven *occhi di Santa Lucía.* Los "ojos de santa Lucía" están hechos de trigo reblandecido en leche, ricotta dulce y dados de calabaza. Entre Navidad y Año Nuevo, reina una gran actividad en los hornos y en las pastelerías. Los *cuccidatti di Natale* son

CANNOLI
Rollitos de masa rellenos
(fotografía superior)

Para 16 unidades

25 G DE MANTEQUILLA
25 G DE AZÚCAR
1 HUEVO
3 1/2 CUCHARADAS DE VINO BLANCO SECO
2 CUCHARADAS DE AZÚCAR DE VAINILLA
UNA PIZCA DE SAL
150 G DE HARINA DE TRIGO
1 HUEVO BATIDO
MANTECA DE CERDO O ACEITE VEGETAL PARA FREÍR
AZÚCAR EN POLVO

Para el relleno:
500 G DE RICOTTA FRESCO
100 G DE AZÚCAR
1 CUCHARADA DE AZÚCAR DE VAINILLA
2 CUCHARADAS DE AGUA DE AZAHAR
50 G DE PIEL DE CÍTRICOS CONFITADOS VARIADOS (NARANJA Y CIDRA), PICADA FINA
40 G DE ANGÉLICA CONFITADA, PICADA FINA
50 G DE CEREZAS CONFITADAS
90 G DE CHOCOLATE AMARGO, RALLADO

Para elaborar la masa, bata la mantequilla y el azúcar hasta que produzcan espuma. Añada el huevo, el vino, el azúcar de vainilla y la sal. Tamice la harina y trabaje entre 5 y 10 minutos, hasta conseguir una masa elástica y homogénea. Tape y deje reposar al menos durante 2 horas en un lugar frío.
Extienda la masa con un grosor de 2 mm y corte 16 cuadrados de 12 cm de lado. Sobre los cuadrados, ponga en diagonal cañas de bambú o tubos de metal (de 15 cm de largo y 2 cm de diámetro) y cubra con las esquinas opuestas. Una las esquinas con el huevo batido. En una cazuela grande caliente manteca de cerdo o el aceite necesario para que los *cannoli* queden cubiertos al freírlos. Cuando el aceite esté muy caliente, sumerja con cuidado 3 ó 4 *cannoli* y fríalos hasta que estén dorados (1–2 minutos). Deje escurrir los *cannoli* fritos sobre un papel de cocina y, cuando estén completamente fríos, retire los tubos con sumo cuidado.
Para confeccionar el relleno, remueva el ricotta con un tenedor y mezcle con el azúcar, el azúcar de vainilla y el agua de azahar. El ricotta debe tener una consistencia cremosa. Añada la piel de naranja, la cidra, la angélica, las cerezas y el chocolate.
Rellene los *cannoli* con la mezcla y dispóngalos en un plato. Espolvoree con azúcar en polvo y sírvalos fríos, pero sin pasar por el frigorífico.

coronas rellenas de higos y almendras, y los *mustazzoli* –las clásicas galletas de Navidad, muy extendidas en todo el sur de Italia– se elaboran en Sicilia con mosto de higos chumbos, en lugar de con mosto de vino. Antes, los *cannoli* se comían, por tradición, sólo en carnaval. Pero los rollitos fritos, rellenos de ricotta dulce, crema de vainilla o chocolate, son tan populares, que últimamente los bares y las pastelerías los preparan durante todo el año.

Para la fiesta de San José, el 19 de marzo, se elaboran los "panes de José" y la *spera di pani,* un retablo hecho de pan. El siguiente broche de oro litúrgico es la Pascua, una celebración que no estaría completa sin las correspondientes tortas de Pascua y los corderitos de pasta. Después vienen las fiestas de verano y, en otoño, para Todos los Santos, se ofrecen dulces de azúcar a los niños.

Sin la reproducción dulce del *agnello pascuale,* la Pascua siciliana estaría incompleta. Hay corderos dulces de masa para pasteles y de mazapán.

Cassata

La *cassata,* que fuera de Italia suele conocerse sólo como postre helado, es en realidad, como la auténtica *cassata alla siciliana,* una suculenta torta, que se sirve en ocasiones especiales, como puede ser la Pascua, una boda o un bautizo. La artística creación se compone de varias capas de bizcocho, entre las que se dispone una mezcla cremosa de ricotta dulce, trozos de fruta confitada, virutas de chocolate, nueces y azúcar fundido. Dependiendo de la receta y de las preferencias del pastelero, también se añaden capas intermedias de mazapán, se cubre la torta con mazapán o se le da, al final, un buen baño de azúcar. La decoración consiste en frutas confitadas, enteras o cortadas en apetitosos trocitos, ya que su colorido queda realzado de maravilla sobre el blanco del azúcar o del mazapán. La auténtica *cassata alla siciliana* celebró recientemente su milenario. Este sabroso pastel se preparaba en su forma actual ya en el año 998 en Palermo, la ciudad que fue elegida capital de la isla por los emires árabes que gobernaban en la época. En aquellos tiempos, en la capital –que se consideraba "zona franca" de las prohibiciones y normas del Corán–, florecieron más de 300 locales nocturnos, donde también ofrecían bebidas alcohólicas destiladas en alambiques –otro descubrimiento árabe– y donde atractivas damas ejecutaban la danza del vientre. Éstas competían, con éxito, contra las vírgenes que, según la fe islámica, se ofrecerán como mujeres a los creyentes en el Paraíso. En una época en la que el Occidente cristiano temblaba ante el temor del cambio de milenio, "mil y ni uno más", los musulmanes de Palermo se permitían el "descanso" del guerrero, tolerado por el islam. Pero la vida tranquila acabaría pronto, ya que los árabes regresaron al campo de batalla para luchar entre ellos, con lo cual las puertas de la soberanía de Sicilia quedaron abiertas de par en par para los normandos. Éstos consiguieron incluso erigir el primer estado multicultural en la Europa de la Baja Edad Media, también desde un punto de vista

culinario. Aunque trajeron consigo recetas propias, conservaron los platos tradicionales sicilianos y el arte de los confiteros árabes. Eloisa Martorana, una dama de la nobleza normanda, consiguió rápidamente perfeccionar la elaboración del mazapán. Y los *frutti di martorana* siguen sabiendo a gloria.

Cassata
Bizcocho con ricotta y jalea de albaricoque

100 G DE JALEA DE ALBARICOQUE
1 BASE DE BIZCOCHO DE 350 G
600 G DE RICOTTA
300 G DE AZÚCAR
120 G DE CHOCOLATE AMARGO CORTADO
EN TROZOS PEQUEÑOS
350 G DE FRUTA CONFITADA CORTADA EN TROZOS
40 G DE PISTACHOS O DE PIÑONES PELADOS
CANELA
1– 2 VASOS DE MARASCHINO
200 G DE AZÚCAR EN POLVO

Cubra una fuente de horno con papel parafinado y distribuya encima la jalea de albaricoque. Corte, horizontalmente, el bizcocho en dos mitades y coloque una sobre la jalea de albaricoque.
Remueva el ricotta en una fuente grande, hasta que adquiera una consistencia cremosa. Mezcle el azúcar, el chocolate amargo, la fruta confitada y los pistachos o los piñones, y coloque sobre la crema de ricotta. Aromatice con una pizca de canela y un poco de *maraschino.* Rellene con la crema la fuente ya preparada y cubra con la segunda mitad de bizcocho.
Téngalo en el frigorífico como mínimo 2 horas y deje que se empape. Después, retire del frigorífico y vuélquelo en una bandeja para servir. Retire con cuidado el papel parafinado y alise la capa de jalea de albaricoque. Mezcle un poco de azúcar en polvo con el resto del *maraschino* y bañe con esta mezcla la *cassata.* Deje que el baño de azúcar solidifique y sirva.

La *cassata* se encuentra actualmente en todo el mundo, en las versiones más diferentes, pero quienes quieran degustar la auténtica torta *cassata,* tienen que dirigirse a un *pasticcere* siciliano.

445

MAZAPÁN DE MARTORANA

Los sicilianos aprendieron de los árabes el arte de la confitería. Tras la retirada de los musulmanes, las cocinas de los monasterios medievales se encargaron de realizar y de desarrollar las recetas de dulces. Afortunadamente, los antiguos ocupantes habían dejado algunos alambiques para destilar alcohol, ya que estos útiles aparatos facilitaban la elaboración de una esencia llamada "agua de azahar", que no puede faltar en la preparación del mazapán. Los devotos pasteleros machacaban almendras en el almirez, mezclaban la pasta con azúcar, lo hervían todo en agua de azahar, aromatizaban el resultado con un poco de vainilla y... el mazapán siciliano ya estaba a punto.

El nombre del dulce proviene del árabe *manthaban,* palabra con la cual antiguamente sólo se nombraba al recipiente donde se conservaba la pasta dulce de almendras. Posteriormente, la designación se aplicó a la medida de la cantidad correcta de azúcar y almendras en el mazapán. El mazapán conquistó un lugar fijo en las mesas de los reyes con tanta rapidez, que los sicilianos le dieron un apodo adecuado: *pasta reale.* En la producción y elaboración de esta especialidad destacó sobre todo el monasterio de Martorana. En el año 1143, Jorge de Antioquía, un almirante fiel a Rogerio II, el primer rey normando, mandó construir una iglesia y la entregó a unas monjas griegas. Las hermanas vivían en un convento cercano, donde se dedicaban a elaborar figuritas dulces para el día de Todos los Santos y el día de Difuntos. Las golosinas, que ya eran célebres en aquella época, se teñían con tintes extraídos de rosas, azafrán y pistachos. Unos cincuenta años después, Eloisa Martorana erigió otro convento y lo unió al edificio de las monjas griegas. A partir de entonces, el complejo se llamó simplemente "Martorana" y las golosinas también recibieron pronto ese mismo nombre. Nada cambió, ni siquiera en el año 1435, cuando las benedictinas se hicieron cargo del recinto.

Aunque con el transcurso de los años los secretos de la confitería y del mazapán se introdujeron en las cocinas de los legos, las producciones de los conventos tuvieron siempre mucha aceptación. La demanda llegó a ser tan grande que las hermanas estaban ocupadas las veinticuatro horas del día preparando mazapán y otros dulces para las fiestas. En el año 1575, el sínodo diocesano de Mazara del Vallo se vio incluso obligado a prohibir la devota elaboración de dulces para que durante la Semana Santa las monjas no siguieran distrayéndose de sus deberes religiosos. Pero los señores no contaban con la oposición de las religiosas. Confiteras por pasión, se negaron a seguir la orden del sínodo, siguieron fabricando sus *frutti di martorana* y crearon nuevos dulces. Por desgracia, no se han transmitido las palabras que dijo el obispo sobre los monásticos dulces *minni di virgini,* los pechitos de virgen adornados con medias cerezas confitadas.

Entre tanto, los confiteros independientes de Palermo confiaban más en los símbolos de la fortuna pagana y competían entre ellos para ver quién presentaría el cerdito de mazapán más precioso, el 20 de enero, día de San Sebastián.

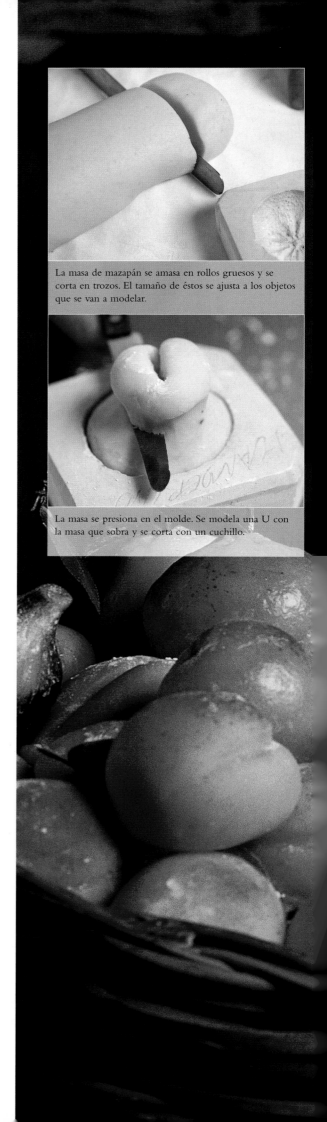

La masa de mazapán se amasa en rollos gruesos y se corta en trozos. El tamaño de éstos se ajusta a los objetos que se van a modelar.

La masa se presiona en el molde. Se modela una U con la masa que sobra y se corta con un cuchillo.

Superior: Martorana, un bastión del mazapán.
Fondo: las supuestas mandarinas fascinan a los sibaritas, grandes o pequeños.

Los trozos de masa cortados se redondean y alisan con las manos como si fueran albóndigas.

La fruta de mazapán debe secarse durante varios días. Cuando se ha formado una costra fina, se puede colorear. El mazapán recién hecho absorbería el colorante.

Fondo: Giuseppe Caruso, el confitero del Bar Italico, de Palermo, presenta una cesta con frutas... ¿o son frutas de mazapán?

Durante décadas, los carritos de helados eran un elemento constante en la vida veraniega y playera de Italia.

HELADOS

La autoría del helado es igual de controvertida que la de la pasta. En los Alpes Dolomíticos del norte de Italia reclaman haber elaborado primero la fría delicia, pero los toscanos la consideran un hallazgo del Renacimiento y afirman que Catalina de Médicis la llevó a París, en ocasión de su boda con Enrique IV. Por su parte, los sicilianos están orgullosos de haber aprendido a preparar los helados de los árabes, en el siglo IX o en el siglo X, y de haberlos perfeccionado constantemente desde entonces.

Sea como sea, el sorbete tuvo que hallarse en los inicios de la historia del helado. Se podía elaborar fácilmente, mezclando nieve de las montañas –o, en Sicilia, del Etna– con zumo de frutas, mosto, vino o miel. El transporte y almacenamiento del refresco presentaba problemas mucho mayores en aquellos tiempos sin frigorífico: se recurría a cuevas frías y a fosas subterráneas, donde el material helado podía resistir durante cierto tiempo. La primera "heladería" fuera de Italia fue inaugurada en el año 1668 por el siciliano Francesco Procopio de' Coltelli: en su parisino Café Procope, una respetable institución gastronómica que todavía se puede visitar, el distinguido público se entusiasmó enseguida con las variadas delicias heladas.

Con los avances en las técnicas de congelación, la elaboración de los helados continuó perfeccionándose.

Superior: en Sicilia, apenas puede encontrarse un *gelataio* que disponga de menos de 30 clases de helados para escoger.

Además de los antiguos sorbetes, es decir, las variedades de helados de frutas, llegaron a la mesa los mantecados. Los expertos siguen discutiendo si la evolución del primer mantecado, elaborado con leche, nata, azúcar y hielo, se debe agradecer al legendario Procopio o al cocinero de cámara del rey inglés Carlos I, quien parece haber destacado con ese postre revolucionario a mediados del siglo XVII.

Sin embargo, el hecho de que en el siglo XIX y en el XX, el helado estuviera en "boca" de todos, tiene poco que ver con los artistas del helado ingleses o sicilianos, sino que se debe a la capacidad comercial de muchos empresarios individuales de la región de Véneto. Durante la industrialización, los gremios de artesanos que trabajaban el metal de manera tradicional quedaron fuera de juego. Los herreros sin trabajo

CLASES DE HELADOS

Gelato mantecato (mantecado)
Este concepto general engloba todas las clases de helados elaborados con leche, azúcar y yema de huevo, siguiendo más o menos la receta básica. Los sabores particulares se obtienen al añadir distintos aromatizantes.

Sorbetto (helado de frutas)
En la preparación del sorbete, se renuncia a los productos lácteos y a los huevos. Esta versión de helado, pobre en calorías, se compone de hielo, mezclado con zumo, extracto o trocitos de frutas, jarabe, vino, licores, azúcar y otros ingredientes que le confieren sabor.

Gelato perfetto (semihelado)
La diferencia con el *gelato mantecato* consiste en que, en lugar de leche, se utiliza crema de leche para crear esta delicia ligeramente líquida. No obstante, se aromatiza igual que los mantecados.

Bomba
Las bombas heladas combinan varias clases de helado. Una muestra es la bomba de tres sabores, con capas de vainilla, fresa y chocolate. En Sicilia se elaboran bombas exuberantes y llenas de fantasía, que se venden bajo el nombre de *cassata gelato*.

Frullato (batido de leche)
En esta clase de batido se combina leche fría con fruta o helado de fruta.

Frappé
Esta estimulante bebida, elaborada con leche con vainilla o café con leche helado, se coloca sobre hielo picado.

Granita (granizado)
El refresco definitivo: zumo de fruta ácida, jarabe o café con hielo picado.

de los valles de los Alpes Dolomíticos cambiaron sin demora el yunque y el martillo por el cucharón y la heladora, y se especializaron en la producción de helados, consiguiendo un éxito inesperado.

Cada verano, pasaban con su carrito de helados por las pequeñas ciudades y balnearios, tanto del sur como del norte de los Alpes. Y muchos de ellos consiguieron una pequeña fortuna. En los lugares donde las disposiciones municipales no permitían la venta ambulante de helados, los *gelatai* se establecieron y abrieron negocios estables. Los nombres de las populares heladerías recuerdan, todavía en la actualidad, la región de origen de sus propietarios: hasta en los villorrios más adormecidos se encuentra una Heladería Venezia o una Gelateria Rialto. Se estima que casi un 80% del volumen de ventas de los manjares helados corresponde a negociantes del Véneto o de Venecia.

En comparación, el surtido de helados siciliano ha seguido centrándose en las especialidades locales. Además de las habituales clases de sorbetes, granizados y mantecados, se suele servir *gramolata*. Si se quiere agasajar a los clientes, simplemente se dobla la cantidad del postre helado de almendra, con un suave aroma a vainilla, y se sirve acompañado de galletas. Después, los clientes del café apenas tendrán hambre para disfrutar de una cena suculenta. Para agasajar, también son muy adecuados los grandes bloques de helado que, desde el siglo XVII, acarrean el sobrenombre de *acqui tesi,* agua tiesa. Un bloque alcanza para ocho o diez personas y se come en cortes.

En verano, cuando los yates de los veraneantes atracan en el puerto de Riposto, a los pies del Etna, en la heladería de Costanzo reina una gran actividad, pues todos los visitantes quieren degustar el sabroso *spumone,* un helado de chocolate, que recubre un núcleo dorado de *zabaione.* La *cassata gelata* es la versión helada de la célebre tarta siciliana para las celebraciones. Se prepara de formas diferentes, pero en esa bomba helada se suele encontrar helado de vainilla, frutas confitadas, helado de pistacho y mazapán o aroma de almendras. Una especialidad exclusiva de Trapani, al oeste de la isla, es el helado de jazmín, que recuerda a las fragancias del norte de África. La exótica especialidad se come bien de mañana para despejarse, en pastas dulces como bollos o croissants. El sorbete de limón y almendras también es bienvenido en este desayuno helado.

Surtido de helados italianos

Limone: limón
Fragola: fresa
Menta: menta
Arancia: naranja
Mora di rovo: zarzamora
Lampone: frambuesa
Yoghurt: yogur
Caffè: café
Mandorla: almendrado
Pistacchio: pistacho

Amaretto: con licor de almendras
Cioccolato: chocolate
Stracciatella: helado de vainilla con trocitos de chocolate
Vaniglia: vainilla
Amarena: con cereza
Crema: con mucha nata
Nocciola: avellanas
Albicocca: albaricoque
Cassata: cassata
Torrone: con turrón, almendras o miel turca blanca

Gelato
Receta básica para los mantecados

4 YEMAS DE HUEVO
100 G DE AZÚCAR
500 G DE LECHE O DE NATA

Bata las yemas de huevo con el azúcar, hasta conseguir una masa cremosa. Coloque en un cazo y caliente a fuego lento, removiendo con cuidado. Añada la leche poco a poco, sin dejar de remover. Deje enfriar completamente la masa y remueva ocasionalmente. Coloque la crema en la heladora o en el congelador y deje que se hiele.

Gelato di gelsomino
Helado de jazmín

Para 6 Personas

50 G DE FLORES DE JAZMÍN
150 G DE AZÚCAR
1 TROZO DE RAÍZ DE SCURSUNERA (O CANELA EN RAMA)
1 VASO PEQUEÑO DE RON
4 CLARAS DE HUEVO

La raíz de *scursunera* es conocida en la zona de Trapani como remedio contra las picadas de serpiente. En este plato, se puede sustituir por una ramita de canela. Primero, ponga en remojo las flores de jazmín, sin tallos, en una fuente con 500 ml de agua. Después de 3 horas, filtre el agua y viértala en una cacerola. Añada el azúcar, la raíz de *scursunera* (o la canela) y el ron, y cueza a fuego lento. Después, deje enfriar. Bata las claras de huevo a punto de nieve y agréguelas con cuidado.
Finalmente, introduzca la masa en el congelador o en una heladora para que se hiele.

Gelato di campagna
Helado de campiña

Para 6 personas

100 ML DE AGUA AROMATIZADA CON VAINILLA
1 KG DE AZÚCAR
150 G DE ALMENDRAS MOLIDAS
150 G DE ALMENDRAS PELADAS
150 G DE PISTACHOS
80 G DE FRUTAS CONFITADAS CORTADAS EN DADOS
UNA PIZCA DE CANELA
COLORANTES ALIMENTARIOS (ROJO, VERDE Y MARRÓN)

Coloque en un cazo el agua aromatizada y el azúcar, y deje cocer. Cuando el azúcar comience a formar hilos, añada las almendras molidas, removiendo constantemente. Reduzca el fuego y mezcle con las almendras peladas, los pistachos, las frutas confitadas y la canela. Distribuya la masa en cuatro fuentes y coloree tres de ellas, cada una con un colorante distinto. Vierta en moldes y colóquelos en el congelador durante un día.
Desmolde y corte en trozos semicirculares.
En Sicilia este postre helado se vende en los puestos callejeros en casi todas las fiestas.

Granita

Los granizados son un refresco excelente, sin el cual no se podría sobrevivir durante el caluroso verano siciliano. Igual que el sorbete, el granizado contiene simplemente agua helada y zumo de frutas u otros aromatizantes. La leche, la nata y el huevo se reservan para elaborar los *gelati mantecati* (mantecados). La idea, tan simple como genial, de verter café sobre hielo picado, ha ayudado a mantenerse en pie a millones de sicilianos y también a muchos turistas agotados.

VIÑEDOS Y MITOLOGÍA

Sicilia ya era célebre en la Antigüedad por sus productos agrícolas y, sobre todo, por su vino. Antes que los griegos, los fenicios ya llevaron cepas de Oriente Próximo a la isla, donde, hasta entonces, sólo crecían viñas silvestres. Después de los fenicios, llegaron los colonizadores griegos que, además de innovadoras técnicas de prensado, trajeron consigo nuevas variedades de vides, como la Grecanino. Con los vinos griegos, también hizo su entrada la mitología. Se extendió el culto a Dioniso y a sus ménades, a las que los romanos llamarían después bacantes, y parece ser que la poetisa Safo, expulsada de su isla natal de Lesbos, cultivó uva en Sicilia. Sus famosas canciones nupciales estaban dirigidas a los novios, que en su boda bebían vino del mismo cáliz para rogar por la bendición de Eros y Afrodita. La ciudad de Erice, cercana a la actual Trapani, poseía un santuario destinado a la prostitución del templo. Tal como demuestran numerosos fragmentos de ánfora, las sacerdotisas y los peregrinos bebían vino antes del sacrificio. En el Imperio Romano, consideraban que el vino siciliano era un buen sustituto del *falerno* y parece ser que el caldo preferido del César era el Mamertino de Capo Peloro.

En la época de la soberanía árabe, la cultura siciliana del vino tampoco sufrió ningún retroceso. A pesar de la férrea prohibición coránica de ingerir alcohol, los nuevos soberanos no solo toleraron el cultivo de la vid, sino que incluso introdujeron la técnica de destilar el alcohol del vino con la ayuda de alambiques. Los sicilianos siguieron elaborando elixires misteriosos en las bodegas ocultas de los monasterios, que se entregaban a clientes adinerados. Los abades no hubieran necesitado dedicarse a la destilación. La inmensa riqueza de la Iglesia se basaba, principalmente, en la posesión de enormes viñedos y, por consiguiente, en su posición monopolista.

Los vinos obtuvieron rápidamente una fama excelente fuera de la isla, y Sante Lancerio, el escanciador del papa Pablo III, los elogió sobremanera en una carta dirigida al cardenal Guido Ascanio Sforza, escrita en 1559. La estrella de la viticultura siciliana comenzó a declinar cuando los virreyes españoles asieron la sartén por el mango. En lugar de viñedos, se cultivó trigo. Sicilia no consiguió reconquistar su rango en el mundo de la viticultura hasta el año 1773, cuando el inglés John Woodhouse descubrió por casualidad el *marsala* y lo rescató del olvido. En 1870 pareció abrirse otro mercado de consumo para los vinos de la isla, cuando la filoxera causó tantos estragos en los viñedos franceses, que los productores de ese país tuvieron que importar barricas. Sin embargo, el parásito avanzó con rapidez, cruzó los Alpes y continuó con su tarea de destrucción hasta llegar a la lejana Sicilia. En pocos años, se frustraron todas las esperanzas y comenzar de nuevo fue extraordinariamente duro.

Desde hacía tiempo, la situación del vino siciliano en el mercado internacional era mala, puesto que los productos de masas baratos afectaron negativamente a su buena fama. Aún así, algunas empresas vitícolas y algunas bodegas han conseguido, en las últimas décadas, desarrollar una calidad constante e introducirse, paso a paso, en los mercados italianos y en algunos de los mercados extranjeros importantes.

Ceremonia de iniciación a los misterios dionisíacos, pintura mural de la Villa dei Misteri, en Pompeya, hacia el año 50 a.C.

HACIA UNA VINICULTURA MODERNA

Por lo que se refiere al vino, Sicilia es la zona más asombrosa de Italia. Esta región no solo compite con Apulia por el primer puesto en superficie de viñedos y cantidad de uva recolectada (en una superficie de unas 150.000 hectáreas se producen entre nueve y diez millones de hectolitros de vino cada año), un 15% de la producción italiana, sino que, desde hace más de una década, está descubriendo su vocación por los vinos de primera calidad. Y esto, a pesar de que durante muchos años se prensaba la uva casi exclusivamente para elaborar sencillos productos mezclados y enormes cantidades de vino *marsala*, dulces y pastosos.

La región, cuyas avanzadillas más lejanas, Pantelleria y Lampedusa, se encuentran más cerca de Túnez que de Italia, ofrece condiciones óptimas para el cultivo de la vid: la tierra pobre, el sol y el calor abundantes y las escasas precipitaciones proporcionan condiciones perfectas para que la uva madure, y los viñedos de las serranía central, situados hasta 900 metros de altura, registran fuertes oscilaciones entre la temperatura diurna y la nocturna, que favorecen el aroma afrutado de las uvas. La mayor parte de los viñedos se halla en la provincia más occi-

dental, en Trapani, donde también se produce el vino más famoso de Sicilia, el *marsala*. El paisaje de los flancos norte y sur de la isla también está marcado por enormes superficies de viñedos, en tanto que en el este predomina la producción de uvas de mesa.

A consecuencia del gran crecimiento cualitativo, la venta de vino en Sicilia se apoya, actualmente, en toda una serie de excelentes viticultores y de bodegas emergentes (a pesar de que, de las más de 100.000 empresas vitícolas, sólo unas 120 embotellan y comercializan directamente sus productos). Para ello, utilizan las variedades de cepa autóctonas, como las blancas Catarratto, Inzolia y Grillo o las negras Nero d'Avola y Nerello Mascalese, así como las variedades llamadas "internacionales" (Cabernet Sauvignon y Chardonnay), a partir de las cuales un reducido número de empresas prensan últimamente algunos de los vinos "modernos" italianos más solicitados.

Con las variedades Catarratto y Grillo, cultivadas sobre todo en la provincia de Trapani, donde se aplican en la producción del *marsala*, se pueden producir vinos blancos secos y muy fuertes. No obstante, el potencial de calidad de la Inzolia, también blanca, es superior y, además, esta variedad rinde incluso en zonas elevadas. La Malvasía es una antigua variedad griega o, mejor dicho, una familia entera de cepas con infinitas clases diferentes, que existe en casi todas las regiones de Italia y que, en las islas Lipari, forma la base de un excelente

La zona situada entre Selinunte y Castelvetrano, al sudoeste de Marsala, produce más de nueve millones de hectolitros de vino.

y escaso vino dulce. El máximo potencial de calidad de las vides negras autóctonas lo presenta la variedad Nero d'Avola, también llamada Calabrese, a partir de la cual se elaboran vinos que son elegantes y a la vez fuertes.

La modernidad es la palabra mágica del trabajo en la viña y en las bodegas. Así, en las grandes superficies de viñedos, las modernas instalaciones de alambre sustituyeron a las tradicionales ramas de cepa, podadas como los arbustos, y en las bodegas hicieron su entrada los tanques de acero, los ordenadores y los equipos frigoríficos, mediante los cuales se puede controlar y dirigir la fermentación de forma más precisa. Actualmente, la mayoría de los mejores vinos maduran en pequeños barriles de madera nuevos, las llamadas barricas, y se pueden medir con los mejores crianzas de las regiones de Toscana o Piamonte.

Por lo que respecta a los grupos de islas que circundan Sicilia, se han mantenido ligados, con éxito, a la antigua tradición de los vinos dulces de la región.

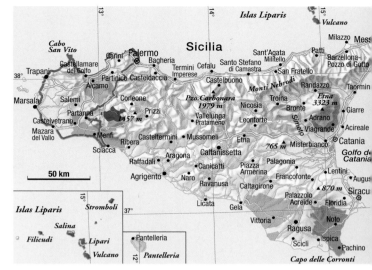

A partir de las variedades de Malvasía y Zibibbo (Moscato), se elaboran caldos suculentos y espesos, con un aroma intenso y un sabor dulce y gustoso. En este ambiente de prosperidad general, los productores de *marsala* han recordado sus virtudes y pueden volver a convencer con sus productos concentrados y polifacéticos. El hecho de que la viticultura vuelva a ser próspera en Sicilia, también lo han notado los viticultores y las bodegas del norte de Italia, que invierten masivamente en la isla desde hace unos años. El futuro de la región ha vuelto a comenzar.

- Marsala
- Alcamo
- Contessa Entellina
- Menfi
- Etna
- Cerasuolo di Vittoria
- Moscato di Noto
- Malvasia delle Lipari
- Moscato di Pantelleria, Moscato Passito di Pantelleria

VINOS SICILIANOS

Alcamo
Alcamo o Bianco d'Alcamo son los nombres de los vinos de la mayor zona de Sicilia con D.O.C., 20.000 hectáreas de superficie de viñedos situados en la provincia de Trapani. Aunque durante mucho tiempo se prensó casi exclusivamente vino de una calidad nada sensacional, en los últimos años ha emergido un pequeño número de viticultores con productos buenos, frescos y elaborados con técnicas modernas. La variedad Catarratto, que ocupa la mayor parte de la superficie de viñedos, es bastante neutra en esencia y uno de los elementos básicos del *marsala*, pero si se limita su rendimiento suministra unos vinos blancos secos, fuertes y completos, que saben muy bien acompañando al pescado o a los *antipasti*.

Cerasuolo di Vittoria
Los vinos tintos del vértice sudeste de Sicilia se elaboran, sobre todo, a partir de la variedad autóctona Frappato —que también puede aparecer sola— y Calabrese. Ocasionalmente, tienen un elevado grado de alcohol y sus mejores representantes poseen un delicioso aroma afrutado, que recuerda a las guindas.

Malvasia delle Lipari
Las uvas de esta D.O.C., que provienen de las vertientes volcánicas de las islas Lipari, frente a Messina, han experimentado una tímida reaparición en los últimos años. Una variedad de Malvasía y la autóctona Corinto Nero forman la base de este suculento vino dulce, cuyo aroma balsámico le presta un carácter inconfundible. La Malvasía delle Lipari debe tener sólo ocho grados de alcohol en su versión normal, pero también existe como *liquoroso espirituoso* y como *passito*, de uvas pasas secas, con un volumen de alcohol de hasta 20°: un buen vino dulce o de aperitivo, según el tipo de vino.

Moscato di Pantelleria
El *moscato di Pantelleria*, de la isla del mismo nombre, situada a medio camino entre Sicilia y Túnez, se elabora con la variedad de uva Moscato di Alessandria, a la que llaman Zibibbo en la zona. El vino dulce, de un color amarillo dorado, se produce sólo en pequeñas cantidades y últimamente ha encontrado tantos aficionados que la viticultura de la isla vuelve a funcionar de maravilla. Igual que el Malvasia delle Lipari, el *moscato* también existe en versión *liquoroso espirituoso*, que puede resultar intenso, dulce y casi oleoso.

MARSALA

Corría el año 1770, cuando una tormenta arrastró a John Woodhouse, un joven inglés, al puerto de Marshallà. El fondeadero de nombre árabe, que viene a significar "puerto de Dios", pertenecía a la ciudad de Marsala, en el oeste de Sicilia, y John Woodhouse descubriría algo que cambió radicalmente el mercado internacional del vino. Este hijo de un comerciante de Liverpool emprendió el camino hacia Mazara del Vallo, con más o menos ambición, para comprar sosa. Pero, mientras en el exterior se desataba el temporal, él se encontró inmovilizado. ¿Qué parecía más indicado que emprender un viaje de inspección por los bares del lugar? En la primera taberna del puerto hacia la que dirigió su rumbo, a Woodhouse le esperaba ya una gran sorpresa. Cuando le escanciaron el vino autóctono, rápidamente se percató de que aquella bebida no debía temer ninguna comparación con el jerez o el

madeira, los productos españoles y portugueses, que se comercializaban tan caros. Para que le confirmara sus impresiones, mandó llamar a su prometida, que trabajaba en unas bodegas de Madeira. Después de muchas catas, ambos se pusieron de acuerdo sobre las posibilidades del vino de Marsala: estaba en posición de hacer la competencia al *madeira* y al jerez y, por lo tanto, de romper el monopolio portugués y español sobre los vinos espirituosos.

No obstante, a Woodhouse le quedaba mucho por hacer. La uva siciliana se podía obtener a un precio ventajoso y la mano de obra de la zona no era cara, pero fue necesario que transcurrieran tres años antes de que la producción de *marsala* a gran escala arrancara y de que Woodhouse pudiera enviar el primer cargamento a Inglaterra. El nuevo vino encontró aficionados rápidamente. Poco tiempo después, Woodhouse tuvo que establecer una línea naviera regular entre Marsala y Liverpool para cubrir la creciente demanda.

Después de siete difíciles años, llegó la suerte en forma de orden de Estado. En el año 1800, el almirante Nelson cursó por escrito un pedido para que anualmente se suministraran 500 barricas de *marsala* a la flota inglesa que actuaba en el Mediterráneo, con base en Malta. Sólo cinco años después, los marineros de su Majestad, comandados por Nelson, ganaron la decisiva batalla de Trafalgar, donde aniquilaron a las flotas aliadas de España y Francia. A partir de entonces,

Los vinos de Marsala suelen madurar durante muchos años, antes de ser embotellados, y reciben el nombre de *fine, oro* o *stravecchio.*

el vino siciliano pasó a llamarse, primero en Inglaterra y pronto en todo el mundo, *marsala victory wine*.

Cuando a causa de la gran demanda, la uva comenzó a ser insuficiente, Woodhouse tuvo otra idea genial. Para fomentar la plantación de nuevos viñedos, comenzó a anticipar el capital necesario a los campesinos interesados. A cambio, se reservó el derecho a fijar los precios de las uvas o del vino de base que le suministraran. Es evidente que, durante su larga estancia en la isla, había interiorizado el dicho siciliano *nenti ppi nenti nuddu fa nenti* (nadie hace nada por nada). Los campesinos vieron el asunto de forma similar y colaboraron con el inglés.

Hubo también otros empresarios de la antigua Inglaterra que intentaron nadar en el mar de éxito del *marsala victory wine*. En 1806 llegó a Marsala un joven de 22 años, hábil en los negocios, Benjamin Ingham. En el año 1812, inauguró una empresa nueva, más grande y bastante mejor equipada técnicamente, en Lungomare Mediterraneo, a una distancia razonable del bastión del edificio Woodhouse. Ingham sabía que también él tenía que contar con la colaboración de los campesinos y, por ello, puso en marcha sus propias acciones: en la época de la vendimia, en todas las zonas de viñedos de Marsala y sus alrededores aparecían pregoneros que, con redobles de tambor, leían en voz alta a los pequeños viñadores una

circular con sugerencias para mejorar la calidad del vino. Ingham había dispuesto diez mandamientos para asegurar la calidad, que aún son observados parcialmente por los productores de uva de la región.

En 1883, un empresario siciliano se hizo cargo, por fin, de los aciertos de la elaboración del Marsala. Bajo el seudónimo de un amigo, Vincenzo Florio adquirió un terreno enorme en Lungomare, que limitaba con la residencia de Woodhouse, por un lado, y con la de Ingham por el otro. La carrera imparable del Marsala Florio S.O.M. comenzó bajo el logotipo de un león bebiendo. No obstante, en la cédula de fundación de la

FINE, ORO Y VERGINE STRAVECCHIO

El *marsala* se produce siguiendo diferentes estilos, uno de los cuales afortunadamente ha pasado de moda, el desacreditado *marsala all'uovo*, de baja calidad. Las versiones con menos alcohol son el *oro*, elaborado con uva blanca, y el *rubino*, de uva negra. Las variantes aromatizadas de diversas maneras reciben el nombre de *cremovo* y la calidad realmente interesante se encuentra con los nombre de *fine, superiore, vergine* o *vergine stravecchio*. Éstos son vinos que contienen hasta un 18% de alcohol y que deben madurar en la barrica durante cuatro, seis o incluso diez años, antes de ser embotellados y comercializados. Los distintos tipos de *marsala* son apropiados como aperitivo o como vino dulce.

Sociedad Vincenzo Florio y Raffaele Barbaro, su hombre de confianza, firmada el 20 de octubre de 1834, aún se sigue hablando, curiosamente, de un vino al estilo del *madeira*. Aunque a John Woodhouse le corresponde el honor de ser el descubridor y el comercializador, fueron Ingham y Florio quienes hicieron del *marsala* un producto realmente comerciable, que fue reportando más beneficios cada año. A pesar de las dificultades iniciales, Florio consiguió, poco a poco, reunir a su alrededor a los productores de uva. El éxito mundial del *marsala* estaba asegurado.

Melone cantalupo al Marsala
Melón francés con marsala
(fotografía inferior)

Par 2 personas

1 MELÓN FRANCÉS
MARSALA SECO, AL GUSTO

Corte el melón horizontalmente por la mitad, retire las pepitas y el jugo sobrante. Coloque ambas mitades sobre su propia corteza. Con un molde para hacer bolas, extraiga la carne del melón y vuelva a colocarla en las mitades. Impregne con un buen chorro de *marsala* seco y guarde en el frigorífico hasta el momento de servir.
Sirva de primer plato o de postre.

Scaloppine al Marsala
Escalope de ternera con marsala

500 G ESCALOPES DE TERNERA CORTADOS EN FILETES DE 5 MM DE GROSOR
HARINA PARA REBOZAR
6 CUCHARADAS DE ACEITE DE OLIVA VIRGEN EXTRA O 50 G DE MANTEQUILLA
150 G DE MARSALA SECO DE CALIDAD
SAL Y PIMIENTA NEGRA RECIÉN MOLIDA

Reboce los escalopes con harina y sacuda la harina sobrante. Caliente aceite o mantequilla en una sartén de fondo pesado grande. Fría los escalopes por ambas caras durante algunos minutos. Retire y reserve. Cuando todos los escalopes estén fritos, colóquelos de nuevo en la sartén. Añada el *marsala* y un poco de sal y pimienta. Agite algunos segundos. La carne debe quedar ligeramente cubierta con la salsa de la mezcla de vino y harina.

Porto Cervo
Gallura
Porto
Torres
Sassari
Olbia
Logudoro
Alghero
Bosa
Nuoro
Macomer
TIRSO
Santu
Lussurgiu
Abbasanta
Monti del
Genn-
argentu
Oristano
Arborea
Cerdeña
Carbonia
Cagliari

Cerdeña, la isla más alejada de la Península Itálica, es una isla solitaria. Rodeada por un mar claro de color verde esmeralda, poblada de majestuosos montes y fértiles llanuras, plagada de fríos riachuelos en las montañas y de ríos cristalinos, la región, bastante cerrada al turismo, se antoja un paraíso a los visitantes. De hecho, los sardos sostienen que el Creador fue especialmente generoso con la isla, para que los pescadores y los campesinos, los pastores y los marineros tuvieran un lugar donde, todos juntos, pudieran vivir dichosos y en paz.

Sin embargo, no se puede hablar de una "isla de bienaventurados". A lo largo de la historia, la posición estratégica de Cerdeña ha atraído a conquistadores incluso de más allá del Mediterráneo. Invadida por los fenicios y los cartagineses, anexionada por los romanos, derribada por los árabes y, después, manzana de la discordia entre Pisa, Génova, los papas, Aragón, Austria y la casa de Saboya, los sardos tuvieron suficientes motivos para acuñar el lema de la isla "todo lo malo viene por el mar". En la actualidad, aunque se comente el dicho con un guiño, las influencias del exterior se siguen mirando con bastante recelo. Lo mismo se aplica a las caras desconocidas, pero en el momento en el que los insulares se han convencido de que el visitante no ha llegado con intenciones aviesas, la proverbial hospitalidad sarda no tiene límites.

No obstante, como ya se ha comentado, en tiempos pasados existieron motivos para evitar la cercanía del mar y retirarse a las regiones montañosas del interior, seguras por ser casi inexpugnables para quienes desconocen la zona. Por consiguiente, el pescado y el marisco no pudieron conquistar un lugar fijo en la carta de platos sarda hasta relativamente tarde. Las especialidades culinarias propias y originarias de la isla se basan claramente en la cocina de los pastores y de los campesinos. El cochinillo y el jabalí asados, los cocidos rústicos con verduras silvestres o energéticas judías, la torta de pan *carta da musica,* seca y que se conserva bien, una marcada preferencia por las hierbas frescas como el arrayán o la menta: todos estos elementos son tradicionales de una cocina milenaria, que se ha conservado en el campo hasta la actualidad. En las ciudades, por el contrario, también han mirado en las ollas foráneas y han adoptado lo que les parecía bueno y sabroso.

Doble página precedente: una captura lucrativa. Luigi Ledda, un pescador de Bosa, puede pescar ejemplares magníficos como éste en las aguas sardas.

Izquierda: Daniele Licheri y su esposa Rita dirigen la granja de turismo rural Azienda Mandra Edera, en Abassanata, y también son pastores de ovejas y criadores de caballos.

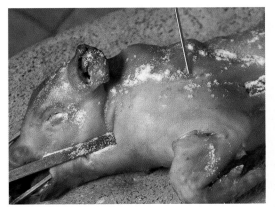

Muy salado, el cochinillo adquiere una corteza crujiente, pero la carne continúa siendo muy tierna.

El cochinillo abierto en canal se fija a una vara fina para asarlo al fuego.

Las especias aromáticas y el sabor a humo de la leña le proporcionan un aroma inconfundible.

COCINA DE PASTORES

Cuando los pastores de ovejas viajaban con sus rebaños, permanecían a menudo durante meses en las montañas, lejos de sus familias y de las cocinas bien surtidas. En el camino, debían cocinar con medios más sencillos, pero no querían que su única comida fuera el queso, los embutidos y el pan seco. Los hombres no podían llevar consigo ollas ni sartenes ni especias escogidas, pero asaban carne en un palo de madera aromática. Las hierbas silvestres de los márgenes del camino suministraban el aroma. De esta manera, la carne –tanto el cerdo como la ternera, el cabrito y el cordero son adecuados para prepararse así– se cocinaba fácilmente y resultaba sabrosa. En la actualidad, la carne asada o a la parrilla sigue teniendo un lugar fijo en la carta de platos del hombre moderno y sedentario de ciudad y un cochinillo recién asado supone el broche de oro de una fiesta local en todos los pueblos.

Ese manjar sólo puede ser superado por un *carraxio,* nombre por el que se lo conoce sobre todo en Villagrande, en la provincia de Nuoro. Este plato consiste en un toro destripado y relleno con una cabra, preparada a su vez con un cochinillo dentro que alberga una liebre, la cual aloja en su vientre una gallina de Guinea con un pajarito. Antes de asarlo, se va a buscar al zapatero del pueblo, quien cose el toro con una gran aguja y cordel resistente. Así, en algunas zonas, esta complicada especialidad recibe también el nombre de *toro del ciabattino,* toro del zapatero remendón. El *pastu misto,* en cambio, parece más modesto, puesto que para preparar este "plato mixto" solamente se rellena un pavo con una gallina, una liebre o un conejo.

Derecha: la cocina sarda no está tan marcada por los platos de pescado de sus costas como por los manjares del interior. El jugoso cochinillo disfruta de una popularidad inquebrantable. Quienes tienen algo que celebrar, se aseguran a tiempo su *porchetto.*

Así les gusta a los sardos el *porchetto:* carne rosa y tierna que se deshace en la boca, y una corteza crujiente.

Un cochinillo no tolera las prisas, ya que más que asar la carne, ésta debe cocerse a fuego bastante lento.

Costa Smeralda

A partir de sus dolorosas experiencias, los sardos desconfían de todo lo que llega por el mar. Los habitantes de la isla tuvieron que presenciar en demasiadas ocasiones como los extraños querían gobernarlos, explotarlos y expoliarlos. La hostilidad hacia los foráneos no estaba justificada con el Aga Kahn Karim IV, porque éste no llegó a la isla en los años sesenta del siglo XX para enriquecerse a costa de la pobre población. Nos referimos, evidentemente, al hombre que aún no ha exigido nunca el privilegio hereditario que le corresponde, que consiste en que sus seguidores le paguen su peso en oro una vez al año. El Aga Kahn había puesto las miras en las carteras de una clientela que, en poder adquisitivo, puede competir con él. Les abrió los ojos ante la belleza de la isla y, por supuesto, no lo hizo gratuitamente, puesto que sus planes preveían que los millonarios del planeta disfrutaran la magia de Cerdeña desde un pedazo de tierra de pastos, de unas 5.000 hectáreas y situada junto al mar, que le pertenecía. Karim IV llamó "Costa Smeralda" a esa área, completamente desconocida hasta el momento. El atractivo nombre, inventado, atrajo posteriormente a la isla a quienes necesitaban reposo y cuyos nombres tienen un gran poder de atracción, tanto para los lectores de prensa sensacionalista como para los hoteleros de la exclusiva colonia de vacaciones.

Es más que probable que realmente se necesitara un hombre como el Aga Kahn para crear un lugar de veraneo, que se proyectó para el *jet set* y que ésta, además, lo aceptara rápidamente con entusiasmo. El príncipe, inmensamente rico, conoce mejor que los expertos en marketing las necesidades de los personajes que la componen: un lujoso paraíso en la playa, justo a las puertas de Europa, pero alejado de las costas concurridas desde hace tiempo por las masas, como la Costa Blanca o la Costa Brava. Realmente, el Aga Kahn demostró tener buen ojo cuando en 1963 renunció a proyectar rascacielos y, en su lugar, exigió a los arquitectos Jacques Couelle y Luigi Vietti un estilo arquitectónico en armonía con la naturaleza y el paisaje.

Con los ricos, también llegaron divisas a la región, y los temores de los sardos ante los extraños que llegaron a esas tierras siguiendo al Aga Kahn demostraron ser completamente infundados. Al fin y al cabo, la gente prefiere permanecer junta en la Costa Esmeralda y suele recelar de las excursiones al interior. Sin embargo, aún sigue habiendo un resto de escepticismo frente a los foráneos: los ricos han llevado muchísimo dinero a la isla, pero, aún así, no han podido ganarse la simpatía de los sardos. No obstante, la bendita hospitalidad de los isleños prohibiría hacérselo notar jamás a los adinerados veraneantes.

En Porto Cervo y alrededores, los precios son bastante elevados, pero a cambio se recibe calidad y buen servicio.

La Costa Esmeralda no es el único paraíso que Cerdeña puede ofrecer. Se pueden descubrir cientos de calas pequeñas y románticas, si se buscan alejándose un poco de las ciudades.

PAN SARDO

Los platos tradicionales sardos estaban marcados –actualmente aún lo están en algunas localidades apartadas– por las necesidades prácticas. De la misma manera que la carne solía asarse porque los pastores no podían cargar con baterías de cocina, las múltiples clases de pan también se ajustaban a los menesteres de los hombres que a menudo pasaban muchas semanas en la soledad de las montañas y, por tanto, lejos de los centros de avituallamiento. El pan debía ser ligero, contener poca agua para que no enmoheciera y, en lo posible, debía poderse convertir en una comida completa con rapidez y de diversas formas. La *carta da musica* o *pane carasau,* como se llama en sardo, cumplía todos los requisitos: las tortas, simplemente horneadas, se podían enrollar juntas y guardar en el zurrón, y su doble cocción las hacía prácticamente inmunes a la podredumbre.

El *pane fratau* es la versión "recubierta" de la *carta da musica.* La torta de pan crujiente se convierte en una comida que cumple todos los requisitos con trozos de tomate, huevo, queso *pecorino* o de otro tipo y hierbas. No obstante, el pan también era un complemento importante en la dieta de la gente sedentaria del campo y de la ciudad, si bien unos y otros preferían un pan más pesado y con más agua: las hogazas de *moddizzosu* o *mazzosu* pueden llegar a pesar hasta diez kilos.

Tanto si es pan de avituallamiento como si es pan para los habitantes de la ciudad, prácticamente no ha cambiado nada en la afición sarda por los productos rústicos de harina de trigo, harina de trigo duro o harina de cebada. Igual de popular es la *ciabatta,* que actualmente también se puede comprar en otros países. No es un pan típicamente sardo, pero en Cerdeña –y en el resto de Italia– apenas si se encuentra una panadería donde no vendan el aromático pan de trigo con una costra siempre algo dura y cubierta de harina. La miga, blanda y un poco húmeda, presenta grandes agujeros, que se producen mientras reposa la masa, durante casi 6 horas

CARTA DA MUSICA

El pan típico de Cerdeña se llama realmente *pane carasau.* Pero el antiguo nombre sardo fue cayendo en el olvido, porque los viajeros que procedían de la península lo llamaban *carta da musica.* Estas tortas de pan delgadas, casi transparentes, recuerdan al papel de música apergaminado y, cuando se corta ese disco crujiente, se produce un ruido que suena a música.

La elaboración de *pane carasau* según la receta tradicional es relativamente complicada. Primero, se prepara una masa con sémola de trigo duro, harina de trigo, levadura, agua y un poco de sal, y se deja reposar medio día. Luego, la masa se divide en bolas y se extiende formando tortas muy delgadas. Después de volver a reposar durante varias horas, los panes llegan por fin al horno. Cuando las tortas comienzan a subir por el calor, se retiran y se cortan en horizontal. Finalmente, las mitades se hornean el tiempo necesario para que adopten un apetitoso color dorado.

En vista de su laboriosa preparación, en Cerdeña suelen confiar la elaboración del pan musical al panadero, quien lo ofrece en pilas de diez o veinte tortas. Para proteger la delicada mercancía, la envuelve cuidadosamente en papel.

La *carta da musica* se puede comer sola, pero también se puede untar con aceite y cocer otra vez brevemente, para que sea aún más crujiente. Remojadas en agua, las tortas recuperar su elasticidad original y, entonces, se pueden colocar en una fuente de horno formando capas con distintos rellenos, como si fuera una lasaña. No obstante, la forma más popular de prepararlas es, seguramente, la *pane fratau.* En este caso, se rocía la torta con salsa de tomate espesa, se colocan encima huevos escalfados o fritos y se espolvorea el refrigerio con abundante queso rallado.

En los últimos tiempos, el *pane carasau* también tiene salida en los restaurantes caros de las zonas turísticas de renombre. Allí, el pan se corta en porciones, se unta ligeramente con aceite y se espolvorea con sal gruesa. La pasión que despierta es comparable a la de las galletas y las patatas de churrero: que no se puede comer sólo una; y eso es exactamente lo que sucede con el *pane carasau.*

Civraxiu
Esta especialidad de pan de Cagliari se prepara con harina de trigo duro. La masa se trabaja vigorosamente para conseguir que quede elástica y homogénea. Cuando empieza a fermentar, se forman hogazas que pesan aproximadamente un kilo y se cuecen en un horno de leña. La preparación varía de pueblo en pueblo y, por eso, hay *civraxiu* duro o tierno, delgado o grueso.

Coccoi pintatus o pintau
La masa para estos panes, francamente hermosos, se prepara mezclando harina de trigo duro, agua templada y levadura, y decorándola a menudo con una cruz para asegurar un buen resultado. Después, con la ayuda de unas tijeras, un cuchillo o cortapastas, se forman figuritas variadas del mundo animal y vegetal: se pueden ver peces, pájaros, cerditos, tortugas, rosas y muchas cosas más. Las pequeñas obras de arte se producen principalmente para los días festivos.

Pistoccu
El *pistoccu,* elaborado con harina de trigo duro, es un pan de avituallamiento como la *carta di musica.* La masa, trabajada sólo con agua, se moldea en pequeños panes rectangulares, que se pinchan varias veces con un tenedor para que no se formen burbujas de aire, y se hornea dos veces consecutivas. Este pan está muy extendido en Cagliari y en sus alrededores, y acompaña a los pastores en sus largas caminatas, puesto que se conserva muy bien. También se puede enriquecer con tomate, albahaca, orégano, ajo y queso fuerte.

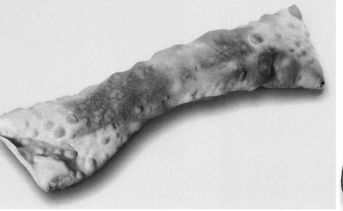

CARTA DA MUSICA

Torta de pan
(fotografía fondo e inferior izquierda)

250G DE HARINA DE TRIGO
250 G DE SÉMOLA DE TRIGO DURO
AGUA
SAL
20 G DE LEVADURA DE PANADERÍA

Mezcle la harina de trigo y la sémola de trigo duro en agua con sal templada y amase. Agregue el agua en pequeñas porciones. Trabaje cuidadosamente la masa con las manos y los puños, para que se haga flexible. Añada la levadura y siga amasando hasta que se haya mezclado bien con la masa. Finalmente, cubra la masa con un trapo y déjela reposar en un lugar caliente. Después, vuelva a trabajarla con cuidado y extiéndala formando discos finos. Cueza en el horno precalentado a 240°C hasta que la masa aumente de volumen. Retírela enseguida y córtela horizontalmente por la mitad, de manera que consiga dos tortas grandes. Vuelva a cocerlas un instante.

En su cocina, la sarda Anna Nieddu muestra como se preparan los auténticos *malloreddus*.

Primero, el azafrán se disuelve en agua. El agua se mezcla con harina y sal.

Se trabaja la masa en una fuente, hasta que esté completamente a punto.

Se separan pequeñas porciones de los rollitos de masa y se les da forma de "orejitas" semirredondas.

El dibujo de los *malloreddus* se consigue al pasarlos por el interior de un marco que encierra una especie de peine o por una tabla estriada.

LA PASTA DE LOS FESTIVOS

En la cocina sarda, la pasta desempeña un papel casi tan importante como el pan. Actualmente, los cocineros y las cocineras sardas siguen sin privarse de servir pasta de elaboración propia, al menos en los días de fiesta importantes. Los *malloreddus* se pueden considerar, sin duda alguna, la pasta nacional de Cerdeña para los días festivos. Se dice que los *gnocchetti sardi*, como se llama a la pequeña especialidad fuera del ámbito de habla sarda, ya se habían extendido en la isla en la Antigüedad.

La pasta se compone de sémola de trigo duro, que se amasa con sal y agua templada. Los *malloreddus* deben su característico color amarillento al azafrán que se les añade. Cuando la masa se ha trabajado con cuidado y es muy elástica, se corta primero en pequeñas porciones regulares, con las que se forman rollitos. Seguidamente, comienza el desafío artesanal. Con habilidad, se deben aplastar los trocitos de pasta que se arrancan de los rollitos, después se enrollan ligeramente con el pulgar y se pasan por un tamiz o por una tabla estriada para que obtengan su típica superficie acanalada.

Estas pequeñas obras de arte se acompañan tradicionalmente con una simple salsa de tomate o con un guiso de carne de cordero o de salchichas. Quienes prefieren lo clásico aderezan los *malloreddus* con un poco de mantequilla y *pecorino* rallado.

MALLOREDDUS
Pasta de sémola con azafrán
(fotografía fondo)

UNA PIZCA DE AZAFRÁN
SAL
400 G DE SÉMOLA DE TRIGO DURO

Disuelva el azafrán y un poco de sal en 150 ml de agua templada. Apile la sémola en la superficie de trabajo y forme un hueco en el centro. Vierta dentro el agua con azafrán y amase.
Si es necesario, añada un poco de agua templada, aunque la pasta debe ser bastante firme. Forme rollos de masa de unos 0,5 cm de diámetro y córtelos en trocitos de 1 cm de largo. Presiónelos ligeramente con el pulgar sobre un rallador, una tabla estriada o páselos por las púas de un tenedor, de manera que se arqueen y queden acanalados.
Antes de hervirlos, deje secar los *malloreddus* durante medio día como mínimo. Cueza *al dente* en agua hirviendo con sal.

Fondo: los *malloreddus* saben bien con salsa de tomate, pero también combinan con un suculento ragú de cordero o, simplemente, se sirven con mantequilla y *pecorino*.

La masa se enrolla con las palmas de la mano, dándole forma de rollitos.

Con un movimiento lento de arriba a abajo, se hace rodar cuidadosamente la pasta sobre la uña del pulgar.

PASTA

En Cerdeña, se designa con el nombre de *sa fregula* una clase de pasta que se utiliza en el norte de África, entre otros lugares, para preparar el cuscús. Sin embargo, en Cerdeña, las minúsculas bolitas se sirven en la sopa o acompañando a un estofado. La masa se elabora con harina de trigo duro y agua, y después se enrolla hábilmente con los dedos para obtener delicadas bolitas, que no deben ser más grandes que un grano de pimienta. Finalmente, se secan al sol o se tuestan en el horno. La pasta *sa fregula* –al igual que los *malloreddus*– debe su color amarillento al azafrán. Los *filindeu* se encuentran entre los tipos de pasta que se preparan raramente. Sólo se encuentran a menudo en Barbagia, porque esos delgadísimos espaguetis, casi transparentes, se ofrecen allí cada año a los peregrinos que llegan a Lula para celebrar la fiesta de San Francisco. Los *filindeu* se cuecen en caldo de carne de cabra, donde se desmenuzan trocitos de *pecorino*. Por desgracia, quedan pocas personas que sepan elaborar los *filindeu*. La masa, compuesta de sémola de trigo duro, aceite de oliva, agua y sal se debe trabajar con extrema destreza y, así, como por arte de magia, se consigue esta pasta tan fina.

Los *culingionis* (también *culurzones* o *culurgiones*) se asemejan asombrosamente a los raviolis de Liguria o de Venecia, pero sólo en su forma, puesto que en Cerdeña las bolsitas de pasta no se rellenan igual que en el norte. Los rellenos habituales son los siguientes: queso *pecorino* tierno, acelgas y queso ricotta; puré de patatas, *pecorino* seco y manteca de cerdo; carne picada de cordero, cerdo y ternera; o una mezcla de ricotta, berenjenas y *pecorino* rallado.

SA FREGULA
Cuscús

350 G DE SÉMOLA DE TRIGO DURO PARA EL CUSCÚS
3 YEMAS DE HUEVO
SAL
UNA PIZCA DE AZAFRÁN

Sa fregula es la designación sarda que recibe la sémola de trigo duro cocida al vapor que se necesita para preparar el cuscús.

Apile la sémola en un plato hondo grande y practique un hueco en el centro. Mezcle las yemas de huevo con un vaso de agua ligeramente salada y con el azafrán. Vierta un poco de esa mezcla en el hueco. Pase las puntas de los dedos por la sémola finalizando en el borde de la fuente, de manera que se formen bolitas del tamaño de un grano de pimienta. Cuando haya obtenido una pequeña porción de bolitas, retírelas de la fuente y resérvelas. Repita la operación con el resto de la sémola hasta utilizarla toda.

Deje secar las bolitas sobre un paño durante toda una noche, girándolas de vez en cuando.

A la mañana siguiente, póngalas a secar al sol o tuéstelas en el horno caliente, si no hace buen día. La puerta del horno debe permanecer abierta para que pueda salir el vapor. De esta manera, las bolitas se secan en pocos minutos.

CULINGIONIS
Raviolis sardos
(fotografía inferior)

Para 6–8 personas

Para el relleno:
800 G DE PATATAS COCIDAS Y TRITURADAS
200 G DE PECORINO TIERNO RALLADO
50 G DE PECORINO SECO RALLADO
120 G DE PARMESANO
2 1/2 CUCHARADAS DE ACEITE DE OLIVA
2 1/2 CUCHARADAS DE MENTA FRESCA PICADA FINA

Para la masa:
300 G DE HARINA DE TRIGO
1 YEMA DE HUEVO
120 ML DE AGUA

50 G DE MANTEQUILLA
8 HOJAS DE SALVIA
UNA PIZCA DE AZAFRÁN DILUIDA EN UN POCO DE AGUA CALIENTE
PARMESANO O PECORINO RECIÉN RALLADO

Para elaborar el relleno, mezcle las patatas con el queso, el aceite y la menta, y reserve.

Para preparar la masa, apile la harina sobre la superficie de trabajo y forme un hueco en el centro. Vierta dentro la yema de huevo y 90 ml de agua. Bata el agua y la yema con un tenedor y después agregue lentamente la harina. Si es necesario, añada el resto del agua. Trabaje la masa, que no debe quedar demasiado firme, durante 20 minutos hasta que quede elástica y homogénea. Extienda la masa con la mano o con un rodillo formando una capa muy fina (unos 2 mm) y después córtela en círculos de unos 10 cm de diámetro. Trabaje la masa que haya sobrado y extiéndala de nuevo; córtela también en discos. Para dar forma a los *culingionis*, sostenga un disco en la palma de la mano y coloque encima una cucharadita de relleno. Envuelva el relleno con la masa, únala y presione los bordes. Los *culingionis* deben tener el aspecto de pequeñas bolsas. También saben bien con salsa de tomate.

Dado que la masa es muy delgada, debe trabajarla con rapidez. Cubra con papel de aluminio los círculos que ya estén cortados, para que no se sequen.

En una cazuela grande, caliente a fuego lento la mantequilla, las hojas de salvia y el agua de azafrán hasta que la mantequilla se disuelva. Entre tanto, hierva *al dente* los *culingionis* en abundante agua con sal. Déjelos escurrir, mézclelos cuidadosamente con la salsa caliente de mantequilla, salvia y azafrán, aderece y sirva.

Espolvoree al gusto con parmesano o queso *pecorino* recién rallado.

QUESOS Y EMBUTIDOS

Casumarzu

El queso de gusanos *casumarzu* es una especialidad sarda, nada apropiada para los vegetarianos. En el fondo, se trata de un inocente queso *pecorino* semiseco. Sin embargo, los habitantes que se le inoculan provocan cierto recelo.

El queso se perfora en la parte superior y se le practica un canal, por donde se hace entrar a los pequeños gusanos blancos. Para mantener en forma a los recién llegados, al principio se les alimenta siempre con unas gotas de leche. No obstante, transcurridos unos días, los gusanos se acostumbran a su nuevo entorno, que después de todo no deja de ser apetitoso, y comienzan a devorar el *pecorino* desde dentro. Cuando el queso está completamente perforado por los gusanos, los amantes del *casumarzu* lo abren y extraen la mezcla de queso y gusanos con un trozo de pan.

El **pecorino sardo** es una variedad del queso de oveja producido en el centro y sur de Italia. Este queso es propio de la isla y tiene una D.O.C.

En las queserías sardas, también se encuentra a veces *pecorino romano*. Si no se ha elaborado en Roma, se llama **pecorino tipo romano.**

El **calcagno** es un queso al corte aromático y sabroso, que se elabora con leche sin tratar y se sirve en la mesa o se utiliza en la cocina para rallar.

Para preparar el **semicotto,** la leche se espesa con cuajo de ternera. Como queso de mesa recién hecho tiene un sabor suave y, a medida que pasa el tiempo, su aroma se hace cada vez más intenso.

El **pepato** es un queso al corte suave, que se va haciendo picante con el tiempo. Elaborado con cuajo de cabra, este queso debe su nombre a los granos de pimienta que contiene.

El **dolce di Macomer** es un queso de leche de vaca con mucha tradición, que proviene de Macomer, la metrópoli sarda del queso. Esta especialidad, no demasiado grasa y con una corteza tierna y clara, tiene un agradable sabor suave.

Centro: los embutidos y salchichones de Macomer se hallan entre los productos cárnicos de mayor calidad de la isla.

Macomer

Todos los sardos conocen la pequeña ciudad de Macomer, situada a medio camino entre Oristano y Sassari. La localidad es el centro de producción quesera en esta isla del Mediterráneo y tiene muchas especialidades diferentes de queso para ofrecer al viajero. Se supone que la primera sociedad productora de quesos de Macomer se creó en el año 1907 y, por tanto, este sector económico tiene una historia relativamente larga a sus espaldas; relativa porque, como ciudad, Macomer tiene una historia mucho más larga. Así, la iglesia parroquial de San Pantaleo procede del siglo XVI. No se sabe con certeza si la comunidad de aquel templo consumía, ya en aquella época, quesos de producción local, aunque es bastante probable. Anteriormente, en el siglo XII, cuando san Bernardo de Claraval envió monjes cistercienses a Cerdeña para fundar la abadía de Santa Maria di Corte a unos 10 kilómetros al oeste de la ciudad del queso, es posible que el manjar de leche cuajada ya se sirviera en la mesa de los religiosos. Ante un pasado tan importante, la sociedad casi centenaria productora de quesos parece, comparativamente, reciente. No obstante, si se aplica una vara humana para medir el tiempo, se concluye que unas cuatro generaciones han disfrutado de los quesos de Macomer. Su constante éxito entre la clientela es la mejor prueba de la calidad que es capaz de proporcionar. Sin embargo, la ciudad no solo se ha especializado en quesos. Quienes deseen degustar el aromático salchichón curado al aire u otros tipos de embutidos auténticos de Cerdeña, deben viajar hasta Macomer, puesto que, sea cual sea el caso, allí se sentirán satisfechos.

Izquierda: el comercio Buon Gustaio de Macomer ofrece un gran surtido de quesos y embutidos.

PECORINO SARDO

Casi la mitad de la tierra de Cerdeña se utiliza para pastos. Un tercio de los rebaños de ovejas italianos vive en la isla y el sector ganadero es una de las principales fuentes de ingresos de sus casi 1,6 millones de habitantes. A esto hay que añadir una industria de productos lácteos muy productiva y de renombre: el *pecorino sardo* se encuentra entre los quesos más apreciados incluso "en el continente", tal y como designan los sardos a la península Itálica.

Fondo (izquierda): una vez se ha separado el suero, se puede retirar la cuajada de queso de la amasadera y colocarlo en un cedazo cilíndrico para prensarlo.

Para elaborar el *pecorino sardo* se utiliza exclusivamente leche de oveja.

Se añade con cuidado cuajo de ternera y se remueve.

Se retira el suero que se ha separado.

La leche cortada, la cuajada queso, se pasa por un cedazo.

El resto del suero se ha eliminado y el queso ya muestra su forma.

Con cuidado, el *pecorino* se lava en sal.

Botarga de mújol

La pesca del mújol es especialmente provechosa en agosto y septiembre, puesto que las hembras tienen el vientre lleno de huevas durante esos meses. La valiosa *bottarga di muggine* se valora más que la *bottarga* de atún, que tampoco es demasiado económica. Por lo tanto, no es de extrañar que se abra a los animales hembra con el máximo cuidado para no estropear el codiciado producto. Las huevas se conservan en sal y se prensan con planchas de madera para conseguir su forma característica, cuadrada y alargada. Después de mantenerse almacenadas en recintos fríos y ventilados durante un periodo de entre tres y cuatro meses, las huevas se han convertido en una masa de color nogal o ámbar, que aún no está seca y que tiene un inconfundible aroma a mar. Cortada en rodajas finas, la *bottarga di muggine* se ofrece como entrante acompañada de pan blanco tierno. Desmenuzado en trozos pequeños y mezclado con un poco de aceite de primera calidad, el noble manjar se convierte en una salsa excelente para espaguetis o para otro tipo de pasta alargada.

Las más de cien variedades de mújoles existentes prefieren las cercanías de la costa y viven bien incluso en aguas salobres y en las desembocaduras de los ríos.

Actualmente, la auténtica *bottarga di muggine* se encuentra sólo en algunos comercios especializados. Inmediatamente después de su captura, las huevas se retiran y se curan en sal.

Muggini in teglia
Mújol en vinagre y aceite

4 MÚJOLES LIMPIOS, DE UNOS 350 G
CADA UNO
3–4 CUCHARADAS DE ACEITE DE OLIVA
VIRGEN EXTRA
SAL
4 CUCHARADAS DE VINAGRE
DE VINO TINTO
I VASO DE VINO BLANCO SECO
PIMIENTA RECIÉN MOLIDA

Lave los mújoles bajo el chorro de agua corriente, déjelos escurrir y colóquelos en una fuente refractaria algo untada con aceite. Sale el pescado, rocíelo con aceite de oliva y 2 cucharadas de vinagre y cueza durante unos 15 minutos en el horno precalentado a 160°C. Vierta el vinagre y el vino blanco y cueza el pescado otros 15 minutos. Retire los mújoles, córtelos en filetes con una cuchara y dispóngalos sobre una bandeja. Riegue con el jugo y aderece con pimienta.

PESCADO FRESCO

Las especialidades culinarias sardas están marcadas por la cocina de los pastores y de los campesinos. El mar nunca atrajo a los sardos, puesto que no son un pueblo navegante. No obstante, siempre ha habido pescadores, pues en una isla no puede ser de otra manera. La cocina sarda de los pescadores es sencilla y genuina, confía en el pescado fresco y en el propio aroma de los mariscos que utiliza, y lo puede hacer a conciencia, porque el mar que rodea Cerdeña ofrece unas aguas de gran calidad, exceptuando quizás las franjas costeras situadas junto a los grandes puertos. En las bahías con playas de arena fina y aguas cristalinas de un verde azulado resplandeciente, donde los turistas se recuperan del ajetreo de la vida cotidiana, los peces también se sienten de maravilla, aunque unos cientos de metros mar adentro. Las sardinas, los mújoles y los atunes van a parar muy a menudo dentro de las redes de los pescadores.

Siguiendo el estilo sardo, las pequeñas sardinas, muy aromáticas, solamente se lavan con cuidado, pero sin quitarles las escamas ni las tripas, y se preparan a la parrilla con mucha sal. Son tan tiernas, que se pueden comer desde la "cabeza hasta los pies". Los cocineros de la isla también tienen un truco excelente para preparar el pescado frito: el rebozado resulta mucho más crujiente con sémola que con harina. Los mújoles frescos, cuyos ejemplares más codiciados provienen de las aguas de Cabra, al oeste de las isla, también se cocinan enteros. Además de una carne aromática y suave, este pescado también suministra la valiosa *bottarga*, una especie de caviar, que sólo se encuentra en las tiendas de comestibles más selectas.

Antes, en el sur de la isla se vivía del atún. Las grandes reservas de atún de la época garantizaban que el pescado se preparara en conserva en las fábricas ubicadas en la zona. Últimamente, sin embargo, las cadenas de fabricación se mantienen casi en silencio: el atún procedente de los océanos y, sobre todo, de Japón, ha arrinconado los productos sardos. No obstante, algunas empresas familiares, que se dedican a la producción a pequeña escala de especialidades distinguidas para el mercado de los gastrónomos, han recibido nuevos estímulos en los últimos años. Los jefes de cocina han vuelto a descubrir recientemente la *ventresca*, la grasa del vientre del gran pescado, y el *tarantello*, una especie de salchichón de grasa del vientre, que también se conoce en Campania, Calabria y Apulia.

En el mercado de pescado de Oristano se venden mercancías importadas y también pescado del litoral sardo. De los pantanos de la cercana Cabra llegan los mújoles... y la *bottarga*.

SARDINE AL POMODORO
Sardinas con tomate

1 CEBOLLA
ACEITE DE OLIVA VIRGEN EXTRA
400 G DE TOMATES
500 G DE SARDINAS PEQUEÑAS LIMPIAS
SAL
HARINA

Pique la cebolla muy fina y rehóguela en una sartén con un poco de aceite de oliva. Pele los tomates y córtelos en dados pequeños, agréguelos a la cebolla y deje rehogar durante unos 20 minutos.
Lave las sardinas, escúrralas, sálelas ligeramente y rebócelas con harina. Caliente abundante aceite en otra sartén, fría en ella las sardinas y déjelas escurrir sobre papel de cocina. Disponga las sardinas en una bandeja para servir, cúbralas con la salsa de tomate y déjelas reposar un día en el frigorífico. Sírvalas frías.

TONNO ALLA CATALANA
Atún a la catalana

4 RODAJAS DE ATÚN, DE 150 G CADA UNA
7–8 CUCHARADAS DE ACEITE DE OLIVA VIRGEN EXTRA
250 G DE VINO BLANCO SECO
3 TOMATES MADUROS
SAL
1 CEBOLLA ROJA
2 PATATAS
1/2 PIMIENTO AMARILLO
1/2 PIMIENTO ROJO
1/2 GUINDILLA

Lave las rodajas de atún bajo el chorro de agua corriente y déjelas escurrir. Caliente 2 cucharadas de aceite de oliva en una sartén y fría las rodajas de atún por ambos lados. Vierta el vino y, algunos minutos después, añada los tomates pelados y triturados. Deje cocer a fuego lento otros 10 minutos, sale ligeramente y mantenga caliente.
Caliente el resto del aceite en una sartén y rehogue la cebolla cortada en aros finos. Pele las patatas, córtelas en dados pequeños y agréguelos a la cebolla. Corte los pimientos en tiras y agréguelos también. Aderece con sal y añada la media guindilla. Rehogue brevemente a fuego lento. Disponga el atún y la verdura en platos, rocíe con un poco de jugo y espolvoree con pimienta recién molida antes de servir.

CASSOLA
Cazuela de pescado

Para 6 personas

4 CUCHARADAS DE ACEITE DE OLIVA
1 CEBOLLA
1 DIENTE DE AJO
1 GUINDILLA
500 G DE TOMATES
1 VASO DE VINO BLANCO SECO
SAL Y PIMIENTA NEGRA RECIÉN MOLIDA
250 G DE CALAMARES
1,3 KG DE PESCADO DE AGUA SALADA VARIADO, LIMPIO
6 REBANADAS DE PAN BLANCO

Caliente 2 cucharadas de aceite de oliva en una cazuela. Pique la cebolla, el ajo y la guindilla y rehóguelos 5 minutos en el aceite. Pele los tomates, córtelos en dados y agréguelos a la cazuela. Vierta el vino, salpimiente y cueza a fuego lento.
Trocee los calamares y fríalos en el aceite de oliva restante durante 4 ó 5 minutos. Después, añádalos a la salsa de tomate de la cazuela, tápela y deje cocer a fuego lento durante unos 30 minutos.
Corte en filetes el pescado y trocéelos, agregue a la cazuela y deje reposar unos 15 minutos. Tueste el pan en la tostadora o en el horno, distribúyalo en platos hondos y cúbralo con el pescado cocido.

PREPARACIÓN DEL PESCADO

Pescado redondo

Partiendo de la cola del pez, corte con unas tijeras de cocina todas las aletas y las barbillas, si las tiene.

Con cuidado iguale las aletas de la cola para darles la hermosa forma de una "cola de pez".

Sostenga el pescado por el extremo de la cola y retire todas las escamas con un cuchillo para escamar o con un cuchillo afilado.

Levante ligeramente el opérculo, separe las branquias y tire de ellas con cuidado.

Retire parcialmente las tripas por la abertura de las branquias. Tenga cuidado de no dañar la cabeza ni el cuerpo.

Practique una incisión de unos 2 ó 3 cm de profundidad en el abdomen, desde donde acaba la cola hasta la cabeza y retire las tripas.

Lave bien el interior y el exterior del pescado con agua fría corriente.

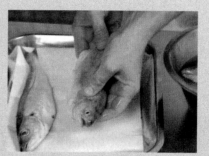
Deje escurrir el pescado y séquelo cuidadosamente en papel de cocina.

Cortar el salmón en filetes

Separe la parte superior del salmón a lo largo de la espina central.

Con un cuchillo afilado, retire la espina central junto con la cabeza.

Corte las espinas y la carne grasa de la parte superior.

Con la ayuda de unas pinzas, retire las espinas que queden en el filete.

Con un cuchillo plano, separe la piel cuidadosamente.

Después, separe los restos de piel y la carne grasa de menor calidad.

UTENSILIOS PARA PREPARAR EL PESCADO

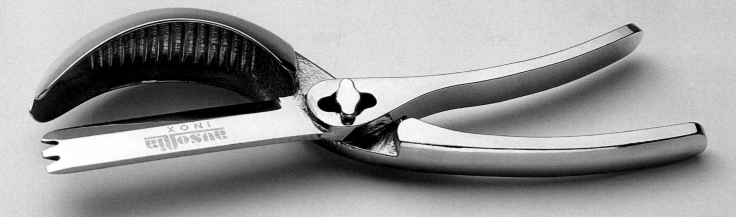

Tenaza para ostras con mangos arqueados (tenaglia Inox per ostriche)
Esta tenaza también es útil para trinchar cangrejos y bogavantes.

Sartén reforzada de hierro (padella in ferro)
En esta sartén antiadherente se puede cocinar pescado sin grasa.

Sartén de hierro negro ovalada (padella in ferro nero ovale)
Es apropiada para las sollas y otros pescados planos.

Pinza para extraer las espinas (molla levalische)
Ofrece un gran servicio en la extracción de las espinas que quedan en un filete.

Cuchillo para escamar con receptáculo para recoger las escamas (squamapesce)
Permite retirar las escamas sin que se esparzan por toda la cocina.

Cuchillo para escamar (squamapesce)
Sólo se escama el pescado grande, como los mújoles y las carpas. Los demás peces tienen escamas demasiado pequeñas.

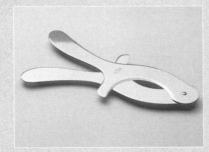

Tenaza para erizos de mar (tenaglia per ricci di mare)
Sirve para partir los erizos de mar por la mitad sin herirse con las púas del animal.

Tenaza con tenacillas para bogavante (pinza per astice)
Tras romper la cáscara de las pinzas del bogavante, la carne se separa con las tenacillas.

Tenaza para bogavante (pinza per astice)
Sirve para romper el caparazón de las pinzas del bogavante y, así, llegar a la suculenta carne.

Termómetro para fritos (termometro per frittura)
La temperatura del aceite es muy importante en los fritos.

Espátula flexible (spatola flessibile)
Con este utensilio de cocina se puede girar el pescado sin que se deshaga.

Cuchillo con mango de madera y hoja flexible para cortar en filetes (coltello per filettare)
El nombre del utensilio indica su uso.

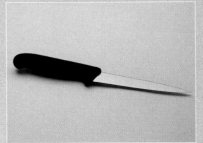

Cuchillo para cortar en filetes (coltello per filettare)
Este cuchillo también se utiliza para abrir los mejillones crudos.

LANGOSTAS

Sólo una parte de Cerdeña es célebre por sus langostas: una franja de la costa oeste, que comienza al norte en Capocaccia y se extiende hasta Bosa, en el sur, pasando por Alguer. Esa zona es el reino del pescado suculento y también de las langostas, que se prenden a los pintorescos escollos.

Capocaccia, probablemente uno de los lugares más hermosos del Mediterráneo, es un paraíso para los pescadores de langostas y para los que buscan erizos de mar. Alguer, la ciudad que domina el golfo, se presenta como una auténtica joya, donde el azul del mar choca con el dorado de las rocas calcáreas, y Bosa, con sus casitas alegres, es un pintoresco pueblo de pescadores. En este rincón de Cerdeña no se sienten sardos sino más bien catalanes porque los conquistadores catalanes tomaron la región que rodea Alguer hace más de mil años. Los sardos son un pueblo de pastores y la tradición culinaria de Cerdeña ha desterrado al mar y a su fauna de la carta de platos. Sin embargo, los catalanes de Alguer (la llamada Barcellonetta), Bosa y Capocaccia han sido pescadores desde tiempos inmemoriales y han vivido siempre en contacto con el mar.

Las langostas se capturan, desde siempre, con una redes especiales, las *nasse,* que se componen de grandes llantas —antes elaboradas con juncos y actualmente con alambre de hierro— sobre las que se extiende la red, formando una especie de manguera. Las langostas nadan hacia la gran abertura, que se va estrechando en forma de embudo hacia el interior de la red, a menudo atraídas por pequeños cebos de calamar. Antiguamente, los pescadores ataban al bote las nasse con las langostas capturadas y, de esta manera, se aseguraban de que el animal estuviera vivo hasta ser vendido. En la actualidad, los equipamientos refrigerantes han substituido a los métodos de conservación tradicionales en casi todos los barcos modernos.

En Alguer, las langostas se preparan de las maneras más diversas. Lo que actualmente es un delicioso bocado nada barato, para los pescadores de Alguer era un alimento básico, consumido algunas veces hasta la saciedad. Así, el aportar variedad a una monótona comida de langostas se convirtió en un imperativo de la cocina local y, quienes se lo podían permitir ponían sobre la mesa una caldereta de langosta, enriquecida con las caras patatas y verduras.

Las langostas se pueden pescar con la ayuda de nasas especiales o con redes. En la fotografía, Marco Sotgiu sostiene con cuidado la red, a la espera de la presa.

Para no herir a las langostas, la red, que puede alcanzar hasta 1,5 km de largo, se conduce por una bobina *(véase* también fondo).

Una manos hábiles y experimentadas liberan a las langostas (que pesan entre 400 y 600 gramos) de la red, que debe permanecer intacta.

Las langostas recién pescadas son un gran manjar. En los mercados o en los comercios, esperan a su comprador en un recipiente con agua.

¿CÓMO SABER SI EL MARISCO ES FRESCO?

Igual que el pescado fresco, el marisco —que es muy delicado y se echa a perder con facilidad— se debe comprar preferentemente en una pescadería de confianza. Sin embargo, examinar la mercancía incluso allí no está de más.

Los moluscos bivalvos tienen que estar siempre bien cerrados. Una pequeña fisura entre las dos mitades del molusco demuestra que el animal se ha secado después de su captura y que, por tanto, se ha echado a perder. El lugar adecuado para los moluscos abiertos es la basura y no la cazuela. Exactamente lo mismo sucede con los ejemplares que flotan enseguida en el agua donde se lavan o que no se abren al hervirlos posteriormente.

Los cangrejos, los bogavantes y las gambas deben tener la cáscara intacta, ser pesados y desprender un apetitoso aroma. Puede confiar tranquilamente en su olfato. El más mínimo olor desagradable debe despertar dudas en el comprador potencial. No compre jamás mercancía que no huela bien.

El mes de mayo es la época más favorable para la pesca de langostas en la costa de Cerdeña. La codiciada mercancía no exige demasiado refinamiento en su preparación, puesto que la valiosa carne desprende un maravilloso aroma marino. Se puede cocinar a la parrilla o cocer al horno con un poco de aceite de oliva, sal, pimienta y romero.

Scampi a zuppetta
Gambas con salsa de tomate

1 KG DE GAMBAS
1 CEBOLLA PICADA
1 DIENTE DE AJO PICADO
4–5 CUCHARADAS DE ACEITE DE OLIVA VIRGEN EXTRA
2 HOJAS DE LAUREL
1 TROZO PEQUEÑO DE GUINDILLA
100 G DE SALSA DE TOMATE
SAL
1 VASO DE VINO BLANCO SECO
1 CUCHARADA DE PEREJIL PICADO

Corte las gambas por la mitad, a lo largo, y retire la cáscara. Lávelas cuidadosamente en agua corriente. Rehogue la cebolla y el ajo en el aceite de oliva. Añada las hojas de laurel y la guindilla picada muy fina. Vierta la salsa de tomate y deje cocer a fuego lento durante algunos minutos. Después, agregue las gambas y aderece con un poco de sal. Vierta el vino y deje que se evapore. Añada un poco de agua, tape y deje cocer a fuego lento durante unos 10 minutos. Disponga las gambas en una bandeja, rocíe con el jugo y espolvoree con el perejil.

Aragosta al forno
Langosta al horno
(fotografía inferior)

1 LANGOSTA DE 1KG APROXIMADAMENTE
50 G DE HARINA
100 G DE MANTEQUILLA
1 CUCHARADA DE ACEITE VEGETAL
SAL Y PIMIENTA
1 RAMA DE ROMERO
1 VASO DE VINO BLANCO SECO

Corte la langosta por la mitad a lo largo y retire las vísceras, que se extienden desde el final de la cola hasta el torso. Lave ambas mitades en agua corriente, séquelas con papel de cocina y rebócelas en harina.
Caliente aceite y mantequilla en una cacerola. Agregue la langosta, salpiméntela y sofríala por ambos lados. Añada la rama de romero, vierta el vino y cueza la langosta durante unos 10 minutos en el horno precalentado a 180°C.
Sirva enseguida.

Spaghetti all'aragosta
Espaguetis con langosta
(fotografía derecha)

1 LANGOSTA DE 1/2 KG APROXIMADAMENTE
3–4 CUCHARADAS DE ACEITE DE OLIVA VIRGEN EXTRA
4 DIENTES DE AJO PICADOS
1 CEBOLLA PICADA
4 HOJAS DE LAUREL
1 VASO DE VINO BLANCO SECO
1/2 GUINDILLA
1 CUCHARADA DE PEREJIL PICADO
200 G DE SALSA DE TOMATE
400 G DE ESPAGUETIS
SAL

Corte la langosta por la mitad a lo largo y retire las vísceras, que se extienden desde el final de la cola hasta el torso. Corte la langosta en trocitos y, si es posible, retire el caparazón.
Caliente el aceite de oliva en una cacerola y rehogue el ajo y la cebolla. Agregue la langosta y las hojas de laurel, y sofría. Vierta el vino blanco, añada la guindilla triturada, el perejil y la salsa de tomate, y deje cocer 30 minutos a fuego lento.
Hierva al dente los espaguetis en abundante agua con sal, cuélelos, dispóngalos en una fuente y mézclelos con el guiso de langosta.
Sirva caliente.

Calamari ripieni:
calamares rellenos

Marisco

A lo largo del litoral sardo, que suma 1.340 kilómetros de longitud, se encuentra una gran oferta de
marisco. Por todas partes se tropieza con cangrejos y
gambas, y hasta los pescadores menos experimentados
pueden capturar pulpos tiernos: prácticamente, sólo
necesitan meter la mano en el agua. Quienes visiten
la isla podrán degustar los deliciosos mejillones de
Marceddi en las *trattorias* y no deberían dejar pasar
la temporada del calamar. Los arrecifes artificiales,
instalados para criar mejillones y, aunque en menor
medida, ostras, suministran la mejor calidad, sin la
cual el típico *antipasto misto di mare* sardo estaría
incompleto.

Calamari ripieni
Calamares rellenos

800 G DE CALAMARES FRESCOS DEL MISMO TAMAÑO
EL ZUMO DE 1 LIMÓN
SAL
2 HUEVOS
50 G DE PAN RALLADO
2 ANCHOAS CORTADAS EN TROZOS PEQUEÑOS
1 DIENTE DE AJO PICADO
1 CUCHARADA DE PEREJIL PICADO
30 G DE PECORINO RALLADO
PIMIENTA
30 ML DE ACEITE DE OLIVA

Retire la bolsa de tinta, las vísceras, la cabeza y la
concha interna de los calamares. Lávelos y séquelos.
Corte los tentáculos en trozos pequeños y hiérvalos
durante unos 15 minutos en agua con sal y con el
zumo del limón. Escúrralos. Coloque en una fuente
los tentáculos con los huevos, el pan rallado, las anchoas, el ajo, el perejil y el queso rallado. Salpimiente
y mezcle bien. Rellene los calamares con esta mezcla
y ciérrelos con un palillo o con bramante. Coloque
los calamares en una cazuela para suflé engrasada con
aceite y cuézalos durante unos 20 minutos en el
horno precalentado a 160°C. Déjelos enfriar, córtelos
en rodajas de unos 2 cm de grosor y sírvalos.

FRUTAS Y VERDURAS

Pomodori ripieni:
tomates rellenos

Las fértiles llanuras de Cerdeña ofrecen condiciones ideales para cultivar fruta y verdura. Sean grandes o pequeños, comerciales o privados, en los campos y en los bancales crece todo aquello que se utiliza en la cocina mediterránea. En las ciudades se encuentran fincas misteriosas rodeadas por altos muros. Si se consigue echar un vistazo entre sus puertas de hierro o madera, cuidadosamente cerradas con cerrojo, aparece un jardín lleno de sombra, fresco y bien regado, que abastece a sus orgullosos propietarios de higos, naranjas, limones, cerezas, ciruelas, granadas, melones, castañas, avellanas y almendras.

Por el contrario, nadie necesita cultivar la chumbera, tan apreciada en toda Cerdeña, puesto que el cactus de hojas carnosas crece silvestre en los márgenes de cualquier camino. Sin embargo, quienes quieran servirse, se deben poner manos a la obra con cautela, armados con guantes. Es aconsejable coger los frutos, sobre todo los que están más altos, con la ayuda de una escalera de mano segura, porque caer sobre la planta punzante puede ser una de las experiencias más desagradables en la vida de un gastrónomo.

EL SARDO: UNA LENGUA ROMÁNICA

Est tundu e non est mundu,
est rubiu e non est fogu,
est birde e non est erba,
est abba e non est funtana.
(su forastigu)

Ante este antiguo acertijo en verso sardo, queda claro, incluso para aquellos que en las clases de latín solían escuchar sólo a medias, que el sardo es una lengua románica por excelencia. Casi se podría pensar que se está escuchando hablar a un romano de la Antigüedad. Por este motivo, los lingüistas no consideran que el sardo sea un dialecto del italiano, sino una lengua singular que se ha mantenido estrechamente unida al latín hasta la actualidad. Así, se han conservado palabras que en el italiano fueron desplazadas por otras expresiones ya hace tiempo. En latín, "casa" es *domus,* en sardo es *domu* y en italiano, *casa.* La palabra "puerta" corresponde al latín *janua* y al sardo *janna,* pero al italiano *porta.* El ejemplo de "grande" también muestra los rasgos latinos del sardo, en comparación con el italiano: en latín es *magnus,* en sardo *mannu* y en italiano *grande.*

Ahora, y para todos aquellos que no sepan latín, la traducción del acertijo y, naturalmente, su solución:

Es redonda, pero no es la Tierra,
es roja, pero no es fuego,
es verde, pero no es hierba,
es agua, pero no es fuente.
(la sandía)

Minestra di piselli con ricotta:
menestra de guisantes con
queso ricotta

Las huertas sardas no son menos variadas que las plantaciones de frutales. En ellas crecen alcachofas, como las variedades Violetto di Provenza y Violetto di Toscana, y la variedad de hojas espinosas Spinoso Sardo. Esta última, que se caracteriza por ser muy tierna y por tener un sabor discreto, también se distribuye a gran escala en la península italiana. Los cardos, de la misma familia que las alcachofas, se cultivan en Cerdeña con el mismo éxito. Asimismo, los tomates que se encuentran actualmente en los mercados de Turín y Milán se han convertido, en las últimas décadas, en productos nacionales sardos. Los jugosos frutos, carnosos y casi sin pepitas, son extraordinariamente sabrosos y tienen una piel fina y lisa.

Las verduras de Cerdeña parecen desarrollar, en general, un poco más de aroma que las de otros lugares. Por ello, muchas recetas tradicionales de ensaladas incluyen únicamente un poco de sal, pues generalmente no es necesario aliñarlas con aceite y vinagre. El apio es tan sabroso que se debe utilizar con moderación para que su sabor no domine en el plato. Los rabanitos, aderezados sólo con un poco de sal, (sobre todo los alargados de la clase *arreiga*) armonizan muy bien con un asado suculento. Los guisantes son sumamente tiernos, suaves y jugosos. Las berenjenas pueden competir sin esfuerzo con sus rivales de Calabria y las judías no tienen por qué escudarse detrás de las de Apulia. Asimismo, se cultivan plantas aromáticas como el azafrán, la menta, el romero, la albahaca, el ajo, la salvia, el laurel y la mejorana.

POMODORI RIPIENI
Tomates rellenos
(fotografía superior izquierda)

4 TOMATES DUROS GRANDES
2 HUEVOS
60 G DE PECORINO RALLADO
100 G DE PAN RALLADO
I CUCHARADITA DE AZÚCAR
SAL Y PIMIENTA
UNA PIZCA DE NUEZ MOSCADA
ACEITE DE OLIVA VIRGEN EXTRA

Lave los tomates, córteles el casquete superior y retire las pepitas.
Bata los huevos en una fuente y agregue el queso, el pan rallado y el azúcar. Aderece con sal, pimienta y una pizca de nuez moscada y mezcle bien. Rellene los tomates con la masa y vuelva a cerrarlos con el casquete.
Coloque los tomates en una bandeja engrasada con aceite de oliva y hornéelos durante unos 30 minutos en el horno precalentado a 160°C.

TORTINO DI CARCIOFI
Alcachofas al gratén

6 ALCACHOFAS
EL ZUMO DE I LIMÓN
4 HUEVOS
3–4 CUCHARADAS DE ACEITE DE OLIVA VIRGEN EXTRA
3 CUCHARADAS DE PEREJIL PICADO
50 G DE PARMESANO O DE GRANA RALLADOS
SAL Y PIMIENTA
MANTEQUILLA
PAN RALLADO

Retire las hojas exteriores de las alcachofas y corte las puntas de las demás hojas. Corte las alcachofas en rodajas finas y colóquelas en una fuente con agua y zumo de

limón. En otra fuente, bata los huevos con el aceite de oliva. Agregue perejil y queso, y salpimiente. Engrase con mantequilla una bandeja refractaria y espolvoree con el pan rallado. Deje escurrir las alcachofas, séquelas y distribúyalas en la bandeja con la mezcla de huevo. Espolvoréelas con pan rallado y cuézalas durante unos 30 minutos en el horno precalentado a 160°C. Corte porciones y sírvalas calientes o frías.

MINESTRA DI PISELLI CON RICOTTA
Menestra de guisantes con ricotta
(fotografía inferior izquierda)

I CEBOLLA GRANDE PICADA MUY FINA
3–4 CUCHARADAS DE ACEITE DE OLIVA VIRGEN EXTRA
2 KG DE GUISANTES
40 G DE CONCENTRADO DE TOMATE
SAL
200 G DE PASTA PEQUEÑA
200 G DE RICOTTA

Rehogue en aceite de oliva la cebolla picada. Pele los guisantes, añádalos a la cebolla y sofríalos durante unos 15 minutos. Remueva de vez en cuando con una cuchara de madera. Agregue el tomate y un poco de agua, aderece con sal y deje cocer otros 20 minutos. Añada la pasta, tape la cazuela y deje hervir al punto.
Desmenuce el ricotta y distribúyalo en platos hondos. Vierta la menestra y mézclela con el ricotta.

Las aromáticas verduras y la fruta recién cogida desempeñan un papel muy importante en la cocina sarda. Puesto que todas las amas de casa necesitan diariamente estos alimentos, la compra y la venta —como en todo el mundo— se regula sin problemas. Los compradores van al

mercado o se dirigen a la tienda más cercana. Si, en el camino, alguien recuerda que le falta algún ingrediente, se lo compra a los vendedores ambulantes situados junto a las carreteras comarcales o en las grandes arterias de comunicación.

FAVATA
Puchero de alubias

250 G DE ALUBIAS SECAS
I CEBOLLA
1/2 TALLO DE APIO
I ZANAHORIA
250 G DE COL RIZADA
250 G DE PIES DE CERDO Y CORTEZA DE TOCINO
200 G DE SALSICCIA LIGERAMENTE CURADA
40 G DE TOMATES SECOS
I DIENTE DE AJO MACHACADO
I MANOJO DE ENELDO
SAL
REBANADAS DE PAN TOSTADO
PECORINO RALLADO

Tenga las alubias en remojo durante la noche. Al día siguiente, colóquelas en una cazuela con unos 3 l de agua. Corte la verdura en trocitos y añádala a las alubias junto con la carne, el tomate y el ajo. Cueza a fuego lento durante unos 40 minutos. Después, agregue el eneldo, sale y deje cocer hasta que las alubias estén hechas. El cocido de alubias sabrá mucho mejor si lo deja reposar algunas horas.
A continuación, caliéntelo, distribuya las rebanadas de pan en platos hondos, añada el cocido y sírvalo espolvoreado con el *pecorino* rallado.

DULCES

Los dulces sardos hacen honor a su nombre, puesto que son francamente dulces. Las masas de bizcocho, de almendras, de levadura, de mazapán y de hojaldre, que ya de por sí llevan bastante azúcar o miel, forman la base de las pequeñas golosinas. Elaborados con formas decorativas como, por ejemplo, dados, bolitas, rombos o incluso animales y figuras, los productos –que recuerdan a los *petits fours* franceses– se recubren con un grueso baño de azúcar o con una cobertura de mazapán y se adornan con frutas confitadas o con perlas de azúcar de todos los colores del arco iris, incluidos el dorado y el plateado.

Las tartas de cumpleaños sardas de las pastelerías locales también son obras dignas de admiración. Las capas de bizcocho se mojan en aguardiente de frutas o en otros licores antes de volver a superponerlas, separadas por crema pastelera o nata. El color del baño de azúcar sintoniza con la celebración: las personas adultas que cumplen años reciben una tarta blanca o de un amarillo suave; a las niñas, se les regala una maravilla de color rosa y, a los niños, azul celeste. El pastel borracho es más típico para los mayores, pero, en cualquier caso, en la parte superior luce siempre un escrito de azúcar pulverizado, con el cual se desean "felicidades". Tanto las tartas de cumpleaños como los demás *dolci* se suelen comer únicamente en ocasiones especiales. Sin embargo, una de esas ocasiones puede ser simplemente una visita espontánea de los vecinos: siempre se encuentran acontecimientos para ofrecer unos dulces que, a veces, son caros.

No obstante, la pastelería sarda no consta únicamente de bocados tan dulces, sino que también ofrece diversas piezas de bollería, que se sirven en los bares, especialmente en el desayuno. Las pastas de hojaldre o de masa de levadura que se elaboran a diario se encuentran, asimismo, rellenas de crema.

También son muy populares las galletas *ciambelle,* del tamaño de un platito de café y decoradas con un poquito de mermelada roja en el centro. Aquellos que desconfían del pastelero local, pueden dirigirse a un monasterio cercano: en la actualidad, aún es bastante usual comprar dulces en los conventos. Muchos golosos están incluso convencidos de que las hermanas, que dependen de los ingresos extraordinarios para mantener la vida monástica, siguen elaborando las mejores *ciambelle.* Por desgracia, no se dan demasiadas ocasiones para felicitar a las devotas pasteleras por su arte, ya que muchas monjas sardas pertenecen a conventos de clausura con estrictos votos de silencio. Al vender los apreciados dulces, no se da conversación a la clientela. Quienes están interesados en las galletas, llaman a una puerta determinada o a una ventana, a través de la cual, evidentemente, no se ve nada y dejan sus liras en una especie de abertura. Si la puerta está cerrada, las monjas la abren hacia dentro, toman el dinero y depositan al otro lado una ración de aromáticas *ciambelle* envueltas en un papel blanco como la nieve y, generalmente, recién salidas del horno. Hasta que no se han oído las bisagras de la puerta interior, no se puede abrir la puerta exterior ni retirar la deliciosa mercancía.

Al primer bocado, la cosa ya queda clara: la silenciosa compra siempre vale la pena.

AMARETTUS
Almendrados

500 G DE ALMENDRAS DULCES
80 G DE ALMENDRAS AMARGAS
3–4 CLARAS DE HUEVO
500 G DE AZÚCAR
HARINA DE TRIGO

Primero, sumerja las almendras en agua templada durante un rato; a continuación, pélelas y píquelas muy finas. Bata las claras a punto de nieve, agregue el azúcar y las almendras y mezcle bien. Si es necesario, añada 1 ó 2 cucharadas de harina para que la masa quede un poco firme.
Forme bolitas poco consistentes con la masa y distribúyalas en una bandeja de horno cubierta con papel parafinado.
Dore los almendrados durante unos 10 minutos en el horno precalentado a 150ºC.

TORTA DI MANDORLE
Torta de almendras

4 HUEVOS
150 G DE AZÚCAR
50 G DE HARINA DE TRIGO
100 G DE ALMENDRAS
1/2 SOBRE DE LEVADURA QUÍMICA
UNA PIZCA DE AZÚCAR DE VAINILLA
LA CORTEZA DE 1 LIMÓN RALLADA
1 CUCHARADA DE MANTEQUILLA
HARINA PARA ESPOLVOREAR
AZÚCAR EN POLVO

Separe las yemas de las claras. Bata las primeras con el azúcar hasta conseguir un líquido espumoso. Agregue la harina, las almendras peladas y picadas, la levadura, el azúcar de vainilla y la corteza de limón rallada; bata las claras a punto de nieve. Engrase un molde para pasteles con mantequilla y espolvoree con un poco de harina. Coloque la masa en el molde y hornee durante unos 40 minutos en el horno precalentado a 180ºC. Desmolde la torta y déjela enfriar. Colóquela sobre una bandeja para servir y espolvoree con abundante azúcar en polvo.

SEBADAS
Raviolis de queso con miel

200 G DE SÉMOLA DE TRIGO DURO
20 G DE MANTECA (O MARGARINA)
SAL
4–5 CUCHARADAS DE ACEITE DE OLIVA VIRGEN EXTRA
60 G DE QUESO FRESCO (CACIOTTA SARDA)
1 CUCHARADA DE HARINA DE TRIGO
50 G DE MIEL

Amase la sémola de trigo duro con la manteca, un poco de agua, sal y 1 cucharada de aceite de oliva, hasta conseguir una masa blanda y elástica. Extiéndala formando una capa muy fina y corte círculos de 6 ó 7 cm de diámetro.
Trocee el queso fresco y colóquelo en una cacerola con un poco de agua y 1 cucharada de harina. Fúndalo a fuego lento, hasta obtener una crema espesa. Distribuya una pequeña cantidad de queso fundido en la mitad de los círculos y cúbralos con el resto. Presione bien los bordes y fríalos en aceite de oliva caliente.
Rocíe las *sebadas* con miel y sírvalas calientes.

GATTÒ Y OTRAS OBRAS DE ARTE

El calendario de fiestas sigue animando a los pasteleros a rendir al máximo. En las fiestas del patrón de la ciudad o de los santos en el caso de los pueblos, se elabora cada año el *gattò*.
Este dulce no es solo un postre de almendras y azúcar, sino que también es una pequeña obra de arte arquitectónica, puesto que los confiteros se esfuerzan por copiar la iglesia mayor o un determinado monasterio de la localidad. El modelo, realizado a escala, ocupa un lugar de honor en las fiestas.
En carnaval, no pueden faltar las *zipulas,* cocidas en manteca y de un color amarillo azafrán. En Pascua, las tortas opulentas y las modestas tortitas de requesón o de ricotta, las *pardulas,* señorean por todas las mesas. El día de Todos los Santos, se sirven bombones de colores y, en Navidad y Año Nuevo, cada zona elabora sus propias especialidades dulces.

Bianchini

Pardulas

Amarettus

Pabassini

Aranzadas

Pistoccheddus

Gueffos

Pastissus

LA ISLA SOLEADA CON VIÑEDOS

A apenas 200 kilómetros de la península italiana y situada a la altura de Campania y Basilicata, la isla de Cerdeña posee una de las industrias vitícolas más antiguas del país. A lo largo de la historia, la isla fue conquistada por los bizantinos, los árabes y los catalanes, y aún se aprecia la influencia española en la viticultura: las variedades de cepa más importantes de Cerdeña, como la Cannonau y la Carignano, son originarias de la península Ibérica. En la viticultura sarda, las grandes cooperativas predominan mucho más que en el resto de Italia.

Junto a esto, hay unas pocas bodegas y un puñado de productores de vino con talento, que han podido alcanzar cierto éxito suprarregional e internacional. Una gran parte de la producción de vino se sigue consumiendo en la propia isla o se lleva a la península como mercancía para mezclar con otros vinos. Por tanto, de los numerosos vinos con D.O.C. de Cerdeña, sólo unos pocos son de calidad (entre ellos, el ya mencionado Cannonau di Sardegna, el Vermentino di Gallura, el Vernaccia di Oristano y el Carignano del Sulcis).

Cannonau di Sardegna,
Malvasia di Cagliari,
Monica di Cagliari,
Moscato di Cagliari,
Vermentino di Gallura (DOCG)
Moscato di Sorso-Sennori
Alghero
Nuragus di Cagliari
Giro di Cagliari
Vernaccia di Oristano
Mandrolisai
Carignano del Sulcis

25 km

Cannonau di Sardegna

En su patria española, el Cannonau, también escrito a veces Cannonao, se conoce con el nombre de Garnacha. La segunda variedad de cepas del mundo, que en Cerdeña cubre el 20% de la superficie de viñedos, configura una de las bases de algunos vinos españoles tan célebres como el rioja. Designada como Grenache, esta variedad también se ha convertido en un producto nacional del sur de Francia, donde es la responsable, entre otros, de muchos *châteauneuf-du-pape* excelentes. Asimismo, en la zona de Maremma, en la costa toscana, se encuentra esporádicamente bajo el nombre de Alicante. Esta cepa produce vinos tintos fuertes y con un alto contenido de alcohol, que también son muy populares para mezclarlos con otras variedades como la Cabernet Sauvignon. Los mejores

vinos de Cannonau combinan de maravilla con platos fuertes de carne o de caza y provienen de la provincia de Nuoro, al este de Cerdeña.

Vermentino di Gallura

El mejor Vermentino de la isla, un vino blanco joven que acompaña muy bien a los platos de pescado sencillos, proviene de la provincia de Gallura, en el extremo norte de Cerdeña. Esta variedad de cepa también se cultiva, sobre todo, en la vecina isla de Córcega y en la región de Liguria, y en el sur de Francia se utiliza con el nombre de Rolle. Realmente, esta variedad sólo da buenos resultados cuando el productor de vinos limita su producción, una condición indispensable para los vinos con un sabor intenso.

Carignano del Sulcis

Conocido en España con los nombres de Cariñena o Marzuelo y, en el sur de Francia como Carignan, el Carignano es reconocido sobre todo como un vino de mesa sencillo, sin demasiada fuerza ni carácter. Sin embargo, en manos de algunos productores de Cerdeña, puede producir vinos interesantes que deslumbran con su aroma persistente y su sabor redondo y completo.

Monica, Vernaccia y Malvasia

Además de algunas variedades de cepa autóctonas, Cerdeña posee también tipos inusuales de algunas variedades italianas más extendidas. Entre ellas se encuentran la Monica, roja y muy aromática (M. di Cagliari o M. di Sardegna), la Vernaccia (V. di Oristano), que produce vinos blancos secos y fuertes o una versión de *liquoroso* semejante al jerez; y la Malvasia.

La Cantina Sociale della Vernaccia, en Oristano, fue fundada en 1953. Desde el principio, el objetivo de la bodega fue unir los tradicionales métodos artesanos de preparar el Vernaccia con las técnicas modernas de las bodegas para producir un producto excelente con D.O.C.

Las botellas del Vernaccia, grandes y panzudas, empleadas en Oristano, recuerdan a las botellas cubiertas de mimbre con las que antes se iba a buscar vino a la *cantina sociale*.

IL VINO DELLO ZIO

Il vino dello zio, el vino del tío viticultor, ya que casi todos tienen uno en la familia, era la bebida cotidiana de los italianos hasta hace menos de veinte años. Cuando visitaban a los parientes, se llevaban vino en una botella cubierta de mimbre y las familias que no tenían *zio,* tío, o *nonno,* abuelo, iban simplemente con la botella vacía a la tienda de vinos de la esquina o se acercaban con una garrafa de plástico o de mimbre a la *cantina sociale* más cercana, donde se la llenaban desde unos grandes depósitos por poco dinero.

En aquellos tiempos, los vinos económicos solían provocar poco placer. Mal elaborados a partir de uvas mediocres, no acostumbraban a sobrevivir el largo viaje de regreso de las vacaciones y se presentaban en casa más o menos avinagrados y con un olor y un sabor poco embriagadores. De hecho, sólo se podían disfrutar encubiertos bajo la influencia de una suculenta comida familiar en el campo o en un ambiente de vacaciones y soleado en la playa.

Sin embargo, en los años ochenta del siglo XX, el panorama empezó a cambiar. Paralelamente al desarrollo de una viticultura de gran calidad en casi todas las regiones italianas, también aumentaron las exigencias de los consumidores de vino del país. Ya no se pasaban las vacaciones exclusivamente en Adriático o en la Riviera, sino que se empezó a descubrir el fascinante mundo de los viajes lejanos. Fueron muchos, sobre todo los italianos más jóvenes, quienes, a la vuelta de sus destinos siempre exóticos, trajeron consigo nuevas experiencias degustativas y exigencias más elevadas.

Evidentemente, una gran parte del vino de cada día se va a buscar aún con garrafas a la *cantina sociale* más cercana, sobre todo en las regiones vitícolas menos renombradas del país, igual que se hace en cualquier otro lugar del mundo. Sin embargo, en las últimas dos décadas, se ha desarrollado en Italia una viticultura realmente prestigiosa. Los vinos suaves y perfectamente elaborados a partir de las mejores uvas, embotellados en modernas botellas de diseño y servidos generalmente a precios elevados en elegantes comercios especializados y en restaurantes, han suplantado al *vino dello zio,* el antiguo vino de mesa de los italianos.

Izquierda: el Vernaccia di Oristano se encuentra entre los mejores vinos sardos con D.O.C. En la fotografía, Giuseppe Atroni, de la Cantina Sociale della Vernaccia, envasa el vino directamente desde el tanque de acero.

AGUA

El interior de Cerdeña es rico en montañas altas y paisajes vírgenes. Los cuantiosos riachuelos de las montañas suministran un agua potable límpida y cristalina, que es muy apreciada.

Aunque el agua de muchas fuentes se embotella actualmente para comercializarla y se ofrece en los supermercados con el análisis del laboratorio impreso en la etiqueta, algunos sardos siguen yendo a buscar el agua a las fuentes o a los manantiales accesibles, donde llenan los recipientes que han llevado. Según dicen, algunas aguas producen efectos francamente curativos y dudan de que el agua del supermercado tenga los mismos poderes.

Quienes disponen de tiempo y de un medio de transporte propio, van a buscar el agua a los manantiales con renombre de las montañas. Muchas personas desconfían de las botellas de plástico de los supermercados.

San Leonardo es, desde hace tiempo, uno de los manantiales sardos más populares y frecuentados. La administración local incluso ha hecho arreglar el camino de acceso para los automóviles.

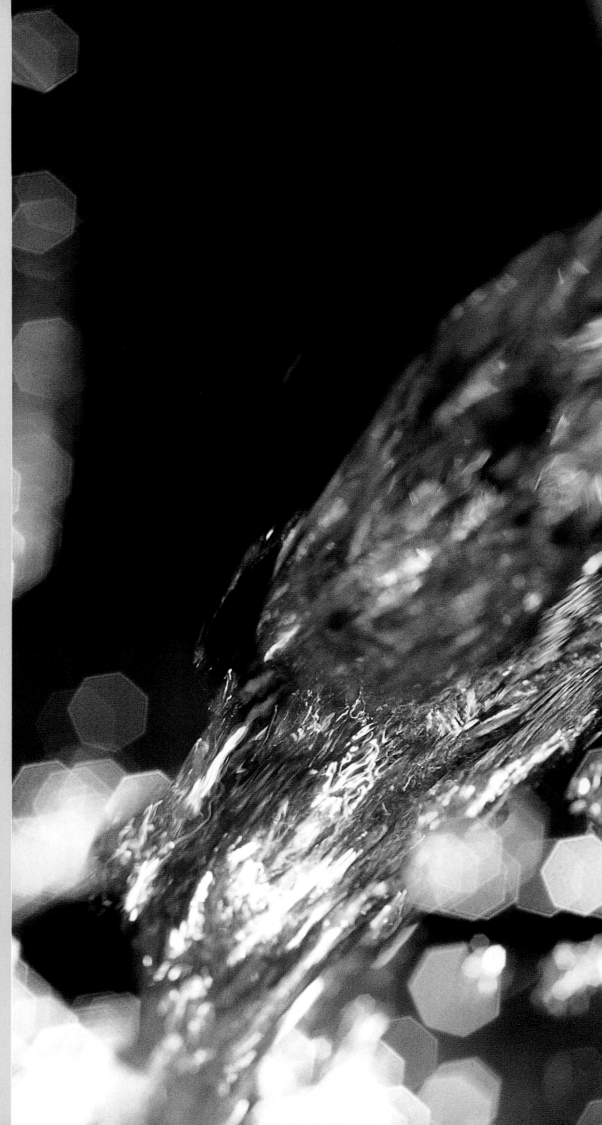

AGUAS MINERALES CONOCIDAS DE ITALIA

El manantial del agua de **Rocchetta,** con un bajo contenido en minerales y anhídrido carbónico, se encuentra en Umbría.

La **Levissima** surge del manantial situado a mayor altitud de Italia, en las montañas de Lombardía.

Del manantial umbro de **Sangemini** brota un agua rica en calcio.

El agua **Ferrarelle** proviene del manantial de Riardo, en la Emilia-Romaña.

El agua **Vera** procede de Véneto y estimula el metabolismo.

Los poderes curativos de la **San Pellegrino,** del valle de Brembana, ya se elogiaban hacia el año 1200.

Uliveto es un agua mansa de Vico Pisano (Toscana), sin apenas anhídrido carbónico natural.

Monteforte procede del manantial de Coverai, situado a 716 metros de altitud en los Apeninos.

Boario procede de cuatro manantiales que brotan en un parque nacional lombardo.

El agua sin gas **Panna** procede de la provincia de Orvieto, en Umbría.

El agua **Cerelia,** de Emilia-Romaña, está recomendada contra la cistitis.

La célebre agua curativa **Fiuggi,** del Lacio, ayuda sobre todo a curar afecciones de vejiga y uréter.

De la Fonte **Limpia,** en Lombardía, surge un agua con bajo contenido mineral.

El agua **Lora Recoaro** procede del Véneto. El manantial está situado a 800 metros de altitud.

El agua **San Francesco,** de Caslino al Piano (provincia de Como) se extrae de lechos profundos.

El agua mineral **Tavina** procede de un manantial de Salò, junto al lago de Garda.

ITALIANO CULINARIO

abbocato	abocado, delicado	bruschetta	rebanada de pan	co(s)toletta	chuleta	frigorifero	frigorífico
acciuga	sardina		tostado	cotechino	embutido de cerdo	fritto	frito
aceto balsamico	vinagre balsámico	buccia	cáscara	cotenna	corteza de tocino	frizzante	vino de aguja
aceto di vino	vinagre de vino	budino	budín	cotto	cocido	frutta secca	frutos secos
acqua di rose	agua de rosas	bulbo, tubero	bulbo, tubérculo	cozza	mejillón	frutta di bosco	frutas del bosque
acquavite	aguardiente	burro	mantequilla	crauti	hierbas	frutti di mare	marisco
affettato	cortado en lonjas	caffè	café solo	cren	rábano picante	fungo imperiale	amanita cesárea
affogare	escalfar	caffè corretto	carajillo	crespella	crepes	fungo ostrica	pleuroto en forma
affumicare/	ahumar/ahumado	caffè e latte	café con leche	croccante	crujiente		de ostra
affumicato		caffè macchiato	cortado	crocchetta	croqueta	fuoco, piastra	lumbre, plancha
agarico delizioso	mízcalo	caffè ristretto	café exprés	crosta	costra	gamberetto	gamba
aglio	ajo	calamaro	calamar	crosta di sale	a la sal	gambero	cangrejo
agnello da latte	cordero lechal	camomilla	manzanilla	crostacei	crustáceos	gelato	helado
agro	agrio	canederlo	albóndiga	crostino	rebanada de	ginepro	enebro
agrodolce	agridulce	cannella	canela		pan tostado	girare, voltare	girar, dar la vuelta
aguglia	pez aguja	cannocchia	galera	crudità	comida cruda	gnocchi	ñoquis
al dente	al punto	cantarello	cantarela	crusca	salvado	gocciolare	rociar con gotas
al forno	al horno	cappero	alcaparra	cucinare	cocinar	grancevola	centollo
alalunga	caballa	cappone	capón	cucinato al forno	cocinado al horno	granchio	cangrejo
albicocca	albaricoque	carciofo	alcachofa	cumino	comino	grano duro	trigo duro
alborella	corégono	carne d'asino	carne de burro	cuocere e far	espesar con la	grano integrale	trigo integral
alcolici	espirituosos	carne di camoscio	carne de gamuza	addensare	cocción	grano saraceno	trigo sarraceno
alice	anchoa, boquerón	carne di cavallo	carne de caballo	cuocere e far	espesar con la	grano tenero	trigo
alimentari	alimento	carne di montone,	carne de carnero	dattero di mare	dátil de mar	grano turco	maíz
all'arrabbiata	picante, con	di castrato		dentice	dentón	grassetti	chicharrones
	guindilla	carota	zanahoria	di giornata	del día	grasso del pesce	grasa de pescado
alla casalinga	comida casera	caviale	caviar	disossare	desosar	gratinato	gratinado
alla griglia	a la parrilla	cavolfiore	coliflor	disporre a strati	disponer en capas	grattugiato	rallado
alloro	laurel	cavolino di	col de Bruselas	dolce	dulce, postre	grissino	palitos de pan
amabile	delicado, suave	Bruxelles		dorare	rehogar	impanato	empanado
amanita cesarea	amanita cesárea	cavolo	col	dragoncella	estragón	impastare	amasar
amanita tignosa	amanita	ceci	garbanzos	eleta	colmenilla	in agro	escabechar
amaretto	almendrado	cedro	cidra	erba cipollina	cebollino	in agro-dolce	en agridulce
amaro	amargo	cereali	cereales	érbette aromatiche	hierbas aromáticas	in brodo	en caldo
aneto	eneldo	cerfoglio	perifollo	estragone	estragón	in marinata	marinado
anguilla	anguila	cernia di fondale	mero	estratto	extracto	in padella	en la sartén
anice	anís	cervella	cerebro	evaporare	evaporar	in umido	estofado en salsa
anice stellato	anís estrellado de	cetriolo	pepino	fagiano	faisán	indivia	endibia
	las Indias	chiodi di garofano	clavo	fagioli	alubias	insalata brasiliana	lechuga iceberg
antipasto	entrante	chiodino	armillaria	famigliola buona	armillaria	integrale	integral
aragosta	langosta	cibo kascer	platos judíos	far legare	ligar	involtino	rollo de asado
arancia	naranja	ciccioli	chicharrones	faraona	gallina de Guinea	lampone	frambuesa
aromatizzato/aromi	aromatizado/hierbas	cicoria	achicoria	farina di riso	harina de arroz	larderellare	lardear
	aromáticas	cieca	angula	farina di segale	harina de centeno	lardo	manteca, grasa
arrosto	asado	ciliegia	cereza	farro	escanda común	lasca	escarcho
artemisia, assenzio	artemisa, ajenjo	cime di rapa	puntas de nabo	fatto in casa	casero	lasciar andare	dejar cocer
arzilla	raya	cinghiale	jabalí	fegato	hígado	lasciare in concia	reservar
asparago selvatico	espárrago silvestre	cipolla	cebolla	fegato d'oca	hígado de oca	latte di bufala	leche de búfala
astice	bogavante	cipolloto	cebolleta	fermentare	fermentar	latte intero	leche entera
attaccarsi	agarrarse, quemarse	cirenga	serrano	fetta biscottata	biscote	lattuga	lechuga
baccalà	bacalao	coccio	cazuela de barro	fico d'India	chumbera	lavarello	corégono
baccello	vaina	colazione	desayuno	filettare	cortar en filetes	legumi	legumbres
bacca	baya	concentrato	tomate concentrado	filetto	filete	lenticchie	lentejas
bagnare	bañar	di pomodoro		finferlo	cantarela	lepre	liebre
bagnomaria	al baño María	conciglia di	vieira	finocchio	hinojo	lessato	hervido
bevanda	bebida	San Giacomo		fiore di sambuco	flor de saúco	lievito	levadura
bietola	acelga	condire	condimentar	focaccia	torta de pan	lime	lima
bisso	barbas del mejillón	confetto	grageas	fonduta	fondue de queso	limone	limón
bistecca	bistec	congelato	congelado	formaggio	queso de oveja	lingua	lengua
bocconcino	tapa	coniglio	conejo	di pecora		liquirizia	regaliz
bollito	hervido	conservabile	conservable	formaggio duro	queso seco	liquore	licor
borragine	borraja	contorno	guarnición	formaggio fresco	queso tierno	lisca	espina
branchie	branquia	coriandolo	cilantro	formaggio fresco	requesón	lombo	lomo
branzino	lubina	corteccia	corteza	tipo ricotta		lumaca di mare	caracol de mar
brasato	estofado	coscia	mano de almirez	fragola	fresa	macerare	macerar
brodo	consomé	costola	costilla	frattaglie	asadura	macinato	carne picada
				friggere	freír		

Italiano	Español
maggiorana	mejorana
maiale	carne de cerdo
maionese	mayonesa
mandorla	almendra
manzo	carne de vacuno
marinare	macerar o adobar
marinata	maceración o adobo
marmora	herrera
marrone	castaña
marzapane	mazapán
mazzetto	manojo
mazzetto di aromi	manojo de hierbas para sopa
mela	manzana
melanzana	berenjena
melograno	granada
meringa	merengue
merluzzo	bacalao
mescolare	mezclar
mettere ammollo	poner en remojo
mettere in concia	adobar, macerar
miele	miel
miglio	mijo
minestra	menestra
mirtillo rosso	arándano rojo
misto	mixto
molluschi	moluscos
mora di rovo	zarzamora
mostocotto	jarabe de mosto
muggine	mújol
nassello	merluza
nocciola	avellana
noce	nuez
noce moscata	nuez moscada
orata	dorada
origano	orégano
orzo	cebada
orzo perlato	cebada perlada
osse con il midollo	hueso con tuétano
pagello	pagel
palombo	escualo
pan grattato	pan rallado
pancetta	panceta
pane	pan
panino	panecillo
panna	nata
passato	triturado
passera di mare	platija
pasta asciutta	literalmente, pasta seca = pasta con salsa de tomate
pasta frolla	pastaflora
pasta leggera tipo biscotto	masa de bizcocho
pasta lievitata	masa de levadura
pasta sfoglia	pasta de hojaldre
pasticcio	paté
patata	patata
patata dolce	boniato
pelato	pelado
pepe	pimienta
peperoncino	guindilla, chile
peperone	pimentón
pernice	perdiz
pesare/pesato	pesar/pesado
pesce	pez, pescado
pesce persico	perca
pesce San Pietro	pez de San Pedro
pesce spada	pez espada, emperador
pesca	melocotón
pestello di legno	mano de almirez de madera
petto di pollo	pechuga de pollo
piatto da magro	plato de ayuno
piccante	picante
piccione selvatico	pichón silvestre
pietanza	plato de comida
pimento	pimienta de Jamaica
pinna	aleta
pinolo	piñón
piselli	guisante
pizzoccheri	pasta de trigo sarraceno
pleuroto	pleuroto en forma de ostra
pollame	aves de corral
polpa	pulpa
polpa di pomodoro	tomate tamizado
polpo	pulpo
pomodoro	tomate
pompelmo	pomelo
porcellino da latte	cochinillo
porcino	boleto comestible
porro	puerro
pralina	bombón
prataiolo	champiñón
preparazione	preparación
presa	pizca
prezzemolo	perejil
primo piatto	primer plato
prodotti caseari	productos lácteos
prosciutto	jamón
prugna	ciruela
pulire	limpiar
quaglia	codorniz
rafano	rábano picante
raffreddare	enfriar
raffreddare in acqua	enfriar en agua
ragù	guiso para pasta
rana pescatrice	rape
rapa	nabo
ravanello	rabanitos rojos
reni	riñones
residuo, fondo	poso, sedimento
resistente alla fiamma	refractario
riccio di mare	erizo de mar
ripieno	relleno
riscaldare	calentar
riso comune	arroz común
riso fino	arroz de grano mediano o normal
riso semifino	arroz de grano redondo
riso superfino	arroz de primera
rombo	rodaballo
rosmarino	romero
rospo	rape
rucola	jaramago
salame di fegato	embutido de hígado
salamoia	salmuera
salato	salado
sale	sal
salmone	salmón
salsiccia	salchicha
salsiera	salsera
salsina	salsa espesa
sanguinella	sanguina
sarago	sargo
savoiardo	melindro
sbollentare	escaldar
scalogno	chalote
scaloppina	escalope
scampi	cigala
scavare	ahuecar
schiacciare	machacar
sciogliere	derretir
sciroppo	jarabe
scorzonera	escorzonera
scottare	escaldar
scremato	semidescremado
secco	seco
secondo piatto	segundo plato
sedano	apio
selvaggina	caza
seme, nocciolo	semilla, pepita
semi di finocchio	semillas de hinojo
semi-secco	semiseco
semolino	sémola
seppia	sepia
servire	servir
sesamo	sésamo
sformato	suflé
sgocciolare	dejar escurrir
sgombro	caballa
sobbollire	hervir a fuego lento
soffriggere	sofreír
sogliola	lenguado
soppressata	embutido prensado
sorbetto	sorbete, helado de frutas
sott'aceto	marinado en vinagre
sott'olio	marinado en aceite
spalla	espalda
spalmare	untar
spazzolare	raspar
spennellare	untar / pintar con un pincel
spezzettare	trocear
spianare	extender
spiedo	asador
spigola	lubina
spinaci	espinacas
spolverare	espolvorear
spugnola	colmenilla
spumante	vino espumoso
squama	escama
stagionato	madurado
storione	esturión
stufare	rehogar
succo d'arancia	zumo de naranja
succo di limone	zumo de limón
sventrare	destripar
svuotare, scavare	ahuecar
tacchino	pavo
tagliare/tagliato	cortar/cortado
tagliare a dadini	cortar en dados
tagliare a tranci, affettare	trinchar
tagliuzzato	desmenuzar
tarassaco	diente de león
tartufo bianco	trufa blanca o alba
tartufo nero	trufa negra, de invierno o de Norcia
temolo	tímalo
temperatura di cottura	temperatura de cocción
timballo	timbal
timo	tomillo
tinca	tenca
tonno	atún
tortelli	bolsas de pasta
tortino	tortita
tramezzino	emparedado
triglia	salmonete
trippa	tripas
tritare	triturar
trota	trucha
tuorio	yema de huevo
uovo all'occhio di bue	huevo frito
uovo	huevo
uvetta	uva pasa
vaniglia	vainilla
versare	verter
vinacce	orujo
vino da tavola	vino de mesa
vino liquoroso	vino generoso
visciola	guinda
vitello	carne de ternera
vongola	almeja
zafferano	azafrán
zampone	embutido de pie de cerdo
zenzero	jengibre
zucca	calabaza
zuccherare	azucarar
zucchero a velo	azúcar en polvo
zucchero di canna	azúcar de caña
zucchero vanigliato	azúcar de vainilla
zuppa densa	puchero

TÉCNICAS DE COCINA

Alcachofas, preparar
Corte el tallo de las alcachofas. El tallo sólo es comestible si las alcachofas son muy tiernas, pero se debe pelar. Retire las hojas duras exteriores y corte bastante las puntas de las demás hojas con unas tijeras de cocina. Ponga las alcachofas preparadas en agua con limón, para que no se ennegrezcan. Siga trabajando según la receta. Antes de consumirlas, retire los filamentos de la parte interior de la alcachofa con cuidado para no estropear el corazón tierno, la parte más sabrosa.

Bacalao, preparar
Remoje el bacalao durante 24 horas, cambiando el agua entre 3 y 4 veces. Las piezas muy gruesas deben estar en remojo 36 horas. Durante las últimas dos horas, ponga el pescado en agua caliente para eliminar completamente la sal. Séquelo y siga cocinándolo.

Berenjenas, preparar
Corte las berenjenas en rodajas, espolvoréelas con sal y déjelas reposar hasta que la sal haya eliminado el sabor amargo y el agua del fruto. Pasados 30 minutos, elimine la sal con agua fría y seque las berenjenas. Antes de freírlas, se deben escaldar un instante, para que no se impregnen tanto de aceite.

Calamares, limpiar
Extraiga del cuerpo las vísceras junto a los tentáculos. Separe los tentáculos de la cabeza, de manera que queden unidos entre sí y separe el órgano masticatorio de los tentáculos. Estire la piel de la bolsa y elimine el caparazón interno transparente. Si desea utilizar la tinta, separe la bolsa de las vísceras con cuidado.

Canelones, rellenar
Extienda la masa para elaborar pasta fresca formando una capa fina y corte pequeñas láminas rectangulares. Con una manga pastelera, disponga el relleno en el centro, humedezca con agua los bordes de la pasta y enróllela. Coloque los canelones en una bandeja, situando el punto de unión en la parte inferior.

Cangrejos de mar, preparar
Los cangrejos de mar deben hervir durante unos 20 minutos y, después, deben dejarse otros 15 minutos en el agua de cocción. Se abren presionando con fuerza entre los ojos, pues, así, la cáscara se levanta como si fuera una tapa. Se retiran las branquias y se separa la carne del cuerpo y de las pinzas.

Carpaccio, cortar
Envuelva lomo de vacuno con film transparente y déjelo enfriar en el congelador durante una hora, aproximadamente. Después la carne se puede cortar en láminas muy finas con un cuchillo de cocina grande y afilado o con el cuchillo eléctrico.

Castañas, asar
Practique un pequeño corte en la piel del fruto, para que no estallen al asarlas. Las castañas se asan en el horno a fuego alto durante 30 minutos como máximo; si se asan durante más tiempo, quedan duras.

Cocer al vapor
Se colocan los alimentos en un colador y se cuecen, tapados, sobre agua hirviendo. Mediante este método de cocción, se siguen conservando las vitaminas y otras sustancias, así como el sabor particular de los alimentos.

Desengrasar
Consiste en retirar el exceso de grasa de caldos, sopas y salsas, decantando, espumando, absorbiéndola con papel de cocina o retirando la capa de grasa cuando está fría.

Empanar
Antes de freír la carne, el pescado u otros alimentos, aderécelos, páselos por harina y rebócelos en una masa de yema de huevo y pan rallado.

Escaldar
Deje cocer brevemente los alimentos en líquido abundante y, al final, páselos por agua fría. La finalidad es precocinarlos, conservar el color de las verduras o, en los huesos para la sopa, eliminar la albúmina, la grasa y las partículas de suciedad.

Farfalle, moldear
Extienda la masa de pasta formando una capa fina y córtela en cuadraditos con una ruedecita para cortar masa. Presione en el centro con el índice y el pulgar, de manera que obtenga "lacitos".

Flores de calabacín, rellenar
Corte el tallo del fruto, sumerja las flores en agua fría un instante, déjelas escurrir y séquelas sobre papel de cocina. Abra con cuidado el cáliz de las flores y corte los pistilos con un cuchillo pequeño y afilado. Con una manga pastelera, distribuya el relleno en los cálices de las flores y ciérrelos con un ligero movimiento giratorio.

Gambas, preparar
Separe las cabezas de las gambas girándolas y desprenda la carne de la cáscara. Con un cuchillo acabado en punta, levante el hilo intestinal que se ve en el lomo y retírelo.

Gratinar
Tostar la superficie de un plato en el horno a fuego muy alto o con el gratinador. Para formar la costra, distribuya por encima copos de mantequilla, queso rallado, pan rallado o bechamel.

Legumbres secas, cocer
Generalmente, las legumbres secas se ponen en remojo entre 8 y 12 horas. Así se cuecen más deprisa y es más fácil digerirlas. Retire los ejemplares que floten en el agua, podrían estar carcomidos por parásitos. Escurra el agua, puesto que contiene sustancias flatulentas y difíciles de digerir. Lave bien las legumbres y hiérvalas en agua fresca como máximo durante 3 horas, dependiendo de la clase. Están cocidas cuando han doblado o triplicado su volumen. No añada sal hasta el final de la cocción.

Ligar
También espesar. Las salsas, sopas y cremas se espesan mezclándolas con harina, almidón, crema de leche, huevo, mantequilla, mantequilla y harina, patatas trituradas o puré de verduras.

Marinar
Macerar los alimentos en un líquido condimentado para aromatizarlos o, en el caso de la carne, para que sean más tiernos. Si se trata de caza, se habla de adobar.

Mejillones, limpiar y cocer
Raspe bien los mejillones bajo un chorro de agua corriente, seccione con un cuchillo los pequeños depósitos calcáreos y retire las barbas con un movimiento brusco. Deseche los mejillones abiertos; están pasados. Cueza los mejillones a fuego alto durante unos 5 minutos, hasta que se abran; deseche los que estén cerrados.

Mollejas de ternera, preparar
Primero, ponga las mollejas en remojo durante unas 2 horas, para eliminar los restos de sangre; cambie el agua con frecuencia. Escáldelas en agua hirviendo unos 5 minutos y páselas por agua fría. Retire la piel con un cuchillo y retire también las venas. Siga trabajando según la receta.

Ñoquis, elaborar
Hierva 1 kg de patatas harinosas, pélelas calientes y tritúrelas directamente sobre la superficie de trabajo con el prensapatatas. Amase lentamente con 1 cucharadita de sal y entre 250 y 500 g de harina (la cantidad depende de lo harinosas que sean las patatas). Debe conseguir una masa elástica, pero no pegajosa. Déjela reposar tapada durante unos 15 minutos. Forme rollos de masa de un dedo de grosor, córtelos en trozos de entre 2 y 3 cm de largo y presiónelos por ambos lados con un tenedor. Así, los ñoquis obtienen sus típicas estrías. Vuelva a dejar reposar unos 15 minutos. Déjelos cocer en agua caliente (no hirviendo), durante unos 5 minutos.

Pasta, colorear
A la masa para elaborar pasta al huevo (véase Preparar masa de pasta), añada los siguientes ingredientes:
Para obtener pasta verde, unos 100 g de puré de espinacas bien escurridas (suprima 1 huevo); para pasta roja, 2 ó 3 cucharadas de concentrado de tomate o 1 remolacha roja pequeña y triturada; para preparar pasta amarillenta, 1 sobrecito de hebras de azafrán machacadas en el almirez y, para hacer pasta negra, la tinta de unos 500 g de calamares.

Pasta, elaborar la masa
Para preparar pasta al huevo, mezcle 300 g de harina con 3 huevos, 1 cucharada de aceite y un poco de sal y amase al menos durante 5 minutos, hasta conseguir una masa homogénea y elástica. Déjela reposar entre 30 y 60 minutos, envuelta en film transparente. Finalmente, extiéndala formando una capa muy fina con la máquina para pasta o con un rodillo. Espolvoréela con un poco de harina. Así se obtienen unos 500 g (para 4 raciones). Para elaborar pasta sin huevo, mezcle 400 g de harina, 200 g de agua templada y un poco de sal y trabaje al menos durante 5 minutos, hasta conseguir una masa homogénea y elástica. Déjela reposar entre 30 y 60 minutos, envuelta en film transparente. Finalmente, extiéndala formando una capa muy fina con la máquina para pasta o con un rodillo. Espolvoréela con un poco de harina. Con esta masa se obtienen unos 600 g de pasta (para 4 raciones).

Pasta, hervir
La pasta se hierve en una olla grande con abundante agua con sal. Se calcula 1 l de agua y 1 cucharadita colmada de sal por cada 100 g de pasta. No añada la sal al agua hasta que ésta haya comenzado a hervir. Un chorrito de aceite impide que la pasta fresca o las hojas de lasaña se peguen entre sí, pero no es necesario para otros tipos de pasta. Después de poner la pasta en el agua, tape la olla un instante, hasta que el agua hierva. Remueva brevemente con una cuchara de madera para que la pasta no se pegue en el fondo de la olla y

después cuézala sin tapar en el agua hirviendo. Pruebe la pasta 1 ó 2 minutos antes de que finalice el tiempo de cocción para saber si está hecha y *al dente:* debe estar blanda por fuera, pero aún dura por dentro. Cuele la pasta hervida. No la pase por agua fría, porque eliminaría sabor y sustancias nutritivas. Mezcle enseguida con la salsa ya preparada.

Pimientos, pelar

Corte los pimientos por la mitad y colóquelos en una bandeja cubierta con papel parafinado. Cuézalos en el horno hasta que la piel adquiera un color marrón oscuro y forme ampollas. Retire los pimientos, cúbralos con un trapo de cocina húmedo y déjelos enfriar. Retire la piel cuidadosamente con un cuchillo puntiagudo.

Pizza, cocinar

Para preparar la masa, disuelva 30 g de levadura de panadería en un poco de agua templada, añada 2 ó 3 cucharadas de harina y mezcle, con lo que conseguirá una primera masa homogénea. Deje reposar durante 30 minutos. Mezcle 500 g de harina con la masa inicial y agregue ½ cucharadita de sal. Amase vigorosamente al menos durante 10 minutos, añadiendo poco a poco 100 ml de agua templada. Corte la masa en 4 partes, espolvoréelas con un poco de harina y déjelas reposar tapadas en un lugar cálido. Extiéndalas y cúbralas con los ingredientes que desee. Como mejor queda la pizza es cociéndola en un horno de piedra italiano y con leña. De esa manera, se obtiene una temperatura de hasta 340°C y la pizza se cuece en pocos minutos. En el horno de gas o eléctrico, las pizzas se cuecen a 220 ó 250°C, en el segundo nivel del horno, hasta que la parte inferior de la masa está cocida y el queso, fundido.

Pizza, preparar la masa

Tanto si la prepara con levadura fresca o seca, trabaje bien la masa, al menos durante 10 minutos, para que quede homogénea y elástica. Finalmente, déjela reposar en un lugar caliente y cubierta con un trapo húmedo durante unas 2 horas. En ese tiempo, debe doblar su volumen. Vuelva a trabajar la masa y extiéndala sobre una superficie de trabajo espolvoreada con harina. Deje reposar de nuevo durante unos 15 minutos.

Polenta, cocer

Vierta lentamente 250 g de sémola de maíz en agua hirviendo con sal (750 ml) o en caldo hirviendo y remueva constantemente para que no se formen grumos. Cueza a fuego lento durante unos 45 minutos, sin dejar de remover. Cuando se formen burbujas, retire la cazuela del fuego para evitar que la masa salpique. Aplaste en el borde de la cazuela los grumos que se hayan formado.

Raviolis, elaborar

Extienda masa de pasta fresca *(véase* Elaborar la masa de pasta) formando una capa fina. Con la ayuda de una manga pastelera, coloque el relleno sobre una de las mitades de la masa, en montoncitos del mismo tamaño. La distancia entre éstos dependerá del tamaño de raviolis que se deseen obtener. Humedezca los espacios intermedios con agua. Coloque la segunda mitad de pasta encima y presione con fuerza alrededor del relleno. Con un cortapastas, corte los raviolis. La elaboración es más fácil con moldes de metal para raviolis o con una madera para raviolis. Tiempo de cocción: unos 4 minutos.

Rehogar

Consiste en cocinar en el propio jugo o en un poco de grasa u otro líquido, a fuego medio constante.·

Riñones, preparar

Retire la piel fina exterior de los riñones, córtelos por la mitad y seccione las vías urinarias, sin dañarlos.

Risotto, cocer

En una cazuela, coloque el *risotto* sin lavar, para que no pierda almidón. Para 500 g de *risotto* se necesita aproximadamente 1,25 l de caldo. Deje que se dore el arroz en mantequilla o aceite, con una cebolla picada bien fina y hierbas y especias al gusto, hasta que la cebolla esté blanda. Después, añada poco a poco cucharones de caldo, sin dejar de remover. Cuando haya agregado todo el caldo, pruébelo: el arroz debe quedar blando por fuera, pero el interior del grano debe estar aún duro.

Salsa de tomate en conserva, preparar

Retire los tallos de 1 kg de tomates y córtelos en dados. Pele 1 chalote y 1 diente de ajo y córtelos en dados muy pequeños. Trocee 1 zanahoria y 2 tallos de apio tiernos. Exceptuando los tomates, deje que se dore la verdura en 2 cucharadas de aceite de oliva. Agregue los tomates, 1 rama de romero, 1 de albahaca y 1 de tomillo, 1 pizca de azúcar, sal y pimienta recién molida. Deje cocer con la cazuela destapada durante unos 20 minutos y páselo todo por un tamiz grueso. Vierta la salsa hirviendo en un bote de cristal, ciérrelo herméticamente y déjelo boca abajo durante 5 minutos. Se obtienen unos 600 ml.

Setas, limpiar

Si es posible, las setas no se deben lavar, puesto que con el agua se hinchan. Para limpiarlas, frótelas con un trapo húmedo o con papel de cocina, raspe con un cuchillo pequeño las partículas de suciedad adheridas y corte las partes dañadas. Sin embargo, las colmenillas y las cantarelas se deben lavar para eliminar la arena de las laminillas.

Tallarines, elaborar

Los tallarines de pasta fresca se pueden elaborar fácilmente aun sin tener una máquina para hacer pasta: extienda la masa formando una capa delgada, enróllela desde los laterales hasta el centro y corte tiras con un cuchillo afilado. Tiempo de cocción: para tallarines delgados, unos 2 minutos, y para tallarines gruesos unos 6 minutos.

Tamizar

Consiste en pasar por un tamiz o un cedazo las sopas, salsas o alimentos triturados, para obtener una consistencia lo más homogénea y fina posible.

Tomates en conserva, preparar

Escalde 1 kg de tomates pequeños con agua hirviendo, pélelos, córtelos por la mitad y retire el tallo. Deje que se doren 1 chalote y 1 tallo de apio tierno en 1 cucharada de aceite. Añada los tomates, 1 pizca de azúcar, sal y pimienta recién molida y deje cocer sin tapar durante unos 20 minutos; añada hierbas al gusto. Coloque los tomates calientes en un bote de cristal, tápelo herméticamente y déjelo boca abajo durante 5 minutos. Si se quieren conservar los tomates durante más tiempo, los botes deben esterilizarse durante 1 hora en agua hirviendo. Se obtienen unos 600 ml.

Tortellinis, elaborar

Extienda masa de pasta fresca *(véase* Elaborar la masa de pasta) formando una capa fina y córtela en círculos. Coloque el relleno en el centro de los círculos y ciérrelos. Enrolle las medias lunas alrededor del índice y presione con fuerza los bordes, uniéndolos. Tiempo de cocción: unos 6 minutos.

Tortillas, elaborar

Para preparar una tortilla para 2 personas, bata 4 huevos con 1 cucharada de leche, agua o crema de leche (opcional) y salpimiente. Derrita mantequilla en una sartén grande y deje que el huevo batido se condense ligeramente a fuego medio, removiendo con un tenedor sin dañar la capa del fondo. Cuando la tortilla esté sólida, pero aún algo líquida en la parte superior, retire la sartén del fuego y, con el tenedor, empuje la tortilla hacia el borde de la sartén, agitándola de manera que la tortilla se cierre ligeramente sobre sí misma. Importante: retire la sartén del fuego cuando la superficie de la tortilla aún esté algo líquida, pues se seguirá cociendo en la sartén caliente. De esta manera, la tortilla conserva la consistencia adecuada y no se seca.

Trinchar

Seccione la grasa, los tendones y la piel de las piezas de carne o pescado y corte las piezas como es debido, de manera uniforme. Con los restos separados se pueden preparar caldos o bases para salsas.

Verdura agridulce macerada, preparar

Prepare 500 g de berenjenas *(véase* Preparar berenjenas) y córtelas en dados. Fríalas en 2 cucharadas de aceite de oliva y déjelas escurrir en papel de cocina. Fría también tallos tiernos de apio en el aceite y retírelos. En el mismo aceite, rehogue durante algunos minutos 1 cebolla cortada en tiras y 4 tomates pelados y sin pepitas. Añada 1 cucharada de piñones, 1 cucharada de uvas pasas remojadas, 1 cucharadita de azúcar, un poco de vinagre de vino negro, las berenjenas y el apio. Deje cocer unos 30 minutos a fuego medio. De esta manera, también se pueden preparar calabacines agridulces. Conservación: véase Escabechar verdura.

Verduras, escabechar (in agro)

Las verduras y las setas se deben cocer primero, pero deben quedar siempre un poco duras. Para que la verdura quede crujiente y conserve su color, se debería pasar por agua helada.
Para escabechar 1 kg de verdura (p. ej. calabacines, berenjenas, pimientos, judías verdes, zanahorias, hinojo o champiñones) pele 4 dientes de ajo, córtelos en cuartos y desmigaje 2 hojas secas de laurel. Pique 1 manojo de perejil, ½ manojo de mejorana y ½ manojo de tomillo. Vierta un poco de aceite en un bote grande de cristal, coloque una capa de la verdura preparada, salpimiente y añada una parte de las hierbas. Rocíe con un poco de vinagre de vino blanco y cúbralo todo con aceite abundante. De la misma manera vaya colocando capas de verdura en el bote. La última debe ser una gruesa capa de aceite. Deje reposar la verdura en escabeche durante una semana en un lugar fresco (lo ideal es el sótano o la despensa). Las setas se pueden dejar dos días en el frigorífico. La verdura se puede conservar una semana y las setas dos días. Los ingredientes deben estar siempre bien cubiertos de escabeche.

BIBLIOGRAFÍA

Accademia Italiana della Cucina: *Das grosse Buch der italienischen Küche*. Colonia 1993

Alessi, Alberto: *Die Traumfabrik*. Alessi desde 1921. Milán 1998

Apicius, Marcus Gavinus: *De re coquinaria*. Sobre el arte de la cocina. Stuttgart 1991

Artusi, Pellegrino: *Von der Wissenschaft des Kochens und der Kunst des Geniessens*. Múnich 1998

Beusen, Paul, Ebert-Schifferer, Sybille y Mai, Ekkehard (ed.): *L'Art Gourmand. Stilleben für Auge, Kochkunst und Gourmets von Aertsen bis Van Gogh*. Essen 1997

Bugialli, Giuliano: *Classic Techniques of Italian Cooking*. Nueva York 1989

Carluccio, Antonio: *Die Küche des italienischen Südens*. Múnich 1998

Carluccio, Antonio y Carluccio, Priscilla: *Carluccio's Complete Italian Food*. Londres 1997

Christl-Licosa, Marielouise: *Primeros platos*. Barcelona 1998

Cipriani, Arrigo: *La leggenda dell'Harry's Bar*. Milán 1991

Cùnsolo, Felice: *Italien tafelt*. Múnich 1971

Davids, Kenneth: *Espresso – Ultimate Coffee*. Santa Rosa 1993

Davidson, James: *Courtesans and Fishcakes*. Londres 1997

Degner, Rotraud: *Fische und Meeresfrüchte*. Múnich 1989

Duch, Karl: *Handlexikon der Kochkunst*. Linz 1989

Enciclopedia della cucina. Novara 1990

Freson, Robert: *Italien – Eine kulinarische Entdeckungsreise*. Múnich 1992

Goethe, Johann Wolfgang: *Italienische Reise*. Colonia 1998

Gorys, Erhard: *Das neue Küchenlexikon*. Múnich 1995

Hess y Sälzer: *Die echte italienische Küche*. Múnich 1990

Kaltenbach, Marianne y Simeone, Remo: *Italienische Küche*. Niedernhausen 1996

Levi, Carlo: *Cristo se paró en Eboli*. Barcelona 1982

Löbel, Jürgen: *Parmaschinken & Co*. Düsseldorf 1989

Marchesi, Gualtiero: *Die grosse italienische Küche*. 1984

McNair, James: *Pizza*. Berlín 1990

Medici, Lorenza de' (ed.): *Italien – Eine kulinarische Reise*. Múnich 1989

Meuth, Martina y Neuner-Duttenhofer: *Venetien und Friaul*. Múnich 1990, 1996

Meuth, Martina y Neuner-Duttenhofer: *Piemont und Aostatal*. Múnich 1996

Meyer-Berkhout, Edda: *Kulinarische Urlaubserinnerungen*. Múnich 1981

Moisemann, Anton y Hofmann, H.: *Das grosse Buch der Meeresfrüchte*. Füssen 1989

Monti, Antonia: *Il nuovissimo cucciaio d'argento*. Roma 1991

Paolini, Davide: *Peck*. Milán 1998

Peschke, Hans-Peter von y Feldmann, Werner: *Kochen wie die alten Römer: 200 Rezepte nach Apicius, für die heutige Küche umgesetzt von Hans-Peter von Peschke und Werner Feldmann*. Zúrich 1995

Peschke, Hans-Peter von y Feldmann, Werner: *Das Kochbuch der Renaissance*. Düsseldorf y Zúrich 1997

Simony, Pia de: *Köstliches Italien*. Múnich 1995

Supp, Eckhard: *Enzyklopädie des italienischen Weins*. Offenbach 1995

Supp, Eckhard: *Wein für Einsteiger – Italien*. Múnich 1997

Teubner, Christian (ed.): *Das grosse Buch vom Fisch*. Füssen 1987

Teubner, Christian (ed.): *Das grosse Buch vom Käse*. Füssen 1990

Vollenweider, Alice: *Italiens Provinzen und ihre Küche*. Berlín 1990

Wolter, Annette: *Geflügel*. Múnich 1987

CRÉDITOS FOTOGRÁFICOS

i = izquierda; d = derecha; c = centro; ar = arriba; ab = abajo

Todas las fotografías © Könemann Verlagsgesellschaft mbH, Colonia/Fotografía: Ruprecht Stempell, Colonia

A excepción de:

Alessi Informationsbüro c/o Integra Communication GmbH, Hamburgo: 154/155 (excepto ar)

Alinari 1999, Florencia: 42 ab, 214 ar d, 294 ar, 306 (papa Bonifacio IX), 338, 446 (Martorana)

Anteprimar Udine: 14/15 ab

Archivo Alessi, Crusinallo: 154 ar

Archiv für Kunst und Geschichte, Berlín: 40 ar, 153 ab, 170 ar, 306 (papa Alejandro VI), 306 (papa León X), 306 (papa Julio III); Erich Lessing: 306 (papa Pío V)

Archivio Fotografico e Copyright Sacro Convento, Asís: 264 ar d

Archivio Storico Barilla, Parma: 197 ar d, 197 ar c

Arnaldo Forni Editore, Sala Bolognese (Bolonia)/Fotografía: Württembergische Landesbibliothek Stuttgart: 111 i

Artothek, Peissenberg/Fotografía: Blauel-Gnamm: 88 i, 438 i

Bildarchiv Foto Marburg: 306 (Papa Martín IV)

bildarchiv preussischer kulturbesitz bpk, Berlín: 356

Cafarell S.p.A., Luserna S. Giovanni (Turín): 153 ar

Casa Buonarroti, Florencia/Fotografía: Archivio Buonarroti: 103 d

Cinetext, Fráncfort: 145, 389 ab d, 432 i

Civico Museo Bibliografico Musicale, Bolonia: 278

Ente Sardo Industrie Turistiche, Cagliari: 477 ar i

Mary Evans Picture Library, Londres: 344 ar

Faber & Partner, Düsseldorf: 142 i

Food Foto, Colonia: 299 ab i

Das Fotoarchiv, Essen/Fotografía: Jörg Meyer: 247 ar i, 247 (3ª fila d), 247 ab d; Jörg Sackermann: 246 ar d; Andreas Riedmiller: 247 ar c, 247 (2.ª fila d), 261 ar

Granata Press, Milán/Fotografía: Luigi Galperti: 402 *(asmara)*; Paroli Galperti: 402 *(nubia)*; © Lomonaco: 386 ab d; © Federico Meneghetti: 55 (espárragos)

Herzog August Bibliothek, Wolfenbüttel: 306 ar

Helga Lade Fotoagentur, Fráncfort/Fotografía: Willi Arand: 72-73 (campo de cebada)

Gisela Jahrmärker, Berlín: 237 d, 238 i, 320 i

Rainer Kiedrowski, Ratingen: 74 d

© Könemann Verlagsgesellschaft mbH, Colonia/Fotografía: 50 i; Günter Beer: 18 ab i, 26-27, 29, 30-31, 34 ab i, 43, 44-45, 47 ar, 51 (sargo, sardina, lisa, anguila, tiburón, rodaballo, pez de San Pedro, rape), 52 (calamar, almeja, mejillón, navaja, ostra jacobea, gamba, centollo, cangrejo), 6-65, 66-67, 69 ar, 70 ab, 71 ab, 72 i, 73 d, 75, 76, 77 ab, 78 (Golden Delicious, manzano, Kanada-Renette, Royal Gala, Elstar), 79 ab, 80 d, 81, 82, 84-85, 94-95, 96-97, 98, 100, 104-107, 109 *(biscotti)*, 118 ar d, 119, 126 ar i, 126 ar d, 136-137, 141, 142 d, 144, 146 i, 147 d, 151 (castañas), 152, 156-157, 160, 162 ab, 168 (todo el pescado), 170 c, 172, 173 (fondo), 174 ab, 177 d, 177 (Trofie), 192 (excepto *abissina rigate, buccatini, capellini, capunti, cavatellucci, cinesini, ditali rigati, fenescècchie),* 193 *(fusilli pugliesi, genzianelle, gramigna, maccheroni),* 194

(orecchiette, panzerotti di magro, pappardelle, passadelli, ravioli, ravioli alle noci, riscossa), 195 *(spirali, taglierini, tortelli, tortellini, tortiglioni, triangoli al salmone, trucidi pugliesi),* 198, 199 i, 200 (excepto ar), 211 d, 213 d, 214 i, 215 (fondo), 216-217 c, 218-219, 220-221, 223 (excepto *pan de ramerino),* 225 (clases), 226 (todas excepto ar), 217 ar d, 231 (albahaca, romero), 240 (excepto *sbricciolona, salsiccia),* 241 ar, 241 c, 245 i, 248-249 c, 259, 284 (3 ab 4), 285 ar d, 301 ar i, 301 c i, 301 ar d, 308 (lechuga repolluda, lechuga romana, endibia, escarola rizada, lechuga rizada), 310 (bouquet garni, alcaparra), 311 (cilantro, estragón, mejorana, guindilla, romero, salvia, tomillo, vainilla), 326 ar, 340 ar i, 369 ab d, 372 (fondo), 386 ar, 412 (todas excepto fondo), 413 (todas excepto fondo ar), 427 (pagel blanco, dentón, mero), 428 ab i, 437 ar, 443, 444-445, 462, 463 i, 464 c i, 469, 481 (agua 5–12); Christoph Büschel: 113 (perca), 262 i ar, 263 (rubio, perca, anguila, farra, tenca), 373 ar, 373 c, 417 (sandía); Sabine Büschel: 113 (esturión); Helmut Claus: 345; Eduard Noack: 109 ab d (reproducción)

laif, Colonia/Fotografía: Luigi Caputo: 246 c 246 ab, 247 ar d, 247 ab c; Celentano: 264 (fondo), 352/353 ar c; Hedda Eid: 247 (2.ª fila i), 250 ab i; Achim Gaasterland: 244; Fulvio Zanettini: 247 (3.ª fila i)

H.E. Laux, Biberach an der Riss: 235 (todas las setas excepto *funghi misti)*

Fondazione Lungarotti/Fotografía: Archivio Fotografico: 268 a

Milko Marchetti, Gallo (Ferrara): 58

Marka, Milán/UBIK: 328 ar

Melitta, Minden: 300 ar

Nationalmuseum, Estocolmo: 242 ab d

Werner Neumeister, Múnich: 235 ar, 277, 432 (fondo)

Okapia, Fráncfort/G. Büttner/Naturbild: 78 (Gloster, Jonathan), 176 ab; Günter Kiepke/Naturbild: 437 ab; E. Weiland: 135 ar

Österreichische Nationalbibliothek, Viena/Fotografía: Bildarchiv, ÖNB Viena: 206

Giovanni Panarotto, Cola di Lazise (Verona): 392 ar i

Picture Press, Hamburgo/Mondadori: 108 ar d, 108 ab i; corbis

Owen Franken: 326 ab, 327 ar i

Piemme, S. Agnello di Sorrento: 357 d

Poccard-Chapuis, Y./Delmas, L., París: 468 (excepto fondo)

Sammlung Molinari Pradelli, Castenaso (Bolonia)/Fotografía: Mario Bernardi: 243 ab

Prima Press, Milán: 258 ab i, 341 (Pomodoro di Cerignola, Marena, Roma, Perino, Sardo, Ramato, Napoli, Palla di Fuoco), 348 d, 440 ar, 440 c d, 441 (todas ab d)

Scala S.p.A., Antella (Florencia): 40 ab, 110, 228 ar i, 228 ab i, 242 ar, 242 ab i, 276 ar, 279 ab i, 292, 450

SIPA Press, París/Fotografía: Yaghobzadeh: 41

Franca Speranza, Milán: 424 ab

Stock Food, Múnich/Maximilian Stock LTD: 51 (salmón)

Eckhard Supp, Offenbach: 80 ar i, 117, 158-159, 217 ab d, 247 (2.ª fila c), 248 i, 250-251 ar c, 268 ar, 269 ar, 286/287, 332-333 (excepto ab d), 379 i, 396 ar, 418, 452

Teubner Foodfoto, Füssen: 302 (clases), 348 c, 372 ar i, 377 (Regina), 417 (Charleston Gray, Crimson Sweet), 440 c i, 441 (naranjas ar i)

Visum, Hamburgo/Fotografía: Günter Beer: 236/237 ar c

Voller Ernst, Berlín/Fotografía: Pfeiffer 55: 448 ar i

DERECHOS DE LOS TEXTOS

AGRADECIMIENTOS

Numerosos autores han contribuido a la creación de los textos y a la recopilación de recetas para *Especialidades de Italia*:

Pino Correnti (Sicilia)
Andrea Maestrelli (Valle de Aosta, Piamonte, Véneto)
Flavia Marin (Emilia-Romaña, Liguria)
Eugenio Medagliani (Abruzos, Friuli, Lombardía, Cerdeña, Trentino)
Eugenio Medagliani und Laura Niccolai (Basilicata, Calabria, Campania)
Simone Medagliani (Apulia, Lacio)
Marzia Tempestini (Las Marcas, Toscana, Umbría)

Los siguientes textos son de Marina Collaci: "Prosciutto baciato" (p. 149), "Tonno del Chianti" (p. 239), "Las *puntarelle* y otras hortalizas" (p. 303), "Tiella di verdure" (p. 366), "Verduras y legumbres" (p. 368), "Cordero" (p. 393). "Cocina siciliana con verduras" (p. 437), "Langostas" (p. 470).
El texto sobre Barilla (p. 196) está escrito por Bettina Dürr.
El texto sobre naturaleza muerta (p. 242–243) es de Roswitha Neu-Kock.
El autor de las páginas sobre vino es Eckhard Supp (p. 22–23, 60–61, 80–83, 114–117, 132, 158–161, 216–217, 246–251, 268–269, 268–287, 314–315, 332–333, 356–357, 378–379, 396–397, 418–419, 451, 478–479).
El texto sobre la confitería Romanengo (p. 181) es de Cornelia Zingerling.

Las recetas "Pescado empanado", "*Tortellini* renacentistas", "Sopa de setas" y "Torta de calabaza" (p. 229) son de: Hans-Peter von Peschke y Werner Feldmann: *Das Kochbuch der Renaissance*. Düsseldorf y Zúrich 1997. Las recetas "Ensalada de pollo a la manera de Apicio", "Salsa para los huevos cocidos", "Pátina de peras" (p. 293) son de: Hans-Peter von Peschke y Werner Feldmann: *Kochen wie die alten Römer: 200 Rezepte nach Apicius, für die heutige Küche umgesetzt von Hans-Peter von Peschke und Werner Feldmann*. Zúrich 1995.
Las siete recetas han sido amablemente cedidas por la editorial Artemis & Winkler Düsseldorf-Zúrich.

Colaboración de redacción e investigación:
Marina Collaci (Apulia, Basilicata, Calabria, Lacio, Cerdeña, Sicilia)
Bettina Dürr (todos los capítulos)
Cornelia Zingerling (Valle de Aosta, Emilia-Romaña, Friuli-Venecia Julia, Liguria, Lombardía, Piamonte, Trentino-Alto Adigio, Véneto)

La editorial desea dar las gracias por el cordial apoyo y la colaboración dispensados, sobre todo a todas aquellas personas que han colaborado en la realización de este proyecto, sin que la editorial tuviera conocimiento alguno de su nombre.
Merecen un especial agradecimiento Kyra y Lilly Stempell por su valiosa colaboración, y a Carolin Büns, que se ha preocupado más de lo necesario, así como a Bernhard Roetzel, que con sus comidas y bebidas mantuvo a Claudia con fuerzas. Hay que agradecer también a la familia Verna que nos haya permitido fotografiar gran parte de los platos italianos en su Masseria Modesti. Sin la inestimable ayuda de Birgit Beyer, Sabine Blessmann, Stefan Marzak (Olive e più, Colonia), Gisela Jahrmärker, Henning Mader, Ruth Mader, Sandra Schauerte, Sabine Schwarz und Dott. Scianella (Ist. di Commercio Estero, Roma) no habría sido posible la elaboración de este libro.

Los siguientes fabricantes, comerciantes, restaurantes e instituciones nos han apoyado:

Friuli · Venezia Giulia
Casa del Prosciutto, San Daniele del Friuli; Trattoria-Osteria Grappolo d'Oro, Arba

Venezia · Veneto
Propiedad vinícola Cantina Ca' Salina, Valdobbiadene; Francesco Cavalerin, Sottomarina; Harry's Bar, Venecia; vidriería Gianni Seguso, Murano; cooperativa pesquera Unioncoop, Chioggia; tienda de comestibles Gastronomia Volpato, Mestre

Trentino · Alto Adige
Casa del formaggio, Bolzano; cervecería Forst, Algund-Meran; tienda de comestibles selectos Peter Egger, Bolzano; panadería Franziscaner, Bolzano; Buschenschank Gruber, Vorderafing

Lombardia
Salumeria Corte dell'Oca, Mortara; propiedad vinícola Claudio Faccoli, Coccaglio; restaurante Giannino, Milán; Bar-Pasticceria Marchesi, Milán; Eugenio Medagliani, Milán; tienda de comestibles selectos Peck, Milán

Val d'Aosta
Quesería La Cascina Vollget, Brissogne; tienda de comestibles Maison de la Fontine, Aosta; Distilleria Valdotaine, Saint-Marcel

Piemonte
Restaurante Dei Cacciatori, Alberetto della Torre; Azienda Agricola Dove osano le aquile, Castelmagno; Consorzio del Gorgonzola, Novara; tienda de fruta y verdura Il Rondò della frutta, Novara; Distilleria Sibona, Piobesi d'Alba

Liguria
Gianpiero Navone, Villanova d'Albenga; confitería Romanengo, Génova

Emilia-Romagna
Barilla, Parma-Pedrignano; Caffè Commercianti, Bolonia; Trattoria Cantarelli, Samboseto; tienda de cerámica Il Coccio, Bolonia; bar-confitería Falegnami, Bolonia; restaurante Fini, Módena; Anna Nieddu, Bolonia; Osteria del Sole, Bolonia; La Salumeria di Bruno & Franco, Bolonia; tienda de comestibles selectos y licores Scaramagli, Bolonia; tienda de comestibles selectos Salumeria Serra e Tamerlani, Bolonia; cultivadores de espárragos Nicola Tassinari, Altedo; artículos para el hogar Il Temperino, Bolonia

Toscana
Carnicería y cría de cerdos Chini, Gaiole in Chianti; Panificio Giorgio Franci, Gaiole in Chianti; panadería Forno Marcello Pugi, Florencia; vivero Vivaio Sabatini, Mercatale Val di Pesa

Umbria
L'Artigiano dei Salumi, Norcineria Ansuini, Norcia; Fondazione Lungarotti Museo del Vino, Torgiano; Pasticceria Sandri, Perugia

Marche
Tienda de embutidos y quesos Il Bocconcino, Pesaro; tienda de quesos Re Formaggio Antonio Budano, Ancona; Azienda Conca d'Oro, Agriturismo Villa Cicchi, Abazia di Rosara; Enoteca Vino Vip, Pesaro

Lazio · Roma
Bar Arcioni, Roma; Trattoria La Carbonara, Roma; Pasticceria Faggiani, Roma; Caffè Greco, Roma; Apistica Romana, Roma

Abruzzo · Molise
Confetti D'Alessandro Lo Scrigno, Sulmona; fabricante de pasta Gabriele Colasante, San Buceto bei Pescara; Ristorante Italia, Sulmona; Franca Leone der APT Sulmona, Sulmona; confitería-Caffè Fratelli Nurzia, L'Aquila; Confetti Ovidio, Sulmona; tienda de embutidos y quesos Soldo di Cacio, Sulmona

Campania
Frutas y verduras Baffone, Nápoles; Gran Caffè Gambrinus, Nápoles; Pescheria Sasà + Peppe, Nápoles; Felicitas Sonnenberg, Nápoles; cría de búfalos y quesería Azienda Caseificio Vannulo, Capaccio

Puglia
Panadería Panificio Angelini, Martina Franca; Fratelli Continisio, Altamura; Panificio Dimarno, Altamura; carnicería y brasería Fratelli Ricci, Martina Franca; Masseria Serra dell'Isola, Mola di Bari; Caffè-Pasticceria Tripoli, Martina Franca; Hotel dei Trulli, Alberobello

Basilicata
Fornaio Arena, Trecchina; La Caffetteria, Maratea; tienda de comestibles selectos y verduras Farmacia dei Sani, Maratea; restaurante Antica Osteria Marconi, Potenza; propiedad vinícola Armando Martino, Rionero; taberna Osvaldo Palermo »Il Patriarca«, Marina di Maratea; Lo Sfizio, Potenza

Calabria
Pasticceria Francesco Careri, Bagnara Calabra; Fornaio Albino Mandera, Rende; Franco Mariello; Agenzia Pro Loco, Bagnara Calabra; Fratelli Rocco, Angiolino De Biasi, Bagnara Calabra

Sicilia
Bar Italico, Palermo; finca Fattoria Montalto, Castelvetrano, Baglio Santa Teresa

Sardegna
Il Buongustaio, Macomer; Maddalena Carta, Abbasanta; hacienda de vacaciones Azienda Agrituristica Mandra Edera, Abbasanta; Enodolci, Salumi e Formaggi, Da Carmelo, Alghero; Lacesa, Bortigali; Luigi Ledda und Franco Sotgiù, Bosa; Azienda Franco Meloni, Selargius bei Cagliari; Pescheria del Golfo, Oristano; Pescheria Urgu-Lai, Bosa

ÍNDICE

Índice de recetas

Los números escritos en negrita correspon-
den a fotografías.

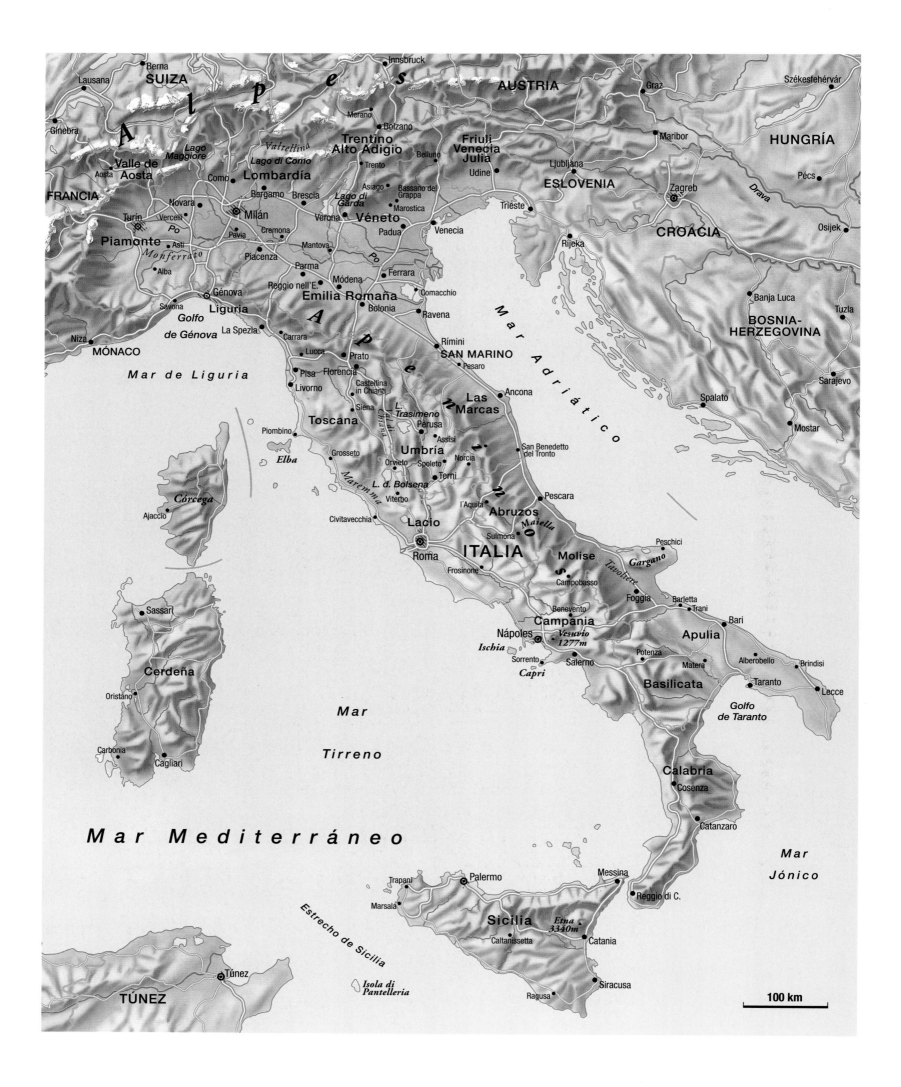

SUIZA

Berna

Lausana

Ginebra

FRANCIA

AUSTRIA

Innsbruck

Graz

Székesfehérvár

HUNGRÍA

Maribor

Pécs

A l p e s

Merano

Bolzano

Trentino
Alto Adigio

Belluno

Friuli
Venecia
Julia

Ljubljana

ESLOVENIA

Zagreb

CROACIA

Osijek

*Lago
Maggiore*

Valle de
Aosta

Aosta

Valtellina

Lago di Como

Como

Lombardía

Trento

Udine

Trieste

Drava

Novara

Bérgamo

Brescia

Asiago

Bassano del
Grappa

Rijeka

Turín

Vercelli

Milán

Verona

Marostica

Véneto

Padua

Venecia

Piamonte

Asti

Po

Pavia

Cremona

Mantova

Banja Luca

Tuzla

BOSNIA-
HERZEGOVINA

Monferrato

Piacenza

Parma

Po

Ferrara

Alba

Reggio nell'E.

Módena

Comacchio

Sarajevo

Génova

Emilia Romaña

Bolonia

Ravena

Savona

Liguria

A p e

Rímini

SAN MARINO

Spalato

Niza

*Golfo
de Génova*

La Spezia

Carrara

Pesaro

Mostar

MÓNACO

Lucca

Prato

Mar de Liguria

Pisa

Florencia

Las
Marcas

Ancona

Livorno

Castellina
in Chianti

n

Siena

L. Trasimeno

San Benedetto
del Tronto

Toscana

Pérusa

Piombino

Assisi

Elba

Grosseto

Umbría

Norcia

Spoleto

Orvieto

Terni

Maremma

L. d. Bolsena

Pescara

Viterbo

l'Aquila

Abruzos

Maiella

Civitavecchia

Lacio

Sulmona

O

Peschici

Mar Adriático

Córcega

Ajaccio

ITALIA

Roma

Molise

Tavoliere

Gargano

Frosinone

Campobasso

Foggia

Barletta

Trani

Bari

Benevento

Campania

Sassari

Nápoles

*Vesuvio
1277m*

Apulia

Ischia

Potenza

Alberobello

Brindisi

Cerdeña

Sorrento

Salerno

Matera

Taranto

Lecce

Capri

Basilicata

Oristano

*Golfo
de Taranto*

*Mar
Tirreno*

Carbonia

Cagliari

Calabria

Cosenza

Mar Mediterráneo

Catanzaro

*Mar
Jónico*

Estrecho de Sicilia

Trapani

Palermo

Messina

Réggio di C.

Marsala

Sicilia

*Etna
3340m*

TÚNEZ

Túnez

Caltanissetta

Catania

*Isola di
Pantelleria*

Ragusa

Siracusa

100 km